L'empire invisible

Histoire des télécommunications au Canada, 1846-1956

Jean-Guy Rens

Avec une préface de Robert J. Chapuis

Sciencetech
communications

Préface

Couverture : Montréal en 1904 (boulevard Saint-Laurent vu depuis la rue Saint-Jacques). À cette époque, Bell affrontait la concurrence de la Compagnie de Téléphone des Marchands de Montréal. Il en résultait un écheveau de fils téléphoniques, qui s'ajoutait aux fils électriques et de tramway, et soulevait la colère du public.
Source : Archives Bell Canada

ISBN 978-1-291-96763-0
Sciencetech Communications
Montréal (Québec) Canada
www.sciencetech.com
Tous droits de reproduction, de traduction et d'adaptation réservés
@ Sciencetech.com, Montréal, 2014. Édition révisée. Dépôt légal 2e trimestre 2014. Bibliothèque nationale du Québec & Bibliothèque nationale du Canada.
Une première édition a paru en 1993 aux Presses de l'Université du Québec (PUQ) à Saint-Foy (Québec).

Table des matières

PRÉFACE	1
INTRODUCTION	3
Remerciements	11
Avertissement	15
PARTIE 1 : L'ÂGE BAROQUE (1846 - 1915)	17
CHAPITRE 1 - LES DÉBUTS DU TÉLÉGRAPHE	19
Le télégraphe optique	19
Invention du télégraphe électrique	24
Naissance du télégraphe canadien à Toronto	27
Domination de Montreal Telegraph	31
Les Maritimes : de l'isolement à l'appel du large	34
Frederick Gisborne : pionnier du câble transatlantique	36
Le câble transatlantique devient une aventure internationale	39
Éphémère succès du premier câble sous l'Atlantique	40
Cyrus Field vainc l'Atlantique	42
Projet « Overland » : un concurrent du câble transatlantique	44
De Vancouver à Vladivostok	45
CHAPITRE 2 - L'INDUSTRIE TÉLÉGRAPHIQUE S'ORGANISE	47
Le duel Montreal Telegraph - Dominion Telegraph	48
Unification de la télégraphie canadienne	49
Les télégraphistes font du journalisme	50
La grève générale	51
Les Chevaliers du travail	53
La réorganisation syndicale	54
La conquête de l'Ouest	56
L'œuvre ambiguë de Sandford Fleming	57
Remise en ordre du réseau public	60
Le télégraphe transcanadien face à la révolte des Métis	61
Louis Riel perd la bataille des médias	63
Le Québec découvre (trop tard) Riel	65
Les médias se révoltent contre CP	67
Naissance de la Presse canadienne	68
Bref retour au temps des « héros » : le Klondyke et le Pacifique	70
Vers le duopole	73
L'anarchie économique canadienne	74

Chapitre 3 - Une technologie adulte — 77

- Le multiplexage par fréquences — 77
- Le télescripteur permet aux usagers d'écrire eux-mêmes leurs dépêches — 78
- Le télégraphe dans le reste du monde — 80
- L'expansion chaotique du télégraphe américain — 81
- L'Europe impériale — 83
- Libéralisme nord-américain et dirigisme européen — 85
- Le télégraphe "invente" la coopération internationale — 86
- Création de l'UIT en 1865 — 87

Chapitre 4 - L'invention du téléphone — 91

- Alexander Graham Bell — 92
- Le téléphone : un programme de R-D bien préparé — 95
- Naissance du téléphone à Boston — 100
- Premiers appels interurbains — 103
- Le téléphone est-il canadien ou américain ? — 105
- Du concept théorique à l'aventure commerciale — 107
- Un marketing très « vocal » — 107
- Alexander Graham Bell cède la place aux investisseurs — 109
- Duel avec Western Union et arrivée de Theodore Vail — 110
- Édification de l'empire AT&T — 113
- Crise à AT&T — 115
- Retour au pouvoir de Theodore Vail — 117
- La grande politique d'AT&T — 119
- L'œuvre de Vail — 122

Chapitre 5 - Le téléphone arrive au Canada — 127

- Des débuts quelque peu brouillons — 129
- Problèmes d'approvisionnement — 130
- Les compagnies de télégraphe s'intéressent au téléphone — 133
- Melville Bell jette le gant — 134
- Charles Sise : père fondateur de Bell au Canada — 135
- Bell est-elle américaine ? — 139
- Unification de la téléphonie au Canada — 142
- « Blitzkrieg » sur la téléphonie canadienne — 144
- Une compagnie à l'image de son maître — 148
- Absence de vision sociale — 150
- Temps de pénurie — 153
- Un téléphone encore bien rudimentaire — 154
- Premiers essais de réglementation — 155
- Colombie britannique : un développement rapide — 157
- Les milieux d'affaires prennent les choses en main — 160
- Le docteur Lefèvre fonde BC Tel — 163

Terre-Neuve : triomphe de l'isolement	164

CHAPITRE 6 - BELL SOULÈVE LA CONTESTATION — **167**

Le Canada annule les brevets de Bell	167
L'Île-du-Prince-Édouard acquiert son indépendance de Bell	168
La Nouvelle-Écosse suit deux ans plus tard	169
Le Nouveau-Brunswick n'est pas la Nouvelle-Écosse !	171
Bilan de la séparation des Maritimes	173
Bell affronte la concurrence	174
La concurrence dans les campagnes : le docteur Demers fonde l'ancêtre de Québec-Téléphone	176
Concurrence ou oligopole ?	179
La concurrence dans les villes : CP attaque Bell	179
Les francophones veulent leur compagnie de téléphone	182
Timide début de la réglementation fédérale de Bell	183
Toronto affronte Bell (question de tarifs)	185
Toronto affronte Bell (question de poteaux)	187
La bataille de Port Arthur et de Fort William	187
L'Ouest s'embrase	188
Francis Dagger : théoricien du mouvement anti-Bell	189
Mise en accusation de Bell	192
Le fiasco parlementaire	194
Triomphe de la réglementation fédérale	195
Premier examen des tarifs de Bell : l'interurbain devient rentable	197
Le modèle canadien	201

CHAPITRE 7 - BALKANISATION DE LA TÉLÉPHONIE AU CANADA — **203**

Les origines du mécontentement des Prairies	203
Le Manitoba ouvre le bal	207
Référendum sur le téléphone	208
Bell abandonne le Manitoba	209
L'Alberta claque la porte à son tour	210
La Saskatchewan négocie sa sortie	212
Bilan des pertes de Bell	214
La fin du règne de Sise	215
Nouveau-Brunswick : la plus célèbre compagnie indépendante au Canada	219
Nouvelle-Écosse : une province à l'avant-garde de la réglementation	221
Unification de la Nouvelle-Écosse et de l'Île-du-Prince-Édouard	222
Nouvelle-Écosse : triomphe de MT&T	223
Terre-Neuve : difficultés persistantes	224
Manitoba : les lendemains de la nationalisation sont difficiles	224
Alberta : un mélange d'enthousiasme et d'amateurisme	228
Saskatchewan : triomphe de l'idéal coopératif	231

Bilan de la nationalisation ... 233
La Colombie britannique : multiples contestations de BC Tel ... 234
Les compagnies indépendantes au Québec et Ontario ... 236

CHAPITRE 8 - NAISSANCE DE *NORTHERN* ET PROGRÈS TECHNOLOGIQUES ... 239

La difficile canadianisation de la fabrication ... 239
La double naissance de Northern Electric ... 242
Le téléphone à la conquête de la maturité ... 246
L'appareil téléphonique évolue peu ... 247
Le central est le cœur du réseau téléphonique ... 250
Quelle électricité pour le réseau téléphonique ? ... 254
Un croque-mort invente la commutation automatique ... 257
L'automatisation entre au Canada par les indépendants ... 260
Les véritables inventeurs de Brantford : Romaine Callender et les frères Lorimer ... 261
Grands principes de la technologie Callender-Lorimer ... 265
Postérité de l'œuvre des frères Lorimer ... 269
Pourquoi Bell a freiné l'automatisation des centraux ... 270
La transmission chausse des bottes de sept lieues ... 276
La distance est vaincue (le « remake » réussi de Bell et de Watson) ... 280

CHAPITRE 9 - CAPITALISME SAUVAGE ET CHOC DES LANGUES ... 283

Féminisation des téléphonistes ... 286
Déshumanisation des relations de travail : le « taylorisme » ... 287
Premiers conflits syndicaux : la Colombie britannique ouvre le bal ... 290
La grève de 1907 à Toronto : un conflit de travail exemplaire ... 292
Intervention de Mackenzie King ... 295
Bilan de la grève ... 298
Une lutte d'allégeance ... 301
Massification de la main-d'œuvre ... 302
Opposition entre condition féminine et condition masculine ... 302
Escarmouches linguistiques à Montréal ... 307
Première loi linguistique au Québec ... 309
Bell refuse le bilinguisme ... 312

CHAPITRE 10 - LE TÉLÉPHONE AU CANADA ET SUR LA SCÈNE INTERNATIONALE ... 317

Inégalités au Canada ... 317
Le Canada est le N°2 mondial ... 318
La valse-hésitation britannique ... 320
Le désastre français ... 322
Les autres pays d'Europe ... 323
Une coopération internationale bien discrète ... 324
Essai de bilan mondial ... 325

Chapitre 11 - La radio connaît un succès spectaculaire — 327

Les bases scientifiques de la radio — 327
L'aventure Marconi — 329
L'Atlantique est vaincu — 330
L'empire Marconi suscite la critique et par ricochet la coopération internationale — 333
Un Canadien fait parler la radio... aux États-Unis — 335
Fessenden réalise la première diffusion « grand public » — 340
La révolution électronique — 342
Le radiotéléphone traverse à son tour l'Atlantique — 345

Encadrés (1846-1915) — 349

Le Canada en 1846 — 349
Les télécommunications et la Grande Guerre (1914-1918) — 352
La technologie canadienne et la démocratie — 356
Services publics et naissance de la civilisation bourgeoise — 361

Partie 2 : La conquête de l'universalité (1915-1956) — 377

Chapitre 12 - Création d'une industrie nationale — 379

Irruption de la radiodiffusion en Amérique du Nord — 379
Au Canada, Bell coopère avec CN — 380
CN fait passer la radio à l'âge industriel — 382
Retour des compagnies de télégraphe dans le domaine de la voix — 384
Naissance de la concurrence entre télégraphe et téléphone — 387
Rapprochement de CN et de CP (des projets conjoints à l'exploitation commune) — 390
Comment unifier la téléphonie canadienne ? — 393
Le lien téléphonique pancanadien progresse dans le désordre — 395
Le jubilé de la Confédération relance la coopération — 397
Création du Réseau téléphonique transcanadien — 400
La nationalisation de la radio favorise le télégraphe — 405
Le scandale de la radio — 408

Chapitre 13 - La longue marche vers l'indépendance du groupe Bell — 411

Propriété de Bell : AT&T perd la minorité de contrôle — 411
Renforcement de la dépendance technologique — 414
Premiers signes de relâchement — 417
Le Consent Decree de 1956 coupe le cordon ombilical entre Western Electric et Northern Electric — 419
Qui dirige Bell ? — 421
Naissance de la R-D à Northern — 426
Naissance du complexe militaro-téléphonique — 428

La guerre froide et les trois cercles de la défense nord-américaine	431
Entrée en scène d'Alex Lester	432
La construction de la ligne Mid-Canada commence mal	437
Un monument superbe... mais inutile !	440
Échec du complexe militaro-téléphonique	444

CHAPITRE 14 - LES COMPAGNIES DE TÉLÉPHONE AUTRES QUE BELL — 447

L'impossible unification des Maritimes	447
La deuxième Guerre mondiale rapproche Terre-Neuve du Canada	451
Les Maritimes jouent un rôle pionnier en faisceaux hertziens	453
Fin de l'illusion lyrique au Manitoba	455
John Lowry : l'homme qui propulsa la téléphonie manitobaine dans la modernité	457
Comment fonctionnent les coopératives téléphoniques de Saskatchewan	460
La social-démocratie réussit au téléphone de Saskatchewan	464
L'Alberta lutte pour moderniser sa gestion	467
L'Alberta entre la crise et la guerre	471
Un cas à part : BC Tel passe sous contrôle américain	473
Jules-André Brillant domine la téléphonie indépendante au Québec	477
Les compagnies indépendantes en Ontario	481
Début timide des télécommunications dans le Grand-Nord	483

CHAPITRE 15 - LA POLITIQUE SOCIALE DES COMPAGNIES DE TÉLÉPHONE — 485

La montée du syndicalisme	488
Le syndicalisme rate le rendez-vous du téléphone	492
La longue paix sociale	493
La crise des années 1930	497
Le bilan du corporatisme	499
Modernisation de la législation sociale	500
La lutte pour un syndicat unique du téléphone au Canada	503

CHAPITRE 16 - SUCCÈS DU MODÈLE RÉGLEMENTAIRE CANADIEN — 507

Hausses à répétition chez Bell	508
La Commission des chemins de fer déboute Bell	512
Début de la réglementation « scientifique »	513
La Colombie britannique passe sous autorité fédérale	517
Évolution du tarif de base	518
Déséquilibre dans les tarifs interurbains	521
Conquête de l'universalité	524
La grande ruée vers le téléphone de l'après-guerre (1945-56)	528
Réapparition de la concurrence	533

Chapitre 17 - Apogée de la technologie électromécanique — **537**

MT&T sonne le ralliement à l'automatique — 537
Automatisation massive de Bell — 539
Évolution de l'automatisation au Canada — 544
Situation de l'automatique sur la scène internationale — 546
Systèmes à courants porteurs — 549
Plan nord-américain de commutation interurbaine — 551
La radiotéléphonie traverse l'Atlantique en 1927 — 553
Accroissement de la capacité de transmission : le câble coaxial — 559
Les faisceaux hertziens sont un héritage de la guerre — 561
Le réseau hertzien transcanadien — 564
Le commutateur crossbar ou l'intelligence électromécanique — 569
L'interurbain automatique — 573
Comment sont fixés les numéros de téléphone — 575
Le service Centrex — 577
Le premier câble téléphonique transatlantique — 578
Modernisation du télégraphe et arrivée du Télex — 582

Chapitre 18 - La scène internationale — **587**

La place du Canada dans le monde — 587
Le modèle américain — 591
Fragilité de l'équilibre réglementaire américain — 593
Le complexe militaro-téléphonique aux États-Unis — 595
Le reste du monde fait confiance à l'État — 597
Naissance de la coopération moderne : l'UIT — 598
Les télécommunications dans le cadre du Commonwealth — 602
Les communications internationales sont confiées à une société d'État — 604

Encadrés (1915-1956) — **607**

La crise de 1929 — 607
Les télécommunications et la deuxième Guerre mondiale (1939-1945) — 615

Chronologie des dirigeants de Bell et de Northern — **618**

Bibliographie — **619**

Livres — 619
Thèses et documents universitaires — 625
Revues et magazines divers — 627
Documents divers — 627

Sigles et acronymes — **631**

Préface

Table des tableaux, graphiques et illustrations

Le télégraphe optique de Chappe	20
Le télégraphe optique canadien	23
Le télégraphe de Cooke et Wheatstone	25
Le télégraphe de Morse	25
Hugh Allan, pionnier de la première vague industrielle	30
Frederick Gisborne	38
Le câblier Great Eastern	43
Bureau de télégraphe au XIXe siècle	52
Sandford Fleming	58
Avant-poste télégraphique dans l'Ouest (Humboldt)	64
Trafic télégraphique dans le monde (dépêches/1 000 hab.)	81
Réseau mondial de câbles sous-marins	85
Monument de l'Union télégraphique à Berne	89
Maison de la famille Bell à Brantford (1870-1881)	93
Alexander Graham Bell à 29 ans	95
L'autre inventeur du téléphone, Elisha Gray	98
Extrait du diagramme du brevet de Bell (1876)	100
Premier test interurbain entre Brantford et Paris (Ontario)	105
Alexander Graham Bell à sa table de travail à Washington	112
Theodore Vail « invente » la compagnie de téléphone	118
Un des plus efficaces slogans des relations publiques	123
Alexander Melville Bell et le pasteur Thomas Henderson	128
Le combiné téléphonique de Duquet	132
Charles Fleetford Sise	137
Cyrille Duquet	146
Première ligne téléphonique Canada-États-Unis (1881)	150
Pose d'un poteau téléphonique en ville	152
Poteaux abattus par la pluie verglaçante (1893)	156
Robert McMicking	159
Bell redouble d'effort dans l'Ouest (1903)	205
L'usine Shearer de Northern Electric en 1915	246
Téléphone mural (1879) et Téléphone Blake (1878-1900)	248
Téléphone Blake (1878-1900) et téléphone de table (1900)	249
Le standard multiple répartit les appels automatiquement	253
Le téléphone à cadran est inventé en 1896	259
Le véritable inventeur de Brantford : Romaine Callender	262

Préface

Hoyt, le génie mécanique des frères Lorimer	263
L'usine de Brantford de Callender-Lorimer	264
Commutateur Lorimer (à l'extrême droite, Egbert Lorimer)	266
Le commutateur Lorimer est basé sur le principe d'une roue tournant en permanence	267
Le téléphone Lorimer est basé sur des leviers, non un cadran	268
Commutateur pas-à-pas de Lévis (années 1950)	275
Qu'est-ce qu'un circuit fantôme ?	278
Premier appel Montréal-Vancouver (1916)	282
Central téléphonique de Bomanville (Ontario)	284
Les téléphonistes sont des femmes	286
Le taylorisme s'impose dans les centraux	289
Sur la route, les techniciens échappent à la bureaucratie	304
Le technicien gère son travail comme un artisan	305
Les techniciens appartiennent à l'aristocratie ouvrière	306
Téléphonistes en rangées : un travail encore aliéné	307
Le député nationaliste Armand Lavergne (C. 1920)	311
Taux de pénétration du téléphone au Canada	318
(nombre de téléphones pour 100 habitants)	318
Le téléphone dans le monde en 1914	319
Répartition des téléphones dans le monde en 1914	320
Marconi effectue la première liaison transatlantique (1901)	331
Fessenden fait parler la radio (décembre 1900)	337
Le Canada au temps de l'Amérique du Nord britannique	349
Pigeon voyageur lâché depuis une tranchée	353
Station téléphonique du « Signal Corp » sous la ligne de feu	354
Les compagnies de téléphone vendent des obligations de la victoire	355
Sir Henry Thorton en ondes	384
Évolution de l'industrie télégraphique au Canada (1915-1956)	390
Première émission de radio transcanadienne (1927)	398
Robert Macaulay est l'architecte du réseau transcanadien	400
La ligne transcanadienne est soumise à un climat rigoureux	404
Charles Sise Jr et Frederick Johnson	423
Les trois cercles de la défense électronique de l'Amérique du Nord	432
Système troposphérique utilisé dans le Grand Nord	435
La mini-récession de l'après-guerre au Manitoba	457
La Saskatchewan a un taux de pénétration supérieur à sa performance économique (1926)	463

Fermes desservies par le téléphone dans les Prairies en 1956	465
Comparaison AGT – Edmonton	470
Jules-.A. Brillant dans les années 60 (gauche) en compagnie d'un député fédéral (Louis Guy Leblanc)	479
La crise dans les effectifs de Bell	498
Évolution des tarifs interurbains (1920-1950)	522
Taux de pénétration du téléphone par 100 habitants	525
Revenu personnel par habitant	526
Taux de lignes partagées par rapport au nombre total des lignes	528
Boom de l'après-guerre : la demande dépasse la capacité de Bell	529
Requêtes tarifaires de l'après-guerre (Bell Canada)	532
Comment composer un numéro de téléphone ?	541
Pour l'abonné, l'automatisation se traduit par l'apparition du cadran	542
Notice explicative sur les numéros pour les employés	543
Automatisation des centraux (taux d'appareils téléphoniques desservis par central automatique)	545
Automatisation des centraux et pénétration(1938)	547
Plan de commutation interurbaine au Canada	553
Publicité incitant les abonnés à téléphoner en Angleterre	555
Émetteur de Drummondville où transite tout le trafic téléphonique Canada-Europe	557
Le directeur de la station montréalaise CKVL appelle les urgences par radiotéléphone	559
Les faisceaux hertziens dans le spectre électromagnétique	562
Édification d'une station hertzienne du RTT	566
Le RTT compte 139 stations hertziennes sur 6 200 km	567
Station hertzienne dans les Rocheuses (Colombie britannique)	569
Premier crossbar installé au Canada (Toronto, juin 1955)	571
Câble téléphonique transatlantique	580
Arrivée du câble téléphonique transatlantique à Terre-Neuve (1956)	581
Taux de pénétration du téléphone dans un groupe de pays (nombre de téléphones par 100 habitants)	588
Répartition des téléphones dans le monde en 1956	589
Pénétration par continent (nombre de tél. par 100 habitants)	590
Nombre de dépêches par 1000 habitants	591

Préface

Comparaison entre la baisse du nombre de téléphones et celle des revenus	608
La crise de 1929 dans les deux métropoles canadiennes (nombre de téléphones)	610
Chronologie des dirigeants de Bell Canada	618
Chronologie des dirigeants de Northern Electric	618

PRÉFACE
Par Robert J. Chapuis

L'ouvrage « L'empire invisible » de Jean-Guy Rens constitue une « Somme » — le fruit de ce qu'on appelle un travail de moine bénédictin — en laquelle aucun détail ne manque, et en définitive, représente une incomparable encyclopédie du développement des télécommunications au Canada.

Les dimensions imposantes du livre sont en proportion de la masse considérable des données de toute sorte — historiques, techniques et même géographiques —, pour beaucoup d'entre elles encore jamais mises à jour, que l'auteur a patiemment recueillies.

Que la longueur de l'ouvrage ne décourage pas le lecteur ! Chacun pourra, de façon sélective, y trouver non seulement un très vif intérêt pour le domaine qui lui est propre, mais tout au long de l'ouvrage un véritable bonheur de lecture. Certaines des descriptions de Jean-Guy Rens peuvent se lire comme un roman d'aventures. D'autres, quand il s'agit de batailles d'affaires ou de démêlés politico judiciaires, comme un reportage de chroniqueur sportif rendant compte de l'échange des balles dans un tournoi de coupe de tennis; celui qui s'embarquera pour une longue lecture de la première à la dernière page aura l'impression d'accomplir une longue et merveilleuse croisière à travers tous les territoires des provinces du Canada et en remontant le cours du temps.

Une lecture privilégiée sera cependant celle des spécialistes d'une quantité de domaines d'études. Les historiens en premier lieu :

- ceux de l'histoire politique autant qu'économique du Canada, parla longue marche de ce pays vers son unité, des bords de l'Atlantique à ceux du Pacifique;
- ceux de l'histoire de chacune des différentes provinces de ce pays avec les descriptions, aussi vives qu'alertes, des querelles de clocher qui s'y manifestaient
- ceux de la technologie qui y découvriront les hauts faits de techniciens peu connus (les frères Lorimer) ou de leaders d'industrie (ceux de Northern avec les succès de leur système de commutation DMS) qui représentent des apports mémorables dans l'histoire mondiale du développement tech nologique des télécommunications.

Les sociologues, non moins que les historiens, y trouveront leur butin :

- *sociologues de la vie politique dans le microcosme de localités éparpillées à travers d'immenses territoires, ceux de la Prairie, des Maritimes ou du Grand Nord;*
- *sociologues de la grande politique voulant analyser les conflits incessants d'attribution de compétences entre autorités provinciales et fédérales (l'analyse de ces conflits et des débats qu'ils entraînèrent ne devrait d'ailleurs pas être seulement objet d'études canadiennes. Leur portée constitue un modèle exemplaire pour les politologues devant disserter au sujet des progrès en cours ou à faire pour la réalisation de l'Europe de la « Communauté des 12 »);*
- *sociologues de la vie syndicale;*
- *sociologues de la condition féminine et de ses conditions de vie et d'emploi dans les entreprises canadiennes du téléphone (les « opératrices » du téléphone);*
- *et, sujet politique autant que sociologique, pour le Québec, la lente introduction de la langue française dans l'utilisation du téléphone en cette province.*

Politique autant que sociologique, disons-nous. Ceci s'applique tout autant aux relations d'affaires industrielles face à l'emprise souvent croissante des autorités gouvernementales ou parlementaires. À une époque où s'affrontent les tenants de monopoles nationaux des télécommunications et ceux d'une large ouverture à la concurrence des services de celles-ci, les analyses présentées par Jean-Guy Rens méritent un examen attentif. Il a des formulations à ce propos qui sont parfois percutantes et qui, même si elles ne sont pas de nature à satisfaire tout le monde, devraient être retenues, par exemple à la page 304 (vol. II) : « L'enquête sur les télécommunications de la Commission sur les pratiques restrictives du commerce schématise les excès de juridisme dans la société nord-américaine ». « Caveant consules! » et donc lecture de l'ouvrage de Jean-Guy Rens hautement recommandée aux responsables en tout pays de l'avenir de leurs services de télécommunications.

Robert J. Chapuis

Ferney-Voltaire (France), 1992.

INTRODUCTION

L'air que nous respirons est balayé par des ondes électromagnétiques, les rues que nous parcourons sont irriguées de câbles souterrains en cuivre ou en fibre optique. Le réseau de télécommunications est partout, mais demeure le plus souvent invisible. Pourtant, cette technologie imprègne notre façon de travailler, de nous divertir, bref, de vivre. Elle exerce à proprement parler un empire invisible sur la société de l'information.

Or, le Canada est un des leaders mondiaux en matière de télécommunications. Nous avons entrepris la rédaction de «L'Empire invisible» afin de répondre à la question fondamentale: pourquoi un tel succès en télécommunications? Le résultat est surprenant. Le succès canadien s'inscrit en marge de l'action de l'État qui a le plus souvent ignoré les télécommunications et dont les rares interventions ont été ambiguës. Il s'inscrit dans un cadre de monopole et de réglementation qu'il est aujourd'hui à la mode de dénigrer.

À voir le peu d'ouvrages d'ensemble sur la question, on croirait plutôt avoir affaire à un pays sous-développé. La plupart des livres qui existent sur la question sont sectoriels, généralement juridiques et réglementaires. Deux historiographies commanditées par les compagnies de téléphone ont le mérite d'exister, mais leur optique est institutionnelle et, au demeurant, elles datent déjà de plus de dix ans, une éternité dans cet univers en ébullition. Un livre plus récent, rédigé par un contempteur systématique des entreprises de télécommunications, est victime de ses préjugés et ne rend pas compte de la réalité parce que, en fin de compte, le téléphone au Canada est une affaire qui marche![1]

Prévenons d'emblée le lecteur que ce livre est l'ennemi de toutes les idéologies. S'il est clair que l'initiative privée constitue un des ressorts explicites de cette histoire, ses manquements n'en seront que plus sévèrement stigmatisés. Par contre, quand l'État réalise un bon coup, nous le

---

[1] Collins, Robert, *Une voix venue de loin (L'histoire des télécommunications au Canada)*. Ogle, Ed B., *Allô, l'interurbain! (L'historique du Réseau téléphonique transcanadien)*. Babe, Robert E., *Telecommunications in Canada (Technology, Industry and Government)*.

reconnaissons bien volontiers. On verra que ce sera souvent le cas des États provinciaux de la Prairie. Toute idéologie, quelle qu'elle soit, interprète la réalité en fonction d'une grille d'analyse. Elle est donc vouée à réduire le monde chatoyant et riche qui ondule vif, furtif, devant nos yeux. Nous nous sommes efforcés d'exhumer les faits et de les porter à incandescence jusqu'à ce qu'ils éclairent l'évolution globale de l'industrie des télécommunications.

Dans «L'Empire invisible», les faits sont jugés à l'aune de quatre paramètres aussi objectifs que possible, à savoir:

- le taux de pénétration du téléphone dans la société,
- la performance économique de l'industrie des télécommunications,
- son degré d'innovation et, enfin,
- la qualité de vie des employés.

Or, le Canada a toujours eu un des taux de pénétration téléphonique les plus élevés au monde. Bien sûr, au fur et à mesure que le téléphone devient universel dans tous les pays occidentaux, ce paramètre tend à évoluer vers le plan des tarifs. Les services résidentiels canadiens ont les tarifs qui sont parmi les moins élevés au monde, en tous cas, ils sont en moyenne moins chers qu'aux États-Unis.

Côté économique, le Canada est aujourd'hui un exportateur net d'équipements de télécommunications. Son rythme d'innovation est un des meilleurs au monde et c'est ici qu'a été mis au point un des premiers commutateurs numériques - le DMS de Northern Telecom. Il en résulte un réseau public de télécommunications fortement numérisé.

Si on se tourne du côté des relations industrielles, aux dires mêmes de la partie syndicale, les conditions de travail des employés du téléphone au Canada sont parmi les meilleures au monde. Leur niveau de vie réel, c'est-à-dire exprimé en pouvoir d'achat, vient au deuxième rang mondial après les États-Unis.

On n'obtient pas de tels résultats par hasard. Ce livre suit le fil conducteur de la technologie, car il ne faut jamais oublier que les télécommunications sont avant tout une question de recherche et d'innovation. Le reste, le service du public, le profit des investisseurs, la réglementation de l'industrie sont des retombées d'une histoire dont la technologie est le moteur. Ce qui ne veut pas dire que leur importance soit négligeable. Ces facteurs peuvent stimuler le rythme de l'innovation technologique ou, au contraire, le freiner, l'adapter, le moduler en fonction de contraintes économiques, politiques et sociales.

La technologie n'est pas une fatalité. La technologie est le fruit de décisions humaines. Quand nous disons d'une évolution historique qu'elle est guidée par la technologie, cela n'implique pas l'acceptation d'un déterminisme mécaniste. Cela réfère très explicitement à une série de choix libres.

Ce livre s'attache à remonter chaque fois que possible au tout début de la création technologique. Nous nous sommes efforcés de cerner l'instant créateur qui est à peu près aussi gros de mondes possibles que la création artistique. Au Canada, il faudra attendre les années 1930 pour qu'une série de décisions illuminées de la part des dirigeants des compagnies de téléphone renversent toute l'évolution antérieure qui allait vers l'éclatement et créent un réseau téléphonique intégré. Ce travail d'intégration politique aussi bien que technologique culminera aux alentours des années 1950.

Mais la grande aventure technologique des télécommunications canadiennes commence véritablement au lendemain de la deuxième Guerre mondiale quand un petit groupe d'hommes à Northern Telecom, alors Northern Electric, se lancera dans l'aventure des semi-conducteurs. Le lecteur sera peut-être surpris de voir le récit du voyage inattendu d'un vice-président exécutif de Northern au Japon afin de «copier» des technologies japonaises elles-mêmes «copiées» de technologies américaines... Ainsi va l'étincelle créatrice qui ne doit jamais être honteuse des liens de dépendance.

Nous avons traité la technologie comme l'art, le sport ou la politique. Il y a un instant magique où l'être humain a la liberté de créer ou de disparaître dans la grisaille anonyme du quotidien. Nous avons employé tous les moyens à notre disposition - ouvrages publiés, articles de magazines et de journaux, archives internes des entreprises, interviews avec les acteurs ou les témoins de l'histoire - afin d'éclairer ces instants créateurs. Ce faisant, nous avons conféré à l'histoire technologique et économique autant de panache que celui que revêt habituellement l'histoire politique ou culturelle. Les livres d'histoire classique présentent des grands chefs d'État, des généraux victorieux et des artistes de renom. Nous avons l'ambition de présenter au public les chercheurs qui ont façonné notre environnement matériel et les chefs d'entreprise qui ont créé les empires fragiles ou durables, ou encore les PME innovatrices, qui nous permettent de vivre. Il y a autant de gloire à créer une entreprise comme les Recherches Bell-Northern ou à mettre au point la commutation numérique qu'à créer la Confédération canadienne ou à écrire *Maria Chapdelaine*.

Cette affirmation de la liberté de création ne doit pas nous induire à considérer que la technologie a une existence impalpable et fluide, modifiable et réversible à souhait. Non, à partir du moment où elle s'incarne, la technologie acquiert une pesanteur qui échappe à son créateur. C'est alors, mais alors seulement, que l'on trouvera dans ce livre affirmé un certain déterminisme technologique. Ce déterminisme peut se résumer à deux constations très simples :

- L'être humain n'est pas libre d'adopter ou de refuser une technologie donnée. Si une entreprise ou une nation n'adopte pas une technologie alors que ses concurrents le font, elle est condamnée au dépérissement.
- Chaque technologie a sa propre nature. La méconnaissance de cette nature induit ses utilisateurs à en faire un usage impropre. Ainsi, maintes tentatives ont été faites d'employer le téléphone à ses débuts pour diffuser des nouvelles ou des cérémonies religieuses. C'était ignorer le caractère interactif et personnel du téléphone. La diffusion sera prise en charge par la radio et ce sera l'occasion d'une autre grande aventure technologique.

« L'Empire invisible » s'efforce d'avancer sur la cordelette mince du cours du temps à la manière d'un équilibriste tour à tour sollicité par la tentation de la pure liberté créatrice et la fatalité du déterminisme technologique.

Il y a une autre raison qui nous a poussés à entreprendre ce livre et qui est plus personnelle. L'auteur a travaillé près d'une dizaine d'années à Bell Canada et a donc été amené à connaître de l'intérieur les «gens du téléphone». Il y a, en effet, en Amérique du Nord une communauté du téléphone qui existe sans doute depuis le tournant du siècle, avec son langage, ses valeurs communes, ses non-dits, ses héros et ses exploits, bref, sa culture.

Nous nous sommes attachés à cette communauté d'hommes et de femmes qui ont été modelés à l'image de l'industrie. Qui sont-ils, ces gens du téléphone? Il s'agit de personnes représentatives de la moyenne sociale. Pendant longtemps, les compagnies de téléphone nord-américaines étaient dominées par les « *White Anglo-Saxon Protestants* ». Dans le Canada d'aujourd'hui, les « *Wasps* » ont été rejoints par les francophones, les femmes, les juifs, les Italiens, les Grecs et les représentants des minorités visibles, mais ceci sans ostentation, comme naturellement, par capillarité sociale.

Trois valeurs dominent l'existence des gens du téléphone: le sens du réseau, le service du public et la juste rétribution de l'investissement des actionnaires. Il n'y a pas d'ordre dans cette énumération. Nous savons que les contempteurs des entreprises de télécommunications diront que le profit est le moteur de ces institutions. C'est vrai. C'est d'ailleurs pour cela qu'il s'agit de l'un des rares services publics en Amérique du Nord qui, d'une façon générale, ne perd pas d'argent. Chaque décision est scrutée en fonction du critère de la rentabilité.

Mais ce n'est pas le seul critère. Les trois valeurs dominantes sont inséparablement liées dans la conscience des gens du téléphone de sorte qu'il est difficile d'isoler une causalité unique à une action donnée. Voilà pourquoi les auteurs qui ont voulu expliquer les télécommunications canadiennes ou nord-américaines par le seul profit sont voués à passer à côté de la réalité. Plus intéressant, à notre avis, est d'analyser la nature des notions de réseau, de service et de profit telles que les véhiculent les gens du téléphone.

Il s'agit dans tous les cas de concepts collectifs, englobants, évolutifs, ce qui a pour conséquence de faire des gens du téléphone des « conservateurs ». Introduire une nouvelle technologie dans le réseau de télécommunications n'a de sens que si elle s'intègre dans un plan d'ensemble, de façon à ne pas interrompre le service de groupes entiers d'abonnés, ni à nécessiter le remplacement de tous les équipements plus anciens. L'innovation doit sans cesse se soumettre aux impératifs de la continuité.

Le lecteur aura deviné que nous évoquons ici un conservatisme éclairé. Les gens du téléphone ont le solide bon sens de ceux à qui «on ne la fait pas». Voilà pourquoi les politiciens et les charlatans de tout poil ont généralement peu de succès avec eux. Leur vision s'articule toujours autour d'une subtile dialectique entre les impératifs du moment, les contraintes du passé et l'aiguillon des objectifs à long terme.

Ce divorce entre les gens du téléphone et les politiques n'aura jamais été aussi flagrant que lors de la crise du satellite à la fin des années 1960. Devant l'engouement suscité par l'irruption d'une nouvelle technologie, les gens du téléphone ont opposé un sain scepticisme: oui, mais il faut intégrer le satellite dans les réseaux hertziens existants, prévoir la venue de la fibre optique, prévenaient-ils. Las, les politiques se répandaient dans les médias en criaillant à qui mieux mieux: satellite ! satellite ! L'avenir a donné raison aux gens du téléphone. Le satellite est une technologie merveilleuse quand utilisée à bon escient, c'est-à-dire en complément aux réseaux terrestres, pas en substitut universel.

En fin de compte, la culture des gens du téléphone est fortement technologique. Ce sont des ingénieurs qui, depuis le tout début de la téléphonie et même de la télégraphie, ont façonné les valeurs dominantes de cette industrie. On a beaucoup critiqué ces derniers temps la teneur technologique des entreprises de télécommunications en les prétendant insensibles aux besoins du public et, parfois même, en les accusant d'élitisme. Ces critiques ont leur part de vérité, mais il n'en reste pas moins que ce sont des ingénieurs qui ont poursuivi et atteint l'objectif de l'universalité du téléphone à une époque où personne n'y songeait.

Aujourd'hui, nous assistons à une remise en question brutale de cette culture. Aux États-Unis, une alliance circonstancielle de populistes, de survivants des droits civiques et de croisés de la libre entreprise, a réussi à détruire la plus grande galaxie industrielle au monde - le Bell System. Au Canada, les menaces, bien que moins précises, existent également. La démission de l'État fédéral ajoute un facteur d'incertitude à la situation et menace de désorganiser le système en place.

Par quoi remplacerait-on le monopole exercé actuellement par les opérateurs de télécommunications? Les critiques clament en chœur: par la concurrence! par les lois du marché! par la libre entreprise! Mais l'exemple américain montre qu'il s'agit plutôt de substituer le règne des avocats à celui des ingénieurs.

AT&T a été détruite par les avocats de son concurrent MCI et du ministère de la Justice et, depuis lors, les télécommunications américaines sont réglementées de façon contradictoire par les régulateurs fédéraux, ceux des États et les juges des différentes instances judiciaires compétentes. On assiste en Amérique du Nord à une «judiciarisation» excessive de tous les processus économiques et les télécommunications n'échappent pas à la règle.

Signalons enfin que ce livre n'a pas été financé par une quelconque organisation publique ou privée, ce n'est pas non plus un ouvrage universitaire. L'auteur est un homme de terrain et il entend, par ce livre, susciter la réflexion sur une industrie dont l'importance va croissante. Sa volonté est de favoriser le dialogue entre l'entreprise et l'université et, pourquoi pas, contribuer à son niveau à tisser des liens entre ces deux grands pôles de l'activité humaine.

Le morcellement extrême des télécommunications canadiennes a très certainement amené l'auteur à privilégier certains aspects de l'industrie. Tout en étant conscient du caractère incomplet d'une entreprise de la sorte, nous avons néanmoins voulu proposer une vision générale des télécommunications, abordant le secteur des services aussi bien que celui de la fabrication, passant en revue son développement province par province, nous attachant au côté réglementaire tout autant qu'à celui de la technologie et du pouvoir, intégrant enfin, ce que l'on omet trop souvent, l'aspect des relations de travail.

Chacune des thèses de cet ouvrage pourrait donner lieu à une étude approfondie. La seule prétention de cet ouvrage est de recenser les grands axes de force des télécommunications canadiennes et, pourquoi pas, d'inciter d'autres chercheurs à reprendre le travail pour le pousser plus avant.

La place prédominante conférée à Bell Canada dans cet ouvrage n'est pas le fruit d'une décision arbitraire. Le groupe Bell est au centre de tout le dispositif industriel des télécommunications canadiennes. Le poids relatif de Bell et des opérateurs de télécommunications qui lui sont associés pèse pour 60% dans les télécommunications canadiennes, encore cela ne tient-il pas compte du secteur de la fabrication.

L'organisation de ce livre reflète tout naturellement cette position dominante de Bell Canada. Or, le développement de cette entreprise obéit à trois cycles distincts. Nous avons donc été amenés à distinguer trois périodes dans l'évolution des télécommunications au Canada qui constituent des mondes séparés, sécrétant des valeurs propres, avec peu de liens de l'un à l'autre.

Dans un premier temps, de 1880 à 1915, Bell se comporte comme un prédateur, essayant de construire un monopole à moindre frais, ratant d'ailleurs le monopole et évitant de justesse la nationalisation. C'est une compagnie typique du capitalisme sauvage du XIXe siècle créée et dirigée pendant 35 ans par Charles Fleetford Sise, un autocrate dynamique mais obtus. La base technologique de la compagnie est le central manuel. On ne peut pas parler de réseau, mais plutôt d'une association de centraux.

Année symbole s'il en est, 1915 voit Sise abandonner les rênes du pouvoir à Bell sonnant ainsi le signal du renouveau. Sur le plan technologique, 1915 marque le triomphe du téléphone sur la distance avec la première communication transcontinentale New York - San Francisco et bientôt Montréal-Vancouver. Cette même année aussi, le radiotéléphone unit l'Amérique à la France. Les télécommunications modernes entrent à l'âge adulte.

La deuxième période des télécommunications canadiennes est marquée par le triomphe des idées de Theodore Vail, le célèbre président qui a dirigé AT&T durant la période précédente. Le grand dessein de Vail – universalité du service téléphonique – est atteint en 50 ans. Le monopole des compagnies de téléphone est contrebalancé par une politique de transparence vis-à-vis du public et de l'État ainsi que par des avantages sociaux nettement en avance sur son temps à l'égard des employés. Les idées de Vail sont introduites au Canada par Bell qui impose ses normes de qualité technologique et de gestion à toute l'industrie par le biais d'un regroupement associatif de compagnies. Cette grande politique a cependant pour effet de maintenir le Canada dans la sphère d'influence américaine.

La dernière grande période commence en 1956 avec le «Consent decree» entre AT&T et le ministère de la Justice des États-Unis qui met un terme aux relations privilégiées entre les fabricants américains et canadiens. Le mouvement de séparation entre Bell et AT&T, déjà entamé au cours de la deuxième période, s'accélère. Avec l'instinct supérieur de qui se bat pour ne pas disparaître, Bell et sa filiale *Northern Electric* (l'ancêtre de Nortel) misent sur le tout-numérique et lancent la R-D canadienne à l'assaut du marché mondial. L'élève docile des États-Unis va damer le pion à son ancien maître dans son propre marché.

Ce succès fait entrer les télécommunications dans une zone de turbulences nouvelles: les frontières entre les télécommunications et l'informatique s'effacent. Le monopole est contesté par des nouveaux venus. En fait, c'est la nature même des télécommunications qui change. Auparavant, les télécommunications constituaient une aide subalterne aux communications personnelles dont le modèle demeurait le tête-à-tête et donc les transports. Il fallait se déplacer physiquement pour parler, négocier, décider.

Aujourd'hui, les réseaux de télécommunications deviennent l'activité centrale de nombreux secteurs économiques. Les institutions financières, les grands médias, les compagnies de transport sont d'abord un système de communications. Le reste de leurs activités ne sont qu'applications spécialisées.

S'il était acceptable sans trop de difficulté de confier une activité marginale à une organisation en situation de monopole, cela est-il encore possible quand cette activité devient centrale? Paradoxalement, les télécommunications sont victimes de leur succès. Un nombre croissant de grandes entreprises refusent de confier la gestion quotidienne de leurs réseaux de télécommunications à un réseau public.

La facilité technologique conduit les entreprises à créer des réseaux privés et mondiaux dont le principal souci est d'assurer un lien exclusif, donc non compatible avec leurs concurrents. Pour les entreprises qui n'ont pas la taille requise, on voit naître des revendeurs spécialisés qui se mettent à leur service pour leur bâtir des réseaux sur mesure. La tentation est grande pour les opérateurs publics de faire de la surenchère et de créer des réseaux privés à la carte pour leurs grands clients. Le danger est d'aboutir à une balkanisation du réseau public. Ce danger est particulièrement grand aux États-Unis et en Grande-Bretagne où la vague de fond de la concurrence a déferlé avec le plus de force.

Ce livre laissera le lecteur dans un univers fluide et imprévisible où de grandes forces sont en marche et où la direction semble échapper à tout contrôle. L'État fédéral essaie toujours, après 110 ans d'absence, de comprendre la dynamique des télécommunications canadiennes. Bell joue depuis 60 ans le rôle de grand fédérateur de la téléphonie canadienne par le truchement du groupe Stentor (successeur de Telecom Canada et du Réseau téléphonique transcanadien). Mais de nouveaux venus contestent les règles du jeu: héritiers des anciennes compagnies de télégraphe à la recherche d'une reconversion, câblodistributeurs en plein essor, fabricants en informatique, revendeurs de services à valeur ajoutée, administrations provinciales soudain intéressées par la réglementation des télécommunications. L'avenir est ouvert. Reste à savoir quelles sont les chances de l'industrie canadienne dans cette foire d'empoigne qui s'annonce.

Remerciements

Tout livre est l'expression individuelle d'un effort collectif. Même si ce livre représente la seule opinion de l'auteur et n'engage que sa responsabilité, il n'aurait pas été possible sans l'aide, le soutien et les conseils d'un petit groupe d'amis patients et dévoués.

Je tiens à remercier en premier lieu Huguette Guilhaumon, alors vice-présidente (Relations médias) à Burson-Marsteller pour son appui constant et ses multiples relectures du manuscrit à différentes phases de son développement. Puissent sa clairvoyance et sa ténacité trouver ici une très sincère récompense. Elle a été la première à prodiguer ses conseils, mais pas la seule.

Les personnes suivantes ont également lu tout ou partie de «L'Empire invisible» et ont droit à l'expression de toute ma gratitude (ordre alphabétique):

- Robert J. Chapuis, ancien conseiller supérieur du CCITT à l'Union internationale des télécommunications (UIT), auteur de «100 Years of Telephone Switching» et de «Electronics, Computers and Telephone Switching»
- Michel Landry, vice-président adjoint à Northern Telecom
- Paul Major, ancien vice-président adjoint de Bell Canada
- Pierre Marion, chef divisionnaire adjoint (relations publiques) à Bell Canada
- Ivo Rens, professeur d'histoire des doctrines politiques à la faculté de droit de l'Université de Genève
- Stanley Swihart, président du Telephone History Institute, États-Unis, auteur du livre à paraître «Telephone dials and push buttons»
- Charles Terreault, ancien vice-président adjoint de Bell Canada et actuellement professeur à l'École Polytechnique de Montréal

Mais un livre comme celui-ci n'aurait jamais pu voir le jour sans l'appui de nombreux chercheurs qui ont pris sur leur temps pour me répondre. Il s'agit, en premier lieu de Pierre Dion, ancien bibliothécaire à Bell Canada et d'Ed Toombs, son successeur.

Il me faut aussi remercier tout le personnel du Service historique de Bell Canada pour son concours et, en particulier, Anna Supino qui a patiemment cherché, photocopié et même, parfois, recherché une deuxième fois, les nombreux documents qui a servi à la rédaction de «L'Empire invisible».

Les personnes suivantes ont également effectué des recherches ou facilité l'accès à des sources d'information et méritent également des remerciements spéciaux:

- Claude Beauregard, vice-président adjoint Affaires publiques de Bell Canada
- Stephanie Boyd, directrice du Centre d'information spécialisée de Bell Canada
- Tom Bowling, ancien chercheur des Recherches Bell-Northern, consultant en télécommunications
- Gilles Lebreton, agent principal Affaires publiques de Télésat Canada
- Monique Perrier, chef de la bibliothèque centrale du ministère des Communications du Canada
- Stephanie Sykes, directrice des Services historiques de Bell Canada
- G. El-Zanati, chef de la bibliothèque centrale, documentation et archives de l'UIT

Enfin, ce livre est basé sur le témoignage de quelques-uns des principaux acteurs des télécommunications (ordre chronologique):

- Raymond Goyette, vice-président adjoint au Personnel (retraité), Northern Telecom	23/02/90
- Alex G. Lester[†], vice-président exécutif (retraité), Bell Canada	19/03/90
- René Roy, vice-président STCC (syndicat Bell)	08/03/90
- René Thibault, chef divisionnaire relations du travail, Bell	02/04/90
- Alex G. Lester[†], vice-président exécutif (retraité), Bell	02/04/90
- Alma Books, vice-présidente (retraitée) ACET (syndicat Bell)	09/04/90
- Charles Terreault, vice-président adjoint (recherche), Bell	06/04/90
- Paul Major, vice-président adjoint (retraité), Bell	12/04/90
- Alex G. Lester[†], vice-président exécutif (retraité), Bell	19/04/90

- Vernon O. Marquez, président (retraité), Northern — 23/04/90
- Cyril A. Peachey, vice-président exécutif (retraité), Northern — 02/05/90
- Claude Duhamel, vice-président (retraité), Bell — 07/05/90
- Jean de Grandpré, président du conseil, BCE Inc. — 08/05/90
- W. Brooke Tunstall, vice-président exécutif (retraité), AT&T — 10/05/90
- Don Chisholm, président (retraité), Recherches Bell-Northern — 16/05/90
- M. Israel, directeur affaires internationales, Téléglobe Canada — 28/05/90
- Larry D. Clarke, président du conseil, Spar Aérospatiale — 20/06/90
- Yvon Côté, président (retraité), Régie des services publics du Québec — 26/06/90
- Eric Kierans, ancien ministre des Communications du Canada — 06/07/90
- Allan E. Gotlieb, ancien sous ministre des Communications du Canada — 09/07/90
- Harry Kowalik, vice-président systèmes satellites, Télésat — 16/07/90
- David A. Golden, président du conseil, Télésat — 16/07/90
- Z.H. Krupski, président (retraité), RTT — 17/07/90
- Basil Bénéteau, président (retraité), Québec-Tél, BC Tel, Northern — 23/07/90
- Michel Landry, vice-président adjoint, Northern Telecom — 30/07/90
- Wally C. Benger, vice-président exécutif (retraité), Northern — 07/08/90
- Charles Terreault, vice-président adjoint (recherche), Bell — 08/08/90
- Anthony A. Brait, président du conseil, Newfoundland Tel — 16/08/90
- Paul Major, vice-président adjoint (retraité), Bell — 26/09/90
- Kenneth V. Cox, président et président du conseil (retraité), NB Tel — 30/09/90
- Ivan E.H. Duvar, président et chef de la direction, MT&T et Island Tel — 02/10/90
- Cyril A. Peachey, vice-président exécutif (retraité), Northern — 15/10/90
- George A. Spencer, vice-président exploitation, SaskTel — 16/10/90
- Allan E. Gotlieb, ancien sous ministre des Communications du Canada — 23/10/90
- Charles Terreault, vice-président adjoint (recherche), Bell — 24/10/90
- Gérard Pelletier, ancien ministre des Communications du Canada — 26/10/90
- Claude Morin, professeur à l'ENAP, ancien ministre des Affaires intergouvernementales
- du Québec — 30/10/90
- Jean Loiselle, ancien chef de cabinet d Premier ministre du Québec Daniel Johnson — 05/11/90
- A. Gordon Archibald, président et chef de la direction (retraité), MT&T, Island Tel — 14/11/90
- Keith W. Hoffman, agent des systèmes nationaux, ministère — 04/12/90

des Communications du Canada
- Roy M. Dohoo, chercheur, Centre de recherches sur les communications (retraité) — 06/12/90
- Pierre Lamarche, vice-président (Question de réglementation), Unitel — 13/12/90
- Jean-Paul L'Allier, maire de Québec, ancien ministre des Communications du Québec — 18/01/91
- Paul Gadoury, responsable permanent à la francisation de Bell Canada (retraité) — 31/01/91
- Gilles Bergeron, ancien sous-ministre adjoint des Communications du Canada — 08/02/91
- George E. Harvey, président et chef de la direction d'Unitel — 07/02/91
- Bill Krawetz, directeur des communications de Manitoba Telephone System — 17/05/91
- Tony Cashman, historien d'AGT et auteur du livre *Singing Wires* (retraité) — 20/05/91
- Jean-Claude Delorme, président de la Caisse de dépôt, ancien président de Téléglobe Canada — 22/05/91
- Raymond Goyette, vice-président adjoint au Personnel (retraité), Northern — 30/05/91
- Tony Zeitoun, directeur secteur télécoms, Agence canadienne de développement international — 10/06/91
- Ray Marchand, directeur relations internationales, ministère féd. des Communications (retraité) — 26/06/91
- Jack Sutherland, vice-président de RCA et président de Télécommunications CNCP (retraité) — 27/06/91
- Charles Terreault, vice-président adjoint (recherche), Bell — 13/08/91
- Jim A. MacInnes, vice-président Communications, BC Tel (retraité) — 21/08/91
- Jean de Grandpré, président du conseil, BCE Inc. (retraité) — 30/10/91
- Charles Terreault, vice-président adjoint (retraité), Bell, professeur à Polytechnique — 18/11/91

Particulièrement précieux aux yeux de l'auteur est le témoignage d'Alex Lester qui fut un des plus grands ingénieurs canadiens et qui a su, par son alliance toute spéciale de hauteur d'esprit et de sens pratique, nous donner l'heure juste sur bien des événements passés. Malheureusement, Lester n'est plus parmi nous pour juger du résultat de ses conseils. Puisse sa famille trouver ici le témoignage de notre souvenir.

Avertissement

Les opinions et les interprétations contenues dans ce livre appartiennent à l'auteur et ne représentent en aucun cas les personnes mentionnées ci-dessus, ni les institutions dans lesquelles elles travaillent ou ont travaillé. Les erreurs qui ont pu se glisser dans ce livre relèvent de la seule responsabilité de l'auteur.

PARTIE 1 : L'ÂGE BAROQUE (1846 - 1915)

Au Canada, l'âge baroque des télécommunications s'étend de 1846 à 1915. Ces dates n'ont rien d'arbitraire. En 1846, le télégraphe fait son apparition pour relier Toronto aux États-Unis. En 1915, le fondateur de l'industrie téléphonique canadienne, Charles Sise prend sa retraite. Mais ce n'est pas tout. 1915 est aussi l'année où la technologie du téléphone triomphe de la distance : AT&T relie New York à San Francisco par son réseau interurbain et à Paris par radiotéléphone. Il est des moments symboliques où tout converge : fin d'une époque, prémisses vibrantes d'une autre.

L'âge baroque voit s'édifier dans l'enthousiasme une industrie nouvelle. Des exploits prodigieux sont réalisés, des entreprises naissent avec peu de capitaux et beaucoup d'innovations. Une toile d'araignée télégraphique puis téléphonique étend ses ramifications sur l'ensemble du continent. Mais c'est aussi une époque de capitalisme sauvage. Les compagnies de téléphone font du yo-yo avec les tarifs : ils montent quand les abonnés sont captifs ; ils baissent quand un concurrent pointe son nez. Dans ce cas, tous les coups sont permis, y compris le téléphone gratuit pour les notables (maire, médecin, curé...). Les employés du téléphone, surtout les femmes, sont traités comme des serfs, mal payés et renvoyés à la moindre menace de grève.

Époque dure, donc, mais non dénuée de grandeur. Le télégraphe bouleverse la géographie mondiale avec le câble sous l'Atlantique. Le téléphone progresse plus lentement, mais son action se fait sentir jusque dans l'intimité des foyers. Télégraphe et téléphone sont les premières machines électriques : leur apparition restructure durablement l'ordre industriel.

Chapitre 1 - Les débuts du télégraphe

Le concept et le mot de télégraphe apparaissent à la fin du XVIIIème siècle pour désigner la transmission de textes par sémaphore. Aucune innovation technique n'est requise au niveau du « matériel » : il suffit d'installer des tours à portée de vue les unes des autres afin de permettre aux guetteurs de lire les signaux transmis. D'un point de vue technique, c'est donc une invention préindustrielle

De longue date, on recourait, dans la marine surtout, à des signaux optiques pour transmettre des messages. La nouveauté du télégraphe vient du « logiciel » : au lieu de se contenter de transmettre des messages idéographiques (pavillon en damier blanc et bleu pour les appels de détresse, pavillon noir pour les naufrages), il transmet des lettres alphabétiques qui permettent d'envoyer des messages complexes.

Le télégraphe optique

Plusieurs expériences furent menées simultanément, mais le pays qui développa le système le plus perfectionné est sans conteste la France où Claude Chappe réussit à convaincre le gouvernement révolutionnaire de construire une ligne de 230 km entre Paris et Lille. La ligne fut inaugurée en août 1794 afin de tenir le gouvernement informé des nouvelles des opérations militaires qui se déroulaient dans le nord de la France. C'est un succès. Mais les sémaphores coûtent cher : leur exploitation et leur entretien nécessitent un personnel pléthorique éparpillés au long de lignes interminables.

Comment financer une infrastructure aussi lourde ? Chappe voulait ouvrir le télégraphe aérien au monde des affaires et aux journaux, mais le gouvernement révolutionnaire refusa et réserva le système à l'armée. Arrivé au pouvoir, Napoléon Bonaparte sortit le télégraphe de son cadre purement militaire pour le mettre au service de l'administration publique.[2] Le réseau

---

[2] Tout au plus, acceptera-t-il d'utiliser le télégraphe pour transmettre les résultats de la loterie. Bertho, Catherine, *Télégraphes et téléphones, de Valmy au microprocesseur*, Le Livre de Poche, Paris, 1981, 539 pages. cf. p. 36. Musso, Pierre, *Télécommunications et philosophie des*

optique français comptera jusqu'à 5 000 km de lignes et fonctionnera jusqu'en 1859, mais il desservira jamais le trafic privé.

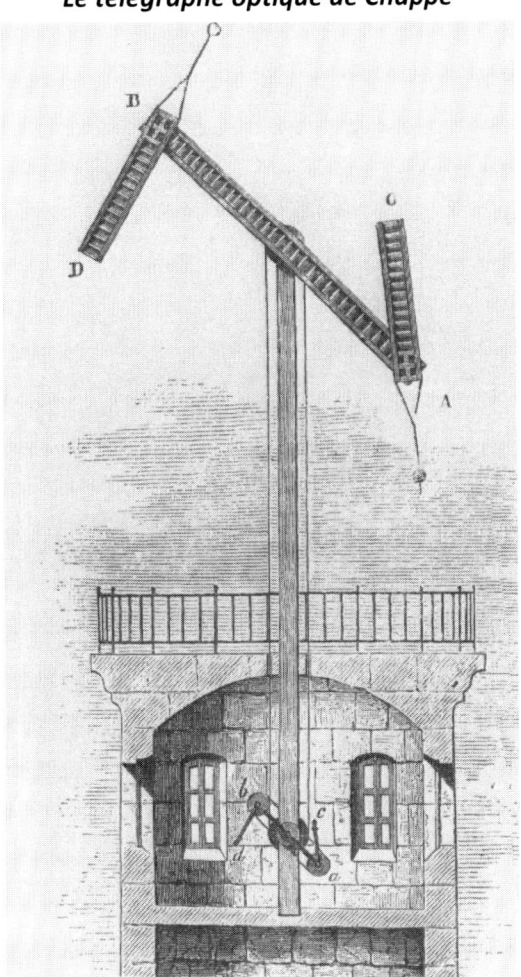

Le télégraphe optique de Chappe

À la même époque, plusieurs autres pays adoptèrent des technologies comparables, mais aucun ne les développa autant que le modèle français. Quelques mois après la première de Chappe, Londres fut reliée par télégraphe optique à toutes les côtes anglaises, en prévision d'une invasion française. Après la fin des guerres napoléoniennes, le système sera progressivement rétrocédé aux commerçants qui s'en serviront pour

---

réseaux, Presses universitaires de France (PUF), Paris, 1997, 395 pages. Cf. p. 254.

annoncer l'arrivée des navires. Aux États-Unis, une ligne fut érigée entre New York et Philadelphie qui demeurera en service jusqu'en 1846. Divers systèmes côtiers furent aussi constitués, mais ils utilisaient tous des codes différents.

Pour l'historien des télécommunications, il n'est pas toujours facile de faire la distinction entre un réseau embryonnaire de télégraphe optique et les systèmes traditionnels de signaux par drapeaux et fanions. Partout, ces amorces de télégraphie optique échoueront, en raison des coûts énormes d'entretien et de l'utilisation limitée qui en fut faite (militaire et maritime). Seule la France sut trouver une application stratégique à cette technologie : la gestion de l'État.

Dans l'Amérique du Nord britannique eut lieu une expérience originale mais éphémère. Deux lignes de sémaphores furent érigées : la première, entre Halifax et Annapolis, en Nouvelle-Écosse sur une distance d'environ 210 km ; la seconde entre Saint-Jean et Fredericton, au Nouveau-Brunswick, sur près de 130 km. Des navires faisaient la navette entre les deux lignes. Leur origine est également militaire : elles furent inaugurées en 1798 à une période où les corsaires de la jeune République française faisaient peser une certaine menace sur les établissements militaires et commerciaux de l'Amérique du Nord britannique.

C'est le commandant en chef de l'armée de la Nouvelle-Écosse et du Nouveau-Brunswick, le prince Édouard, qui mena le projet à bien. Personnage tatillon et besogneux, le prince Édouard eut tôt fait de découvrir la puissance du télégraphe optique. Il se servit du sémaphore pour contrôler d'une main de fer tout ce qui se faisait dans la colonie. Une lettre de l'un de ses officiers relate cette étrange dilatation du pouvoir royal :

> *Le duc est retourné samedi sans que je sache pourquoi son séjour s'est prolongé plus longtemps que prévu, mais j'ai appris que l'on avait construit des télégraphes tout au long du chemin d'Annapolis, ainsi un flot continuel de communications a continué à nous apporter des ordres et des contre-ordres pendant son absence, allant même jusqu'à approuver les jugements de la cour martiale et à faire flageller les hommes.*[3]

---

[3] Morrisson, James H., *Wave to Whisper : British Military Communications in Halifax and the Empire, 1780-1880*, brochure de la série « History and Archaeology » N° 64, Parks Canada,

Le prince Édouard ne se contenta pas d'inventer la télé-flagellation. Il possédait un réel sens de l'État et il projeta de continuer le télégraphe optique jusqu'à Québec en passant par la baie des Chaleurs. Malheureusement, les frais de construction et d'entretien d'un tel système étaient prohibitifs. Le télégraphe optique était constitué par des tourelles de bois surmontées d'un mât chaque 10 ou 12 kilomètres et il fallait défricher la forêt afin de ne pas gêner la visibilité. Six hommes par sémaphore étaient nécessaires pour assurer un service permanent.

L'Amérique du Nord britannique manquait de fonds et d'hommes pour qu'un tel projet eût quelques chances de réussir. Quand le prince Édouard quitta Halifax en 1800, le télégraphe canadien retrouva un usage purement militaire et bientôt la paix d'Amiens conclue en 1802 entre la France et la Grande-Bretagne lui ôtait toute justification. Les deux lignes furent abandonnées et la reprise des hostilités ne suffit pas à ranimer l'intérêt dans un ouvrage sorti tout droit d'un cerveau extravagant et princier.

On ne sait pas avec certitude quel était le code utilisé par le télégraphe optique canadien. Il semble que ce soit un système à base de balles suspendues sur un poteau à deux bras, en forme de croix de Lorraine. L'alphabet était numérisé et les chiffres étaient figurés par la position des boules sur les bras de la croix de Lorraine. Il s'agit donc d'un système légèrement plus complexe que celui de Chappe, mais qui s'apparente bel et bien à la télégraphie et non au simple échange de signaux idéographiques.

Ottawa, 1982, 110 pages. Lettre du capitaine Lyman à Halifax, datée de février 1800 et adressée à Edward Winslow à Fredericton, cf. p. 28

Le télégraphe optique canadien

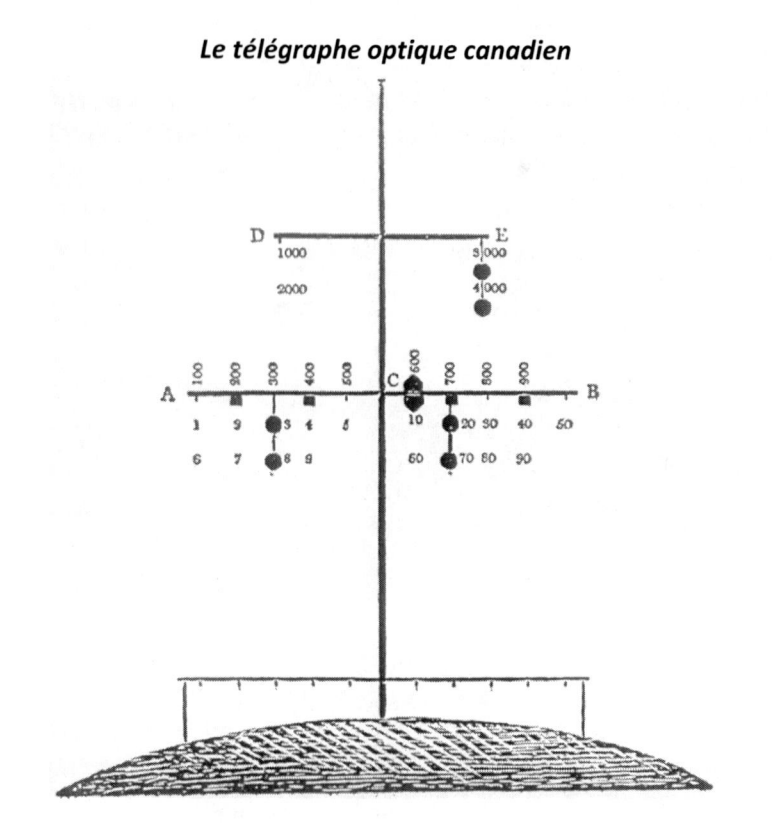

Branche inférieure	Bras A	Unités
	Bras B	Dizaines
	Curseur C	Centaines
Branche supérieure	Bras D	Milliers
	Bras E	Milliers

Les sémaphores continuèrent à être utilisés de façon ponctuelle dans les ports canadiens après le départ du prince Édouard. Halifax, Saint-Jean (Nouveau-Brunswick) et Québec ont eu recours à des systèmes de sémaphores afin de signaler l'arrivée des navires jusque dans les années 1840. Leur usage était à la fois civil et militaire et des conflits éclatèrent au sujet des frais d'entretien des systèmes. Halifax eut jusqu'à trois systèmes parallèles de télégraphe optique (armée, marine et commerçants).[4]

---

[4] Morrisson, James H. , *Wave to Whisper : Btitish Military Communications in Halifax and the Empire, 1780-1880*, cf. pp. 19-36. Collins, Robert, *Une voix venue de loin*, cf. p. 20.

Invention du télégraphe électrique

Mais la véritable aventure du télégraphe est liée aux développements de l'électricité. En 1801, le physicien italien Alessandro Volta met au point la pile électrique. Le physicien danois, Christian Oersted prouve en 1820 que tout courant électrique crée un champ magnétique. Ces deux inventions constituent la base scientifique de l'invention du télégraphe.

Très vite, les chercheurs conçoivent le projet d'utiliser l'électricité pour transmettre de l'information. Malheureusement, la plupart des systèmes envisagés avaient pour défaut d'être encombrants. Ainsi, le premier dispositif télégraphique fut mis au point par le Français André Marie Ampère, mais il avait besoin d'autant de fils qu'il y a de lettres dans l'alphabet. Plus efficace déjà, fut le dispositif à cinq fils testé en 1837 par les Anglais William Cooke et Charles Wheatstone. Il sera largement utilisé en Grande-Bretagne jusqu'au XXe siècle.

Le pas décisif fut franchi en-dehors de la communauté scientifique et industrielle par un peintre de second ordre doué d'une volonté inébranlable : l'Américain Samuel Finley Breese Morse. Morse était né en 1791 à Charleston, dans le Massachusetts, et il avait vécu (difficilement) de son art jusqu'à l'âge de 41 ans. C'est en octobre 1832, sur le bateau qui le ramène d'un stage d'études artistiques en Europe, qu'il s'intéresse pour la première fois à l'électromagnétisme. Un de ses compagnons de voyage avait suivi une série de conférences à Paris sur les phénomènes électriques. Il évoqua avec enthousiasme les expériences d'Ampère et exhiba même un électro-aimant qu'il transportait dans ses bagages. Morse demanda « si la vitesse du courant était retardée par la longueur du fil ? » Quand il apprit que l'électricité était transmise de façon instantanée, il se prit à rêver de communiquer des signaux intelligibles.[5]

---

[5] Murray, John, *A Story of the Telegraph*, cf. p. 45.

Le télégraphe de Cooke et Wheatstone

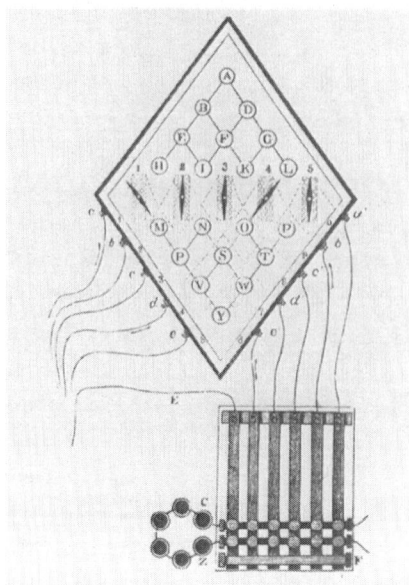

Le télégraphe des Britanniques Cooke et Wheatstone fut le premier télégraphe électrique commercial au monde. Cinq fils actionnaient cinq aiguilles qui indiquaient la position des lettres de l'alphabet.
Courtoisie Service canadien des Parcs

Le télégraphe de Morse introduit le principe de simplicité en télégraphie. Un seul fil suffit à acheminer l'information binaire du code Morse.
Courtoisie Archives CN

Le télégraphe de Morse

Archives CN

À partir de cette traversée, Morse consacre tous ses loisirs, qui sont rares, au télégraphe. Il imagine un dispositif ingénieux où un crayon est suspendu au milieu d'un cadre de tableau vide au-dessus d'un ruban de papier qui se déroule régulièrement, grâce à un mouvement d'horlogerie. Quand, à l'autre bout de la ligne, l'émetteur appuie sur un levier, il ferme un circuit électrique qui active un électro-aimant qui, à son tour, agit sur le crayon. Chaque fois que l'émetteur actionne le levier, le crayon fait un V sur le ruban. À chaque séquence de V correspond un mot.

Le grand apport de Morse à la télégraphie sera le code qui porte son nom. Pourtant le premier télégraphe fabriqué par Morse, en 1835, était difficile à manipuler en raison de la complexité du code utilisé. Il fonctionnait sur le mode de l'idéogramme chinois (un mot, un signe) et non sur le mode alphabétique (découpage du mot en lettres). Pour le reste, il était de fabrication extrêmement simple.

Par une de ces curiosités de l'histoire, le code qui porte son nom ne fut pas mis au point par Morse, mais par son associé Alfred Vail, un technicien de talent. Celui-ci réduisit le code à des séquences de traits et de points qui correspondent aux lettres de l'alphabet. Le « morse » venait de naître. Ce code binaire a la lumineuse simplicité du code informatique actuel dont on peut dire qu'il est l'ancêtre lointain.

Dès sa mise au point, en 1837, Morse s'adressa au gouvernement américain pour obtenir les fonds nécessaires à la construction d'une ligne expérimentale. Après bien des déboires et des contretemps, une ligne est construite entre Baltimore et Washington. La première communication sera établie le 28 mai 1844 avec la transmission du verset biblique :

« *Quelles merveilles Dieu a faites !* »[6]

Les messages envoyés le premier jour démontrent l'utilité du moyen de communication : pêle-mêle la mort d'un parent est démentie auprès de sa famille éplorée, une banque confirme la couverture d'un chèque à un commerçant et le gouvernement reçoit en primeur le compte-rendu de la convention du Parti démocrate à Baltimore. Malgré le succès technique de l'expérience, le gouvernement attendra la confirmation par courrier des résultats du vote à la convention avant de croire à la véracité de la nouvelle...

Quand Morse offrit le télégraphe au gouvernement fédéral pour 100 000 dollars, il se vit opposer encore une fois une fin de non-recevoir. Le ministère des Postes, qui exploitait la ligne expérimentale, craignait que le télégraphe

---

[6] « What Hath God Wrought ! »

écrème le meilleur du trafic postal. Morse insista auprès du Congrès, expliquant l'importance stratégique du télégraphe pour l'État. Seul un service public, argumentait-il, pourrait garantir l'accès des personnes démunies à la nouvelle technologie... Il plaidait dans le désert. Ce fut la dernière déconvenue de sa carrière professionnelle. Morse céda alors aux instances de l'entreprise privée, vendit ses droits à des investisseurs clairvoyants, fit fortune et atteint une notoriété universelle. Depuis lors, aux États-Unis, le développement des télécommunications est avant tout l'œuvre du secteur privé.[7]

Mais Morse a-t-il inventé quelque chose ? Tous les principes scientifiques et les modèles techniques utilisés lors de l'expérience de 1844 étaient connus de la communauté scientifique et même des amateurs éclairés. Témoin, les discussions entre Morse et ses compagnons de voyage sur le bateau entre Le Havre et New York. Morse ignorait la plupart des travaux qui avaient précédé les siens et, paradoxalement, il attribua son succès à cette ignorance :

> *« Si j'avais soupçonné à l'époque que l'idée était déjà venue à l'esprit de quelqu'un d'autre, je ne l'aurais jamais poursuivie. »*[8]

Morse n'a rien « inventé » au sens scientifique du mot, mais il a mis les pièces du puzzle technologique ensemble et, ce faisant, il a apporté à la télégraphie la simplicité technologique qui lui a permis de se développer dans un monde largement préindustriel. Il est le grand simplificateur qui a fait basculer l'électricité dans le domaine commercial.

La télégraphie est la première application pratique de l'électricité, bien avant la lampe électrique, le phonographe et le téléphone qui apparaîtront presque simultanément en 1876-1878.[9]

---

[7] Sharlin, Harold I., *The Making of the Electrical Age, From the Telegraph to Automation*, Abelard-Schuman, Londres-New York-Toronto, 1963, 248 pages. Cf. pp. 9-17. Dordick, Herbert S., « The origins of universal service », in *Telecommunications Policy*, Londres, volume 14, N°3, juin 1990.

[8] Cité in Sharlin, Harold, *idem*, cf. p. 14.

[9] Bertho, Catherine, *Télégraphes et téléphones, de Valmy au microprocesseur*, cf. p. 60.

Naissance du télégraphe canadien à Toronto

Le 19 décembre 1846, le maire de Toronto fait parvenir un télégramme de vœux à son homologue de Hamilton. Inutile de chercher une formule historique dans le texte de ce premier échange. Par contre, on constate que la cérémonie officielle est précédée d'un dialogue laborieux entre les deux télégraphistes sur les heures comparées de Toronto et de Hamilton :

— *Quelle heure est-il ?*
— *Onze heures vingt cinq.*
— *Vous voulez dire midi, n'est-ce pas ?*
— *Non, onze heures trente juste.*
— *C'est l'heure de la ville ?*
— *Oui.*

À l'époque, il n'y avait pas d'heure normale de l'Est et le Canada vivait à l'heure solaire. Il y avait donc deux minutes de décalage entre Toronto et Hamilton. Au demeurant, chaque ville suivait un horaire plus ou moins fantaisiste et dans le cas de Toronto-Hamilton, la différence d'heure était à cette époque de 17 minutes. Les précisions horaires étaient indispensables pour que les deux maires se mettent en ligne dans les bureaux télégraphiques en même temps. En créant un lien instantané entre deux points géographiques, le premier télégramme canadien bousculait la représentation traditionnelle du temps.[10]

Cette première ligne d'une longueur de 143 km appartenait à une entreprise au nom rébarbatif de *Toronto, Hamilton, Niagara and St. Catharines Electrical Magnetic Telegraph Company*, qui avait été fondée par un grossiste en quincaillerie de Toronto, Thomas Denne Harris, à la suite d'une campagne de presse orchestrée par les journaux locaux.[11] La construction de cette première ligne avait été effectuée par un entrepreneur américain de renom, Samuel Porter. Dans un premier temps, le trafic était limité à dix ou douze dépêches par jour. Autant dire que le succès auprès du public ne fut pas immédiat. En effet, les prix étaient relativement élevés et la technique demeurait mystérieuse aux yeux de la plupart des gens. La formule qui ornait

---

[10] *Daily Star*, Windsor, 19 décembre 1946. Il y a quatre minutes de décalage par degré de longitude. Comme Hamilton est à environ un-demi degré de Toronto, la différence d'heure solaire aurait dû être à peu près deux minutes.

[11] Harris avait réussit à convaincre un groupe d'hommes d'affaires d'investir 16 000 dollars dans la ligne télégraphique.

les formulaires télégraphiques de cette première entreprise relevait d'un marketing plutôt ésotérique :

> «Il dirige tout sous la voûte des Cieux et envoie Ses éclairs jusqu'aux confins de la Terre. »[12]

Le télégraphe au Canada n'a pas été conçu en fonction du grand public. L'objet de cette ligne était d'alimenter les journaux de Toronto avec les dernières nouvelles en provenance des États-Unis et les cours du marché céréalier américains. C'est ainsi qu'un mois après son inauguration, la ligne Toronto-Hamilton traversera la rivière Niagara afin de se raccorder à Lewiston avec la ligne Buffalo-New York. Dès janvier 1847, les journaux de Toronto peuvent ainsi recevoir les dépêches de New York qui reproduisent elles-mêmes les dépêches d'Europe. Cette situation de dépendance culturelle est caractéristique du Canada au XIXe siècle qui est un *dominion* tout entier dominé par la Grande-Bretagne victorienne. Cependant, le télégraphe trouvera rapidement un nouveau champ d'application avec les faits divers canadiens.[13]

Toronto ne devait pas conserver longtemps le monopole de la nouvelle technologie au Canada. La métropole financière et industrielle de l'Amérique du Nord britannique était Montréal et elle ne fut pas longue avant de réaliser que le télégraphe était une affaire sérieuse. Piqués au vif par les francs-tireurs torontois, les hommes d'affaires du « Board of Trade » montréalais font venir au Canada le meilleur spécialiste disponible en la matière. Le premier élève de Morse, Orrin S. Wood, est nommé directeur de la nouvelle entreprise qui prend le nom de *Montreal Telegraph*. Montréal, comme Toronto, éprouvait le besoin de se rassurer en faisant appel à des spécialistes américains pour sa technologie. En quelques mois deux lignes sont construites : une vers Toronto et une vers Québec. Au mois d'août 1847, les premiers messages en provenance de New York parviennent à Montréal.

Autant l'expérience de de la ligne Toronto-Hamilton présentait un aspect artisanal et improvisé, autant la fondation de la *Montreal Telegraph Company*

---

[12] Green, Ernest, « Canada's First Electric Telegraph », *Ontario Historical Society's Papers and Records*, vol. XXIV, Toronto, 1927, 8 pages.

[13] Green, Ernest, *op.cit. Telegraphs Statistics of the Dominion of Canada for the year ended June 30, 1912*, Ottawa, 1913. Cf. pp. 1-23.

frappe par son organisation industrielle. À la fin de l'année 1847, *Montreal Telegraph* a installé 870 km de fils et transmis 33 000 dépêches. Mieux, en 1851 elle fera appel à Hugh Allan, un des personnages les plus en vue de la finance montréalaise, pour en faire son président.

Hugh Allan, pionnier de la première vague industrielle

Archives nationales du Canada (C 26 668)

Allan est alors à la tête de la plupart des entreprises alors considérées comme de pointe en Amérique du Nord britannique. Avant tout le monde, il avait décidé de concentrer ses efforts dans trois secteurs : les bateaux à vapeur, le chemin de fer et le télégraphe. Sous son impulsion, le Canada deviendra la quatrième puissance maritime au monde. Allan est un gagnant. Un an après sa nomination, en 1852, il achète l'entreprise pionnière *Toronto, Hamilton, Niagara and St. Catharines*. L'honneur de Montréal est lavé !

Montreal Telegraph ne tarda pas à imposer ses critères de qualité à travers toutes les provinces britanniques d'Amérique du Nord et même aux États-Unis. En effet, les équipements télégraphiques adoptés étaient ceux de Morse, tandis que les matériaux utilisés pour construire les lignes de transmission étaient importés de Grande-Bretagne. *Montreal Telegraph* avait opté pour du fil en fer galvanisé plutôt que le cuivre pourtant meilleur conducteur. En effet, le cuivre utilisé dans les premières lignes américaines manquait de solidité. Il faudra attendre la fin des années 1880 pour que les fabricants de câbles mettent au point un fil de cuivre assez solide pour répondre aux exigences des compagnies de télégraphe.

Il fallait tout inventer. Personne ne savait comment monter des lignes télégraphiques. Quand les fils étaient trop tendus, ils ne résistaient pas à l'hiver : le froid les contractait et ils brisaient comme des cordes de guitare. Quand ils étaient trop lâches, le vent les emmêlait. Il fallut aussi isoler les fils sur les poteaux de façon à ce que la pluie ne transforme pas les poteaux en fils de terre, interrompant ainsi les communications. Après bien des essais, le verre fut retenu comme isolateur. Les poteaux de cèdres devaient être plantés à 1,50 mètre de profondeur au moins.[14]

Le résultat tranchait sur les réseaux « vite faits et bon marché » qui avaient triomphé jusque-là en Amérique du Nord dans la plus pure tradition de rentabilité immédiate. Une fois n'est pas coutume, c'est le modèle de qualité importé de Grande-Bretagne qui finira par s'imposer comme norme à travers tout le continent. Le symbole de *Montreal Telegraph*, une main gantée empoignant des éclairs, en arriva très vite à devenir synonyme de télégraphe pour le public.

Domination de Montreal Telegraph

D'autres petites entreprises virent cependant le jour pendant cette même période avec une facilité d'autant plus grande que l'invention de Morse n'était protégée par aucun brevet dans les provinces britanniques d'Amérique du Nord. La principale d'entre elles, sinon par son expansion, du moins par l'envergure de son fondateur, est la *British North American Electric Association*. Frederick Newton Gisborne, un jeune immigrant anglais, qui avait débuté sa carrière comme télégraphiste à *Montreal Telegraph*, avait créé cette entreprise en 1847. Son but avoué était de réunir Québec et Halifax, mais dans son esprit cela ne constituait que le premier jalon d'un rêve plus ambitieux qui était le câble transatlantique. Cependant, la ligne s'arrêta à

---

[14] Warner, Donald G., *The first fifty years of the Canadian Telegraph : A geographical perspective*, thesis prepared for an undergraduate course in Historical Geography, University of Toronto, avril 1975, 29 pages. ACN. *The Heritage of Telegraphy*, Andrews, Frederick T., in « IEEE Communications Magazine », août 1989. Repris en français sous le titre « L'héritage du télégraphe » dans *France Télécom*, Paris, N°77, mai 1991.

Rivière-du-Loup, bloquée par l'opposition du Parlement du Nouveau-Brunswick.[15]

Gisborne ne se découragea pas. C'était l'homme d'un grand dessein et, comme nous le verrons, il devait le poursuivre contre vents et marées, échouer, puis devenir le maître d'œuvre de la politique fédérale en matière de télégraphie et, à ce titre, insuffler à son idéal de jeunesse une autre direction : le câble transpacifique.

Une seconde entreprise du même nom construisit une ligne Québec-Montréal et fut amalgamée avec sa sœur orientale. L'ensemble des deux *British North American Electric Associations* s'avéra néanmoins si peu rentable que *Montreal Telegraph* acquit le tronçon Québec-Montréal au tiers du prix coûtant et reçut le tronçon Québec-Rivière-du-Loup en prime.

Très vite, les deux grandes tendances contradictoires de l'histoire canadienne s'affrontent aussi dans les télécommunications naissantes : axe est-ouest contre axe nord-sud. L'enjeu est d'importance car dès ses débuts le télégraphe ouvre toutes grandes les portes à un flux d'information journalistique et financière qui va imposer sa marque à l'ensemble de la société. Qui va triompher : la tendance continentale, c'est-à-dire l'expansionnisme des États-Unis, ou la tendance impériale britannique, c'est-à-dire le Canada ?

Les précurseurs torontois de *Toronto, Hamilton, Niagara and St. Catharines* illustrent la première tendance. *Montreal Telegraph* et son jeune émule de Québec appartiennent à la seconde. Cette opposition marquera toute l'expansion du télégraphe au XIXe siècle. En 1849, la *Montreal and Troy Telegraph Company* relia Montréal à Troy dans l'état de New York (tendance nord-sud). La *Vermont and Boston Telegraph Company* relia Montréal à Rouse's Point et à Ogdensburg; toujours dans l'état de New York (tendance nord-sud encore). Enfin la compagnie *Joseph Aumond et associés* relia Montréal à Bytown, maintenant connue sous le nom d'Ottawa (un point pour les impérialistes britanniques). Toutes ces entreprises de la première heure seront achetées par *Montreal Telegraph* après quelques années d'existence, assurant ainsi le triomphe de l'axe est-ouest.

---

[15]Warner, Donald G., *The first fifty years of the Canadian Telegraph : A geographical perspective*, thesis prepared for an undergraduate course in Historical Geography, University of Toronto, avril 1975, 29 pages. ACN.

En novembre 1852, l'Assemblée législative du Canada uni adopta une loi sur le télégraphe qui énonçait les règles à suivre pour créer une entreprise dans ce secteur. Un des grands problèmes des compagnies de télégraphe, comme plus tard celles de téléphone, concernait les poteaux : où les planter ? La loi de 1852 donnait aux entreprises télégraphiques un droit de passage sur toutes les routes canadiennes. Il s'agissait de la première législation canadienne en matière de télécommunications et elle était si favorable à la nouvelle technique qu'elle suscita une deuxième vague d'entreprises.

Sous le nom de *The Grand Trunk Telegraph Company* une ligne fut érigée entre Québec et Buffalo, dans l'état de New York et tomba elle aussi sous la coupe de *Montreal Telegraph*.[16] Une deuxième ligne fut construite tout de suite après cette acquisition sur le même trajet par la *Provincial Telegraph Company* et elle résista plus longtemps à l'empire de Hugh Allan car elle était une filiale de l'entreprise américaine *United States Telegraph* qui connaissait alors une croissance rapide. *Montreal Telegraph* devra attendre que *Western Union* fasse l'acquisition d'*United States Telegraph* en 1866 pour absorber le réseau de *Provincial Telegraph*.[17]

Peu après une entreprise isolée, People Telegraph posera une ligne entre Montréal et Québec, mais elle tombera bientôt en faillite sans avoir eu le bonheur d'être achetée par *Montreal Telegraph*.[18]

Le 29 mai 1858, *Montreal Telegraph* est un des signataires de l'accord général de coopération et d'assistance mutuelle que concluent toutes les grandes entreprises de télégraphe nord-américaines. On y détermine, entre autres choses, les modalités de coopération dans les bureaux où les têtes de réseau de *Western Union* et de *Montreal Telegraph* étaient en contact (Whitehall, Oswego, Buffalo et Detroit). Ce premier accord Canada-États-Unis sur les télécommunications pave la voie à la concertation internationale intense qui caractérise cette industrie dans le monde entier. Surtout, il confirme la domination incontestée de *Montreal Telegraph* sur le Canada central. Son président, Hugh Allan accède même au conseil d'administration de *Western*

---

[16] Entreprise distincte de l'entreprise ferrovière du même nom.

[17] Reid, James D., *The Telegraph in America*, cf. pp. 326-331.

[18] *An Act to provide by one General Law for the Incorporation of Electric Telegraph Companies*, 10 novembre 1852.

Union, scellant ainsi le partage amical du continent. Les tenants de l'axe est-ouest ont gagné la première manche.[19]

Les Maritimes : de l'isolement à l'appel du large

Dans les provinces Maritimes, le télégraphe a été précédé par un système haut en couleurs resté célèbre dans l'imagerie populaire sous le nom de « *poney express* ». En effet, la grande agence de presse new-yorkaise *Associated Press*, était prête à toutes les dépenses pour avoir les dernières nouvelles d'Europe. Or, les nouveaux bateaux à vapeur de *Cunard* qui faisaient l'Atlantique Nord faisaient escale à Halifax avant d'appareiller pour New York.

Associated Press avait donc imaginé un système ingénieux basé sur des relais de chevaux de course (et non de poneys) qui consistait à cueillir les dépêches d'Europe à l'arrivée du navire postal à Halifax et à les expédier par courrier rapide jusqu'à Digby, au sud de la Nouvelle-Écosse, où un vapeur attendait prêt à appareiller. Un coup de canon prévenait le navire qui pouvait gagner sans plus attendre Portland, dans le Maine, où se trouvait la tête de ligne du télégraphe de New York. Le passage des cavaliers au grand galop était un événement attendu dans les localités traversées. En général, les nouvelles arrivaient ainsi à New York un jour ou deux avant l'arrivée du navire postal.

Un autre système visait les navires qui remontaient le Saint-Laurent vers Montréal. Une ligne télégraphique avait été tirée jusqu'à Pointe-au-Père[20] sur les bords de l'estuaire du fleuve. Quand le navire postal passait au large de la petite localité, le télégraphiste en poste, un jeune homme nommé Robert F. Easson, sautait dans une barque et allait à sa rencontre. En vertu d'une convention passée entre *Cunard* et *Associated Press*, le navire postal jetait par-dessus bord une boîte métallique étanche contenant les dépêches en provenance d'Europe. Plus souvent qu'à son tour, la boîte tombait à l'eau et le jeune Easson devait plonger pour la sauver. Les nouvelles étaient ensuite télégraphiées directement à New York.[21]

---

[19] Reid, James D. *The Telegraph in America*. Cf. p. 338.

[20] Ancienne municipalité, aujourd'hui intégrée dans Rimouski.

[21] « The Beginnings of the Telegraph », Easson, Robert F., in *The Municipality of Toronto, A History,* ouvrage collectif dirigé par Jesse Edgar Middleton, The Dominion Publishing Company, Toronto, 1923, vol. II, pp. 759-769. Cf. p. 767.

Cette organisation du marché de l'information explique la déconvenue de Frederick Gisborne à Rivière-du-Loup. L'opposition du Parlement du Nouveau-Brunswick au projet Gisborne de ligne Québec-Halifax ne signifiait pas un rejet du télégraphe en général, mais un rejet de l'axe est-ouest. L'*Associated Press* et des intérêts new-yorkais en général avaient exercé des pressions insistantes afin de relier en priorité Halifax à la frontière américaine.

Une entreprise du nom de *New Brunswick Electric Telegraph Company* fut fondée en mars 1848 avec l'appui de l'*Associated Press* et la petite ville américaine de Calais, dans le Maine, fut reliée à Amherst, en Nouvelle-Écosse, en passant par la principale ville du Nouveau-Brunswick, Saint-Jean. En contrepartie des garanties financières concédées au télégraphe du Nouveau-Brunswick, les dépêches d'*Associated Press* obtenaient l'exclusivité de la ligne.

Après le refus du Nouveau-Brunswick, Frederick Gisborne tentera sa chance en Nouvelle-Écosse et se heurtera une fois de plus à l'opposition des intérêts américains. Ici, c'est l'État provincial lui-même qui décide de construire le tronçon Amherst-Halifax. Gisborne obtient un prix de consolation : la direction du service provincial lui est confiée. Le 9 novembre 1849, les premières dépêches transitent sur le territoire des Maritimes par télégramme, mettant fin au système ingénieux mais peu efficace du « *poney express* ».

Mais tous les problèmes ne sont pas réglés pour autant. Les différentes entreprises télégraphiques des Maritimes et du Maine se révèlent incapables de coopérer entre elles et d'adopter des normes communes. Il faut retranscrire les dépêches chaque fois que l'on passe d'un réseau à l'autre, ralentissant considérablement le trafic et multipliant les risques d'erreurs. Afin de mettre de l'ordre, Samuel Cunard lui-même devra racheter les lignes gouvernementales de Nouvelle-Écosse en 1851 qui deviennent alors la *Nova Scotia Electric Telegraph Company*.[22] En 1856, le réseau du Nouveau-Brunswick est cédé en location à l'*American Telegraph Company*. Cette même entreprise prendra le contrôle de la même façon du réseau de Nouvelle-

---

[22] Richeson, D.R., *Le télégraphe électrique au Canada (1846-1902)*, cf. p. 2.

Écosse en 1860. L'ensemble du réseau des Maritimes était ainsi passé sous contrôle américain.

La tendance continentaliste triomphe sur toute la ligne. Cependant, *Montreal Telegraph* rétablit partiellement l'équilibre en reliant Rivière-du-Loup à Halifax en 1851. Il était temps. En effet, les Maritimes sont au cœur stratégique du projet de câble transatlantique et constituent donc un enjeu de première importance entre l'Europe, les États-Unis et le Canada encore embryonnaire.[23]

Frederick Gisborne : pionnier du câble transatlantique

Deux hommes sont à l'origine du câble transatlantique entre Terre-Neuve et l'Irlande : Frederick Gisborne et l'Américain Cyrus Field. Le premier apporta l'idée et l'élan initial, le second l'argent et, surtout, une persévérance à toute épreuve. Après ses déboires au Nouveau-Brunswick et son demi-succès en Nouvelle-Écosse, Gisborne avait quitté la direction de l'entreprise gouvernementale de cette province pour réaliser son projet. Mais avant de traverser l'Atlantique, il faut commencer par relier New York et Terre-Neuve.

Gisborne a 28 ans en 1851 quand il fonde la *Newfoundland Electric Telegraph Company*. Le gouvernement colonial lui attribue une concession de 30 ans pour l'exploitation du télégraphe dans cette province. Gisborne décide de construire une ligne entre Saint-Jean, à l'extrême ouest de l'île, jusqu'à Cap Ray, au sud-est. La deuxième étape sera la pose d'un câble sous-marin entre Cap Ray et l'île du Cap-Breton en Nouvelle-Écosse. De là, on entre de plain-pied dans le réseau nord-américain.

Gisborne commence par arpenter le terrain sauvage de la côte sud de Terre-Neuve à la tête d'une équipe de huit hommes. Mais bientôt, les deux blancs qui composent son équipe désertent, un Indien meurt et les autres tombent malades. Mû par sa passion, Gisborne ne se laisse pas démonter et établit le relevé en trois mois. Fort de ce premier succès, il se rend en Grande-Bretagne afin de se renseigner auprès du seul spécialiste au monde en câbles sous-marins, John Watkins Brett.[24]

---

[23] Witteveen, Hank, *The Telegraph in Canada*. Collins, Robert, *Une voix venue de loin*, 1977, pp. 30-33.

[24] *Frederick Newton Gisborne (1824-1892)*, document non signé, 20 juin 1972, archives de *Newfoundland Telephone*.

John Brett avait posé en 1850 le premier câble sous-marin sous la Manche, puis entre la Grande-Bretagne et l'Irlande. Il brûlait de répéter l'opération sous l'Atlantique Nord. Pour ce faire, il avait mis au point un câble à l'épreuve des mers : quatre fils de cuivre enrobés de gutta-percha (une substance proche du caoutchouc) et protégés de deux gaines en chanvre goudronné en fer galvanisé.[25] Brett prit des parts dans l'entreprise de Gisborne et celui-ci acheta à son partenaire britannique un premier lot de câble. L'Île-du-Prince-Édouard devait servir de banc d'essai. Les travaux sont menés tambour battant. En novembre 1852, un câble relie Carleton Head sur l'Île-du-Prince-Édouard et Cap Tormentine au Nouveau-Brunswick.

---

[25] Type de latex extrait d'un arbre voisin du caoutchouc.

Frederick Gisborne

Archives nationales du Canada (C59292)

Fort de ce succès, Gisborne retourne à Terre-Neuve et entreprend la pose de la partie terre-neuvienne du câble transatlantique sur environ 650 km. Au départ, son idée est de construire une ligne souterraine. Après quelques kilomètres de travail exténuant dans un sol rocailleux, il comprend son erreur et se résout à poser une ligne aérienne. Cependant, même les poteaux s'avèrent difficiles à planter et, après 80 kilomètres seulement, l'opération doit être interrompue, faute de capitaux…

Le câble transatlantique devient une aventure internationale

Nous sommes en août 1853, tout semble perdu. Les biens de Gisborne sont saisis, il est lui-même brièvement emprisonné, mais cela ne suffit pas à le décourager. Il se rend à New York pour chercher le financement que Terre-Neuve et le Canada lui refusaient. C'est là qu'il fait la connaissance de Cyrus

West Field, un jeune retraité de 34 ans qui avait fait fortune dans l'industrie du papier.

Field est séduit par l'idée de Gisborne. Il a cependant un doute et il écrit à nul autre que Samuel Morse pour lui poser la question de confiance : est-il possible de poser un câble télégraphique sous l'Atlantique ? Oui, répond le célèbre inventeur qui n'en savait trop rien. Fort de cette caution toute morale, Cyrus Field apporte les capitaux qui manquent à l'entrepreneur canadien et, surtout, son réseau de relations d'affaires. Une nouvelle firme voit le jour sous le nom de New York, *Newfoundland, and London Telegraph Company* qui rachètera les avoirs de Gisborne et ses dettes. Morse est nommé électricien en chef de la nouvelle entreprise. Gisborne peut revenir à Terre-Neuve la tête haute.

Cyrus Field dut engager 600 hommes et plus d'un million de dollars pour vaincre les obstacles naturels qui avaient eu raison de l'entreprise de Frederick Gisborne. Malgré cela, la traversée de Terre-Neuve demanda près de trois ans. Pendant ce temps, il envoya Gisborne poser les 130 km de câble sous-marin nécessaires pour relier Terre-Neuve à l'Île-du-Cap-Breton, en Nouvelle-Écosse, ce qui est chose faite en 1855. Il s'agit d'ailleurs de la dernière contribution de Gisborne à l'aventure transatlantique. Field élimine peu à peu le pionnier canadien qui démissionnera de son poste d'ingénieur en chef en février 1857. [26]

Avec l'achèvement du tronçon terrestre fin 1856, Cyrus Field dispose enfin de sa liaison télégraphique ininterrompue Terre-Neuve – New York. Désormais tout est prêt pour la grande aventure du câble transatlantique proprement dit. Cependant, Field à son tour est à court d'argent. Il doit faire appel à des nouveaux capitaux. Or, le moment est mal choisi. Le marché américain se montre réticent, l'attention se portant plutôt vers la liaison transcontinentale New York-San Francisco qui a les faveurs des investisseurs.

---

[26] Détail navrant dans la biographie du grand homme, Cyrus Field essaiera d'escamoter Gisborne de l'histoire officielle du câble transatlantique, allant jusqu'à remplacer son nom par celui de son frère, Dudley Field, dans la liste des promoteurs de l'entreprise. « The Original Projector of the Atlantic Telegraph », article non signé, *The Times*, Londres, le 1er décembre 1858.

L'homme qui débloque la situation est John Brett, l'ami de Frederick Gisborne, le spécialiste universellement reconnu des câbles sous-marins. Field et Brett montent en octobre 1856 l'*Atlantic Telegraph Company*. C'est la Grande-Bretagne qui fournit le gros des capitaux, ainsi que la technique et les équipements nécessaires au projet. Seul Cyrus Field est Américain.

Parallèlement, les flottes américaine et britannique avaient sondé l'océan et elles annoncent la découverte d'un plateau sous-marin peu accidenté et peu profond. C'est une bonne nouvelle.

En août 1857, deux navires (le *Niagara* américain et l'*Agamemnon* britannique) quittent donc Valentia, sur la côte ouest d'Irlande, chargés de 3 200 km de câble. En effet, aucun navire n'a une capacité suffisante pour emporter un câble aussi long et aussi lourd. Celui-ci a été mis au point spécialement pour l'occasion et comprend une âme composée d'un toron de sept fils de cuivre enrobée de trois couches de gutta percha ainsi qu'une gaine composée d'une toile goudronnée et de 18 torons de fils de fer. Quand le premier navire aurait dévidé son stock de câble, une épissure devait être faite pour raccorder le câble emporté par le second navire. Cette manœuvre délicate ne sera jamais exécutée car le câble se brisera par 3 700 mètres de fond et le projet sera abandonné.

La grande difficulté consistait à synchroniser la vitesse de dévidage du câble et la vitesse du navire. Si le câble est déroulé trop vite, on en gaspille au fond de l'océan ; s'il n'est pas déroulé assez vite, il se tend et brise. C'était ce qui était arrivé en 1857. L'année suivante, une nouvelle tentative est effectuée au mois de juin. Un système de freinage automatique équipé d'un dynamomètre avait été installé pour mesurer la tension du câble. Qui plus est, au lieu de voyager d'est en ouest, les deux navires devaient se séparer au milieu de l'Atlantique et dévider le câble chacun dans sa direction. Le câble se rompit trois fois de suite après quelques kilomètres seulement.

Éphémère succès du premier câble sous l'Atlantique

Une nouvelle tentative sera effectuée le mois suivant après avoir apporté des améliorations au système d'épissure des câbles. Cette fois la chance est du côté des pionniers du télégraphe et le 5 août 1858, le navire américain *Niagara* mouille dans la baie de la Trinité, à Terre-Neuve. Quelques heures après, le câble était raccordé au bureau télégraphique qui avait été construit à proximité de la côte. Du côté européen, l'*Agamemnon* était arrivé au rendez-vous le même jour. Quand la nouvelle est connue du public, l'émotion est à son comble. La traversée de l'Atlantique par Lindbergh près de trois quarts de siècle plus tard n'aura pas plus d'éclat. Des salves d'artillerie sont tirées à New York et des manifestations ont lieu un peu partout aux États-Unis et au Canada.

Au même moment, les électriciens chargés de faire fonctionner le câble vivaient une tragédie. La résistance des 3 240 km de câble transatlantique était telle qu'aucun signal ne passait. On augmenta la tension du courant jusqu'à 2 000 volts avant de comprendre qu'il fallait plutôt accroître la sensibilité du galvanomètre à la réception. Le 13 août, une première communication fut établie et trois jours plus tard la reine Victoria et le président James Buchanan des États-Unis purent échanger des messages de félicitations.

Sans plus attendre, le gouvernement britannique utilisa le télégraphe pour communiquer avec l'administration coloniale des provinces du Canada et des Maritimes. On dit que le câble transatlantique permit au gouvernement britannique d'annuler l'envoi en Inde du 62e Régiment basé à Halifax, la rébellion qui faisait l'objet de ce mouvement de troupes ayant été mise en échec entre-temps. L'économie réalisée par ce contre-ordre aurait convaincu les plus sceptiques de l'utilité du lien transatlantique.

Au total 400 messages furent envoyés avant que l'isolation du câble ne cède sous l'effet des tensions considérables infligées aux conducteurs du câble durant les premiers jours. Le 3 septembre 1858, le câble transatlantique est électriquement mort.

Au niveau technique toutefois, l'expérience acquise était précieuse. En effet, maints scientifiques de l'époque avaient prédit qu'il serait impossible d'acheminer un courant électrique sur de telles distances ou que le délai de propagation serait démesuré (on avait avancé le temps de 2 minutes). Il s'en est fallu de peu que les pires pronostics ne se vérifient. Seuls les travaux théoriques du physicien britannique William Thomson, le futur Lord Kelvin, sur la télégraphie et la mise au point par celui-ci du galvanomètre avaient permis in extremis de faire la démonstration de la faisabilité du câble.[27]

---

[27] Sharin, Harold I., *The Making of the Electrical Age, from the Telegraph to Automation*, cf. pp. 25-32.

Cyrus Field vainc l'Atlantique

La guerre de Sécession interrompt les travaux entre 1861 et 1865. La paix revenue, Cyrus Field devra une fois de plus lever de nouveaux capitaux. L'entreprise est rebaptisée *Anglo-American Telegraph Company*. Il faut aussi améliorer la conception du câble : l'armature métallique de la gaine est renforcée à tel point que le poids total du câble est multiplié par trois. Malgré cet accroissement, la pose sera effectuée par un seul navire, ce qui supprime les problèmes d'épissure en haute mer. Il s'agit du *Great Eastern* qui a des cuves assez vastes pour emporter l'ensemble du câble. Ce navire à coque d'acier avait été construit en Grande-Bretagne quelques années auparavant, mais n'avait pas trouvé preneur en raison de ses dimensions excessives (c'était alors le plus grand navire au monde et il devait le rester 40 ans). Field le modifia de fond en comble pour en faire un câblier.

En juillet 1865, le *Great Eastern* prend la mer ; William Thomson, l'homme qui a sauvé l'honneur du premier câble transatlantique et, sans doute, la personnalité scientifique la plus célèbre de Grande-Bretagne, est à bord. Après avoir dévidé 1 900 km de câble, une anomalie fut détectée et on décida de rembobiner un tronçon de câble. Celui-ci se rompit pendant la manœuvre et toutes les tentatives faites pour le récupérer échouèrent. Il fallut rebrousser chemin et reprendre la course aux investisseurs.

Le câblier Great Eastern

Le succès attendait Cyrus Field à la cinquième tentative et le 27 juillet 1866, après un « sans faute » magistral, un premier message est acheminé de Terre-Neuve en Irlande. Le village de Heart's Content, à l'ouverture de la baie de la Trinité, devint du jour au lendemain la porte d'entrée télégraphique de l'Amérique. Comme pour compenser l'invraisemblable série d'échecs qui avait précédé, le *Great Eastern* parvint dans les jours suivants à récupérer le câble perdu un an avant et à le relier au bureau télégraphique de Heart's Content. Field confiera plus tard :

> « J'allai m'enfermer dans ma cabine : je ne pouvais plus retenir mes larmes. »

Du coup, ce n'est pas un mais deux câbles qui relient l'Europe à l'Amérique. L'ère des télécommunications mondiales peut débuter.[28]

Le tarif inaugural sera de 100 dollars U.S. pour les premiers dix mots, ce qui équivaut à environ 750 dollars U.S. d'aujourd'hui. On devine qu'avec de tels tarifs, les premières applications du câble transatlantique resteront limitées aux communications d'affaires (gouvernements, presse, entreprises). Par comparaison, le tarif était de 31,5 cents U.S. le mot dans les années 1990.[29]

Projet « Overland » : un concurrent du câble transatlantique

Le triomphe de Cyrus Field sonna le glas d'une autre aventure tout aussi ambitieuse. Un ancien agent commercial américain en Russie du nom de Perry McDonough Collins avait conçu le projet de relier l'Amérique à l'Europe par le détroit de Béring en traversant la Colombie britannique, l'Alaska alors russe et la Sibérie. C'était le projet *Overland* qui s'opposait en tous points au rêve maritime de Field alors au point mort après trois échecs successifs. Collins était âgé de 48 ans et il avait mené jusque-là une vie d'aventurier. Cependant, il avait l'art de convaincre ses interlocuteurs et, bien sûr, arborait l'inévitable lettre de Samuel Morse assurant la faisabilité du projet...

---

[28] Collins, Robert, Une voix venue de loin, 1977, cf. pp. 46-55. Williams, Archibald, *Telegraphy and Telephony,* cf. pp. 65-82. La citation de Cyrus Field se trouve dans *Une voix venue de loin,* p. 55.

[29] « The Heritage of Telegraphy », Andrews, Frederick T., in *IEEE Communications Magazine,* New York, août 1989. Repris en français sous le titre « L'héritage du télégraphe » dans France Télécom, Paris, N°77, mai 1991. Le service télégraphique international a été supprimé en septembre 1999 (Ordonnance Télécom CRTC 99-984).

Perry Collins avait tout d'abord obtenu une concession canadienne, ce qui lui permit de fonder la *Transmundane Telegraph Company* en 1859. Le plan original était de construire une ligne depuis Montréal jusqu'à la Colombie britannique et à l'Alaska. Il s'adressa tout d'abord à la puissante Compagnie de la Baie d'Hudson qui possédait le vaste hinterland situé entre l'Ontario et la Colombie britannique et il se fit éconduire. La haute direction de la *Baie d'Hudson* était figée dans l'immobilisme et elle préférera jouer la carte de l'obstruction dès que le projet menacera de se concrétiser.

Pendant ce temps, *Western Union* avait relié New York à San Francisco. Collins changea ses plans et alla voir Hiram Sibley qui était alors président de *Western Union*. Il lui proposa de lancer le projet *Overland* à partir de San Francisco au lieu de Montréal. Sibley donna son accord en octobre 1861. Collins se retourna alors vers le tzar Alexandre II de Russie qui s'engagea à construire plus de 11 000 km de lignes télégraphiques en Sibérie. En fait, une ligne existait déjà de Moscou à Irkoutsk, ce qui représentait les trois quarts du trajet.

La Grande-Bretagne fut plus réticente et se laissa tirer l'oreille pendant un an avant d'acquiescer au tronçon pourtant réduit du projet *Overland* qui traversait ses possessions. En effet, les milieux d'affaires britanniques s'étaient révolté contre l'obstructionnisme de la Compagnie de la Baie d'Hudson et avaient réussi à convaincre le *Colonial Office* de créer une ligne transcontinentale. Celui-ci estimait à présent que ce projet était incompatible avec *Overland*. Nous voyons ressurgir à ce propos l'éternel affrontement nord-sud contre est-ouest. Plusieurs projets transcontinentaux furent avancés, mais aucun n'aboutit et Collins obtint enfin le feu vert du *Colonial Office*. Il possédait depuis le début celui de la petite législature de Colombie britannique.

De Vancouver à Vladivostok

En 1864, *Western Union* étend son réseau par l'intermédiaire d'une filiale, la *California State Telegraph Company*, jusqu'à New Westminster qui tient lieu de capitale au nouvel établissement de Colombie britannique (actuellement un faubourg de Vancouver). Cette colonie qui avait été créée en 1858, vivait à l'heure de sa première ruée vers l'or. Des milliers d'immigrants déferlaient depuis la Californie vers cet avant-poste lointain de l'Empire britannique. Ce qui était en jeu était ni plus ni moins que la souveraineté britannique sur les rives du Pacifique…

Quoiqu'il en soit, au milieu de 1865 la pose de la ligne débute. Une équipe de 500 ouvriers américains, encadrés par d'anciens officiers de l'armée nordiste et assistés par un nombre indéfini de manœuvres chinois traités comme des esclaves, remonte vers le nord. Pas moins de 24 navires assurent le ravitaillement. Toutefois, Perry Collins ne fait pas partie de l'expédition. Tout comme cela s'était passé pour Frederick Gisborne dans le projet transatlantique, il fut évincé par les financiers au moment de l'action. Il semble néanmoins qu'il ait été dédommagé de ses efforts car les travaux en Colombie britannique seront effectués sous le nom de *Collins Overland Telegraph Company*.

Les travaux furent menés comme une opération militaire. Quatre équipes progressaient simultanément en Colombie britannique, au Yukon, en Alaska et au long des côtes de Sibérie orientale. La manœuvre était partout la même : les arpenteurs-géomètres repéraient le terrain, les bûcherons dégageaient une large trouée pour éviter que des chutes d'arbres n'endommagent la ligne, les terrassiers préparaient le terrain, les coupeurs transformaient les troncs de thuya en poteaux, les monteurs fixaient les traverses et les isolateurs de verre bleu, ils érigeaient aussi les poteaux, enfin, les monteurs de ligne tendaient les fils de cuivre.

Au mois de juillet 1866, l'équipe de Colombie britannique avait dépassé l'actuelle Hazelton, à plus de 1 300 km au nord de New Westminster (ou de Vancouver), quand elle reçut par télégramme l'ordre de cesser immédiatement les travaux. Le câble transatlantique venait d'être posé. Les équipes du Yukon, d'Alaska et de Sibérie orientale ne seront prévenues que l'année suivante tant les moyens de transport étaient déficients. Les travailleurs du Yukon hissèrent alors un drapeau noir sur les poteaux inutiles. Le chef de l'équipe sibérienne s'effondra en pleurs. Le projet *Overland* avait vécu.

Western Union épongea le déficit de la *Collins Overland Telegraph* mais l'opération ne fut pas perdue pour tout le monde. Le gouvernement américain avait découvert l'importance de l'Alaska dans les rapports d'*Overland* et il acheta cette colonie à la Russie en 1867. En Colombie britannique, les lignes construites par *Western Union* dans la partie méridionale de la province furent d'abord louées par le gouvernement colonial, puis achetées. L'État fédéral les reprendra en charge en 1871 lors de l'entrée de cette province dans la Confédération. La Colombie britannique était désormais reliée au reste du Canada par l'intermédiaire du réseau américain. Au nord de Quesnel, la ligne fut laissée à l'abandon et, pendant des années, les Indiens utilisèrent les poteaux pour se loger ou se chauffer.

L'échec du projet *Overland* marque la fin de la plus sérieuse entreprise nord-sud en Amérique du Nord britannique. En cas de réussite, nul doute que la Colombie britannique aurait subi le destin de la Russie d'Amérique et eût été intégrée aux États-Unis. *Overland* représente aussi la fin d'une époque : celle des pionniers qui rêvent de changer le monde à partir d'une idée motrice grâce au seul atout que leur confère la connaissance technologique du télégraphe. La loi des grandes organisations reprend le dessus.[30]

---

[30] Reid, James D., *The Telegraph in America*, pp. 508-517; Collins, Robert, *Une voix venue de loin, 1977*, pp. 37-45; *Le télégraphe électrique au Canada (1846-1902)*, pp. 3-4.

Chapitre 2 - L'industrie télégraphique s'organise

Pendant ce temps, l'industrie télégraphique canadienne avait atteint sa maturité. Le concept « une entreprise-une ligne » avait cédé la place au concept de « réseau intégré. » Ce changement était l'œuvre de *Montreal Telegraph*, à qui revient l'honneur d'avoir conféré au télégraphe canadien son statut de service public.

Montreal Telegraph était née à partir de la ligne Montréal-Toronto et avait grandi avec l'acquisition rapide d'une série de liaisons nord-sud. Sous la houlette de son célèbre président, Hugh Allan, l'entreprise avait posé des lignes entre toutes les localités même d'importance secondaire en Ontario et au Québec, avec quelques têtes de pont dans les Maritimes et dans le nord-est des États-Unis. En outre, des nouvelles lignes à usage ferroviaire accompagnèrent le développement du chemin de fer au Canada, il y en eut 35 au total.

Non contente d'imposer ses critères de qualité du télégraphe en Amérique du Nord, *Montreal Telegraph* prétendra en fixer les prix. Après toute une série de baisses de ses tarifs, l'entreprise établira en 1871 un tarif uniforme de 25 cents pour dix mots et d'un cent par mot supplémentaire sur toute l'étendue de son territoire de Sarnia, en Ontario, jusqu'à Sackville, au Nouveau-Brunswick.

Le bel agencement de cette politique souveraine fut bientôt remis en question par une nouvelle entreprise nommée *Dominion Telegraph Company*. Celle-ci était pourtant née sous de fâcheux auspices. Son géniteur, un certain Selah Reeves, avait créé *Dominion Telegraph* en 1868 grâce à une souscription organisée auprès des milieux d'affaires de la péninsule du Niagara. Sitôt fait, il se fit adjuger des contrats généreux pour la construction de plus de 3 000 km de ligne. Quelques centaines de kilomètres avaient déjà été construits quand, au sein de rumeurs de détournements de fonds, les actionnaires se révoltèrent et reprirent l'affaire en main. Les villes de Buffalo, Detroit et Québec furent reliées tant bien que mal.

Mais le véritable coup d'envoi de *Dominion Telegraph* est donné en 1871 quand l'entreprise se restructure sur une base industrielle. Un accord fructueux est conclu avec Direct U.S. Cable Company dont le câble transatlantique aboutit en Nouvelle-Écosse. En 1874 *Dominion Telegraph* obtient les droits pour le trafic Europe-Canada de cette entreprise et, pour ce faire, étend ses lignes jusqu'en Nouvelle-Écosse.

Le duel Montreal Telegraph - Dominion Telegraph

Cette prospérité sera toutefois compromise quand la direction de l'entreprise entame une guerre des prix avec *Montreal Telegraph* en adoptant un tarif fixe de 20 cents les dix mots au lieu des 25 cents de son concurrent. Les pertes en revenus seront telles qu'il deviendra rapidement impossible d'agrandir le réseau et même de le moderniser. En 1878 *American Union Telegraph* loue le réseau de *Dominion Telegraph*. Quand *Western Union* achètera *American Union Telegraph*, *Dominion Telegraph* passera tout naturellement sous contrôle du géant américain. Or, celui-ci avait longtemps entretenu une entente cordiale avec *Montreal Telegraph*, le pire ennemi de *Dominion Telegraph*…

Le duel *Montreal Telegraph* – *Dominion Telegraph* gagne même, par contagion, le domaine du téléphone. En effet, en février 1879, *Dominion Telegraph* acquiert les brevets Bell et ouvre des centraux téléphoniques à Montréal, Québec, Ottawa, Saint-Jean (Nouveau-Brunswick), Halifax, ainsi que certaines autres localités de moindre importance en Ontario. Afin de ne pas être en reste, cette même année, *Montreal Telegraph* achète les brevets Edison et ouvre ses propres centraux. C'est ainsi que des villes comme Montréal, Québec, Ottawa ou Halifax ont bientôt deux centraux parallèles ne pouvant pas communiquer entre eux. Cette concurrence sauvage ne peut mener nulle part, aussi quand Bell offrira en 1880 de racheter tous ses droits sur le téléphone, *Montreal Telegraph* et *Dominion Telegraph* vendront-elles leurs installations avec soulagement.

En 1880 également, un groupe d'hommes politiques de Winnipeg crée *Great North Western Company* afin de desservir le Manitoba et les Territoires du Nord-Ouest. L'année suivante, alors que l'exploitation ne faisait que débuter, l'entreprise est achetée par Erastus Wiman. Celui-ci était originaire de Churchville, petite localité à proximité de Toronto, mais avait fait fortune à New York, en tant que directeur de la compagnie d'agents de change R.G. Duns. Surtout, il siégeait au conseil d'administration de *Western Union*.

Wiman avait débuté dans la vie comme journaliste et il continuait à publier quantité d'ouvrages courts sur des sujets variés. Il se fera ainsi le chantre du libre-échange entre les États-Unis et le Canada. Surtout, il justifiera ses opérations financières et commerciales d'une plume acerbe. Une plaquette intitulée *Chances de réussite* illustre la virtuosité avec laquelle il maniait le cynisme :

> « Les 50 dernières années ont été si marquée par la déesse Chance qu'il est prodigieux qu'il y ait si peu de riches et tant de pauvres. »[31]

Doté d'un tel caractère, Wiman n'avait pas acheté *Great North Western* par philanthropie. Justement, *Western Union* voulait se débarrasser de son bail sur *Dominion Telegraph* en raison de la désastreuse guerre des prix qu'elle avait menée. Le géant américain avait commencé par offrir à *Montreal Telegraph* de reprendre le bail. Mais, depuis des années Hugh Allan ne siégeait plus au conseil d'administration de *Western Union* et, au demeurant, c'était un homme vieilli qui devait mourir quelques mois plus tard. Son entreprise n'était plus que l'ombre d'elle-même. *Montreal Telegraph* commit alors une erreur magistrale. Elle refusa d'acheter le réseau de *Dominion Telegraph* sous prétexte qu'il constituait une simple duplication de ses lignes principales.

Unification de la télégraphie canadienne

Wiman sauta sur l'occasion, reprit le bail de *Western Union* sur *Dominion Telegraph* et offrit à *Montreal Telegraph* de louer ses lignes à un prix avantageux, avec la garantie financière de *Western Union* et avec des menaces à peine voilées en cas de rejet. Wiman, en effet, appartenait au même consortium financier que *Western Union*. Le rapport de force avait basculé et, en juillet 1881, la haute direction de *Montreal Telegraph* s'inclina devant ce coup de force.

Montreal Telegraph apportait 28 000 km de lignes dans la fusion, *Dominion Telegraph*, 8 000. *Great North Western* rétablissait à son profit un quasi-monopole sur le télégraphe canadien. Wiman, qui en présidait les destinées

---

[31] Tiré de Collins, Robert, *Une voix venue de loin*, 1977, page 84, première page du chap. 6 intitulé « L'ascension et la chute du jeune homme modèle ».

depuis son bureau new-yorkais, confia la vice-présidence de l'entreprise, c'est-à-dire sa gestion effective, à Orrin Wood, le pionnier de *Montreal Telegraph* qui avait aussi été l'élève de Samuel Morse. Le gouvernement fédéral devait donner son approbation à l'opération et Wiman organisa un lobbying puissant, n'hésitant pas à se rendre à Ottawa pour circonvenir le Premier ministre Macdonald lui-même, quand cela se révéla nécessaire. Le Parlement donna le feu vert sans difficultés.

Peu après le coup de force financier de Wiman, les tarifs télégraphiques remontèrent. Qui plus est, la fusion fut brutale : des centaines d'employés furent mis à pied du jour au lendemain avec une brutalité qui choqua, même en cette période de capitalisme sauvage. Comment ne pas reconnaître dans cet excès la marque personnelle de Wiman ?

Erastus Wiman est alors considéré comme la brebis galeuse des milieux d'affaires montréalais. Il est l'homme qui a vendu le télégraphe aux intérêts américains. Comme pour confirmer ces accusations, une des premières mesures adoptées par *Great North Western* est de fournir le « fil » d'*Associated Press* aux journaux canadiens. Deux lignes sont affectées à cet usage : Buffalo-Québec et Buffalo-London, en Ontario. Dès lors, la presse québécoise et ontarienne dépendait d'une source unique américaine pour toutes les nouvelles du monde extérieur (le service ne couvrait pas les Maritimes qui étaient desservies par *Western Union*, ni le Manitoba qui n'était pas directement relié à l'est du Canada).

L'industrie naissante de l'information allait-elle s'organiser selon l'axe nord-sud ?

Les télégraphistes font du journalisme

La division de la presse et des nouvelles commerciales de *Great North Western* fut confiée à celui qui avait été le pionnier de la course à l'actualité dès les années 1850, Robert Easson. L'intrépide télégraphiste de Pointe-au-Père innovera une fois de plus. Il transforme tous les agents de *Great North Western* en reporters chargés de noter tous les événements, meurtres, vols, décès de personnalités, incendies, etc. Les dépêches canadiennes sont ajoutées aux dépêches internationales d'*Associated Press*. C'est alors que le code télégraphique marquant la fin des messages, le nombre - 30 - est entré dans l'argot typographique des journaux pour indiquer la fin des articles.

Les journalistes appelleront « *Easson Service* » ce supplément local. C'est en quelque sorte la première agence de presse canadienne et elle sera bien accueillie par les journaux qui ignoraient alors le principe des correspondants de presse. Mais *Great North Western* ne conservera pas longtemps le monopole de l'information au Canada. La division télégraphique de *Canadian Pacific Railway* lance un service analogue en 1886 et l'ouverture de la ligne transcontinentale donnera un avantage décisif aux dépêches de cette entreprise : *Great North Western* n'avait pas de ligne à l'ouest de Winnipeg. L'intervention de *Canadian Pacific* assurera le triomphe définitif de l'axe est-ouest en télégraphie.[32]

La grève générale

Pendant que l'industrie s'organise de la sorte, il convient de se demander ce que représentait le télégraphe pour la population ? Après une première réaction de méfiance, le télégraphe s'était imposé comme un moyen de communication pour tout le monde, mais indirect, c'est-à-dire nécessitant l'intervention d'un opérateur qualifié. Dès le milieu des années 1850, les gens avaient pris l'habitude d'échanger des vœux et des nouvelles par télégrammes. Certaines personnes aisées firent même installer le télégraphe à domicile pour pouvoir jouer aux échecs à distance. La pratique ne se répandit guère, en raison des difficultés rencontrées dans la commutation des lignes.

C'est la presse d'information qui popularisa le télégraphe. Le bureau de télégraphe devint un centre de réunion lors des événements importants : résultats d'élections, annonce des cours du blé ou guerres. La prise de Sébastopol en 1855 ou la chute de Napoléon III en 1870 attira ainsi des foules devant les bureaux du télégraphe au Québec afin d'être au courant plus vite de l'actualité et de manifester sa joie ou sa douleur selon le cas.

Un des meilleurs signes du succès de la nouvelle technique est la popularité dont jouirent très vite les télégraphistes. Les bons opérateurs qui tapaient de 40 à 50 mots à la minute (la moyenne était de 25 à 35 mots à la minute) pouvaient gagner jusqu'à 75 dollars par mois, ce qui au milieu du XIXe siècle était un salaire plus que respectable. Lewis McFarlane qui allait devenir le troisième président de *Bell Telephone*, William Van Horne qui devait bâtir le *Canadian Pacific* et Thomas Ahearn qui se signala en lançant un des premiers

---

[32] « The Beginnings of the Telegraph », Easson, Robert F., in *The Municipality of Toronto, A History*, ouvrage collectif dirigé par Jesse Edgar Middleton, vol. II, pp. 759-769. Cf. p. 768.

systèmes de tramway électrique au Canada, ont tous commencé par être télégraphistes. Les monteurs de ligne, de leur côté, allaient de chantier en chantier partout où l'on construisait des nouveaux réseaux. On les appelait les « *boomers* » et le continent était leur patrie.[33]

Opérateurs télégraphiques et monteurs de lignes appartenaient à ce que l'on a l'habitude d'appeler l'aristocratie de la classe ouvrière, car leurs métiers conservaient de nombreux attributs de l'artisanat préindustriel, en particulier, l'amour du travail bien fait et l'esprit d'indépendance. Notons que la confusion qui exista durant tout le XIXe siècle entre compagnie de télégraphe et agence de presse donna à bien des télégraphistes l'occasion d'être en même temps reporters. Ces télégraphistes-journalistes fournirent les premières troupes du syndicalisme naissant. À partir des années 1870, ils gagnèrent les rangs des Chevaliers du Travail où ils constituèrent une puissante Fraternité des télégraphistes.

Bureau de télégraphe au XIXe siècle

Archives nationales du Canada (C 7632)

Les Chevaliers du travail

On estime que la Fraternité des télégraphistes compta jusqu'à 2 500 membres au Canada. L'organisation avait des ramifications en Grande-

---

[33] *Collins, Robert, Une voix venue de loin, 1977*, cf. pp.33-35

Bretagne, en Irlande, en Belgique, en Australie et en Nouvelle-Zélande. Fait à souligner, les femmes y étaient admises, ce qui était rare dans le syndicalisme du XIXe siècle, ainsi que les ouvriers sans qualification. Ce syndicat imbibé de valeurs humanistes et chrétiennes favorisa une prise de conscience des droits des travailleurs, mais il était mal armé pour l'action. Il préférait organiser des coopératives et faire de la formation politique que d'inciter à la grève.

C'est néanmoins la Fraternité des télégraphistes qui déclencha en 1883 la première grève nationale du Canada. En fait, il s'agissait d'une grève continentale organisée depuis Pittsburgh, en Pennsylvanie dans le but d'obtenir des augmentations salariales et une réduction des heures de travail. Elle touchait uniquement les compagnies de télégraphe dites « commerciales », à l'exclusion des chemins de fer, soit la moitié environ des télégraphistes.

L'augmentation demandée était substantielle : 35 dollars pour tous ceux qui gagnaient moins de 45 dollars par mois. Or, un télégraphiste homme gagnait en moyenne 37 dollars par mois au Canada, et une femme, 20 dollars. L'égalité salariale entre hommes et femmes figurait d'ailleurs au nombre de leurs revendications. Le temps de travail devait passer de neuf heures à huit la journée ; de huit heures à sept la nuit. Enfin, les télégraphistes canadiens demandaient la parité avec leurs collègues américains.

Toutes les compagnies de télégraphe au Canada refusèrent de négocier (sauf une petite compagnie indépendante). Le 19 juillet peu avant midi, le comité de grève fit circuler une phrase codée dans tous les bureaux de télégraphe du Canada et des États-Unis :

> « *Le général Grant est mort.* »[34]

La grève fut instantanée. À Montréal, 54 télégraphistes sur 60 débrayèrent. Il semble que ce taux élevé de participation se retrouva partout ailleurs au pays. La réaction patronale fut orchestrée par l'irascible patron de *Great North Western*, Erastus Wiman. L'apôtre de l'union commerciale entre le Canada et les États-Unis donna de la voix, depuis son bureau new-yorkais, contre le caractère continental de la grève :

---

[34] Eugene Forsey, "The Telegraphers' Strike of 1883", *Proceedings and Transactions of the Royal Society of Canada*, Series IV, Volume 9, 1971. Cf. p. 247.

> *« ... une revendication extravagante faite sur un mode agressif qui, si on y accédait, aurait pour effet de placer toutes les communications télégraphiques du Dominion entre les mains d'une racaille organisée, dirigée par des mots d'ordre conçus à l'étranger, subjuguée par l'intimidation et la coercition et, parfois même, frisant la brutalité. »*[35]

Grâce à des briseurs de grève, le service put reprendre après quelques jours de flottement. Les grévistes ne tentèrent pas de dresser des piquets de grève et gaspillèrent beaucoup d'énergie à tenter de mettre sur pied une coopérative télégraphique alternative qui ne vit jamais le jour. Leur grève ne toucha pas les télégraphistes des compagnies de chemin de fer qui étaient pourtant syndiquées.

Après un mois de grève, les dirigeants syndicaux durent demander à leurs troupes de rentrer au travail, ce qu'ils firent le 18 août. Les compagnies de télégraphe ne se satisferont pas de cette victoire. À l'instigation de de Wiman, elles obligeront les employés à signer des renonciations au droit d'association. Battus, humiliés, les Chevaliers du travail perdirent beaucoup de leur prestige. Au mois d'octobre, il ne restait plus un local actif dans l'industrie du télégraphe. Ils durent se contenter de créer des associations secrètes sans lendemain en raison de la très grande mobilité de la main d'œuvre.[36]

La réorganisation syndicale

Le véritable coup d'envoi à la syndicalisation dans le télégraphe commercial eut lieu en 1902 avec la création de la *Commercial Telegraphers' Union of North America* (CTUA) à Chicago. Ce syndicat regroupera jusqu'à 80% des télégraphistes canadiens hors chemins de fer et son histoire s'étend sur plus de 60 ans. Prenant appui sur la loi Lemieux (*Industrial Disputes Investigation Act*) adoptée en 1907, il parviendra à se faire reconnaître par les compagnies de télégraphe, favorisant l'avènement de relations de travail plus stables.[37]

---

[35] Cité dans Williams, Jack, *The Story of Unions in Canada*, cf. p.47.

[36] Forsey, Eugene, « The Telegraphers' Strike of 1883 », in *Délibérations et Mémoires de la Société royale du Canada*, 1971/quatrième série/tome IX, Ottawa. Bernard, Elaine, *The Long Distance Feeling, A History of the Telecommunications Workers Union*, cf. pp. 15-16. Le chiffre de 2 500 syndiqués est avancé dans Anonyme, *A Sketch of the Canadian Telegraph System, Its Rise and Development*, cf. p. 42.

[37] Tillotson, Shirley Maye, *Canadian Telegraphers, 1900-1930 (A Case Study in Gender and Skill Hierarchies)*, cf. pp. 15, 73-4, 90-3.

Dans les compagnies de chemins de fer, l'organisation est le fait d'un syndicat indépendant connu sous l'appellation « The Big Four ». Il s'agit en fait d'un noyau de quatre syndicats purement canadiens couvrant les grands corps de métier de l'industrie des chemins de fer, auxquels se sont joints d'autres organisations représentant des métiers connexes, dont celui des télégraphistes. Le premier local du *Order of Railroad Telegraphists* a été créé à Montréal en 1886. Indépendants des grandes centrales ouvrières, les « Big Four » se sont spécialisés dans les négociations avec le ministère des Chemins de fer et dans la protection financière de leurs membres. En effet, les assurances pour les employés de chemin de fer étaient hors de prix et ce n'est pas un des moindres mérites des « Big Four » que d'avoir servi de mutuelle d'assurance-vie et invalidité pour ses membres.[38]

Dans l'ensemble, ce regroupement syndical fut très jaloux de son autonomie et il refusa toute alliance avec les autres syndicats. Cela explique la division persistante des télégraphistes entre les employés dits « commerciaux » et ceux du chemin de fer. Malgré cette division, les télégraphistes-reporters avaient une influence qui dépassait le strict rapport de forces de leurs syndicats. Ils bénéficiaient bien souvent de l'appui des journaux et même de certains hommes politiques qui avaient commencé leurs carrières comme télégraphistes. Au début du siècle, un sénateur et un ministre des Chemins de fer leur servaient ainsi de relais naturels, se portant à la défense de leurs anciens collègues à chaque coup dur.[39]

Il convient enfin de signaler que la majorité des monteurs de lignes fut constituée de Québécois qui se déplaçaient en équipes à travers le pays au gré des chantiers. Si les promoteurs du télégraphe furent entièrement anglo-saxons, ses bâtisseurs furent québécois. Les villages et les forêts que traversaient les pionniers du télégraphe résonnaient de chants français...[40]

---

[38] Logan, H.A., *Trade Unions in Canada (Their Development and Functioning)*, cf. pp. 138-43.

[39] Le ministre est John Dowsley Reid, PC (1859-1929).

[40] *A Sketch of the Canadian Telegraph System*, p. 16. Warner, Donald G., *The first fifty years of the Canadian Telegraph : A geographical perspective*, thesis prepared for an undergraduate course in Historical Geography, University of Toronto, avril 1975, 29 pages. ACN.

La conquête de l'Ouest

Si l'entreprise privée a relativement bien réussi à desservir le Canada central et sa façade Atlantique, il en va tout autrement de l'immense hinterland qui sépare l'Ontario de la Colombie britannique. Cette zone immense demeurera pour quelque temps encore le royaume fluide des Indiens et des Métis franco-indiens. La souveraineté britannique s'y exerce de manière déléguée par la Compagnie de la Baie d'Hudson.

Depuis la fin des années 1850, l'idée d'une ligne télégraphique pour relier la Colombie britannique et l'Ontario est dans l'air. Comme on l'a vu dans l'évocation des démêlés de Perry Collins avec le *Colonial Office*, plusieurs projets avaient été lancés. Une première entreprise fut incorporée sous le nom de *North-West Transportation Navigation and Railway Company* avec pour but de construire un chemin de fer et un télégraphe. Une deuxième tentative eut lieu peu après à l'instigation du président de la Compagnie du chemin de fer du Grand Tronc, l'homme d'affaires britannique Edward William Watkin, sous le nom d'*Atlantic and Pacific Transit and Telegraph Company*. Aucun de ces projets issus de l'initiative privée n'aboutit, faute de capitaux suffisants.

La seule entreprise qui aurait pu réunir les fonds nécessaires, la Compagnie de la Baie d'Hudson, persistait dans son opposition à la colonisation de l'Ouest. L'historien Harold Innis a dressé un tableau qui est devenu célèbre de l'opposition entre une économie fondée sur la traite des fourrures et une économie fondée sur l'agriculture. La Compagnie de la Baie d'Hudson était fondée sur l'économie de traite. C'est tout naturellement qu'elle s'opposa au binôme rail-télégraphe qui aurait favorisé l'installation de colonies de peuplement et, par voie de conséquence, remis en question la traite qui constituait sa raison d'être. Or, personne, pas même le *Colonial Office* n'osait attaquer de front le monopole de la Compagnie de la Baie d'Hudson sur l'exploitation des Prairies.[41]

Un timide dégel eut lieu avec le rapport Rae en 1864. À la faveur d'un changement de direction, l'entreprise souveraine envoie son plus célèbre explorateur, le Dr John Rae, dans l'Ouest canadien afin d'étudier, entre autres choses, l'édification d'un télégraphe transcontinental. À son retour en Grande-Bretagne, en 1864, il produira un rapport favorable. Malgré ce geste isolé, rien ne bouge jusqu'à la création de la Confédération en 1867.

---

[41] Innis, Harold A., *A History of the Canadian Pacific Railway*, cf. pp. 38-41, pp. 21-52.

Le statu quo est alors remis en question par deux faits nouveaux. Tout d'abord, le nouvel État canadien acquiert en 1870 les titres de propriété de la Compagnie de la Baie d'Hudson sur le territoire de Rupert et les Territoires du Nord-Ouest. L'année suivante, la Colombie britannique rejoint la Confédération à la condition qu'un chemin de fer transcontinental soit construit. Or, les liens télégraphiques vont de pair avec les liens ferroviaires. Parfois même, comme ce sera le cas dans l'Ouest, ils les précèdent.

Avec la nationalisation de la Compagnie de la Baie d'Hudson, le Canada fait plus que doubler de superficie. Cette expansion ne va pas sans problèmes. À l'annonce de la transaction, les Métis non consultés se révoltent à la Rivière-Rouge sous la direction de Louis Riel. À la même époque, la Fenian Society, association catholique irlandaise basée aux États-Unis, lance des raids sur les nouveaux territoires canadiens. L'autorité du nouvel État fédéral est menacée un peu partout dans l'Ouest.

Le gouvernement de John Alexander Macdonald doit composer. Il octroie en 1870 le statut provincial au Manitoba. C'est une demi-victoire pour les Métis de la Rivière-Rouge. Mais la nouvelle province qui voit le jour est complétement isolée, aucun moyen de communication moderne n'a été prévu. La première ligne télégraphique sera établie en 1871 entre le Minnesota et le Manitoba et encore sera-t-elle l'œuvre d'une entreprise américaine, la *NorthWestern Telegraph Company*. Loin de consolider la souveraineté canadienne, le télégraphe la mine.

L'œuvre ambiguë de Sandford Fleming

Un homme allait inverser le cours de choses, il s'agit de Sandford Fleming : cet ingénieur d'origine écossaise, fervent partisan des théories impériales britanniques, était un des protagonistes du chemin de fer transcontinental, du premier timbre-poste canadien (le castor à trois pence) et il venait de normaliser le système horaire canadien (heure normale de l'est) en attendant de l'établir sur une base mondiale.[42]

---

[42] C'est Sandford Fleming qui fut à l'origine de la conférence de Washington en 1884 où fut adopté le découpage de la terre en 24 fuseaux horaires à partir du méridien de Greenwich, en Angleterre... évidemment.

Sandford Fleming

Pour Fleming, le télégraphe a une fonction stratégique : affirmer la souveraineté britannique en Amérique du Nord. Le dessein est bien trop important pour être laissé aux aléas de l'entreprise privée. Au demeurant, le lien transcontinental doit être construit loin dans le nord, aussi loin que possible de la frontière américaine afin d'avoir une valeur militaire. Mais les rares zones de peuplement sont situées au sud, tout au long de la frontière. Raison de plus pour ne pas faire appel au secteur privé. Dans l'esprit de Fleming, c'est à l'État d'imposer l'axe est-ouest en télégraphie comme en transport ferroviaire afin de mettre au monde un Canada transcontinental pour la plus grande gloire de l'Empire britannique.

Quand un gouvernement libéral est élu à Ottawa en 1873 sous la direction d'Alexander Mackenzie, le projet transcontinental triomphe enfin. Le gouvernement se rallie aux thèses de Fleming et se prononce pour la construction d'une ligne télégraphique d'État dans les Prairies. Il y a deux façons de considérer ce qui va suivre. La première exalte les exploits des 500 pionniers qui ont, au prix de mille difficultés, balisés le Far-West de Port-Arthur, sur les rives du lac Supérieur, jusqu'à Edmonton en suivant un tracé nordique, en absence de routes et d'appuis au sein des populations locales. La seconde façon de voir les choses met en scène une série d'entrepreneurs aussi peu scrupuleux que liés au Parti libéral et choisis au terme d'un simulacre d'appel d'offres.

À première vue, le résultat est impressionnant. Un immense territoire situé entre les Grands-Lacs et Edmonton est traversé par le télégraphe. Au total, 2 000 km de fils relient dès la fin 1876 Port-Arthur à Fort-Edmonton. Mais ce terminus est fort loin de l'objectif du projet initial qui était Vancouver. Edmonton n'est qu'un avant-poste militaire perdu au cœur des Territoires du Nord-Ouest. Qui plus est, les poteaux télégraphiques sont en bois de peuplier qui pourrissent à la base ; à certains endroits ils ont été plantés dans la glace et, le printemps venu, la débâcle emportera tout ; ailleurs, les fils ont été accrochés directement à des arbres grossièrement émondés. Comble de malheur, les bisons ne tardent pas à se gratter contre les poteaux et ils jettent à terre ceux qui étaient mal plantés. Pour couronner le tout, des feux de forêt dévastent périodiquement les Prairies et anéantissent des tronçons entiers du réseau télégraphique.

Une commission d'enquête sera nommée qui apportera un éclairage troublant sur les irrégularités qui avaient été commises tout au long de la construction du télégraphe de l'Ouest. En outre, les milieux d'affaires pardonnaient mal au gouvernement fédéral son intervention dans l'économie. Il y a certainement une part de complaisance dans la façon dont les sources de l'époque insistent sur les déficiences de la ligne étatique. Quoi qu'il en soit, Fleming sera blanchi de toutes les accusations qui pesaient sur lui. Il semble que les malversations aient été le fait des entrepreneurs eux-mêmes.[43]

Pour les premiers colons des Prairies, cette ligne fut la cause de bien des mécontentements. En effet, les tarifs télégraphiques étaient aussi chers que le service était irrégulier. L'envoi de dix mots de Port Arthur à Winnipeg coûtait deux dollars. Un tel tarif était le meilleur incitatif pour écrire en style « télégraphique » ![44]

---

[43] Macdonald, J. Stuart, *The Dominion Telegraph*, in « The Canadian North-West Historical Society Publications », Vol. I, N° VI, Battleford, Saskatchewan, 1930, 66 pages.

[44] Warner, Donald G., *The first fifty years of the Canadian Telegraph : A geographical perspective*.

Remise en ordre du réseau public

Le gouvernement fédéral réagit enfin et, faute d'adopter une politique globale des télécommunications, il tenta de sauver ce qui pouvait l'être. En 1882, l'ensemble des lignes construites avec l'argent de l'État sera regroupé en une entité unique, *Government Telegraph and Signal Service*, sous l'autorité du ministère des Travaux publics. Les deux axes principaux sont la ligne des Grands-Lacs à Edmonton (1 600 km) et celle de Vancouver à Quesnel (600 km). La direction de cette administration publique est confiée à Frederick Gisborne dont l'un des premiers gestes sera l'achat des avoirs de *Western Union* en Colombie britannique.[45]

Le héros du câble transatlantique passera les dernières années de sa vie à essayer de mettre de l'ordre dans la gabegie de l'ouest. Il évitera soigneusement de livrer concurrence aux entreprises privées, n'hésitant pas à leur céder les tronçons du réseau qui menacent de faire double-emploi et reconstruisant, parfois à grand frais, les secteurs où il estimait que l'État devait intervenir (la ligne Battleford-Edmonton fut refaite en partie avec des poteaux métalliques). En outre, il reliera les îlots de populations nordiques au nouveau télégraphe de *Canadian Pacific* par des bretelles nord-sud, comme celle de Prince Albert à Humboldt, qui jouera un rôle important dans la révolte des Métis.

Gisborne se rendra sur le terrain, n'hésitant pas à affronter des populations souvent turbulentes : les colons de Prince Albert avaient même brûlé des poteaux télégraphiques car la nouvelle ligne n'avait pas été placée où ils l'exigeaient. Les rapports de mission de Gisborne se lisent comme des romans d'aventure et illustrent bien les difficultés de la pénétration technologique dans l'Ouest. Ses monteurs de ligne ressemblent plus à des cow-boys de légende qu'à des électriciens spécialisés.

Malgré les efforts déployés, les lignes de l'ouest demeureront sous-utilisées en raison de la faible densité de la population et du coût des messages télégraphiques. C'est ainsi que des applications inattendues sont nées de cette carence. Les télégraphistes prendront sur eux de donner les premiers

---

[45] Macdonald, J. Stuart, *The Dominion Telegraph*. Macdonald date la décision de créer *Dominion Telegraph* à l'été 1881 et le début de l'exploitation étatique à l'été 1882. La publication statistique du gouvernement fédéral (l'ancêtre de Statistique Canada) la fait remonter à 1879. *Telegraph Statistics of the Dominion of Canada for the year ended June 30, 1912*, Ottawa, 1913. Cf. p. 18. Comme Macdonald lui-même était un des acteurs de l'épopée de *Dominion Telegraph*, nous avons préféré suivre sa chronologie.

soins à distance dans une région qui manquait entièrement de médecins, inventant ainsi la télémédecine. Quand l'inactivité se faisait par trop sentir, ils tuaient le temps en organisant des tournois d'échecs télégraphiques d'un village à l'autre.[46]

Mais le réseau public ne se limitait pas aux deux grands axes de l'Ouest (Prairie et *Overland*). Au Québec, il s'étendait aussi au Bas-du-Fleuve et à la Gaspésie, il reliait les communautés isolées de la Côte Nord jusqu'au détroit de Belle Isle; au Manitoba, il raccordait Winnipeg au réseau américain; en Colombie britannique, il reliait les îles et les villes minières du nord de la province; d'une façon générale, il desservait toutes les installations gouvernementales isolées (phares côtiers, réserves amérindiennes et postes de la Police montée dans les Territoires du Nord-Ouest).[47]

Le télégraphe transcanadien face à la révolte des Métis

Le télégraphe transcontinental sera finalement l'œuvre d'une entreprise privée (avec l'aide financière massive de l'État). La société *Canadian Pacific* est créée en février 1881 dans le but de construire un chemin de fer est-ouest. Mais la charte que lui octroie l'État fédéral l'autorise à offrir aussi le télégraphe, ainsi d'ailleurs que le téléphone qui commence à se répandre au Canada. Contrairement au rêve de Fleming, son tracé longera la frontière américaine. Cette solution est dictée par des impératifs économiques – c'est là que se trouve la majorité de la population – alors que Fleming voulait un tracé aussi loin que possible de la frontière américaine pour des raisons politico-militaires.

La nouvelle entreprise reçut donc à sa naissance les quelques tronçons du réseau télégraphique public de l'Ouest qui pouvaient lui être utiles (la majorité des installations gouvernementales étaient trop nordiques). La construction du télégraphe transcontinental progressera parallèlement avec celle du chemin de fer. La ligne sera terminée sans coup férir en décembre

---

[46] Macdonald, J. Stuart, *The Dominion Telegraph*.

[47] Dans *A Story of the Telegraph*, p. 123, John Murray dit que les lignes gouvernementales du Bas-du-Fleuve et de la Gaspésie ont été construites à l'instigation d'un certain Pierre-Étienne Fortin, député de Gaspé. Il le qualifie de capitaine, mais *The Canadian Encyclopedia* ne mentionne pas qu'il ait été marin, il aurait plutôt été médecin. En outre, le document des archives de Terre-Neuve sur Gisborne dit que le service gouvernemental a été créé en 1879.

1886, un an après celle de la voie ferrée et le service ouvrira ses portes au public un mois plus tard. Cette fois, il ne s'agit plus d'une ligne de pionniers construite de bric et de broc et inutilisable un jour sur deux. C'est un véritable service public. En janvier 1886, *Canadian Pacific* avait créé une division des communications autonome à Montréal.

Signalons quand même que la première ligne transcontinentale américaine avait été inaugurée en 1861, soit 25 ans plus tôt.

Avant même la fin des travaux, la nouvelle ligne allait faire la preuve de son importance stratégique pour le Canada. En avançant vers l'ouest, le binôme chemin de fer-télégraphe provoquera les mêmes déséquilibres qu'au Manitoba en 1870. Le compromis qui avait scellé la fin de la révolte de la Rivière-Rouge au Manitoba s'était révélé impuissant à protéger les droits des Métis francophones et des Amérindiens. Ceux-ci avaient dû s'enfoncer plus loin vers l'ouest jusque dans la vallée de la Saskatchewan où ils abandonnèrent leur mode de vie semi-nomade traditionnel pour se sédentariser. La colonisation anglo-saxonne, accélérée par l'avance du chemin de fer, provoqua en 1885 une nouvelle révolte.

Les Métis francophones et les Amérindiens font appel au vieux héros de la Rivière-Rouge, Louis Riel. Cette fois, l'État central choisit la solution de la répression. L'armée est dépêchée dans la future province de Saskatchewan. Du début jusqu'à la fin, les opérations militaires seront marquées par les télécommunications. En effet, le ministre de la Milice et de la Défense, Joseph-Philippe Caron, fait aménager un bureau du télégraphe dans l'immeuble même du Parlement. Le télégraphe est utilisé pour recevoir des informations du champ de bataille tout autant que pour orchestrer la propagande fédérale sur place : c'est par dépêches que sont organisées les distributions de farine, de lard, de thé, de tabac et même de bétail parmi les Amérindiens. Les troupes du général Middleton qui progressent en trois colonnes distinctes demeurent en contact télégraphique constant.[48]

En face, on ne se rend compte de rien. Les révoltés utilisent le « mocassin télégraphe » qui permet de répandre les nouvelles à une vitesse incroyable par le bouche à oreille traditionnel. Mais les nouvelles sont déformées au gré de l'humeur des messagers et la zone de diffusion est circonscrite aux

---

[48] Lalonde, André, Riel se révolte, in *En quête*, Vol. IV, N°1, ministère des Communications du Canada, Ottawa, hiver 1977. En anglais : Riel : defeated by the telegraph ?, *In Search*, Department of Communications.

Prairies. Personne ne se rend compte de l'inégalité de la tradition orale par rapport la technique télégraphique.[49]

Bien sûr, un des tout premiers gestes de Louis Riel, le 18 mars 1885, est de couper la ligne télégraphique de Batoche à Prince-Albert (ce n'est que le lendemain que Riel formera à Batoche le gouvernement provisoire de Saskatchewan). Tout au long des opérations, les partisans de Riel répéteront ce geste de sabotage ponctuel et chaque fois les télégraphistes des réseaux d'État et du *Canadian Pacific* accompliront des prodiges pour rétablir le service.

Louis Riel perd la bataille des médias

Si les Métis avaient pleinement saisi l'importance du télégraphe, ils auraient arraché la ligne sur plusieurs kilomètres pour rendre impossibles les réparations de fortune. Surtout, ils auraient dû couper la ligne est-ouest de *Canadian Pacific* et ne pas se contenter de couper la bretelle nord du réseau d'État entre Prince-Albert et Batoche. À l'inverse, les révoltés n'ont pas songé à utiliser le télégraphe pour diffuser leurs revendications, ainsi que le note le pourtant très conservateur quotidien *La Minerve* :

> « Il y a lieu de remarquer, à ce propos, que les dépêches en question ne viennent que d'une seule source, que d'un seul côté, les insurgés étant absolument privés de communications avec le monde extérieur. »[50]

Les partisans du gouvernement provisoire ont traité le télégraphe comme un symbole du pouvoir d'Ottawa et non comme une arme stratégique de communications.

---

[49] Macdonald, J. Stuart, *The Dominion Telegraph*, cf. p. 35.
[50] *La Minerve*, 1er avril 1885.

Avant-poste télégraphique dans l'Ouest (Humboldt)

Pendant ce temps, les troupes canadiennes demeuraient en contact permanent avec Ottawa, inventant la guerre moderne où le pouvoir militaire sur le terrain est en contact permanent avec le pouvoir politique... et l'opinion publique. En effet, on vit apparaître à cette occasion un nouveau type de journaliste : le correspondant de guerre. Les quotidiens canadiens anglais, *Montreal Star*, *Montreal Witness*, *Toronto Globe* et *Toronto Mail*, avaient tous dépêché leurs grands reporters sur place.

Du côté francophone, *La Minerve* avait fait de même. Cette nouvelle forme de journalisme a introduit « l'intérêt humain » dans le compte-rendu de la guerre. Quand *La Minerve* commence un reportage par les mots : « Riel est à 40 milles au nord-ouest de nous... », elle suscite chez le lecteur montréalais une engagement direct avec toute l'émotion que cela implique. Chaque jour, les noms des morts de la veille sont publiés, les chefs militaires sont interviewés, parfois même les simples soldats. La guerre sort du cadre strictement militaire pour devenir une affaire émotive qui engage personnellement chaque lecteur.[51]

En comparaison, les éditoriaux grandiloquents écrits à Montréal semblent lointains. « C'est la lutte antique de la civilisation et de la barbarie » écrit *La Presse*. Si le ton sonne faux, c'est que le télégraphe a déplacé le centre de gravité du journal de la salle de rédaction vers le lieu de l'action.[52]

---

[51] *La Minerve*, 20 avril 1885.

Cette couverture de presse explique le grand retentissement de la révolte des Métis sur l'opinion publique tant au Québec qu'en Ontario. Ainsi, les grandes entreprises anglo-saxonnes de Montréal et de Toronto ont libéré (avec plein salaire) ceux de leurs employés qui désiraient se porter volontaires pour aller combattre les Métis. Dans le secteur des télécommunications, *Montreal Telegraph*, Montreal Great *Western* et *Bell Telephone* adoptèrent cette politique, ce qui permit aux troupes canadiennes d'avoir sur place quantité d'experts qualifiés. Cette mobilisation déborde les frontières linguistiques et, dans un premier temps, les francophones participent pleinement à l'esprit de répression, ainsi qu'en témoigne *La Presse* :

> «*L'enthousiasme militaire se continue par tout le Canada.* »[53]

Le Québec découvre (trop tard) Riel

Durant toute la durée des opérations militaires, les journaux irrigués par les nouvelles du télégraphe ont réuni tous les Canadiens autour d'un nationalisme économique et conquérant sur le modèle américain de la Conquête de l'Ouest. Mais voilà que la condamnation à mort de Riel en août 1885 bouleverse la situation du tout au tout. Soudain, la presse francophone, tous clivages politiques confondus, prend fait et cause pour la grâce de Riel tandis que la presse anglophone continue à réclamer du sang. *La Minerve*, qui avait pourtant appelé à la répression tout au long des combats, commence son reportage du 16 novembre par les mots suivants :

> «*Riel a été exécuté ce matin à 8 :23 heures. Il est mort en brave.* »[54]

Au Québec, il semble que ce soit le rôle mobilisateur du télégraphe qui a fait soudainement basculer l'opinion publique à partir du procès Riel. Soudain, les fanfares du nationalisme pancanadien cèdent la place aux rythmes plus chauds du tam-tam tribal.[55] À Montréal, une manifestation monstre

---

[52] *La Presse*, 24 avril 1885.

[53] *La Presse*, 31 mars 1885.

[54] *La Minerve*, 17 novembre 1885. L'article est daté de la veille à Regina.

[55] Selon Marshall McLuhan, les médias jouent un rôle tour à tour de détribalisation et de retribalisation de la société. En suivant cette approche, on peut considérer que le « mix » imprimé-télégraphe a produit l'effet d'une bombe culturelle sur la société canadienne française.

rassemble 50 000 personnes au Champ-de-Mars et sonne le début du déclin du Parti conservateur dans cette province. En contrepartie, le parti libéral y jette des racines qui se révéleront durables (Wilfrid Laurier commence son ascension politique à cette occasion). Comment expliquer ce revirement spectaculaire de l'opinion publique ?

Le télégraphe favorise les pulsions primaires du type identification – rejet ou amour – haine. Au cours de la partie militaire de la révolte des Métis, les Canadiens anglais se sont identifiés aux victimes de Riel qui étaient anglophones comme eux. Les Canadiens français ont emboîté le pas, privés qu'ils étaient de toute communication avec les révoltés du gouvernement provisoire de la Saskatchewan («...les dépêches en question ne viennent que d'une seule source... »). Au demeurant, le gouvernement fédéral jouait habilement du télégraphe pour diffuser les nouvelles qui lui convenaient.

À partir du moment où les reporters francophones établissent le contact avec Riel, c'est-à-dire, à partir du procès, le processus d'identification s'inverse en faveur de ce dernier. Les arguments du gouvernement fédéral, qui n'ont pourtant pas varié tout au long de la partie militaire et de la partie juridique de l'affaire Riel, apparaissent soudain froids et menaçants pour l'opinion publique francophone. Le télégraphe véhicule mal les nuances juridiques. Le télégraphe véhicule des passions. Dès le moment où le gouvernement fédéral traîne Riel devant un tribunal, il le met en contact via le télégraphe avec le peuple canadien français du Québec et permet au processus d'identification de s'enclencher.

Le meilleur signe de l'importance des communications dans la révolte des Métis de la Saskatchewan est fourni par le gonflement soudain des recettes télégraphiques de *Canadian Pacific* qui passèrent de 70 000 dollars en 1884 à 145 000 dollars en 1885, principalement en raison de l'usage militaire qui en fut fait, ainsi que de la couverture de presse. La mort de Riel coïncida à une semaine près avec la cérémonie d'inauguration du chemin de fer transcontinental et provoqua la hausse des actions de *Canadian Pacific*. Cornelius William Van Horne, alors vice-président de *Canadian Pacific*, suggéra que son entreprise érige un monument à la mémoire de Louis Riel... Ainsi va l'humour anglo-saxon.[56]

---

[56] Innis, Harold A., *A History of the Canadian Pacific Railway*, cf. p 128 (note 1).

Les médias se révoltent contre CP

Avec la maîtrise de l'Ouest, *Canadian Pacific Telegraph* devait acquérir peu à peu le monopole du marché de la nouvelle de presse internationale. Son principal concurrent, *Great North Western* perdit le contrat d'acheminement des dépêches d'*Associated Press* en 1894 car son réseau n'allait pas au-delà de Winnipeg.

N'oublions pas que ces deux entreprises de télégraphe faisaient elles-mêmes fonction d'agences de presse pour les nouvelles canadiennes. Il s'agit d'un cas sans doute extrême au monde, où l'opérateur d'un réseau de télécommunications intervient dans la définition et même dans la création des contenus de l'information. L'étroitesse du marché canadien explique en partie cette confusion des genres ; la domination d'une agence étrangère, *Associated Press*, fit le reste.

C'est une erreur de *CPR Telegraph* elle-même qui mit un terme à ce mariage incestueux entre télégraphe et presse. En juillet 1907, *CPR Telegraph* apporta sans crier gare des modifications à la distribution du service de presse international dans l'Ouest, ce qui augmentait les tarifs de 200 à 300%. Plus encore que les sommes en jeu, c'est la méthode arrogante de la compagnie montréalaise qui déplut aux médias de l'Ouest.

Trois quotidiens de Winnipeg (*Telegram*, *Tribune* et *Free Press*) se rebellèrent et créèrent leur propre agence de presse en septembre sous le nom de *Western Associated Press* (*WAP*). Ces trois journaux concurrents mirent en commun leur réseau de correspondants à travers le Canada et remplacèrent *Associated Press* par un panaché de trois petites agences américaines. Aucune de ces dernières n'avait de réseau aussi étendu que celui d'*Associated Press*, mais à la guerre comme à la guerre, on fit avec ce que l'on avait et *WAP* connut rapidement le succès dans l'Ouest. La majorité des journaux s'abonna à *WAP*.

CPR Telegraph réagit en invoquant ses propres règlements qui limitaient le tarif de presse aux seuls journaux, or *WAP* était une agence de presse, pas un journal... Ils imposèrent donc à *WAP* un excédent tarifaire de 50%. Les mutins de Winnipeg rusèrent et firent adresser les dépêches à un journal qui le redistribuait alors anonymement aux autres. Les agents de *CPR Telegraph* ne furent pas dupes et épluchaient les journaux pour traquer la nouvelle de

WAP, même si celle-ci n'était pas signée. Ce faisant, ils réinventaient en toute bonne conscience la censure !

WAP émigra vers les autres compagnies de télégraphe : *Great North Western* à l'est de Winnipeg, et *Canadian Northern* à l'ouest. Restaient les villes et villages desservis uniquement par *CPR Telegraph*. Les astucieux journalistes de *WAP* parlèrent de réquisitionner les pigeons voyageurs… Sur ces entrefaites, *CPR Telegraph* augmenta encore le tarif de presse, pour tout le monde cette fois. La révolte gagna la presse de Colombie britannique où le *News* de la municipalité de Nelson se fit couper le fil d'*Associated Press* pour cause de mauvaise conduite.

La décision avait été prise par une instance subalterne de *CPR Telegraph*, mais elle reflétait l'arrogance de *CPR Telegraph*. La presse de Toronto emboîta le pas à la presse de l'Ouest et le spectre de la nationalisation du télégraphe fut agité avec insistance. La menace était d'autant plus crédible que deux ans avant *Bell Telephone* avait échappé de justesse à la nationalisation à l'échelle fédérale, et qu'en 1907, le gouvernement provincial du Manitoba était en train de nationaliser les installations téléphoniques de cette entreprise sur son territoire (voir chapitre 7 *Balkanisation de la téléphonie au Canada*). Ajoutons que le *Telegram* appartenait à des intérêts proches du Premier ministre manitobain Rodmond P. Roblin. Pour couronner le tout, le Premier ministre Wilfrid Laurier fut saisi de l'affaire et exerça des pressions discrètes sur *CPR*. La compagnie capitula et, à la mi-octobre, proposa un retour au statu quo ante.

Naissance de la Presse canadienne

La crise était passée, mais la question des tarifs de *WAP* demeurait en suspens. L'agence ne bénéficiait toujours pas du tarif de presse. Quand l'autorité de la Commission des chemins de fer fut étendue au télégraphe en 1909, *WAP* se tourna tout naturellement vers elle pour soulever la question des tarifs. Pourquoi devait-elle payer un tarif plus élevé que son concurrent *CPR Telegraph* ? L'avocat de la compagnie de télégraphe répondit par une métaphore. Comparons, dit-il, les nouvelles à du charbon et la transmission au transport du charbon provenant d'une mine détenue par la compagnie :

> *«Une compagnie de chemin de fer pourrait vendre son surplus pour un montant donné aux habitants de Winnipeg sans tenir compte du coût du transport. Le prix de vente du charbon ne devrait pas plus donner motif à contestation que le prix demandé pour le transport du charbon jusqu'à Winnipeg. Ce sont deux*

choses séparées, deux choses différentes qui n'ont rien à voir l'une avec l'autre. »[57]

Dans son jugement de janvier 1910, la Commission des chemins de fer reprit cette parabole malheureuse et enfonça le clou :

«Supposons qu'une compagnie de chemin de fer possède une mine de charbon (agence de presse) à Montréal et que les demandeurs aient une mine comparable à Winnipeg, supposons aussi que Saskatoon soit un important centre de consommation. Est-ce que la compagnie de chemin de fer pourrait livrer son produit à Saskatoon pour quatre dollars la tonne – ce qui comprend la valeur du produit et le coût du transport – tout en facturant le producteur de Winnipeg cinq dollars la tonne pour le transport seulement ? Si une telle chose était permise, les compagnies de chemin de fer pourraient fermer toutes les mines à l'exception des leurs. »[58]

Le jugement comblait d'aise les journaux de l'Ouest, mais pas ceux du Canada central. Comme *CPR Telegraph* prétendait leur fournir le service à perte, elle devait maintenant hausser ses tarifs à Montréal et à Toronto. En fait, les nouveaux tarifs des compagnies de télégraphe mécontentèrent tout le monde et, en mars 1910, la Commission des chemins de fer fut à nouveau saisie par la presse unanime. Après une série d'audiences organisées tour à tour à Ottawa et à Winnipeg, la Commission prononça une décision historique en juin 1910 interdisant aux compagnies de télégraphe de remplir le rôle d'une agence de presse.

Depuis lors, un « transporteur » d'information a l'interdiction absolue de toucher au contenu de l'information, de la créer, de la traiter ou de la diffuser. Cette décision est la pierre angulaire de tout le droit canadien des communications. Les compagnies de télégraphe et, à leur suite, de téléphone sont définies comme des services publics à vocation exclusivement technologique.

---

[57] Cité in Nichols, M.E., *The Story of the Canadian Press*, cf. p. 56.
[58] Ibidem.

La presse sortait victorieuse de l'affrontement avec les compagnies de télégraphe, même si cette victoire était l'enfant de l'Ouest. En fait, les journaux de l'Ontario et du Québec se virent imposer une responsabilité qu'ils n'avaient pas cherchée. Quoi qu'il en soit, faisant contre mauvaise fortune bon gré, ils s'unirent avec leurs collègues de l'Ouest pour renégocier avec *Associated Press* le contrat de distribution que *CPR Telegraph* avait dû abandonner. C'est à cette occasion que l'agence de presse *Presse canadienne* fut créée en décembre 1910. Sept ans plus tard, *WAP* se fondit avec la *Presse canadienne* qu'elle avait tant contribué à créer.[59]

Bref retour au temps des « héros » : le Klondyke et le Pacifique

Au tournant du siècle, deux aventures galvanisèrent la télégraphie canadienne. La découverte de riches gisements aurifères dans la vallée du Klondyke en 1896 provoqua la plus grande ruée vers l'or de l'histoire nord-américaine. Les États-Unis contestèrent une fois de plus le tracé de la frontière canadienne afin d'englober cette petite vallée du Yukon dans l'Alaska. C'est pourquoi le gouvernement fédéral se hâta de construire une liaison télégraphique entre les mines d'or et les postes frontières canadiens. Pour des raisons de sécurité nationale, le Premier ministre Wilfrid Laurier n'avait pas laissé le soin de desservir cette zone critique à l'entreprise privée.

Dans le même temps, le réseau de Colombie britannique s'agrandit vers le nord. Reprenant les traces du projet *Overland*, une ligne est construite de Quesnel jusqu'à Atlin, dans l'extrême nord de la Colombie britannique, mais encore à une respectable distance au sud de Dawson où étaient concentrées la plupart des mines d'or du Klondyke. Ces deux lignes, construites de 1899 à 1901 au milieu des Rocheuses, dans l'une des régions les plus inaccessibles du Canada, ranimèrent pour quelques années encore le mythe de l'ouest.

L'autre grande aventure du tournant du siècle est le câble sous le Pacifique. C'est Sandford Fleming lui-même, le pionnier du télégraphe et du chemin de fer transcontinentaux, qui en fut l'instigateur. Son rêve impérial ne s'arrêtait pas à la mise sur pied d'une ligne de l'Atlantique au Pacifique. Son but était la ligne « *All Red* », c'est-à-dire la ligne rouge continue autour du globe terrestre (le rouge était la couleur des possessions britanniques sur les cartes géographiques). Ce fervent partisan de l'intervention publique dans les

---

[59] Nichols, M.E., *The Story of the Canadian Press*, cf. pp. 1-79. Collins, Robert, *Une voix venue de loin*, 1977, cf. pp. 192-194. Record Group 46, Railway Commission, volume 47, Ottawa, 9 juin 1910.

télécommunications, comme dans les transports, aimait à répéter que toutes les nations civilisées ont des réseaux télégraphiques d'État... Le Canada devait s'empresser de rejoindre le rang des nations civilisées en nationalisant ses installations. En fait, ses raisons étaient bel et bien militaires.[60]

Fleming s'intéressa dès 1879 à la prolongation du télégraphe transcontinental par un câble transpacifique, alors qu'il était encore ingénieur en chef des chemins de fer gouvernementaux. L'abandon du projet public et sa privatisation (création de *Canadian Pacific* en 1881) ne découragea pas Fleming. Il s'assura l'appui de Frederick Gisborne, le pionnier du câble transatlantique devenu directeur général des télégraphes fédéraux. Las, celui-ci mourut en 1892. Fleming lui-même se faisait vieux, mais il ne désarma jamais. Vingt ans durant, il batailla en Grande-Bretagne, au Canada, en Australie et en Nouvelle-Zélande pour la construction de ce câble :

> *« Si nous faisons appel aux forces conjuguées de l'électricité et de la vapeur, les peuples d'Australasie et du Canada deviendront, à toutes fins pratiques, voisins. Et pourquoi ne deviendraient-ils pas voisins puisque l'art et la science l'autorisent ? Ne sont-ils pas unis par la langue, les lois et la loyauté ? »*[61]

Cette harangue prononcée devant les délégués gouvernementaux des différentes colonies britanniques à la Conférence du Jubilé en 1887 se heurta, comme bien d'autres, à la force d'inertie des fonctionnaires de la mère patrie. Qui plus est, la verve missionnaire de Fleming en faveur de l'intervention étatique rencontra l'opposition acharnée de l'entreprise britannique *Eastern Telegraph* qui détenait le monopole des communications entre Londres et les possessions britanniques d'Asie et d'Océanie.

Rien ne décourageait Fleming dont le principal argument était militaire : qu'adviendrait-il des communications entre la Grande-Bretagne et son Empire si la Turquie, où passait le câble d'*Eastern Telegraph*, interrompait le trafic ? C'est précisément ce qui arrivera durant la première Guerre mondiale quand la Turquie s'alliera avec l'Allemagne contre la Grande-Bretagne.

---

[60] Fleming, Sandford, *Cheap Telegraph Rates*, Address to the Canadian Press Association, 3 février 1902, p. 3. Cité in Hank Witteven, *The Telegraph in Canada*, p.21.
[61] Johnson, George, *The All Red Line, The Annals and Aims of The Pacific Cable Project*, cf. p. 53.

Le projet faillit échouer à plusieurs reprises en raison du refus de Fleming de faire passer le câble par des pays tiers : il fallait que le projet fût britannique à 100%. Or, la technologie de l'époque interdisait de traverser le Pacifique avec un câble d'un seul tenant, il fallait prévoir des relais émergés. Le Japon fut pressenti pour céder sa souveraineté sur une des îles Kouriles, en vain. Fleming alla jusqu'à financer une expédition sur un rocher au milieu du Pacifique appelé Necker afin d'en prendre possession au nom de la Couronne britannique (il fut devancé par Hawaï alors État indépendant).

La solution retenue s'appelle l'île Fanning (aujourd'hui Tabuaeran), un atoll des îles de la Ligne. Néanmoins, la distance Fanning – Vancouver était supérieure à tous les câbles sous-marins déjà posés. Il fallut que la Grande-Bretagne accepte de construire un câblier géant, le « *Colonia* » capable d'emporter dans ses soutes 10 000 km de câble afin de relier Vancouver à l'île Fanning, puis de là aux îles Fidji, puis à l'île Norfolk avec une fourche en direction de l'Australie et une autre vers la Nouvelle-Zélande. Le 31 octobre 1902, Fleming pouvait expédier depuis Ottawa deux messages autour du monde, un vers l'est, un vers l'ouest. Le vieux lutteur impérial avait gagné son pari.

La date est importante. Elle marque l'avènement du réseau mondial de télécommunications. Le temps de l'aventure cède la place au temps de la planification technologique et de la rationalisation financière (même si au Canada, cette dernière s'avère souvent déficiente).

Notons que cette mondialisation des échanges d'information est issue d'une idée impériale britannique et non d'une quelconque idéologie internationale. Le rapprochement des peuples dont il est question dans le discours officiel de l'époque concerne exclusivement les différents rameaux britanniques. Dans la création de ce réseau mondial, le Canada n'a pas poursuivi un dessein strictement national, il a joué un rôle d'avant-garde de l'Empire britannique.

Vers le duopole

À l'intérieur même du Canada, la situation échappait à tout effort de mise en ordre. Avec la construction de *Canadian Pacific*, le monopole télégraphique établi par le magnat de *Great North Western*, Erastus Wiman, avait fait long feu. Comme au temps du duel *Montreal Telegraph – Dominion Telegraph*, le réseau télégraphique canadien retrouve ce qui fait l'originalité de sa structure : le « duopole ».

Wiman avait bien tenté d'acheter la division télégraphique de *Canadian Pacific* en 1883 quand cette entreprise s'était trouvée à court de fonds au milieu de la construction du chemin de fer transcontinental. Il s'était heurté au veto catégorique du directeur général de cette entreprise, William Cornelius Van Horne. En fait, une haine solide s'installa à cette occasion entre les deux hommes et, malgré l'appui financier de *Western Union*, Wiman échoua complétement dans sa tentative. L'ironie veut que ce soit un Américain devenu Canadien (Van Horne) qui ait défendu les intérêts du Canada contre le Canadien devenu Américain (Wiman).[62]

Great North Western et *Canadian Pacific* ne constituaient pas un duopole parfait car seul le réseau de la deuxième de ces entreprises couvrait l'ensemble du territoire canadien. *Great North Western* était concentrée dans les régions les plus peuplées du Canada (Ontario, Québec) et les provinces Maritimes.

Au tournant du siècle, deux nouveaux chemins de fer transcontinentaux sont mis en chantier par *Canadian Northern Railways* (1899-1915) et *Grand Trunk Railway of Canada* (1902-1914). Chacune des deux voies ferrées fut naturellement doublée par une ligne télégraphique. *Canadian Northern Telegraph* fut créée en 1902, *Grand Trunk Pacific Telegraph* en 1906.

La création de ces compagnies correspondait bien davantage à un phénomène politique et spéculatif qu'à une nécessité économique. La vague de populisme qui déferlait au début du siècle sur le Canada, spécialement dans l'Ouest, avait monté l'opinion publique contre le monopole de *Canadian Pacific* (voir annexe *Services publics et naissance de la civilisation bourgeoise*). Les gouvernements de l'État fédéral et de la province du Manitoba ont cédé devant cette pression et ont largement encouragé et financé les nouvelles entreprises. Les milieux d'affaires ne pouvaient laisser passer une telle occasion de s'enrichir. Des compagnies ont surgi de terre en quelques années en-dehors de toute justification économique.[63]

---

[62] Erastus Wiman eut une fin misérable. Il fit faillite en 1893, tâta même de la prison à New York, perdit la présidence de *Great North Western* en 1895 et mourut sans un sou en 1904. Une certaine partie de l'opinion publique canadienne lui a toujours été hostile car il avait fait passer les deux plus grandes entreprises de télégraphe canadiennes, *Dominion Telegraph* et *Montreal Telegraph*, sous contrôle américain.

L'anarchie économique canadienne

Est-ce l'éclatement définitif de la structure en duopole de la télégraphie canadienne ? Il n'y a pas de place au Canada pour trois réseaux de voies ferrées parallèles d'un océan à l'autre, non plus que pour une prolifération de réseaux télégraphiques.

La première victime de cette concurrence artificielle et sauvage sera *Great North Western* qui éprouvait de plus en plus de mal à subir les assauts conjugués de *Canadian Pacific* et des nouveaux venus. Le 1er janvier 1915, *Canadian Northern* achètera *Great North Western* à *Western Union* et fusionna les deux réseaux.

Pourtant *Canadian Northern* était elle-même aux abois, ainsi que *Grand Trunk Railway*. Ces deux compagnies avaient contracté des dettes et elles étaient insolvables. Un second mouvement de restructuration était inévitable qui devait, quelques années plus tard, ramener les télécommunications canadiennes vers leur « destinée manifeste » qui semble être le duopole.

Il est à noter que les Maritimes constituent un cas à part puisque les réseaux du Nouveau-Brunswick et de Nouvelle-Écosse demeurèrent la propriété de *Western Union*. On y voit aussi un duopole, mais un duopole *Canadian Pacific – Western Union*. L'Île-du-Prince-Édouard et Terre-Neuve étaient le monopole de l'entreprise *Anglo-American Telegraph*.[64]

Le Canada aborde le XXe siècle dans une situation unique au monde. Alors que partout ailleurs, le télégraphe est un monopole – monopole d'État en Europe, monopole privé aux États-Unis – le Canada semble favoriser l'anarchie complète. L'État cède la place au secteur privé, puis il crée les conditions d'une concurrence artificielle par une politique de subventions arbitraire aux compagnies de chemin de fer.

Pour être complet, il convient de ne pas oublier l'existence d'un petit secteur étatique circonscrit aux clientèles non rentables. *Government Telegraph and Signal Service* répond à des besoins sociaux (services aux populations isolées) et politiques (présence dans le Grand Nord). En aucun cas, l'État fédéral ne songe à se doter d'un outil d'intervention directe dans le secteur des

---

[63] Le populisme nord-américain ne doit pratiquement rien à son prédécesseur, le populisme russe dit « narodnik ».

[64] *A Story of the Telegraph*, cf. p. 124. Aucune autre mention de cette entreprise ailleurs.

télécommunications comme dans le cas des PTT européennes. Seuls les impérialistes dans la mouvance de Sandford Fleming ont élaboré une stratégie cohérente autour de la nationalisation, mais leur influence, pour réelle qu'elle fût, n'a jamais été dominante. À l'inverse, le Canada semble incapable de se résoudre à pratiquer une politique de « laissez-faire » analogue à celle des États-Unis, peut-être en raison justement du poids économique de cet encombrant voisin. Il en résulte des interventions contradictoires mais répétées, dénuées de grand dessein et aux résultats souvent contre-productifs.

L'histoire des débuts de la télégraphie au Canada ne serait pas complète si on ne relevait en 1882-84 la tentative de Louis-Adélard Senécal d'établir un câble transatlantique entre la Nouvelle-Écosse et la Grande-Bretagne. Ce câble canadien ne vit pas le jour – faute de capitaux ou d'appuis gouvernementaux, la raison exacte demeure mystérieuse – mais il est digne de mention car c'est la seule occasion où l'on voit un francophone à la tête d'une entreprise télégraphique, qui plus est, d'une entreprise internationale. Il est vrai qu'il s'agit de Senécal qui fut un des hommes les plus puissants du Canada au XIXe siècle.[65]

En dehors de cette tentative avortée, le télégraphe se développe en terre canadienne comme si l'environnement était purement anglo-saxon. La principale cause de cet état de fait est sans doute historique : le télégraphe arrive au Canada dans la foulée de l'échec des rébellions de 1837-38. La bourgeoisie terrienne canadienne française est vaincue, incapable de saisir au vol les occasions d'affaires qui aurait pu la faire passer à l'âge industriel. Cette défaillance est quand même lourde de conséquences car elle concerne le champ des télécommunications, c'est-à-dire l'ouverture sur le monde extérieur. Au Canada, cette ouverture sera 100% anglo-saxonne et la situation ne changera pas, comme nous allons le voir, avec l'avènement de la téléphonie.

---

[65] Louis-Adélard Senécal (1829-1887) était un homme d'affaires et un homme politique (d'abord libéral puis conservateur). Filteau, Hélène, Hamelin, Jean, et Keyes, John, *Senécal*, Canadian Biography, pp. 806-816.

Chapitre 3 - Une technologie adulte

Avant d'aller plus loin, il est utile de dire un mot de la technologie employée par les premières compagnies de télégraphe. Pendant un demi-siècle, les normes de qualité de *Montreal Telegraph* ont régné sur le télégraphe nord-américain. C'est l'époque des transmissions par fil de fer unique avec retour par la terre, mais le fil de fer est quand même galvanisé. En fait, il s'agissait de normes importées de Grande-Bretagne : dimension du conducteur, gaine de protection, isolateurs, tout a été défini pour satisfaire le souci d'excellence technologique de la puissance impériale.

Il faut attendre 1898 pour que le cuivre triomphe sur le fer. Cette année-là, en effet, un fil de cuivre sera installé par le *CPR Telegraph* entre Montréal et Vancouver. L'efficacité de ce fil surpassait tout ce qui existait alors en Amérique du Nord et peu à peu le fil de cuivre s'imposera sur tous les circuits interurbains, en remplacement du fil de fer galvanisé de *Montreal Telegraph*. Avant 1898, la ligne Montréal-Vancouver nécessitait de nombreux répéteurs, ce qui amenait bien souvent les télégraphistes à retaper manuellement les messages.

Les répéteurs servaient à restituer sa puissance initiale, ou presque, à un signal télégraphique quand celui-ci était par trop atténué. La principale amélioration en matière de répéteurs sera l'introduction de relais bipolaire dans les circuits télégraphiques en remplacement des relais simples qui ne permettaient que la transmission unidirectionnelle.

Le premier appareil télégraphique mis au point par Morse et qui fut repris tel quel par toutes les premières entreprises, était basé sur la transcription sur un ruban de papier. À la fin des années 1850, avec l'amélioration de la qualité des lignes télégraphiques, il devint possible pour les opérateurs de décrypter le code Morse au son. Les télégraphistes s'adonnent alors à des concours de vitesse et les plus rapides peuvent transmettre jusqu'à 45 ou 50 mots à la minute.

Le multiplexage par fréquences

La course à la vitesse abandonna rapidement cette forme artisanale. Toute l'histoire technique du télégraphe se résume à la recherche de moyens de plus en plus perfectionnés pour acheminer plusieurs messages simultanément sur le même fil. C'est à Thomas Alva Edison que reviendra le mérite de mettre au point en 1874 une méthode pratique de transmission multiple par superposition de signaux (système quadruplex). Son dispositif permet d'acheminer quatre messages dans chaque sens sur un seul fil. Cette technique sera encore améliorée au tournant du siècle pour atteindre six messages dans chaque sens.

Cependant le véritable multiplexage ne prendra son envol que bien plus tard. Il consiste à envoyer un courant à une fréquence donnée vers un électro-aimant qui produit des vibrations dans une série de lames flexibles. Chaque lame résonne sur la fréquence d'excitation et il devient ainsi possible de transmettre un grand nombre de messages différents en utilisant des fréquences différentes. On parle aussi de télégraphie harmonique car les premières expériences recouraient au diapason et les fréquences utlisées étaient celles des notes de musique.

Si le principe du multiplexage par répartition de fréquences est simple, il devra attendre la révolution électronique et la mise au point de la triode en 1906 pour être commercialisé à grande échelle. Mais nous reviendrons sur cette invention dans nos sections sur le téléphone et la radio (voir chapitre 8 - *Naissance de Northern Electric et progrès technologiques, L'invention de l'électronique : une révolution technologique* et chapitre 11 - *La radio connaît un succès spectaculaire, Lee De Forest invente la triode*).

Dans les bureaux télégraphiques des grandes villes, un problème se pose avec de plus en plus d'acuité. Des circuits de plus en plus nombreux aboutissent en provenance de diverses localités qui ne sont pas raccordées directement entre elles. On voit alors de plus en plus de billets de papiers circuler entre les télégraphistes qui reçoivent des messages et ceux qui les émettent. Quand la demande le justifie, on procède alors au raccord de deux lignes entre elles afin que les messages circulent directement. Cette forme rudimentaire de commutation de circuits était l'occasion de beaucoup de problèmes et nécessitait beaucoup de coordination entre les techniciens et les télégraphistes des différentes localités concernées.

Le télescripteur permet aux usagers d'écrire eux-mêmes leurs dépêches

Dès 1855, un instituteur du Kentucky nommé David E. Hughes a fait breveter le premier télescripteur qui permet de transmettre un texte imprimé. L'appareil ressemble davantage à un piano qu'à un télescripteur moderne. L'opérateur tape les textes sur un clavier de 28 touches et chaque caractère est traduit par une combinaison différente de cinq trous sur un ruban de papier, un peu à la manière de l'alphabet Braille. À l'autre bout du fil, les trous sont restitués sous forme de caractères et imprimés sur un ruban de papier que l'on collait ensuite sur des formulaires télégraphiques.

Cette simplification du maniement du télégraphe encouragera certaines grandes entreprises à se raccorder directement au réseau télégraphique par un fil. La prolifération de ces lignes privées posera de graves problèmes aux compagnies de télégraphe qui essaieront de le résoudre en mettant au point des dispositifs de commutation qui permettent d'établir des raccords rapides et efficaces entre deux clients. Disons tout de suite qu'elles n'y arriveront pas vraiment en raison de l'exacte synchronisation qui était exigée entre les équipements. La distribution de la plupart des télégrammes continuera de se faire par des messagers à pied.

De plus en plus d'efforts seront néanmoins consentis pour résoudre cette question du « dernier kilomètre ». Les compagnies de télégraphe installeront, chez un nombre croissant de clients, des postes d'appels, appelés en anglais « call boxes » qui ne servaient qu'à une chose : faire venir les messagers. La peur des incendies qui grandissait avec la croissance urbaine entraînera le construction de postes de secours, appelés « fire call box » en anglais, directement reliés aux casernes de pompiers. Quand les premiers téléphones apparurent sur le marché, les compagnies de télégraphe penseront quelque temps que le téléphone serait la solution au « dernier kilomètre ». Prisonnière de leur problématique, elles penseront que le téléphone resterait confiné dans un rôle complémentaire et subalterne au télégramme.[66]

Tout de suite, des modèles spécialisés de télescripteurs voient le jour. Le télescripteur boursier est introduit au Canada en 1908 par *Great North Western* : le modèle retenu permet de transmettre 500 caractères par

---

[66] *The Heritage of Telegraphy.*

minute. Son usage connaîtra un succès croissant dans l'ensemble du secteur financier jusqu'à l'arrivée du télex.[67] Un autre exemple de modèle spécialisé est le facsimilé qui fait son apparition dès 1851. Mais la technologie demeurera imprécise et son usage, limité à l'authentification des signatures dans le secteur bancaire, demeurera très sporadique.

Le code binaire à cinq moments du Français Émile Baudot fait son apparition au tournant du siècle également. Chaque caractère comprend le même nombre d'éléments de longueur constante, ce qui permet de synchroniser les appareils d'émission et de réception. Baudot arrive à transmettre ainsi 150 caractères à la minute. En Amérique du Nord, on complétera le système Baudot par le principe du ruban pré-troué qui assure une synchronisation simplifiée (système Murray). Ce nouveau téléscripteur connaîtra une vogue croissante. Une mesure de ce succès est qu'aujourd'hui encore, on mesure les débits de transmission informatique en « bauds »... le plus souvent sans penser à l'ingénieur télégraphiste du XIXe siècle.

Le couplage du système Baudot (ou de son dérivé Murray) avec le multiplexage par répartition de fréquences fera accéder la télégraphie aux grandes capacités de l'époque moderne. Cependant, à la veille de la première Guerre mondiale, les communications télégraphiques étaient toujours point à point et la commutation se faisait manuellement. Il en résultait un déséquilibre profond entre la vitesse de transmission qui était celle de la lumière (300 000 km/seconde) et la lenteur des manipulations manuelles.[68]

Le télégraphe dans le reste du monde

Mais comment se compare le télégraphe au Canada et dans le reste du monde ? Un des meilleurs paramètres pour mesurer l'activité télégraphique est de calculer le nombre de dépêches transmises par an pour chaque tranche de 1 000 habitants. Nous avons choisi de mettre le Canada en parallèle avec un groupe de pays industrialisés parmi lesquels nous avons systématiquement inclus les pays de souche francophone (Belgique, France et Suisse). Nous retiendrons cette sélection tout au long de cet ouvrage.

---

[67] Desclouds, G.A., *History, development, services and organization of CNCP/Telecommunications*, communication prononcée le 15 octobre 1970 au Canadian Forces Communications and Electronics School, Kingston (Ontario). Cf. p. 9.

[68] Bertho, Catherine, *Télégraphes et téléphones, de Valmy au microprocesseur*, cf. pp. 110-111; Sharlin, Harold I., p. 21.

Trafic télégraphique dans le monde (dépêches/1 000 hab.)

	1865	1875	1885	1895	1905	1910
Allemagne	90	324	404	706	838	907
Belgique	135	764	742	909	1 079	1 200
Canada*	n.d.	n.d.	905	1 198	1 183	1 256
États-Unis**	n.d.	411	764	848	805	747
France	83	298	858	1 170	1 436	1 648
Grande-Bretagne	n.d.	877	1 484	2 680	2 752	2 540
Japon	n.d.	n.d.	66	216	506	n.d.
Suède	222	266	254	439	627	1 237
Suisse	236	1 075	1 037	1 331	1 572	1 478

* Les années 1885, 1895 et 1905 n'étant pas disponibles ont été remplacées par 1887, 1897 et 1904. Robert Steven Fortner, Messiahs and Monopolists : A Cultural History of Canadian Communications Systems (1846-1914), thèse de doctorat, University of Illinois, avril 1978, 367 pages. Cf. p. 9 Comprend les dépêches de Great North Western, CPR Telegraph, Western Union et de l'État fédéral.
** Rapports annuels de Western Union, U.S. Department of Commerce, Bureau of the Census.

Source : Annuaire statistique de l'Union internationale des télécommunications, sauf mentions contraires.

D'emblée, nous constatons que la télégraphie est la technologie par excellence de la Grande-Bretagne victorienne. L'empire britannique est fondé sur la puissance de l'écriture transmise à distance par l'électricité. L'Amérique du Nord fait figure de parent pauvre en regard de la Grande-Bretagne et de l'Europe en général. Ce n'est pas faute d'avoir compris l'importance de la communication, mais sur notre continent la télégraphie se heurtera très vite au développement rapide de la téléphonie.

L'expansion chaotique du télégraphe américain

La ligne Washington-Baltimore inaugurée en 1844 avait été construite de peine et de misère par l'État fédéral. On a vu que le gouvernement américain avait ensuite décliné l'offre de Morse d'acquérir les brevets télégraphiques.

Trois ans plus tard, le gouvernement poussa le désintérêt jusqu'à vendre à des intérêts privés la ligne historique.

De multiples intervenants se lancent alors dans le nouveau marché, ce qui aboutit à la duplication de nombreuses lignes, surtout dans le nord-est américain dont les plus importantes sont *New York Telegraph*, *Mississipi Valley Printing Telegraph* et *American Telegraph*. *Western Union* naît en 1851 de la fusion des deux premières de ces compagnies. Restent alors deux grands, *Western Union* et *American Telegraph*, qui s'affrontent durement. La croissance des lignes américaines est relativement rapide, mais chaotique et, contrairement au modèle imposé par *Montreal Telegraph* au Canada, elle est souvent acquise au détriment de la qualité.[69]

La Guerre de Sécession (1861-65) est l'occasion d'un gigantesque coup de balai dans cette jeune industrie. En effet, à la faveur des hostilités, *Western Union* devient l'enfant chéri du gouvernement fédéral. L'appel aux armes du 15 avril 1861 par Abraham Lincoln fut télégraphié à tous les gouverneurs des États américains. *Western Union* répondit « présent » et envoya en bloc ses cadres dans les troupes nordistes où ils assurèrent les liaisons télégraphiques. Le général Grant aimait à dire :

> « Le télégraphe (relie) chaque division, chaque corps d'armée, chaque armée à mon quartier général. »

L'engagement de *Western Union* est considéré par les observateurs comme une des raisons majeures de la victoire du Nord sur le Sud. Toutes les lignes de cette entreprise étaient d'ailleurs situées dans le territoire du Nord et la guerre, loin d'entraîner une chute des profits, les accrut. Au contraire, l'autre grand de la télégraphie américaine, American Telegraph, avait tout misé sur les liaisons nord-sud. La Guerre de Sécession la ruina.

Peu après la fin des hostilités, en 1866, le légendaire président de *Western Union*, Hiram Sibley, fait l'acquisition d'American Telegraph et unifie ainsi la télégraphie aux États-Unis. Pour la première fois, on peut parler de réseau national américain. Il n'y a pas à proprement parler de monopole télégraphique, mais la domination d'un réseau géant entouré d'entreprises lilliputiennes.[70]

---

[69] Bertho, Catherine, *Histoire des télécommunications en France*, cf. pp. 16-17.
[70] *The Making of the Electrical Age* : pp. 22-25.

L'Europe impériale

En Grande-Bretagne, le télégraphe est apparu en 1837, en avance de plusieurs années sur les États-Unis, mais sous la forme du système Cooke-Wheatstone qui était, comme on l'a vu, nettement moins commode que celui de Morse. Dès 1839, une compagnie de chemin de fer adopte cette technologie pour signaler les mouvements des trains. Le succès est instantané et la plupart des compagnies ferroviaires adoptent le système Cooke-Wheatstone. Le développement du télégraphe britannique est donc à la fois privé et lié aux chemins de fer. Malgré l'existence d'une concurrence intense, le marché est dominé par une entreprise.

En 1838, lors de ses démêlés avec le gouvernement américain, Samuel Morse était venu en Europe pour tenter de vendre son télégraphe. Mais en Grande-Bretagne, William Cooke et Charles Wheatstone avaient verrouillé le marché avec l'aide du gouvernement et il fut éconduit. En France, ils se heurtèrent à l'opposition farouche de la direction du télégraphe optique. Même échec en Russie qui construisait à cette époque une gigantesque ligne de sémaphores entre Moscou et Varsovie. Morse quitte l'Europe en 1839, bredouille, mais non sans avoir breveté son télégraphe.

En France, le physicien François Arago menait la lutte pour le télégraphe électrique (Morse ou Cooke-Wheatstone indifféremment) et contre le télégraphe optique. Il réussit à lever la principale objection contre le système électrique, qui était la vulnérabilité au terrorisme et au vandalisme des fils télégraphiques. Selon Arago, il suffisait de les installer le long des voies ferrées, lesquelles étaient gardées nuit et jour à l'époque…

Bien davantage que le prestige d'Arago, c'est un fait-divers qui assura le triomphe du télégraphe électrique sur le télégraphe optique en Europe continentale. Le 1er janvier 1845, la police de la gare de Paddington à Londres reçoit une dépêche télégraphique lui donnant le signalement d'un meurtrier qui voyage par le train de 7 heures 42. L'individu qui voyageait sans méfiance, assuré qu'il était d'utiliser le moyen de transport le plus rapide de l'époque, fut cueilli sans difficulté à l'arrivée. Il sera pendu et les journaux européens saluèrent avec respect la terrible efficacité du télégraphe.[71]

---

[71] Bertho, Catherine, *Télégraphes et téléphones, de Valmy au microprocesseur*, cf. pp. 66-76.

À partir de ce moment, tout s'accélère. En mai 1845, la première ligne télégraphique entre en fonction entre Paris et Rouen. Le système, dit à cadran, est différent à la fois du système Morse et du système Cooke-Wheatstone. Mais qu'importe, le principe du télégraphe électrique triomphe dans la patrie du télégraphe optique. Il y a tout juste un an que Morse a inauguré la ligne Washington-Baltimore. Au Canada, la ligne Toronto-Hamilton devra encore attendre un an et demi.

À partir de là, tout s'enchaîne et, en quelques années, l'Europe continentale adopte le télégraphe électrique. Tous les pays adoptent le système Morse et rejettent celui de Cooke-Wheatstone (à l'exception de l'Espagne quelques années).

Rapidement, c'est la Prusse qui prend les devants grâce au dynamisme d'un jeune officier d'artillerie nommé Werner Siemens. Après avoir travaillé sur le système Cooke-Wheatstone, il s'associa avec le mécanicien berlinois Johann Georg Halske et fonda sa propre entreprise. Son premier fait d'armes sera la construction en un temps record de la ligne Berlin-Francfort qui est prête en mars 1849. C'est la plus longue ligne télégraphique européenne. Qui plus est, la ligne est enterrée tout au long des voies ferrées afin d'éviter le sabotage. D'emblée, le télégraphe allemand adopte la qualité la plus haute qui soit. L'argent ne fait pas problème car la technologie a partie liée avec la construction de l'Allemagne moderne autour de la Prusse.

Sur le plan international, toutefois, la domination britannique apparaît écrasante. Dès 1870, la Grande-Bretagne avait relié Londres à Calcutta. La ligne longue de 11 000 km avait été construite par Siemens et devait fonctionner à la satisfaction des usagers pendant un demi-siècle.[72] Au début du XXe siècle, la Grande-Bretagne avait accompli le grande projet de Stanford Fleming de ligne All Red (chapitre 2 - *L'industrie télégraphique s'organise*, section *Bref retour au temps des « héros » : le Klondyke et le Pacifique*) et possédait plus de la moitié des câbles sous-marins mondiaux.

---

[72] « The History, Development, and Future of Telecommunications in Europe », F.L.H.M. Stumpers, in *IEEE Communications Magazine*, New York, mai 1984.

Réseau mondial de câbles sous-marins

Pays	Km	Part du réseau mondial
Grande-Bretagne	265 971	56,2%
États-Unis	92 434	19,5%
France	44 543	9,4%
Allemagne et Pays-Bas	33 984	7,2%
Danemark	17 768	3,8%
Autres pays	18 408	3,9%
Total	**473 108**	**100%**

Source : Maxime de Margerie, Le réseau anglais de câbles sous-marins (Paris, 1909). Cité in Daniel R. Headrick, The Invisible Weapon, Telecommunications and International Politics, 1851-1945, Oxford University Press, 1991, 289 pages. Cf. p. 94.

Libéralisme nord-américain et dirigisme européen

En 1866, les États-Unis ont un réseau de 120 000 km de lignes alors que l'ensemble des pays européens y compris leurs colonies en ont déjà plus de 500 000 et le nombre de messages envoyés annuellement était d'environ 30 millions. Dès le début de la télégraphie, la balance penche en faveur de l'Europe.[73]

Les deux continents ont choisi deux approches entièrement différentes. Au laisser-faire américain correspond la sourcilleuse planification européenne. L'État s'est emparé du télégraphe pour sa plus grande gloire et la construction des réseaux passe outre les contraintes budgétaires. Le ministre de l'Intérieur français résume très bien l'opinion dominante :

> « *La télégraphie doit être un instrument politique et non un instrument commercial.* »[74]

---

[73] Libois, Louis-Joseph, *Genèse et croissance des télécommunications*, pp. 25-26.

[74] Lacave-Laplagne à la Chambre des députés, le 12 juillet 1847. Cité in Holcombe, A.N., *Public Ownership of Telephones on the Continent of Europe*, cf. p. 9.

Partout en Europe, l'armée ou la gendarmerie monte la garde le long des voies ferrées et des lignes de télégraphe. La révolution industrielle s'opère dans un bruit de bottes.

Le cadre étatique européen n'est toutefois pas uniforme. On distingue trois groupes de pays. La France et l'Espagne ont confié le télégraphe au ministère de l'Intérieur, marquant ainsi leur parti pris en faveur d'un usage limité à l'administration publique. Dans la majorité des autres pays, la technologie naissante a été confiée au ministère des Travaux publics et unie aux chemins de fer. Deux pays, la Prusse et la Suisse, ont innové en intégrant le télégraphe aux postes, créant ainsi les P et T qui deviendront ensuite, avec l'adjonction du téléphone, les PTT. On sait que c'est ce troisième modèle qui s'imposera dans le monde entier, à l'exception des États-Unis et du Canada.

En effet, seuls les États-Unis, la Grande-Bretagne et le Canada ont confié le développement du télégraphe à l'entreprise privée. Mais en 1871, la Grande-Bretagne nationalise ses compagnies de télégraphe et s'aligne sur le modèle européen. Quoi qu'il en soit, le développement rapide du télégraphe dans des environnements très différents n'alla pas sans soulever un problème nouveau : la coopération internationale. Que faire quand les réseaux de deux pays différents se rejoignaient à la frontière ?

Le télégraphe "invente" la coopération internationale

C'est en Europe que naît la coopération internationale. L'historienne Catherine Bertho illustre de façon imagée la situation européenne au début de la télégraphie :

> *«On sait à peu près comment les choses se passaient à la frontière entre la France et le grand-duché de Bade en 1852. On avait établi une station commune à Strasbourg. Le fonctionnaire français recevait de Paris la dépêche, la transcrivait sur le formulaire et la passait à son collègue allemand de l'autre côté de la table qui s'empressait de la traduire et de la réexpédier sur le réseau du grand-duché de Bade. »*[75]

La collaboration internationale commence en octobre 1849 par un traité entre la Prusse et l'Autriche afin d'assurer une liaison directe entre Berlin et Vienne. Comme il s'agissait d'une ligne de régulation d'une voie ferrée, il était

---

[75] Bertho, Catherine, *Télégraphes et téléphones, de Valmy au microprocesseur*, cf. pp. 124-125.

hors de question d'instaurer un système archaïque, comme dans l'exemple franco-allemand ci-dessus, il était indispensable que les réseaux fussent interconnectés. Néanmoins, les dépêches gouvernementales ont priorité sur toutes les autres, y compris les dépêches relatives aux chemins de fer... Toujours cette omniprésence de l'État !

L'accord de 1849 définit l'ensemble des modalités du trafic télégraphique entre les deux pays : les jours pairs, la priorité va aux messages autrichiens, les jours impairs aux messages prussiens. Ce faisant, on invente le B-A BA de la coopération internationale.

L'Allemagne morcelée du milieu du XIXe siècle est assoiffée de liens. Aussi, le traité de 1849 est suivi d'autres traités avec la Saxe et la Bavière. Puis, afin de coordonner cet écheveau d'accords, l'Union télégraphique austro-allemande prend forme en juillet 1850 à Dresde. Les quatre pays initiaux sont rejoints au fil des ans par d'autres États allemands (Wurtemberg, Hanovre, Bade et Mecklembourg-Schwerin) et même un État non allemand : les Pays-Bas.

Les autres pays européens ne tardent pas à emboîter le pas. La France signe un accord avec la Belgique (1851), la Suisse (1852), la Sardaigne (1853) et l'Espagne (1854). En juin 1855, ces quatre pays fondent l'Union télégraphique de l'Europe occidentale. Son succès incite le Portugal, les Pays-Bas (il est parfois bon d'avoir deux fers au feu), le Vatican et les Deux-Siciles à rejoindre la nouvelle organisation.

S'achemine-t-on vers l'affrontement de deux blocs géopolitiques, Europe germanique contre Europe latine ? Il semble que la division soit plutôt circonstancielle, liée à la construction des lignes. La volonté de coopération entre les deux regroupements se manifeste très tôt. Dès octobre 1852, la France, la Belgique et la Prusse signent un accord télégraphique. Or, la Prusse signe au nom de l'ensemble de l'Union télégraphique austro-allemande, marquant bien sa volonté d'ouverture.

Création de l'UIT en 1865

Enfin, à l'initiative du gouvernement français, 20 pays européens se réunissent à Paris et signent le 15 mai 1865 la première *Convention télégraphique internationale* uniformisant l'ensemble des règles de trafic. Cette conférence est aussi l'acte de naissance de l'Union télégraphique internationale qui est l'ancêtre de l'Union internationale des télécommunications (UIT). La Russie et la Turquie font partie de ce groupe initial, mais pas les États-Unis, la Grande-Bretagne et le Canada, car en vertu d'une règle non écrite l'adhésion est limitée aux pays qui ont confié l'exploitation du télégraphe à une administration publique. La conférence de Paris adopte l'alphabet Morse comme code international et le français, langue diplomatique par excellence, comme langue de travail.

C'est ainsi que l'Union télégraphique internationale est la première institution internationale de l'époque moderne. Elle précède l'Union postale universelle qui sera fondée en 1874. Trois autres Conférences de plénipotentiaires suivent celle de Paris : il s'agit de celles de Vienne (1868), de Rome (1871) et de Saint-Pétersbourg (1875). La Conférence de Vienne établit un bureau permanent à Berne qui n'a aucune autorité. Son rôle se limite à établir des statistiques, publier un journal et préparer les conférences internationales.

La *Convention télégraphique internationale* fut entièrement refondue à Saint-Pétersbourg et le résultat fut jugé si satisfaisant qu'il n'y aura plus de Conférence de plénipotentiaires avant celle de Madrid en 1932. Par contre, le travail technique sera effectué lors de Conférences administratives (six en tout avant la première Guerre mondiale). Cette séparation des fonctions diplomatiques et techniques permettra à l'Union télégraphique internationale de fonctionner malgré les changements technologiques et les crises politiques. Le Canada ne fera jamais partie de cette première organisation télégraphique et il faudra attendre Madrid et la naissance de l'UIT contemporaine pour le voir rejoindre ses rangs.[76]

Les premières années de l'Union furent assombries par l'opposition franco-allemande (guerres de 1870-71, 1914-18). À la conférence de Vienne, deux lettres de Samuel Morse et de Cyrus Field, l'inventeur du télégraphe et l'infatigable constructeur du câble transatlantique, témoignent de cette menace de guerre qui pèse sur tous les esprits. Dans une envolée idéaliste, le premier s'écrie :

> « *Dans l'intérêt du bien-être de l'humanité, de cette "Paix sur Terre" proclamée par les Anges à la venue du Sauveur... j'espère que la Conférence ne sera pas ajournée sans avoir adopté une*

---

[76] Griset, Pascal, « 1900-1932 : la difficile genèse », in *France Télécom*, Paris, N°68, mars 1989.

résolution exigeant de toutes les nations une protection universelle pour cet important agent de la civilisation. »

Plus pragmatique, Field demande aux plénipotentiaires que « la destruction des lignes télégraphiques (soit) strictement défendue par la loi internationale. »[77]

Monument de l'Union télégraphique à Berne

Archives UIT

On sait ce qui advint des pieuses résolutions de Morse et de Field. Pourtant, le ton était donné et l'Union télégraphique affirmera sans cesse son dévouement à la cause de la paix, préfigurant ainsi l'idéal de coopération internationale. En 1915, en pleine première Guerre mondiale, un monument

---

[77] Codding, George Arthur Jr., *The International Telecommunication Union, An experiment in International Cooperation*, cf. p. 27.

à la gloire de l'Union est terminé à Berne, square Helvetia, sur le thème suivant :

LES ÂMES DES PEUPLES SONT RÉUNIES PAR L'UNION TÉLÉGRAPHIQUE.[78]

L'inauguration devra attendre 1922 en raison de la guerre, mais l'utopie de rapprochement entre les peuples demeure sculptée dans les personnages de pierre.

---

[78] *The International Telecommunication Union*, cf. pp. 1-27. *Du sémaphore au satellite*, Michaelis, Anthony R., cf. pp. 55-59. « The International Telecommunication Union and Development of Worldwide Telecommunications, W.H. Bellchambers, J. Francis, E. Hummel et R.L. Nickelson, in *IEEE Communications*, New York, mai 1984.

CHAPITRE 4 - L'INVENTION DU TÉLÉPHONE

À l'instar du télégraphe, le téléphone a de multiples origines. Mais toutes convergent vers un homme : Alexander Graham Bell, humaniste d'origine écossaise. Toutes convergent aussi vers une ville : Boston et l'effervescence scientifique que suscite le *Massachusetts Institute of Technology* (MIT). Par ailleurs, les liens que la famille Bell a établi avec le Canada confère à ce pays une place à part dans la géographie de cette nouvelle technologie.

Les premières études sur la transmission de la voix furent purement acoustiques et non électriques. Au moyen d'un fil bien tendu, elles remontent à l'Europe du XVIIème siècle quand certains esprits ingénieux eurent l'idée de relier deux cônes scellés par une membrane de parchemin. Une personne parle devant un cône et les vibrations de la membrane sont transmises par le fil jusqu'à l'autre cône. De nombreux jouets ont été fabriqués sur ce principe.

Au siècle suivant, Dom Gauthey, un moine bénédictin de l'abbaye de Cîteaux, en Bourgogne, imagina d'utiliser des tuyaux pour conduire les ondes acoustiques. Une conversation « téléphonique » eut lieu en 1782 à Paris sur une distance de 800 mètres. Malgré des résultats satisfaisants, l'essai n'eut pas de lendemain. C'est à cette époque cependant qu'apparaît le mot « téléphone ». Un certain G. Huth publie à Berlin en 1796 un traité sur les instruments acoustiques dont une seule phrase passera à la postérité : « quel autre nom conviendrait mieux aux communications télégraphiques par tube parlant que le mot, tiré du grec, *téléphone* ». On ne sait rien d'autre de l'auteur.

Comme pour le télégraphe, les véritables recherches sur le téléphone sont liées aux développements de la recherche sur l'électricité qui survinrent au début du XIXème siècle. Deux physiciens américains, Joseph Henry et Charles Grafton Page, découvrirent en 1837 qu'une tige métallique soumise à des fluctuations rapides du champ magnétique pouvait émettre des sons. Un professeur allemand de physique et de musique, Philipp Reis, réalise en 1860 la transmission d'une mélodie au moyen d'un cône recouvert d'une membrane (le transmetteur) relié à une aiguille à tricoter (le récepteur) par un circuit électrique. Les variations du courant dans l'aiguille à tricoter reproduisaient certains sons. Reis affirmera même trois ans plus tard que des mots pouvaient de la sorte être reproduits.[79]

Alexander Graham Bell

L'état des recherches sur le téléphone quand Alexander Graham Bell effectue ses expériences décisives était beaucoup moins avancé que celui du télégraphe quand Samuel Morse apporta la simplicité de sa solution. Aussi le processus de l'invention sera-t-il nettement plus élaboré.

Graham Bell est né à Edimbourg, en Écosse, le 3 mars 1847, dans une famille de professeurs de diction. Son grand-père avait inauguré la tradition; son père, Alexander Melville Bell l'avait poursuivie en y ajoutant une dimension scientifique. En effet, ce dernier avait mis au point un alphabet universel à base de signes pour les sourds-muets et il a, en 1867, publié un livre intitulé « La parole rendue visible ».

Melville Bell avait l'habitude d'emmener ses trois fils dans les tournées de promotion de son alphabet universel. Au début de la séance, il faisait sortir ses enfants et demandait aux spectateurs de dire des mots ou d'imiter des sons. Les trois frères revenaient alors sur scène et il communiquait avec eux par signes que ceux-ci traduisaient à l'intention des spectateurs en mots de toutes les langues, en cris d'animaux et même en bruits.[80]

Soudain, le malheur frappe cette famille à coups répétés : en l'espace de trois ans la mère de Graham Bell devient sourde, ses deux frères, l'aîné et le cadet, sont emportés par la tuberculose, lui-même semble atteint de ce mal. Un pasteur baptiste canadien, Thomas Henderson, convainc alors la famille Bell que le climat du sud de l'Ontario serait profitable à la santé du jeune homme survivant. C'est ainsi qu'en août 1870 la famille émigre au Canada et s'installe à Brantford, petite bourgade ontarienne, située à 100 km au sud-est de Toronto. Il s'agit d'une des régions les plus tempérées du Canada : les fruits de ses vergers alimentent Toronto et Montréal, même la vigne y pousse volontiers.

---

[79] *Genèse et croissance des télécommunications*, cf. pp. 34-35. L'Université Harvard possède un exemplaire du téléphone de Reiss et a réussi à le faire fonctionner.
[80] Alexander Graham Bell se faisait appeler par son deuxième prénom Graham Bell.

Brantford s'avère profitable à la famille Bell : Graham se rétablit rapidement et passe l'automne 1870 à étudier l'œuvre du physicien et physiologiste allemand Herman von Helmholtz sur la décomposition des sons de la parole en harmoniques.[81] Son père, qui jouissait d'une petite notoriété, n'eut aucun mal à gagner sa vie. Melville Bell avait commencé par donner des cours privés et il fut rapidement nommé professeur à l'Université Queen's de Kingston, en Ontario.

Maison de la famille Bell à Brantford (1870-1881)

National Library of Congress

De plus, il alla à plusieurs reprises aux États-Unis donner des conférences dans les institutions pour sourds-muets de Boston et des environs où son alphabet universel remporta tant de succès qu'on lui offrit une chaire permanente. Melville déclina l'offre en raison de ses engagements canadiens et proposa la candidature de son fils. En avril 1871, Graham Bell s'installe à Boston et assumera tout naturellement la succession familiale.

---

[81] Williams, Archibald, *Telegraphy and Telephony*, cf. pp. 110-111.

C'est là qu'il entreprit de réaliser les expériences décrites par Helmholtz. Comme il lui manquait la plupart des rudiments d'électricité nécessaires à la construction d'un dispositif de parole artificielle, il profita de la présence au MIT de professeurs de renom pour acquérir des notions de base en électricité et sur l'état des recherches en Europe. Cependant, Graham Bell demeura toujours un spécialiste d'acoustique avec des bonnes notions d'électricité, plutôt que le contraire. Il avouera plus tard :

> « Si j'en avais su plus long sur l'électricité et moins sur le son, je n'aurai jamais inventé le téléphone. »[82]

L'expérience initiale consistera à mettre un diapason en contact avec un bain de mercure. À chaque vibration, un circuit électrique est bouclé. Par induction, un autre diapason se met à vibrer à l'autre bout du circuit. Ce dispositif ingénieux reste encore éloigné du téléphone, mais est assez proche de ce que l'on appelait alors « télégraphie harmonique » ou multiplexage (voir *Le multiplexage par fréquences*).

Graham Bell tombe bien : les entreprises de télégraphe sont précisément engagées dans la course au multiplexage. Il rêve de leur vendre un dispositif amélioré afin de financer ses propres recherches sur la parole.

Au printemps 1874 justement, Bell donne une série de conférences au MIT sur la parole et obtient l'autorisation d'utiliser les instruments scientifiques de la célèbre institution. Il y découvre un phonautographe composé d'un diaphragme et d'une soie. Sous l'influence de la voix, le diaphragme vibre et la soie trace une courbe ondulatoire sur du verre fumé. Sans le savoir, Bell dispose de tout le bagage théorique dont il va avoir besoin pour inventer le téléphone. Reste à mettre ensemble les pièces éparses du puzzle. Au moins, a-t-il une idée précise de la tâche à accomplir, ainsi qu'il l'expliquera l'année suivante à celui qui deviendra son assistant :

> «Watson, si je pouvais avoir un mécanisme qui fasse varier l'intensité du courant électrique, comme l'air varie en densité quand un son le traverse, alors je pourrais télégraphier n'importe quel son, même le son des mots. »[83]

---

[82] Collins, Robert, Une voix venue de loin, 1977, cf. p. 68.

[83] Robert V. Bruce, *Bell (Alexander Graham Bell and the Conquest of Solitude)*, Little, Brown and Company, Boston/Toronto, 1973, 564 pages. Cf. p. 144.

Alexander Graham Bell à 29 ans

National Geographic Society/Bell Canada

Le téléphone : un programme de R-D bien préparé

Il ne manquait plus qu'une chose à Graham Bell pour mener à bien les expériences décisives : l'argent. Lors de son retour à Boston, en automne 1874, il résoudra ce dernier problème à sa manière, c'est-à-dire à la manière d'un « conte de fée ». Ce sont les parents de deux de ses élèves qui lui avanceront les fonds nécessaires à ses recherches de plus en plus coûteuses. Thomas Sanders et Gardiner Greene Hubbard étaient pourtant dissemblables à souhait. Originaire d'une vieille famille de Salem, Sanders était un entrepreneur né qui avait fait fortune dans le commerce du cuir. Hubbard, lui, était fils de juge et, en tant qu'avocat, avait acquis une longue expérience du droit des brevets. Homme aussi pondéré que Sanders était impétueux, il avait ses entrées un peu partout à Washington. En outre, Hubbard était familier avec l'industrie du télégraphe, il avait même essayé de monter sa propre entreprise.

Les deux hommes tinrent à préciser par écrit qu'ils finançaient des recherches sur le multiplexage télégraphique et non sur le téléphone qui ne leur paraissait pas sérieux. En contrepartie, chacun recevrait un tiers des droits sur les futurs brevets. Ce faisant, le trio avait inventé le capital de risque. Grâce à cette aide modeste, Bell put louer un atelier dans le grenier d'un fabriquant d'équipement électrique nommé Charles Williams. Williams était célèbre dans le milieu des inventeurs de Boston car il louait ses services à nombre de chercheurs qui pouvaient ainsi procéder à des expérimentations dans un milieu propice. C'est en quelque sorte, l'ancêtre des incubateurs contemporains.

Williams céda aussi à Bell les services d'un mécanicien de 21 ans, Thomas A. Watson. Fils d'un palefrenier, Watson avait quitté l'école pour tâter plusieurs métiers où il s'était signalé par son esprit d'initiative. Le personnage est important car il sera le « sherpa » de Bell dans son invention et il partage en quelque sorte l'honneur de l'invention. Bell essaya aussi d'intéresser *Western Union* à son projet, mais l'entreprise préféra s'assurer les services de celui qu'on appelait déjà « le génie de l'électricité » : Thomas Edison.

En 1875, Bell et Edison ont tous deux 28 ans. Ils s'apprêtent chacun de leur côté à accomplir en quelques mois une œuvre impressionnante. Tous deux vont dévier quelque peu de leur but et se lancer sur la piste du téléphone. Contre toute attente, Bell l'emportera malgré son retard scientifique. En effet, Edison apparaît bien mieux préparé pour l'invention. Dans une lettre écrite après coup à son agent à Montréal, il expliquera ainsi son échec :

> «*Toutefois Bell arriva avant moi car il découvrit UN PRINCIPE DE SIMPLICITÉ alors que je peinais sur le principe correct, mais dont l'application était plus difficile.* »[84]

Détail curieux, Edison était partiellement sourd. Cela ne l'empêchera pas d'améliorer l'invention de Bell et son apport jouera un rôle essentiel dans la

---

[84] Patten, William, *Pioneering the Telephone in Canada*, cf. p. 58.

bataille de la commercialisation. De quelque côté que l'on se tourne, l'invention du téléphone est marquée du sceau de la surdité.

Avec l'aide de Watson, les appareils de Bell ont acquis la précision technique qui leur manquait jusque-là. Surtout, les diapasons ont été remplacés par des languettes mobiles analogues à celles qui sont employés dans les clarinettes ou les saxophones. En juin 1875, une vérification de routine de l'une des languettes du système permet de transmettre les premiers sons musicaux. Bell découvre ainsi qu'une seule languette peut transmettre des sons composés. Il vient de faire un pas de géant sur le chemin de la simplicité : plus besoin de prévoir une languette par son. Pour le coup, il abandonne carrément la piste du multiplexage télégraphique en faveur du téléphone.

Bell fait construire un nouvel appareil en forme de potence où une membrane en parchemin actionnait une seule languette. L'appareil sert aussi bien à transmettre les sons qu'à les recevoir : il est complétement « réversible ». En juillet 1875, les premiers sons humains seront transmis d'une pièce à l'autre du grenier de l'usine Williams, cependant, la communication était trop brouillée pour permettre de distinguer des mots et Watson entendait davantage la voix de Bell à travers les cloisons que par ce premier téléphone.

Bell et Watson se lancent alors dans une course à la qualité. La communauté scientifique américaine n'était pas grande et ils savaient qu'Edison et un certain Elisha Gray effectuaient les mêmes recherches.

L'autre inventeur du téléphone, Elisha Gray

Archives AT&T

À 39 ans, Gray était le type même du « self-made man » américain. Fils d'un petit agriculteur, il avait dû abandonner l'école à la mort de son père et avait pratiqué un peu tous les métiers. En étudiant le soir, il avait acquis des connaissances en électricité et apporté quelques améliorations au télégraphe qui avaient été brevetées. Surtout, Gray avait en 1869 participé avec quelques associés à l'achat d'une petite usine d'équipement télégraphique qui allait prendre une expansion rapide – *Western Electric*.

À l'époque qui nous intéresse, *Western Electric* fabriquait toute la gamme des appareils électriques existants et Gray en était électricien en chef. Ses rapports avec Bell furent ceux d'une lutte impitoyable et, ironie suprême, *Western Electric* deviendra le bras séculier du *Bell System* et, donc, la plus grande entreprise au monde de fabrication de... téléphones. Quoiqu'il en soit, le succès encore modeste de *Western Electric* avait permis à Gray de s'adonner à la recherche à plein temps.[85]

En septembre 1875, Bell va à Brantford et rédige une première version de sa demande de brevet qu'il intitule *Perfectionnements à la télégraphie*, afin de justifier l'aide apportée par Sanders-Hubbard. Justement, cette aide s'avère déjà insuffisante. Les équipements coûtent de plus en plus cher. Bell cède la moitié des droits pour l'Empire britannique (dont le Canada) aux frères George et Gordon Brown de Toronto pour la modique somme de 25 dollars par mois pendant six mois.[86] George est un des députés les plus influents du Parti libéral au Parlement canadien (il avait été un très éphémère Premier ministre) et il dirigeait le quotidien *Toronto Globe*. Il devait profiter d'un voyage en Grande-Bretagne pour enregistrer le brevet dans la mère patrie. Finalement, George Brown ne paya pas ce premier « abonnement » téléphonique et omit de déposer la demande de brevet à Londres par crainte de paraître ridicule...

Or, Bell qui attendait les résultats de la démarche pour faire de même aux États-Unis faillit perdre sur les deux tableaux. Heureusement pour lui, Hubbard désobéira à la consigne d'attente et dépose la demande à l'Office des brevets à Washington le 14 février 1876 à 14 heures. La précision est de mise car Elisha Gray fait de même à 16 heures. Les deux techniques sont identiques (à une exception près), seule l'heure du dépôt des demandes départagera les deux chercheurs.

---

[85] Smith, George, David, *The Anatomy of a Business Strategy : Bell, Western Electric and the Origins of the American Telephone Industry*, cf. pp. 38-40.

[86] Le texte de Kettle dit qu'il s'agit des droits pour l'Empire britannique et Christopher Amstrong et H.V. Nelles, *Monopoly's Moment,* cf. p. 62, disent qu'il s'agit des droits mondiaux.

Extrait du diagramme du brevet de Bell (1876)

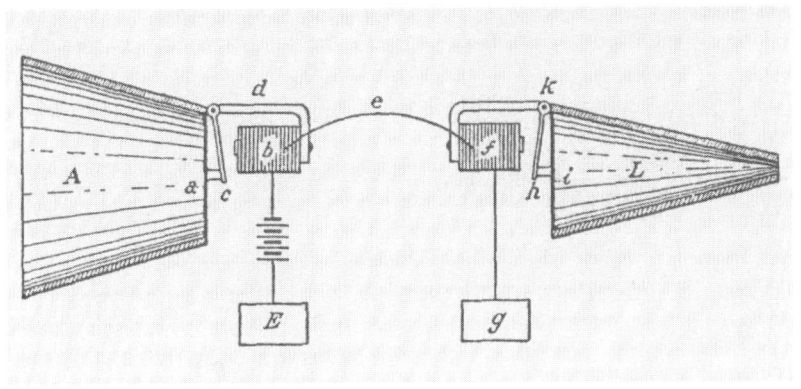

Naissance du téléphone à Boston

Bell avait peut-être gagné la course au brevet, mais son téléphone ne fonctionnait toujours pas. Celui de Gray non plus, d'ailleurs. Bell partageait son temps entre l'enseignement et l'atelier avec une impatience d'autant plus grande que le problème théorique était résolu. Il était certain d'avoir fait une découverte fondamentale, ainsi qu'il l'écrivait à son père :

> « Je crois que j'ai trouvé la solution d'un grand problème – et que le jour viendra où des fils télégraphiques relieront les maisons comme l'eau ou le gaz – où des amis pourront se parler sans sortir de chez eux. »[87]

On a beaucoup insisté sur le côté désintéressé de l'inventeur. En fait, comme tout jeune homme débordant d'idées, il était divisé entre un humanisme certain et un désir de richesse et de gloire :

> « Si je réussis à m'assurer de ce brevet sans interférence avec d'autres, le monde entier sera à moi – et, si je persévère seulement dans l'amélioration de mon appareil, la gloire, la fortune et le succès m'appartiendront. »[88]

D'ailleurs, si la correspondance de Bell fournit tant de références au téléphone et aux progrès de ses travaux, c'est que Hubbard lui avait

---

[87] A.B.C., lettre de Graham Bell à son père Melville Bell, 10 mars 1876.
[88] A.B.C., lettre de Graham Bell à son père Melville Bell, 29 février 1876.

recommandé de le faire et ce, dès le tout début de leur association. En bon avocat, il voulait que son jeune associé pose le maximum de jalons écrits en cas de contestation ultérieure du brevet. Bell s'exécuta avec méticulosité.

L'Office des brevets enregistra officiellement la demande le 7 mars 1876. Le mot « téléphone » n'apparaissait nulle part, non plus que le mot « parole », il y était question tout au plus de « sons vocaux ou autres. » Quelques jours après la confirmation de l'Office des brevets, Bell et Watson mirent au point la combinaison gagnante. Ils remplacèrent la languette de métal par un fil plongeant dans un bain d'eau et d'acide. Les variations de la résistance du mélange dans le bocal permettaient de moduler l'intensité du courant dans le fil de la même manière que les ondes sonores dans l'atmosphère. Le 10 mars 1876, Watson entendit dans son appareil les mots célèbres de Bell : « Mr. Watson, come here, I want you. »[89] Ensuite, il entonna le *God save the Queen*. Le téléphone venait de naître.

Il faut quand même noter un fait troublant. Si le transmetteur dans lequel Bell prononça les premiers mots téléphonés était différent de l'appareil décrit dans sa demande de brevet, il était par contre en tout point identique à celui de Gray. Le transmetteur est la partie active du téléphone, celle qui fait la différence entre un jouet rudimentaire et une technique gagnante. Or, c'est « l'exception » qui séparait les demandes de brevet déposées par Bell et Gray.

Bell s'était rendu à Washington après le dépôt simultané et il eut connaissance de l'existence du concept de transmetteur liquide de Gray. Bien sûr, il soutiendra toujours que l'examinateur du Bureau des brevets ne lui avait pas montré la demande de Gray et s'était contenté d'évoquer oralement la nature de son transmetteur. Quand Gray apprit ce détail, des années plus tard, il acquit la conviction que Bell avait eu accès à de l'information confidentielle lors de cette visite.[90]

---

[89] « Monsieur Watson, venez, j'ai besoin de vous. »

[90] «L'examinateur refusa de me montrer la notification (de Gray) car c'était un document officiel, mais il me signala la section de ma demande avec laquelle elle entrait en conflit. J'ai donc su que la notification avait quelque chose à voir avec la vibration d'un fil dans un liquide. » Déclaration de Bell dans la poursuite intentée contre *Western Union*. Citée dans Coon, Horace, *American Tel & Tel, The Story of a Great Monopoly*, cf. pp. 45-55. Précisons que Bell avait déposé une demande de brevet alors alors que Gray avait déposé une notification

Quoiqu'il en soit, c'est Graham Bell qui construisit le premier téléphone fonctionnel alors que Gray en était encore à résoudre des problèmes théoriques. En 1876, il n'y a qu'un homme qui a une vision globale du téléphone et qui peut intégrer les différents éléments pratiques et théoriques en un appareil, cet homme c'est Bell et nul autre.

Bell lancera officiellement le téléphone au mois de juin de la même année à l'occasion de l'Exposition du Centenaire de la fondation des États-Unis, à Philadelphie. L'événement avait attiré maintes célébrités scientifiques et politiques. Bell y présente pour la première fois son appareil encore primitif, sans grand espoir d'attirer l'attention des foules. Mais voilà que Pierre II, empereur du Brésil, s'arrête dans la pièce où se tenait Bell et prend le téléphone en main :

> «Mon Dieu, s'exclame-t-il, mais cette chose parle. »

La personnalité scientifique la plus en vue de la Grande-Bretagne victorienne, Lord Kelvin alias William Thomson, celui-là même qui avait aidé Cyrus Field à gagner le pari du câble sous l'Atlantique avec son galvanomètre, accompagnait l'empereur. Son témoignage à la fin de l'exposition fera plus pour asseoir la crédibilité de la nouvelle technique que n'aurait pu le faire une campagne d'information. Bell reçoit un prix. C'est la consécration officielle.

Notons, pour la petite histoire qu'Elisha Gray, qui exposait un modèle de télégraphe multiple à l'Exposition du Centenaire, essaya le téléphone de Bell peu après l'empereur du Brésil. Il fut donc un des premiers utilisateurs du téléphone qu'il n'avait pas réussi à fabriquer. Le soir même, il visita Bell à son hôtel et lui proposa d'unir leurs efforts pour éviter que leurs inventions ne tombent sous l'emprise de *Western Union*. L'histoire ne voulut pas d'un tel « happy end » et les deux hommes s'affronteront durement lors de la bataille des brevets que livrera *Western Union* justement. Bell attribuera leur brouille subséquente à leurs avocats respectifs.

Si le téléphone restera un souvenir amer pour Gray jusqu'à la fin de sa vie, cela n'entamera en rien sa carrière de chercheur. Il inventera le télautographe, amélioration notable du vieux fac-similé de 1851, qui sera

---

(en anglais « caveat »). En principe, on dépose la demande de brevet quand l'appareil est construit et la notification quand il n'est pas construit. Bell ne pouvait cependant pas déposer de notification car une telle procédure est réservée aux citoyens américains et il était sujet britannique.

utilisé à grande échelle dans les banques pour transmettre des reproductions de signatures d'une succursale à l'autre. Au total, il déposera 70 brevets qui lui rapporteront bien plus d'argent que le téléphone n'en rapportera jamais à Bell. Enfin, l'entreprise qu'il avait contribué à fonder, *Western Electric*, finira par être achetée par AT&T de sorte que les héritages de Gray et de Bell demeureront unis jusqu'en 1996.[91]

Premiers appels interurbains

Au retour de Philadelphie, Graham Bell se rend à Brantford, à son habitude, afin de passer l'été chez son père. Cette année, il profitera de l'occasion pour pousser plus loin le développement du téléphone. Parler entre deux pièces est bien, mais ce n'est pas la démonstration éclatante que souhaite Bell. Il entend prouver que le téléphone peut servir à relier des villes entre elles. Comme il serait bien trop coûteux de poser des fils proprement téléphoniques pour une seule expérience, on utilisera les fils télégraphiques de la compagnie locale. Il s'agit de *Dominion Telegraph*, la jeune concurrente du géant de la télégraphie canadienne, *Montreal Telegraph*.

Bell écrit à Toronto au directeur général de *Dominion Telegraph*, Thomas Swinyard, pour louer pendant une heure la ligne télégraphique entre Brantford et Paris, un village situé à 13 km de là. « Encore une tête brûlée » s'exclama Swinyard à la lecture de la lettre qui expliquait la raison de cette demande inusitée. Il ajouta à l'intention du directeur du bureau de Toronto, Lewis McFarlane : « À classer dans le panier à papiers. » McFarlane convainquit Swinyard du contraire et apporta le concours de *Dominion Telegraph* à l'expérience. Quarante ans après, McFarlane deviendra le troisième président de la *Bell Telephone Company of Canada*.

C'est ainsi que les 3 et 4 août 1876, deux expériences préliminaires ont lieu entre Brantford et Mount Pleasant, un village voisin. L'oncle de Graham Bell, David récite la tirade de Hamlet « être ou ne pas être », on chante des chansons et, à 5 km de là, quelques villageois de Mount Pleasant, réunis dans

---

[91] Bruce, Robert V., *Bell, Alexander Graham Bell and the Conquest of Solitude*, cf. pp. 278-280. En 1995, la compagnie héritière de Bell, AT&T, se sépara de *Western* Electric et, l'année suivante, adoptera le nom de Lucent technologies. En 2006, Lucent Technologies fusionnera avec la compagnie française Alcatel pour former Alcatel-Lucent.

la cordonnerie qui faisait également office de bureau télégraphique, distinguent quelques mots au milieu de la friture des parasites.

Le 10 août 1876, l'expérience sera répétée entre Brantford et Paris (Ontario). Cette fois, le maire et tout le village écoutent une heure durant David Bell réciter Macbeth puis, à l'heure convenue, ils refuseront de quitter le bureau télégraphique qui, là encore, est installé dans une cordonnerie. Comme l'installation était unidirectionnelle dans le sens Brantford-Paris, il faudra télégraphier pour demander une rallonge. Un dialogue - télégraphique dans un sens, téléphonique dans l'autre - s'installe au cours duquel chacun demande sa chanson ou son poème préféré. Finalement, la petite foule se dispersera à onze heures du soir, ce qui dans la prude Ontario était exceptionnel ![92]

Premier test interurbain entre Brantford et Paris (Ontario)

---

[92] A.B.C., *The Kettle Text*, inédit, chapitre II, pp. 10-12. Bell avait commandité au début des années 1970 une histoire de l'entreprise au journaliste et futurologue torontois John Kettle. Le livre a été rédigé, mais non publié. Il constitue un effort tout à fait remarquable de mise en ordre de l'histoire de Bell et une source précieuse de renseignements. Paradoxalement, ce manuscrit est le seul véritable livre d'histoire des télécommunications au Canada, tous les autres ouvrages sur la question n'étant que des historiographies et des collections d'anecdotes.

Archives Bell Canada

Quand Bell retrouve Watson à Boston, il réussit à mettre au point un dispositif bidirectionnel et, en octobre 1876, les deux hommes échangent la première conversation téléphonique entre une manufacture de Boston et sa succursale située dans la ville voisine de Cambridge. Après une nouvelle ronde d'expériences fructueuses, Bell dépose un nouveau brevet en janvier 1877 afin de couvrir les dernières améliorations : remplacement de l'électro-aimant et de la pile électrique par un aimant permanent, remplacement de la membrane en parchemin par une membrane métallique. Ce téléphone toujours réversible allait s'avérer assez maniable pour passer le cap du lancement commercial.

Le téléphone est-il canadien ou américain ?

Avant de poursuivre, réglons le problème de la nationalité du téléphone. Dès le début, le Canada et les États-Unis ont essayé de s'approprier l'invention du téléphone. Sur le plan strictement personnel, Graham Bell était britannique de naissance, ce qui en faisait automatiquement un « citoyen » du jeune Dominion. Cependant, il demanda la nationalité américaine en octobre 1874 pour simplifier les démarches d'obtention des brevets sur le téléphone. Il obtint sa naturalisation en novembre 1882. Au moment de l'invention du téléphone, Bell était donc légalement canadien.

En pratique, Bell a vécu quelques mois seulement au Canada entre août 1870 et avril 1871 avant d'y revenir tous les étés jusqu'en 1876 pour passer ses vacances dans la maison paternelle, ce qui ne crée pas un enracinement national particulièrement profond. L'individu Alexander Graham Bell était bel et bien un Écossais résidant aux États-Unis, en voie de naturalisation américaine.

Qui plus est, Bell n'était pas seul au moment de l'invention du téléphone. Il travaillait avec Watson envers qui il faut éviter de répéter l'injustice dont fut victime le Sherpa Tenzing Norgay quand on omet de mentionner le rôle aux côtés de Sir Edmund Percival Hillary dans la conquête de l'Everest. Watson a bel et bien participé à l'invention du téléphone et Bell a été le premier à le reconnaître, au point de lui concéder, comme on le verra, une partie des droits sur l'exploitation des brevets.

Les tenants de la « canadianité » se rabattent alors sur le lieu de l'invention du téléphone. Ils avancent la « révélation » qu'a eue Bell au cours de l'été 1874. En effet, durant ses vacances à Brantford, donc en sol canadien, il effectua la synthèse entre ses recherches sur le télégraphe harmonique et ses expériences au MIT sur le phonautographe. Mais peut-on considérer la « révélation » de 1874 comme l'invention proprement dite du téléphone ?

Lui-même, appelé à départager les deux pays, a tranché à la manière de Salomon :

«Le téléphone a été conçu à Brantford et il est né à Boston. »[93]

Plus sérieusement, il faut conclure qu'une invention ne peut pas être isolée du terreau fertile dans lequel elle a lieu. À la lumière de ce qui précède, il est évident que le téléphone est né dans le bouillon de culture technologique du MIT avec le concours de capitaux de Boston. L'incitatif premier des investisseurs et associés de Bell est le mirage de *Western Union* et de ses moyens matériels illimités...

Dès que l'on quitte le domaine anecdotique pour se pencher sur les conditions de l'invention et, surtout, sur son expansion commerciale, il est indéniable que la téléphonie est une invention américaine. Cet acte de naissance pèsera d'ailleurs de tout son poids sur les débuts de la téléphonie canadienne en y imprimant avec force l'axe nord-sud.

Du concept théorique à l'aventure commerciale

Le XIXème siècle marque le triomphe des inventeurs-entrepreneurs. Pour Graham Bell, vendre le téléphone est la conséquence logique de l'invention. Il partagera donc les droits sur le brevet avec ses deux associés Thomas Sanders et Gardiner Greene Hubbard qui avaient abandonné leur a priori en faveur du télégraphe et s'étaient ralliés au téléphone dès sa mise au point. Une nouvelle répartition sera effectuée afin de donner 10% à Thomas Watson à condition qu'il quitte son emploi chez Charles Williams et se concentre sur la fabrication d'appareils téléphoniques. Watson hésita quelque peu et finit par accepter la proposition, assurant du coup sa fortune. Le conte de fée se poursuit entre des personnages jeunes, talentueux et qui ne sauraient être que généreux !

---

[93] Libois, Louis-Joseph, *Genèse et croissance des télécommunications*, cf. p. 307.

Le magazine *Scientific American* publie au mois de septembre 1876 un article consacré au téléphone, expliquant comment construire un appareil.[94] Le succès est foudroyant. Un peu partout, des amateurs fabriquent des téléphones. Malgré cela, ou grâce peut-être à un effet d'entraînement, les ventes augmentent sans cesse. Au début de 1877, Watson avait déjà construit (et vendu) un millier d'appareils. Le problème ne venait pas du manque d'intérêt du public qui, au contraire, était enthousiaste, mais de la réaction des hommes d'affaires qui considéraient la nouvelle technique comme un jouet.

Durant l'hiver 1876-77, quand la fortune des associés ne suffit plus à soutenir le rythme de fabrication, Hubbard offre les droits sur le téléphone à *Western Union* pour 100 000 dollars. C'est exactement la même somme que Morse avait demandé au gouvernement américain pour le télégraphe. Cette fois, la fin de non recevoir est opposée avec beaucoup moins d'excuses par une entreprise dont les télécommunications étaient la raison d'être.

Un marketing très « vocal »

Bell et Watson résolurent d'entreprendre sans aide une campagne de commercialisation. Ils arpentèrent la Nouvelle-Angleterre de ville en ville. Bell, fidèle à sa formation, donnait des conférences de type universitaire. Ensuite venait la démonstration. Des appareils téléphoniques étaient disposés dans la salle et reliés par des lignes louées aux entreprises de télégraphe à une ville voisine où Watson s'époumonait. Il commençait par crier des phrases courtes, « comment allez-vous » ou « que pensez-vous du téléphone », puis comme les parasites épargnaient davantage les notes de musique que les mots, il chantait des airs à la mode, d'abord héroïques puis sentimentaux.

Cette alliance d'esprit scientifique et de sens du spectacle convenait sans doute au public. Dans l'imagerie populaire américaine au XIXème siècle, les inventeurs faisaient figure de héros nationaux et leurs inventions possédaient non seulement une valeur d'usage, mais elles revêtaient une charge émotive. Le téléphone, en particulier, apparut comme un objet magique. Il y a un côté « Aladin ou la Lampe merveilleuse » dans cette machine qui transporte la voix

---

[94] Article intitulé « How to Make a Phone ? » *Singing Wires*, p. 11, dit que l'article a paru en septembre 1876. Ailleurs on parle de 1877.

par-delà les montagnes. De la fierté et du rêve : voilà précisément ce que Bell et Watson servaient avec à propos au public américain. Le résultat de cette étrange campagne de marketing fera monter les ventes au-dessus de toute espérance. Il était temps de se donner une structure commerciale.

Le 9 juillet 1877, les associés transfèrent leurs droits à une société fiduciaire qui prend le nom de *Bell Telephone Company*.[95] Gardiner Hubbard devient l'administrateur de « l'association volontaire » qui n'est même pas constituée en société. Son capital est de 500 000 dollars. Le lendemain, Graham Bell cédera 75% des droits canadiens à son père Melville Bell et 25% à Charles Williams, le fabricant de matériel télégraphique, l'ancien patron de Watson. En contrepartie, Williams s'engage à fournir 1 000 téléphones à Melville Bell. Le surlendemain, Graham Bell épousera Mabel Hubbard, la fille sourde de son associé qui avait été son élève au début du séjour bostonien, puis tous deux partiront en voyage de noce en Grande-Bretagne… non sans emporter quelques téléphones avec eux.

La publicité sur le téléphone faite en Grande-Bretagne par William Thomson, avait précédé Graham Bell. Il fut invité par la reine Victoria, laquelle manifesta tant d'enthousiasme pour le téléphone, qu'il lui en offrit une paire. Le téléphone se vendait alors par paire car il n'y avait pas de central téléphonique et personne avec qui communiquer.

Comme aux États-Unis, les hommes de science et le grand public réagirent favorablement à l'invention, tandis que les hommes d'affaires et l'administration des Postes et du Télégraphe boudaient. Bell fut rappelé aux États-Unis un an plus tard par la guerre des brevets qui faisait rage avec *Western Union*. Quand il débarqua du bateau à Québec, en novembre 1878, Watson l'attendait sur le quai avec un appel au secours :

« Mr. Bell, come here, we want you ! »[96]

Alexander Graham Bell cède la place aux investisseurs

Entre-temps, la situation avait évolué et Bell ne sera plus jamais à l'avant-scène de l'évolution du téléphone. C'est à Hubbard que revient l'idée de louer les appareils téléphoniques au lieu de les vendre. Il avait été l'avocat conseil d'une entreprise de machines-outils spécialisées dans la fabrication de

---

[95] Robert V. Bruce, *Bell*, cf. pp. 231-235. Sharlin, Harold I., *The Making of the Electrical Age, From the Telegraph to Automation*, cf. p. 47.
[96] Robert V. Bruce, *Bell*, cf. p. 257.

chaussures qui avait fait fortune en se faisant payer en redevances sur chaque paire de souliers fabriquée avec son équipement. Cette expérience l'avait convaincu de l'avantage de la location sur la vente. Son choix devait influencer toute l'industrie du téléphone dans le monde.

Hubbard entreprit ensuite de mandater des représentants qui seraient chargés de louer les appareils téléphoniques par paires à travers tous le pays. La responsabilité de construire des lignes téléphoniques incombait aux abonnés, mais on escomptait qu'ils fissent en majorité appel aux représentants de la *Bell Telephone Company*.

L'autre grand événement est la mise en service du premier central téléphonique le 28 janvier 1878 à New Haven, dans le Connecticut. Vingt-et-un abonnés sont reliés à un point central où des téléphonistes effectuent les raccordements sur demande. Du coup, le téléphone perd son caractère de curiosité scientifique pour devenir un instrument de communication à vocation universelle. L'innovation a un succès immédiat et des centraux s'ouvrent un peu partout en Amérique du Nord dans les mois qui suivent.

Le succès de New Haven amènera Hubbard à modifier son plan de mise en marché. Il n'est plus question de mandater des représentants pour louer des appareils deux par deux à des usagers sans s'inquiéter de ce qui en adviendra. Le temps de l'artisanat est révolu. Il s'agit de confier à des entreprises le soin de relier les abonnés à des centraux téléphoniques et de les exploiter. Mais comment faire ? Sanders avait déjà investi 110 000 dollars pour financer les activités de la société fiduciaire et il n'avait pas touché un sou. Hubbard n'avait pas de capitaux à investir. La *Bell Telephone Company* n'avait que deux employés à temps plein : Watson et un commis de bureau. Et encore avait-on de la peine à les payer régulièrement. Son unique fournisseur, l'atelier Williams, était le plus souvent payé avec des reconnaissances de dettes.

Il fallait trouver de l'argent frais. La *New England Telephone Company* fut créée en février 1878 dans ce but. La nouvelle entreprise reçut en dotation les brevets de Bell et le droit d'exploiter le téléphone en Nouvelle-Angleterre sur le téléphone en échange d'une participation de 50%. Les actions restantes furent facilement écoulées. L'opération se révéla un tel succès qu'elle servira de modèle pour le *Bell System* tel qu'il devait fonctionner jusqu'en 1984. Hubbard la répéta ailleurs. Dans certains États, il en vint à céder les droits gratuitement avec pour seule obligation de louer les appareils téléphoniques fournis par la *Bell Telephone Company*. Hubbard soutenait la gageure redoutable de créer, sans capital ou presque, un holding national d'entreprises de téléphone.

Duel avec Western Union *et arrivée de Theodore Vail*

La situation se compliquera encore davantage avec l'irruption d'un concurrent redoutable dans le marché titubant du téléphone. Quelques mois à peine après avoir négligé le téléphone, le géant *Western Union* avait commencé à relier par téléphone ses principaux clients aux bureaux télégraphiques. Il faut dire que le succès inattendu des centraux téléphoniques avait changé la situation du tout au tout.

Western Union créa une filiale du nom d'*American Speaking Telephone* qui chargea Elisha Gray de construire un téléphone différent de celui de Bell. Celui-ci acheta le brevet que Thomas Edison avait déposé sur le transmetteur. Prix de l'opération : 100 000 dollars, soit exactement le prix demandé par Hubbard durant l'hiver 1876-77.

Edison avait remplacé le liquide qui servait à moduler la résistance et qui était peu maniable par un procédé solide. Le téléphone d'Edison s'avéra supérieur à celui de Bell, mais il était contraint d'emprunter des éléments au concept global du téléphone qui était bel et bien protégé par le brevet de Bell. *Western Union* déclencha une guerre des prix contre les petites entreprises Bell et, devant le prolongement de leur résistance, ses agents en vinrent à couper les poteaux des entrepreneurs en herbe.

À court d'argent, menacé de se faire dépouiller de leurs droits sur le téléphone, le duo Hubbard-Sanders fit appel en juin 1878 au directeur général des Postes américaines : Theodore Newton Vail. Il a 32 ans et a déjà à son actif la réorganisation de l'acheminement des lettres par voie ferrée et la réputation d'être un magicien de la gestion. C'est Hubbard qui réussit à le convaincre de quitter un des postes les mieux payés de la fonction publique américaine pour se lancer dans l'aventure aléatoire du téléphone en tant que directeur général de la *Bell Telephone Company*. Désormais, tout change. L'histoire du téléphone aux États-Unis s'accélère pour se confondre avec la vie de Vail et, par contrecoup, quitter l'orbite de Bell, puis de ses associés. Signe du destin : Theodore Vail était le cousin d'Alfred Vail qui aida Morse à mettre au point le télégraphe.

Le premier geste de Vail fut d'entamer des poursuites judiciaires contre *Western Union*. Dans le même temps, il modifia les statuts de la *Bell*

Telephone Company et l'incorpora afin d'en faire une firme qui avait le droit d'émettre des actions et la sauver par là-même d'une faillite imminente (juillet 1878). Au début de 1879, Vail recevra l'appui d'un riche marchand de Boston d'origine française, le colonel William H. Forbes, qui mènera à ses côtés la bataille contre *Western Union*. Forbes aimait se faire appeler par le grade qu'il avait gagné dans les rangs nordistes au cours de la Guerre de Sécession. Notons à ce propos que tous les promoteurs du téléphone étaient anglo-saxons et (sauf Bell) originaires de Nouvelle-Angleterre, d'où l'étiquette de *Yankee group* qu'on leur accole volontiers.

Afin de centraliser les opérations financières, la *New England Telephone Company* et la *Bell Telephone Company* fusionnent en février 1879 et prennent le nom de *National Bell Telephone Company* avec un capital de 850 000 dollars. Hubbard et Sanders seront mis à l'écart de la direction effective de la nouvelle entreprise dont le colonel Forbes deviendra le président (Vail demeure le directeur général) et Bell quittera de lui-même le conseil d'administration. La vieille garde passait la main, non sans quelque amertume, mais avec le sentiment que la succession était bien assurée, même si un brin forcée.

À la demande de Forbes, Bell travaillera encore un an pour l'entreprise et déposera six brevets dont un seul débouchera sur une application commerciale (le circuit à paire torsadée), mais sa tête était ailleurs. Une phrase écrite plus tard par Bell résume ce désintéressement :

> « *Lorsqu'une porte se ferme, une autre s'ouvre. Mais souvent nous regardons si longtemps et avec tant de regret celle qui s'est fermée que nous ne voyons pas celle qui s'est ouverte.* »[97]

---

[97] Robert Collins, *Une voix venue de loin*, cf. p. 71.

Alexander Graham Bell à sa table de travail à Washington

National Library of Congress

Watson demeurera au service de *National Bell* jusqu'en 1881 à titre d'ingénieur en chef. Pendant toutes ces années décisives, il sera sur le plan technologique l'alter ego de Vail sur le plan de la gestion, parcourant inlassablement les États-Unis afin d'assurer la bonne marche des centraux, inspectant les usines qui fabriquaient l'équipement téléphonique sous licence Bell. Il mènera ensuite une vie exempte de problèmes matériels, successivement étudiant la géologie au MIT, propriétaire terrien, dirigeant un éphémère Parti nationaliste (lisez : populiste) et lançant un des plus grands chantiers navals des États-Unis (qu'il perdra en 1903) avant de terminer sa carrière comme acteur shakespearien et mémorialiste.[98]

Même après son départ, Bell maintiendra un lien avec *National Bell*, puis *American Bell* et *American Telephone and Telegraph* (AT&T) et il témoignera dans les innombrables procès de la bataille des brevets. Il y en aura 600.

---

[98] Watson, Thomas, *The Birth and Babyhood of the Telephone*, AT&T, New York, 1951, 45 pages. Communication prononcée à l'occasion de la IIIème convention annuelle des Pionniers d'Amérique du Nord à Chicago, le 13 octobre 1913. Sur le reste de la vie de Watson, consulter son autobiographie : *Exploring Life*, Appleton, 1926.

Bell partagera son temps entre Washington où il deviendra président du magazine *National Geographic* fondé par Hubbard et la Nouvelle-Écosse où il fera construire une maison d'été à Baddeck. Il utilisera sa fortune pour améliorer le sort des malentendants et travailler à des inventions diverses dont aucune n'atteindra le stade commercial. Son succès le plus notable sera encore lié au téléphone qu'il transformera en audiomètre pour mesurer les degrés de surdité. La communauté scientifique adoptera son nom comme norme internationale de mesure des différences relative d'intensité des sons, le décibel.

Quand Graham Bell mourra en 1922, toutes les communications téléphoniques aux États-Unis, au Canada et au Mexique seront interrompues pendant une minute.[99]

À ce moment là, il y avait 13 millions de téléphones dans le monde.

Édification de l'empire AT&T

À la suite du coup de balai du début 1879, Vail et Forbes réussirent la première grande émission d'actions de *National Bell* et, surtout, ils parvinrent en novembre de la même année à une entente hors cours avec *Western Union*. Les avocats de cette entreprise étaient arrivés à la conclusion que la cause était perdue d'avance. Bell manifesta durant toute la bataille juridique une ténacité sans faille et c'est son témoignage qui emporta la décision. Également, Vail sut jouer avec habileté de la lutte au finish entre Jay Gould et William H. Vanderbilt pour le contrôle de *Western Union*. Quand Gould qui menaçait la mainmise de Vanderbilt sur *Western Union* fit des ouvertures à Vail, celui-ci s'empressa de le faire savoir à ses rivaux. Le géant du télégraphe préféra conclure une paix hâtive sur le front du téléphone.

Aux termes de l'entente, *Western Union* se retirait du marché téléphonique tandis que *National Bell* reprenait tous les équipements téléphoniques de *Western Union*, y compris les brevets, et s'engageait à rester en-dehors du marché télégraphique. *National Bell* payera une redevance de 20% sur les revenus de location du téléphone pendant 17 ans pour solde de tout compte.

---

[99] Bruce, Robert V., « Alexander Graham Bell », in *National Geographic*, Washington, Vol. 174, N°3, septembre 1988.

La paix était chèrement achetée mais l'avenir de *National Bell* était assuré. Ses actions, qui valaient 50 dollars au début de 1879, firent un bond à près de 1 000 dollars à la suite de l'accord avec *Western Union*. En mars 1880, après l'achat de la New York Company, *National Bell* se réorganisa une fois de plus et prit le nom d'*American Bell Telephone Company* avec un capital de 7 350 000 dollars.[100] Forbes écrira dans son premier rapport au conseil d'administration :

> « Après deux ans de lutte pour la vie et après une année passée à régler les suites du contentieux, les possesseurs du brevet du téléphone se trouvent pour la première fois à l'abri de difficultés sérieuses. Toutes les forces de notre compagnie peuvent désormais se tourner vers le développement de notre activité dans le cadre d'une politique bien définie. »[101]

En 1882, c'est au tour de l'appareil de production. *American Bell* achètera l'essentiel des entreprises qui fabriquaient de l'équipement de central, dont les deux plus importantes, respectivement *Western Electric* et l'atelier de Charles Williams. La rationalisation de la distribution devra attendre quelque peu quand les licences d'exploitation des brevets Bell de la première génération d'entreprises téléphoniques arriveront à expiration en 1893. *American Bell* assouplit alors les clauses du contrat de renouvellement en échange d'une prise de participation dans chacune d'entre elles.

D'une manière générale, *American Bell* ne se mêle pas de gestion quotidienne, mais elle impose des normes techniques et financières très strictes. *Western Electric* joue un rôle essentiel dans ce plan d'ensemble en devenant rapidement le fournisseur principal, puis unique, de toutes les entreprises affiliées à *American Bell*.

La première liaison interurbaine entre deux villes importantes est établie en mars 1884 entre Boston et New York. C'est le coup d'envoi du grand dessein de Vail pour qui l'interurbain confère un avantage stratégique à l'entreprise qui le détient sur les concurrents futurs qui tenteront leur chance en offrant un service limité à une localité. Le développement des lignes à grande distance est donc confié en février 1885 à une nouvelle filiale qui prendra le

---

[100] Chiffre tiré de *Genèse et croissance des télécommunications*, p. 313. Mais *The Making of the Electrical Age*, p. 54, dit 10 millions de dollars.

[101] Cité dans *Genèse et croissance des télécommunications*, p. 313.

nom d'AT&T. Vail quittera son poste de directeur général d'*American Bell* pour prendre la présidence d'AT&T et appliquer son grand dessein.

Ici, il convient de citer le texte du certificat d'incorporation de la nouvelle entreprise. Mieux que tout autre commentaire, elle témoigne de la vision de Vail :

> « Les lignes de cette association… relieront un ou plusieurs points dans chaque ville, bourgade ou localité de l'État de New York avec un ou plusieurs points dans chaque autre ville, bourgade ou localité du même État, ainsi que des États-Unis, du Canada et du Mexique et… aussi par câble ou tout autre moyen approprié, avec le reste du monde connu. »[102]

Crise à AT&T

Malheureusement, un différend apparaîtra bientôt entre Vail et Forbes où Vail aura le dessous. Vail était partisan de réinvestir la plus grande part possible de revenus dans l'expansion des lignes à grande distance en prévision de la concurrence qui ne manquerait de se renforcer après l'expiration des brevets de Bell en 1893 et 1894, tandis que Forbes entendait tirer parti de ce répit pour accroître les profits au maximum. Qui plus est, le grand capital bancaire continuait à bouder le téléphone. Il fallait donc attirer les petits porteurs en leur payant des gros dividendes et cela apportait de l'eau aux tenants d'une politique des hauts tarifs. Vail démissionnera en 1887 et les dividendes versés aux actionnaires feront un bond pour atteindre le record de 18 dollars par action de 100 dollars.

L'après-Vail fut marqué par un ralentissement de l'expansion et un mécontentement croissant de la population devant des tarifs excessivement élevés. L'arrivée de la concurrence après 1894 sanctionna durement cette politique à courte vue. *American Bell* dut réagir en catastrophe. Le tarif annuel passa de 11 dollars en 1893 à 8 dollars en 1894 et à 3 dollars en 1898. Le nombre de téléphones qui, avant les baisses de prix, avait doublé en dix ans, doubla en quatre ans.[103]

---

[102]Certificat d'incorporation d'AT&T, 28 février 1885. Cité in Auw, Alvin von, *Heritage and Destiny (Reflections on the Bell System in Transition)*, cf. p. 157.
[103] Sharlin, Harold I., *The Making of the Electrical Age, From the Telegraph to Automation*,

Devant la situation chaotique créée par l'apparition de nouvelles compagnies qui pratiquaient toutes une politique de bas prix mais offraient généralement un service des plus médiocres et limité à une localité (AT&T leur refusait l'accès à ses lignes interurbaines), les gouvernements de plusieurs États commencèrent à réglementer le téléphone. La réglementation eut pour résultat de limiter les abus du groupe Bell, tout en confirmant son monopole là où il était déjà en place.

Tandis qu'*American Bell* encaissait les coups les plus durs de la concurrence, l'accroissement des appels interurbains alimenta une croissance effrénée du côté d'AT&T. Une réorganisation intervint en décembre 1899 qui sanctionna la nouvelle prééminence de l'interurbain sur le local. À la faveur d'un échange d'actions, AT&T devint la société mère de toutes les entreprises Bell. Le *Bell System* avait pris sa forme « définitive » qui devait rester inchangée jusqu'en 1984.

Au début du siècle, la montée du populisme aux États-Unis alimenta l'opposition au *Bell System*, phénomène tellement profond qu'il déborda les frontières et exerça une influence indéniable sur la situation canadienne. Par ailleurs, la concurrence atteindra une intensité sans parallèle avec ce qui se passe à la même époque dans le reste du monde. Le rythme mensuel de création des compagnies de téléphone bat record sur record : 71 en janvier 1907, 110 en février de la même année. On dénombre alors quelque 12 000 compagnies indépendantes aux États-Unis.

Quand la récession de 1907 intervint, AT&T se trouve dans une situation insupportable : un emprunt de 100 millions de dollars qui avait été lancé en 1906 ne trouve pas preneur (dix millions de dollars seulement d'obligations sont achetées). Les institutions financières qui avaient accepté de vendre les titres dans le public héritent d'une participation aussi importante qu'involontaire dans les avoirs d'AT&T. À leur tête se trouve John Pierpont Morgan. Le célèbre magnat de la finance n'a aucun goût pour les causes perdues. Il exige et obtient la démission du président d'AT&T et se tourne ensuite vers Theodore Vail qui, entre-temps, avait fait fortune en Argentine en construisant des barrages. Il avait également lancé une compagnie d'électricité à Cordoba et réorganisé les tramways de Buenos Aires.

---

cf. pp. 56-7.

Retour au pouvoir de Theodore Vail

En mai 1907, après vingt ans d'auto-exil, Vail devient à 62 ans le président de la nouvelle AT&T. C'est le début d'une grande politique des télécommunications qui va relancer l'entreprise vers les sommets et en faire la plus grande entreprise que le monde ait jamais connu, toutes catégories confondues. Pour marquer le changement, le siège social passe de Boston à New York.

Sans coup férir, Vail redresse la situation financière et assainit la comptabilité des filiales exploitantes. Il est aidé en cela par ses amis banquiers qu'il a placés nombreux au conseil d'administration d'AT&T. Homme de confiance de la haute finance, Vail l'est assurément, mais sans en être l'émanation. Personne n'a le moindre doute sur qui dirige le « *Bell System* ». Vail est le seul maître à bord et ses appuis bancaires servent avant tout à garantir une source de financement stable par voie d'emprunts et d'émissions d'actions. En échange, il fait surgir de terre les profits. Ce ne sont plus les profits fabuleux mais sans lendemain du colonel Forbes, il s'agit de quelque chose de mieux : des profits stables.

En trois ans, Vail réduira de moitié les coûts d'exploitation et il répercutera ces fabuleux gains de productivité dans des baisses de tarifs :

> « *les prix doivent être ajustés de telle manière que la consommation soit maximale, avec une faible marge de profit.* »[104]

---

[104] Cité dans Libois, Louis-Joseph, *Genèse et croissance des télécommunications,* p. 320.

Theodore Vail « invente » la compagnie de téléphone

Archives AT&T

Ces résultats auraient suffi à plus d'un homme d'affaires. Mais Vail était avant tout un bâtisseur d'empire. Un des premiers gestes qu'il posera lors de son retour aux affaires sera de transférer de Boston à New York le petit laboratoire de recherche d'AT&T et d'y nommer son bras droit : John J. Carty. Celui-ci insufflera à la recherche pure et appliquée un dynamisme sans précédent dans l'histoire de la technologie. C'est ce noyau initial qui donnera naissance dans les années 20 aux fameux *Bell Laboratories*, familièrement appelés *Bell Labs*. Huit prix Nobel sortiront des *Bell Labs*.

L'apport principal de Vail à AT&T, lors du second règne, est avant tout moral et il imprégnera toute l'histoire du téléphone aux États-Unis jusqu'à l'éclatement d'AT&T en 1984 et, par voie de ricochet, au Canada.

La grande politique d'AT&T

Vail définit sa vision des télécommunications en une formule qui deviendra tout de suite célèbre : *one policy, one system, universal service* (une politique, un réseau, le service universel). Tous les gestes qu'il va poser à titre de président d'AT&T entre 1907 et 1919 découleront de cette vision.

Dans son excellent ouvrage intitulé *Genèse et croissance des télécommunications*, Louis-Joseph Libois résume en quatre points les grandes lignes de la pensée et de l'action de Vail. Selon cet historien, le premier axe de la pensée de Vail concerne les actionnaires qu'il voulait aussi nombreux que possible. Vail favorisa donc les petits porteurs et, dans ce but, mit en œuvre une politique de transparence à leur égard. Dans le rapport au conseil d'administration de 1907, il écrivait :

> « Nous devons mettre toutes nos cartes sur la table ; nous n'avons rien à gagner par le secret ou la dissimulation. »[105]

En outre, le caractère de service public du téléphone relativisait l'importance des actionnaires au profit des abonnés, témoin ce rapport au conseil d'administration en 1909 :

> « *Les sociétés de service ont des responsabilités à la fois envers le public et envers les actionnaires.* »[106]

Le deuxième axe porte sur les abonnés et le public en général. Les baisses de tarifs qui accompagnèrent son retour aux affaires retournèrent une opinion publique jusque-là hostile au monopole d'AT&T. Mais Vail estimait que pour se gagner à long terme les faveurs du public, il fallait le servir. « *The public must be served* », aimait-il à répéter. Il fut un précurseur en matière de relations publiques et de publicité. Dès 1908, il publia régulièrement dans la presse des informations sur AT&T et, à ceux qui lui objectaient que tout le monde connaissait le téléphone, il répondit :

> « *Peut-être, mais personne ne pense assez au téléphone.* »[107]

---

[105] Cité dans Libois, Louis-Joseph, *Genèse et croissance des télécommunications*, p. 320.

[106] Cité dans Libois, Louis-Joseph *Genèse et croissance des télécommunications*, p. 321.

[107] Cité dans Libois, Louis-Joseph, *Genèse et croissance des télécommunications*, p. 321.

Il ajoutait ailleurs :

> « *si nous ne disons pas la vérité sur nous-mêmes, quelqu'un d'autre s'en chargera.* »[108]

Le troisième axe concerne le personnel de l'entreprise que Vail entendait traiter du mieux possible. Il réussit ce paradoxe du gestionnaire qui est de pratiquer une politique de salaires élevés en période de compressions budgétaires et de bas tarifs. Des fonds de retraite, des assurances maladie et décès seront instituées (création du *Benefit Funds* en 1913) et, enfin, pour couronner sa politique sociale, il créa en 1915 un programme d'achat d'actions de l'entreprise par les employés.

Soulignons au passage la très grande cohérence de tous les gestes posés par Vail. L'actionnariat populaire débouche sur la vente d'actions aux employés de l'entreprise, l'amélioration des conditions de travail des téléphonistes débouche sur un des plus efficaces slogans jamais employé en relations publiques : « *the voice with a smile* », la voix avec un sourire. Vail utilise la courtoisie qu'il exige des téléphonistes envers les abonnés comme instrument de relations publiques. Puis, voulant, à son habitude faire d'une pierre deux, puis trois coups, il lance un autre slogan, à l'intention des abonnés cette fois, pour les inciter à la courtoisie envers les téléphonistes : « *return the smile* », retournez le sourire. Chacune de ces actions consolide les autres et se nourrissait de leur succès, créant une synergie irrésistible.

Le quatrième et dernier axe de l'œuvre de Vail touche à la réglementation et aux relations avec l'État. Dès son retour aux affaires, il comprit la nécessité de la réglementation de l'État. Le modèle canadien, où le prix à payer pour la confirmation du monopole avait été l'institution en 1906 d'une réglementation d'État, joua un rôle déterminant. Justement en 1910, par la loi Mann-Elkins, le gouvernement américain classe le téléphone (et le télégraphe) dans la catégorie des services publics. À ce titre, il est assujetti à l'autorité de l'*Interstate Commerce Commission* (ICC) qui ne s'occupait jusque-là que de la réglementation du transport et de l'électricité.

Vail collabora sans réserve avec les pouvoirs publics mais il traça toujours une ligne de démarcation entre réglementation et gestion :

---

[108] Theodore Vail citant une formule du journaliste Herbert Corey dans *The Cosmopolitan*, juin 1911. Cité in Conway, Connie Jean, *The Public Relations Philosophy of Theodore N. Vail*, cf. p. 51.

> « Nous avons été les premiers à nous faire l'avocat du contrôle et de la réglementation des sociétés de service (utilities) par un organisme ou plusieurs organismes gouvernementaux. Nous croyons à ces contrôles, s'ils sont effectués après des investigations approfondies, s'ils sont conduits dans un souci d'équité et s'ils n'interfèrent pas avec la direction et la gestion des entreprises. »[109]

Une petite phrase résume parfaitement l'aspect moderne de la pensée de Vail en matière de relations de l'entreprise avec le gouvernement (on pourrait l'appliquer aussi bien aux relations avec les actionnaires, les employés et le public) :

> « je suis opposé à toute forme de secret. »[110]

Homme de vision, Vail le fut certainement. Il demeure le symbole américain du grand chef d'entreprise. Mais il ne faut pas se méprendre, sa générosité est « ciblée » : les employés, les abonnés, les journalistes... Même avec les compagnies indépendantes. Dès son retour aux affaires, il accepte de connecter les réseaux indépendants au réseau d'AT&T. Chaque fois qu'AT&T est en position de faiblesse dans un district, elle se retire et interconnecte son réseau interurbain avec l'indépendant.

Par contre, si AT&T est en position de force, Vail sait être impitoyablement retors. C'est ainsi qu'il mit au point une façon « propre » d'éliminer la concurrence. Grâce à ses amis de la finance, il assèche toutes les sources de crédit devant ses adversaires. Un indépendant qui avait cru pouvoir le défier en allant à Londres réunir des fonds, vit les portes des institutions bancaires britanniques se fermer comme par enchantement... Mais, les abonnés ne subiront pas les inconvénients d'une guerre du téléphone avec les éternels poteaux coupés à la hache. La paix téléphonique est donc acquise au prix d'un partage du marché âprement disputé. Vail n'est pas un enfant de chœur, c'est un capitaine d'industrie.

---

[109] Cité dans Libois, Louis-Joseph *Genèse et croissance des télécommunications*, p. 323.
[110] Cité dans Libois, Louis-Joseph, *Genèse et croissance des télécommunications*, p. 320.

L'œuvre de Vail

Tout le génie de Vail n'empêchera pas sa grande politique de connaître des temps d'arrêts. En effet, avec l'aide de son ami J.P. Morgan, il acheta *Western Union* en 1909 et, en trois ans, remit sur pied son ancien adversaire en lui imposant la médication habituelle : hausse de 50% des salaires des employés et gains de productivité spectaculaires. Cette union des deux grands des télécommunications américaines était le couronnement du rêve de Vail, de service unique et universel. Mais ce fut aussi la goutte qui fit déborder le vase des sentiments antimonopolistiques toujours prompts à s'enflammer en Amérique du Nord. Le Département de la Justice des États-Unis entama des poursuites en vertu de la législation anti-trust en juillet 1913. En novembre, la direction des Postes publia un rapport prônant la nationalisation du *Bell System*.

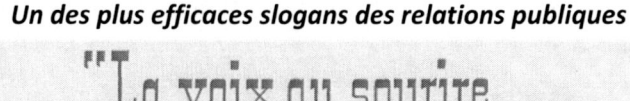

Un des plus efficaces slogans des relations publiques

Inventé aux États-Unis, le slogan publicitaire « The Voice with a Smile », sera repris au Canada et traduit en français par « La voix au sourire ».

Vail comprit le message et dépêcha son premier vice-président, Nathan Kingsbury, signer un compromis. L'accord Kingsbury stipule l'abandon de *Western Union*, étend la politique d'interconnexion des réseaux aux compagnies indépendantes qui en avaient été exclues jusque-là et oblige AT&T à demander l'autorisation du Département de la Justice avant d'acheter un indépendant. Vail avait abandonné son rêve de créer un service universel à partir d'un réseau unique. Mais il obtenait l'aval des autorités fédérales pour l'édification d'un réseau national dominant. L'État fédéral donnait son aval au monopole sur le téléphone en échange de l'établissement de limites strictes et de la réglementation.[111]

En juillet 1918, en période de guerre, le président Thomas Woodrow Wilson prit une mesure inhabituelle en Amérique du Nord : il nationalisa AT&T. Il avait déjà pris le contrôle des chemins de fer et l'intervention de l'État était à l'ordre du jour. Mais la nationalisation d'AT&T intervenait à la toute fin de la guerre et elle prit une forme purement « technique ». L'administration fut confiée aux Postes fédérales qui mirent sur pied un conseil d'administration composés des membres de la haute direction d'AT&T. Les dividendes habituels continuèrent d'être payés aux actionnaires ; mieux, AT&T obtint le droit d'inspecter les comptes et rapports d'exploitation annuels des Postes. Cette nationalisation « technique » avait abouti à créer un monopole public sous contrôle privé.

Cette situation paradoxale était en grande partie l'œuvre de Vail. Il avait accepté de collaborer avec le gouvernement dans le but d'annuler les effets de la nationalisation. Il y réussit à merveille. C'est lui qui avait inspiré dans une large mesure les termes du contrat entre les Postes et AT&T. Néanmoins, sitôt l'entente conclue, il déploya toute son énergie pour faire annuler la décision car, selon lui :

> « *une administration gouvernementale serait toujours soumise au jeu de la politique et que, même si elle parvenait à être efficace, elle ne remplirait jamais ses tâches de façon économique.* »[112]

Les arguments de Vail finirent par triompher et le gouvernement américain revint à la situation antérieure en juillet 1919. Mais Vail venait de quitter le mois précédent la tête d'AT&T pour prendre le poste honorifique de président du conseil d'administration. Il mourra un an plus tard dans sa propriété du Vermont. Ce géant de 300 livres et de six pieds deux pouces ne laissait aucune fortune derrière lui. Il avait tout dépensé dans sa ferme du Vermont, donnant des fêtes grandioses, prodiguant l'argent autour de lui

---

[111] The Vail Years : Organizing for the Universal Network, Datapro Research Corporation, Industry Briefs, 14 pages, New Jersey, janvier 1986.

[112] Cité dans *Genèse et croissance des télécommunications*, p. 325.

sans compter, investissant dans tout ce qui lui paraissait scientifiquement valable ou novateur sans égard à sa rentabilité. À son successeur à la tête d'AT&T, il déclarera non sans espièglerie :

« *Thayer, de ma vie, je n'ai jamais économisé un dollar.* »[113]

L'œuvre de Vail ne devait pas s'éteindre avec lui. L'accord Kingsbury sera la pierre angulaire des relations entre AT&T et le gouvernement américain durant tout l'entre-deux guerres. Surtout, AT&T avait été modelée à son image et l'entreprise continuera à fonctionner après son départ selon les principes mis de l'avant par son véritable fondateur. En effet, si Graham Bell a inventé le téléphone, Theodore Vail fonda l'empire Bell et aussi un modèle de compagnie exploitante qui sera repris au Canada, bien sûr, mais aussi en Europe. L'aspect « bâtisseur d'empire » de Vail, son sens du service public et sa propension à planifier à long terme ne pouvaient que séduire les très étatiques PTT.

Aux États-Unis, même, la structure imaginée par Vail se perpétuera jusqu'au démantèlement du *Bell System* en janvier 1984. Aujourd'hui, alors même que son œuvre a été mise en pièces, on note un regain d'intérêt dans la presse spécialisée pour « les années Vail. » Son côté visionnaire surprend et fascine une Amérique du Nord vouée aux lois du marché et du profit à court terme.[114]

---

[113] Cité in Conway, Connie Jean, *The Public Relations Philosophy of Theodore N. Vail*, cf. p. 39.
[114] *The Vail Years : Organizing for the Universal Network.*

Chapitre 5 - Le téléphone arrive au Canada

La téléphonie a été introduite au Canada par le père d'Alexander Graham Bell. Cette entrée en matière familiale confère à l'industrie canadienne une place à part en Amérique du Nord, même si liée aux États-Unis. Ce statut particulier se prolongera sous des formes diverses jusqu'à la séparation en douceur entre Bell Canada et AT&T qui aura lieu en juin 1975.

Comme nous l'avons vu, Alexander Melville Bell avait reçu le 10 juillet 1877, 75% des droits canadiens sur le brevet du téléphone. Or, rien ne prédisposait l'honorable professeur à entamer une carrière de chef d'entreprise. Il se tourna immédiatement vers Thomas Henderson, le pasteur baptiste, maintenant à la retraite, qui lui avait conseillé de venir au Canada quelques années plus tôt. Âgés respectivement de 58 ans et de 61 ans, le professeur et le pasteur organisèrent une tournée de conférences dans tout l'Est du Canada afin d'expliquer ce qu'était le téléphone et de le vendre :

> « *Nous avons le sentiment de pénétrer dans un monde surnaturel et d'entendre l'essence même des sons. Il appartient à l'interlocuteur de faire en sorte que ces formes aériennes soient imprécises ou qu'elles aient des contours clairs. Le téléphone les transmet faiblement, mais avec une définition parfaite, si elles ont été articulées de la sorte par les lèvres de l'interlocuteur.* »[115]

La formulation naïve des fondateurs du téléphone canadien peut faire sourire, elle ne doit pas être sous-estimée. Melville Bell et Thomas Henderson avaient une perspective tout à fait exacte du potentiel d'avenir du téléphone, ce que peu d'hommes d'affaires avaient à l'époque :

> « *Des expériences sont en cours qui accroîtront la sensibilité et la sonorité de l'appareil; et il n'y pas de raison de douter qu'il ne soit un jour capable d'acheminer la voix tout au long des câbles sous-marins les plus longs et de mettre à portée de voix, l'Angleterre et l'Amérique, l'Australie et la Chine. De toute façon, nous savons que le téléphone sous sa forme actuelle parlera jusque dans les*

---

[115] Cité dans le Kettle Text, chap. 2, p. 22.

banlieues les plus éloignées de nos villes – aux fin fonds de nos mines les plus profondes – et aux plus lointains de nos phares et bateaux-feux. »[116]

Alexander Melville Bell et le pasteur Thomas Henderson

Archives Bell Canada

Les deux fondateurs ne pensèrent pas, tout d'abord, à incorporer une entreprise (on a vu que l'association américaine fit de même à ses débuts) et ils louèrent les appareils téléphoniques 40 dollars la paire. Le prix était d'ailleurs sujet à variation : les pasteurs, les enseignants et les médecins bénéficiaient souvent de réductions, voire d'exemptions. Les abonnés étaient invités à raccorder leur équipement par le fil de fer des clôtures métalliques... Mais c'était pratique courante dans les débuts de la téléphonie nord-américaine.

Des débuts quelque peu brouillons

C'est dans ce contexte quelque peu improvisé que le 18 octobre 1877, trois obscurs hommes d'affaires de Hamilton reçoivent des appareils téléphoniques. Ce sont les premiers abonnés du Canada.

---

[116] Cité dans le Kettle Text, chap. 2, pp. 22-3.

Quinze jours plus tard, le duo Bell-Henderson réussira à louer une paire de téléphones au Premier ministre fédéral, Graham Mackenzie, qui reliera son bureau à la résidence du gouverneur général, le marquis de Dufferin. Par la suite, les apprentis vendeurs présenteront toujours cet abonnement de prestige comme le premier au Canada, faisant ainsi la preuve qu'ils avaient vite saisi les ficelles du marketing !

N'empêche, la petite histoire raconte que la vente faillit tourner au vinaigre. Mackenzie se plaignait de la mauvaise qualité de son appareil et menaça de suspendre son abonnement. Heureusement, lady Dufferin aimait jouer au piano et chanter au téléphone. Elle plaida en faveur de l'instrument et le Premier ministre conserva le téléphone.

Parmi les trois premiers abonnés de Hamilton, se trouvait l'homme d'affaires Hugh Cossart Baker. Âgé d'une trentaine d'années, il était à la tête d'une compagnie locale de chemin de fer. L'année suivante, il fera l'acquisition d'une petite entreprise télégraphique nommée *Hamilton District Telegraph Company* qui avait placé des lignes télégraphiques chez les abonnés qui souhaitaient être reliés aux pompiers, à la police ou même entre eux. Une forme rudimentaire de central avait donc été mise au point à cet effet. Certains abonnés utilisaient le télégraphe pour jouer aux échecs – Baker lui-même pratiquait les échecs à distance. Il saisit très vite l'avantage du téléphone sur le télégraphe et demandera en février 1878 à la municipalité d'Hamilton la permission de planter des poteaux téléphoniques.

En juillet 1878, six mois à peine après le précédent historique de New Haven, Baker installe le premier central téléphonique canadien. Le nombre de ses abonnés passe de 40 en décembre 1878 à 150 en avril 1879. Il obtiendra également de Melville Bell les droits exclusifs pour exploiter le téléphone entre la Baie Georgienne et le lac Érié, y compris Hamilton. Baker avait compris que l'avenir du téléphone passait par la création d'un réseau : il fallait offrir à l'usager un accès à un bassin aussi vaste que possible d'autres usagers.[117]

---

[117] Robert Collins, *Une voix venue de loin*, cf. pp. 78-81. *The Kettle Text*, cf. chapitre 2, pp. 21-7.

Problèmes d'approvisionnement

Tous les premiers appareils téléphoniques loués au Canada étaient fabriqués aux États-Unis par Charles Williams, l'associé minoritaire de Melville Bell. Très vite, la situation deviendra délicate. En effet, la législation canadienne stipule que les objets protégés par un brevet doivent être fabriqués au Canada après un an. Qui plus est, des droits de douane frappent sévèrement les appareils importés et doublent presque le prix de revient (de 10 à 19 dollars par an).

À elle seule, cette politique protectionniste n'aurait sans doute pas suffi à protéger le marché canadien contre les téléphones américains. Ce sont les Américains eux-mêmes, complètement débordés par leur propre demande intérieure, qui négligeront le Canada. Charles Williams s'avérera incapable de livrer les 1000 appareils dus en échange de sa part des droits canadiens. Il en livrera la moitié et encore, avec difficultés.

Melville Bell et Thomas Henderson doivent très vite imaginer une solution de rechange. Quelques mois à peine après le début de l'exploitation des brevets, ils envoient un jeune quincaillier de 28 ans, James H. Cowherd, suivre un stage dans l'usine Williams à Boston. À son retour, Cowherd construira un hangar derrière la boutique familiale à Brantford et, en décembre 1878, les premiers téléphones « canadiens » voient le jour. Ici, il faut bien corriger la version officielle donnée par l'historiographie officielle du téléphone, à savoir que les appareils étaient construits au Canada.[118] En fait, les téléphones étaient bel et bien fabriqués à Boston. Les pièces détachées étaient ensuite envoyées à Brantford où elles étaient assemblées. La nuance est importante car elle servira de base à l'annulation des brevets canadiens quelques années plus tard.[119]

Cowherd n'avait d'ailleurs rien du jeune entrepreneur que l'on nous dépeint. C'était un employé salarié des ateliers Williams. En tout, 2 398 appareils sortiront de la quincaillerie de Cowherd quand sa mort précoce en janvier 1881, mettra fin à cette malheureuse tentative.

---

[118] *Collins, Robert, Une voix venue de loin, 1977*, cf. pp. 73-4. Ogle, E.B., *Allô, l'interurbain,*, cf. p. 99.

[119] Patent Case, The *Toronto Telephone Manufacturing Company* v. The *Bell Telephone Company* of Canada, ministère de l'Agriculture du Canada, Ottawa, le 24 janvier 1885, 17 pages. Cf. pp. 9 et 13.

Pendant ce temps, le tandem Bell-Henderson arpentait l'Ontario au rythme des chevaux dans un petit cabriolet ouvert, avec une malle pleine de téléphones en bois. Les deux compères déploieront une énergie considérable sans vraiment parvenir à dépasser le stade du porte-à-porte. Quelques représentants avaient été nommés, cependant la comptabilité demeurait défaillante et, surtout, le problème de l'entretien et des réparations croissait avec le nombre des abonnés. Le Québec fut négligé, non en raison d'un quelconque parti pris, mais parce que le réseau de relations des deux compères ne s'étendait pas jusque là : deux villes seulement y furent desservies (Montréal et Québec) contre 20 en Ontario.

Ce marketing nonchalant suscita bien des mécontentements. Parmi la première génération d'entreprises de téléphone qui naquirent à cette époque au Canada, deux ou trois seulement suivirent le modèle Baker à Hamilton et obtinrent un permis d'exploitation de Bell. Il s'agit de *Toronto Telephone Despatch* et de *York Telephone Despatch*, toutes deux fondées par Hugh Neilson. À Winnipeg, un agent de Bell vendit quelques téléphones, mais n'installa pas de central. Les autres ignoraient tout simplement les droits, mais peut-on les blâmer ? Au total, des entreprises téléphoniques virent le jour dans 15 villes réparties entre le Québec, l'Ontario, la Nouvelle-Écosse, le Nouveau-Brunswick, le Manitoba et la Colombie britannique.

Par ailleurs, depuis la publication des plans du téléphone par *Scientific American*, de nombreux électriciens amateurs construisaient leurs propres appareils, parfois ils les vendaient sans toujours offrir la qualité sonore des appareils Bell. Le plus célèbre d'entre eux est sans conteste le télégraphiste Thomas Ahearn qui fabriquait des téléphones dans la région d'Ottawa avec des boîtes à cigares. Cette activité anarchique renforçait l'idée que le téléphone était un jouet scientifique.

Un joaillier de Québec, toutefois, fit exception. Cyrille Duquet mit au point ce qui est probablement le premier combiné téléphonique au monde et le breveta en février 1878. Il incorpora ensuite une entreprise sous le nom de *Québec and Lévis Telephone Company* et commença à commercialiser son appareil à combiné.

Le combiné téléphonique de Duquet

Archives nationales du Canada (PA 95 417)

En mai 1879, la municipalité de Québec lui accorda l'autorisation d'installer des poteaux sur la Grande-Allée. Il installa une ligne entre son magasin au centre-ville et Sillery en banlieue où se trouvaient alors de nombreux pensionnats. Les parents vinrent en grand nombre au magasin pour parler à leurs enfants par téléphone. La première ligne téléphonique de Montréal, entre le séminaire Saint-Sulpice et le cimetière Côte-des-Neiges, utilisait des téléphones Duquet. Il procéda aussi à des essais d'interurbain entre Québec et Montréal en passant par des lignes télégraphiques.[120]

---

[120]Coulombe, J.-T., *Le téléphone à Québec* (réalisations canadiennes et américaines), manuscrit non daté, 40 pages, ABC. Collins, Robert, Une voix venue de loin, 1977, cf. p. 82. *Pioneering the telephone in Canada*, cf. pp. 97-98.

Les compagnies de télégraphe s'intéressent au téléphone

Le temps des amateurs prend fin avec l'intervention des grandes entreprises de télégraphe. *Montreal Telegraph* et *Dominion Telegraph* entreprennent de commercialiser systématiquement le téléphone au Canada. Elles y apportèrent une atmosphère de « ruée vers l'or ».[121]

Les deux concurrents se livraient une guerre sans merci dans le marché du télégraphe (voir chapitre 2 - *L'industrie s'organise,* section *Le duel Montreal Telegraph - Dominion Telegraph*). L'entreprise montréalaise, qui avait toujours entretenu d'excellents rapports avec *Western Union*, entreprendra de vendre l'appareil d'Edison et de Gray, dont la qualité sonore est supérieure, mais dont le maniement est malcommode (il faut tourner la manivelle d'alimentation électrique pendant que l'on parle alors que l'appareil Bell utilise des aimants permanents qui ne nécessitent pas de courant).

Inversement, l'autre grand de la télégraphie, l'entreprise torontoise *Dominion Telegraph*, avait collaboré avec Graham Bell depuis la première mondiale qu'avait constitué la communication interurbaine Brantford-Paris. *Dominion Telegraph* deviendra en février 1879 le représentant attitré de Melville Bell et commercialisera ses appareils dans tout le Canada, sauf les régions de Hamilton, Toronto et York où Melville Bell avait déjà cédé ses droits. C'est Lewis McFarlane, l'entreprenant directeur du bureau de Toronto, qui sera nommé directeur de la nouvelle division téléphonique de *Dominion Telegraph*.

La période 1878-1880 est la seule de l'histoire de la téléphonie canadienne où la concurrence domine entièrement le développement de cette industrie. La guerre des prix que se livraient *Montreal Telegraph* et *Dominion Telegraph* en télégraphie s'était « naturellement » prolongée dans le téléphone. Les médecins et les ministres du culte recevront le plus souvent un service gratuit et durant les périodes de promotion, les nouveaux abonnés obtiendront trois mois de service gratuit. Durant la première année d'exploitation entière, en 1879, les deux entreprises investiront chacune 75 000 dollars pour des

---

[121] L'expression est empruntée à McCabe, Gerald Michael, *Regulation of the Telephone Industry in Canada : The Formative Years*, thèse de maîtrise, département des Sciences politiques, Université McGill, août 1985. Cf. p. 27.

revenus insignifiants. Le public demeurait partagé entre l'enthousiasme vis-à-vis la nouveauté et le scepticisme vis-à-vis des applications pratiques du téléphone. En outre, la concurrence entre les deux réseaux entraînait des effets néfastes : les abonnés de *Montreal Telegraph* ne pouvaient pas communiquer avec ceux de *Dominion Telegraph* et les rues des grandes villes étaient envahies par une profusion de poteaux et de fils.

Melville Bell jette le gant

Sur ces entrefaites, Melville Bell éprouve le besoin de rejoindre son fils aux États-Unis et de retourner à ses études sur l'éducation des sourds-muets. Après avoir consulté son associé Charles Williams, il fixera le prix des droits au Canada à... 100 000 dollars, chiffre magique auquel tout le monde depuis Samuel Morse évalue la valeur de ses brevets en télécommunications. Au cours de l'été 1879, Melville Bell contacte *Dominion Telegraph* où la proposition est jugée intéressante, mais non le prix. McFarlane savait que le téléphone serait un enjeu dans la guerre à finir avec *Montreal Telegraph*, mais il estimait son prix entre 5 000 et 12 000 dollars. À Québec, Cyrille Duquet est aussi contacté, mais il ne réussit pas à réunir plus de 3 000 dollars. Personne au Canada ne voudra ou ne pourra acheter les droits sur le téléphone au prix demandé.

Graham Bell fera encore une chose pour le téléphone au Canada. Il persuade le premier abonné canadien, le pionnier du téléphone à Hamilton, Hugh Baker, de venir au secours de son père Melville. Baker tire rapidement les conclusions de l'échec des négociations avec *Dominion Telegraph*. Il se tourne vers les États-Unis où *National Bell* vient de conclure son accord triomphal de novembre 1879 avec *Western Union* (voir Chapitre 4 – *L'invention du téléphone*, section *Édification de l'empire AT&T*). Ici, il convient de souligner un phénomène curieux que l'on retrouvera à maintes reprises dans l'histoire de la téléphonie au Canada. Loin de sauter sur l'occasion pour agrandir leur territoire d'exploitation, les Américains se font tirer l'oreille. On a vu que la télégraphie a été marquée par une pression constante des intérêts américains pour envahir un marché canadien déjà fortement structuré. Rien de tel en téléphonie où les Américains semblent n'intervenir que sommés de le faire et encore limiteront-ils leur intervention, puis s'empresseront-ils de plier bagages à la première occasion.

Quand en mars 1880 le nouveau président de *National Bell*, William Forbes, accepte d'acheter les droits canadiens, il le fait pour des raisons beaucoup plus stratégiques que financières. Vue de Boston, en effet, la situation canadienne est lourde de menaces. Deux entreprises de télégraphe se livrent une concurrence féroce au risque de compromettre l'avenir du téléphone dans l'opinion publique. Qui plus est, une des deux parties est *Montreal Telegraph* : comment ne pas y voir en sous-main l'action de *Western Union* ? La victoire de *National Bell* sur *Western Union* est encore trop récente, pour que Forbes puisse envisager de voir l'entreprise ennemie regagner au Canada le terrain perdu aux États-Unis.

Ainsi, deux ans après que Graham Bell eut cédé les droits canadiens à son père, ceux-ci revenaient dans l'orbite américaine. Le grand bénéficiaire de l'opération semblait être Baker qui agissait déjà comme le président des entreprises Bell au Canada. Un seul doute subsistait dans son esprit : allait-il installer le siège social à Hamilton comme le reste de ses affaires, ou à Toronto comme les dimensions nationales de sa nouvelle entreprise l'exigeaient ? Fort de l'appui de Boston, Baker rédigera durant l'hiver 1879-80 la charte d'une entreprise nouvelle qui devait s'appeler *Bell Telephone Company of Canada* et entamera la procédure d'incorporation.[122]

Melville Bell quittera le conseil d'administration en juin 1880, à l'occasion de la première assemblée annuelle des actionnaires et ira s'installer à Washington auprès de son fils Graham.

Charles Sise : père fondateur de Bell au Canada

Il fallait mettre de l'ordre dans la gabegie canadienne. Hugh Baker n'avait pas l'envergure nécessaire pour assurer le succès d'une entreprise à grande échelle. C'est au colonel Forbes que revient le mérite de la solution : il recrutera Charles Fleetford Sise pour représenter les intérêts de *National Bell* au Canada. L'homme qu'il délègue à Montréal le 9 mars 1880 a la trempe d'un bâtisseur et c'est, pour reprendre l'expression de l'un de ses biographes, « un homme sans patrie », un homme qui va donc pouvoir s'identifier corps et âme à l'entreprise Bell au Canada et non se comporter en proconsul de passage. Sise n'a pas de base de repli. Cela n'en fait pas pour autant un Canadien d'adoption : il conservera toute sa vie la nationalité américaine. Sa seule appartenance sera « son » entreprise. [123]

---

[122] La *Bell Telephone Company* of Canada sera désignée dans les pages qui suivent sous l'abréviation habituelle de *Bell Telephone*. Pour éviter toute confusion, l'entreprise américaine qui s'est appelée *Bell Telephone Company* entre 1877 et 1879 n'a jamais été désignée par une abréviation quelconque.

Sise a 45 ans quand il prend en charge les intérêts de Bell au Canada. Originaire du New Hampshire, il est élevé dans un milieu dominé par le commerce et la mer. Son mariage avec la fille d'un riche commerçant d'Alabama associe ce marin de Nouvelle-Angleterre aux aléas de la cause sudiste. Quand la Guerre de sécession éclate en 1861, il prend fait et cause pour la Confédération, se bat brièvement dans l'armée sécessionniste et joue vraisemblablement un rôle dans les services de renseignements des États du Sud. Après deux années d'exil en Grande-Bretagne à la fin de la Guerre de Sécession, il revient à Boston où il est traité comme un paria en raison de son engagement sudiste.

---

[123] « Charles F. Sise, Bell Canada, and the American : A Study of Managerial Autonomy, 1880-1905 », Graham D. Taylor, La Société historique du Canada, Communications historiques, Ottawa, 1982. Cf p. 20.

Charles Fleetford Sise

Archives Bell Canada

Une firme canadienne installée aux États-Unis, la *Royal Canadian Insurance* de Montréal, lui donnera une deuxième chance et lui confie la direction de ses activités aux États-Unis. Cependant la récession des années 1870 est catastrophique pour le secteur des assurances et Sise doit fermer le bureau américain de la *Royal Canadian Insurance*. Ses aptitudes personnelles ne sont cependant pas mises en question comme en témoigne le président de la firme montréalaise, William Robertson. Au contraire, celui-ci le félicitera personnellement de l'efficacité et de l'abnégation dont il avait fait montre jusqu'au bout dans cette mission difficile.

Le colonel Forbes cherchait justement un homme de confiance pour faire une opération commando au Canada. Il s'agissait (1) de créer une entreprise canadienne de téléphone chargée de commercialiser les téléphone Bell et (2) d'inciter les entreprises télégraphiques à collaborer entre elles et avec la nouvelle entreprise. En effet, Forbes désirait que Bell au Canada réunisse le maximum de capitaux canadiens, à condition que le contrôle ultime demeure dans les mains de la maison mère américaine.

Charles Sise avait le profil idéal. Il était réputé avoir un bon réseau de relations au Canada, il était disponible sur le champ pour une mission que Forbes imaginait de courte durée, enfin, son engagement politico-militaire dans les rangs sudistes ne constituait pas un handicap à l'étranger.

Sise réalisera avec maestria les objectifs de Forbes, mais à sa façon. Toute son action visera à se rendre indispensable au point de se créer un emploi permanent au Canada. Dès son arrivée à Montréal, il négocie en même temps avec les deux entreprises de télégraphe concurrentes et avec tous les détenteurs de droits d'exploitation de Bell au Canada (Hamilton, York et Toronto). Parallèlement, il mène à terme l'incorporation de *Bell Telephone* que Hugh Baker avait entamée. Rapidement les choses sont mises au point et Baker écarté du pouvoir. Tout d'abord, la charte sera fédérale et non ontarienne, comme Baker l'avait d'abord envisagé. Le siège social est fixé à Montréal et non à Toronto. Dès le 29 avril 1880, la nouvelle entreprise reçoit une charte qui permet de faire à peu près tout. Aucune mention n'y est faite ni de tarifs ni de réglementation.

Le président est désigné le 1er juin 1880, lors de la première assemblée générale qui se tient à Toronto. Ce ne sera ni Baker ni aucun des autres pionniers du téléphone, mais William Robertson qui présente l'avantage d'être tout à fait étranger au milieu des télécommunications, donc neutre ou, si l'on préfère, manipulable. Sise qui avait déjà obtenu un statut permanent deviendra vice-président et directeur général. Tous les pouvoirs sont entre ses mains.

Le conseil d'administration comptera huit membres dont trois Américains (Forbes, Vail et Sise lui-même). Parmi les membres canadiens, on note la présence d'un francophone en la personne de Joseph-Rosaire Thibaudeau, sénateur libéral et directeur de la Banque Nationale (il sera bientôt un des principaux artisans de l'éclairage électrique des rues de Montréal et deviendra président de la plus importante compagnie d'électricité à Montréal, *Royal Electric Company*).

On peut se demander pourquoi Sise a laissé la présidence de *Bell Telephone* à un autre ? La réponse tient tant au flou du statut de Sise vis-à-vis de *National Bell* qu'au souci de conférer à la jeune entreprise canadienne une façade de respectabilité que seul Robertson, en tant qu'assureur connu, importateur de tissus en gros et président de la Commission du port de Montréal, pouvait apporter. Il jouera son rôle avec discrétion et il n'y aura jamais aucune ambiguïté sur qui avait le pouvoir.

Le legs de Robertson à Bell comporte cependant une décision clé : c'est lui qui imposa Montréal comme siège social au détriment de Toronto. En 1890, il sera remplacé à la présidence par Sise qui y demeurera jusqu'en 1915. Au total, Sise assumera la direction effective de Bell au Canada pendant 35 ans.[124]

Bell est-elle américaine ?

Venons-en tout de suite à la question longtemps controversée des origines américaines de *Bell Telephone*. À première vue, *American Bell* ne détenait que 24,9% des actions avec droit de vote de *Bell Telephone*, ce qui est loin de la majorité et ne constitue même pas le plus important bloc d'actions. Pourquoi cette retenue de la part d'une entreprise qui, après tout, est l'investisseur principal ?

Une deuxième compagnie avait été créée moins d'un mois après l'assemblée générale de juin 1880 sous le nom de *Canadian Telephone*. Selon le modèle américain, cette deuxième compagnie détenait la propriété des brevets. C'est donc là que se trouve la réalité du pouvoir, tandis que *Bell Telephone* a pour seul rôle de commercialiser le téléphone sous licence. Qui plus est, le président de *Canadian Telephone* est nul autre que Theodore N. Vail.

---

[124] Voir la biographie de Robert Collier Fetherstonhaugh, *Charles Fleetford Sise, 1834-1918*, Gazette Printing Company, Montreal, 1944, 238 pages. Robert Collins, *Une voix venue de loin*, chapitre 8 – « Ce consciencieux forçat de Sise », pp. 111-120. *The Kettle Text*, chapitre 3, pp. 1-37.

Cette structure complexe signifie en clair qu'*American Bell* contrôlait directement les brevets et indirectement leur exploitation. La mise en tutelle est souple et discrète, mais réelle. L'acte de naissance du téléphone au Canada est bel et bien américain.[125]

En effet, *American Bell* possédait 75% des actions de *Canadian Telephone* qui possédait à son tour 44,2% de *Bell Telephone*. Si on additionne les participations d'*American Bell* et de *Canadian Telephone* dans *Bell Telephone*, on obtient le grand total de 69,1%. Ce chiffre mesure l'étendue du pouvoir d'*American Bell* sur la téléphonie canadienne. Dans la pratique, cette sujétion se traduit en obligation pour *Bell Telephone* de verser des redevances à *Canadian Telephone*.

L'étendue de cette mainmise étrangère initiale rend d'autant plus paradoxale la suite des événements. En octobre 1882, *Bell Telephone* achètera tous les brevets de *Canadian Telephone* sauf un.[126] Elle paiera cet achat par un échange d'actions sur la base de deux contre une (deux actions de *Canadian Telephone* contre une de *Bell Telephone*). Le principal résultat de cette transaction est qu'*American Bell* perd sa participation majoritaire dans la téléphonie au Canada. Il est vrai qu'elle demeure le principal actionnaire de *Bell Telephone*, et de loin avec 46,4% des parts. Mais en transformant

---

[125] Le capital autorisé de *Bell Telephone* était de 500 000 dollars. La première année, seules 15 104 actions furent effectivement distribuées, ce qui représente 377 600 dollars. De ce montant, *Canadian Telephone* reçut 167 000 dollars en échange du droit à utiliser ses brevets sur le téléphone et *American Bell* 93 900 dollars qui correspondaient principalement à ce qu'elle avait déboursé pour acheter les installations téléphoniques de *Dominion Telegraph*. Traduit en pourcentages, cela fait respectivement 44,6% et 24,9%.
Source : *Amount and Percent of B.T. Co. Stock Held by American Bell Telephone Company and American Telephone and Telegraph Company, 1880 to date*, Bureau du Vice-président, Finances, Bell Canada, Montréal, janvier 1975 (mis à jour en mai 1977), 4 pages + annexes. ABC, # 30763. Fetherstonhaugh, R.C., *Charles Fleetford Sise, 1834-1918*, cf. pp. 132-134.
Par ailleurs, le capital autorisé de *Canadian Telephone* était de 300 000 dollars. *American Bell* détenait 225 000 dollars sur 300 000, le solde allant à *Western Union* par le truchement de ses filiales *American Speaking Telephone* et *Gold & Stock Telegraph*. Traduit en pourcentage, cela fait 75%.
Source : *The Relationship between the Bell Telephone Company of Canada and the Bell System in the United States in regard to Patents*, document utilisé par Bell Canada dans le cas *Northern Electric* au cours des années 60, anonyme, pas de date, 10 pages + bibliographie, ABC, # 24 894-91.

[126] Il s'agit du brevet Duquet que Sise avait fini par acheter.

Canadian Telephone en une coquille vide, *American Bell* supprimait son instrument de contrôle sur *Bell Telephone*. *Canadian Telephone* subsistera sur papier jusqu'en 1892 quand elle sera purement et simplement liquidée.

Comment expliquer ce qui apparaît a posteriori comme un retournement de situation gros de conséquences ? Il n'existe, à notre connaissance, aucune explication satisfaisante de l'événement qui s'est déroulé entièrement dans l'ombre des conseils d'administration. On ne sait pas comment Sise réussit à convaincre *American Bell* de céder sa majorité à *Canadian Telephone* pour devenir minoritaire à *Bell Telephone*.

Tout ce que la correspondance de Sise indique est qu'avec un flair sans faille, dès le premier jour de son action, il concentra tous les pouvoirs dans *Bell Telephone* et mit en doute l'utilité d'entretenir une structure dédoublée au Canada. En effet, cet arrangement avait une raison d'être aux États-Unis car il permettait à une compagnie centrale de conserver le contrôle, avec un minimum de capitaux, sur de multiples compagnies régionales. Au Canada, il n'y aura pas de compagnies régionales, car les capitaux font totalement défaut en-dehors de Montréal et de Toronto. Il n'y aura qu'une compagnie exploitante, ce qui ne justifie pas une structure à deux niveaux. En outre, ce dédoublement est coûteux, surtout pour *Bell Telephone* qui éprouvera des difficultés à payer les redevances prévues à *Canadian Telephone*.[127]

La tutelle directe des États-Unis sur *Bell Telephone* aura donc duré environ deux ans. Il ne faut pas voir dans cette émancipation rapide, l'aboutissement d'une quelconque vision politique. Sise était complètement étranger à la problématique nationale canadienne. Par contre, il voulait être le seul maître à bord de son entreprise, comme il avait été le seul maître des navires qu'il avait commandés dans sa jeunesse.

Sise réussit à merveille dans son dessein, puisque la participation d'*American Bell* n'atteindra plus jamais la barre fatidique des 50%. Elle culminera à 48,8% en 1885 et ne cessera ensuite de diminuer jusqu'à extinction complète en 1975. *American Bell* se contentera de contrôler de loin ce qui n'est déjà plus

---

[127] Lettre de Sise à Forbes, 13 mars 1880, ABC et History of the Telephone Business, Montreal, Bell, 8 octobre 1952, 8 pages, ABC # 9834.

vraiment sa filiale canadienne. Surtout, elle ne l'intégrera pas dans le *Bell System* quand celui-ci sera constitué en 1899.[128]

Unification de la téléphonie au Canada

Mais revenons en 1880 alors que Charles Sise s'efforce d'unifier la téléphonie canadienne. Un écueil de taille était apparu au fil des négociations. Tout comme Melville Bell, Charles Sise échoua à convaincre les milieux d'affaires canadiens d'investir dans le téléphone. Les dirigeants du groupe Bell à Boston avaient conçu un plan selon lequel *Montreal Telegraph* et *Dominion Telegraph* auraient constitué avec les petites entreprises pionnières du téléphone une sorte de consortium qu'*American Bell* aurait chapeauté de loin grâce à ses droits sur les brevets canadiens. Selon ce plan, 1/3 du capital de *Bell Telephone* devait être vendu aux deux entreprises de télégraphe, 1/3 à Baker et aux autres précurseurs du téléphone, 1/3 au public.

Les deux grands de la télégraphie voulaient bien céder leurs installations téléphoniques, mais ils voulaient être payés en liquidités, non en actions de *Bell Telephone*. En fait, ils voulaient se retirer purement et simplement du champ de la téléphonie, absorbés par leurs querelles internes et échaudés qu'ils étaient par la reculade aux États-Unis de *Western Union* devant *American Bell*. Au Canada, *Western Union* possédait un bail d'exploitation de *Dominion Telegraph* et elle avait partie liée avec *Montreal Telegraph* qui commercialisait ses téléphones. La situation était fuyante, différente de l'analyse qui en avait été faite à Boston, toutefois elle n'était pas entièrement hostile.

Sise sut manœuvrer dans cette étroite « fenêtre » qui s'ouvrait. Il utilisera tour à tour la séduction et les pressions. Il commença par se rallier à la position de ses interlocuteurs et par accepter d'acheter leurs réseaux téléphoniques. Si la prise de contact avait été facile avec *Dominion Telegraph* en raison des liens qui avaient été tissé par Melville Bell, cela n'entama en rien la décision de cette entreprise de se faire payer en liquidités et non en actions de Bell. Finalement, ce fut *American Bell* qui acheta le réseau téléphonique de *Dominion Telegraph* en juillet 1880 pour 75 000 dollars. Ces installations furent aussitôt cédées à *Bell Telephone* contre des actions (telle est l'origine de la participation directe de 24,9% d'*American Bell* dans la compagnie exploitante mentionnée plus haut).

---

[128] Dans certains textes, on mentionne *Bell Telephone Company* of Canada parmi les membres du *Bell System*, mais il s'agit de documents de relations publiques sans valeur légale.

Hugh Allan, le président de *Montreal Telegraph* n'avait aucune raison d'être plus accommodant. Il exigeait 150 000 dollars comptant pour un réseau moins important que celui de *Dominion Telegraph*. Sise fit baisser le prix à 75 000 dollars, dont 25 000 sous forme d'actions. Le vieux lion de la finance montréalaise avait plusieurs fois menacé de rompre les discussions, allant jusqu'à envoyer des ultimatums par employés interposés.

Dans toutes les tractations, le plus dur à convaincre sera le colonel Forbes qui exigeait que *Bell Telephone* fût une entreprise à capitaux canadiens :

> « *Autant nous estimons que l'industrie du téléphone peut devenir très intéressante au Canada et qu'elle a déjà atteint un degré de développement qui, moyennant une bonne gestion, peut la rendre très rentable sous peu, autant notre politique là-bas comme aux États-Unis consiste à impliquer du capital, des intérêts et des gestionnaires locaux. Le secteur est bien trop vaste pour que nous puissions envisager de l'occuper à nous seuls.* »[129]

De son côté, Sise proposait la fuite en avant :

> « *si nous occupions tout le terrain, vous récupéreriez au plus tôt votre mise de fonds...* »

Déjà, Sise dit « nous » pour parler de Bell au Canada et « vous » pour les intérêts de Bell aux États-Unis.

Nous sommes au début de l'été 1880 et une distance s'est déjà établie entre Boston et Montréal. Sise poursuit en évoquant les promesses de lendemains qui chantent :

> « *... avec le monopole, la différence que nous pourrions être amené à payer pour atteindre un compromis, je pense, serait vite compensée par l'augmentation de la valeur du capital-actions.* »[130]

---

[129] Lettre de Forbes à Sise, 13 juillet 1880, ABC.

[130] A.B.C., lettres de Sise à Forbes, 28 juin et 9 juillet 1880. Citées dans « Charles F. Sise, Bell Canada, and the American : A Study of Managerial Autonomy, 1880-1905 », p. 21.

Il n'empêche, jamais les relations entre Sise et Forbes ne furent aussi tendues. Il faudra toute la diplomatie de Sise et toute la répugnance des milieux d'affaires canadiens à investir dans le téléphone, pour que les Américains et *American Bell* en particulier occupent le terrain laissé vacant. En octobre, un accord fut conclu avec *Montreal Telegraph* et l'achat fut conclu le mois suivant.

« Blitzkrieg » sur la téléphonie canadienne

Sise ne s'arrêtera pas en si bon chemin et une à une, également, les petites compagnies locales de Windsor, Hamilton, London, York et Toronto, à qui Melville Bell avaient cédé les droits d'exploitation, vendront leurs centraux téléphoniques ou les échangeront contres des actions de Bell. L'agent de Bell à Winnipeg n'avait pas installé de central, qu'à cela ne tienne, Sise rachètera également les droits pour ce qui était alors un assemblage de cabanes de torchis et de saloons autour d'un fort. On n'est jamais trop prudent ![131]

Western Union elle-même cédera les centraux qu'elle possédait dans les Maritimes contre des actions. En 1882, elle demandera à être représentée au conseil d'administration de *Bell Telephone*. Sise refusera la candidature de son représentant au Canada, Erastus Wiman, sous prétexte qu'il avait « mauvaise réputation ». *Western Union* comprit le message et vendit peu après ses actions.[132]

Au printemps 1881, Sise avait unifié tous les réseaux téléphoniques canadiens sous l'égide de *Bell Telephone*, ce qui représentait une valeur d'environ 400 000 dollars, dont la majeure partie avait été payée sous forme d'actions à des gens souvent réticents. Ce faisant, Sise avait réussi à mettre la main sur des installations qu'il avait payées avec les actions d'une entreprise qui ne possédait rien... sauf des brevets. Il venait de gagner ses galons de capitaine d'industrie.

La dernière poche de résistance viendra de Québec où le pionnier francophone de la téléphonie, Cyrille Duquet avait été menacé de poursuites judiciaires pour contrefaçon d'une invention brevetée. Celui-ci avait répliqué sans se laisser démonter :

---

[131] Muir, Gilbert A., *A History of the Telephone in Manitoba*, in Historical and Scientific Society of Manitoba (1964-65).

[132] A.B.C., lettres de Sise à Forbes, 15, 16 et 18 février 1882.

> « *Veuillez s'il vous plaît étudier l'acte concernant les brevets d'invention pour le Canada et l'article 28 vous démontrera (si vous ne le savez pas déjà) que le brevet pour lequel vous faites tant de bruit est périmé et de nul effet par le fait que les instruments que vous avez en usage par tout le Canada sont fabriqués à l'étranger de sorte que d'après l'article 29 j'aurais le droit de faire annuler votre brevet.* »[133]

L'argument était solide, il sera repris par d'autres contestataires et finira par triompher de *Bell Telephone* en 1885. Mais Duquet manquait par trop de fonds et surtout d'appuis dans les milieux d'affaires pour espérer triompher. Après une série d'échanges sur ce ton aigre-doux, il se résoudra en 1882 à vendre à *Canadian Telephone* son brevet et les installations de l'éphémère *Québec and Lévis Telephone* pour 2 100 dollars.

---

[133] Lettre de Duquet à Sise, 7 janvier 1881, ABC # 21732-8..

Cyrille Duquet

Ministère des communications du Québec

Charles Sise était le maître du téléphone au Canada, à l'exception de la Colombie britannique et de Terre-Neuve, cette dernière province étant toujours une colonie britannique. Qu'était-ce à dire ? *Bell Telephone* comptait alors environ 150 employés et 2 165 appareils téléphoniques répartis comme suit :

Villes	Téléphones Edison	Téléphones Bell
Montréal	300	250
Toronto	50	200
Hamilton	50	300
Québec	40	75
Ottawa	50	50
Autres	200	600

Source : R.C. Fetherstonhaugh, *Charles Fleetford Sise, 1834-1918*, Gazette Printing Company, Montréal, 1944, cf. p. 119.[134]

Ces villes n'étaient pas reliées les unes aux autres et, au contraire, quand deux centraux coexistaient dans une même ville, ils ne pouvaient pas communiquer entre eux. D'une façon générale, les entreprises télégraphiques avaient traité le téléphone comme un instrument de communication purement local, les communications interurbaines relevant du télégraphe.

L'intervention de Charles Sise mit un point final à cette première expérience de concurrence dans l'industrie du téléphone. Comment a-t-il pu ainsi édifier un monopole en l'absence totale de réactions gouvernementales ?

La réponse tient en un mot : vitesse. Tout le génie de Sise s'est exprimé dans ces mois de 1880 où il prend de court ses adversaires, sa propre maison mère et surtout le gouvernement canadien qui lui accorde une charte sans garde-fous. Personne dans les milieux d'affaires non plus que dans la classe politique n'a vu ou compris que le téléphone allait devenir un service public et que Sise verrouillait le marché. Le monopole de Bell relève du fait accompli. Il a été acquis au terme d'une campagne en forme de « blitzkrieg ».[135]

---

[134] Les chiffres avancés par Fetherstonhaugh diffèrent quelque peu de ceux avancés, avec une taxinomie différente, par le responsable des services historiques de Bell Canada, G.L. Long, dans *The Beginning of the Telephone Business in Canada*, document daté de février 1963, ABC :

Compagnie	Téléphones Edison	Téléphones Bell
Dominion Telegraph		968
Montreal Telegraph	850	
Toronto Telephone Despatch		400
Hamilton District Telephone		181
Windsor Telephone Exchange		35
London Telephone	72	

En outre, la brève expérience de 1878-80 avait laissé un mauvais souvenir dans le public en raison de la prolifération des fils dans les rues et de l'incompatibilité des systèmes. Sise apporta toute son attention à la fusion entre les différentes compagnies qu'il avait achetées. Quand il y avait deux centraux dans une même ville, il fallut en éliminer un et convaincre les abonnés de ne pas abandonner le téléphone pour autant. Des abonnements gratuits de deux ou trois mois furent émis et aucune désaffection ne fut enregistrée. En définitive, la fusion fut une réussite.

Une compagnie à l'image de son maître

Cependant, la propriété de quelques centraux isolés ne constitue pas une entreprise pour autant. Sise créera *Bell Telephone* de toutes pièces à son image, c'est-à-dire moraliste et économe jusqu'à friser l'avarice. Le contrôle des coûts d'exploitation deviendra un leitmotiv. Sise sait combien l'argent est rare et il voudra jouer au maximum la carte de l'autofinancement. C'est une manière d'affirmer une nécessaire autonomie vis-à-vis de Boston, c'est aussi la meilleure manière de ne pas avoir à monter les tarifs et de ménager la critique des abonnés qui est toujours prête à sourdre à l'encontre d'une entreprise en situation de monopole.

Dès que Sise décelait une anomalie dans les courbes des dépenses, une disparité entre deux villes, entre deux années consécutives, il écrivait personnellement au responsable pour demander des explications. Il arrivera ainsi à fournir un service téléphonique tout à fait comparable à ce qui se faisait aux États-Unis, mais à un coût inférieur de 23%.[136]

Créer un réseau : d'emblée, Sise a une vision « réseau » du téléphone. En cela, il est l'homme de Vail. Dès le printemps 1881, il ordonne la construction de la première ligne interurbaine du Canada entre Toronto et Hamilton. Le coût des travaux manquera de mener la compagnie à la faillite et l'expérience ne sera pas renouvelée de sitôt. Sise doit même avancer de l'argent de sa poche afin de défrayer une partie des coûts (toujours suivant le modèle de Vail).

À l'époque, l'interurbain n'est pas rentable car la technologie n'est pas prête. L'affaiblissement de la voix et les parasites rendent toute conversation aléatoire. En outre, pour établir un appel interurbain, il faut relier chaque

---

[135] *Regulation of the Telephone Industry in Canada : The Formative Years*, cf. pp. 37-41.
[136] A.B.C., Journal de bord de Sise, N°3, mai 1888. Cité dans *Monopoly's Moment*, p. 126.

central avec le central voisin, jusqu'à celui qui dessert le domicile de la personne appelé, ce qui crée des délais, d'autant que chaque connexion est effectuée manuellement par une téléphoniste. Le réseau est un concept en avance sur la technologie et l'organisation administrative des compagnies de téléphone. Les tarifs élevés de l'interurbain reflètent le côté exceptionnel de ce service. Enfin, il y a peu d'abonnés. Les gens doivent donc se rendre au central pour appeler et, à l'autre bout de la ligne, il faut envoyer un messager chercher le correspondant. Dans le domaine interurbain, le téléphone est utilisé sur le modèle du télégraphe et, à ce titre, il se trouve en concurrence inégale avec lui.

Notons qu'au cours de cette même année 1881, une ligne internationale est construite au mois de juin entre Windsor et Detroit, cependant on peut difficilement parler d'une ligne interurbaine dans ce cas puisque les deux villes sont séparées par une simple rivière. Il ne s'agit pas non plus d'une confirmation de la tendance nord-sud car ce lien n'unit pas le réseau canadien à un réseau américain dominant comme ce fut le cas dans la télégraphie. Il n'y a pas de réseau téléphonique ni au Canada, ni aux États-Unis. Windsor-Detroit est seulement la réunion de deux centraux voisins.[137]

---

[137] Avant même la création de Bell, John Watson Tringham, avec l'accord de *Dominion Telegraph*, avait fondé sa propre compagnie à Windsor. En janvier 1880, Tringham avait signé une entente avec American District Telegraph, de Détroit, pour établir un lien international. C'est Bell qui le réalisera 18 mois plus tard avec un câble sous-marin importé de Grande-Bretagne. ABC, # 31 284.

Première ligne téléphonique Canada-États-Unis (1881)

Archives Bell Canada

Absence de vision sociale

Sise avait l'art de s'attacher la fidélité d'un petit groupe (il cultiva toute sa vie le goût du secret) et il excellait dans l'art d'esquiver les querelles. Quand Vail et Forbes s'opposeront en 1887, Sise réussira à ne pas prendre partie et à rester en bons termes avec les deux hommes. Il ne semble pas avoir eu d'amis et aucune de ses lettres ne trahit de sentiments ou quoique ce soit de personnel – sauf la colère, en de rares occasions, et alors les conséquences seront désastreuses. À la différence de Vail, enfin, il n'y a pas de vision sociale chez Sise. Il demeure un homme du détail, il s'est élevé par la force du travail, mais il demeure limité par son inaptitude à voir grand et son absence de générosité.

Aujourd'hui, les compagnies de téléphone se flattent d'avoir toujours privilégié une politique de bas tarifs dans le but de propager le service. À preuve, la citation maintes fois reprise de Sise qui affirme en septembre 1880 à l'intention d'hommes d'affaires de Montréal que *Bell Telephone* « s'efforçait de donner au public le meilleur service possible, au plus bas tarif compatible avec l'intérêt des actionnaires. » Cependant, tout est relatif et « bas » tarifs ne signifie pas « à la portée de tous ». Durant la période 1880-87, l'abonnement annuel moyen d'un téléphone est équivalent au dixième du salaire annuel moyen d'un ouvrier canadien. Quoi d'étonnant si le téléphone reste limité aux entreprises, aux administrations publiques et aux foyers de leurs dirigeants ?

Les besoins incessants de *Bell Telephone* en capitaux frais interdisaient toute politique sociale qui était, répétons-le, absente de la problématique de Sise. En revanche, celui-ci n'appliqua jamais la politique à courte vue des profits maximums qui triompha aux États-Unis après le départ de Vail et le triomphe de Forbes. C'est ainsi que pour la période s'achevant en 1900, le prix de service de base à Montréal-Toronto oscillait autour de 30-35 dollars par an dans le marché résidentiel et de 50-55 dollars dans le marché d'affaires. À la même époque, le tarif moyen de New York était de 240 dollars.[138]

La raison est qu'en 1885, le gouvernement canadien annulera les brevets de Bell, ce qui créera un début de concurrence dans le téléphone et exercera des pressions à la baisse tarifaire. Encore faut-il souligner que Sise refusera toujours d'abaisser les tarifs, il se contentera de les geler et de laisser l'inflation faire son œuvre. Aux États-Unis, les brevets resteront en vigueur jusqu'à leur extinction naturelle en 1893-94. C'est ce qui explique que durant tout le début de la téléphonie, les tarifs canadiens seront moins élevés qu'aux États-Unis. Sise fut contraint de maintenir un équilibre entre la nécessité de rétribuer un capital rare et le désir de retenir des abonnés toujours prompts à créer des centraux téléphoniques parallèles.[139]

Devant l'ampleur du territoire à couvrir, Sise privilégiera le marché d'affaires. Sa devise était : « Les entreprises d'abord, les foyers ensuite. » Cette démarche devait imprégner les télécommunications canadiennes jusqu'à nos jours : c'est au marché d'affaires qu'il appartiendra d'amortir les coûts initiaux des nouvelles techniques. Le nombre des téléphones d'affaires dépassera constamment le nombre des téléphones résidentiels jusqu'à la grande vague d'installation du téléphone rural qui aura lieu entre 1906 et 1920.[140]

---

[138] Robert Collins, *Une voix venue de loin*, cf. p. 141.

[139] Cette théorie a été expliquée par J. E. Macpherson, vice-président de Bell. *Lectures on the Telephone Business*, Department of Political Science, University of Toronto, Easter Term 1926-27. Voir aussi : « Canadian consumers and telephone pricing : from luxury to necessity back again ? », Robert Pike et Vincent Mosco, in *Telecommunications policy*, vol, 10, n° 1, mars 1986, pp. 17-32. Cf. p. 23.

Pose d'un poteau téléphonique en ville

Archives Bell Canada

De même, les villes auront toujours la priorité sur les campagnes, du moins jusqu'au tournant du siècle quand le déferlement d'émigrants vers l'Ouest changera la situation du tout au tout. Du jour au lendemain, une masse d'agriculteurs sans fortune exigeront et obtiendront le téléphone. Ils briseront en quelques années les deux barrières géographique (villes-campagnes) et sociale (grande bourgeoisie-petite bourgeoisie agricole et artisanale) qui faisaient obstacle à la diffusion de la nouvelle technologie. Ce faisant, ils provoqueront la plus grave crise de l'histoire de *Bell Telephone*.

Temps de pénurie

Malgré une planification prudente, voire conservatrice, la rareté du capital continuera à hypothéquer lourdement l'expansion de l'entreprise. La première émission publique d'actions en décembre 1880 fut extrêmement mal reçue des investisseurs canadiens. « Les actions se vendent tranquillement aux gens sérieux », écrivait Sise à l'intention de la haute direction de *American Bell* à Boston. C'était manier la litote ! En fait, cet hiver-là, Sise dut avancer son argent personnel pour payer les dépenses

---

[140] « Canadian consumers and telephone pricing : from luxury to necessity back again ? », Robert Pike et Vincent Mosco, in *Telecommunications policy*, vol, 10, n° 1, mars 1986, pp. 17-32. Cf. p. 20.

courantes de l'entreprise. Le geste peut surprendre, mais Sise ne considérait-il pas *Bell Telephone* comme sa propriété personnelle ? Il dut aussi entamer un mouvement de diversification des activités de *Bell Telephone* en direction des systèmes d'alarme afin de trouver des nouveaux revenus.

Le manque de matériel téléphonique constituait un problème persistant. La mort de James Cowherd au début 1881 avait désorganisé l'approvisionnement du marché. Son remplaçant, également un homme de Williams, ne s'était pas révélé à la hauteur de la tâche. Aucune tentative sérieuse ne sera effectuée en vue de faire fabriquer les appareils par des tiers canadiens. Or, comme on l'a vu dans l'affaire Duquet, la loi sur les brevets obligeait *Bell Telephone* à fabriquer l'équipement téléphonique au Canada.

Sise attend quinze mois après la mort de Cowherd pour prendre la décision qui aurait due être prise de toute urgence : créer une division de fabrication. Il semble qu'il ait mal saisi la nature du nationalisme canadien. Pourtant, depuis 1879, le Premier ministre Macdonald était entièrement occupé à mettre en place sa « *National Policy* » et personne ne pouvait entretenir le moindre doute sur l'intention du gouvernement canadien de faire respecter la politique de fabrication sur place.

Finalement, en juillet 1882, un atelier de fabrication d'appareils téléphoniques voit le jour, rue Craig, à Montréal. C'est, encore une fois, un employé de Charles Williams qui viendra de Boston pour lancer les opérations. Mais, à la différence de l'expérience malheureuse de Brantford, l'employeur est l'entreprise canadienne Bell, pas l'entreprise américaine Williams. Autre différence : il ne s'agit pas d'une simple chaîne d'assemblage, mais d'un atelier de fabrication. C'est bel et bien l'ancêtre de ce qui allait devenir Nortel que Sise met en place durant l'été 1882. À vrai dire, il s'agissait d'un atelier modeste qui devait plus souvent qu'à son tour faire appel à Boston pour les pièces détachées.

Un téléphone encore bien rudimentaire

Mais à quoi ressemble le service téléphonique des années 1880 ? Il ne suffit pas de décrocher son téléphone pour avoir accès au service. Tout d'abord, il faut vérifier si les contacts de carbone du microphone ont été récemment grattés et ajustés. Ensuite, il faut brancher soigneusement la pile à ammoniaque. Là aussi, une vérification est nécessaire car la pile doit être régulièrement renouvelée, ce qui est une opération délicate : il faut prendre garde à ce que le liquide ne se répande pas à terre au risque de trouer les tapis et d'empuantir la pièce... Il faut alors tourner la manivelle du téléphone à magnéto pour prévenir les téléphonistes du central que l'on est en ligne.

Mais ce n'est pas tout. Le temps qu'il fait dehors a aussi son importance car le fil unique qui achemine la communication doit être sec ainsi que les isolateurs. S'il y a un fil télégraphique ou électrique en fonctionnement dans le voisinage, toute conversation devient inaudible. Le récepteur est le seul élément du système relativement sûr. Bref, le téléphone a besoin d'un entretien constant qui contribue à le confiner dans le cadre du bureau où des employés peuvent en prendre soin et à l'écarter de la maison, sinon chez quelques bricoleurs impénitents et... fortunés. [141]

Malgré tout, l'accueil que le public réservait au téléphone était favorable dans son ensemble, la progression des abonnements durant toutes ces années en témoigne. Cependant, on peut noter une différence sensible entre les groupes linguistiques. La pénétration du téléphone sera toujours supérieure en Ontario par rapport au Québec, et ce jusqu'à la révolution tranquille des années 1960 quand le marché québécois arrivera à son tour au point de saturation. Sise notait dans son journal de bord dès 1880 :

> « Les Français n'adoptent pas le téléphone et, ne le feront que dans une très faible mesure, à moins d'y être forcés par les nécessités de leur travail. »[142]

La véritable raison de la faible pénétration du téléphone au Québec tient à la faiblesse de la bourgeoisie francophone et à l'hypertrophie des classes défavorisées.

Il faut noter l'émergence de groupes de pression qui s'opposèrent d'emblée à des aspects spécifiques de la nouvelle technique. C'est ainsi qu'en 1881, l'Association sacerdotale de Toronto, fortement relayée par le « *Toronto Globe* », réclama à cor et à cri la fermeture des centraux téléphoniques le dimanche.[143]

---

[141] *Telephone History of Nova Scotia*, anonyme, janvier 1962, 15 pages + annexe, # 21570, ABC. Cf. p. 7.
[142] R.C. Fetherstonhaugh, *Charles Fleetford Sise*, idem, cf. p. 119.
[143] Robert Collins, *Une voix venue de loin*, cf. p. 119.

Premiers essais de réglementation

Plus sérieuse fut la question des poteaux de téléphone. Tout au long de la phase d'implantation du téléphone, un certain nombre de municipalités tentèrent de freiner le développement de Bell sous prétexte de réglementer la pose des poteaux.

La fin de la concurrence dans le marché du téléphone avait momentanément diminué le nombre de poteaux, elle n'avait pas supprimé les poteaux pour autant. En 1881 également, le « *Daily Telegraph* » de Québec lança une campagne contre l'édification des poteaux de téléphone dans les rues. Le directeur du quotidien alla même jusqu'à abattre à la hache le poteau situé devant son bureau. Le « *Chronicle* » de Halifax emboîta le pas et réclama que les fils fussent enfouis. Le conseil municipal de Montréal réclama l'élimination pure et simple des poteaux de téléphone.

Poteaux abattus par la pluie verglaçante (1893)

Archives Bell Canada

On a de la difficulté aujourd'hui à comprendre la raison de cette hostilité contre de banals poteaux : nous sommes tellement habitués à leur présence que nous ne les voyons plus. Parfois même, nous les voyons disparaître avec nostalgie, derniers témoins d'une époque où le bois faisait bon ménage avec l'électricité. Mais en cette fin de XIXe siècle, les poteaux représentaient une intrusion du collectif dans la sphère privée. En outre, les municipalités en vinrent à utiliser les autorisations de planter des poteaux comme un moyen de réglementer l'ensemble des activités des compagnies de téléphone, à commencer par l'établissement des tarifs. Bell ne pouvait tolérer une telle prétention qui, si elle s'était étendue à toutes les municipalités, aurait compromis la notion même de réseau.

L'affaire de Québec alla donc devant les tribunaux. Le jugement établit que la charte fédérale de *Bell Telephone* était inopérante car l'entreprise tombait sous la compétence provinciale. En effet, il n'y avait pas, à l'époque, de lignes interprovinciales. Sise se dépêcha de faire voter par les assemblées législatives du Québec et de l'Ontario des lois d'application destinées à renforcer la charte fédérale (respectivement 1881 et 1882). Cela n'arrêta pas l'opposition et il faudra encore de multiples contestations pour qu'en dernier recours, le Conseil privé à Londres statue une fois pour toutes que la charte fédérale avait toujours été applicable (voir *Toronto affronte Bell - question de poteaux*).

Deux précautions valent mieux qu'une et Sise retourna devant le Parlement fédéral en 1882 afin d'élargir les pouvoirs de la charte de *Bell Telephone*. La phrase clé du nouveau document définit l'entreprise comme étant « une réalisation à l'avantage de tous les Canadiens. Certains sénateurs maugréèrent au sujet des « entreprises strictement sectorielles » qui avaient l'impudence de se réclamer de l'intérêt général mais la loi passa néanmoins sans difficulté.[144] Cet amendement en apparence anodin allait mettre Bell à l'abri des harassements municipaux et des menaces de nationalisation par les provinces. Il allait se révéler un atout important dans les épreuves à venir.

Colombie britannique : un développement rapide

Mais le domaine de Bell ne s'étend pas sur l'ensemble du Canada. Le développement du téléphone en Colombie britannique n'a jamais relevé de Bell. Quant à Terre-Neuve, isolée du Canada par son statut de colonie britannique, elle constitue un cas à part.

C'est grâce à l'esprit d'initiative d'un aventurier nommé Robert Burns McMicking que le téléphone arriva à Victoria, sur l'île de Vancouver, dès mars 1878. Cet homme de 35 ans avait déjà été chercheur d'or lors de la ruée de 1860. Il avait ensuite participé à la construction du projet *Overland* de

---

[144] Armstrong, Christopher et Nelles, H.V., *Monopoly's Moment*, cf. p. 72.

télégraphe entre l'Amérique et l'Europe via le détroit de Béring. Après l'abandon du projet, il était devenu directeur général de la compagnie de télégraphe de l'administration de Colombie britannique qui passera sous contrôle fédéral quand cette colonie entrera dans la Confédération en 1871.

En 1878, donc, McMicking était directeur général de la compagnie d'État *Dominion Government Telegraph*. Il écrivit spontanément pour proposer ses services à Melville Bell et à Thomas Henderson qui lui répondirent en le désignant représentant de *Bell Telephone* et en lui envoyant une paire de téléphones. McMicking relia immédiatement son bureau à ceux du quotidien « *Colonist* » et invita les notables de Victoria à utiliser cet équipement. L'article publié dans le « *Colonist* » du 26 mars 1878 montre que, comme partout ailleurs, l'opération fut un succès, les gens chantèrent et sifflèrent et s'étonnèrent de reconnaître la voix de leurs amis.

Encouragé par cet accueil, McMicking commença à faire de la promotion pour louer les appareils téléphoniques à la paire. En vain, car les clients potentiels allaient à San Francisco chercher des téléphones qui étaient vendus à bon marché, alors que McMicking ne pouvait que les louer... quand il en avait. En effet, les appareils en provenance de Montréal devaient faire le détour par les États-Unis pour arriver à Vancouver. Le pasteur Henderson convainquit McMicking que la solution était de mettre sur pied un central téléphonique.[145]

---

[145] *The Telephone in British Columbia*, 15 pages + annexe, non signé, pas de date (sans doute 1963), ABC, # 27183.

Robert McMicking

Archives BC Tel

Cependant, McMicking était toujours directeur général de *Dominion Government Telegraph* et ses activités téléphoniques ne s'inscrivaient pas dans le cadre d'une diversification des activités de la compagnie fédérale. C'était bel et bien du travail au noir. Selon l'historiographie officielle, McMicking démissionna de la compagnie d'État pour lancer sa compagnie de téléphone. En fait, il semble qu'il ait acheté les premiers téléphones avec l'argent de l'administration dont il était responsable. Une vérification des comptes de *Dominion Government Telegraph* fit apparaître que des irrégularités avaient été commises et il fut bel et bien renvoyé.[146]

McMicking ne se laissa pas démonter pour si peu. Il commanda immédiatement de l'équipement Bell à Montréal. S'ensuivit une série de quiproquos, d'erreurs et de malchances qui souligne l'incompétence profonde du duo Bell-Henderson. Les téléphones n'arrivaient pas, ils arrivaient incomplets ou non dédouanés, le mode d'emploi arrivait sans les téléphones puis, pour couronner le tout, la passation des pouvoirs à Charles Sise fut effectuée sans les instructions nécessaires et ce dernier remettra en question les prétentions de McMicking au titre de représentant de Bell en Colombie britannique.

Les milieux d'affaires prennent les choses en main

Malgré ces difficultés, la première compagnie de téléphone en Colombie britannique reçut sa charte de l'Assemblé législative provinciale le 8 mai 1880 sous le nom de *Victoria and Esquimalt Telephone*. Neuf jours après *Bell Telephone*. Comment McMicking avait-il obtenu la confiance du parlement provincial ? Il n'était plus seul, ni peut-être même véritablement en charge des opérations depuis qu'il avait reçu l'appui d'Edgar Crow Baker, un ancien officier de marine devenu un financier influent dans la petite communauté d'affaires de Victoria et même dans les cercles politiques (il deviendra sénateur). Dur en affaires et au travail, il prit le poste de secrétaire-trésorier et rétablira les relations avec Sise : peut-être les deux anciens marins parlaient-ils un langage en commun ? En juillet 1879, l'équipement arrive enfin et Victoria sera dotée d'un central téléphonique, un des premiers au Canada et le troisième sur la côte ouest, après San Francisco et Portland.

La même année, les premiers téléphones de Colombie britannique continentale sont installés par un missionnaire anglican dans un village de pêcheurs indiens du nom de Metlakatla. Le missionnaire avait posé une ligne entre son magasin et sa scierie et raccordé quelques huttes à son embryon de réseau. Aujourd'hui, le village est devenu Prince Rupert et c'est la seule ville de Colombie britannique à posséder un service téléphonique municipal (sous le nom de CityWest).

---

[146] Bernard, Elaine, *The Long Distance Feeling, A History of the Telecommunications Workers Union*, cf. p. 8.

Si *Bell Telephone* n'eut jamais de présence directe en Colombie britannique, elle exerça néanmoins une influence indirecte sur les débuts de la téléphonie par l'intermédiaire de *Victoria and Esquimalt Telephone* qui agissait comme son agent. Ce lien ténu cessa en 1889 quand l'entreprise insulaire acheta à Bell les droits sur le téléphone. Néanmoins, les relations personnelles entre Charles Sise et Edgar Baker maintiendront des liens informels entre les deux entreprises, du moins tant que le second restera en poste à Victoria.[147]

Les choses sérieuses commencent sur le continent avec l'arrivée prévue du terminus de Canadien Pacifique à Port Moody, au fond d'une anse appelée Burrard Inlet. Une ligne est construite entre la bourgade de New Westminster et Port Moody en 1883, l'année suivante un central téléphonique est installé à New Westminster et une compagnie est incorporée sous le nom de *New Westminster and Port Moody Telephone*.

La nouvelle entreprise manqua faire faillite quand le Canadien Pacifique modifia le tracé du chemin de fer pour le faire aboutir une vingtaine de kilomètres plus loin dans la petite localité de Granville, en bordure de l'anse de Burrard (en anglais *Burrard Inlet*). En 1885, la ligne sera étendue en toute hâte pour desservir Granville. Un central y est installé et le 6 avril 1886 la compagnie change son nom pour *New Westminster and Burrard Inlet Telephone*. Ce jour-là, Granville reçoit d'ailleurs sa charte municipale et prend le nom de Vancouver. Dès lors, le développement de Vancouver et de la Colombie britannique se confond avec le Canadien Pacifique. Celui du téléphone aussi.

Quelques semaines après, un incendie détruira la plus grande partie de la ville, y compris la librairie où se trouvait le central téléphonique. Sauvé des flammes in extremis le central historique est maintenant exposé au siège social de *British Columbia Telephone* (B.C. Tel). La légende veut que l'un des sauveteurs du central fût un chirurgien du CP du nom de James Matthew Lefèvre. Cette rencontre impromptue, persuada l'homme de médecine d'investir dans l'infortunée entreprise. Il entraîna à sa suite, les cadres du CP qui eurent tôt fait de se retrouver au conseil d'administration de *New*

---

[147] Brooks, George Waite Stirling, *Edgar Crow Baker, An Entrepreneur in Early British Columbia*, cf. pp. 115-125.

Westminster and Burrard Inlet Telephone. En outre, le docteur Lefèvre prit la direction du bureau de Vancouver de l'entreprise.

Cette alliance facilitera sans nul doute l'achat de la ligne télégraphique du CP allant de New Westminster à Snohomish, dans l'État de Washington. La ligne sera convertie au téléphone et en décembre 1894 Vancouver est ainsi relié à Seattle.[148]

En avril 1891, *New Westminster and Burrard Inlet Telephone* avait créé *Vernon and Nelson Telephone* afin de desservir l'intérieur de la province. En effet, des entreprises indépendantes voyaient le jour un peu partout et Lefèvre désirait les tenir en échec avec l'appui d'hommes d'affaires locaux. Après bien des péripéties financières, elles seront achetées et par *New Westminster and Burrard Inlet Telephone* et Vernon and Nelson. En juin 1898, engagé dans une lutte au finish avec ses concurrents de l'intérieur et à court d'argent, les propriétaires de *New Westminster and Burrard Inlet Telephone* vendirent l'entreprise à des intérêts britanniques (en apparence contre l'avis de Lefèvre, actionnaire principal mais minoritaire). L'homme qui réalisa la transaction au nom du consortium britannique était un immigrant anglais du nom de William Farrell.[149]

Pendant ce temps, l'entreprise pionnière *Victoria and Esquimalt Telephone* végétait à Victoria. Depuis l'arrivée du CP à Vancouver, l'axe économique de la Colombie britannique s'était déplacé vers le continent. En 1899, la population de Vancouver dépassa celle de Victoria. C'est justement en août de cette année que *New Westminster and Burrard Inlet Telephone* acheta *Victoria and Esquimalt Telephone*. Le fondateur de l'entreprise, Robert McMicking, demeurera directeur général, mais il semble que cette fonction était surtout honorifique. Le pouvoir était passé aux mains des hommes de Vancouver.[150]

---

[148] Allen, Lindsay Ross, *Factors in the Development of the British Columbia Telephone Industry, 1877-1930*, cf. pp. 23-25.

[149] Allen, Lindsay Ross, *Factors in the Development of the British Columbia Telephone Industry*, cf. p. 39, 49. Les nouveaux propriétaires avaient créé en Grande-Bretagne un holding sous le nom de *British Columbia Telephones* Ltd. pour gérer toutes les compagnies acquises. C'est la première fois que ce nom apparaît. Il ne semble pas avoir été utilisé sur le terrain.

[150] Allen, Lindsay Ross, *Factors in the Development of the British Columbia Telephone Industry*, cf. pp. 51-2. Brooks, George Waite Stirling, *Edgar Crow Baker*, cf. p. 124.

Le docteur Lefèvre fonde BC Tel

Là-dessus, le docteur Lefèvre, qui était demeuré vice-président de *New Westminster and Burrard Inlet Telephone* et qui n'avait jamais accepté la vente à des intérêts britanniques ni la perte de son pouvoir, effectua un coup de force. En 1902, il se rendit en Grande-Bretagne et parvint à diviser les propriétaires de l'entreprise de façon à les neutraliser. Il fit alors une offre d'achat hostile qui lui permit d'acquérir une majorité d'actions. À son retour à Vancouver, au début de 1903, il amalgama toutes les compagnies de téléphone qu'il possédait sous le nom de *Vernon and Nelson Telephone*. Pourquoi la filiale et non pas la maison mère, *New Westminster and Burrard Inlet Telephone* ? Tout simplement, parce que la charte de *Vernon and Nelson Telephone* était plus large et lui donnait les coudées plus franches. De toute façon, il ne conservera pas longtemps ce nom et en juillet 1904, il lui donnera celui de *British Columbia Telephone* Company (BC Tel).[151]

Tous les téléphones ou peu s'en faut de Colombie britannique sont désormais regroupés. Chose curieuse, l'homme qu'il choisit pour présider la nouvelle entreprise n'était autre que William Farrell – l'homme des Britanniques. En fait, l'historien de BC Tel, Lindsay Ross Allen, émet l'hypothèse que la vente aux intérêts britanniques pourrait fort bien avoir été planifiée par Lefèvre lui-même. C'était une façon de réunir des capitaux frais au moment de la lutte contre les indépendants qui bénéficiaient, eux, de puissants appuis aux États-Unis. La menace écartée, le diabolique docteur Lefèvre reprit le contrôle d'une entreprise qui avait doublé de taille entre-temps.[152]

En décembre de cette même année 1904, un câble fut posé entre l'île de Vancouver et le continent, plus exactement entre Victoria et la localité américaine de Bellingham. Comme la loi de l'État de Washington interdisait à un étranger de posséder un service public, Lefèvre créa une compagnie américaine détenue par un ami de Farrell sous le nom d'*International Telephone Company*. En quelques années, sans capitaux, mais avec des

---

[151] Allen, Lindsay Ross, *Factors in the Development of the British Columbia Telephone Industry*, cf. pp. 56-8. Manifestement, Lefèvre voulait que le nom de la compagnie ressemble à celui du défunt holding britannique qui était, rappelons-le, *British Columbia Telephones* Ltd.

[152] Allen, Lindsay Ross, *Factors in the Development of the British Columbia Telephone Industry*, cf. pp. 60-1.

trésors d'ingéniosité, Lefèvre avait créé un véritable réseau téléphonique en Colombie britannique.[153]

Terre-Neuve : triomphe de l'isolement

À Terre-Neuve, la situation était tout à fait différente. Tout d'abord, Melville Bell avait omis de déposer une demande de brevets dans cette colonie britannique. On relate que les premiers téléphones furent installés entre les domiciles du maître de postes et du météorologue de Saint-Jean en mars 1878. Mais il ne s'agissait que d'un lien privé sans application commerciale.[154]

Quand *Bell Telephone* tentera d'obtenir un permis exclusif d'exploitation du téléphone, elle se heurtera à *Anglo-American Telegraph*. On se souvient que l'entreprise avait été fondée par Frederick Gisborne puis rebaptisée par Cyrus Field dans le cadre de la construction du câble transatlantique au cours des années 1850. À ce titre, elle avait reçu des autorités gouvernementales l'exclusivité d'exploitation du télégraphe pour 50 ans. Directeur général de cette entreprise depuis l'époque héroïque, Graham MacKay croyait que le téléphone allait concurrencer le télégraphe dans les communications transatlantiques. Il soutiendra devant le gouvernement de Terre-Neuve que le monopole d'*Anglo-American* couvrait toutes les communications électriques, téléphone aussi bien que télégraphe et obtiendra gain de cause.

Bell dut alors composer avec *Anglo-American Telegraph*. Sise convaincra MacKay que le téléphone ne menaçait pas le télégraphe sur l'Atlantique nord et il cédera ses brevets contre le paiement d'une redevance. Le premier central téléphonique de Terre-Neuve fut donc ouvert en 1885 à Saint-Jean par *Anglo-American Telegraph*.

---

[153] Lettre de Brian M. Longden, responsable finance et coûts à la division des télécommunications de la Commission canadienne des transports à Robert Spencer, historien de Bell Canada, 11 février 1974, ABC # D732272; *B.C.'s First Telephones*, 14 pages, pas de mention de date (sans doute 1970) ni d'éditeur (sans doute B.C. Tel); et *Allô, l'interurbain*, E.B. Ogle, cf. pp. 150-153. Collins, Robert, Une voix venue de loin, 1977, cf. pp. 126-132 et *The Kettle Text*, pp. III.22-23. Il est à noter que la fusion a été effectuée au nom de *Vernon and Nelson Telephone*, c'est-à-dire la filiale, car elle possédait une charte permanente, alors que la maison mère avait une charte sujette à renouvellement.

[154] « The Fortunate Isle », H.G. Owen, in *The Blue Bell*, vol. 42, n° 9, octobre 1963.

Chapitre 6 - Bell soulève la contestation

Dans le territoire même de *Bell Telephone*, la crise couve. Le manque chronique de capitaux et la pénétration sélective des marchés ont leur contrepartie : les régions rurales ont été délaissées. Il s'en est suivi une impatience croissante qui s'est traduite par une contestation du monopole de *Bell Telephone*. Lassés d'attendre en vain le service téléphonique, nombre de villages se sont équipés eux-mêmes.

Il faut signaler à ce propos le rôle clé que jouèrent souvent les médecins de campagne. Ils étaient souvent les seuls notables ruraux à bénéficier d'une formation scientifique et ils firent installer des lignes entre leur cabinet, la pharmacie et leurs patients, qui débouchèrent parfois sur la création de véritables compagnies. Ailleurs, ce sont les municipalités elles-mêmes qui mirent sur pied un service téléphonique public, tout comme le gaz ou l'eau courante.

Une petite usine vit alors le jour afin de répondre aux besoins des laissés-pour-compte du téléphone – il s'agit de la *Toronto Telephone Manufacturing Company*. Non contente de fabriquer des téléphones sans brevet, cette entreprise attaqua *Bell Telephone* devant le ministère fédéral de l'Agriculture sur deux points.

Le Canada annule les brevets de Bell

En premier lieu, l'offensive de *Toronto Telephone Manufacturing* porte sur la fabrication des appareils. La loi sur les brevets de 1872 exige que tout produit couvert par un brevet soit fabriqué au Canada un an après l'enregistrement, au plus tard. Comme on l'a vu, Bell avait continué à importer des pièces détachées des États-Unis jusqu'à l'ouverture de sa division de fabrication en 1882, soit bien après le délai d'un an.

L'autre chef d'accusation concerne le libre accès aux produits couverts par la loi des brevets. Selon *Toronto Telephone Manufacturing*, il aurait fallu que Bell accepte de vendre ses appareils pour que le public y ait pleinement accès, comme le stipule la loi. Or, Bell refusait de vendre les appareils et se bornait à les louer.[155]

---

[155] *Patent Case*, cf. pp. 9-17.

L'usine de Toronto eut plus de succès dans sa contestation que le joaillier de Québec cinq ans plus tôt. Le ministère de l'Agriculture donna raison à *Toronto Telephone Manufacturing* et les brevets de Bell furent annulés en janvier 1885. La décision était sans appel. Sise a alors cette réflexion d'une surprenante faiblesse provenant d'un homme qui a toute sa vie tendu à un seul but, être le seul maître à bord :

> « Et je suppose que je serai l'objet de tous les reproches même si – comme vous le savez – je n'étais, en l'occurrence, que le porte-parole de l'Am. Bell et que j'ai agi tout au long en conformité avec notre avocat. » [156]

Une des premières conséquences de cette décision sera le repli de *Bell Telephone* sur les secteurs les plus peuplés de son territoire (Québec-Ontario) et aussi vers l'Ouest porteur d'avenir (Manitoba et, dès 1883, les districts de l'Alberta et de la Saskatchewan de ce qui s'appelle encore les Territoires du Nord-Ouest). En trois ans, l'Île-du-Prince-Édouard, le Nouveau-Brunswick et la Nouvelle-Écosse demanderont à quitter le giron de Bell.

L'Île-du-Prince-Édouard acquiert son indépendance de Bell

Le désengagement des Maritimes commence dans l'Île-du-Prince-Édouard immédiatement après le jugement du ministère de l'Agriculture. La présence de Bell datait d'un an à peine, alors qu'elle y avait délégué un représentant appelé Robert Angus. Cet Écossais doté d'un solide sens pratique s'était tout de suite mis en quête de réunir les 25 ou 30 abonnés nécessaires pour justifier l'ouverture d'un central téléphonique, ce qui fut chose faite en décembre 1884. Les gens d'affaires de l'Île-du-Prince-Édouard saisirent l'intérêt du téléphone tant et si bien qu'ils décidèrent de construire eux-mêmes un réseau couvrant toute l'île. Angus prêta une oreille complaisante à ce projet et une demande d'achat fut adressée à *Bell Telephone* qui accepta de vendre l'équipement en place.

---

[156] Lettre de Sise à W.A Haskell, 28 janvier 1885. ABC. Curieusement, la lettre continue ainsi : « Toutes les prétendues violations ont eu lieu avant qu'*American Bell* n'achète les brevets (canadiens). », ce qui est faux. Sise est bel est bien responsable pour ce qui s'est passé entre la mort de Cowherd en janvier 1881 et l'ouverture de la division manufacturière en juillet 1882.

L'affaire sera conclue en juillet 1885 pour 1 500 dollars et 40 actions de la toute nouvelle *Telephone Company of Prince Edward Island*. Bell obtenait, en outre, le contrat d'approvisionnement en équipement téléphonique. Angus fut nommé directeur général d'une entreprise qui comptait alors onze téléphones raccordés au central de Charlottetown. En quelques mois, les principales localités de l'île seront reliées au moyen de lignes rudimentaires : un simple fil à nu suspendu de maison en maison, sans poteaux. Inutile de préciser que la moindre pluie verglaçante suffisait à jeter à terre des pans entiers de réseau. Les problèmes de financement redoublèrent d'acuité.

Des pressions efficaces seront exercées auprès du gouvernement provincial afin d'obtenir de l'aide. Les médecins de campagne encourageront leurs patients à écrire à leurs députés. Finalement, l'Assemblée législative de l'Île-du-Prince-Édouard votera en juillet 1895 un crédit de 250 dollars par an pendant 15 ans. La somme était minime, mais c'est la reconnaissance officielle de l'entreprise.[157]

La Nouvelle-Écosse suit deux ans plus tard

La première paire de téléphones avait été introduite en Nouvelle-Écosse durant l'été 1877 par Gardiner Hubbard, l'associé et futur beau-père de Graham Bell. Hubbard était membre du conseil d'administration de *Caledonia*, une des nombreuses compagnies minières du Cap-Breton, située à Glace Bay. Lors d'une visite, il apporta des appareils téléphoniques qui furent déployés entre le fond de la mine de charbon et les installations de surface. C'est sans doute la première application commerciale du téléphone au Canada.

L'introduction systématique du téléphone commencera réellement avec la concurrence que se livrèrent là aussi *Dominion Telegraph* et *Western Union*. Deux centraux furent installés à Halifax en 1879 : *Western Union* ouvrit les hostilités en novembre avec un système destiné à desservir les appareils Edison dont elle détenait les brevets et *Dominion Telegraph* suivit un mois plus tard afin de desservir les appareils Bell. Il semble que *Western Union* ait aussi construit un réseau privé à Yarmouth (les abonnés sont réunis à une ligne centrale et tout le monde peut parler ensemble à la manière d'une conférence téléphonique).

---

[157] Auld, Walter C., *Voices of the Island, History of the Telephone on the Prince Edward Island*, Nimbus Publishing Limited, Halifax, 1985, 229 pages. Cf. 16-24.

Le « blitz » de *Bell Telephone* déferlera sur la Nouvelle-Écosse en juillet 1880 avec l'achat des installations de *Dominion Telegraph* et se prolongera l'année suivante avec l'achat de celles appartenant à *Western Union*. En 1885, Bell construira une ligne interurbaine d'une soixantaine de kilomètres entre Halifax et Windsor, petite bourgade située dans la baie de Fundy. Cependant, le gros des efforts de Bell porta sur Halifax, tandis que le reste de la province fut laissé à l'initiative locale.

En mai 1887, des hommes d'affaires de Halifax créèrent la *Nova Scotia Telephone Company*, avec un capital autorisé de 50 000 dollars, pour relier Halifax, Truro New Glasgow, Pictou et Amherst. Cette ligne devait couvrir tout le centre de la province. La construction de la section Halifax-Truro fut menée tambour battant et achevée au mois de juillet. Il fallait à tout prix éviter que Bell ait le temps de réagir.

Ensuite, les nouveaux entrepreneurs postèrent une circulaire aux quelque 300 abonnés de Bell pour leur offrir leurs services. Deux petites compagnies locales furent achetées coup sur coup, *Hants and Halifax Telephone* et *Parrsboro Telephone*, il s'agissait surtout de manœuvres symboliques, aucune de ces entreprises n'ayant manifesté beaucoup d'activités jusque-là. Le capital autorisé passa à 100 000 dollars. Tout était prêt pour installer des centraux dans les principales villes de Nouvelle-Écosse et pour un affrontement de grande envergure avec Bell.

Soudain, en novembre 1887, une lettre de Sise retourna la situation. Ce dernier offrait ni plus ni moins de vendre les installations de Bell en Nouvelle-Écosse et, chose curieuse, au Nouveau-Brunswick, pour 50 000 dollars en liquidités, 65 000 dollars en actions et l'engagement d'acheter, à prix égal, de l'équipement Bell plutôt que celui des concurrents. Pour sceller le tout, Bell aurait deux représentants de plein droit au sein du conseil d'administration de la nouvelle compagnie. La proposition fut acceptée sans difficultés et la guerre du téléphone n'eut pas lieu. En février 1888, *Nova Scotia Telephone* prit possession des installations de Bell dans les deux provinces. Celles-ci représentaient alors 539 abonnés desservis par quatre centraux.[158]

---

[158] *Telephone History of Nova Scotia*, ibidem, cf. p.2, p.14.

Au fil des années, *Nova Scotia Telephone* augmenta son capital, ce qui réduisit la participation de Bell dans son capital. Ainsi, en 1905, la part de Bell dans *Nova Scotia Telephone* avait glissé à 14%. Il faut rendre justice à Sise pour avoir réussi en Nouvelle-Écosse une « décolonisation » en douceur : la bonne entente entre les parties était telle que le vérificateur de Bell fit le voyage d'Halifax afin d'aider la nouvelle entreprise à mettre au point des procédures comptables et salariales identiques à celles en vigueur à Montréal. La situation fut ainsi résumée par un des dirigeants de *Nova Scotia Telephone* :

> *«Nous n'avons jamais prétendu à une meilleure gestion que celle de Bell Telephone, nous avons seulement prétendu que notre position locale nous permettait d'accroître le volume d'affaires dans cette province et je crois que nos derniers états financiers confirment cette assertion. »*[159]

Bell Telephone et *Nova Scotia Telephone* commençaient ainsi une coopération harmonieuse qui, malgré quelques anicroches, allait durer jusqu'à leur fusion en 1999 au sein d'Aliant, une filiale de Bell Canada.

Par contre, les milieux d'affaires du Nouveau-Brunswick réagirent mal à l'annonce de la prise en main de leurs installations par *Nova Scotia Telephone*. Ils ne voulaient pas plus être à la remorque de Halifax que de Montréal.

Le Nouveau-Brunswick n'est pas la Nouvelle-Écosse !

Au Nouveau-Brunswick, le premier central téléphonique avait été installé à Saint-Jean, en décembre 1879, par *Western Union*. Il s'agissait d'un système utilisant les brevets Edison. Quelques jours plus tard, *Dominion Telegraph* fera de même avec un système Bell et, tout comme Halifax, Saint-Jean eut deux centraux téléphoniques fonctionnant avec des normes incompatibles. En 1881, *Bell Telephone* prit la succession des deux entreprises et elle dépêcha Lewis McFarlane sur les lieux pour diriger la fusion. C'était sa première assignation à *Bell Telephone*. Il fut immédiatement arrêté pour avoir pratiqué des activités commerciales sans permis... Le futur président de *Bell Telephone* passa une nuit en prison et rentra en vitesse à Montréal.[160]

---

[159] Lettre de B.F. Pearson à C.F. Sise, le 14 septembre 1888, ABC.

[160] « Fredericton to Have Modern Dial Exchange », in *New Brunswick Telephone News*, janvier 1947; « The Story of the Saint John Exchange », ibidem, septembre 1948.

Début 1888 donc, suivant la méthode éprouvée à l'Île-du-Prince-Édouard et en Nouvelle-Écosse, un groupe d'hommes d'affaires créa la *New Brunswick Telephone Company*. En mars 1888, une loi de l'Assemblée législative du Nouveau-Brunswick lui accordait l'exclusivité pour l'exploitation du corridor Fredericton-Saint-Jean-Moncton. *Nova Scotia Telephone* réagira vite. L'entreprise néo-écossaise décida d'adopter une charte fédérale sous le nom de *Nova Scotia and New Brunswick Telephone*, ce qui était indispensable pour exploiter des futures lignes interprovinciales. Il semble que les autorités fédérales aient fait traîner les choses puisque la charte ne sera finalement pas accordée. Pendant ce temps, *New Brunswick Telephone* avait ouvert des centraux téléphoniques dans les principales localités, déclenché une guerre des prix et débauché plusieurs agents de l'entreprise néo-écossaise.

La situation devint vite incontrôlable et *Nova Scotia Telephone* fit appel à l'expertise de Sise qui vint sur place en septembre. Celui-ci exposa la théorie de Vail sur l'occupation du territoire et suggéra la construction d'une ligne interprovinciale Amherst-Moncton.[161] Rien n'y fit. Les dirigeants de *New Brunswick Telephone* firent courir le bruit qu'ils avaient l'appui financier du Canadien Pacifique via *Federal Telephone*.[162] À l'époque, le Canadien Pacifique représentait le Gotha du capitalisme canado-britannique et surtout l'union sacrée entre le capital et le pouvoir politique. Il fallut se résoudre à vendre.

L'opération se fit en deux temps car les antagonismes étaient tels que les dirigeants de *New Brunswick Telephone* refusaient de négocier directement avec ceux de *Nova Scotia Telephone*. Bell racheta les installations de *Nova Scotia Telephone* au Nouveau-Brunswick et les revendit à *New Brunswick Telephone* en février 1889 pour 50 000 dollars, moitié en argent, moitié en actions, soit une participation de 31%. Comme en Nouvelle-Écosse, la nouvelle compagnie nommerait deux représentants de Bell à son conseil d'administration. Le réseau de *Bell-Nova Scotia Telephone* au Nouveau-Brunswick comptait quatre centraux et desservait 520 abonnés. Comme à *Nova Scotia Telephone*, la participation de Bell dans *New Brunswick*

---

[161] Voir sous-chapitre suivant intitulé « Bell affronte la concurrence » au sujet de la théorie de Theodore Vail sur l'occupation du territoire par des lignes à longues distances.

[162] Voir sous-chapitre suivant intitulé « Bell affronte la concurrence ». Lettre de B.F. Pearson à C.F. Sise, 14 septembre 1888, ABC.

Telephone diminua avec le temps, mais Bell continua à être représentée dans les conseils d'administration des deux compagnies.[163]

Bilan de la séparation des Maritimes

Au total, la perte de la Nouvelle-Écosse et du Nouveau-Brunswick enlevait 1 200 abonnés à Bell. Comme durant toute cette période d'adolescence technologique, *Bell Telephone* connaît une expansion rapide, les résultats n'accusent même pas la perte du marché des Maritimes.

Année	Abonnés	Centraux
1885	10 200	126
1890	20 437	212
1895	30 908	345
1900	40 094	343
1905	82 351	526

R.C. Fetherstonhaug, *Charles Fleetford Sise, 1834-1918*, Gazette Printing Company, Montréal, 1944, 238 pages. Cf., p. 223.

Le repli de *Bell Telephone* sur le Québec, l'Ontario et l'Ouest est donc tout relatif. En effet, le gros de la population canadienne est concentré dans les deux premières de ces provinces.[164] De plus, Bell continuera à fournir en équipements les nouvelles entreprises de l'Île-du-Prince-Édouard, de Nouvelle-Écosse et du Nouveau-Brunswick. Mais les causes de ce repli persisteront. La pénurie de capitaux continue de freiner la pénétration du téléphone de façon discriminatoire.

Bell Telephone privilégie les grandes villes où le taux de rendement est intéressant pour les investisseurs et néglige les campagnes où il est moindre, suscitant, par contrecoup, le mécontentement dans la majeure partie du Canada. Qui plus est, la perte des brevets du téléphone menace l'existence du monopole de Bell à l'intérieur même de son territoire en peau de chagrin.

---

[163] « The Story of the Saint John Exchange », *New Brunswick Telephone News*, septembre 1948.
[164] Mettre chiffres de la population et des abonnés au téléphone dans ce paragraphe.

Bell affronte la concurrence

La riposte de *Bell Telephone* à la décision de 1885 sur l'annulation de ses brevets canadiens ne se limitera pas à un repli passif. *Bell Telephone* entendait conserver le monopole sur le Canada central et les Prairies, or ce monopole n'avait plus d'assise légale. Tout le monde pouvait fabriquer des téléphones et construire des réseaux. Déjà, la concurrence redressait la tête. La riposte sera élaborée au plus haut niveau entre Montréal et Boston.

Pour Theodore Vail, la situation canadienne était une répétition générale de ce qui allait se passer aux États-Unis lors de l'expiration des brevets américains prévue pour 1893-94. Il vint à Montréal en février 1885 exposer un plan de bataille axé sur la construction de lignes interurbaines. La scène est restée célèbre dans les annales de Bell. Vail se penche sur une carte du Québec et de l'Ontario et crayonne des lignes bleues entre Montréal et les diverses localités situées dans un rayon de 500 km :

> « *Construisez sans plus attendre des lignes interurbaines pour relier tous les centraux à l'intérieur de ce territoire, dit-il.*
> *- Mais, protesta le directeur général dont la plus longue ligne avait à peine plus de 30 km, ça ne sera pas rentable.*
> *- Je n'ai pas dit qu'elles le seront, observa M. Vail, mais c'est le seul moyen pour unifier votre entreprise et la sauver.* »[165]

Il traduira ensuite ce plan en une de ces formules lapidaires dont il avait le secret :

> « *Dans notre industrie, occuper le terrain a plus de valeur qu'un brevet.* »

Le plan Vail-Sise impliquait que des accords fussent conclus avec les principales compagnies de chemin de fer qui possédaient les terrains et les installations où *Bell Telephone* pourrait faire passer les lignes interurbaines projetées. Sise leur offrit le service téléphonique gratuit en échange du droit de suspendre ses fils aux poteaux télégraphiques de ces entreprises. Une à une, les entreprises de chemin de fer signèrent. C'était un droit de passage assuré pour toutes les futures lignes à grande distance de Bell. Dans la foulée,

---

[165] *Pioneering the telephone in Canada*, p. 90.

il avait demandé et obtenu pour Bell l'exclusivité du service téléphonique dans les gares. On le verra, cette clause en apparence anodine faillit bien compromettre l'avenir de Bell tant elle suscitera d'animosité dans les campagnes et surtout dans l'Ouest du pays.

Sise se retourna ensuite vers les municipalités qui menaient un peu partout une guérilla incessante contre la prolifération des poteaux et des fils téléphoniques. L'entreprise avait jusqu'à présent refusé de procéder à l'enfouissement des fils, arguant de frais trop élevés. Justement, l'apparition des premiers tramways électriques dans les années 1880 rendait les fils aériens moins intéressants : les parasites brouillaient les conversations téléphoniques (voir *La transmission chausse des bottes de sept lieues*).

Sise décida de transformer un inconvénient en atout. Toronto fut prise comme banc d'essai en raison de la virulence de son opposition. Il négocia avec l'hôtel de ville un contrat de cinq ans qui assurait Bell du monopole sur le téléphone en échange de l'enfouissement des fils dans le centre-ville, de la détermination d'un plafond annuel pour les tarifs résidentiel (25 dollars) et affaires (50 dollars) ainsi que du versement d'une redevance de 5% sur les revenus. Des ententes similaires furent conclues avec 36 autres municipalités dans les années qui suivirent. Ce faisant, Sise conférait aux autorités municipales une forme empirique de réglementation.

À partir de la décision de 1885, Bell gèlera ses tarifs afin d'étouffer la concurrence dans l'œuf. Les tarifs ne baissèrent pas, sinon dans des cas isolés mais, comme on l'a vu, ils restèrent fixes pendant toute cette période. On note des cas extrêmes où Bell offrit le téléphone gratuitement, le temps d'éliminer un rival, avant de revenir aux tarifs antérieurs (Dundas, Peterborough et Port Arthur). Cette politique prédatrice est accablante pour Bell et tous les commentateurs l'ont relevé à juste titre. Ils omettent cependant de mentionner que dans tous les cas documentés lors de l'enquête sur le téléphone organisée en 1905 par la Commission spéciale du Parlement fédéral, il s'agissait de ripostes de Bell à l'encontre de compagnies municipales qui bradaient le service avec les fonds du contribuable. Quoi qu'il en soit, cette pratique a été l'exception.[166]

Sise se vantait d'avoir complété sa politique tarifaire avec une politique qualitative. Comme Vail aux États-Unis, il était persuadé que la qualité du

---

[166] Armstrong, Christopher et Nelles, H.V., *Monopoly's Moment*, cf. p. 108. Babe, Robert, *Telecommunications in Canada*, cf. p. 85.

service, plus encore que les bas prix, allait assurer la fidélité des abonnés. Or, la montée de l'ère électrique multipliait les causes de perturbations des communications téléphoniques. Des gros investissements seront consentis pour ajouter un deuxième fil aux circuits d'abonnés et supprimer les retours par la terre qui avaient été en vigueur jusque là.

Cette riposte se révélera une redoutable machine de guerre face à la concurrence. On peut regrouper en deux catégories les entreprises qui surgissent de toutes parts dans la foulée de l'annulation des brevets : les compagnies rurales qui suppléent à l'absence de Bell et les entreprises urbaines qui veulent s'approprier une part des marchés déjà desservis.

La concurrence dans les campagnes : le docteur Demers fonde l'ancêtre de Québec-Téléphone

L'exemple du premier type de concurrence est fourni par J. Ferdinand Demers, médecin à Saint-Octave-de-Métis, petite bourgade du Bas-du-Fleuve, à proximité de Rimouski. En 1897, le jeune médecin tout frais émoulu de l'Université Laval pose une ligne entre sa maison et la gare de chemin de fer. Encouragé par ce premier succès, il prolonge la ligne jusqu'au village voisin de Sainte-Flavie. Arrivé là, il doit affronter la concurrence de son collègue, le Dr François-Xavier Bossé qui avait ouvert un an auparavant le premier central de la région. Les deux adversaires s'affrontent devant le conseil municipal pour savoir qui obtiendrait l'exonération de taxes municipales.

Le Dr Demers gagnera la bataille fiscale et fondera son entreprise sous le nom de Compagnie de téléphone de Métis. Ses talents de persuasion doivent avoir été grands puisque le Dr Bossé, loin de lui tenir rigueur, se ralliera au contraire et deviendra actionnaire de la Compagnie de téléphone de Métis. Désormais lancé, rien ne l'arrêtera. Il prolongera sa ligne téléphonique à l'est vers Matane et à l'ouest vers Rimouski.

Bell Telephone est installée à Rimouski depuis 1890. Réussira-t-elle à briser l'élan du médecin-entrepreneur ? Celui-ci relatera l'épisode des années plus tard au cours des audiences de la Commission spéciale du Parlement fédéral sur le téléphone :

> « *Leur système ne couvrait que la ville (de Rimouski) et nous avons fait courir le bruit que s'ils n'acceptaient pas de nous le vendre, nous construirions une ligne parallèle qui leur enlèverait tous leurs abonnés. Je ne sais pas ce qu'ils ont pensé, mais ils ont décidé de vendre pour 2 000 dollars et nous les avons payés.* »

Le président de la Commission spéciale ne pourra s'empêcher d'ironiser :

> «*Je suppose que la Bell Telephone Company a dû rendre les armes devant son puissant concurrent.*
> *– Alors nous leur avons dit qu'ils devraient vendre leur installation ou que nous ruinerions leur compagnie, répéta un Dr Demers que l'on devine jubilant devant l'effet produit.* »[167]

La bataille de Rimouski sera une victoire totale pour le Dr Demers. Encore faut-il la remettre en perspective : Rimouski en 1899, c'est 33 abonnés... Il n'en demeure pas moins que David a vaincu Goliath. Pourquoi ? Bien sûr, Métis Téléphone pratique des tarifs inférieurs à ceux de Bell. Mais la raison profonde est l'implantation de l'entreprise dans la communauté avec qui elle fonctionne en symbiose. Les téléphonistes sont payées à la commission (10% des abonnements, 20% des appels interurbains).[168]

Et l'irrésistible ascension du Dr Demers continue. En 1900, il achète la Compagnie de Bellechasse qui dessert tout le reste du Bas-Saint-Laurent, de Lévis jusqu'à Matane. Le nom de Métis Téléphone disparaîtra au profit de Bellechasse. Ce faisant, la compagnie du Dr Demers cessera d'être typique des compagnies indépendantes. Elle accède au rang des compagnies de téléphone à part entière. Les dimensions de son réseau interurbain en témoignent : il s'étend de Lévis, aux portes de Québec, jusqu'à la frontière du Nouveau-Brunswick (où il est interconnecté avec *Central Telephone*). En 1904, le Dr Demers abandonnera la médecine afin de se consacrer entièrement au téléphone. La chance continuera de lui sourire puisque son entreprise existera jusqu'en 2001 sous le nom de Québec-Téléphone.[169]

---

[167] Dawson, S.E., *Proceedings of the Select Committee on Telephone Systems*, imprimé sur ordre du Parlement, King's Printer, S.E. Dawson, Ottawa, 1905, 2 volumes (1047 pages et 817 pages). Cf. vol. 1, p. 219.

[168] « Le téléphone dans le Bas Saint-Laurent », Monique J. Lebel, *Revue d'histoire du Bas-Saint-Laurent*, Vol. IV, N° 3-4, septembre 1977.

[169] En mars 2000, l'entreprise Telus acheta Québec-Téléphone. Le changement de nom eut lieu en avril 2001.

Le téléphone rural n'aurait jamais pu prendre un tel essor sans le phénomène de la ligne partagée. Quand le Dr Demers abaisse ses tarifs au-dessous de ceux de Bell et demeure rentable, il s'agit de téléphone à ligne partagée. La même ligne dessert jusqu'à 30 abonnés différents. Cela signifie que deux abonnés partageant une même ligne ne peuvent pas donner deux appels téléphoniques en même temps ; qui plus est, la confidentialité est exclue. Mais ce choix s'inscrit dans la plus pure tradition technologique nord-américaine : on troque la qualité du service téléphonique contre une propagation accélérée. Dans un premier temps, Bell déplorera l'absence de qualité du service offert par les indépendants mais, par la suite, elle s'alignera et offrira également des lignes partagées à prix réduit. Les lignes de Bell seront en moyenne partagées entre une douzaine d'abonnés.

Autre élément commun à bien des compagnies indépendantes : leurs liens avec les autorités municipales. On a vu le rôle joué par la commune de Sainte-Flavie dans la naissance de Métis Téléphone. Dans certains cas, ce lien peut aller jusqu'à la constitution d'une entreprise municipale. Les choses se passent alors généralement comme suit. Un groupe d'agriculteurs non desservis par Bell envoie une pétition à l'hôtel de ville. Celui-ci émet alors des obligations garanties par la propriété des agriculteurs, afin de couvrir les frais de construction du réseau. Il suffit ensuite à l'hôtel de ville d'ajouter un prélèvement spécial au compte de taxe municipale pour rembourser les frais d'obligations et payer l'entretien du réseau.

Ce système permettra ainsi à des petits agriculteurs sans fortune d'avoir accès au téléphone. Il permettra même aux non-propriétaires d'avoir le téléphone en payant des frais de location annuels. On appellera les non-propriétaires « locataires », alors que le terme « d'abonnés » sera réservé aux seuls propriétaires. Ainsi, grâce aux compagnies indépendantes, le téléphone au Canada, comme aux États-Unis, cesse très tôt d'être l'apanage d'une élite urbaine.[170]

Concurrence ou oligopole ?

Nombre d'entreprises privées ou municipales verront le jour avec plus ou moins de bonheur. Au début, leur statut était incertain : fallait-il considérer

---

[170] Grindlay, Thomas, *A History of the Independent Telephone Industry in Ontario*, cf. pp. 17-30.

les compagnies indépendantes comme des concurrentes de *Bell Telephone* ou comme exerçant un monopole sur leurs territoires respectifs, tout comme Bell sur le sien ? Jusqu'au grand débat public de 1905 sur le statut de la téléphonie au Canada, Bell considérera les entreprises indépendantes comme des concurrentes, refusera d'interconnecter leurs réseaux locaux à son réseau interurbain et cherchera à les acheter au fur et à mesure qu'elles rencontreront des difficultés de financement. Le refus d'interconnexion était officiellement dû à deux raisons : incapacité des indépendants à percevoir les frais des appels interurbains et incompatibilité technologique des centraux (voir chapitre 8 - *Naissance de Northern Electric et progrès technologiques*).

Malgré ces manœuvres, au tournant du siècle, on trouvait au Canada 1 200 entreprises indépendantes.[171] En 1905, un ingénieur d'origine britannique nommé Francis Dagger regroupera un grand nombre d'entre elles au sein d'une Association canadienne du téléphone indépendant (ACTI) qui mènera la bataille contre Bell. Il s'agit au début d'un regroupement surtout ontarien auquel s'adjoint, il est vrai, la compagnie québécoise de Bellechasse du pétulant Dr Demers. L'ACTI existe aujourd'hui encore, même si sa vocation a bien changé.[172]

La concurrence dans les villes : CP attaque Bell

Tout autre est le sort des entreprises qui se heurtent à *Bell Telephone* sur le front urbain. L'alerte la plus chaude sera sans doute déclenchée par l'offensive du Canadien Pacifique à Montréal, au cœur du dispositif Bell.

Depuis son incorporation en 1881, la puissante entreprise ferroviaire lorgnait sur le marché du téléphone. Sa charte lui permettait d'offrir le téléphone aussi bien que le télégraphe.[173] L'offensive vint toutefois de manière indirecte. Une compagnie est incorporée sous le nom de *Federal Telephone*. Elle n'a aucun lien institutionnel avec le Canadien Pacifique mais son conseil

---

[171] Le chiffre de 1 200 est cité un peu partout mais paraît quelque peu gonflé, bien des compagnies recensées n'ont jamais dépassé le stade du projet. Il n'en reste pas moins que des centaines de compagnies indépendantes ont vu le jour au tournant du siècle.

[172] Son nom actuel est Association Canadienne des Compagnies de Télécommunications Indépendantes (ACCTI). Voir : http://www.cita.ca/index.php?sectionID=1&subsectionID=1&pageID=1

[173] Erastus Wiman, le président de *Great North Western*, avait attiré dès 1884 l'attention de Sise sur les visées téléphoniques du Canadien Pacifique. Il avait tenté de nouer une alliance entre son entreprise et Bell, mais s'était heurté à une fin de non-recevoir de la part de Sise. Cf. lettre de Wiman à Sise du 20 février 1884, ABC.

d'administration est un duplicata de celui du Canadien Pacifique, de sorte que Sir Donald Smith, William C. Van Horne, R.B. Angus et C.R. Hosmer, siègent aux deux conseils.

En avril 1888, l'hôtel de ville de Montréal autorise les nouveaux venus à poser des lignes dans les rues. Comme tous les indépendants, *Federal Telephone* casse les prix mais, à la différence de la plupart des autres challengeurs, elle a les moyens de sa politique. Bell devra baisser ses tarifs de 30% pour rester dans la course et fournir le téléphone à perte.

Afin de comprendre ce qui se passe dans cette guerre des prix, il faut savoir qu'à la fin du XIXème siècle, la notion d'amortissement n'allait pas de soi. Tous les indépendants commettront la même erreur qui est de ne pas prévoir de fonds pour remplacer l'équipement utilisé. Le résultat est que les indépendants peuvent tous offrir le service téléphonique à un prix moindre que celui de Bell mais, après quelques années, quand l'équipement commence à vieillir, ils doivent remonter en catastrophe les tarifs. Il est alors généralement trop tard, les abonnés ne comprennent pas pourquoi ils doivent payer des tarifs aussi élevés que ceux de Bell alors que le service est inférieur et ils refusent de payer. Les indépendants n'ont plus qu'à déposer leur bilan... ou à se faire acheter par Bell.

Charles Sise a très bien résumé cette trajectoire dans une lettre à un de ses cadres dans l'Ouest :

> *« Comme Federal débute avec un équipement entièrement neuf, pendant les deux premières années, elle n'aura pas ou peu d'entretien ou de dépréciation; il lui sera donc possible de travailler durant ces deux années, comme vous le savez, à un prix de beaucoup inférieur (au nôtre), mais quand viendra le temps des changements, qui sont inévitables, il leur faudra monter les prix, comme nous avons dû le faire... Toutefois, jusqu'à ce qu'ils aient acquis cette expérience, ils penseront qu'il y a plus d'argent dans cette industrie qu'il n'y en a réellement et ils seront tentés d'accroître leurs activités à d'autres villes. »*[174]

---

[174] ABC, lettre de Sise à T.E. Nalsh, directeur régional à Winnipeg, 8 novembre 1888.

Après un an et demi de lutte acharnée, *Federal* aura de 1 250 à 1 300 abonnés à Montréal et Bell, 4 500. Les deux entreprises fonctionnent à perte, mais aucun des deux adversaires n'a les moyens d'éliminer l'autre. Et pour cause, au-delà des deux entreprises rivales, il faut voir dans cet affrontement le choc de deux capitalismes distincts. *Federal Telephone* et, par derrière, le Canadien Pacifique représentent le capitalisme britannique fondateur d'Empire — en l'occurrence, du Canada. *Bell Telephone* symbolise le capitalisme nord-américain encore malhabile, mais en pleine croissance.

Sise semble avoir été conscient de la dimension nationale ou internationale des enjeux, témoin cette allusion échappée au passage dans une lettre au président d'AT&T où les dirigeants du groupe adverse sont définis ainsi :

> «... *ces gens, qui aux yeux de tous les observateurs semblent posséder le Canada.* »[175]

Sise n'est pas du genre à se laisser intimider, mais il a saisi la nature de l'adversaire. D'ailleurs, c'est la crainte de voir *Federal* lancer des raids sur d'autres villes qui l'incite à signer un premier contrat municipal avec Toronto.

Comme prévu, *Federal Telephone* perdra de l'argent. L'affaire se terminera par l'achat de la majorité des actions de *Federal* par Bell, aux conditions fixées par *Federal*. Bell aura acheté la paix au gros prix mais elle y gagne des installations ultra-modernes. En outre, elle peut enfin conclure avec Canadien Pacifique un accord analogue à ceux conclus avec les autres compagnies de chemin de fer.

Le capitalisme britannique au faîte de sa gloire signe la paix avec le jeune capitalisme nord-américain. La bataille de Montréal n'aura été qu'une rencontre à fleurets mouchetés, mais pour Sise l'alerte aura été chaude :

> « *En 1891, nous n'avons retiré aucun avantage – ou alors si peu – de l'effondrement de Federal (car) la bataille était de la pire espèce et des plus chères...* »[176]

Les francophones veulent leur compagnie de téléphone

Autre front, sur le plan linguistique, celui-là. Un regroupement de commerçants francophones à Montréal décide en septembre 1892 de lancer

---

[175] ABC, lettres de Sise à J.E. Hudson, 17, 19 et 29 juin 1890. Les mots en italiques sont soulignés de la main de Sise dans le manuscrit.
[176] ABC, lettre de Sise à John E. Hudson, 10 février 1892.

sa propre compagnie sous le nom de Compagnie de Téléphone des Marchands de Montréal. Chaque abonné sera en même temps actionnaire. Les nouveaux venus commencent à planter leurs poteaux en septembre suivant, sans permis municipal, ce qui leur vaut quelques ennuis avec l'hôtel de ville. Cette entrée en matière malheureuse tombe mal à propos : c'est justement la période où Bell enfouit à grands frais ses propres câbles. En novembre 1893, l'hôtel de ville accorde quand même un permis à la nouvelle compagnie, mais un permis conditionnel à l'approbation cas par cas de l'inspecteur municipal.

Sans avoir rien appris de l'échec tout récent de *Federal*, la Compagnie de Téléphone des Marchands pratiquera une politique de tarifs réduits. Dans un premier temps, le succès de l'entreprise est si grand, que ses dirigeants songent même à réitérer l'opération à Toronto.[177]

Le géant du téléphone répliquera avec une campagne de publicité axée sur le slogan : *Two Bells Means Two Bills*. En effet, les usagers de la Compagnie des Marchands doivent conserver leur abonnement à Bell pour communiquer avec le reste du monde et donc payer deux factures pour avoir le même service qu'avant. Elle atteindra 1 546 abonnés-actionnaires en 1905, pour la plupart des petits commerçants québécois, mais ne parviendra jamais à recruter en-dehors de ce cercle initial. Bell finira par acheter la petite entreprise francophone en avril 1913.[178]

Toutes les entreprises indépendantes répètent ainsi le schéma perdant qui mène de l'illusion lyrique des débuts qui chantent à l'étranglement financier progressif. Outre leur ignorance des lois comptables de base, elles ont toutes un point en commun : elles fonctionnent dans le court terme. Aucune ne semble avoir prévu l'ampleur de la capitalisation nécessaire à l'édification d'un réseau téléphonique. En outre, les banques canadiennes continuent de bouder le téléphone dont le rendement est jugé insuffisant.

---

[177] L'opération échoua en raison de la condition assortie à l'octroi d'une concession par l'hôtel de ville de Toronto au sujet de l'enfouissement des fils.

[178] *Proceedings of the Select Committee on Telephone Systems*, cf. vol. 1, pp. 256-264. ABC, lettre de Charles Frérénic Beauchemin au maire de Toronto, 28 septembre 1896. ABC, documents # 27636.

Bell Telephone doit affronter le même problème au même moment. Mais elle a un atout dont elle saura faire un usage stratégique : ses liens techniques et financiers avec les États-Unis. Chacun de ses gestes s'inscrit dans une stratégie soigneusement soupesée : monter la garde du monopole.

Au total, malgré quelques exceptions malheureuses qui lui seront durement comptées la décennie suivante, Bell se montrera relativement accommodante avec les entreprises rurales dont un bon nombre a survécu jusqu'à nos jours. Par contre, elle se montrera acharnée à éliminer toute concurrence dans les villes. Elle réussira à conserver son monopole par un dosage variable de force ouverte et de négociations. Elle devra céder sur la périphérie pour conserver le cœur de son territoire : les villes du Québec et de l'Ontario. Le monopole de Bell est un monopole acquis par surprise à la faveur d'un coup de main audacieux et maintenu difficilement au fil de l'histoire, dans la double indifférence des milieux financiers et de l'État.

Timide début de la réglementation fédérale de Bell

La principale opposition vint des municipalités. Celles-ci pardonnaient mal à la compagnie ses tarifs fluctuants, ses retards ou refus à installer le téléphone et, bien sûr, ses éternels poteaux. Les pressions se multiplièrent donc et finirent par aboutir sur la scène politique fédérale puisque là se trouvait l'unique forum où affronter Bell, protégée qu'elle était par sa charte la déclarant à « l'avantage du Canada. »

En 1892, Bell demanda au gouvernement fédéral la permission d'accroître son capital. C'était l'époque où le rapide développement des tramways électriques contraignait la compagnie à passer aux circuits métalliques. Il lui fallait donc consentir des investissements considérables en peu de temps. La législation passa sans difficulté l'étape de la Chambre des communes, mais souleva une tempête au Sénat. Des critiques très dures furent adressées à la compagnie en raison de son attitude à l'égard des municipalités. La question des droits de passage et des tarifs battait son plein dans la métropole ontarienne. Les municipalités manœuvrèrent tant et si bien que des modifications substantielles durent être apportées en catastrophe à la loi régissant Bell.

Finalement, le 9 juillet 1892, une loi spéciale fut adoptée qui stipulait que toute augmentation des tarifs téléphoniques devrait au préalable être approuvée par le conseil des ministres. En échange de quoi, l'augmentation de capital fut accordée et Bell put aller chercher sur le marché les sommes qui lui étaient nécessaires. Personne ne semble avoir perçu l'importance de la décision, mais les pressions impétueuses de l'hôtel de ville de Toronto et les hésitations du Sénat avaient amorcé l'ère de la réglementation du téléphone.[179]

L'affaire ne devait pas en rester là. Au tournant du siècle, après les États-Unis, une vague de populisme déferla sur le Canada. Cette fois, c'est le concept même d'exploitation du téléphone par une entreprise privée qui fut mis en question. On parle de municipalisation et de nationalisation, on évoque le modèle britannique, bref le Canada a mal au téléphone. Un grand accusé : Bell.

Le mouvement pour la nationalisation de la téléphonie au Canada ne trouvait pas son origine dans l'idéologie socialiste, mais dans un mouvement typiquement nord-américain : le populisme. La branche urbaine du mouvement était emmenée par William Dough Lighthall. Historien et poète, Lighthall était maire de Wesmount et, à ce titre, avait fondé l'Union des municipalités canadiennes au tournant du siècle qui sera responsable, comme nous le verrons, de la crise du téléphone dans les Prairies. (Voir encadré *Services publics et naissance de la civilisation bourgeoise*.)

Le populisme municipal était avant tout issu des petits hommes d'affaires effrayés par la montée des grands consortiums capitalistes, symbolisés à leurs yeux par les entreprises privées de services publics. Leurs solutions étaient simples : liberté municipale et contrôle public. Ce programme minimum attirait des gens venus de tous les horizons et, en particulier, les milieux progressistes et syndicaux. Les historiens Christopher Armstrong et H. V. Nelles, dans leur excellent ouvrage intitulé *Monopoly' Moment*, expliquent le succès du populisme municipal par son côté « union sacrée » contre le grand capitalisme. Il rejoignait ainsi le populisme rural qui désirait soumettre les services publics aux intérêts des agriculteurs.[180]

---

[179] *Regulation of the Telephone Industry in Canada : The Formative Years*, pp. 48-54. *Monpoly's Moment*, p. 164, note 3.

[180] *Monopoly's Moment*, pp. 144-162. Après avoir dépeint avec force détails la vague de fond populiste qui devait mener à la nationalisation de Bell dans les Prairies, Christopher Armstrong et H.V. Nelles concluent curieusement que l'opposition anti-Bell avait été lancée par les politiciens et non par des abonnés mécontents. Ce ne serait qu'ensuite, selon ces historiens, que l'opinion publique aurait basculée dans l'opposition à la compagnie de téléphone. Les sources consultées semblent au contraire indiquer un ressentiment populaire généralisé contre les monopoles en général, dont Bell. Les politiciens n'ont fait que canaliser ce

Les deux branches de ce mouvement – municipale et rurale – baignaient dans une atmosphère morale, qui était alimenté par l'annonce répétée de scandales financiers liés à la corruption et à la collusion en général entre les services publics et l'administration. En Ontario, le mouvement déboucha sur la nationalisation de l'électricité. Dans l'Ouest, c'était le monopole du Canadien Pacifique qui était au centre de la tourmente.

Toronto affronte Bell (question de tarifs)

C'est à Toronto que le populisme, sous l'étiquette de « populisme municipal », sévira avec le plus de virulence. Il s'agit d'un mouvement idéologique quasi religieux qui avait fait de la municipalisation des services publics son cheval de bataille.

Le prétexte de la crise a été fourni par l'échec de la reconduction du contrat municipal de Bell à Toronto en 1896. L'hôtel de ville voulait une réduction des tarifs et une hausse des redevances que *Bell Telephone* lui versait, en échange du maintien de l'exclusivité dont l'entreprise bénéficiait. Celle-ci refusa tout net. Pour Toronto, il s'agissait d'une question de principe : qui fixe les tarifs, Bell ou l'hôtel de ville ?

La loi spéciale de 1892 avait soumis les tarifs de Bell à l'approbation du gouvernement fédéral. Quand la compagnie éprouva le besoin de hausser ses tarifs, en janvier 1897, elle adressa une demande au gouvernement. Des audiences furent organisées dans le cadre du Comité des chemins de fer du Conseil privé. Toronto mena une guérilla systématique contre Bell et parvint à trouver des appuis jusqu'au sein du gouvernement fédéral. Sir William Mullock, ministre des postes et ministre senior de l'Ontario, homme politique respecté et connu pour ses idées progressistes, avait déjà déclaré à la Chambre des Communes :

> « Je ne vois pas pourquoi il n'est pas tout autant du devoir de l'État de se charger du téléphone que du service postal. »[181]

Après un an et demi d'audiences, de débats et de négociations, la requête de Bell échoua. Le cabinet, divisé, s'avéra incapable de prendre une décision sur

---

ressentiment à des fins électoralistes. Par contre, Armstrong et Nelles ont raison quand ils laissent entendre que Bell a servi de bouc émissaire. La raison avancée est que Bell, ayant tout misé sur les relations avec le gouvernement fédéral, avait négligé d'établir des relais avec les milieux d'affaires locaux, ni les législatures locales.

[181] *Collins, Robert, Une voix venue de loin, 1977*, cf. p. 180.

la question à la fois hautement technique et politiquement explosive des tarifs. Qui plus est, des fuites avaient permis à des documents confidentiels de Bell d'être portés à la connaissance de l'hôtel de ville de Toronto. La réglementation gouvernementale s'avéra un fiasco complet.

Bell ne déposa plus de requête de hausse tarifaire et, faut-il s'en étonner, Sise décida de contourner la loi de 1892. Il tira parti de la formulation floue de cette législation pour hausser les tarifs des nouveaux abonnés, arguant de ce que la réglementation gouvernementale concernait uniquement les abonnés d'avant 1892. Cette interprétation manifestement contraire à l'esprit de la loi reçut pourtant en 1901 l'approbation du ministre de la Justice. La controverse, on s'en doute, ne s'apaisa pas. Étrangement, c'est le Sénat non électif qui se montra le plus attentif aux intérêts du public et à l'opposition municipale.

En 1902, Bell demanda une nouvelle fois un accroissement de capital et le Sénat en profita pour retirer au conseil des ministres la réglementation et la confier à un juge de la Cour suprême ou de l'ancienne Cour de l'Échiquier. Inutile de préciser que cette modification resta lettre morte puisque Bell ne revint plus jamais demander des augmentations de tarifs qu'elle s'octroyait toute seule.

De façon plus significative, l'amendement de 1902 imposa à la compagnie de fournir le service à toute personne dont la demeure est située à moins de 200 pieds d'une voie publique où se trouve une ligne téléphonique. Cette clause, toujours en vigueur[182], avait pour but d'obliger Bell à fournir le service en-dehors des zones densément peuplées qu'elle avait jusque là privilégiées et à prohiber toute pratique discriminatoire. L'amendement, pour essentiel qu'il fût, restait très en-deçà des demandes du populisme municipal.[183]

---

[182] Voir en particulier la Politique réglementaire de télécom CRTC 2011-291 intitulée *Obligation de servir et autres questions*, Ottawa, le 3 mai 2011. Les modalités diffèrent, mais le principe demeure.

[183] *Regulation of the Telephone Industry in Canada : The Formative Years*, pp. 54-59 et pp. 60-68.

Toronto affronte Bell (question de poteaux)

Ce que voulait en fait l'hôtel de ville de Toronto était le pouvoir de réglementer Bell. Après l'échec de la bataille des tarifs, il déplace en 1900 le conflit sur le terrain des poteaux, interdisant à Bell d'en planter sans permis municipal. L'argument de base de l'hôtel de ville est que le service local appartient au champ de compétence provinciale. L'entreprise réplique que sa charte fédérale a préséance sur la compétence municipale et provinciale. L'hôtel de ville portera l'affaire devant les tribunaux et le Conseil privé à Londres tranchera en 1904 en faveur de la compétence fédérale. Dans un jugement de la plus haute importance pour ce qui va suivre, il refuse de distinguer entre service local et service interurbain, affirmant que les mêmes installations servent aux deux types de services. Le Conseil privé mettait ainsi un terme aux multiples querelles qui entravaient depuis toujours le développement du téléphone urbain, non seulement à Toronto, mais partout au Canada.

Il n'empêche que Bell s'est attiré des ennemis puissants dans cette ville. En janvier 1900, le maire E.A. Macdonald demande au Parlement canadien de nationaliser les lignes interurbaines de téléphone et de télégraphe. De son côté, le député conservateur William Findlay Maclean, directeur du journal à sensation *Toronto World*, fait feu de tout bois pour combattre Bell et promouvoir la propriété municipale du téléphone.

Précisément, c'est une initiative de « Billy » Maclean qui mènera Bell à deux doigts de la nationalisation. Quand le gouvernement libéral de Wilfrid Laurier crée la Commission des chemins de fer en 1903, Maclean mènera une coalition bi-partisane pour élargir la loi au téléphone. Puisque les compagnies ferroviaires sont réglementées, pourquoi pas les compagnies de téléphone et tout particulièrement Bell ?

La bataille de Port Arthur et de Fort William

Le moment est propice. En amont des Grands Lacs, les localités de Port Arthur et de Fort William (aujourd'hui Thunder Bay), qui avaient été le théâtre dans les années 1880 de l'un des épisodes les plus contestables de *Bell Telephone* en matière de lutte contre la concurrence, viennent de créer un réseau téléphonique municipal. Elles s'adressent à la Commission des chemins de fer pour demander la permission de desservir les gares, malgré les contrats d'exclusivité passés entre les compagnies de chemin de fer et Bell. Mal leur en prit, la Commission les débouta en mars 1904.

Cette fois, l'affaire n'en restera pas là. Une véritable rage « municipaliste » se développe contre Bell. Les édiles déclenchent une campagne de désabonnement au téléphone de Bell. Des formulaires de rupture de contrat d'abonnement sont imprimés et distribués. Pour convaincre les gens de s'abonner, les édiles leur promettent le téléphone gratuit. Les employés des services des travaux publics des deux municipalités croisent les fils de Bell, voire les coupent. Les employeurs qui utilisent le service Bell sont boycottés. Nous sommes en pleine illégalité.

Charles Sire réplique en envoyant sur place son âme damnée, William C. Scott. Celui-ci est à Bell le chef de la division des « agents spéciaux » qui est à mi-chemin entre la publicité et l'espionnage. Le machiavélisme naïf de Scott jette de l'huile sur le feu à Port Arthur et Fort William. Il tente d'utiliser les mêmes armes que les municipalités déloyales et offre à son tour le service gratuit. C'est la guerre ![184]

L'opinion publique galvanisée s'abonnera en masse au téléphone municipal, si bien que sur les mille foyers que comptent les deux villes, 763 auront le téléphone. Il ne s'agit plus d'un service réservé aux seules élites économiques, désormais, à la faveur de la concurrence et des luttes politiques, le téléphone se répand dans toutes les classes sociales.

L'Ouest s'embrase

Quand la nouvelle du rejet de la demande de Port Arthur et Fort William parvient à Edmonton, elle y trouvera un terrain fertile. Celle localité n'a même pas le statut de municipalité, mais elle abrite une compagnie de téléphone depuis juillet 1893, tant est grand le besoin en communications des gens de l'Ouest. L'opinion publique verra dans cette décision de la Commission des chemins de fer une approbation au « consortium de la tyrannie des grandes entreprises ». Un mouvement puissant en faveur du téléphone agricole se développe rapidement en Alberta dont le principal instigateur est Charles Walter Peterson, surnommé « Pete ». Ce Danois d'origine avait travaillé dans le gouvernement territorial avant de devenir

---

[184] William C. Scott dirige depuis 1895 le département des Agents spéciaux et, à ce titre, a la responsabilité de la publicité, des annuaires et des missions spéciales. En anglais : « Special Agents Departement ».

l'apôtre du mouvement des agriculteurs. Pete écrit dans le *Toronto World* en ces termes :

> «Il y a longtemps que je soutiens que l'évolution du ranch et de la ferme nécessite le recours généreux à toutes les inventions modernes. Je considère que le téléphone est le plus utile des nombreux instruments qui facilitent et rentabilisent l'agriculture. Au cours des dernières années j'ai organisé de nombreuses réunions d'agriculteurs sur le thème du travail coopératif et chaque fois nous avons été bloqués par les gens de Bell. Un préjudice direct et important nous a été infligé par les gens de Bell, de cela je suis convaincu. »[185]

Paradoxe des paradoxes, l'opposition à Bell est d'autant plus forte que les agriculteurs aiment le téléphone ! Quand Edmonton reçoit le statut de municipalité, en décembre 1904, son premier geste est d'organiser un *référendum* sur la question de la municipalisation du téléphone. Plus de 91% de la population vote pour la municipalisation qui est effectuée le 1er janvier 1905. Les 400 téléphones d'Edmonton ne pèsent pas lourd devant les 70 000 téléphones de Bell, mais l'affaire est symptomatique de l'état d'esprit qui règne dans les provinces des Prairies.

Francis Dagger : théoricien du mouvement anti-Bell

La vague de fond anti-Bell a un théoricien en la personne de Francis Dagger, cet ingénieur d'origine britannique que nous avons vu fonder l'Association canadienne du téléphone indépendant. Dagger arpente inlassablement le Canada, donnant des conférences et rédigeant des articles prônant la bonne parole en faveur des indépendants et contre le mauvais service de Bell, les tarifs trop élevés et son équipement désuet.

Mais qui est cet idéologue absolument unique dans l'histoire de la téléphonie canadienne ? Dagger avait travaillé dans plusieurs compagnies de téléphone en Grande-Bretagne où il s'était déjà prononcé en faveur de la municipalisation du téléphone. Faute de pouvoir y mettre ses idées en pratique, il vint au Canada en 1899 et commença par travailler pour Bell afin de se familiariser avec le téléphone canadien. Il quittera son poste onze mois plus tard, conforté dans son opposition au gigantisme, et entamera une

---

[185] Mai 1904. Cité dans *Singing Wires*, p. 116.

carrière de consultant en téléphonie auprès du gouvernement fédéral, puis des provinces des Prairies.

Dagger divise la téléphonie en trois : lignes à longue distance, service local et réseau rural. Il a explicitement percé à jour la stratégie de Vail et de Sise qui est de développer au maximum l'interurbain pour contrôler l'ensemble de la téléphonie. Aussi recommande-t-il la nationalisation du réseau à longue distance par le gouvernement fédéral ou, à défaut, par les provinces. En aucun cas ne faut-il laisser cet instrument stratégique aux mains d'une compagnie privée ayant aussi des intérêts dans le téléphone local :

> ... du point de vue du public, il est extrêmement peu souhaitable que les mêmes intérêts privés qui possèdent et contrôlent les lignes interurbaines puissent aussi posséder et contrôler le service local... En d'autres mots, une compagnie exploitant des lignes interurbaines et le service local dans un territoire donné a, de par le fait même de son contrôle du service interurbain, un monopole virtuel sur l'industrie au détriment du grand public.[186]

Par contre, Dagger s'oppose à la nationalisation du service local. Selon lui, tout système téléphonique centralisé est par nature trop rigide pour satisfaire les besoins des abonnés. Le service local doit donc relever des municipalités « comme l'eau, le gaz, l'éclairage public et l'électricité ainsi que les tramways. » Néanmoins, comme le prouve l'exemple des compagnies indépendantes déjà existantes, l'efficacité du service laisse souvent à désirer. Il faut donc que le gouvernement établisse des normes et prodigue son expertise au prix coûtant afin de garantir la qualité.[187]

Enfin, le réseau rural fait l'objet d'un soin tout particulier car c'est là que le problème est le plus aigu :

> Dans le passé, ce secteur de la téléphonie a été totalement négligé et mis de côté par les compagnies canadiennes existantes, car il ne s'avère pas aussi lucratif que le service urbain.[188]

---

[186] *Report of Mr. Francis Dagger, employed as Provincial Telephone Expert, with respect to the development of the Telephone Service in the Province of Saskatchewan*, ministère des Chemins de fer, Regina, 25 mars 1908, 17 pages. Cf. p. 6.

[187] *Report of Mr. Francis Dagger*, p. 11.

Dagger souhaite que le téléphone rural soit pris en main par des coopératives d'agriculteurs ou, à défaut, par les municipalités rurales avec le soutien de l'État. Sa pensée varie au gré des circonstances. Au demeurant, il verse parfois dans la démagogie la plus simpliste puisqu'à la Commission spéciale de 1905, il réclamera que l'on permette aux agriculteurs de téléphoner gratuitement en ville...

Dagger échouera dans le but de sa vie qui était la nationalisation du réseau à longue distance de Bell et son rêve municipaliste et coopératif ne se réalisera pas ou alors de façon très sectorielle. Cependant, il réussira à traîner Bell devant une commission parlementaire où bien des abus seront étalés sur la place publique. Ses idées triompheront dans les Prairies où trois provinces nationaliseront la compagnie montréalaise.

Aujourd'hui tombé dans l'oubli, Dagger n'en est pas moins la figure la plus marquante de la téléphonie canadienne naissante, hormis Sise. Pourtant, on le verra, son action n'est pas exempte d'erreurs. Par souci de « vendre » à tout prix ses idées aux gouvernements qu'il conseillait, Dagger a complètement omis de tenir compte de la dépréciation de l'équipement téléphonique et de prévoir des sommes au chapitre de l'amortissement. Les tarifs téléphoniques réduits qu'il a fait miroiter devant les yeux de ses clients étaient donc basés sur une supercherie comptable. Il ne semble pas que Dagger ait eu l'étoffe d'un bâtisseur à l'instar de Beck, le fondateur d'Ontario Hydro (voir encadré *Services publics et naissance de la civilisation bourgeoise*).

Alors, quel est le bilan de son œuvre ? On peut dire que Dagger a exercé une influence positive sur la téléphonie canadienne de par son rôle de critique. Il a forcé Bell à mettre fin à ses pratiques prédatrices les plus contestables. Avant tout le monde dans l'industrie du téléphone, il a été un des promoteurs du téléphone automatique, à l'époque où Bell mettait tout le poids du monopole dans le refus de cette nouvelle technologie.[189]

Par contre, son rôle de conseiller a été entaché d'erreurs manifestes et d'omissions qui ne pouvaient pas être innocentes. Il a été porté par le grand mouvement en faveur du populisme municipal, mais il n'a pas réussi à s'élever au-dessus du monde des passions passagères pour marier l'intérêt à

---

[188] *Proceedings of the Select Committee on Telephone Systems*, cf. vol. 1, p. 19.

[189] Voir collection d'articles de journaux d'époque dans les carnets des frères Lorimer, ABC # D.F. 25098-3.

court terme du public avec le monde des réalités. Il n'en reste pas moins que Dagger est un des rares Canadiens qui ait posé la question du téléphone en termes politiques.

Cet homme mènera Bell au bord de la nationalisation. Au début de 1905, sa problématique trouvera une oreille attentive, comme on l'a vu, auprès de William Mullock. Celui-ci convaincra Laurier de nommer une commission spéciale afin d'enquêter sur la situation du téléphone au Canada. Formulation vague à souhait qui ne mentionne pas le grand thème de l'heure : le mot « nationalisation » ne se trouve mentionné nulle part.

Mise en accusation de Bell

Laurier lui-même est opposé à l'expropriation de Bell, il entretient des liens personnels avec Sise. D'une manière générale, ses relations avec les milieux d'affaires sont tout aussi incestueuses que l'étaient celles de Macdonald à l'époque du scandale du Canadien Pacifique. Mullock est isolé au sein du cabinet. Cependant, les pressions municipales sont telles que le gouvernement doit prendre une décision au sujet de Bell. L'opposition conservatrice a inscrit la nationalisation des services publics à son programme. Ne déduisons pas trop vite que le Parti conservateur avait été converti aux vertus du socialisme. Il cherche plutôt ses références politiques du côté de la Grande-Bretagne qui, en 1901, avait décidé de nationaliser son téléphone.

Le fait nouveau en 1905 est que le téléphone n'est plus considéré comme une curiosité technique ou comme un objet de luxe. C'est devenu un service public. Au fur et à mesure que le téléphone se généralise, le monopole de Bell devient intolérable aux yeux d'une fraction grandissante de la population. Le droit de propriété heurte une notion nouvelle qui est l'intérêt public.[190]

La Commission commencera donc ses travaux le 20 mars 1905. Après une semaine, il apparaît que le monopole de *Bell Telephone* est bel et bien au cœur des débats. La conjonction du populisme municipal et de l'idéologie impériale britannique, telle que véhiculée par le Parti conservateur, bat son plein. Elle est en passe d'aboutir à la nationalisation de l'électricité en

---

[190] *Regulation of the Telephone Industry in Canada: The Formative Years*, pp. 11-12.

Ontario, mais triomphera-t-elle du téléphone à l'échelon fédéral ? Bien des gens le pensent. Charles Sise était en vacances en Italie. On le rappelle d'urgence. Le président d'AT&T, Frederick P. Fish accourt tout exprès de New York pour étudier la situation.

Sise fut le principal témoin de *Bell Telephone*. Au début sa position était claire : il fallait s'opposer à toute intervention de l'État, nationalisation comme réglementation. Il engagea un avocat libéral de Toronto du nom d'Allen B. Aylesworth pour l'assister à la Commission spéciale, ainsi qu'un expert britannique du téléphone qui dépeignit le service public en Grande-Bretagne sous des couleurs peu avenantes. L'exemple britannique avait souvent été cité en exemple par les partisans de la nationalisation. Mais Sise tint à mener lui-même la contre-offensive et il le fit avec vigueur. Il avait à l'époque 71 ans et personne ne le connaissait au Canada en dehors des milieux financiers les plus restreints, tant était grand son goût du secret. La Commission eut la surprise de voir arriver un témoin peu loquace (il répondait le plus souvent par « oui » ou par « non ») mais doté d'une mémoire peu commune pour redresser les faits.

Après les grandes envolées lyriques des premiers jours dépeignant Bell sous ses aspects les plus sombres, la Commission, faute de personnel spécialisé, se trouva vite en position d'infériorité devant le vieil homme qui dissimulait un début de surdité par un redoublement d'arrogance. Bien sûr, Sise dut affronter l'hostilité de certains commissaires. L'opposition à Bell venait surtout de l'Ontario et des Prairies mais, en contrepartie, il pouvait compter sur l'appui des membres originaires du Québec. Mullock, qui présidait la Commission, ne se départit pas d'une stricte neutralité.

Le principal atout de Sise était la connaissance des dossiers qui lui permit de réfuter la plupart des accusations qui portaient sur l'absence de service en zones rurales, les tarifs trop élevés, l'affiliation de Bell à AT&T et la fuite des capitaux vers les États-Unis puis, finalement, l'écrasement des concurrents et la constitution d'un monopole.

Sise parla sans notes. Il n'eut aucun mal à démontrer qu'il était paradoxal de demander en même temps d'abaisser les tarifs et d'augmenter le service dans les campagnes. Il révéla à la Commission que les Américains avaient toujours investi à reculons au Canada et qu'ils n'avaient fait que répondre à ses propres demandes.[191] Bref, Sise se fit le porte-parole de la pure rationalité économique au détriment de toute considération sociale, culturelle ou simplement humaine. Plus contestable était son argumentation voulant que Bell ne fût pas un monopole, arguant de la présence d'une centaine de compagnies indépendantes, dont plusieurs étaient d'ailleurs venues témoigner aux audiences contre Bell.

Le fiasco parlementaire

Quand la session de la Chambre des Communes fut ajournée au mois de juillet 1905, la Commission spéciale mit un terme à ses travaux sans avoir pu prendre de décision. Il se contenta d'ordonner la publication de la transcription des débats. Cet aveu d'impuissance n'est cependant pas tout à fait dépourvu d'importance. Un des principaux handicaps du gouvernement fédéral tout au long de son tête-à-tête avec Bell depuis le début de la réglementation en 1892 avait été son manque total d'information sur le téléphone. Il dépendait entièrement de ce que Bell voulait bien dévoiler. À cet égard, les travaux de la Commission spéciale constituent le premier essai au Canada de réunir une information objective et complète sur une industrie qui s'était développée jusque là de façon masquée.

La fin de la Commission spéciale n'avait pas pour autant ramené la sérénité dans le camp de Bell. La nationalisation était écartée, mais la question du téléphone devait revenir devant la Chambre des communes au cours de la session suivante. Le principal point en suspens demeurait la question des entreprises indépendantes que Bell refusait d'interconnecter avec son réseau. Nous verrons que la généralisation du central à batterie centrale à partir de 1900 avait levé le principal obstacle technologique à l'interconnexion des indépendants ruraux en normalisant la tension des courants électriques employés (voir *Introduction du standard à batterie centrale*).

La correspondance de Sise montre que c'est durant l'été 1905 qu'il en vint à accepter l'idée d'une réglementation en contrepartie des avantages

---

[191]Une recherche contemporaine prouve qu'entre 1880 et 1905 *American Bell*, AT&T et *Western Electric* ont plus investi près de 1,2 millions de dollars en plus dans *Bell Telephone* qu'elles n'en ont retiré sous forme de dividendes, de redevances sur les brevets et autres transferts. In « Charles F. Sise, Bell Canada, and the American : A Study of Managerial Autonomy, 1880-1905 », p. 29.

prodigués par le monopole de fait acquis par *Bell Telephone* dans les régions les plus peuplées du Canada. Encore fallait-il que cette réglementation fût aussi « inoffensive que possible », c'est-à-dire limitée au champ de l'interconnexion. À preuve, ses lettres au président d'AT&T :

> *Comme témoin (devant la Commission spéciale), j'éprouve une difficulté personnelle à expliquer pourquoi – tout en proposant de maintenir notre monopole – nous accordons sous certaines conditions une connexion physique à des entreprises indépendantes bien que non concurrentes, mais la refusons à nos concurrents ?*[192]

Malgré toutes ces restrictions, ce qui germe en 1905 au sein de la haute direction de *Bell Telephone* est le concept de monopole réglementé.

En octobre 1905, Mulock démissionnera du Ministère des postes pour devenir juge en chef de la Cour de l'Échiquier de l'Ontario. Laurier le remplacera par Aylesworth qui n'était autre que le conseiller juridique de Bell. Chez les opposants au monopole de Bell, la déception qui avait accueilli le fiasco de la Commission spéciale tourna à la rage. La collusion de Bell et du gouvernement fédéral apparaissait au grand jour. L'historien Donald Grant Creighton qualifiera cette période de « ploutocratie Laurier ».

Triomphe de la réglementation fédérale

Quand la Chambre des communes se réunit en février 1906, elle ne peut faire autre chose que de légiférer. Un amendement à la loi constitutive de Bell est déposé dans le but de placer cette entreprise sous compétence de la Commission des chemins de fer. Les principales dispositions adoptées stipulent en substance que :

- tous les tarifs doivent être approuvés par la Commission des chemins de fer ;

- la Commission a le pouvoir d'autoriser les entreprises indépendantes de téléphone à desservir les entreprises de chemin de fer sans payer de compensation à Bell ;

---

[192] Lettre de C.F. Sise à F.P. Fish, 24 mai 1905. In *Monoply's Moment*, p. 172.

- Bell doit se soumettre à la réglementation municipale mais celle-ci, en contrepartie, ne peut retarder indûment la pose des nouvelles lignes ;

- toute demande d'interconnexion d'une entreprise indépendante au réseau de Bell doit être approuvée par la Commission qui a le pouvoir de décider du montant de la compensation à verser à Bell ainsi que des normes techniques à imposer à l'entreprise indépendante.

C'est une solution de compromis. Les tenants de la nationalisation de Bell sont déboutés, mais les entreprises indépendantes obtiennent satisfaction sur les principaux points. Bell se voit imposer la réglementation d'un organisme neutre et permanent, ce qui est une garantie de stabilité par rapport à la réglementation parlementaire. En fait, c'est bel et bien un échange tacite monopole contre réglementation. Le monopole se voit par là-même légitimé. En effet, dans l'esprit du gouvernement, les compagnies indépendantes sont elles-mêmes des monopoles à l'intérieur des territoires qu'elles desservent. C'est une réponse claire et nette aux interrogations de Sise sur la difficulté de départager les indépendants des concurrents.

Il ne se passera guère de temps avant que Bell, qui s'était rallié à la réglementation comme à un moindre mal, y adhère sans restriction. Elle sera aidée en cela par l'adhésion enthousiaste de la haute direction d'AT&T, surtout après le retour de Theodore Vail à la présidence de l'entreprise l'année suivante. En juillet 1906, Charles Sise pourra s'embarquer pour l'Europe et poursuivre ses vacances interrompues plus d'un an auparavant. Il avait évité la nationalisation de justesse, mais sans réellement comprendre la complexité nouvelle d'un monde qui commençait à établir des contrepoids au capitalisme sauvage. Il avait suivi l'événement au lieu de le précéder. L'ère Sise tirait à sa fin.

L'amendement de 1906 avait placé Bell sous autorité de la Commission des chemins de fer, mais selon quels critères allait-on réglementer la compagnie ? La question était particulièrement aiguë pour les tarifs. Comment fixer les tarifs téléphoniques ?

Premier examen des tarifs de Bell : l'interurbain devient rentable

En fait la question sera posée au cours d'une première série d'audiences sur les tarifs qui aura lieu en 1907. En effet, l'amendement prévoyait que Bell soumettrait l'ensemble de sa grille tarifaire à la Commission des chemins de fer.

Les audiences se déroulèrent de façon surréaliste. Le directeur général des lignes interurbaines de Bell, qui n'était autre que Charles Sise junior, avait commencé par affirmer sur un ton de défi que « plusieurs de nos tarifs n'étaient pas raisonnables. » Pressé de questions par les commissaires, le représentant de Bell s'expliqua de la sorte :

> *À vrai dire, (les tarifs) n'ont pas été créés de façon concertée, mais ils se sont développés tout seuls... L'entreprise initiale avait commencé avec des lignes privées, mais sans central téléphonique. C'est ainsi que les tarifs ont été fixés. Puis, quand l'entreprise a grandi et a pris sa forme moderne, les tarifs n'ont jamais, à ma connaissance, été modifiés. Nous en sommes ensuite arrivés au point où nous avons dû installer chez tous les abonné des circuits métalliques avec deux fils au lieu d'une, toujours sans modification tarifaire. Tout cela a eu pour résultat que nous en sommes venus à considérer nos tarifs comme faisant partie des meubles et que nous n'y avons plus prêté beaucoup d'attention. Cela ne nous a pas empêché d'égaliser les tarifs à divers endroits, certains à la hausse, certains à la baisse.*[193]

Sise junior refusa ensuite avec obstination de fournir la séparation entre les dépenses attribuables au réseau interurbain et au réseau local. Selon lui, le calcul n'avait jamais été fait et ne pouvait être fait tant les divers éléments du réseau étaient imbriqués. Devant l'insistance des commissaires, manifestement excédés par tant de flou, Sise junior finit par concéder que « le service interurbain était rentable car chaque appel était facturable et qu'en tout état de cause, dans bien des endroits il était plus rentable que le service local. »[194]

Malgré ses restrictions, il s'agit d'une déclaration de première importance : c'est la première fois que l'on parle à Bell de rentabilité du service

---

[193] « Telephone rates have just grown », in *Montreal Star*, 29 mai 1907.

[194] « Telephone rates have just grown », in *Montreal Star*, 29 mai 1907.

interurbain. Jusque là, il était admis en téléphonie que l'interurbain était un gouffre sans fond avec des revenus hypothétiques. C'était véritablement le domaine réservé du télégraphe. En mai 1907, grâce aux progrès technologiques, le vent commence à tourner. Pourtant, la compagnie manifestera longtemps une grande répugnance à en hausser les tarifs, en raison de l'élasticité de la demande. Si le tarif monte trop haut, l'utilisation diminuera, alors que le service de base est beaucoup plus stable. On peut donc l'augmenter dans une plus grande proportion que l'interurbain sans provoquer de désabonnements.

L'examen des tarifs de Bell démontrait deux choses : l'arrogance de la haute direction devant l'autorité publique et le côté artisanal de sa comptabilité. L'entreprise exigeait que ses tarifs fussent acceptés comme un tout en fonction d'un taux de rendement acceptable. C'était repousser le problème : quel devait être le taux de rendement ? Sise junior refusa de donner une évaluation des actifs de la compagnie et insista pour que le taux de rendement soit calculé en fonction de la hausse du coût de la vie. L'affaire tournait en rond, quand le commissaire en chef, mourut. Les travaux de la Commission des chemins de fer furent interrompus et les tarifs de Bell acceptés en bloc.[195]

Cette conclusion en queue de poisson a souvent été citée comme une preuve accablante à l'encontre de la Commission des chemins de fer pour prouver sa collusion avec Bell ou, tout au moins, son inefficacité. Il faut plutôt y voir les difficultés de la réglementation naissante qui se cherche des outils et une tradition. En outre, la requête portait sur des tarifs qui étaient sans doute les moins chers au monde, si l'on excepte ceux des compagnies indépendantes - les tarifs de Bell demeuraient inférieurs à ceux d'AT&T. Il n'y avait donc pas feu en la demeure !

Qui plus est, la requête avait quand même eu un résultat positif : elle avait obligé Bell à établir une grille tarifaire globale : les appels interurbains seront désormais calculés de façon uniforme d'un bout à l'autre du territoire de la compagnie, les tarifs locaux seront identiques pour des agglomérations comparables. Il s'agissait d'une simplification appréciable.

---

[195] Armstrong, Christopher et Nelles, H.V., *Monopoly's Moment (The Organization and Regulation of Canadian Utilities, 1830-1930)*, cf. pp. 200.3.

Enfin, l'audience de 1907 est historique car elle contient en germe tout le conflit des revenus non téléphoniques de Bell. L'avocat de l'entreprise, Aimé Geoffrion, s'objecta à ce que l'on examine les revenus issus des investissements immobiliers et mobiliers :

> *Si la compagnie a effectué des investissements immobiliers avisés, ceux-ci ne devraient pas avoir d'impacts sur les tarifs téléphoniques. La compagnie a droit à l'entièreté des profits légitimes qu'elle tire de l'immobilier et autres avoirs sans liens avec le téléphone à proprement parler. Sinon, en cas de pertes dans l'immobilier, la compagnie pourrait se rembourser elle-même en augmentant les tarifs téléphoniques.*[196]

L'argumentation de Geoffrion préfigure de façon étrangement moderne celle de de Grandpré au moment de la création de BCE en 1983. La réplique du commissaire en chef est tout aussi intéressante car il avait rétorqué que la charte de Bell ne limitait pas les activités de l'entreprise à la seule exploitation du service téléphonique. Il fallait donc examiner l'ensemble des activités de l'entreprise. On verra comment de Grandpré tranchera le nœud gordien en séparant les activités téléphoniques réglementées des autres (volume 2, Chapitre 20 - Le *règne de de Grandpré : un coup d'éclat qui réussit, la création de BCE*).

C'est bien cette vieille Commission des chemins de fer, tant décriée pour son laxisme, qui avait ouvert les hostilités en examinant dès 1907 l'ensemble des les investissements de Bell, y compris les relations entre Bell et *Northern*. Notons cependant que la Commission avait bien précisé, dans ce dernier cas qu'elle n'entendait pas réglementer *Northern*, mais seulement la relation Bell-*Northern*. Ce qui à l'époque était une nuance, prendra une tout autre signification quand les ventes de *Northern* aux compagnies autres que Bell prendront leur envol. Dans le contexte de 1907, malgré son travail inachevé, la Commission avait défini bien des concepts et placé bien des jalons qui devaient se révéler essentiels pour le développement de la réglementation canadienne.

En 1911, 1912 et 1915, les villes de Toronto et de Montréal contestèrent à tour de rôle les tarifs de Bell devant la Commission des chemins de fer. Les trois fois, le scénario était le même : l'hôtel de ville demandait par voie de presse aux abonnés qui estimaient payer trop cher le téléphone de se faire

---

[196] « Telephone Tolls », in *The Gazette*, Montréal, 14 mai 1907.

connaître et, fort de cette protestation populaire, bâtissait sa cause. Trois fois, la Commission refusa de modifier les tarifs à la baisse comme le réclamaient les municipalités. En 1912, toutefois, Bell avait saisi l'occasion au vol et déposé un contre-projet de hausse tarifaire pour Montréal. La Commission refusa du même souffle d'augmenter certains tarifs comme le demandait Bell, arguant dans ce dernier cas de la bonne santé financière de la compagnie.[197]

L'autre grand champ d'application de la réglementation, prévu par l'amendement de février 1906 à la loi constitutive de Bell, concernait l'interconnexion des compagnies indépendantes au réseau interurbain de Bell. On a vu que c'était le refus de Bell de raccorder les compagnies indépendantes qui avait servi de détonateur à la crise. À la suite de l'adoption de l'amendement à sa charte, Bell avait négocié 378 contrats de raccordement et en avait refusé onze. Pourquoi ces mesures d'exception ? Il s'agissait de territoires disputés entre Bell et les indépendants où régnait la concurrence pour le service local. L'accès à l'interurbain y constituait un atout.

Ingersoll Telephone, un indépendant œuvrant dans la localité du même nom, à proximité de London, en Ontario, mena la bataille de l'interconnexion. Elle saisit donc la Commission des chemins de fer en mai 1911 qui prit une décision historique car elle visait à interdire la concurrence. À cette occasion, le Commissaire en chef, J.P. Mabee exposa clairement la position de l'organisme de réglementation :

> *Bien des gens pensent que la concurrence est souhaitable. Elle l'est dans la plupart des cas; mais la concurrence en rapport avec le téléphone ne m'a jamais souri.* [198]

Bell fut bien obligée à interconnecter son réseau à celui des onze indépendants, mais elle eut le droit d'exiger 15 cents par appel interurbain en provenance des indépendants en sus des tarifs ordinaires. Deux ans plus tard,

---

[197] Cause Ville de Montréal c. *Bell Telephone* Co. (1912), cité dans Baldwin, John R., *Échec et renouveau (L'évolution de la réglementation des monopoles naturels)*, cf. p. 80. La requête de 1911 a été initiée par Toronto, celle de 1912 par Montréal et celle de 1915 par Toronto à nouveau.

[198] Armstrong, Christopher et Nelles, H.V., *Monopoly's Moment*, cf. p. 203.

la Commission approuva une formule d'accord standard entre Bell et les indépendants non concurrentiels. La concurrence dans le téléphone au Canada avait vécu. Aussitôt cette victoire acquise, Bell se montra grand seigneur. Au terme d'une série de négociations avec les indépendants, elle supprima la surfacturation des appels interurbains (1915-16). La période de la concurrence Bell-indépendants cédait la place à une longue période de coopération qui va durer jusqu'à la fin du monopole sur l'interurbain en juin 1992.[199]

Le modèle canadien

L'amendement de 1906 à la charte de Bell constituera la base de la réglementation canadienne du téléphone jusqu'à la fin du monopole en juin 1992. C'est ce texte qui inspirera l'amendement de 1908 à la *Loi sur les chemins de fer* qui étend expressément les pouvoirs de l'organisme de réglementation à l'ensemble des compagnies de télégraphe et de téléphone sous autorité fédérale. Elle a placé l'industrie privée sous l'autorité d'un organisme neutre de réglementation, ce qui a permis de limiter les abus du capitalisme sauvage tout en évitant les ingérences politiques.

Comme toute solution de compromis, l'amendement de 1906 ne fera pas que des heureux. Depuis lors, les observateurs de la scène réglementaire sont divisés en deux : ceux qui estiment que la réglementation a surtout servi les intérêts des compagnies de téléphone et ceux qui affirment qu'elle a bien servi les intérêts du public.

On verra dans la deuxième partie de ce livre, intitulée *La conquête de l'universalité (1915-1956)*, comment la réglementation canadienne du téléphone a atteint ces deux objectifs à la fois. Elle a permis à des entreprises efficaces et humaines de prospérer. Elle a aussi servi les intérêts du public mieux que toute autre forme économique connue dans le monde. En effet, en soumettant une entreprise privée au contrôle d'un organisme public indépendant, la réglementation a imposé une cure de *glasnots* avant l'heure à Bell. Il n'existe pas, à notre connaissance, de système économique qui contraigne autant une entreprise à dévoiler sa comptabilité, sa gestion ainsi que, d'une manière générale, ses pratiques internes — et ceci, bien mieux que la nationalisation pourrait le faire.

---

[199] McManus, John C., « *Federal* Regulation of Telecommunications in Canada », in English, H. Edward (directeur de publication), *Telecommunications for Canada : An Interface of Business and Government*, Methuen, Toronto, 1973, 428 pages. Cf. p. 403.

Au-delà du contenu des décisions de la Commission des chemins de fer, de la Commission canadienne de transports, puis de la Commission canadienne des transports (CCT) et du Conseil de la radiodiffusion et des télécommunications canadiennes (CRTC) qui lui succéderont, et quoi que l'on pense de la nature du contrôle qui sera imposé à Bell, le simple fait de faire sortir l'information du secret des conseils d'administration, représente un pas énorme en direction de la démocratie économique. Cela fonctionnera à merveille jusque dans les années 1970.

Avec la montée de la concurrence et la multiplication des groupes de pression, au cours de la période contemporaine, le processus réglementaire s'alourdira. La procédure juridique prendra le pas sur les questions de fond. Le CRTC sera parfois bousculé par l'actualité et il errera dans certaines décisions, allant jusqu'à compromettre le développement industriel des télécommunications au nom de principes sociaux qui avaient cessé d'être pertinents, ainsi qu'on le verra dans le volume 2 de *L'empire invisible*. Mais le jugement global que l'on peut porter sur la réglementation canadienne est celui d'une réussite économique et démocratique.

Ajoutons que ce modèle de réglementation a été repris tel quel par les États-Unis quand ils décideront de réglementer AT&T en 1910. Comme on l'a vu plus haut, Theodore Vail a très vite favorisé la réglementation du monopole téléphonique (chapitre 4 - *L'invention du téléphone, Édification de l'empire AT&T*). Pour lui, comme pour le législateur américain, le précédent canadien a servi de modèle. C'est un des rares exemples dans l'histoire du Canada et des États-Unis où c'est la souris qui a influencé l'éléphant !

Chapitre 7 - Balkanisation de la téléphonie au Canada

Mais pendant que le gouvernement fédéral imagine la solution du monopole privé réglementé par l'État, les provinces des Prairies nationalisent le téléphone. Le divorce entre *Bell Telephone* et l'Ouest aura lieu dans les cris et les larmes.

Au cours des années 1880 et 1890, Bell avait satisfait la demande en téléphones dans les provinces des Prairies sans trop de difficultés. Elle avait ouvert un bureau à Winnipeg, au Manitoba, en 1881, et avait desservi depuis là cette province ainsi que les Territoires du Nord-Ouest jusqu'aux Rocheuses.

Selon sa méthode, Bell donnera la priorité aux villes tandis que les campagnes doivent attendre. Par contre, les lignes interurbaines demeurent rares et, au début du siècle, le Manitoba n'est toujours pas relié au reste du Canada par téléphone (il l'est aux États-Unis). La raison de ce retard est économique : le capital investi dans l'Est du pays rapporte plus que dans l'Ouest. On verra que le respect de cette orthodoxie financière coûtera cher à Bell.

Les origines du mécontentement des Prairies

L'événement qui va bouleverser la situation est l'irruption massive d'immigrants au tournant du siècle. La population du Manitoba passe de 62 000 en 1881 à 461 000 en 1911, celle de la Saskatchewan de moins de 30 000 à 492 000 durant la même période, l'Alberta de 1 000 à 374 000. Il aurait fallu injecter une dose massive de capitaux et d'énergie dans l'infrastructure téléphonique pour un rendement incertain, ce que Bell aux prises avec un manque chronique de fonds ne pouvait ou ne voulait pas faire. Bell avait pourtant dégagé ses capitaux substantiels au tournant du siècle. Mais il était trop tard pour enrayer la vague de fond anti-monopole qui déferlait dans les Prairies ainsi que l'indique le tableau ci-après.

Année	Nombre de téléphones au Manitoba et dans les Territoires du Nord-Ouest
1896	2 000
1903	4 000
1905	8 000
1907	19 000

Source : Chiffres tirés de Christopher Armstrong et H.V. Nelles, *Monopoly's Moment*, Temple University Press, Philadelphia, 1986, 393 pages. Cf. p. 175.

Cette progression spectaculaire est d'autant plus remarquable que le téléphone est la première technologie industrielle à se frayer un chemin dans l'Ouest sans aide de l'État. En effet, le télégraphe avait été largement subventionné. On a vu que la toute première ligne télégraphique à desservir les Prairies en 1876 avait été l'œuvre du gouvernement (voir chapitre 2 - *L'industrie télégraphique s'organise, La conquête de l'Ouest*). La première ligne transcontinentale fut celle du Canadien Pacifique en 1886 et elle bénéficiait donc de l'aide indirecte de l'État. Face au télégraphe subventionné, le téléphone fait office de parent pauvre. Bell devra lever les fonds nécessaires sur le marché des capitaux, or personne ne veut investir dans le Far-West qui n'est pas encore légendaire, mais sur lequel courent déjà d'étranges rumeurs.

À ces faits économiques et démographiques vient se greffer une animosité culturelle contre tout ce qui vient de l'Est. Les villes déjà bien desservies se plaignaient des tarifs trop élevés et les campagnes mal desservies se plaignaient d'être négligées. L'historien du téléphone, Tony Cashman, dans sa rétrospective sur le téléphone en Alberta, résume très bien la situation des Prairies :

> *cette entreprise mal aimée réussit à être impopulaire de deux façons :*
> *(a) en venant dans une localité; (b) en s'abstenant.*[200]

Pour Bell, les Prairies sont un gouffre sans fin pour les investissements, par contre le taux de rendement y est singulièrement bas. Les abonnés de l'Ouest

---

[200] Cashman, Tony, *Singing Wires, The Telephone in Alberta,* cf., p. 23.

omettent volontiers de payer leurs factures de téléphone et les employés de Bell n'affichent pas un zèle excessif pour la perception.

Bell redouble d'effort dans l'Ouest (1903)

Archives Bell Canada

La correspondance de Bell avec ses directeurs locaux témoigne de cette incompréhension que Montréal affiche vis-à-vis de ce Far-West déroutant. L'extrait suivant provient d'une lettre adressée en 1889 par le trésorier de la compagnie au directeur de Calgary, en Alberta :

> *Je ne crois pas que notre vérificateur aux comptes acceptera vos explications des impayés. Sur les trente, le premier de la liste est parti et les vingt autres ne sont pas chez eux. Vous ne semblez pas avoir saisi notre procédure.*[201]

À l'opposé, les abonnés des Prairies se sentaient tout à fait justifiés de ne pas payer leurs factures pour un service qui était en panne plus souvent qu'à son tour. En outre, le plancher de 20 ou 25 abonnés que Bell exigeait dans une localité avant d'installer un central, irritait la population qui considérait le téléphone comme un des éléments clés du développement rural. Mais la fluidité de la démographie dans l'Ouest avait déjà obligé Bell à fermer des centraux à peine installés : la situation incitait à la prudence.

À la différence de l'Ontario et même du Québec, peu d'entreprises indépendantes furent créées dans les Prairies avant la nationalisation du téléphone. Il n'y avait donc pas la soupape de sécurité que constituait la présence d'un secteur indépendant dynamique. Avec l'arrivée d'une population nombreuse et, surtout, avec sa stabilisation géographique, cette carence aurait pu être corrigée. Au début de 1905, deux entreprises de téléphone déposèrent à l'Assemblée législative du Manitoba des projets de charte qui précisaient que leur but commun était de « remédier aux abus du monopole. » Mais la commission chargé d'étudier la question rejeta la demande en arguant de la nécessité d'une intervention gouvernementale, soit pour acheter les installations de Bell, soit pour créer un réseau parallèle.[202]

En juillet 1905, le fer de lance du populisme canadien, l'Union des municipalités, organisa son assemblée annuelle à Winnipeg. Francis Dagger y fit un vibrant plaidoyer en faveur de la municipalisation du service de base et la nationalisation (par l'État fédéral toutefois) de l'interurbain. La cheville ouvrière du combat anti-Bell déplaçait son offensive vers le terrain plus propice des Prairies.[203]

Le Manitoba ouvre le bal

Le Premier ministre conservateur du Manitoba, Rodmond Palen Roblin, profitera de ce mouvement pour lancer une campagne politique en faveur d'un réseau téléphonique public. Roblin avait commencé sa carrière politique sur le thème de l'opposition au monopole du Canadien Pacifique. Quand Bell

---

[201] Collins, Robert, *Une voix venue de loin*, 1977, cf. p. 187.

[202] Nom exact du comité : Private Bills Committee.

[203] ABC, *Western Canada : 1880-1909*, # 24090, 19 pages, document interne de Bell Canada, document non signé, non daté.

signa avec cette entreprise un contrat d'exclusivité du service téléphonique dans les gares de chemin de fer, la manœuvre qui était habile dans l'Est du pays apparut dans l'Ouest comme une provocation des grands monopoles. La centralisation excessive de Bell avait coupé la haute direction des réalités socio-politiques de l'Ouest. Par ailleurs, la situation financière et politique du Canadien Pacifique en faisait une forteresse inexpugnable pour les récentes provinces des Prairies. Bell joua le rôle du bouc émissaire dans une querelle très passionnelle.

En outre, la question du téléphone vient d'être mise à la une de l'actualité par la Commission spéciale de la Chambre des communes et la province voisine de l'Ontario flirte déjà avec l'idée de nationaliser l'électricité. La création d'Ontario Hydro date de 1906.

Charles Sise considère avec raison que « le mouvement au Manitoba était une affaire purement politique. » Il caressera un certain temps l'idée de suivre l'exemple des Maritimes et de créer une entreprise avec des capitaux locaux et une participation à déterminer de *Bell Telephone*. Mais les Prairie au tournant du siècle n'ont pas la tradition capitaliste des Maritimes et les hommes d'affaires locaux songent plus à faire fortune dans l'immobilier ou le commerce qu'à investir dans le téléphone où le taux de rendement tourne bon an mal an autour de 7%.

Au demeurant, la situation est bien trop politisée pour qu'une solution puisse être envisagée où Bell soit partie prenante. La Prairie tout entière, et non pas seulement la seule province du Manitoba, est soulevée contre Bell. Sise pensera même lancer une filiale déguisée en entreprise américaine mais il reculera quand il sera question de verser des pots-de-vin au personnel politique manitobain. Il commet alors une erreur tactique : il dépêche sur place son éternel chef des « agents spéciaux », W.C. Scott, afin d'organiser la contre-offensive. Celui-ci lance une campagne de presse et de lobbying basée sur la rationalité économique. Mais l'opinion publique ne se laisse pas convaincre comme une commission parlementaire, on ne combat pas la passion politique avec des chiffres.[204]

Référendum *sur le téléphone*

En novembre 1905, le Premier ministre Roblin annonce son intention d'aller de l'avant avec la création d'un réseau téléphonique à propriété mixte

---

[204] Les deux projets sont mentionnés dans *Monopoly's Moment*, p. 177, 179 et 180.

municipal-provincial et une commission spéciale est nommée en janvier 1906 afin d'étudier les moyens à mettre en œuvre. Sise exhibe alors la protection juridique de Bell. Une province ne peut pas exproprier une entreprise qui avait été déclarée « au profit de tous les Canadiens. » C'est encore une erreur. Au Canada, une entreprise, qui plus est un service public, ne peut se permettre le luxe d'un affrontement avec un gouvernement provincial. Jamais.

Le gouvernement du Manitoba dépose deux projets de loi : le premier taxe les téléphones privés et le second autorise la mise sur pied du réseau mixte, sous réserve de l'approbation des contribuables. Pendant ce temps, les équipes de Bell redoublent d'ardeur pour améliorer le service : une ligne à longue distance relie en 1906 Winnipeg à Regina. Rien n'y fait.

Municipalité par municipalité, une série de *référendum*s est organisée. Le gouvernement du Manitoba engage alors Francis Dagger comme conseiller afin d'informer les électeurs sur la question du téléphone de manière « absolument apolitique. » Celui-ci invite pour l'occasion le Dr Demers, le pionnier du téléphone dans l'est québécois, à s'adresser aux francophones de la province. En outre, la propagande officielle promet de réduire le tarif de base de moitié et les tarifs interurbains jusqu'au tiers. Bell organise de son côté une contre-campagne destinée à montrer le véritable choix : ou les tarifs baissent et alors la masse des contribuables devra financer la minorité des usagers du réseau téléphonique public, ou les tarifs ne baisseront pas et alors à quoi bon nationaliser ?

Les résultats de la propagande gouvernementale seront mitigés. Une majorité de 67 municipalités contre 55 rejette le projet gouvernemental. Cependant, en termes de votes, une légère majorité de 13 688 contre 11 567 se dessine en faveur du projet (pour être adopté le projet devait réunir 60% des voix dans chaque municipalité). Nullement découragé, Roblin déclenche des élections générales sur le thème du téléphone et se trouve reporté au pouvoir en mars 1907. Il adresse une lettre immédiatement après à Sise afin d'acheter les installations de Bell au Manitoba et se heurte à une fin de non-recevoir. Roblin prend alors ses dispositions pour créer un réseau parallèle, comme la loi l'y autorise. Bell est au pied du mur. Dans le journal de bord qu'il tient au jour le jour (vieille habitude de capitaine de marine), Sise écrit alors dans son style laconique que l'entreprise a le choix entre : « perdre le territoire contre de l'argent ou sans ».[205]

Bell abandonne le Manitoba

Bell perdra le Manitoba pour de l'argent, beaucoup d'argent. Autant Sise est un piètre politique, autant il peut se montrer habile en affaires. Sans procéder à la moindre évaluation, il demandera 4 millions de dollars et sera trop heureux de conclure à 3,4 millions en décembre 1907 sous les clameurs indignées de Dagger qui, depuis Regina où il travaillait pour le gouvernement de la Saskatchewan, n'en suivait pas moins le déroulement des opérations : « C'est un cadeau d'un million ajouté à la valeur réelle du réseau », clamait-il à tous vents. Il n'était pas loin de la vérité (voir chapitre 14 - *Les compagnies de téléphone autres que Bell, Fin de l'illusion lyrique au Manitoba*) ![206]

Autre facteur qui a certainement influé sur ce dénouement : la crise dans laquelle se débattait AT&T. C'était l'époque du coup d'État financier de John Pierpont Morgan qui devait aboutir au retour de Theodore Vail aux affaires. En attendant de remettre AT&T sur pied, Vail avait conseillé à son vieil ami Sise de temporiser et de rechercher des compromis. Or, une fois de plus, *Bell Telephone* avait échoué à trouver au Canada l'argent dont elle avait besoin pour son développement. En privant Bell de son recours habituel, les événements d'AT&T l'ont contrainte à éviter la concurrence au Manitoba mais aussi à transformer une situation négative en source de revenus extraordinaires.

En définitive, le 15 janvier 1908, l'État provincial prenait officiellement possession d'un réseau desservant 15 000 abonnés et comptant 700 employés. Une clause du contrat entre Bell et le Manitoba précisait que les employés de Bell dans cette province étaient automatiquement engagés par la nouvelle administration gouvernementale.[207]

---

[205] Armstrong, Vhistopher et Nelles, H.V., *Monopoly's Moment, The Organization and Regulation of Canadian Utilities, 1830-1930*, Temple University Press, Philadelphia, 1986, 393 pages. Cf. p. 184.

[206] Britnell, G.E., Public Ownership of Telephones in the Prairie Provinces, MA Thesis, University of Toronto, Toronto, 1934, 175 pages. Cf. p. 37.

[207] Le chiffre de 15 000 est tiré de Britnell, G.E., *Public Ownership of Telephones in the Prairie Provinces*, cf. p. 39. Le chiffre de 17 000, cité dans *Allo l'interurbain*, p. 131, comprend les abonnés déjà desservis par MGT, ce que confirme le rapport annuel de MGT pour 1908. La brochure *People of Service, A Brief History of the Manitoba Telephone System* publiée par Manitoba Telephone System, sans doute en 1980, sans nom d'auteur, 36 pages, parle plutôt de 25 000, dont 14 000 issus du réseau Bell. Mais ce nombre de 25 000 paraît fortement gonflé et ne se retrouve nulle part ailleurs.

L'Alberta claque la porte à son tour

L'agitation au Manitoba avait incité l'Alberta à s'intéresser aussi au téléphone. Depuis le tournant du siècle, les conflits se multipliaient entre Bell et les hommes d'affaires qui, à la différence du Manitoba, étaient de plus en plus nombreux à lancer des entreprises de téléphone. Ceux-ci essayaient de dissuader le géant montréalais d'ouvrir des centraux dans les mêmes localités qu'eux. Partout, Bell invoqua sa charte fédérale pour aller de l'avant et installer un réseau, étouffant dans l'œuf les velléités locales.

À Red Deer, petite localité à mi-chemin entre Calgary et Edmonton, l'épreuve de force aboutit à la mise en service de deux centraux concurrents. Aussi, dès que l'Alberta sera constituée en province en septembre 1905, les deux principaux partis politiques avaient mis à leur programme la nationalisation en général des services publics.

Dès son élection, le gouvernement libéral s'empressa de préparer une loi qui conférait aux municipalités le droit d'édifier et d'exploiter des réseaux téléphoniques locaux; on y prévoyait que le gouvernement provincial relierait ces réseaux locaux par un réseau interurbain. Au cours de la première session de la première Assemblée législative, en mars 1906, la loi sur le téléphone fut adoptée et fit par là-même de l'Alberta la première province à créer un réseau téléphonique d'État.

La première ligne interurbaine est construite de peine et de misère pendant l'hiver 1906-7 entre Calgary et Banff. La toute nouvelle administration gouvernementale, *Alberta Provincial Telephones* (APT) fixera le tarif à 30% en-dessous de ceux de Bell sur une distance équivalente. Bell réplique en doublant sa ligne Calgary-Edmonton et en construisant une nouvelle ligne au sud de Calgary. Le gouvernement libéral de Graham Cameron Rutherford a compris que la pierre angulaire du monopole de Bell est l'interurbain. Il fait adopter en février 1907 une nouvelle loi sur le téléphone qui précise les modalités d'exécution de celle de 1906. Le débat en chambre atteint un degré de violence verbale inégalé jusque là dans l'histoire du téléphone au Canada : Bell est désignée sous le sobriquet de « pieuvre » et Sise, son président, voué aux gémonies, témoin cette diatribe enflammée d'un député :

> *Il est peut-être un Napoléon, mais heureusement l'Alberta a son Wellington et aujourd'hui la compagnie de téléphone Bell a trouvé son Waterloo.*[208]

Le député en question était le propriétaire de la petite compagnie de téléphone de Red Deer et il avait des raisons personnelles d'en vouloir à Bell. Il n'empêche, le ton était donné.

À la suite de ce débat, le gouvernement provincial offrira à Bell d'acheter ses installations en Alberta. Charles Sise propose au gouvernement de créer une entreprise conjointe, ce qui aurait évité à la province de payer pour acquérir les installations déjà en place. Le gouvernement refuse cette offre, pourtant avantageuse en tous points pour cette province – en tous points, abstraction faite du « patriotisme » albertain. Sise commet alors une faute d'autant plus impardonnable qu'elle cadre mal avec ce que l'on sait de ce personnage austère et froid. Il s'emporte dans sa réponse au ministre albertain des Travaux publics :

> *Depuis les vingt-sept années que les actions de cette Compagnie sont transigées, je n'ai jamais entendu parlé d'un citoyen de l'Alberta qui ait acheté ou envisagé d'acheter une action de la Compagnie, ou encore, aidé la Compagnie Bell Telephone à mener ses affaires.*[209]

Encore une fois, le dialogue est rompu entre Bell et les autorités gouvernementales. L'année 1907 sera marquée par une course de vitesse entre APT et Bell. APT construit ou remet en état 14 centraux, des lignes interurbaines sont lancées dans toutes les directions – où Bell est absente.

La ligne Edmonton - Lloydminster donne lieu à un incident révélateur de l'enthousiasme qui accueille l'arrivée du téléphone dans les localités isolées. Lloydminster est une ville à cheval sur l'Alberta et la Saskatchewan. Quand l'interurbain atteindra la partie située en Alberta, les habitants de la partie située en Saskatchewan réclameront d'être reliés. APT opposa immédiatement un refus, pour ne pas créer un incident avec la province voisine. Qu'à cela ne tienne, le Premier ministre de la Saskatchewan, Thomas Walter Scott, autorisera par lettre APT à construire une ligne où bon lui semblait dans sa province...

---

[208] Cité in *Singing Wires*, p. 140.
[209] *Singing Wires*, p. 146.

D'une manière générale en Alberta, quand le téléphone se fait par trop attendre, l'initiative locale prend les devants. Des petites entreprises sont créées un peu partout sous des appellations diverses, *Alberta and South Eastern Telephone*, *Kansas and Didsbury*, parfois sans appellation officielle, faute de temps. Les téléphones sont achetés au petit bonheur et les lignes sont fabriquées avec du fils de fer à clôtures.

Dans un tel contexte, l'issue de la guerre entre Bell et APT ne faisait pas de doute. Bell jouait la carte de la rationalité économique. Le gouvernement albertain et APT faisaient jouer la carte de la fierté de l'Ouest conquérant, l'opposition aux grandes compagnies et aux bureaucrates lointains de l'est. Le duel était inégal. En avril 1908 Bell acceptera de vendre ses installations au gouvernement albertain pour 650 000 dollars. Son réseau comportait 1 100 km de lignes interurbaines, 18 centraux interurbains, 19 centraux locaux, 2 270 abonnés et 150 employés (seuls les membres de la haute direction demeurèrent avec Bell et rentrèrent à Montréal). Comme au Manitoba, les tarifs téléphoniques baissèrent aussitôt.[210]

La Saskatchewan négocie sa sortie

La Saskatchewan ne pouvait pas faire autre chose que de suivre l'exemple des deux provinces voisines. Scénario connu : le gouvernement engagea Francis Dagger comme expert en 1907. Celui-ci recommanda de nationaliser le service interurbain et de municipaliser le service local. Un soin tout spécial était accordé aux agriculteurs qui formaient la majorité des habitants de la Saskatchewan : le service rural serait confié à des coopératives téléphoniques. Il s'agissait d'une solution originale et adaptée à une province qui aurait été incapable de financer un réseau essentiellement rural, donc très dispendieux.

Le conflit avec Bell n'atteignit pas la même intensité en Saskatchewan, comme le rappellera de manière imagée Lewis McFarlane qui avait été le négociateur de l'entreprise montréalaise à cette occasion :

---

[210] L'intégration des installations de Bell et d'AGT donnait près de 1 900 km de lignes interurbaines, 60 centraux interurbains, 35 centraux locaux et 2 929 abonnés. Anonyme, « History of the *Alberta Government Telephones*, in *The Transmitter*, février 1921.

> *Ayant coupé nos bras et nos jambes (Manitoba et Alberta), il n'y avait plus de raison de garder le corps !*[211]

En juin 1908, la plupart des recommandations Dagger furent reprises dans trois lois établissant un système de coopératives municipales ou agricoles au niveau local et un système provincial au niveau interurbain, le tout coiffé par un nouveau ministère des chemins de fer, téléphones et télégraphes. L'État provincial entendait construire un système téléphonique de concert avec les municipalités et les agriculteurs, en s'appuyant sur l'initiative locale et non en remplaçant purement et simplement Bell par une entreprise nationalisée. Jamais la théorie coopérative de Dagger ne trouva à s'incarner avec plus de fidélité par rapport au modèle original qu'en Saskatchewan.

Le manque de liquidités de la province retarda quelque peu le dénouement. Il ne faut pas oublier que la Saskatchewan, comme l'Alberta, avait été constituée en province en 1905 seulement. L'achat du système téléphonique était en quelque sorte son baptême du feu en matière d'intervention économique. Or, la jeune province manquait de tout.

Des élections eurent lieu en août 1908 qui reportèrent au pouvoir le gouvernement libéral de Thomas Scott et un accord fut conclu en avril 1909. Bell vendit ses installations dans cette province pour 368 920 dollars.[212] Son réseau comptait alors 265 km de lignes à grande distance (principalement le tronçon saskatchewannais de la ligne Regina-Winnipeg ouverte en 1906), onze centraux interurbains, 13 centraux locaux et il comptait 2 020 téléphones. À la suite de cette acquisition, l'État provincial fit l'acquisition de trois compagnies indépendantes et construisit ses deux premiers centraux, si bien qu'un an plus tard le réseau de la Saskatchewan comptait 792 km de lignes à longue distance et 5 710 abonnés.[213]

Bilan des pertes de Bell

Bell Telephone avait perdu la moitié de son territoire entre le départ de l'Île-du-Prince-Édouard en 1885 et celui de la Saskatchewan en 1909 mais le nombre de téléphones qu'elle desservait était passé de 8 000 à près de 120 000 dans la même période. Les pertes géographiques avaient été

---

[211] ABC, *Western Canada : 1880-1909*.

[212] Spafford, Duff, *Telephone Service in Saskatchewan*, pp. 5-19.

[213] *Answering the call, The History of telecommunications in Saskatchewan*, SaskTel, Regina, mars 1988, 12 pages.

compensées par une pénétration exceptionnelle dans le cœur du Canada et, en particulier, dans les villes.

D'un point de vue purement économique, la perte des Prairies marque les limites de l'entreprise privée nord-américaine attachée à des objectifs de rentabilité à court terme. Il aurait fallu une vision à long terme qui faisait défaut à Bell pour accepter d'investir à perte dans l'Ouest, ou même, à un taux de rendement moindre que dans l'Est.

Aux États-Unis, confrontée aux mêmes problèmes, la téléphonie est demeurée unifiée dans le cadre d'AT&T. Mais la direction de Theodore Vail n'est pas caractéristique du capitalisme sauvage nord-américain. Celle de Charles Sise, si. Dans ces circonstances, il faut considérer l'intervention des États provinciaux comme le seul moyen disponible pour pallier le manque de capitaux dans les Prairies, ainsi que le suggère l'historien et philosophe des communications, Harold Innis :

> *La propriété étatique présentait l'avantage d'offrir la possibilité de réunir immédiatement des capitaux importants à un taux d'intérêt relativement bas, ce qui a mis à la disposition de la population en un temps record les bienfaits de la civilisation moderne qui nécessitent de gros investissements.*[214]

Quelques années auparavant, le télégraphe avait reçu l'aide directe et indirecte de l'État fédéral. Jamais le télégraphe n'aurait pénétré dans les Prairies sans subventions massives. Mais au XIXe siècle le télégraphe avait partie liée avec l'État-nation, le téléphone non.

Pour Innis, la nationalisation est avant tout dictée par la conjonction de trois facteurs : rareté du capital, faible densité de population et expansion économique rapide. Dans cette optique, les dimensions idéologiques de la controverse joueraient un rôle anecdotique. La nationalisation est un moyen efficace de lever du capital bon marché quand tous les autres moyens ont échoué.[215]

---

[214] Innis, Harold, *Problems of Staple Production in Canada*, cf. p. 70.
[215] Innis, Harold, *Problems of Staple Production in Canada*, pp. 76-81.

La fin du règne de Sise

Charles Sise lâcha les rênes du pouvoir en février 1915, après 35 ans d'exercice solitaire du pouvoir. Il avait 80 ans passés. Durant les dernières années, son entourage se plaignait bien de sa surdité croissante, mais qui aurait pu lui souffler de s'en aller ? *Bell Telephone* était devenue la « chose » de Sise. Il nomma son fidèle second, Lewis McFarlane, à la présidence et lui-même se réserva la présidence du conseil d'administration.

Sise avait façonné Bell à son image, autoritaire, sévère et moraliste pour autant que la morale coïncidât avec la rationalité économique. Mais quel que soit l'aspect considéré de cette empreinte initiale, on y retrouve une volonté opiniâtre de bâtir, structurer, créer.

Le fait d'arme de Sise est sans conteste le « blitz » fondateur de Bell durant l'été de 1880. En quelques mois, il met tout le monde devant le fait accompli du monopole. Il manœuvre avec maestria entre la société mère, les compagnies de télégraphe et le gouvernement fédéral. Quand il débarque à Montréal au mois de mars, il est un représentant au statut mal défini d'*American Bell*. En juin, il est officiellement le N°2 de la nouvelle compagnie et, en fait, il en est déjà le maître. En octobre, après l'achat des installations téléphoniques des deux grands de la télégraphie, il a assuré à Bell un monopole de fait sur le Canada. Cette insolente série de succès évoque la bonne fortune du jeune Bonaparte en Italie.

Non moins importante est la virtuosité avec laquelle Sise desserre l'étreinte de la maison mère américaine sur l'entreprise canadienne. En deux ans, *American Bell* passe d'un statut de propriétaire à un statut d'actionnaire minoritaire... après avoir apporté 100% des investissements. À court terme, cela ne change guère les relations entre les deux entreprises puisque les Américains détiennent toujours la minorité de contrôle. Cette perte de la majorité constitue néanmoins le premier pas de ce qui deviendra la longue marche vers l'indépendance du groupe Bell.

Enfin, la « décolonisation » réussie des provinces des Maritimes représente l'extrême limite de la réussite de Sise. Incapable de continuer l'exploitation du téléphone dans ces provinces, il négocie une séparation en douceur avec les nouvelles compagnies de l'Île-du-Prince-Édouard, de Nouvelle-Écosse et du Nouveau-Brunswick et maintient la présence du groupe Bell dans ces provinces, à titre de conseil et de fournisseur d'équipement téléphonique.

En tête du passif, il faut inscrire l'absence de vision globale du phénomène « téléphone ». À la différence de Theodore Vail aux États-Unis, Sise n'a pas de projet à long terme. Rien dans son journal de bord ne révèle de grand dessein. Il gère au plus serré, sans inspiration même quand il ne commet pas d'erreur. Il n'y a pas une phrase dans son immense correspondance qui mérite de passer à la postérité. Rien. Il est vrai que l'on a tendance à être d'autant plus sévère avec Sise qu'on le compare avec Vail.

Cette absence de vision est à l'origine des plus grandes erreurs de Sise. S'y ajoute une absence totale de sens politique. En effet, n'oublions pas qu'au cours de la Guerre de sécession, il avait commencé sa carrière en prenant partie pour le Sud esclavagistes contre le Nord abolitionniste. Quand on est un enfant du New Hampshire, un pur « Yankee » de le Nouvelle-Angleterre, il fallait être singulièrement dépourvu de jugement (sans parler de sens moral) pour s'engager dans les rangs sudistes.

À la tête de Bell, Sise ne saisira pas l'importance du protectionnisme canadien qui est pourtant au cœur de la *National Policy* du Premier ministre John Macdonald. Il continuera à importer des équipements téléphoniques des États-Unis et perdra les brevets de Bell. Néanmoins, à sa décharge, il faut reconnaître qu'après ce revers initial, il saura tirer les leçons de sa bévue et apportera tous ses soins à l'édification d'un secteur manufacturier indépendant au Canada.

Jusqu'au tournant du siècle, malgré certaines limites indéniables, le bilan de la gestion de Sise est globalement positif. Sans avoir l'envergure d'un Vail, il appartient indéniablement à la catégorie des bâtisseurs. Après 1900, le rapport s'inverse. L'âge aidant, affligé d'une surdité croissante, le conservatisme de Sise l'emporte sur son énergie. Dans son conflit avec *Northern Electric*, il perd le plus clair de la marge de manœuvre qu'il a si âprement disputée à la maison mère américaine.

Surtout, Sise est complétement dépassé par le populisme municipal. Il méconnaît les rapports de forces dans l'Ouest canadien et ignore le sentiment d'aliénation de sa population. Cette double erreur de jugement lui fait perdre coup sur coup le Manitoba, l'Alberta et la Saskatchewan.

La montée du syndicalisme apporte la confirmation de l'incapacité du vieil homme à s'adapter au XXe siècle montant (voir chapitre 9 - *Capitalisme sauvage et choc des langues*). La grève de Toronto le surprend engoncé dans l'attitude figée du capitalisme primitif. Il ne comprend pas la nécessité de communiquer avec les employés. Il comprend encore moins la nécessité d'entretenir des relations avec le gouvernement et affichera un mépris à l'égard de Mackenzie King qui se révélera coûteux pour son entreprise. C'est un patron de droit divin.

Qui plus est, Sise aura travaillé pendant 35 ans dans une ville de langue française – Montréal – sans en tirer de conclusion en termes de gestion. Il a conçu Bell comme une entreprise anglo-saxonne dans un environnement québécois, ce qui, pour les entreprises de l'époque, était courant. Par contre, pour un service public, une telle attitude était suicidaire. Son erreur était d'autant moins pardonnable qu'il était lui-même parfaitement bilingue.

Sise a confié très tôt les relations avec le monde extérieur à un département dit des « agents spéciaux ». Nous avons vu comment le directeur de ce département, William Scott, a été amené à s'adonner à des activités d'espionnage pour le compte de Bell. Nous sommes loin de l'obligation de transparence prônée par Vail à la même époque. Tandis que Vail inventait de toutes pièces les relations publiques, Sise entretenait avec soin le culte du secret. Son journal de bord abonde en codes et en chiffres plus ou moins obscurs qui dénotent un penchant affirmé pour l'ombre et les jeux de coulisse.

En résumé, Sise n'a pas vu que la téléphonie de 1900 a changé de nature. Ce n'est plus une industrie comme les autres, c'est un service public et, à ce titre, des responsabilités nouvelles sont apparues. Or, la politique officielle de Bell persiste à nier cette évolution dans la nature du téléphone, témoin cette profession de foi du tournant du siècle, saisissante par son anachronisme, même si on tient compte de l'époque :

> *Le service téléphonique n'a pas un caractère universel au même titre que les réseaux de distribution d'eau, de gaz, d'électricité ou même de tramways.*[216]

Il faut attendre la Commission spéciale de 1905 et le retour de Theodore Vail au pouvoir de la maison mère en 1907 pour que Sise prenne conscience du

---

[216] Extrait d'un avis public de Bell intitulé « The Taxpayer and the Telephone », 4 janvier 1902. ABC, # 12016.

changement. Le message du président publié dans le rapport annuel de *Bell Telephone* en 1912 atteste du revirement soudain de Charles Sise :

> *... aujourd'hui, le sentiment général semble être que le service téléphonique, pour être parfait, doit être universel, intercommunicant, interdépendant, sous contrôle unique... et que les tarifs doivent être fixés de façon à ce que chacun puisse s'abonner, ce qui ajoutera de la valeur au réseau utilisé par l'ensemble des abonnés.*[217]

Le texte aurait pu être signé Theodore Vail ! Néanmoins, ce ralliement surprenant atteste de la capacité d'adaptation de cet homme du XIXe siècle. Sise n'a pas l'intelligence nécessaire pour innover, mais il a l'instinct suffisant pour survivre.

Le règne de Sise aurait gagné à être écourté. Trente-cinq ans à la tête d'une entreprise, c'est trop. Mais Sise ne considérait pas son rôle à Bell comme une fonction. Il avait reporté sur « sa » compagnie le sentiment d'appartenance que l'on réserve d'ordinaire à un pays. Bell était la patrie de Sise.

L'historien Graham D. Taylor dit plus crûment que Charles Sise avait « colonisé » *Bell Telephone*.[218] En effet, en 1913, il avait installé son fils Charles Sise junior au conseil d'administration de l'entreprise et celui-ci devait succéder en 1925 à McFarlane à la présidence. Ses deux autres fils, Edward F. Sise et Paul. F. Sise entrèrent au conseil d'administration de *Northern Electric* en 1911. Edward en devint le président en 1914 et Paul lui succéda en 1924. Bien que ne possédant qu'une fraction infinitésimale des actions de l'entreprise, la dynastie Sise régna pendant deux générations sur le domaine Bell.

Cet essai de bilan de l'œuvre de Charles Sise aux commandes de *Bell Telephone* ne serait pas complet, si on omettait d'y adjoindre deux chiffres :

---

[217] Rapport annuel de *Bell Telephone* of Canada, 1912. Cité in *Charles Fleetford Sise, 1834-1918*, pp. 224-225.

[218] « Charles F. Sise, Bell Canada, and the Americans : A Study of Managerial Autonomy, 1880-1905 », p. 22.

Année	Nombre d'abonnés
1880	2 165
1914	237 068

Sources : Collins, Robert, *Une voix venue de loin*, 1977, cf. p. 113 et R.C. Fetherstonhaug, *Charles Fleetford Sise, 1834-1918*, Gazette Printing Company, Montréal, 1944, 238 pages. Cf. p. 223.

Nouveau-Brunswick : la plus célèbre compagnie indépendante au Canada

Quelle est la situation de la téléphonie au Canada en 1915, hors du territoire de Bell ? Partout cette industrie est sortie de l'enfance mais, contrairement au télégraphe, elle n'a pas atteint sa vitesse de croisière. Malgré quelques exceptions ponctuelles, la « grande politique » préconisée par Theodore Vail aux États-Unis n'a pas encore franchi les frontières.

Dans les Maritimes, on assiste à une série de grandes manœuvres qui aboutiront à faire basculer le contrôle de toutes les compagnies de téléphone dans des mains nouvelles. Précisons qu'il s'agira d'un simple mouvement de rationalisation financière et non d'une remise en question radicale de leur orientation. Les compagnies des Maritimes demeurent indépendantes de Bell, bien qu'en bons termes avec cet actionnaire minoritaire[219]. Contrairement au reste du Canada, il n'y aura pas d'affrontement majeur entre les compagnies indépendantes et les compagnies dominantes. En effet, comme les entreprises dominantes sont locales et proches de la population, les escarmouches concurrentielles ne prendront pas une coloration politique.

Fait unique au Canada, le téléphone au Nouveau-Brunswick passe sous le contrôle d'un indépendant (qui cesse ipso facto de l'être). Cette action d'éclat est l'œuvre de *Central Telephone* qui fut fondée en 1904 pour exploiter une ligne entre la capitale Saint-Jean et Sussex, petite localité située à mi-chemin entre Saint-Jean et Moncton.

Tout avait pourtant commencé de façon anodine. Un jeune industriel de Sussex nommé Howard Perley Robinson avait accepté divers postes au sein de la direction de ce service public par esprit civique. Quand cette compagnie avec une ligne qui ne menait nulle part, fut acculée à la faillite, Robinson

---

[219] Rappelons qu'il s'agit de *Telephone Company of Prince Edward Island*, *Nova Scotia Telephone Company* et *New Brunswick Telephone Company* (chapitre 6 – *Bell soulève la contestation*, voir sections « L'Île-du-Prince-Édouard acquiert son indépendance de Bell », « La Nouvelle-Écosse suit deux ans plus tard » et « Le Nouveau-Brunswick n'est pas la Nouvelle-Écosse ! »

siégeait par le plus grand des hasards au poste de directeur général. Tout naturellement, il pensa vendre *Central Telephone* à *New Brunswick Telephone*. Le refus d'acheter de cette dernière piqua Robinson au vif.

Le « directeur général » de *Central Telephone* était un homme de détermination. Il paya derechef les dettes de « sa » compagnie et conduisit une véritable guérilla à *New Brunswick Telephone*, prenant des risques financiers extrêmes (il doubla certaines lignes du réseau interurbain de son concurrent) et jouant à fond la carte juridique. Finalement, *New Brunswick Telephone* dut accepter le principe d'une fusion avec *Central Telephone* sur une base d'égalité.

Mais Robinson ne se contenta pas de cette demi-victoire. Il prépara à sa façon l'assemblée des actionnaires de juin 1907 où devait se jouer le sort de la fusion. Dans *New Brunswick Telephone*, Bell détenait le tiers des actions avec droit de vote. Or, Robinson avait appris que *New Brunswick Telephone* achetait du matériel téléphonique aux États-Unis et non à *Northern Electric*, au grand déplaisir de Bell. Il prit langue avec Sise et obtint que les représentants de Bell ne votassent pas. C'est ainsi que lors de l'assemblée consacrée à la fusion, Robinson fort de l'appui de la moitié des actionnaires et de l'abstention du tiers des actionnaires de la partie adverse, fut élu directeur général et chef de l'exécutif de *New Brunswick Telephone*. Il le restera jusqu'à sa mort.[220]

Cette fusion inquiéta une opinion publique toujours prompte à dénoncer les monopoles privés. Quand New Brunswick demanda à augmenter son capital de 600 000 dollars à 2 000 000, l'hôtel de ville de Saint-Jean intenta des poursuites arguant d'une tentative de maquiller des revenus. À peine constituée, l'Union des municipalités du Nouveau-Brunswick demanda la nationalisation de l'entreprise. Aucune de ces actions n'eut de conséquences.

Cependant, Howard Robinson ne pouvait se contenter de gérer sagement. Sous sa houlette, l'entreprise nouvelle manière se signala par la boulimie avec laquelle les derniers indépendants furent éliminés en quelques années. Son activisme forcené eut pour conséquence de contraindre le Premier ministre

---

[220] Collins, Robert, *Une voix venue de loin*, pp. 172-175.

conservateur John Douglas Hazen à créer une Commission des services publics en 1910.[221]

Nouvelle-Écosse : une province à l'avant-garde de la réglementation

La situation en Nouvelle-Écosse semble avoir été très différente. *Nova Scotia Telephone* prospéra en bonne intelligence avec les entreprises indépendantes, acceptant même de vendre ses installations aux nouveaux venus contre des prises de participation et interconnectant leurs réseaux locaux à ses lignes interurbaines. En fait, les archives de *Nova Scotia Telephone* révèlent que les indépendants avaient l'habitude d'offrir des participations à cette entreprise chaque fois qu'elles avaient besoin d'argent pour agrandir ou moderniser leurs réseaux.

Une seule exception à ce tableau idyllique : l'affaire Chambers à Truro. Les interférences entre réseaux électrique et téléphonique amenèrent *Nova Scotia Telephone* à demander une injonction contre la Chambers Electric Light Company en septembre 1891. Après deux ans de querelles ininterrompues, le propriétaire de cette dernière fonda une compagnie de téléphone et orchestra une campagne de publicité pour offrir le téléphone gratuit à tous ceux qui s'abonneraient à l'électricité…

L'affaire fut jugée suffisamment sérieuse pour que Charles Sise en fût saisi. En effet, celui-ci siégeait au conseil d'administration de *Nova Scotia Telephone* depuis le retrait pacifique de Bell en 1888. Sise dépêcha donc un spécialiste de la lutte contre les indépendants pour assister l'entreprise de Halifax. La solution imaginée par l'expert fut bien sûr… la création d'une compagnie d'électricité. À malin, malin et demi ! Une charte fut même déposée à cet effet devant l'Assemblée législative de Nouvelle-Écosse. Chambers Electric Light recula et la guerre de l'électricité contre le téléphone n'eut jamais lieu. *Nova Scotia Telephone* dut faire comme toutes les autres compagnies de téléphone et convertit le réseau de Truro aux circuits métalliques.[222]

En 1903, la Nouvelle-Écosse fut la première province canadienne à réglementer le téléphone. Toute demande de hausse tarifaire devait être adressée au cabinet. Cependant, les ministres néo-écossais se plaignirent

---

[221] *Monopoly's Moment*, pp. 198-200.

[222] *Abbreviated History of Telephone Service in Nova Scotia*, A.M. Mackay, 5 classeurs à anneaux, pas de mention d'éditeur (probablement Maritime Telegraph & Telephone), non daté (probalement 1965). Cf. classeur I, pp. 70-74.

tellement de ce rôle pour lequel ils n'étaient pas préparés qu'à l'instar des autres provinces, une Commission des services publics fut instituée en mai 1909 sur le modèle de l'organisme de réglementation du Wisconsin. En 1913, la loi sera amendée pour faire de la Commission un tribunal de dernière instance. Le service téléphonique y est défini comme un service public.[223]

Unification de la Nouvelle-Écosse et de l'Île-du-Prince-Édouard

En avril 1910, une nouvelle entreprise fut formée à Halifax sous le nom de *Maritime Telegraph and Telephone* (MT&T) avec de grandes ambitions : il s'agissait ni plus ni moins d'unifier les entreprises de téléphone des Maritimes afin d'améliorer le réseau interurbain entre les quatre provinces de la façade Atlantique du Canada. MT&T se tourna en priorité vers *Telephone of Prince Edward Island* qui traversait depuis quelques années des difficultés financières. En effet, cette entreprise ne s'était jamais relevée de l'effort de modernisation qu'elle avait dû effectuer quand l'électrification des villes l'avait contrainte à remplacer son système à un fil avec retour par la terre par des circuits métalliques. En outre, *Telephone of Prince Edward Island* avait elle aussi un grand projet.

Depuis le début du siècle, l'Île-du-Prince-Édouard rêvait de se rattacher au continent par téléphone, mais elle se heurtait au veto d'*Anglo-American Telegraph* qui régnait sur le télégraphe de l'île depuis les premiers efforts de Frederick Gisborne lors de l'épopée du câble transatlantique. *Anglo-American Telegraph* affirmait avoir le monopole pour toutes les communications électriques avec l'extérieur de l'île (on a vu que cette compagnie avait déjà tenu les même propos quand Bell avait voulu introduire le téléphone à Terre-Neuve une vingtaine d'années plus tôt). Au contraire, *Telephone of Prince Edward Island* affirmait que ce monopole concernait seulement les relations internationales et non interprovinciales.

Après plusieurs années de démarches infructueuses, la situation fut débloquée par MT&T. Elle posa un câble rudimentaire sous le détroit de Northumberland entre Pictou, en Nouvelle-Écosse et Wood Island, dans l'Île-du-Prince-Édouard. En janvier 1911, les premières conversations

---

[223] L'État du Wisconsin avait créé en 1907 un « Board of Railway Commissioners ». Cité in Waverman, Leonard, *The Process of Telecommunications Regulation in Canada*, cf. pp 59-60.

téléphoniques eurent lieu avec continent. Il ne restait plus à *Anglo-American* qu'à s'incliner devant le fait accompli.

Cependant le réseau rural de l'Île-du-Prince-Édouard était dans un si piètre état qu'il fallut moderniser le tronçon Wood Island - Charlottetown de toute urgence. Dès avant l'inauguration du câble sous-marin, *Telephone of Prince Edward Island* avait dû demander l'assistance financière de MT&T qui avait riposté par une offre d'achat en septembre 1910. Après de laborieuses discussions, MT&T acheta en décembre 1911 la majorité des actions avec droit de vote de *Telephone of Prince Edward Island*. Cette dernière entreprise avait 1 009 téléphones.

Nouvelle-Écosse : triomphe de MT&T

En Nouvelle-Écosse même, MT&T se manifesta tout d'abord d'une façon des plus modestes. Elle acheta en octobre 1910 deux petites entreprises locales à Antigonish et à Sherbrooke. En janvier 1911, elle offrit à *Nova Scotia Telephone* de louer ses installations. À la différence de *Telephone of Prince Edward Island*, cette dernière entreprise n'avait aucun problème financier, elle versait régulièrement un dividende de 6% à ses actionnaires et vivait en harmonie avec les entreprises indépendantes.

Nova Scotia Telephone commença donc par refuser l'offre de location, ce à quoi MT&T répliqua par une offre d'achat irrésistible : échange au pair des actions de *Nova Scotia Telephone* à 6% contre celles de MT&T à 7% et paiement d'une prime d'une action MT&T contre chaque groupe de trois actions *Nova Scotia Telephone*. Les actionnaires acceptèrent sans coup férir, seule Bell se fit quelque peu prier, mais tout rentra dans l'ordre quand les nouveaux entrepreneurs firent le pèlerinage de Montréal et garantirent que les deux sièges que Bell détenait dans le conseil d'administration de *Nova Scotia Telephone* seraient maintenus dans celui de MT&T. La vente fut conclue en décembre 1911. Pendant ce temps, toutes les entreprises indépendantes de Nouvelle-Écosse avaient été achetées et intégrées dans la nouvelle entreprise. Au total, cela faisait 12 908 téléphones.

Malgré ce début prometteur, MT&T ne put jamais aller plus loin dans son rêve d'unifier la téléphonie des provinces de l'Atlantique.

Terre-Neuve : difficultés persistantes

À Terre-Neuve, le téléphone se développait lentement en raison, bien sûr, de l'adversité géographique et, sans doute, du manque d'intérêt d'*Anglo-*

American surtout orientée vers le télégraphe et le câble transatlantique. Le service téléphonique resta confiné à la capitale Saint-Jean. C'est pourquoi nombre d'usines de pâtes et papier, de compagnies minières et de services publics durent construire leurs propres réseaux téléphoniques.

Un de ces réseaux téléphoniques prit une expansion toute particulière : celui d'*United Towns Electric*. La compagnie fut incorporée en 1902 avec un siège social dans la région de Carbonear (péninsule d'Avalon). Peu de temps après, un certain J.J. Murphy prit l'affaire en main et ouvrit plusieurs centraux dans les péninsules d'Avalon et de Burin afin de relier ses établissements entre eux ainsi qu'au monde extérieur. Sans y prendre garde, Murphy venait de créer l'ancêtre de Newfoundland Tel.[224]

Manitoba : les lendemains de la nationalisation sont difficiles

À peine la nationalisation effectuée, le Manitoba dut faire face aux mêmes problèmes économiques que Bell. Le premier réseau téléphonique entièrement étatisé en Amérique du Nord éprouva des difficultés de démarrage. Bell n'avait rien laissé derrière elle en matière d'organisation car toutes les activités de direction étaient centralisées à Montréal. Qui plus est, le précieux accès au *Bell System* américain était coupé du jour au lendemain.

Il fallut « inventer » une administration de toutes pièces, ce qui fut confié à une Commission téléphonique indépendante composée de trois anciens cadres de Bell. La main d'œuvre qualifiée manquait aussi. On dut aller la recruter aux États-Unis, parmi les compagnies indépendantes. Un mois après la prise de contrôle, le Premier ministre Roblin devait admettre :

> *Nous ne connaissions rien sur les téléphones et nous l'admettons.*[225]

Que n'avait-il écouté les objurgations de Charles Sise qui insistait pour créer une entreprise mixte *Bell Telephone* – État provincial...

Les dirigeants de *Manitoba Government Telephones* (MGT) firent de leur mieux pour maintenir le professionnalisme au sein du réseau manitobain. Ils

---

[224] Ogle, Ed B.,*Allo, l'interurbain !*, cf. pp.114-116. *Along these Lines, A History of Newfoundland Telephones*, brochure anonyme, pas de date (sans doute 1979), *Newfoundland Telephones*, 16 pages. Collins, Robert, *Une voix venue de loin*, 1977, cf. p. 190.

[225] *Selected Articles on Government Ownership of Telegraph and Telephone*, textes colligés par Katharine B. Judson, The H.W. Wilson Company, New York, 1914. Cf. p. 193.

maintinrent les promesses gouvernementales de baisses de tarifs dans les limites du raisonnable. Un mois après la nationalisation, c'est-à-dire en février 1908, le tarif de base rural passa de 24 à 20 dollars par an. Entre les villes et la campagne, la diminution variait de 16 à 28%. On était loin de la baisse de 50% annoncée par le gouvernement durant les référendums municipaux. Un an plus tard les lignes partagées firent leur apparition au Manitoba. Enfin, toutes les compagnies indépendantes furent interconnectées au réseau interurbain. Par contre, MGT ne sut pas éviter le piège de toutes les compagnies nationalisées des Prairies : aucun poste budgétaire ne fut ouvert au titre de la dépréciation des équipements et les profits affichés dans les bilans annuels étaient, par conséquent, trompeurs.

Dès le début, le gouvernement Roblin avait utilisé le téléphone comme instrument politique. Les réductions tarifaires avaient été imposées par le pouvoir politique à la Commission téléphonique qui s'y opposait. Lors des élections provinciales de 1910, des lignes rurales furent mises en chantier avec frénésie :

> *Le principal obstacle était le manque de personnel qualifié. Si ce n'avait été de cette pénurie, bien plus aurait été accompli. C'est ainsi que nombre de projets de lignes rurales et interurbaines ont dû être abandonnés et remis à la saison 1911. Il fut impossible de terminer les travaux... Dans l'ensemble de la province, plus de 650 hommes ont été employés sur les chantiers locaux, ruraux et interurbains. Nous aurions pu en employer 400 de plus, mais ils n'étaient pas disponibles.*[226]

La machine affolée avait échappé à tout contrôle. Après un an de ce régime, les pertes furent si importantes que MGT dut déclarer un déficit et proposer l'introduction du service local tarifé à l'utilisation (SLTU). Selon ce projet dérivé du modèle européen, chaque appel local aurait été compté en lieu et place du tarif de base uniforme pratiqué par Bell. On retrouve dans la presse de l'époque des arguments à l'encontre de MGT qui font écho à ceux qui étaient avancés à l'encontre de Bell quelques années plus tôt.

Sous la pression populaire, Roblin dut nommer une commission d'enquête en janvier 1912 qui procéda à une enquête comparative du réseau manitobain

---

[226] Report of the Commissioners of *Manitoba Government Telephones* for the year 1910. Sessional Paper N°14, Manitoba, Session 1911, pp. 583-586. Cité in Britnell, G.E., *Public Ownership of Telephones in the Prairie Provinces*, cf. p. 41.

et américain voisin. Elle conclut que MGT avait effectué un excellent travail au niveau technologique mais :

> ...que le réseau a généralement été administré avec extravagance et qu'une gestion efficace permettrait de faire de très grandes économies.[227]

La commission d'enquête annula les hausses tarifaires et blanchit le gouvernement des accusations d'ingérences dans les affaires de MGT. Rassuré, Roblin renvoya sans autre forme de procès les commissaires « indépendants » qui dirigeaient MGT et... se retrouva devant le même problème qu'avant, à savoir la gestion du réseau public. Mais les problèmes de MGT ne venaient pas des trois commissaires renvoyés. Au contraire, ils avaient toujours combattu pour préserver l'intégrité de MGT face aux luttes d'influences politiques. Qu'importe, ils servirent de boucs émissaires à la raison d'État.

Le téléphone était devenu un tel fardeau pour Roblin qu'il fit des ouvertures à AT&T et même à Bell pour leur revendre le réseau manitobain. Une telle opération aurait abouti à un suicide politique, aussi Roblin opta-t-il finalement pour la création d'un écran entre la gestion de MGT et le gouvernement qui prit la forme d'une Commission des services publics. Ce fut très certainement la meilleure décision du gouvernement Roblin en matière de politique téléphonique.

Le premier geste de la Commission des services publics en juillet 1912 fut de hausser les tarifs à Winnipeg de 20%. Un mois plus tard, le reste de la province suivait avec une hausse moyenne de 10%. Le tarif rural était maintenant de 22 dollars et, de plus, les agriculteurs durent prendre en charge la construction de la portion de ligne située entre la route et leur résidence, travaux qui étaient auparavant effectués par la compagnie de téléphone. Par contre, le SLTU avait disparu des nouveaux tarifs.[228]

---

[227] Rapport final du 20 mai 1912 (rendu public le 14 juin). Cité in Britnell, G.E., *Public Ownership of Telephones in the Prairie Provinces*, cf. p. 50.

[228] Britnell, G.E., *Public Ownership of Telephones in the Prairie Provinces*, cf. p. 39 et 55. *Monopoly's Moment*, pp. 193-195. Voir aussi *People of Service*, p. 6.

Quatre années de folie prenaient fin. Il faut dire, à la décharge des apprentis administrateurs de MGT que le nombre de téléphones avait plus que doublé, passant de 17 000 en 1908 à 40 000 en 1912. Le Manitoba voulait des téléphones vite et pas cher. Il les a obtenu vite, mais plus cher que prévu...

Quoi qu'il en soit, dès la crise de 1912, le principe de l'amortissement avait été retenu. En 1913 et 1914, on vit apparaître un fond de réserve et une grille de dépréciation moyenne des divers types d'équipements dans la comptabilité de MGT. Ce faisant, le Manitoba était la première province des Prairies à adopter ce principe comptable. Le taux d'amortissement qui apparut alors oscillait autour de 5%, ce qui était comparable à celui de Bell.[229]

Finalement, quand le territoire de Rupert fut annexée par le Manitoba, toujours en 1912, faisant plus que tripler la superficie de la province, MGT dut être réorganisée. Elle adopta alors un principe qui devait marquer toute l'histoire du téléphone depuis lors, non seulement au Manitoba, mais dans tout le Canada :

> *Toutes les parties accessibles de la province ont droit au service téléphonique, en dépit du fait que dans les régions rurales ou éloignées, il doive souvent être fourni à perte. Pour compenser, et éviter aussi tout déboire financier à la Manitoba Government Telephones, le réseau augmentera ses tarifs dans les autres régions, et dans ses autres services.*

Sous le nom d'interfinancement, ce principe essentiel pour tout service public fondera toute la politique tarifaire canadienne jusqu'à nos jours.[230]

Alberta : un mélange d'enthousiasme et d'amateurisme

Il faut mettre au crédit de l'enthousiasme téléphonique, le programme d'expansion tous azimuts entrepris par APT. L'Alberta manquait de techniciens qualifiés. Qu'à cela ne tienne : on alla les chercher en Angleterre. Dans la foulée, on en profita pour interconnecter, en décembre 1909, le réseau albertain avec celui de Colombie britannique situé à l'est des Rocheuses (vallée de la Kootenay). Au total 35 localités de Colombie britannique furent reliées à l'Alberta. Mais les Rocheuses constituaient un obstacle bien trop important pour que l'on puisse songer à relier le gros de BC Tel à APT. L'idée germa pourtant dès cette époque, parmi les trois

---

[229] Britnell, G.E., *Public Ownership of Telephones in the Prairie Provinces*, cf. p. 58.
[230] Citation extraite d'*Allo, l'interurbain !*, cf. p. 137.

provinces des Prairies de se relier entre elles (ce projet devra attendre 1923 pour voir le jour).

Le gouvernement albertain s'était abstenu de créer une entreprise d'État sur le modèle de la Commission téléphonique du Manitoba. APT avait une structure gouvernementale « ordinaire ». Pis, APT n'était même pas un ministère, mais une simple division intégrée au sein du ministère des Travaux publics.

Comme dans toute division ministérielle, la comptabilité d'APT consistait à relever les sommes encaissées et versées, toute différence positive étant considérée comme un « surplus ». À l'instar de ce qui se déroulait au Manitoba, les dirigeants d'APT oubliaient un détail, à savoir que l'équipement téléphonique s'usait et il n'y avait pas de poste « amortissement » dans la colonne des dépenses. Cette hérésie comptable pouvait passer inaperçue dans les premières années car l'équipement était neuf. Mais, au contraire du Manitoba, personne ne protesta et aucune mesure corrective ne fut adoptée.

Qui plus est, les promesses de baisses de tarifs furent appliquées avec beaucoup plus de détermination qu'au Manitoba : le tarif de base de Calgary, ville qui était la vitrine du réseau provincial, passa illico de 48 dollars par an à 24. Pas même compensatoire, ce tarif menait tout droit à la banqueroute.[231]

Le programme de construction du réseau téléphonique dépassa bientôt les capacités du ministère des Travaux publics. Grâce à l'enthousiasme des dirigeants d'APT, le nombre de téléphones tripla dans les trois années qui suivirent le départ de Bell. Un ministère des Chemins de fer et des Téléphones fut créé en décembre 1911. C'est également à cette date que le nom d'*Alberta Government Telephone* (AGT) apparut progressivement dans les documents officiels et il demeura depuis lors celui de l'entreprise. La construction du réseau se poursuivit à marches forcées et en 1914, le réseau d'Alberta sera interconnecté avec celui de la Saskatchewan. Un service interprovincial fut inauguré à la veille de la première Guerre mondiale qui reliait Edmonton à Saskatoon et Calgary à Regina, sans oublier la vallée de la Kootenay en Colombie britannique.

---

[231] Britnell, G.E., *Public Ownership of Telephones in the Prairie Provinces,* cf. p. 126.

L'expansion rapide du réseau n'allait pas sans problème. AGT rencontra le même type de problèmes qui avait tant dérouté les dirigeants de Bell, à savoir la mobilité de la population et sa tendance à disparaître sans payer :

> Il faut aussi prendre en considération que cette province est encore au stade du développement; la population rurale et même urbaine est plus ou moins nomade, il y a plus de trafic, de troc et de déménagement que dans les provinces plus anciennes où la « propriété familiale » a un sens inconnu dans les provinces plus récentes de l'Ouest. Le résultat est que chaque année un certain nombre d'abonnés sont perdus pour le réseau, ce qui nous laisse avec une proportion croissante d'équipement inutilisé, pour laquelle il faut continuer à payer des frais fixes.[232]

Le boom du téléphone s'arrêta avec la première Guerre mondiale. Calgary fut frappée dès les premiers mois de la guerre : 2 000 abonnés remirent leurs téléphones. La politique du téléphone fut soudain remise en question par l'opposition conservatrice en raison de sa mauvaise gestion et d'accusation de corruption. Le gouvernement répliqua en créant en 1915 une Commission des services publics qui avait autorité sur le réseau public – mais pas sur les réseaux municipaux.[233]

Tout le réseau albertain appartenait à AGT ou, dans certains cas, à des coopératives rurales soutenues techniquement et financièrement par AGT. Le réseau municipal d'Edmonton faisait exception en affichant une indépendance jalouse de ses prérogatives. Dès les premières années du service téléphonique public en Alberta, un contentieux se développa avec le service des téléphones de l'hôtel de ville. La première escarmouche survint lors la création même d'AGT quand Edmonton se débarrassa des installations rurales qu'elle possédait à la périphérie de la zone urbaine. La ville alla jusqu'à couper le service à la bourgade de Fort Saskatchewan, située à 25 km d'Edmonton... AGT dut reprendre les tronçons peu rentables. L'affaire s'envenima lors de la fusion des villes jumelles de Strathcona et d'Edmonton en 1912. AGT vendit ses installations de Strathcona à un prix qu'Edmonton jugea exorbitant.[234]

---

[232] Rapport annuel du ministère des Chemins de fer et des T, 1915. Cité in Britnell, G.E., *Public Ownership of Telephones in the Prairie Provinces,* cf. p. 130.

[233] Cashman, Tony, *Singing Wires,* cf., pp. 247-8.

[234] Stinson, Margaret, *The Wired City, A History of the Telephone in Edmonton,* cf. p. 46 et p. 102.

La crise prendra toute son ampleur en 1914 quand le service des téléphones d'Edmonton se rendra compte que le partage des revenus interurbains entre AGT et les autres entreprises de téléphone l'ignore entièrement. Pourtant, une proportion appréciable des appels interurbains effectués entre l'Alberta et les provinces voisines proviennent d'Edmonton. AGT réplique que, tout au contraire, c'est à Edmonton de payer des redevances à AGT qui « bonifie » le service municipal en lui donnant accès à l'interurbain... Est-ce à dire qu'AGT était de mauvaise foi ? La vérité est moins claire. L'interurbain au début du siècle était loin d'être la bonne affaire qu'il est devenu aujourd'hui et il était difficile de convaincre AGT qui investissait à fonds perdu dans un réseau interurbain coûteux et dans un service rural encore plus coûteux de verser de l'argent à un réseau municipal opulent.

Disons toute de suite que ce différend ne sera pas réglé avant 1995 quand AGT, devenue une compagnie de télécommunications nationale sous le nom de Telus, procédera enfin à l'acquisition du réseau municipal.

Saskatchewan : triomphe de l'idéal coopératif

Comme en Alberta, la Saskatchewan confia l'administration du téléphone à un simple ministère administré par un commissaire qui était nul autre que le ministre. Toutefois, *Saskatchewan Government Telephones* (SGT) s'abstint de poser tout acte démagogique comme une réduction brutale des tarifs. Au lendemain de la nationalisation, les tarifs interurbains continuèrent à être alignés sur ceux de Bell. En outre, dès le premier rapport annuel, la direction fit valoir l'originalité de l'exploitation téléphonique, en particulier dans le domaine financier. À partir de 1912, la comptabilité du téléphone fut séparée de celle du reste du gouvernement et les dépenses imputées directement aux revenus. C'était le premier pas vers l'autonomie de gestion.

D'une manière générale, la Saskatchewan avait appliqué les thèses de Francis Dagger avec une très grande fidélité. L'État provincial avait concentré ses efforts sur le réseau interurbain qui nécessitait de gros investissements et sur les zones urbaines, laissant aux municipalités et aux coopératives le soin de développer le service local respectivement en zones urbaines et rurales. Une des raisons explicites de l'abstention de l'État dans le service local fut sa crainte d'être amené à devoir établir des tarifs uniformes. Certaines localités auraient ainsi été amenées à défrayer les déficits des autres. Au contraire du

Manitoba, l'interfinancement était alors considéré par le gouvernement de Saskatchewan comme injuste.

Le système Dagger échoua en ville et réussit dans les campagnes. En effet, les municipalités se montrèrent fort réservées vis-à-vis à la politique gouvernementale et cinq seulement d'entre elles se prévalurent de leur droit de créer leur propre réseau téléphonique. Devant cet échec patent qui rappelle celui qu'avait connu la Grande-Bretagne quelques années auparavant, le gouvernement retira celle des lois de 1908 qui avait trait au téléphone municipal. La propriété municipale fut limitée aux cinq villes qui s'en étaient prévalu.

Par contre, dans les campagnes, le nombre de téléphones ruraux augmenta rapidement, moyennant une aide de l'État. On peut diviser cette assistance en deux, une aide directe à base de don de poteaux de téléphone et une aide indirecte à base d'assistance technique et d'exemption de taxes. En 1912, SGT comptait déjà 15 000 abonnés auxquels il fallait adjoindre les 9 000 abonnés des coopératives rurales, soit une pénétration par habitant double de celle du Manitoba et de l'Alberta.

Rappelons que ce résultat fut obtenu sans interfinancement, ce qui est troublant. Toutes les compagnies de téléphone et tous les organismes de réglementation d'Amérique du Nord ont considéré l'interfinancement comme la pierre angulaire de leur politique sociale et une des justifications du monopole. Comment expliquer le succès de l'expérience hétérodoxe de SGT ? Il semble que le succès de la Saskatchewan soit plutôt dû à la décentralisation extrême qui réduisit les coûts et mobilisa la population. Il s'agit du triomphe du militantisme téléphonique de l'Ouest sur la froide rigueur des lois économiques de l'Est. C'est indéniablement le fait d'armes du populisme dans le domaine téléphonique. Mais un tel succès n'est pas reproductible ailleurs et, surtout, il est lié à une conjoncture heureuse.[235]

Cette expansion spectaculaire n'alla pas sans problèmes : les coopératives étaient handicapées par le manque de capitaux... Éternel problème de la téléphonie débutante. En effet, elles devaient réunir les fonds nécessaires à la création de leur réseau avant d'être éligible à l'aide de l'État. Afin de résoudre ce problème, le gouvernement provincial passa une loi en 1913 qui

---

[235] Britnell, G.E., *Public Ownership of Telephones in the Prairie Provinces*, cf. p. 165. Waverman, Leonard, *The Process of Telecommunications Regulation in Canada*, p. 69.

permettait aux coopératives d'émettre des obligations garanties par une taxe sur les terres traversées par les lignes téléphoniques :

> *(Cette garantie) a pour but de lever la timidité avec laquelle le monde du capital avait jusque là considéré ses investissements dans l'expansion du téléphone rural. Son remboursement n'était pas laissé au hasard, au caprice ou à la convenance personnelle, mais était assuré aussi longtemps que la terre continuerait d'avoir de la valeur et ce temps ne cesserait pas aussi longtemps que des toits seraient nécessaires pour abriter les gens.*[236]

Le ministère des téléphones de la Saskatchewan venait d'avoir son idée de génie. Il avait brisé le mur de la méfiance et libéré un flot quasi-illimité de capital. En contrepartie, l'État suspendait ses dons de poteaux de téléphone. Par ailleurs, SGT obligeait les coopératives à se conformer aux normes téléphoniques provinciales si elles voulaient être interconnectées avec le réseau interurbain. Elle maintint donc l'assistance technique qu'elle prodiguait depuis le début. Cette politique alliait la rigueur technologique de Bell à la dimension sociale tant réclamée dans l'Ouest. La Saskatchewan eut ainsi le réseau téléphonique le plus dynamique des Prairies.[237]

Malheureusement, la Saskatchewan dut souffrir le plus effroyable cyclone du siècle à frapper le Canada. L'après-midi du 30 juin 1912, le cataclysme s'abat sur le centre-ville de Regina et sème destruction et mort : officiellement 28 morts, 200 blessés et 2 500 sans abris. On évalue la vitesse du vent dans l'œil du cyclone à 800 km/heure... Le toit du central de SGT sera arraché, un mur s'effondre et un standard de 15 tonnes qui se trouvait à l'étage passe à travers le plancher et s'écrase deux étages plus bas à la cave.

Par bonheur, il n'y eut pas de morts parmi les 11 employés présents de SGT. Il fallut travailler toute la nuit pour rétablir une ligne entre Regina et Moose Jaw. Deux jours plus tard, l'interurbain fonctionnait. Mais le téléphone ne revint à la normale qu'un mois plus tard. Comme l'ancien équipement avait

---

[236] Ministère des téléphones, rapport annuel, 1923-4. Cité in Spafford, Dufferin S. *Telephone Service in Saskatchewan (A Study in Public Policy)*, cf. p. 38.

[237] Innis, Harold, *Problems of Staple Production in Canada*, cf. pp. 71-72. Spafford, Dufferin S. *Telephone Service in Saskatchewan*, cf. 35-6. *Allo, l'interurbain !*, p. 136.

été complétement détruit, SGT décida de passer à l'automatique, ce qui plaçait la ville sinistrée à l'avant-garde de la téléphonie canadienne.[238]

Bilan de la nationalisation

Au total, le bilan de la nationalisation du téléphone dans les trois provinces des Prairies à la veille de la première Guerre mondiale est-il positif ou négatif ? Harold Innis, a répondu de façon satisfaisante à cette question en énumérant les vices des nouvelles sociétés d'État : comptabilité défectueuse, politisation de la gestion, perte de l'accès au *Bell System* qui était le plus grand réservoir de savoir-faire téléphonique au monde. Cependant, le jugement global était positif :

> *Il est difficile de dire si (la nationalisation) a rempli son objectif immédiat qui était une exploitation meilleure marché, mais on peut avancer sans se tromper qu'elle l'a fait plus vite...*[239]

La grande justification de la nationalisation est d'avoir réussi à réunir des capitaux plus vite que l'entreprise privée. Ce faisant, les provinces des Prairies ont pallié la carence de l'État fédéral en matière de téléphonie. Qui plus est, la Saskatchewan, en mobilisant les agriculteurs grâce à l'introduction de la garantie foncière, avait réussi le tour de force d'accélérer l'investissement dans le téléphone sans provoquer de désastre budgétaire, à l'instar des provinces voisines.

Dans le contexte antiétatique nord-américain, la nationalisation du téléphone par des provinces sans aucune expérience en la matière était une aventure risquée. Mais, dès lors que Bell avait failli à sa mission et que le gouvernement fédéral se désintéressait du téléphone, la nationalisation était la seule issue pour les Prairies.

La Colombie britannique : multiples contestations de BC Tel

De l'autre côté des Rocheuses, grâce à l'action énergique du docteur Lefèvre et de son acolyte, William Farrell, BC Tel avait unifié le téléphone en Colombie britannique. Cependant, comme Bell à l'autre bout du pays, BC Tel sera incapable de fournir le téléphone assez vite en-dehors des principaux centres et, à la veille de la première Guerre mondiale, les compagnies indépendantes se mirent à foisonner : Kootenay, Okanagan, Mission et

---

[238] Collins, Robert, *Une voix venue de loin*, pp. 195-6.

[239] Innis, Harold, *Problems of Staple Production in Canada*, cf. p. 70.

Chilliwack; il y eut aussi quelques coopératives téléphoniques formées par des agriculteurs et une compagnie municipale à Prince Rupert.

Même à Vancouver, BC Tel avait du mal à répondre à la demande d'une population qui doubla entre 1901 et 1911. La population de Vancouver quadrupla. Comment s'étonner que les relations avec les municipalités fussent exécrables ? Les procès succédaient aux procès. En juin 1905, le maire de Vancouver alla jusqu'à faire incarcérer six employés de BC Tel dont le directeur général de la compagnie pour avoir creusé un trou dans une rue sans autorisation. La Cour suprême fit relâcher les employés et le maire les renvoya en prison le lendemain... Ce petit jeu aurait pu durer longtemps si le tribunal n'avait opportunément rendu un jugement affirmant la préséance de la charte provinciale de la compagnie sur les règlements municipaux.

À peu près toutes les municipalités de la région du Grand-Vancouver étudièrent à un moment ou à un autre la création de compagnies municipales. Est-ce à dire que le service téléphonique était plus mauvais qu'ailleurs ? Les chiffres montrent au contraire que la Colombie britannique avait le plus haut taux de pénétration téléphonique au Canada (11,2% de la population avait le téléphone contre 7,6% dans l'ensemble du Canada).

N'oublions pas que le tournant du siècle est marqué en Colombie britannique comme ailleurs par le populisme municipal et rien n'aurait pu satisfaire ses porte-parole. La politisation du débat est soulignée par les différentes tentatives effectuées par certaines municipalités pour convaincre le gouvernement conservateur de Colonie britannique de nationaliser le téléphone. Le Parti conservateur adopta même une résolution en ce sens à son congrès de 1910. Mais le Premier ministre Richard McBride fit la sourde oreille. Il considérait que le rôle de l'État provincial était d'encourager les investisseurs à bâtir la Colombie britannique et non de se substituer à eux ou de les effrayer.

Ajoutons qu'entre 1905 et 1910, BC Tel devait résister aux tentatives effectuées par *Automatic Electric* de Chicago pour s'emparer du marché de Vancouver. La compagnie fondée par l'inventeur du commutateur pas-à-pas, Almon Strowger, bénéficiait de l'appui de l'hôtel de ville de Vancouver. Cependant, après le jugement de la Cour suprême, BC Tel avait conclu une entente avec l'hôtel de ville et les relations entre les deux parties avaient perdu de leur mordant. Le débat se reporta sur les mérites respectifs des centraux manuels et automatiques. BC Tel achetait tout son équipement de *Northern Electric* à Montréal. Elle fit appel aux experts de Bell qui vinrent témoigner de la supériorité des téléphonistes sur les machines !

Un référendum municipal fut même organisé qui donna la majorité en faveur des machines. En vain. Les offensives américaines furent repoussées les unes après les autres et... la Colombie britannique conserva ses téléphonistes.

À la campagne, BC Tel fut accusée comme Bell de ne pas desservir les zones peu habitées et de refuser l'interconnexion des indépendants avec ses lignes à longue distance. Par contre, fait unique au Canada, l'État fédéral entretenait dans certains villages isolés un réseau téléphonique. Il s'agissait de l'ancien réseau télégraphique *Overland* construit par Collins, repris par l'administration coloniale de Colombie britannique après l'abandon du projet et acheté par l'État fédéral au moment de l'entrée de cette province dans la Confédération. À partir de la fin des années 1880, l'État avait converti ce réseau au téléphone et, sous le nom de *Dominion Telephone System*, il desservira jusqu'à une cinquantaine de communautés. Tout comme *Dominion Telegraph* Service, le réseau était administré par le ministère fédéral des Travaux publics. La présence de ce système public contribua sans doute à enlever un peu de la pression exercée sur BC Tel. En tout cas, elle servit au Premier ministre McBride pour justifier son refus d'intervenir en téléphonie :

Or, la pression était intense. De 1905 à 1910, le nombre de téléphones en service passa de 6 000 à 20 000. BC Tel fonctionnait à l'extrême limite de ses capacités. Par ailleurs, on peut soupçonner Farrell et Lefèvre d'avoir répugné à faire appel aux capitaux étrangers de peur de perdre pour de bon le contrôle de l'entreprise. Il leur était difficile de refaire le coup de 1898 deux fois de suite ! Une autre raison de leur inaction pourrait avoir été fournie par la menace que faisait peser la nationalisation sur les investisseurs durant cette période. Quoi qu'il en soit, en 1911 la situation de BC Tel était assez assurée pour qu'elle émette des actions parmi le public et la situation s'améliora considérablement.[240]

Les compagnies indépendantes au Québec et Ontario

Au Québec et en Ontario, la réglementation de Bell par la Commission des chemins de fer se traduisit par une nette amélioration de la situation des

---

[240] Allen, Lindsay Ross, *Factors in the Development of the British Columbia Telephone Industry*, cf. p. 101-8, p. 141-8, p. 118-25, p. 64, 88, 93 et 143.

entreprises indépendantes. Tous les réseaux indépendants, comme on l'a vu, y avaient gagné l'interconnexion avec celui de Bell. Mais la réglementation des indépendants eux-mêmes échappait à l'organisme fédéral. Au Québec, le gouvernement libéral de Jean-Lomer Gouin institua une Régie des services publics en 1909.

En 1910, le gouvernement de l'Ontario adopta une loi sur le téléphone qui institua un organisme de réglementation provinciale sous le nom d'*Ontario Railway and Municipal Board* pour mettre de l'ordre parmi les indépendants (il y en avait 460 dans la province). Francis Dagger qui avait joué un rôle actif dans la rédaction de la nouvelle législation sera nommé surveillant des systèmes téléphoniques de la commission.

Partout, la concurrence cède la place au monopole réglementé, à une exception près. En effet, la principale compagnie indépendante québécoise, la Compagnie de Téléphone de Bellechasse, devient la Compagnie de Téléphone Nationale en mars 1907 et c'est sous ce nom qu'elle entame une autre bataille avec la Bell : la bataille de Québec. Le Dr Demers s'assure l'appui de Rodolphe Forget, le géant de la finance francophone qui possédait, entre autres, *Montreal Tramways* et *Montreal Light, Heat and Power*. Forget achète des parts dans Téléphone Nationale et, en 1913, un premier central est construit à Québec. Qui plus est le nouveau réseau est entièrement souterrain, ce qui a tout pour séduire la municipalité. Demers ne s'engage pas à la légère et, à la veille de la première Guerre mondiale l'issue du combat n'est pas jouée d'avance.[241]

---

[241] Lebel, Monique J., *Québec-Téléphone (de ses origines à nos jours)*, manuscrit non publié, Rimouski, août 1969, 51 pages, ABC # 30381.

Chapitre 8 - Naissance de *Northern Electric* et progrès technologiques

Si Graham Bell avait inventé le téléphone, c'est Theodore Vail qui a « inventé » la compagnie de téléphone. Or, dans le domaine industriel, la téléphonie canadienne est entièrement dans l'orbite américaine. Non seulement en raison des liens financiers et institutionnels qui unissent *Bell Telephone* et AT&T, mais d'une façon plus générale en raison des facilités d'accès aux fournisseurs américains.

Les compagnies nouvellement nationalisées des Prairies aussi bien que les compagnies privées de Colombie britannique et des Maritimes seront aussi tributaires des fabricants américains. L'histoire de la technologie canadienne du téléphone ressemble donc comme une sœur jumelle à l'histoire américaine à une exception près : l'aventure brève mais étincelante des frères Lorimer en commutation.

La difficile canadianisation de la fabrication

Pour comprendre l'importance des liens qui ont uni *Bell Telephone* et *American Bell*, *National Bell* puis AT&T, il faut se pencher sur les échanges technologiques et non sur les seuls investissements. Comme nous l'avons vu plus tôt, l'entreprise américaine a rapidement perdu la majorité des actions de *Bell Telephone* (voir *Bell est-elle américaine ?*). Elle dut se contenter de détenir la minorité de contrôle.

Par contre, durant toute la période de la formation du domaine Bell au Canada, l'entièreté de l'innovation technique provenait des États-Unis. Ce cordon ombilical à caractère technologique avait été fixé dans l'accord général de novembre 1880 entre *Bell Telephone* et la maison mère de Boston. Il stipulait que l'entreprise américaine cédait à l'entreprise canadienne tous ses brevets sur le téléphone, ceux qu'elle venait d'acquérir de *Western Union* ainsi que *tous ceux qu'elle pourrait acquérir dans le futur* en échange de sa prise de participation. Mais l'entreprise américaine n'était pas obligée de déposer elle-même ses brevets au Canada, ni même de tenir au courant Bell des nouveaux dépôts ou achats de brevets.

Cet accord fut confirmé en octobre 1882 quand *Bell Telephone* mit fin aux activités de Canadian Bell qui avait détenu les droits jusque là. Les modalités de transferts des brevets à venir n'étaient cependant pas fixées et devaient être négociées cas par cas.[242]

Quand Charles Sise se décide à lancer une division de fabrication au Canada, en juillet 1882, le premier appareil à être produit en série sera le téléphone à magnéto, dit téléphone Blake. Cependant, une certaine partie des pièces détachées continuera à être importée des États-Unis, plus précisément de *Western Electric*. On a vu que c'est faute d'avoir réussi à canadianiser entièrement la production que Bell verra ses brevets annulés au début de 1885.

À partir de cette date, cependant, tout change. Sise réagit en poussant la production : un an plus tard il faut déménager l'usine dans des locaux plus vastes, deux ans plus tard le nombre d'employés atteint la cinquantaine. Pour le Canada, la partie est gagnée. L'équipement téléphonique utilisé à Bell et au Canada en général sera désormais en grande majorité canadien et il le demeurera jusqu'à la fin du monopole en 1992.

Sise n'a sans doute pas été converti aux vertus de la *National Policy* de Macdonald. Mais il voit dans le contrôle de la production manufacturière, une façon d'affirmer son indépendance personnelle par rapport au holding américain. Il mènera donc à partir de 1885, une politique très volontariste de fabrication, sans reculer devant l'affrontement avec *Western Electric*.

Western Electric avait été fondée à Chicago en 1869, comme nous l'avons vu, par Elisha Gray, celui-là même qui devait devenir le concurrent malheureux d'Alexander Graham Bell. C'est *Western Electric* qui fabriqua en 1879 les téléphones Edison que *Western Union* vendait aux États-Unis et au Canada. Quand *Western Union* dut se retirer du champ de la téléphonie, *American Bell* passa un contrat à long terme avec *Western Electric* qui se convertit tout de suite aux téléphones Bell. En novembre 1881, *American Bell* achetait les établissements Charles Williams et prenait une participation majoritaire dans *Western Electric* et les deux entreprises fusionnèrent sous le nom de la deuxième d'entre elles. Depuis février 1882, *Western Electric* ainsi consolidée est le fournisseur officiel d'*American Bell*. Elle le demeurera jusqu'en 1996.[243]

---

[242] « Charles F. Sise, Bell Canada, and the American : A Study of Managerial Autonomy, 1880-1905 », Graham D. Taylor, La Société historique du Canada, *Communications historiques*, Ottawa, 1982. Cf. p. 18. *The Kettle Text,* chap. IV, p. 3. »

Bien que faisant partie du même groupe financier que *Bell Telephone*, *Western Electric* continua à exporter des téléphones et de l'équipement de réseau ou de central au Canada, n'hésitant pas à concurrencer Bell. C'est ainsi qu'après 1888, elle vendra de l'équipement de central aux entreprises des Maritimes nouvellement émancipées de Bell, à des prix inférieurs à ceux de Bell, contraignant celle-ci à réduire ses prix.

Mais *Bell Telephone* était elle-même un client de *Western Electric* à qui elle achetait principalement les câbles dont elle avait besoin. Sise répliqua à la concurrence que lui livrait *Western* en multipliant les soumissions publiques et en incitant les fabricants européens à y participer. Il alla jusqu'à envoyer des échantillons de câble de *Western Electric* à une entreprise allemande afin de s'assurer une copie conforme. De son côté, *Western Electric* refusa de donner accès à ses brevets à *Bell Telephone* qui insistait pour les avoir gratuitement.

Bref, la rupture avait éclaté au grand jour et il faudra attendre février 1892 pour qu'une médiation d'*American Bell* intervienne avec succès.[244] *Western Electric* s'engageait à ne plus approvisionner les concurrents de *Bell Telephone*. Celle-ci, en contrepartie, acceptait d'acheter les droits canadiens de *Western*. Pour 25 dollars par brevet ou un forfait de 1 000 dollars par an, *Bell Telephone* gagnait accès non seulement aux innovations techniques mais aussi à la formation nécessaire à leur application. *Western* avait l'obligation de prévenir Bell à l'avance du dépôt ou de l'achat de brevets. Bell reprit du jour au lendemain ses commandes d'équipement de réseau et même de central à *Western*.

Sur le plan financier, l'accord est avantageux pour *Bell Telephone*. Il systématise les transferts de technologie prévus dès 1880 et annonce l'accord de service qui interviendra en 1923. Sur le plan technologique, il maintient l'entreprise canadienne dans la mouvance américaine.

---

[243] Fagen, M.D., *A History of Engineering & Science in the Bell System, The Early Years (1875-1925)*, *Bell Telephone* Laboratories, 1975, 1073 pages. Cf. pp. 32-3. Voir aussi supra note 35.

[244] *The Kettle Text*, chap IV, p. 13. Contradiction avec « Charles F. Sise, Bell Canada, and the American : A Study of Managerial Autonomy, 1880-1905 », Graham D. Taylor, La Société historique du Canada, *Communications historiques*, Ottawa, 1982. Cf. p. 27. Taylor dit 1891, Kettle février 1892. Il a été impossible de retracer l'origine de cette divergence.

Le but de *Western Electric* apparaît ainsi complémentaire de celui de la maison mère et, surtout, plus impérialiste. Tandis qu'*American Bell* entend contrôler le marché canadien avec un investissement minimum, *Western Electric* entend imposer sa technologie à tous prix, y compris par une prise de participation majoritaire. Dans les deux cas, le but est d'éviter toute concurrence sur les marches nordiques de l'empire. Par contre, il existe de réelles divergences au niveau des moyens et l'accord de 1892 laisse subsister de nombreuses zones de flou.

La double naissance de Northern Electric

Pendant ce temps, la division de fabrication de *Bell Telephone* avait pris de l'expansion. On y produisait des téléphones, bien sûr, mais aussi des systèmes d'alarme et de multiples objets de quincaillerie, électriques ou non. Sans cela, l'exiguïté du marché canadien aurait contraint l'usine à fermer plusieurs mois par an. L'opération diversification des revenus de Sise avait porté ses fruits et Bell attaquait plusieurs marchés à la fois. Sa charte lui interdisait pourtant de fabriquer autre chose que de l'équipement téléphonique. Sise fit modifier la charte, mais pour éviter toute remise en question de la légalité de ce genre d'activités, il décida en 1895 de transformer la division de fabrication de Bell en filiale sous le nom de *Northern Electric and Manufacturing Company Limited*. Bell détenait 93% des actions de la nouvelle entreprise qui adopta une charte fédérale, le restant appartenant aux sept membres du conseil d'administration.

La même année, un inconnu du nom de Graham Barrie commença à fabriquer du câble téléphonique avec trois jeunes assistants dans un atelier montréalais. Cette entreprise artisanale s'avéra produire un câble supérieur à tout ce qui se faisait au Canada à l'époque. En 1899, Sise acheta l'entreprise en son nom propre. Il se retrouva en situation classique de conflit d'intérêts : la compagnie dont il était président achetait la production de la compagnie dont il était propriétaire. Les archives de Bell gardent un silence pudique sur cet épisode maladroit de la carrière de Sise. Il dut se faire tancer vertement par la direction américaine. Toujours est-il qu'il revendit au prix coûtant à Bell l'entreprise de Barrie et obtint une charte québécoise en décembre 1899 sous le nom de *Wire and Cable Company*. Tout naturellement, il prendra la présidence de la nouvelle filiale et nommera son fils Edward Fleetford Sise au poste de directeur général, Barrie demeurant en tant que directeur. Les activités prennent vite de l'expansion et s'étendront aux cordons de téléphone et aux bobines électriques. Le siège social de *Wire and Cable*, comme celui de *Northern Electric*, est à Montréal.

Cette expansion fébrile a bientôt pour effet de diminuer les achats de *Bell Telephone* auprès de *Western Electric* et le conflit entre les deux entreprises reprend de plus belle. L'occasion est fournie en 1901 par le projet de Sise d'accroître la capacité de production de *Wire and Cable*. Il doit faire appel à l'expertise américaine et solliciter l'envoi d'un ingénieur de *Western Electric*. Cette dernière saute sur l'occasion. Après s'être fait tirer l'oreille quelque temps, elle exige une prise de participation dans *Northern Electric* et *Wire and Cable* en échange de sa coopération avec *Bell Telephone*. Sise accepte de céder 15 à 20% du capital-action de *Northern*, *Western* exige 40 à 50% des deux filiales.

L'impasse est à nouveau totale et Sise repart en guerre pour « sa » compagnie contre *Western* et même contre AT&T qui a du mal à se confiner dans sa position d'arbitre. Naturellement, la maison mère penche en faveur de sa filiale directe plutôt que de ses intérêts au Canada qui sont minoritaires.

Western Electric utilisera la politique de la carotte et du bâton. Elle fera miroiter les avantages que son réseau international d'usines et de filiales peut apporter à la petite entreprise canadienne en termes de connaissance des marchés et de brevets. Elle rappelle en passant les commandes continuelles que lui adressent des clients canadiens « presque sans sollicitation. » En 1901 Sise finira par concéder 40% des actions de *Wire and Cable* à *Western Union*, ce qui lui permettra de tripler la capitalisation de cette entreprise pour la porter à 300 000 dollars, chacun des deux partenaires investissant au prorata de sa participation.[245]

Quelques semaines après le compromis au sujet de *Wire and Cable*, le conflit rebondit au sujet de *Northern Electric*. Sise souhaitait envoyer les ingénieurs de *Bell Telephone* dans les usines de *Western Electric* à Chicago afin d'étudier les dernières innovations techniques. Comme précédemment, *Western* exigera un échange participation au capital-actions contre ce transfert de technologie.

---

[245] Ce qui fait donc 53% pour *Bell Telephone*, 40% pour *Western Electric* et 7% pour les autres (membres du Conseil d'administration). *History of Northern Electric Company Ownership, Bell Telephone*, service du Secrétariat, 17 août 1967, ABC, # 27494.

C'est alors qu'éclate l'affaire Kellog. *New Brunswick Telephone* avait lancé un appel d'offres pour un standard téléphonique et *Northern Electric* avait perdu le contrat au profit de Kellog, un important concurrent américain de *Western Electric*. Quand cette dernière entreprise apprendra cet incident en soi insignifiant, elle le montera en épingle, entendant démontrer que *Northern* était incapable d'exploiter convenablement le marché canadien et que l'accord de 1892 aboutissait à donner le feu vert à des concurrents étrangers au groupe Bell. Sise maintiendra avec jalousie ses prérogatives :

> *Je n'accepte pas que Western Electric vienne ici concurrencer Northern Electric... Nous ne demandons pas l'autorisation d'aller leur faire concurrence aux États-Unis.*[246]

Sise résiste avec obstination jusqu'au début de 1906 quand la situation devient intenable. C'est l'époque où le Parlement canadien met en vigueur la réglementation de *Bell Telephone* et, surtout, c'est l'époque où les provinces des Prairies s'apprêtent à étatiser le téléphone. Les nouvelles compagnies de téléphone, n'étant ni des concurrentes de Bell, ni des filiales, allaient pouvoir s'approvisionner auprès de *Western Electric* sans rompre l'accord de 1892.

Sise est contraint de capituler, ce qu'il fera non sans jouer un tour à ses adversaires intimes. Il émettra de nouvelles actions jusqu'à concurrence de 40% du capital-actions de *Northern Electric* et les vendra au double de leur valeur à *Western Electric*. Au total, le géant de Chicago devra investir 400 000 dollars pour obtenir 40% des actions de *Northern*, alors que *Bell Telephone*, qui avait investi 300 000 dollars en onze ans, demeure majoritaire avec 55,8%. *Western* acquiert ainsi un intérêt dans les bénéfices de *Northern*, mais cet avantage stratégique aura été chèrement payé. On reconnaît la marque personnelle de Sise pour qui un sou est un sou, même dans la défaite, surtout dans la défaite, ainsi que le Manitoba s'apprêtait à en faire l'expérience.[247]

En 1911, *Wire and Cable* prendra le nom d'Imperial *Wire and Cable* et doublera son capital pour le porter à deux millions. À cette occasion, Sise choisit de ne pas acheter toutes les actions auxquelles il avait droit, laissant glisser sa participation à 50%; il fit de même dans le cas de *Northern*. *Western* monta sa participation à, respectivement, 42 et 45,2%. Sise était assuré de

---

[246] Archives d'AT&T. Lettre de Sise à Fish, 30 décembre 1901. Citée dans « Charles F. Sise, Bell Canada, and the American : A Study of Managerial Autonomy, 1880-1905 », Graham D. Taylor, La Société historique du Canada, *Communications historiques*, Ottawa, 1982. Cf. p. 27.

[247] Ce qui fait 55,8% pour *Bell Telephone*, 40% pour *Western Electric* et 4,2% pour les autres (membres du conseil d'administration). *History of Northern Electric Company Ownership*.

conserver la majorité des actions car le solde appartenait aux membres du conseil d'administration des deux filiales et lui-même siégeait à chacun d'eux.

En janvier 1914, Imperial *Wire and Cable* et *Northern Electric* fusionneront sur une base paritaire : comme la première entreprise est plus importante que la seconde, il faudra quelque peu triturer la valeur des actions pour arriver à égalité.[248] C'est pourtant la petite *Northern Electric* qui donnera son nom à la nouvelle entreprise qui reçoit une charte fédérale. Une nouvelle usine est en construction, rue Shearer, à Montréal, qui ouvre ses portes en janvier 1915. L'usine Shearer centralisera toutes les activités de *Northern Electric* jusque dans les années 50. Plus qu'une usine, c'est une véritable cité industrielle au cœur de Montréal qui comptera à la fin une dizaine de milliers de travailleurs et deviendra le symbole du téléphone au Canada. Edward Sise devient à cette occasion président de *Northern* consolidée et son frère Paul, vice-président et directeur général. La mainmise du clan Sise ne se limite pas à *Bell Telephone*. Elle englobe tout le groupe canadien.

En téléphonie, il n'y a pas de conflit entre un axe américain et un axe britannique en voie de canadianisation. La mouvance nord-sud affronte un adversaire individuel : Sise et les intérêts de « sa » compagnie. C'est néanmoins autour de ce frêle pivot que se constituera, au fil des années, une industrie téléphonique canadienne distincte des États-Unis, avant de gagner en autonomie à partir de la réglementation de *Bell Telephone* par l'État fédéral en 1906 et de la nationalisation des réseaux des trois provinces des Prairies.

---

[248] Ce qui fait 50% pour *Bell Telephone*, 43,6% pour *Western Electric* et 6,4% pour les autres (membres du conseil d'administration). *History of Northern Electric Company Ownership*.

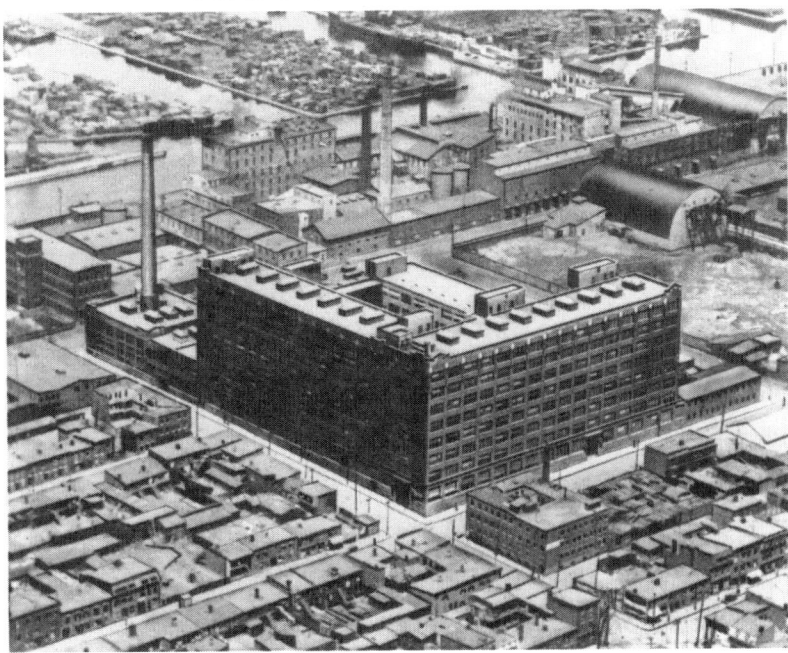

L'usine Shearer de Northern Electric en 1915

Archives Bell Canada

Le téléphone à la conquête de la maturité

Cependant, contrôle américain ou pas, *Northern Electric* fabriquait toujours des équipements sous licence américaine. La recherche et l'innovation demeuraient concentrées aux États-Unis. Or, le téléphone a bien évolué depuis les balbutiements historiques d'Alexander Graham Bell.

Bell avait inventé un appareil téléphonique, ce que nous appelons tour à tour un poste ou un terminal. Au fil des ans, il a été prolongé par un réseau tentaculaire qui enserrera bientôt le continent entier. Très rapidement, le réseau vole la vedette au poste téléphonique. C'est lui qui est au centre de l'activité des compagnies de téléphone, c'est lui qui va subir la plus profonde métamorphose technologique.

Tout réseau de télécommunications comprend deux parties : la transmission qui achemine les appels d'un point à un autre et la commutation qui aiguille les appels vers la destination voulue. La commutation est située dans le central téléphonique. Au début, cette fonction essentielle était accomplie par des téléphonistes. La grande aventure de cette technologie débutante sera l'automatisation du central téléphonique. Précisément, c'est dans ce domaine de pointe que le Canada sera, comme on le verra, à l'origine d'une percée technologique de première importance, même si oubliée depuis lors. Un des buts de ce livre est de ressortir de l'ombre le groupe de chercheurs – la famille Lorimer – qui en fut à l'origine.

Pour l'abonné, le poste téléphonique est bien plus proche que le réseau, il le voit tous les jours, il le touche à chaque appel. Nous commencerons donc par lui.

L'appareil téléphonique évolue peu

La première amélioration au téléphone de Bell avait été apportée dès mars 1878 quand Edison mit au point pour le compte de *Western Union* un transmetteur à résistance variable. Pour moduler la résistance au rythme des ondes vocales, Bell avait d'abord utilisé un liquide, ce qui était malcommode, puis il était revenu au système plus primitif à induction, plus pratique, mais moins précis. Edison résolut le problème de la maniabilité de la résistance variable en remplaçant l'acide par du noir de fumée de lampe à pétrole et il coupla une bobine d'induction au transmetteur proprement dit. La bobine jouait un rôle de transformateur et augmentait de beaucoup la puissance du dispositif. C'est précisément ce téléphone performant que *Western Union* tenta quelque temps de commercialiser en concurrence à celui de Bell.

Téléphone mural (1879) et Téléphone Blake (1878-1900)

Ci-dessus : La manivelle sert à appeler le téléphoniste.
Ci-contre : La batterie d'alimentation électrique est située dans l'appareil.

Archives Bell Canada

Mais il appartiendra au britannique David Hughe de définir en mai 1878 les principes physiques du microphone. À partir de la publication de la communication de Hughes, un ingénieur de *National Bell* nommé Francis Blake pourra mettre au point durant l'été de la même année un transmetteur dont la résistance est constituée par un morceau unique de charbon et qui présentera une qualité comparable à celui d'Edison. Le téléphone Blake fut le premier téléphone entièrement fabriqué au Canada en 1882 quand Sise lança la division manufacturière de *Bell Telephone*. Il s'agissait d'un appareil plus perfectionné que celui de Bell, mais encore imprécis à tel point que l'on dut mettre au point un modèle spécial pour les appels à longue distance.

Néanmoins, quand *National Bell* conclut l'accord historique de 1879 avec *Western Union*, elle acquit le brevet d'Edison sur le transmetteur à résistance variable qui fera désormais partie de la panoplie des brevets de *National Bell* aux États-Unis et, dès l'année suivante, de *Bell Telephone* au Canada. Le microphone adoptera sa forme « finale » en 1886 quand Edison remplacera noir de fumée ou morceau de charbon unique par des granules de charbon, système qui restera en utilisation jusqu'à l'époque contemporaine. Au tournant du siècle, le transmetteur Edison permettra de supprimer la différence entre appareil local et appareil interurbain.[249]

Téléphone Blake (1878-1900) et téléphone de table (1900)

Modèle de table.
Archives Bell Canada

La batterie est installée dans le central,
ce qui réduit la taille de l'appareil.

Le téléphone de Bell avait un défaut majeur : il ne sonnait pas ! Comment attirer l'attention de son interlocuteur ? La personne qui émettait l'appel devait attirer l'attention de son interlocuteur en criant dans le transmetteur ou en tapotant dessus avec un crayon, ce qui avait bien souvent pour résultat de déchirer le diaphragme.

Thomas Watson sera le premier à proposer une solution à ce problème en décembre 1877 en induisant un courant à forte densité dans la ligne téléphonique afin de provoquer un bourdonnement dans l'appareil d'arrivée. Ce dispositif utilisait encore les mêmes équipements pour la « sonnerie » et les communications proprement dites. C'est l'Allemand Werner von Siemens qui commença à séparer les deux fonctions en ajoutant une baguette, mais

---

[249] Kingsbury, J. E., *The Telephone and Telephone Exchanges, their Invention and Development*, cf. p. 99-124. Leland Rhodes, Frederick, *Beginnings of Telephony*, cf. 76-85.

celle-ci frappait encore le diaphragme du récepteur. Finalement, en août 1878, Watson ajouta deux cloches de part et d'autres de la baguette de façon à produire une sonnerie, ce dispositif devint la norme et le restera jusqu'à l'apparition des dispositifs électroniques dans les années 1980.

Le reste de l'appareil téléphonique, principalement le récepteur, ne devait pas subir de modification importante par rapport à l'invention de Bell. Mais qu'allait-on faire avec cet appareil ? On s'étonne aujourd'hui de voir que les observateurs de l'époque ont bien souvent accueilli le téléphone comme un jouet ingénieux mais inutile.

Pourtant le téléphone, que Melville Bell et le pasteur Handerson vendaient à la paire au cours de leurs randonnées à cheval sur les routes de l'Ontario, était bel et bien un jouet. Pour devenir un moyen de communication à grande échelle, il lui manquait d'être prolongé par un réseau qui unisse l'ensemble des appareils entre eux. On ne peut pas qualifier de réseau les fils de fer à clôture qui étaient utilisés pour relier deux maisons entre elles. Des groupes de cinq ou six maisons avaient bien été raccordées par ce moyen artisanal, mais il était impossible d'appeler une personne en particulier et, chaque maison devant être reliée à l'ensemble des autres, il en résultait un encombrement inextricable de fils. Pour que l'on puisse parler d'amorce de réseau téléphonique, il faut attendre l'arrivée du central, d'une part, et des lignes à longue distance, d'autre part.

Le central est le cœur du réseau téléphonique

Le concept de central était apparu sous une forme embryonnaire avant la mise en service historique de New Haven en janvier 1878 (voir *Alexander Graham Bell cède la place aux investisseurs*). Depuis le milieu des années 1870, plusieurs entreprises de télégraphe avaient entrepris d'installer des appareils télégraphiques chez leurs clients et de les relier à un bureau central. Certains s'en servaient même à des fins de divertissement, comme pour jouer aux échecs, ainsi qu'en témoigne l'exemple de Hugh Baker à Hamilton. Pourtant, ces tentatives n'eurent pas de suite. Le télégraphe était utilisé pour les transmissions entre des points centraux et la distribution finale aux destinataires s'effectuait par messagers. Ce moyen de communication demeura spécialisé et, sauf exceptions, ne déboucha jamais sur des applications à vocation universelle.

Au contraire, dès ses balbutiements initiaux, le téléphone vise le grand public. La question du central téléphonique se pose très vite avec beaucoup d'acuité. Un des premiers essais connu, est celui d'E.T. Holmes qui possédait à Boston une entreprise de systèmes d'alarme où les maisons à protéger étaient reliées par un système de sonnerie électrique. En mai 1877, il installa des téléphones chez certains de ses clients qui demandèrent bientôt à pouvoir communiquer entre eux.

À la même époque, Isaac Smith, un pharmacien de Hartford, toujours dans le Connecticut, installa un réseau téléphonique primitif entre son officine, les cabinets des médecins de la ville et les principales écuries. Il avait fabriqué lui-même un standard primitif qui permettait aux médecins de communiquer entre eux et, en cas d'urgence, avec les palefreniers. Le système connut quelque succès et fut étendu à d'autres personnes en-dehors du corps médical.

Il n'empêche que le central de New Haven fut le premier central téléphonique à avoir été exploité sur une base commerciale. Il desservait huit lignes sur lesquelles 21 postes étaient branchés, il s'agissait de cabines publiques qui avaient jusque là abrité de l'équipement télégraphique. Cet équipement continua d'ailleurs à fonctionner en parallèle au téléphone et servait à signaler le début et la fin de la communication téléphonique... Pour faire fonctionner ce central, deux personnes étaient nécessaires, un assistant recevait les signaux télégraphiques et prévenait par bordereaux de papier le téléphoniste proprement dit qui établissait les communications. Cet étrange système eut cependant un succès foudroyant. Deux ans plus tard, il y avait 138 centraux téléphoniques aux États-Unis; en 1881, il y en avait 408.

Le Canada ne fut pas en reste et le premier central fut mis en service à Hamilton en juillet 1878 par Hugh Baker. Son standard pouvait établir six communications simultanées. Le succès du central de Hamilton fut tel que le nombre d'abonnés passa de 40 à 150.

Pendant quelques années, l'équipement de central devait être construit de bric et de broc dans des ateliers dispersés, au gré des commandes. Quelques personnalités se dégagent toutefois parmi les fabricants de standards téléphoniques, tel celui de Charles E. Scribner, un ingénieur de *Western Electric* qui avait commencé par fabriquer du matériel Edison pour *Western Union* à Chicago. C'est lui qui mit au point en août 1879 le « jack » bien connu des téléphonistes jusqu'à l'arrivée de la technologie numérique. En tout, il déposa 500 brevets au cours de sa carrière qui embrassent la plupart des aspects de l'industrie.

Il y eut aussi Leroy B. Firman, directeur général de l'American District Telegraph Company, à Chicago également, qui mit au point à la même époque avec l'aide de Scribner le standard multiple. Dans les premiers centraux, les lignes d'abonnés aboutissaient dans un jack et un seul. Quand plusieurs abonnés dont les lignes finissaient dans des jacks voisins appelaient en même temps, la téléphoniste en service à cet endroit se trouvait vite débordée. Firman eut l'idée de relier des standards en série. De cette manière, chaque ligne d'abonné aboutit dans tous les standards d'un même central. La gestion du trafic pouvait ainsi être répartie entre toutes les téléphonistes. Cette architecture de central ouvrait les portes à l'exploitation industrielle du réseau téléphonique. Néanmoins, Firman était à tel point persuadé que son travail relevait du bricolage que, dans un premier temps, il ne voulut pas le breveter ![250]

Cette époque de tâtonnements ingénieux prit fin en 1880 avec le lancement du modèle « Standard » de *Western Electric* qui fut produit en grande série et s'imposa rapidement sur le marché mondial à tel point qu'en France le mot *standard* désigne aujourd'hui encore l'équipement de commutation (le terme officiel des PTT, *tableau commutateur manuel*, n'a jamais réussi à s'imposer). Il réunissait toute une série d'améliorations qui rationalisait le travail des téléphonistes : les cordons revenaient automatiquement en position d'attente après usage, un dispositif de libération coupait la communication quand l'abonné raccrochait…

---

[250] *A History of Engineering & Science in the Bell System*, p. 490.

Le standard multiple répartit les appels automatiquement

Archives Bell Canada

Enfin et surtout, ce nouveau standard comporta rapidement une génératrice à courant alternatif. En effet, quand Watson avait inventé la sonnerie du téléphone, il avait fallu rapidement abandonner les piles électriques qui donnaient un courant trop faible. Watson avait mis au point une magnéto que l'abonné devait actionner au moyen d'une petite manivelle pour générer un courant alternatif. Cette solution satisfaisante pour un abonné qui fait quelques appels par jour était, on s'en doute, épuisante pour les téléphonistes... On avait, un temps, installé sous le standard une pédale afin de libérer les mains de la téléphoniste. Cela n'empêchait pas les malheureuses « pédaleuses » d'être essoufflées en période de pointe. Dans le modèle Standard de *Western Electric*, chaque cordon fut relié à un bouton qui utilisait le courant alternatif de la génératrice pour déclencher la sonnerie de la personne appelée et les téléphonistes n'eurent plus besoin d'être des athlètes.[251]

---

[251] Chapuis, Robert J., *100 Years of Telephone Switching (1878-1978)*, volume 1, cf. pp. 47-55. *A History of Engineering & Science in the Bell System*, pp. 488-496; *Beginnings of Telephony*,

Cet équipement de central sera rapidement fabriqué dans la division manufacturière de *Bell Telephone*. Le premier standard multiple dans le réseau de Bell sera installé à Toronto après l'incendie du 24 mai 1884 qui avait détruit tous les anciens appareils. Il pouvait traiter 200 abonnés au lieu de 50, comme les anciens modèles indépendants.[252]

Quelle électricité pour le réseau téléphonique ?

De nombreuses améliorations ont jalonné l'histoire du standard manuel dont la plus importante fut sans conteste la mise au point d'un système de batterie centrale au début des années 1890. Comme on l'a vu, au début de la téléphonie, le courant électrique provenait des appareils téléphoniques eux-mêmes. Les techniciens de la compagnie de téléphone multipliaient les visites aux abonnés afin d'entretenir la pile électrique qui alimentait en courant continu le transmetteur et la génératrice qui servait à la sonnerie. Mais la pile utilisée fonctionnait à l'acide et la moindre avarie pouvait occasionner une fuite et le risque de dégâts sérieux, voire de brûlures. Le système de génératrice était plus au point, mais il fallait néanmoins que l'abonné tourne la manivelle avec une certaine vigueur pour manifester sa présence aux téléphonistes... Le système à batterie centrale supprime tous ces inconvénients. Les deux formes de courant nécessaire à la téléphonie sont alors produites dans le central.

Pour les téléphonistes aussi, le système à batterie centrale représente un autre progrès notable. Jusqu'alors, elles étaient averties de l'appel des abonnés par la chute d'un clapet qui dégageait la douille de la ligne correspondante. La nouvelle technologie a permis de remplacer ce procédé encombrant et bruyant par des lampes qui s'allument quand l'assistance d'une téléphoniste est requise. Ces lampes de signalisation ont survécu dans les centraux jusque dans les années 1970 quand les stations de travail informatisées ont fait leur apparition. Notons qu'au Québec, dans le jargon des techniciens du téléphone, on appelle toujours une ligne d'abonné une « drop » en souvenir de la chute des clapets qui signalait les lignes en attente.

Dans les centraux téléphoniques, deux sortes de courant sont utilisées. L'alimentation de base, qui actionne le transmetteur et certaines fonctions de signalisation dans le central, est un courant continu. Au début de la

---

pp. 147-175 et *The Making of the Electrical Age*, p. 46.

[252] *The Beginning of the Telephone Business in Canada*, Montréal, 24 octobre 1963, 22 pages, ABC # 9834.

téléphonie, celui-ci est produit entièrement dans les centraux téléphoniques au moyen de génératrices actionnées par un moteur à combustion interne fonctionnant au gaz d'éclairage ou à l'essence. Pour l'alimentation de ces génératrices, il est hors de question d'utiliser les réseaux électriques embryonnaires de l'époque.

Cependant, au fur et à mesure que les réseaux électriques se développeront et gagneront en fiabilité, les compagnies de téléphone se raccorderont aux réseaux publics. Cet apport extérieur n'est évidemment pas utilisé tel quel. Il est transformé en courant continu et stocké dans des batteries géantes avec une autonomie de plusieurs heures, voire de plusieurs jours selon les endroits. Après 1900, la tension d'alimentation en courant continu est progressivement normalisée à 24 volts pour le service local et à 48 volts pour le service interurbain. Il faudra attendre l'automatisation des centraux à partir des années 1920 pour que le courant à 48 volts soit étendu au service local. Cette tension est aujourd'hui encore la norme universellement reconnue. Les génératrices ne disparaîtront pas pour autant des centraux téléphoniques, mais elles diminueront en taille. Elles ne servent qu'en cas de panne prolongée afin de recharger les batteries et c'est pourquoi, aujourd'hui encore, le téléphone continue de fonctionner durant les pannes d'électricité. [253]

Une source d'alimentation supplémentaire en courant alternatif était nécessaire pour enclencher la sonnerie. Au début, les premières génératrices fonctionnaient à une fréquence de 16 hertz 2/3 qui était plus ou moins équivalente à celle produite par les magnétos manuelles. Cette norme fut par la suite portée à 20 hertz. Pour les communications à longue distance, cette norme est tout d'abord de 135 hertz et elle sera par la suite augmentée jusqu'à 1000 hertz. La tension variait entre 75 et 105 volts. En outre, toute une série de sources de courant continu étaient nécessaires pour répondre à des besoins aussi divers que la tonalité, le signal occupé, les téléphones publics, le hurleur qui se déclenche quand un abonné laisse par inadvertance son téléphone décroché et autres dispositifs de signalisation.[254]

---

[253] Photo parue dans The Blue Bell, *Bell Telephone*, février 1931 (reprise dans *A History of Engineering & Science in the Bell System*, p. 696)

[254] *100 Years of Telephone Switching (1878-1978)*, pp. 55-56 et *A History of Engineering & Science in the Bell System*, pp. 694-711.

Le premier standard à batterie centrale fut mis en service en 1893 à Lexington, dans le Maine. Au Canada, ce sera Ottawa qui inaugurera la nouvelle technique en 1900. Un grand pas avait été fait dans le sens de la maniabilité du téléphone. En effet, les appareils téléphoniques furent libérés des lourds boîtiers contenant la pile et la génératrice. Les premiers téléphones de bureau font leur apparition : ce sont des téléphones à colonne où le transmetteur est fixe et le récepteur est mobile au bout d'un cordon. Il faudra attendre les années 1920 pour que des appareils à combiné soient mis à la disposition du grand public en Amérique du Nord.

Son principe était pourtant connu, comme en témoigne les essais de Cyrille Duquet à Québec, mais la technologie laissait à désirer. En effet, quand on bougeait le transmetteur à granules de charbon, la résistance variait et la voix se perdait. *Bell Telephone*, suivant en cela l'exemple du *Bell System* préféra mettre en marché des téléphones muraux ou des téléphones à colonne dont le transmetteur était relativement fixe. Les administrations européennes, plus imaginatives sur ce plan, ont permis à toutes sortes de modèles de foisonner en concurrence les uns avec les autres, y compris des appareils à combinés.[255]

En outre, le système à batterie centrale permet de résoudre en grande partie le problème de l'interconnexion des compagnies indépendantes avec Bell. Les téléphones à magnéto et à batteries locales fonctionnaient à des tensions variables. Cette variété qui était tolérable pour les petits centraux isolés, ne l'était pas pour les grands réseaux qui reliaient plusieurs centraux. Quand Bell refusait d'interconnecter les compagnies indépendantes, ce n'était donc pas uniquement pour des raisons de concurrence : son refus avait un fondement technologique. La généralisation des systèmes à batterie centrale fit de l'appareil téléphonique un instrument électriquement passif. La tension de chaque appareil était déterminée depuis le central. Il était plus facile de normaliser des centraux fabriqués en usine que des appareils d'origine plus ou moins artisanale et dispersés à travers tout le pays. Le nouveau système permit une normalisation des courants utilisés et donc l'interconnexion.[256]

---

[255] *Collins, Robert, Une voix venue de loin, 1977*, cf. p. 149.

[256] Barnett, William Paul, *The Organizational Ecology of the Early American Telephone Industry : A Study of the Technological Cases of Competition and Mutualism*, dissertation submitted in partial satisfaction of the requirement for the degree of Doctor of Philosophy in Business Administration, University of California at Berkeley, juillet 1988, 197 pages. Cf. p. 13 et p. 35.

Un croque-mort invente la commutation automatique

L'automatisation des centraux téléphoniques est sans aucun doute la grande aventure technologique du tournant du siècle. C'est aussi la plus singulière. Tout d'abord en raison de son acte de naissance. C'est un maître d'école devenu entrepreneur de pompes funèbres dans le Middle-West américain qui a inventé de toutes pièces le premier commutateur électromécanique. Mais aussi, l'automatisation des centraux représente un cas extrême de blocage technologique, du moins en Amérique du Nord. En effet, *Bell Telephone*, suivant en cela la politique d'AT&T refusera pendant longtemps d'automatiser les centraux téléphoniques.

Almon B. Strowger est cet entrepreneur de pompes funèbres de Kansas City, dans le Missouri, qui s'étonnait de voir que son principal concurrent recevait plus de commandes téléphoniques que lui. Il attribuait ses difficultés commerciales au parti-pris des téléphonistes en faveur de ses concurrents. Celles-ci prétendaient que la ligne de Strowger était toujours occupée, ce que l'intéressé savait être faux. Les soupçons cédèrent la place à la certitude quand, à la mort d'un ami personnel de Strowger, la famille du défunt fit appel à un de ses concurrents.

Strowger conçut alors un appareil destiné à en finir une fois pour toutes avec les téléphonistes. Il étudia avec soin le central téléphonique de Kansas City et, selon un récit sans doute apocryphe, il aurait construit une machine avec deux crayons, des épingles et une série de cols durs — d'authentiques cols empesés tels qu'un gentleman victorien les portait à l'époque. Les cols étaient disposés en une pile verticale, les épingles étaient fixées à intervalles réguliers sur les cols et le premier crayon constituait l'axe vertical de rotation tandis que l'autre crayon, en équerre avec le premier, balayait les épingles sur un niveau donné de col dur. Comment ce montage ahurissant put-il fonctionner ? L'histoire ne le dit pas.

Selon une autre source, ce collage fut effectué à seule fin d'illustrer le principe de la commutation automatique. Toujours est-il qu'en 1889, Strowger déposa un premier brevet. L'élément fondamental de cet équipement de commutation était le double mouvement, d'abord vertical, puis horizontal qui reproduisait « pas-à-pas » le geste des téléphonistes.[257]

Le croque-mort ingénieux alla ensuite frapper aux portes de tous les fabricants de téléphone. Il sera éconduit partout, y compris par *Western Electric*. Finalement, il se décida en 1891 à fonder, avec l'aide d'un neveu entreprenant, Walter S. Strowger, une compagnie qui s'appellera successivement *Strowger Automatic Telephone Exchange*, puis *Automatic Electric*. Tout comme *Western Electric*, la nouvelle entreprise eut son siège social à Chicago. L'oncle et le neveu Strowger eurent alors le génie de réunir autour d'eux une équipe de chercheurs de tout premier ordre. En quelques années, le concept surréaliste, tout droit sorti du dépit de l'entrepreneur de pompes funèbres de Kansas City, devint une réalité. Le premier commutateur pas-à-pas sera mis en service en 1892 à La Porte, à proximité de Chicago, par une compagnie de téléphone indépendante. En 1896, deux ingénieurs de la firme Strowger mettent au point le cadran numéroté : dès lors, le téléphone s'est glissé dans sa forme moderne.

---

[257] Stoffels, Bob, « In the beginning... », in *Telephone Engineer & Management,* Chicago, 15 mai 1989, pp. 154-9.

Le téléphone à cadran est inventé en 1896

Archives Bell Canada

Notons pour la petite histoire que l'invention de la commutation électromécanique est due à un pur malentendu. Il n'y a jamais eu de complot des téléphonistes contre le croque-mort de Kansas City. Le responsable des mésaventures de Strowger était une enseigne métallique suspendue au-dessus du téléphone. Chaque fois que quelqu'un ouvrait la porte d'entrée, il faisait bouger l'enseigne qui créait un court-circuit dans le téléphone, ce qui explique la tonalité « occupée » qui accueillait les téléphonistes quand elles voulaient communiquer avec Strowger...

L'arrivée du commutateur pas-à-pas coïncide avec l'expansion foudroyante des compagnies indépendantes aux États-Unis. Ce sont celles-ci qui assureront le succès commercial de l'équipement Strowger dans ce pays.[258]

L'automatisation entre au Canada par les indépendants

Au Canada aussi, l'automatisation du central téléphonique fut avant tout l'œuvre des compagnies indépendantes. Une tentative fut faite de fabriquer à Montréal des commutateurs Strowger. Une compagnie au nom ambitieux d'*Automatic Telephone and Electric Company of Canada* émit en 1893 des prospectus financiers à l'intention de ses futurs actionnaires qui portaient le sous-titre non moins ambitieux :

« *Survival of the fittest.* »[259]

Les apprentis darwinistes installèrent la même année quelques commutateurs à Terrebonne, au Québec, ainsi qu'à London, Seaforth, Mitchell et Arnprior, en Ontario, puis à Woodstock au Nouveau-Brunswick. Ces expériences furent de courte durée. La cause de l'échec n'est pas toujours à chercher dans les défaillances du commutateur lui-même. Ainsi, à Terrebonne, le système Strowger fonctionna jusqu'à la première pluie. La mauvaise isolation des fils aériens provoqua alors un court-circuit qui endommagea les batteries du central. La nouvelle technologie était victime de l'amateurisme des compagnies exploitantes indépendantes.[260]

Le premier central automatique à fonctionner de façon permanente au Canada fut celui de Whitehorse, dans le Yukon. La ruée vers l'or avait attiré dans le Grand Nord canadien un ancien employé des établissements Strowger à Chicago. Faute de trouver de l'or, John Wyley fonda la Yukon Electric Company en 1901 et utilisa tout naturellement la technologie de son ancien employeur. Devant le succès de son entreprise, il alla à Saskatoon où il récidiva.[261]

---

[258] *100 Years of Telephone Switching (1878-1978)*, pp. 58-61 et 71. Au sujet de la cause accidentelle du boycottage de l'entreprise de pompes funèbres de Strowger, voir : Muir, Gilbert A., *A History of the Telephone in Manitoba*, in Historical and Scientific Society of Manitoba (1964-65).

[259] Document ABC, # 21 7664.

[260] *Memorandum on the Automatic Telephone*, Telephone Historical Collection, 22 octobre 1965, ABC # 27309-2. *Telephone History of London*, Ontario (1880-1972), Bell Canada, Telephone Historical Collection, Montréal, 1972, 67 pages. Cf. p.17.

[261] Lettre de Stirling Ross (*Automatic Electric* Company, Chicago) au magazine torontois *Electric Digest*, le 26 janvier 1940. ABC # 27310.

Mais il faut attendre la nationalisation du téléphone dans les trois provinces des Prairies, soit 1908-09 pour que la commutation automatique arrive à maturité au Canada. Les administrations gouvernementales provinciales opteront immédiatement en faveur de l'automatique et, bénéficiant de plus de moyens que les compagnies indépendantes, elles parviendront à en normaliser l'utilisation. Cela ne se fera non sans hésitations au sujet de la technologie à employer.

Les véritables inventeurs de Brantford : Romaine Callender et les frères Lorimer

Strowger n'était pas le seul fabricant de commutateurs automatiques. De nombreux concurrents naquirent aux États-Unis et même au Canada. En effet, la principale alternative au système pas-à-pas vint du Canada. Le premier en date des concurrents canadiens, Romaine Callender, appartient à l'entourage de Graham Bell. Ce professeur de musique et fabricant d'orgues de Brantford, était connu pour avoir réalisé un joueur d'orgues automatique, quand il fonda la *Callender Telephone Exchange Company*. L'entreprise était modeste car elle compta au plus fort de ses activités 14 personnes au nombre desquelles on trouvait deux jeunes gens, George William et James Hoyt Lorimer. Ceux-ci étaient originaires du village voisin de Saint-George.

Callender déposa trois séries de brevets entre 1892 et 1896. Les premières expériences réussies eurent lieu en janvier 1895 à New York, avec un modèle en bois désigné tour à tour sous les noms de *Brantford Exchange* ou de *Callender Exchange*. On ne sait pas très bien comment ni pourquoi Callender abandonna ses travaux. Il semblerait qu'il ait quitté le Canada en 1896 pour fonder la *Callender Rapid Telephone Company* en Grande-Bretagne[262]. Toujours est-il que ses recherches furent poursuivies par les deux frères Lorimer. Ce sont eux qui réalisèrent les deux premiers modèles commerciaux du *Callender Exchange* qui furent mis en service en 1897 à Troy et Piqua dans l'Ohio, par des compagnies indépendantes.

---

[262] Julie K. Petersen, *The Telecommunications Illustrated Dictionary*, Second Edition, CRC Press, Boca Raton (Florida), 2002, 1075 pages. Cf. p. 149.

Le véritable inventeur de Brantford : Romaine Callender

Archives Bell Canada

Les systèmes vendus aux États-Unis nécessitaient un entretien constant et c'est pourquoi les frères Lorimer installèrent un atelier de réparation à Piqua, où se trouvait le plus important des deux commutateurs (capacité de 500 téléphones). Après bien des difficultés financières, les frères Lorimer lancèrent une usine à Peterborough, en Ontario, en mars 1897 sous le nom de *Canadian Machine Telephone*. Peu après, ils donnèrent à l'atelier de Piqua le nom d'*American Machine Telephone* qui est celui qu'ils utilisèrent sur la scène internationale. Pendant ce temps, ils poursuivirent leurs recherches tant et si bien que leur système ne ressemblait plus à celui de leur ancien patron, Callender. Ils déposèrent leur propre brevet en avril 1900 aux États-Unis et l'année suivante au Canada. Les frères Lorimer commercialisèrent très vite leurs commutateurs, trop vite peut-être, car ceux-ci ne donnèrent jamais entière satisfaction.[263]

---

[263] *Ernest A. Faller vs. Lorimer & Lorimer*, Department of the Interior, United States Patent Office, 2-213, Washington, D.C., 3 février 1902, 302 pages. ABC # 23235. Cf. pp. 9-18, 37-38, 82-84, 245-265 et 289-297. Arthur Bessey Smith, *Early History of the Automatic Telephone (1879-1906)*, collections d'articles parus au début du siècle devant être publiés sous peu par Telephone History Press, Dublin (Californie), 86 pages. Cf. pp. 73-86.

Le « génie mécanique » de la famille Lorimer, ainsi que se plaisaient à l'appeler les journaux de l'époque, était Hoyt. Il mourut en novembre 1901 à l'âge de 25 ans, épuisé au travail. Le plus jeune frère Lorimer, Egbert se joignit alors à l'entreprise, mais le génie créatif n'y était plus et la technologie n'évolua plus.

Hoyt, le génie mécanique des frères Lorimer

Archives Bell Canada

Pourtant, le marketing des frères Lorimer semble avoir été efficace. Ils exposèrent un commutateur de plusieurs centaines de lignes à Ottawa pendant deux mois. Francis Dagger rédigea un rapport à l'intention de l'hôtel de ville de Toronto recommandant un essai de la technologie Lorimer. Il semble même que *Canadian Machine Telephone* ait ouvert une usine à Toronto dans l'espoir de recevoir un contrat municipal.

Las, l'hôtel de ville abandonna ses projets téléphoniques et les frères Lorimer durent se rabattre sur les petites compagnies indépendantes de l'Ontario. Des commutateurs Lorimer fonctionnèrent à partir de 1905 à Peterborough où était installée l'usine de fabrication et à Brantford où se trouvait l'ancien établissement Callender. En 1908, ils installèrent d'autres systèmes à Burford, Saint George et Lindsay, toujours en Ontario, mais n'effectuèrent plus aucune vente aux États-Unis.

En 1906, *Edmonton Telephones* avait passé une commande aux frères Lorimer, mais elle ne parvint pas à en prendre livraison, l'entreprise étant incapable de livrer un modèle adapté aux besoins du client. Après deux ans d'attente, la municipalité se rallia à la solution Strowger. Quand *Automatic Electric* obtint le contrat, elle installa le commutateur pas-à-pas en deux mois jour pour jour. Devant le professionnalisme des hommes de Strowger, les frères Lorimer faisaient figure d'amateurs.

L'usine de Brantford de Callender-Lorimer

Famille d'Egbert Lorimer

Il est intéressant de relever les trois raisons du choix initial d'Edmonton : le prix d'achat d'une ligne Lorimer était de 34 dollars, comparé à 40 dollars pour Strowger, il occupe un espace 50% moindre et sa technologie centralisée paraissait plus élégante et plus simple que celle de son concurrent, même si le temps de connexion était légèrement plus long.[264]

---

[264] Stinson, Margaret, *The Wired City*, cf. pp. 47-58. Cashman, Tony, *Singing Wires,* cf. pp. 167-173.

En-dehors de ces « ventes » sans lendemain, la technologie canadienne connut quelques succès outre-mer. Les droits européens furent cédés à des Français qui déposèrent en mai 1908 les statuts de la Société Internationale de l'Autocommutateur Lorimer. Le siège social de l'entreprise européenne était situé Galerie Vivienne à Paris. La France acheta deux commutateurs, la Grande-Bretagne deux également, l'Italie un. Malgré tous ces efforts, le système ne fut pas retenu par les administrations de ces pays, faute de fiabilité suffisante. Il lui manqua le fini que seul aurait pu lui conférer une puissante équipe de recherche comme dans le cas du système Strowger. En outre, les délais de livraison de *Canadian Machine Telephone* demeurèrent des plus fantaisistes, comme en témoigne l'exemple d'Edmonton. L'entreprise finit par faire faillite en 1923 et ses biens furent placés en fidéicommis. Bell en fit l'acquisition deux ans plus tard.[265]

Grands principes de la technologie Callender-Lorimer

Si les frères Lorimer méritent de passer à l'histoire des télécommunications, c'est beaucoup plus pour leur apport théorique : leurs principes ont influencé toute l'évolution de la commutation électro-mécanique et, en particulier, les systèmes d'AT&T. Quand cette compagnie se convertira à l'automatique, elle adoptera une technologie dérivée des principes du système Lorimer. Le spécialiste international de la commutation Robert J. Chapuis décrit avec enthousiasme cette postérité méconnue :

> *Sur l'arbuste plein de sève qui avait été planté par les frères Lorimer, vont alors, dans cette admirable pépinière d'ingénieurs qui, un peu plus tard deviendra les Bell Telephone Laboratories, se greffer les rameaux qui permettront au jeune plant de devenir un arbre magnifique et plein de fruits.* [266]

---

[265] Document ABC # 25098. Anonyme, « The Lorimer Automatic in France », in *Telephony*, Chicago, vol. 12, N°2, août 1906. *Memorandum on the Automatic Telephone*. Voilà pourquoi les rares appareils téléphonique Lorimer se trouvent dans la collection historique de Bell Canada (tout comme ceux de Cyrille Duquet).

[266] *100 Years of Telephone Switching (1878-1978)*, p. 167.

Commutateur Lorimer (à l'extrême droite, Egbert Lorimer)

Famille Egbert Lorimer

La grande innovation du commutateur Lorimer vient en fait de Romaine Callender : il s'agit du principe de présélection. Au lieu d'avoir autant de mécanismes de connexions qu'il y a de lignes d'abonnés, le système Callender partait du principe que tout le monde ne téléphone pas en même temps et utilisait un pourcentage de mécanismes de connexions. Il en résulte une économie de 90% des équipements mécaniques. Le grand défi de la présélection en ces débuts de l'automatisation était la vitesse, car il ne fallait pas que l'abonné attende la tonalité trop longtemps. Introduite en 1893 par Callender, cette innovation sera reprise par tous les fabricants de commutateurs, y compris Strowger.[267]

Au niveau global, le système Callender-Lorimer est basé sur l'action d'une roue tournant en permanence. Les contacts sont établis en arrêtant le mouvement de la roue à la hauteur correspondant à chaque chiffre signalé. Un seul mouvement est donc requis pour sélectionner un contact au lieu de deux comme dans le système pas-à-pas.[268]

---

[267] Dagger, Francis, « The Lorimer Machine Telephone », in *Telephony*, Chicago, mars 1904. *100 Years of Telephone Switching (1878-1978)*, p. 67, note 13.

Le commutateur Lorimer est basé sur le principe d'une roue tournant en permanence

Archives Bell Canada

Pour l'abonné, le poste téléphonique Lorimer se présente sous forme d'un appareil à leviers et non pas à cadran. Il suffisait de placer chacun des quatre leviers en face d'un chiffre pour composer un numéro. Ce procédé était inspiré des commandes de signalisation utilisées pour les chemins de fer.

---

[268] Pour plus de précisions sur les principes du commutateur Lorimer, consulter l'ouvrage purement technique de Aitken, William, *Automatic Telephone Systems*, cf. Section 73, intitulée « The Lorimer *Automatic Telephone* Switch », pp. 233-243 et planches.

Le téléphone Lorimer est basé sur des leviers, non un cadran

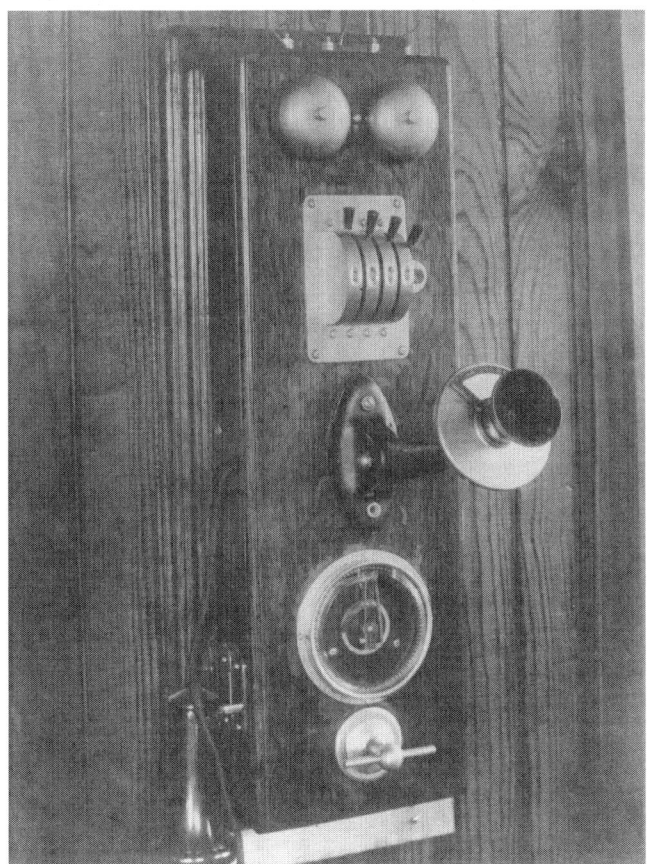

Archives Bell Canada

L'une des principales critiques que l'on adressait à l'automatisation des centraux était précisément la complexité des opérations demandées aux abonnés. C'est pourquoi il était important de concevoir un poste téléphonique aussi simple que possible. Les appareils téléphoniques Lorimer semblaient répondre à cette exigence.[269]

---

[269] Voir collection d'articles de journaux d'époque dans les carnets des frères Lorimer, ABC # D.F. 25098-3, 21797 et 972 (principalement *Expositor*, 7 novembre 1901; *Hamilton Spectator*, 14 mars 1902; *Montreal Herald*, 20 juillet 1904; *The Globe*, 5 août 1905, *The Illustrated London News*, 25 juillet 1908).

Postérité de l'œuvre des frères Lorimer

La technologie Lorimer représentait le dernier cri de la commutation automatique au début du siècle. Les observateurs de l'époque reconnaissent volontiers cet apport canadien. Témoin l'expert américain Kempster B. Miller qui écrivait en 1914 :

> *Ces jeunes hommes, sans formation préalable et – à ce qu'ils affirment – sans avoir jamais vu l'intérieur d'un central téléphonique, inventèrent et mirent au point le système en question et l'introduisirent dans l'exploitation. Connaissant jusqu'à un certain point leurs luttes et leurs efforts pour arriver à ce but, leur création nous apparaît comme l'une des plus remarquables que nous n'ayons jamais vues, quelle que soit la valeur du système.*

Témoin aussi ce jugement daté de 1925 du professeur Fritz Lubberger, spécialiste allemand de la commutation téléphonique :

> *Les frères Lorimer ont inventé au Canada, vers 1900, un système qui, en vérité, ne s'est introduit nulle part, mais dont la conception est si riche d'idées que, aujourd'hui encore, tout spécialiste d'automatique tirerait profit de son étude détaillée.*[270]

Mais la preuve la plus sûre de la valeur de la recherche des frères Lorimer vient sans conteste d'AT&T. En 1903, le géant américain achète le brevet Lorimer et décide de transformer cet équipement de laboratoire en produit commercial. Ce n'est pas une, mais bien deux équipes de chercheurs qui sont attelées à la tâche. Et il en sortira deux parmi les systèmes les plus populaires de l'histoire de la commutation électromécanique : le Panel et le Rotary. Tous deux reprirent au système Lorimer le principe de la sélection en un seul mouvement. En outre, le Rotary lui emprunta aussi le principe du moteur en rotation permanente (d'où son nom).

Le système Panel fut choisi par AT&T et desservit une grande partie des grandes villes américaines, jusque dans les années 50 quand il commença à

---

[270] Les deux citations sont reprises de *100 Years of Telephone Switching (1878-1978)*, p. 162 (K.B. Miller et S.G. McQueen, *Telephony*, Chicago, 1914, p. 571 et F. Lubberger, *Les Installations Téléphoniques Automatiques*, édition Gauthiers-Villars, Paris, 1927, p. 302.)

être remplacé par le crossbar. Il ne fut jamais utilisé en-dehors des États-Unis. Le Rotary, par contre, sera préféré par plusieurs administrations européennes, en particulier la France. Quand ITT achètera la division internationale de *Western Electric* en 1925, elle héritera des chaînes de fabrication du Rotary. C'est ainsi que les principes du système Lorimer connurent une postérité internationale, tant aux États-Unis qu'en Europe, sans que cette double filiation leur assure de gloire posthume jusqu'à sa redécouverte toute récente par Robert Chapuis.[271]

On est en droit de se demander comment se fait-il que l'œuvre des frères Lorimer soit complétement tombée dans l'oubli, y compris dans leur pays d'origine ? Les ingénieurs du téléphone ignorent généralement jusqu'à leur nom. La réponse de Chapuis à cette question est intéressante :

> *La raison de cet évanouissement posthume doit être attribuée au fait qu'en commutation la plupart des ouvrages publiés sont ceux décrivant les systèmes (anciens ou de l'époque) de sociétés de construction d'équipements de télécommunications ayant pignon sur rue et (...) ce ne fut bientôt plus le cas de celle des frères Lorimer.*[272]

Pourquoi Bell a freiné l'automatisation des centraux

Quoiqu'il en soit, il est intéressant de noter que le seul apport technologique du Canada au développement des télécommunications, avant la période contemporaine, concerne la commutation électromécanique. Trois-quarts de siècle plus tard, *Northern Telecom* répétera l'exploit avec la commutation numérique, cette fois avec plus de fortune au niveau commercial. La commutation est l'intelligence du réseau. C'est la clé de son développement. Tout se passe comme si les Canadiens, écrasés par la démesure de leur géographie, avaient compris que la survie en tant que collectivité passait par la maîtrise des télécommunications. Or, quelle machine mieux que le commutateur peut assurer cette maîtrise ?

Pourtant, au tournant du siècle, la clairvoyance ne paraissait pas la chose la mieux partagée au sein de l'establishment du téléphone. Bell suivit au Canada l'attitude adoptée par AT&T aux États-Unis et n'installa aucun commutateur

---

[271] *100 Years of Telephone Switching (1878-1978)*, pp. 165-182.

[272] *100 Years of Telephone Switching (1878-1978)*, p. 162. Une allusion est cependant faite au système Lorimer dans Collins, Robert, *Une voix venue de loin, 1977*, cf. p. 149. Aucune dans Ed. B. Ogle, *Allô, l'interubain,* 1980.

automatique, Lorimer ou autre, avant 1924. La méfiance de Bell est bien illustrée par une lettre de Sise datée d'octobre 1892, soit au moment du lancement du premier commutateur pas-à-pas à LaPorte :

> ... *à la fois l'expérience et l'observation nous indiquent qu'une opération aussi complexe que celle de réunir deux lignes téléphoniques et de faire communiquer entre eux les postes situés aux deux extrémités de ces lignes, ne pourra jamais être accomplie de manière efficace ou satisfaisante par un appareil automatique, soumis au bon vouloir et à l'intelligence de l'Abonné.*[273]

Deux mois plus tard, soit en décembre, Sise dépêcha sur place l'homme des missions difficiles, William C. Scott. L'espion de Bell se fit passer pour un journaliste canadien afin de visiter le central de la petite compagnie de téléphone de LaPorte. Scott dressera un rapport détaillé de ce qu'il a vu, poussant le souci d'exactitude jusqu'à préciser la couleur des poteaux ! Inutile de dire que le système automatique ainsi inspecté a tous les défauts : il a besoin de trop de fils, son entretien est coûteux et il supprime l'élément humain que représente la téléphoniste...[274]

Le refus du téléphone automatique par Bell constitue un exemple caractéristique de refus du progrès technologique par un monopole sûr de sa force. Tous les arguments, même les plus farfelus sont énumérés par Sise et son agent spécial. Les deux hommes semblent s'acharner à illustrer le postulat des critiques du monopole qui veut que ce régime économique freine l'innovation technologique.

Il est vrai qu'à l'époque baroque de la téléphonie, Bell afficha un comportement erratique, favorisant l'innovation quand cela servait ses intérêts (interurbain) et la freinant quand cela ne faisait pas son affaire (automatisation et, comme on le verra plus loin, métallisation des circuits). Mais ces inconséquences ne survivront pas à la fin du capitalisme sauvage. Bell, au Canada, et AT&T, aux États-Unis, acquerront dans l'entre-deux

---

[273] Lettre de Sise au directeur de Toronto, 24 octobre 1892, ABC. La citation reprend l'avis d'un expert de Bell. Le contenu de cette lettre, y compris l'avis de l'expert cité ici, sera publié dans un bulletin aux cadres daté du 22 novembre 1892.

[274] Document ABC, # 21 7664.

guerres et après la deuxième Guerre mondiale la réputation d'être aux avant-postes du progrès technologique – en témoignent les sept prix Nobel engrangés par les *Bell Laboratories* d'AT&T au cours de son histoire.

Durant la période qui nous concerne, la politique d'AT&T, face aux percées technologiques effectuées en-dehors de ses murs, est d'acheter le brevet en question ou, à défaut, de le contourner en déposant toute une série de brevets parallèles. L'exemple du transmetteur à résistance variable est typique du comportement du *Bell System* quand il s'agit de s'emparer d'un brevet étranger au groupe. On a vu que c'est ce qui se produira avec l'acquisition des brevets Lorimer en 1903. Dès le début de la commutation automatique, AT&T et, par conséquent *Bell Telephone* of Canada, possèdent les brevets et l'expertise nécessaire pour contrer Strowger.

Alors pourquoi ce refus d'automatiser ? AT&T et, à sa suite, Bell ont prétendu que l'augmentation du nombre de techniciens nécessaires à l'entretien des centraux automatiques annulerait les économies engendrées par la diminution du nombre de téléphonistes. La suite des événements se chargera d'infirmer cette prévision.

Un autre argument, avancé par le futur président de Bell, alors directeur général, Lewis McFarlane, nous semble plus révélateur :

> … *les lignes partagées ne peuvent pas être desservies avec un système automatique ; et comme il y en a dans les secteurs isolés de toutes les circonscriptions téléphoniques, il faudra quand même maintenir des standards manuels avec des téléphonistes.*[275]

Le téléphone manuel avait donc partie liée avec les lignes partagées. Cela nous renvoie à la conception nord-américaine de la technologie : une technologie bon marché avec une main d'œuvre mal payée semblait le meilleur moyen de mettre le service téléphonique à la portée de tous.

Pendant ce temps, les compagnies de téléphone européennes s'équipaient en commutateurs automatiques. C'est en mai 1900 que l'Allemagne testa à Berlin son premier système pas-à-pas, directement inspiré du système Strowger. Munich fut entièrement automatisée en 1908. Mais l'Allemagne n'était pas seule. On a vu que plusieurs administrations européennes avaient

---

[275] Cité in *Evidence of A.G. Lester*, Commission des pratiques restrictives du commerce, janvier 1980, 80 pages + annexes. Cf. pp. 9-10.

pris fait et cause pour l'automatisation lors de la première conférence européenne des Techniciens du Téléphone à Budapest. Mieux encore, le « père » du téléphone, Alexander Graham Bell soutenait le changement dès 1905 :

> Quant au téléphone de l'avenir, je prévois que tout ce travail sera effectué automatiquement.[276]

Lors de la deuxième conférence qui eut lieu à Paris en septembre 1910, un consensus se dégagea en faveur du téléphone automatique. Des commutateurs fonctionnaient sur une base commerciale dans les réseaux publics d'Allemagne et d'Autriche-Hongrie. Les représentants de ces administrations firent état de leur expérience en matière de commutation et tous les rapports sans exception furent positifs.

Seul bémol dans ce choix en faveur de l'automatique : AT&T. L'ingénieur en chef d'AT&T, John J. Carty – que nous avons déjà présenté comme l'homme de confiance de Theodore Vail et le fondateur de la division recherche, un futur général des *Signal Corps* de l'armée américaine pendant la première Guerre mondiale – Carty donc, assistait à la conférence internationale avec le prestige de la puissante entreprise américaine et jeta toute son influence dans la balance pour dénoncer le système Strowger.

Dans un style à la fois imagé et doctoral, il prononça une allocution qui démontrait que les systèmes « soit-disant automatiques » convenaient uniquement aux petits réseaux. Or, une compagnie de téléphone devait voir loin :

> Nous devons envisager notre 'Plant' comme l'architecte qui dessine un parc se représente le paysage tel qu'il sera plus tard. (...) Nous ne devons pas choisir un commutateur à cause de son apparente séduction immédiate, si, en regardant dans l'avenir, on s'aperçoit que son développement sera forcément arrêté et qu'il ne pourra pas survivre aux rigoureux hivers de la pratique.

---

[276] In *AT&T Financial Notes*, 1905, cité in « Foresight and Hindsight : The Case of the Telephone », Ithiel de Sola Pool, Craig Decker, Stephen Dizard, Kay Israel, Pamela Rubin et Barry Weinstein, contribution à l'ouvrage collectif *The Social Impact of the Telephone*, Ithiel de Sola Pool (sous la direction de), cf. p. 130.

> (...) *Nous plantons des avenues bordées de chênes, nous ne cultivons pas des champignonnières.*[277]

Pour Carty, la commutation automatique est chère, malcommode et peu fiable, elle n'a pas d'avenir en-dehors des petits systèmes isolés (non interconnectés au réseau interurbain), surtout pas dans les grandes villes. Il est vrai que la complexité des premiers commutateurs automatiques décourageait la construction de gros systèmes. Cela ne devait cependant pas empêcher les compagnies indépendantes desservant des villes aussi importantes que Chicago (1903), Los Angeles (1904) ou San Francisco (1909) d'opter en faveur de l'automatique.[278]

Mais Carty ne s'embarrasse pas de ces nuances et prend parti contre les commutateurs automatiques (« des champignonnières ») au nom de l'universalité du service. L'erreur est d'autant plus étonnante qu'elle vient de l'un de ceux qui a fait passer la téléphonie de l'âge artisanal à l'âge industriel et qui rédigeait une chronique de prospective de haute tenue intellectuelle intitulée « Le coin du prophète » dans la revue américaine *Electrical Engineering*.[279]

Dans une argumentation qui ressemblait à première vue à une pure casuistique, Carty estimait qu'il n'avait plus de systèmes absolument manuels, nin de systèmes vraiment manuel. Les premiers mettaient en jeu des éléments automatiques. Les seconds ne supprimaient pas entièrement les interventions humaines : il faut des techniciens dans les centraux, des téléphonistes pour les interurbains et... les abonnés doivent composer eux-mêmes les numéros. Bref, de conclure Carty, il n'y a en fait que des systèmes « semi-automatique » :

> *Le soit-disant système automatique n'est pas, au fond, automatique, il l'est seulement en partie. Il a été étudié sans parti pris et avec beaucoup de soin et on a trouvé qu'il ne répond*

---

[277] Carty, John, J., « Le Service automatique ou manuel », IIe Conférence internationale des techniciens des administrations des télégraphes et des téléphones de l'Europe, Annexe I, Paris (1910). Archives de l'UIT, cf. p. 121. L'allocution a été prononcée en français, mais Carty disait « plant » et non « réseau » car, disait-il, le mot anglais « évoque à l'esprit l'idée de croître sans cesse. »

[278] Swihart, Stanley, *Telephone dials and push buttons* (à paraître).

[279] Sola Pool, Ithiel de, *Forecasting the Telephone : A Retrospective Technology Assessment of the Telephone*, Ablex Publishing Corporation, Norwood (New Jersey), 1983, 162 pages.

pas complétement aux nécessités de notre service actuel et qu'il répondra de moins en moins aux nécessités futures.[280]

Derrière le voile de la ratiocination, Carty annonçait ainsi, à la surprise générale des participants à la conférence de 1910, le choix d'AT&T en faveur d'un nouveau type de système dit semi-automatique. Ces systèmes semi-automatiques dérivés du système Lorimer sont les ancêtres des commutateurs Panel et Rotary. Sous leur forme semi-automatique, ces deux systèmes permettaient au téléphoniste de taper au clavier le numéro appelé au lieu d'enficher un cordon dans un jack. Cela représente indéniablement un gain de temps par rapport aux systèmes purement manuels, mais ce n'était pas l'automatique. Aucun de ces systèmes semi-automatiques ne paraît avoir été utilisé au Canada. Malgré son lien privilégié avec AT&T, *Bell Telephone* continuera à installer des systèmes entièrement manuels jusqu'en 1924.[281]

Commutateur pas-à-pas de Lévis (années 1950)

---

[280] Carty, John, J., « Le Service automatique ou manuel », cf. p. 125.
[281] *100 Years of Telephone Switching (1878-1978)*, pp. 77-78.

Ce tour d'horizon ne serait pas complet sans mention du standard téléphonique privé ou PBX (sigle anglais de *private branch exchange*) qui est, en fait, un commutateur installé chez l'usager au lieu d'être installé dans un central. Le premier PBX installé par Bell dont on retrouve la trace date de 1884 et desservait les locaux du service des incendies de la mairie de Montréal. Le système, fabriqué par *Western Electric*, pouvait desservir 25 postes et il était relié au réseau public par cinq circuits.

Il faudra attendre 1905 pour que *Northern Electric* fabrique les premiers PBX, les modèles 101 et 102. Il s'agissait, bien entendu, de modèles manuels en tous points analogues aux standards publics et l'automatisation du PBX ne commencera pas avant les années 1920. Les PBX seront alors et jusqu'à la fin des années 1970 désignés comme PBAX.[282]

La transmission chausse des bottes de sept lieues

Pendant que l'équipement de central changeait radicalement de nature, l'équipement de ligne évoluait aussi. Les premières lignes furent construites sur le modèle du télégraphe à raison d'un unique fil de fer ou d'acier par abonné, avec retour du circuit « deux fils » par la terre, la mise à la terre s'opérait sur une canalisation ou même directement dans le sol. Certains fils étaient galvanisés, d'autres pas, mais dans les deux cas la corrosion était fréquente.

Theodore Vail et Thomas Watson décidèrent de passer aux conducteurs en cuivre en 1883 après de nombreux tests. Mais il n'y avait toujours qu'un fil par abonné avec le retour par la terre, ce qui provoqua des phénomènes de diaphonie quand les fils devinrent trop nombreux. La solution avait vite été formulée : Graham Bell lui-même avait défini un circuit métallique avec deux fils torsadés, un pour l'aller et un pour le retour, de façon à éviter l'induction de signaux parasites. Le principe avait été breveté dans les derniers mois de sa collaboration avec *National Bell*. Comme le passage du fil simple au circuit métallique signifiait pour les compagnies de téléphone, le doublement des fils de leur réseau, cette solution fut repoussée aussi longtemps que possible.

C'est l'expansion rapide des réseaux électriques et la multiplication des lignes de tramways qui vinrent à bout des hésitations des compagnies de

---

[282] « The evolution of PBXs », in *Telesis*, Ottawa, vol. 4, N°3, automne 1975. Cf. p. 69.

téléphone. Encore faut-il signaler les tentatives d'arrière-garde menées par Bell pour bloquer l'électrification des tramways au Canada sous prétexte d'incompatibilité avec le téléphone. En 1889, Sise envoya un agent à Richmond, en Virginie, où un tramway électrique avait parasité le réseau téléphonique. L'incident fut invoqué dans les médias comme exemple des méfaits du tramway. Autre cas d'opposition à l'innovation technologique, mais cette fois-ci, aux technologiques d'autrui... Quoiqu'il en soit, l'implantation des circuits métalliques eut lieu durant la période 1890-1900.[283]

Ce changement aura une conséquence heureuse pour les habitants des grandes villes nord-américaines. Les poteaux s'avéreront incapables de supporter une charge double. Il faudra bien se résoudre à enfouir les fils du téléphone. Or, les premiers câbles téléphoniques présentaient l'inconvénient de pourrir rapidement. Le caoutchouc et la gutta percha utilisés dans les câbles télégraphiques ne convenaient pas au téléphone. À partir de 1892, Bell isolera ses câbles au moyen d'une gaine de coton recouverte de paraffine. Ce que 20 ans de poursuites judiciaires et de pressions, de la part de l'opinion publique aussi bien que des gouvernements et des municipalités, avaient échoué à réaliser, le circuit métallique y parvient sans coup férir.

Notons à ce propos que la plupart des grandes villes européennes avaient enfouis leurs fils depuis le début de la téléphonie. Encore une fois, on voit apparaître ici la différence de philosophies entre les deux continents : la croissance rapide du réseau américain est acquise grâce à des installations légères ; tandis que l'accent qui est mis en Europe sur un réseau plus respectueux de l'environnement mais plus coûteux, freine son expansion.[284]

Une forme primitive de multiplexage fut mise au point dans les années 1880 sous le nom de circuit fantôme. Le concept, qui venait de Grande-Bretagne, surimposait un circuit additionnel sur chaque groupe de deux circuits métalliques réels (voir graphique). Ainsi le courant du circuit « C » était divisé en deux par une dérivation faite au moyen d'une résistance et réparti également sur chacun des deux fils du circuit « A » et la voie de retour, grâce au même procédé, empruntait le circuit « B ». Comme la voix du circuit

---

[283] Collins, Robert, *Une voix venue de loin,* 1977, cf. p. 148.
[284] *100 Years of Telephone Switching (1878-1978),* p. 106.

fantôme était en quelque sorte divisée entre les deux fils du circuit réel à l'aller comme au retour, il n'y avait pas d'interférence possible.

En pratique, les choses étaient bien plus complexes. Il fallait diviser le courant exactement en deux, c'était le rôle des résistances mais, ce faisant, on atténuait grandement le courant. La solution fut imaginée en 1886 à *American Bell* par nul autre que John J. Carthy qui remplaça les résistances par des répéteurs. Il faudra néanmoins encore attendre le tournant du siècle pour que les circuits fantômes fassent leur « apparition » dans le réseau téléphonique.[285]

Qu'est-ce qu'un circuit fantôme ?

Robert Chapuis, History of Engineering & Science in the Bell System, cf. p. 232.

En matière de communications à grandes distances, les transmissions étaient très limitées en raison de l'affaiblissement des signaux. Entre 1880 et 1885, Bell construisit quelques lignes interurbaines en fil de cuivre à nu (Montréal-Kingston, Montréal-Magog, Toronto-Buffalo, Ottawa-Brockville et Sherbrooke-Richmond). Montréal est reliée à Toronto en 1885. En 1888, première innovation, une ligne à circuit métallique est construite entre Toronto, Hamilton et London. Encore fallait-il utiliser des fils énormes de 5 mm de diamètre, très espacés les uns des autres, et l'affaiblissement des signaux téléphoniques interdisait qu'ils pussent être transmis à plus de 1 000 km.

---

[285] *A History of Engineering & Science in the Bell System*, pp. 236-240.

La solution vient en décembre 1899 d'un physicien de l'Université de Columbia d'origine serbe, Michael Idvorsky Pupin. On estime qu'en 1900, le cuivre accaparait le quart du capital investi dans les réseaux de télécommunications. Pupin comprend qu'il fallait « charger » les lignes au moyen de bobines qui, depuis, portent son nom, afin d'en augmenter l'inductance.

Le principe peut se comparer à une corde très mince, attachée à une extrémité et libre à l'autre. Si on agite le bout libre en cadence, les ondes ne se propagent guère au long de la corde en raison de sa légèreté. Si on prend une corde plus lourde, on s'aperçoit que les ondes sont transmises beaucoup plus facilement sur des distances plus grandes. Si on « charge » la corde légère en plaçant des petits poids à espaces réguliers, on obtient le même résultat. Le génie de Pupin fut d'avoir appliqué ce principe simple aux transmissions téléphoniques et calculé que l'affaiblissement des signaux était minimal quand on disposait les « bobines Pupin » à intervalles de 6 000 pieds environ (1,8 km). Il permit de diviser par deux le diamètre des fils téléphoniques.[286]

Bell Telephone commença à pupiniser ses lignes à partir de 1910 sur le circuit Montréal-New York. Montréal-Toronto suivit quelques mois après. Signalons que ces lignes étaient alors faites de fil nu, ce qui explique la mauvaise qualité des communications à longue distance. Mais qui se souciait alors de téléphoner au loin ?[287]

En dépit des bobines de Pupin, l'obstacle principal aux transmissions à longues distances demeurait l'affaiblissement du signal vocal tout au long du fil téléphonique. Il fallait trouver un moyen de « répéter » le signal vocal dans son intensité originale à intervalle réguliers pour compenser l'atténuation subie dans la ligne.

Une première solution fut apportée en 1884 par Thomas Edison qui utilisa son transmetteur au carbone. Le carbone avait la propriété de libérer plus

---

[286] *Beginnings of Telephony*, pp. 137-146. Libois, Louis-Joseph, *Genèse et croissance des télécommunications*, cf. p. 40.

[287] *Milestones in Canadian Telephone Industry, Loading*, séries d'articles dictés par L.B. McFarlane à June L. Currey, *The Blue Bell, Bell Telephone*, Montréal, avril 1936, p. 6. H-4.

d'énergie électrique qu'il ne recevait d'énergie acoustique, environ 100 fois plus. Cette propriété était connue de tous les chercheurs de l'époque, mais l'apport d'Edison a consisté à mettre au point un répéteur qui fonctionne dans les deux sens, ce qui est indispensable en téléphonie. Néanmoins, le répéteur Edison était loin d'être parfait. Il amplifiait inégalement les différentes fréquences de la voix et les extrants n'étaient pas directement proportionnels aux intrants, en fait la sensibilité diminuait très fortement quand la voix était faible. Il en résultait des distorsions qui croissaient avec le nombre de répéteurs jusqu'à rendre toute conversation inintelligible. Pratiquement tous les chercheurs en téléphonie s'attaquèrent au problème, en vain. La solution n'était pas électromécanique.

La distance est vaincue (le « remake » réussi de Bell et de Watson)

L'événement qui a permis à la transmission de la voix d'annuler la distance est l'apparition de l'électronique au début du XXe siècle. C'est un ex-employé de *Western Electric* nommé Lee De Forest qui réussit en 1906 à contrôler avec précision le flux d'électrons dans un tube à vide appelé triode. Mais De Forest pense uniquement en termes de radio et néglige entièrement les applications téléphoniques de son invention, ce qui est pour le moins surprenant pour un ancien ingénieur de *Western Electric* (voir *Lee De Forest invente la triode*).

À cette époque, la priorité absolue de la nouvelle division recherche d'AT&T était la transmission à longue distance. Son laboratoire animé par John J. Carthy ne sera pas long avant de découvrir le potentiel d'amplification de la triode. Les électrons, dépourvus d'inertie, amplifient sans déformation le courant électrique et, par voie de conséquence, les signaux téléphoniques. De Forest est alors invité à démontrer sa triode devant la haute direction d'AT&T. Convaincue, l'entreprise achète les droits d'utilisation du brevet en 1912 et met toutes ses ressources dans la mise en œuvre de la triode. En 1913, les premiers répéteurs à triodes sont installés dans le tronçon New York-Baltimore. Dès juillet 1914, ils sont incorporés dans la construction de la première ligne transcontinentale qui débute. Trois répéteurs électroniques sont disposés entre New York et San Francisco et, en janvier 1915, la première conversation transcontinentale a lieu.

Les premiers interlocuteurs sont les mêmes qu'en 1876. Un Alexander Graham Bell aux cheveux blancs répète depuis les locaux d'AT&T à New York, la phrase célèbre qui inaugura l'ère du téléphone :

> *Monsieur Watson, venez-ici, j'ai besoin de vous.*

À quoi, le célèbre électricien répondit de San Francisco :

> *Cette fois-ci, je crains que ça ne prenne un peu plus de temps, Monsieur Bell...*[288]

Les progrès spectaculaires qui ont été effectués dans le domaine de la transmission démontrent, s'il en était besoin, la puissance de la machine de recherche d'AT&T quand elle s'attelle à la résolution d'un problème. Autant l'entreprise américaine a tergiversé dans la commutation automatique, autant elle a cru dans la téléphonie à longue distance et elle a su prendre à temps le virage électronique. Le résultat a été un progrès foudroyant. Cette première communication téléphonique entre New York et San Francisco installe le téléphone dans l'ère des longues distances. Désormais, la répartition des rôles entre un télégraphe voué à l'interurbain et un téléphone limité au service local est chose du passé. La technologie téléphonique entre dans l'âge adulte.

Le Canada eut sa première conversation transcontinentale en mai 1915. Il s'agissait d'une conversation Montréal-San Francisco. Il faudra attendre le 14 février 1916 pour que la première conversation Montréal-Vancouver ait lieu. Plus de 4 500 personnes assistèrent à cette première qui réunit les dignitaires de *Bell Telephone* installés à l'hôtel Ritz-Carlton de Montréal à ceux de *B.C. Telephone* qui avaient élu domicile au Globe Theatre de Vancouver. Ce fut une des dernières manifestations publiques de Charles Sise qui avait pris sa retraite l'année précédente. Avec un trajet de plus de 6 700 km, il s'agissait d'un record de distance. Cependant, les circuits utilisés étaient en majeure partie américains : Montréal-Toronto-Buffalo-Omaha-Salt Lake City-Portland-Vancouver. Il faudra attendre les années 1930 et la construction du réseau téléphonique transcanadien pour rapatrier l'infrastructure interurbaine.

Quant aux répéteurs électroniques, la première canadienne eut lieu à Kingston en 1917. Auparavant, les conversations téléphoniques ne pouvaient dépasser 2 500 km. Désormais la portée de la voix humaine devenait pratiquement illimitée. Pourtant les communications interurbaines demeurèrent longtemps une rareté. L'obstacle technologique ôté, demeurait un obstacle structurel. Il n'y avait pas de réseau téléphonique interurbain. Une collection de centraux, même reliés les uns aux autres, ne constitue pas

---

[288] *A History of Engineering & Science in the Bell System*, pp. 252-164.

un réseau interurbain. Pour téléphoner au loin, il fallait passer par de multiples centraux, donc de multiples téléphonistes, ce qui rendait l'établissement des communications long et problématique. Le téléphone a été conçu comme une technologie locale et il faudra encore de longues années avant que les structures administratives des compagnies s'ajustent à son nouveau potentiel. Dans le binôme évolution technologique-structure administrative, la technologie précède toujours la structure qui doit attendre pour évoluer que les gestionnaires aient saisi la nature des changements.[289]

Premier appel Montréal-Vancouver (1916)

Archives Bell Canada

---

[289] Collins, Robert, *Une voix venue de loin*, 1977, cf. pp. 191-192. *Allô l'interubain*, p. 42-44.

Chapitre 9 - Capitalisme sauvage et choc des langues

Le changement ne se limite pas à l'environnement dans lequel évoluent les entreprises. Pour comprendre ce qui se passe dans la téléphonie durant toutes ces années-là, il faut aussi scruter l'intérieur des entreprises, du côté des employés et des relations de travail. Il s'agit de la facette la moins connue de l'histoire des télécommunications. Or, les entreprises changent de nature. Elles passent du monde de l'artisanat et du folklore des pionniers à la grande industrie. À ce problème commun à toute l'industrie du téléphone, se greffe le choc des langues qui est propre à Bell puisque cette compagnie dessert les deux communautés linguistiques du pays.

Les premiers téléphonistes étaient surtout des hommes. En effet, ce sont les compagnies de télégraphe qui ont lancé le téléphone au Canada et le métier de télégraphiste était masculin et hautement respecté en raison des compétences techniques qu'il exigeait. Outre la connaissance du code Morse, le télégraphiste devait être capable de réparer l'équipement électrique. C'était un électricien spécialisé. À l'époque, on ne pouvait songer à confier un emploi spécialisé à une femme.

Lors de sa création, *Bell Telephone* avait engagé les télégraphistes issus des services téléphoniques de *Montreal Telegraph* et *Dominion Telegraph*. À l'autre extrémité du pays, *Victoria and Esquimalt Telephone* avait été fondée par un ex-employé de *Government Telegraph Service* (Robert McMiking). Comme il n'y avait pas d'abonnés pour occuper des téléphonistes à plein temps, les premiers d'entre eux étaient des hommes à tout faire : réparation et entretien du matériel, collecte des comptes, messagerie et même nettoyage des locaux faisaient partie de leurs nombreuses attributions. Du moins, telle était la situation dans les centraux des grandes villes qui étaient installés dans des locaux spécialisés.

Dans les petites bourgades, les centraux étaient installés dans un commerce ou même une maison particulière. C'était le commerçant et sa famille qui faisaient office de téléphoniste. Ainsi, au cours des premières années de la téléphonie, le central de Vancouver était situé dans la librairie Tilley. Le fils du propriétaire, Charlie Tilley était responsable du standard téléphonique et, comme le trafic de nuit était nul, il avait imaginé de donner des concerts par téléphone. La librairie était devenue le rendez-vous des jeunes gens de Vancouver qui venaient donner la sérénade aux abonnées et, comme tout ce beau monde était quand même respectueux des traditions, la fête se terminait à 22 heures 30 par le « *God Save the Queen* » !

Central téléphonique de Bomanville (Ontario)

Archives Bell Canada

Dans ces conditions, il ne pouvait y avoir de contrôle du travail. Les téléphonistes avaient un statut qui s'apparentait bien plus à celui d'un artisan indépendant de l'époque préindustrielle qu'à celui d'un employé de bureau. Cette fébrilité au travail est typique des changements de paradigmes technologiques – il n'est que penser à l'arrivée d'Internet dans les années 1990. Le revers de la médaille est que la sécurité d'emploi ou les avantages sociaux étaient choses inconnues. Il n'y avait pas de fonds de pension (mais qui aurait pensé à prendre sa retraite dans un métier où tout le monde était jeune), pas d'assurance maladie ou accident, pas de congés payés et la journée de travail était variable.

En 1881, la semaine de travail des téléphonistes était en principe de 48 heures et le salaire mensuel maximum de 20 dollars.[290] Dans la plupart des centraux, on fermait le téléphone la nuit, mais dans certaines localités, les autorités municipales exigeaient un service de nuit pour les urgences et quelqu'un dormait à côté du standard. La semaine de travail pouvait alors atteindre 60 heures, mais il semble que ces cas aient été exceptionnels.

Un technicien gagnait en 1882 un maximum de 35 dollars par mois pour une semaine de 60 heures.[291] Il n'existait aucun avantage social de quelque sorte que ce soit pour les téléphonistes ou les techniciens. Bien sûr, rien n'empêchait la direction des compagnies de téléphone de venir au secours de leurs employés méritants quand ils affrontaient un problème. Dans la pratique, les accidents du travail étaient parfois remboursés, mais la direction tenait à répéter noir sur blanc que c'était sur une base volontaire.[292]

Le premier conflit de travail connu dans l'histoire du téléphone au Canada remonte au 28 mai 1884 : un groupe de monteurs de ligne torontois arrêta le travail pour appuyer une demande salariale. La direction de Bell les mit à pied sur le champ. Dans un document de la fin du XXe siècle, la compagnie explique que « l'action, bien que déplorable aujourd'hui, était tout à fait dans l'esprit de l'époque. »[293]

À la liberté de l'employé-artisan de gérer son travail à sa guise répondait la liberté patronale d'user d'arbitraire. Il y avait là un semblant d'égalité. Mais un téléphoniste qui répond : « Un instant, s'il-vous-plaît, j'ai les mains dans la pâte » parce qu'il est aussi boulanger, cela ne fait pas très sérieux. C'est une survivance de l'ère préindustrielle que le XIXème siècle industriel aura tôt fait de supprimer.

---

[290] Parsons, George M., *History of Labour Relations in the Bell Telephone Company of Canada, 1880 to 1962*, inédit, avril 1963, 159 pages. ABC # 18919. Cf. p. 153.

[291] *History of Labour Relations in the Bell Telephone Company of Canada, 1880 to 1962*, cf. p. 151.

[292] « Lachapelle, un des hommes que vous avez envoyé à Toronto, a eu le poignet cassé et a été renvoyé chez lui par M. Dunstan qui, d'après ce que je comprends, a payé les honoraires du médecin et son salaire jusqu'à son départ. Bien que ce ne soit pas notre habitude et que rien ne nous y oblige, je suis heureux de vous apprendre que M. Sise a accepté de continuer à payer le salaire de cet homme jusqu'à sa guérison. »
Lettre de L.B. McFarlane à D.C. Dewar, datée du 12 février 1896, ABC.

[293] Information de réserve, « Chronologie des relations de travail à Bell Canada », le 17 novembre 1971, ABC.

Féminisation des téléphonistes

Le premier pas vers la gestion scientifique du personnel sera de remplacer les téléphonistes-hommes par des téléphonistes-femmes et, si possible, adolescentes. La raison répétée à satiété dans la littérature officielle est que les qualités féminines sont plus adaptées au métier de téléphoniste que les qualités masculines :

> Pourquoi choisit-on des femmes plutôt que des hommes pour les fonctions de téléphoniste ? Il y a plusieurs bonnes raisons. D'abord, la clarté de la voix féminine est mieux adaptée à cet instrument délicat. Ensuite, les filles sont généralement plus alertes que les garçons et toujours plus patientes. Les femmes sont plus sensibles, plus disciplinées, beaucoup plus douces et tolérantes que les hommes.[294]

Les téléphonistes sont des femmes

Archives Bell Canada

La vérité est plus crue. À la différence de la télégraphie, la téléphonie ne requiert aucune qualification technique de la part des opérateurs. Les entreprises écarteront donc les techniciens-opérateurs du métier de téléphoniste et engageront pendant quelque temps des jeunes apprentis. Mais la solution n'est pas retenue en raison du syndicalisme montant. La grève organisée par les Chevaliers du Travail en 1883 dans l'industrie voisine du télégraphe semble être la cause principale, bien que jamais mentionnée, de la féminisation du métier de téléphoniste. En effet, jusqu'à l'introduction des premiers centraux automatiques dans les années 1920, les téléphonistes

---

[294] « Who wouldn't be a Telephone Girl », *The Watchman*, Montréal, le 12 juin 1898.

ont tenu l'ensemble du réseau entre leurs mains. Un arrêt de travail des téléphonistes pouvait paralyser le système d'une minute à l'autre, alors que l'impact d'une grève de techniciens aurait été plus long à se faire sentir.

À partir de la grève de télégraphe, les compagnies de téléphone rationalisent donc le métier de téléphoniste : la fonction de maintenance des installations est séparée de la fonction d'opérateur. Être téléphoniste, c'est être opérateur, c'est-à-dire opératrice, ce qui permet de remplacer les apprentis par des femmes non syndiquées. Les syndicats affichaient une très grande méfiance vis-à-vis des femmes accusées de « voler les emplois » des hommes et ils refusaient de les organiser. Très rapidement, les compagnies de téléphone abandonneront la main d'œuvre masculine, tant adulte qu'enfantine, et opteront pour le travail des femmes.

Le caractère baroque des premières années de la téléphonie ne disparaît pas tout de suite avec l'arrivée des femmes dans les centraux. Une relation directe persistera entre les téléphonistes et les abonnés, témoin les étrennes reçues chaque fin d'année et qui peuvent monter jusqu'à 50 dollars, ce qui est bien supérieur à leur salaire le plus élevé. Quoi d'étonnant si les téléphonistes avaient leurs favoris qu'elles choyaient : elles transmettaient des messages, donnaient des nouvelles sur le temps, l'heure, les résultats des parties de hockey. À l'instar des anciens télégraphistes, il leur arrive parfois de faire des courses pour certains abonnés et de porter des messages, ce qui leur valait un pourboire de cinq cents.

Témoins aussi du côté baroque des relations de travail primitives, les multiples rappels à l'ordre conservés dans les archives des compagnies de téléphones qui montrent que les téléphonistes continuaient à avoir des conversations privées avec les abonnés. Au courant de tout ce qui se passait dans la communauté influente des abonnés, les téléphonistes jouaient un rôle sans commune mesure avec leur statut social.[295]

Déshumanisation des relations de travail : le « taylorisme »

Mais le modèle industriel ne tardera pas à imprimer sa marque sur le métier de téléphoniste. Avec l'accroissement du nombre d'abonnés, les standards

---

[295] Martin, Michèle, *Hello, Central ?*, p. 97 et p. 102.

isolés dans les maisons ou les commerces disparaissent et la discipline se renforce dans les centraux. Au tournant du siècle le taylorisme fait son apparition. D'une manière générale, l'organisation scientifique du travail repose sur trois principes de base :

- la planification des tâches ou séparation radicale entre la conception du travail et son exécution ;
- la recherche systématique de l'économie de gestes et de mouvements permettant d'aboutir au « *one best way* » ;
- l'utilisation maximale de la machine.

Le taylorisme frappe de plein fouet le métier de téléphoniste. Employées non qualifiées, elles perdent tout moyen de gérer leur travail. On les assied en lignes devant des standards placés côte à côte sur le modèle des chaînes de montage qui s'impose à la même époque. Les surveillantes, debout derrière les téléphonistes, contrôlent l'exécution du travail. À Bell, il faudra attendre les années 1970 pour que les téléphonistes obtiennent le droit d'aller aux toilettes sans lever la main au préalable pour demander la permission à la surveillante. Même pendant les temps morts, il était interdit de lire au travail (l'interdiction demeurera jusqu'à la fin des années 1990 quand le service des téléphonistes sera imparti). Rire était aussi interdit, car la conception victorienne du travail proscrit le plaisir. La petite histoire raconte qu'une employée fut renvoyée pour avoir dansé le tango à une soirée du personnel ![296]

La théorie du « *one best way* » est enseignée dès les années 1910 dans des centres de formation pour téléphonistes créés tout spécialement par les compagnies de téléphone. On y apprend des phrases stéréotypées pour répondre aux abonnés. Il est interdit de répondre spontanément car cela entraîne des pertes de temps.

---

[296] « Parler à voix haute et rire sont interdits. » Article 6 du contrat d'embauche des téléphonistes de Victoria. Telephone Talk, Vol. 8, N°2, février 1918. Cité in Bernard, Elaine, *The Long Distance Feeling*, cf. pp. 19-21. Les téléphonistes doivent « se tenir droites sans parler ni sourire. », *Toronto Star*, 11 février 1907. Cité in : « The 1907 *Bell Telephone* Strike :Organizing Women Workers », Sangster, Joan, in *Rethinking Canada : The Promise of Women's History*, ouvrage dirigé par Strong-Boag, Veronica et Clair Fellman, Anita, Copp Clark Pitman Ltd, Toronto, 1986, 286 pages. Cf. p. 139. « La moindre entorse à la morale se soldait par un renvoi… » cité in Collins, Robert, *Une voix venue de loin*, p. 143.

Le taylorisme s'impose dans les centraux

Archives Bell Canada

Ce n'est pas tout. Le « *one best way* » aboutit au remplacement du microphone planté dans le standard par son intégration dans le casque de téléphoniste, ce qui alourdit d'autant celui-ci. Le nouveau casque Gilliland pesait trois kilos et ressemblait à un joug de bœuf mais il permettait d'économiser quelques gestes superflus. Enfin, quand le trafic baissait dans le réseau, une téléphoniste pouvait s'occuper des deux standards voisins (la taille des téléphonistes devint un critère d'embauche).

Qui était téléphoniste au tournant du siècle ? Il s'agissait en général de jeunes filles de 17 à 25 ans qui travaillaient en attendant de se marier. Cette situation temporaire explique le peu d'égards que les entreprises leur témoignaient – ainsi que les syndicats. Leur salaire était nettement insuffisant pour celles d'entre elles qui devaient subvenir à ses besoins. Or, près de la moitié des téléphonistes vivaient hors de leur famille. Pour celles-ci, la seule façon de subsister était de faire des heures supplémentaires, d'avoir un emploi parallèle ou de se faire entretenir. On verra que cette dernière alternative préoccupait beaucoup les esprits de la fin de l'ère victorienne qui voyaient là un début de prostitution : les compagnies de téléphone exigeaient des postulantes téléphonistes trois certificats de bonne vie et mœurs dont un signé par un prêtre.

Malgré tout, le métier de téléphoniste était très recherché car c'était, pour les filles de la classe ouvrière, un des rares moyens d'ascension sociale. Les premières téléphonistes bénéficiaient du prestige de la technologie encore un peu mystérieuse du téléphone et le public les considérait avec autant de déférence que les maîtresses d'école. D'ailleurs, les unes et les autres s'habillaient de la même façon. Les compagnies de téléphone n'avaient donc aucun mal à trouver des candidates et à les remplacer quand nécessaire.[297]

Le mouvement de revendication dans l'industrie du téléphone est venu des monteurs de ligne et non des téléphonistes, même s'ils gagnaient environ le double de ces dernières. À partir de 1897, un syndicat américain *National Brotherhood of Electrical Workers* rebaptisé pour la circonstance « International » commença à organiser les techniciens du téléphone à Hamilton, Québec, Montréal, Toronto, Winnipeg et Vancouver. Seul à Vancouver, les téléphonistes adhérèrent à l'*International Brotherhood of Electrical Workers* (IBEW), mais en tant que local auxiliaire féminin.[298]

Premiers conflits syndicaux : la Colombie britannique ouvre le bal

La question sociale éclata dans l'industrie du téléphone au moment même où l'agitation populiste battait son plein. En effet, la première véritable grève dans l'histoire canadienne du téléphone eut lieu à Vancouver quand la compagnie *New Westminster and Burrard Inlet Telephone* exigea que les monteurs de ligne achètent eux-mêmes leurs outils de travail. En septembre 1902, les monteurs de ligne débrayèrent et, contre toute attente, emportèrent la partie. La direction de la compagnie se rendit aux arguments

---

[297] Maddox, Brenda, « Women and the Switchboard », contribution à l'ouvrage collectif *The Social Impact of the Telephone*, Ithiel de Sola Pool (sous la direction de), cf. p 268.

[298] D'ordinaire, un « local auxiliaire » est réservé aux épouses des syndiqués. Ce statut de seconde zone était néanmoins un progrès à l'intérieur de l'IBEW où les femmes avaient été formellement exclues en 1893 avant d'être ainsi réadmises. *The Long Distance Feeling,* cf. p. 18. La NBEW avait été fondée en 1891 et rebaptisée IBEW en 1897 avec l'arrivée des premiers locaux canadiens. Barbash, Jack, *Unions and Telephones, The Story ot The Telecommunications Workers of America*, cf. p. 2. L'IBEW a été francisée en juin 1919 et s'appelle au Québec Fraternité internationale des ouvriers de l'électricité. Nous avons conservé l'appellation IBEW pour les débuts de ce syndicat.

des techniciens, accepta de payer les outils de travail et de reconnaître le syndicat.

Encouragés par cette première victoire, le local de Vancouver de l'IBEW établit toute une liste de revendications allant de la suppression du travail non rémunéré des apprentis jusqu'aux congés-maladie payés, en passant par la parité salariale avec les électriciens de Seattle. La direction de la compagnie refusa de négocier et une nouvelle grève éclata le 26 novembre 1902. Cette fois-ci, les téléphonistes se joignirent au mouvement et le service téléphonique fut paralysé. Deux jours plus tard, les téléphonistes de New Westminster débrayèrent à leur tour, suivis par les monteurs de lignes de Victoria, bien qu'employés d'une autre compagnie (*Victoria and Esquimalt*).

L'intervention des téléphonistes dans le conflit lui conférait une dimension que la première grève n'avait pas (arrêt du service) et elle déclencha un mouvement de sympathie dans le public, spécialement parmi les deux catégories professionnelles qui utilisaient le plus le téléphone : les journalistes et les hommes d'affaires. Il faut dire que, populisme aidant, l'hôtel de ville était en guerre contre *New Westminster and Burrard Inlet Telephone*. Les journaux épousèrent la cause des téléphonistes et les hommes d'affaires organisèrent un comité d'arbitrage. Le syndicat accepta de retourner au travail sous la supervision du comité des hommes d'affaires. Ceux-ci étaient d'autant plus empressés qu'ils songeaient eux-mêmes à créer une compagnie de téléphone concurrente. La direction de *New Westminster and Burrard Inlet Telephone* refusa l'arbitrage et, au contraire, engagea des briseuses de grève.

Le service téléphonique fut assuré de manière chaotique d'autant plus que le mauvais temps se mit de la partie. Une tempête jeta à terre la plupart des lignes aériennes, ne laissant en état de marche que le réseau souterrain du centre-ville. La compagnie dut céder et elle signa le 15 décembre 1902 une convention collective qui donnait satisfaction aux grévistes sur la plupart des points, en particulier sur les questions essentielles des congés-maladie payés, de la rémunération des apprentis et de la clause d'exclusivité syndicale dite pratique du « *closed shop* ». La grève avait duré deux semaines et demi et elle avait été gagnée grâce aux téléphonistes. Leur action avait paralysé la compagnie de téléphone et le fait qu'elles étaient des jeunes filles, souvent des adolescentes, avait retourné la population en leur faveur.

Mais la question du « *closed shop* » est inadmissible pour New Westminster and Burrard Inlet Telephone, ainsi d'ailleurs que pour toutes les autres compagnies de téléphone. En effet, ce droit contraint les entreprises à recruter les techniciens parmi les membres de l'IBEW uniquement. En contrepartie de quoi, la formation des techniciens appartient au syndicat. Le résultat du système de « *closed shop* » est que les techniciens s'identifient à leur syndicat et non à l'entreprise où ils travaillent. Cela leur permet de maintenir la tradition des « boomers » du télégraphe et de changer de compagnie et de ville à leur guise tout en conservant leur sécurité d'emploi.

Quand, en 1904, British Columbia Telephone réunira la plupart des compagnies de téléphone de la province sous son égide, elle prendra bien garde de ne pas laisser s'étendre la clause d'exclusivité syndicale en-dehors de Vancouver où la convention collective avait été signée. Qui plus est, la clause ne sera jamais appliquée aux téléphonistes, même à Vancouver. Or, pour être efficace, le système du « *closed shop* » doit être universel. Une grève éclatera donc sur cette question en février 1906, mais cette fois-ci la direction de la compagnie est prête. Des téléphonistes de toutes les villes de Colombie britannique convergent sur Vancouver dès le premier jour et maintiennent le service. C'est la première grève « sale » de l'histoire du téléphone au Canada.

Le sabotage fait irruption dès la troisième semaine de la grève quand il devient manifeste que la compagnie ne cédera pas. La direction accuse les grévistes car seulement « les techniciens du téléphone savent où sont situés les câbles importants » et elle offre une récompense de 1 000 dollars à quiconque fournira des indications permettant d'arrêter les coupables. Le syndicat réplique en affirmant que les actes de sabotage consistent invariablement en des coupures faciles à réparer. Les techniciens auraient facilement pu détruire l'ensemble du réseau en mouillant l'intérieur des câbles coupés ce qui, aux dires du syndicat, aurait provoqué des courts-circuits majeurs.

La question du vandalisme ne sera pas réglée lors de la grève de 1906 et elle empoisonne depuis lors la plupart des conflits de travail dans l'industrie du téléphone. Quoiqu'il en soit la violence effraya les milieux d'affaires qui se solidarisèrent, cette fois, avec la compagnie de téléphone et les employés durent rentrer au travail individuellement au mois de novembre sans avoir obtenu gain de cause. La grève avait duré plus de huit mois.

La grève de 1907 à Toronto : un conflit de travail exemplaire

D'une manière générale, la condition des employés de *Bell Telephone* ne différait guère de celle des employés de *B.C. Telephone*.

Le premier avantage social fut institué en 1894 par les téléphonistes elles-mêmes et non par la compagnie sous forme d'une *Lady Operator Benefit Association* qui faisait office d'assurance-maladie. Mais, comme à *B.C. Telephone*s, les employés de *Bell Telephone* devaient payer de leur poche un remplaçant quand ils tombaient malade. On ne sait pas exactement quand les premiers congés payés furent accordés, sans doute au début des années 1890, toujours est-il qu'en 1897 les téléphonistes obtinrent pour la première fois deux semaines de congés payés (elles avaient le droit d'engager une remplaçante si elles désiraient plus de congés).[299]

La première pension de retraite payée par la compagnie fut attribuée en 1896 à Hugh Neilson, mais il s'agissait d'un dirigeant prestigieux. On ne trouve nulle mention de pensions pour les simples employés avant l'institution par l'entreprise d'une caisse spéciale de retraite en 1911.[300] C'est néanmoins la longueur de la journée de travail qui donna lieu à Toronto au premier conflit de travail de *Bell Telephone*. Disons tout de suite que ce conflit aura une autre magnitude que ceux de Vancouver, ne serait-ce qu'en raison des effectifs concernés. La grève de 1906 à Vancouver avait touché 20 techniciens et 34 téléphonistes, celle de 1907 à Toronto mettra 400 téléphonistes en jeu.

Au tournant du siècle, la journée de travail à *Bell Telephone* était de dix heures pour les techniciens et de huit heures pour les téléphonistes (on travaillait six jours par semaine). Les techniciens étaient généralement organisés au sein de l'IBEW et, même si la compagnie ne reconnaissait pas le syndicat, cela leur assurait une certaine sécurité en cas de licenciement. Les téléphonistes n'étaient pas syndiquées, aussi, est-ce au sein de ces dernières que le malaise était le plus grand.

Bell Telephone tenta une expérience à Toronto en 1903 quand des réparations occasionnèrent un surcroît de travail au central principal. La

---

[299]Lettre de L.B. McFarlane, directeur général, à F. Scott, directeur local de Montréal, le 13 août 1896. ABC.

[300] Owen, H.G., *Cent ans déjà*, Bell Canada, Montréal, 1980, 60 pages. Cf. p. 21.

journée des téléphonistes fut ramenée à cinq heures, sans diminution de salaire. En revanche, les pauses d'un quart d'heure toutes les deux heures furent supprimées. L'idée, aux dires de la compagnie, était de faire travailler les téléphonistes intensément, mais pendant de brèves périodes de temps.

Dans les faits, il en alla tout autrement. Si les salaires ne baissèrent pas, ils furent gelés à 25 dollars par mois alors même qu'ils montaient partout ailleurs dans la compagnie. Comme il était impossible de vivre avec 25 dollars par mois, les téléphonistes firent deux roulements successifs de cinq heures.[301] En outre, le directeur local de Bell, Kenneth J. Dunstan s'opposait absolument à l'introduction de la journée de cinq heures, ainsi qu'en témoigne sa correspondance avec Charles Sise et le reste de la haute direction montréalaise. Il fera tout pour que la réduction du temps de travail soit un échec. La dureté de Dunstan est d'autant plus paradoxale que l'homme avait été dans sa jeunesse le premier téléphoniste canadien alors qu'il travaillait pour *Hamilton Telephone*. C'était un autodidacte qui avait gravi un à un tous les échelons de la compagnie, inaugurant ainsi ce qui deviendra la tradition des « hommes du téléphone ». Mais il avait l'inflexibilité des autodidactes. L'atmosphère se dégrada donc rapidement et durablement.

Deux experts d'AT&T seront alors convoqués en 1906, mais ils ne parviendront pas à trouver de solution. L'un d'eux semble indiquer une piste inattendue : est-ce que les problèmes ne viennent pas de Dunstan qui surmène ses troupes ? Pourquoi ne pas transférer Dunstan quelque temps à Montréal ?[302]

Toujours est-il que Bell ne tiendra aucun compte des deux rapports, qui plaident en faveur d'un supplément d'études. Semblant jeter de l'huile sur le feu comme à plaisir, la compagnie décide de rétablir à dater du 1er février 1907 la journée de huit heures et d'augmenter le salaire dans une proportion... inférieure à l'allongement des heures de travail. Ces changements seront annoncés par une note de service sèche et sans explication, affichée le vendredi 25 janvier 1907 dans l'après-midi.

---

[301] Le fait est attesté par Dunstan lui-même dans sa lettre à la haute direction de Montréal du 20 décembre 1906. Cité in King, W.L. Mackenzie et Winchester, John, *Report of the Royal Commission on a Dispute Respecting Hours of Employment between the Bell Telephone Company of Canada, Ltd. and the Operators at Toronto, Ont.*, Government Printing Bureau, Ottawa, 1907, 102 pages. Cf. p. 12.

[302] Rapport de James C.T. Baldwin, 30 novembre 1906, cité in *Report of the Royal Commission*, p. 11.

La majorité des téléphonistes apprend donc la nouvelle le lendemain. C'est la consternation. La vie est tout juste possible avec la journée de cinq heures qui permet de faire un deuxième roulement en temps supplémentaire ; elle deviendra impossible avec la journée de huit heures.

Une réunion est convoquée chez l'une d'entre elles le dimanche 27 et décision est prise de consulter J. Walter Curry, un avocat connu pour ses prises de position en faveur de la municipalisation des monopoles privés. Celui-ci communique lundi 28 par téléphone avec Dunstan qui déclare que la décision de Bell est irrévocable et manifeste sa mauvaise humeur à l'égard de cet intermédiaire :

> ... il s'agit d'une affaire entre la compagnie et ses propres employés et non pas d'une affaire dans laquelle une tierce partie peut s'immiscer.[303]

L'impasse est totale. Les téléphonistes n'ont d'autre choix que de se soumettre ou de faire la grève. Elles décident non sans hésitation de faire la grève à compter du vendredi 1er février, jour du changement d'horaire. Malgré la décision de débrayer, le groupe des téléphonistes affectées à l'interurbain tente une ultime négociation de dernière heure auprès de Dunstan. En vain.

Un autre groupe de téléphoniste a l'idée de contacter le maire de Toronto, Emerson Coatsworth. Elles ne pouvaient mieux tomber. Comme l'avocat Curry, celui-ci est un des apôtres du populisme municipal et, à ce titre, l'ennemi juré des monopoles. Il avait pris fait et cause pour Adam Beck dans la bataille pour la nationalisation de l'électricité qui fait alors rage en Ontario[304]. Il écoute les téléphonistes avec sympathie et télégraphie sur le champ au sous-ministre fédéral du Travail, William Lyon Mackenzie King pour le prier d'intervenir dans l'intérêt du public.

---

[303] *Report of the Royal Commission,* p. 19.

[304] La société d'État *Hydro-Electric Power Commission of Ontario* (ou Ontario Hydro) sera créée en mai 1906.

Intervention de Mackenzie King

La législation sociale canadienne de l'époque était mince et, en outre, relevait de la compétence provinciale. Le gouvernement libéral de Wilfrid Laurier avait pourtant adopté en 1900 la loi dite de la conciliation (*Conciliation Act*) sur le modèle britannique. Un ministère du Travail (junior) avait même été créé pour appliquer cette loi, mais l'intervention fédérale dans le domaine social demeurait l'exception.

Quoiqu'il en soit Mackenzie King prendra le train pour Toronto sur le champ. Il arrivera sur place le jeudi matin. Nous sommes le 31 janvier. Chaque heure compte. La grève est prévue pour le lendemain. Il envoie un message à Dunstan pour offrir ses bons offices et organiser une réunion entre la compagnie et ses employés, tandis que « les téléphonistes resteraient au service de la compagnie avec la grille horaire et salariale actuelle. »[305]

Pendant ce temps, des téléphonistes de Peterborough, Kingston, Ottawa et Montréal affluent à Toronto. Tout à son œuvre de briseur de grève, Dunstan prend tout son temps avant de répondre à King, il attend le vendredi après-midi pour répliquer, alors que la grève est déclenchée et il refuse les bons offices du gouvernement sous prétexte que... c'est trop tard ![306] Dans la soirée du même jour, une réunion de 400 téléphonistes à la Bourse du Travail (Labour Temple) demande l'institution d'une commission d'enquête gouvernementale.

D'emblée, les téléphonistes eurent la presse et l'opinion publique pour elles. Il faut dire qu'à Toronto la majorité de la population était déchaînée contre les monopoles privés et la crise de l'électricité était en passe d'être gagnée par les tenants du populisme municipal.[307] Chose tout aussi importante, les téléphonistes eurent Mackenzie King avec elles. On ne sait pas quelle fut l'influence de la gifle épistolaire que lui infligea Dunstan, toujours est-il qu'une commission d'enquête fut instituée le lendemain – un samedi – avec King à sa tête.

---

[305] *Report of the Royal Commission*, p. 22.

[306] « Je tiens à dire, au nom de la compagnie, que si votre requête avait été reçue avant que le personnel exploitant, ou plutôt une partie de celui-ci, ne précipite le conflit hier vers 13 heures, la compagnie aurait accepté avec plaisir. » *Report of the Royal Commission*, p. 22.

[307] Hydro Ontario avait été créée en mai 1906 et moins d'un an plus tard la majorité de la population de Toronto se prononça par voie de référendum pour la municipalisation de la compagnie d'électricité locale. Voir en annexe « Naissance de la civilisation bourgeoise », chapitre sur l'électricité.

Les auditions furent menées tambour battant : elles commencèrent le lundi 4 février pour s'achever le 18. Au total, 70 témoins furent entendus, représentant 1700 pages, sans compter les pièces à conviction. Les téléphonistes étaient rentrées au travail le 4, conformément aux termes contenus dans leur demande d'enquête. Le président de Bell, Sise, avait bien précisé que « sous aucune condition nous ne devrions reprendre une téléphoniste », mais c'était compter sans la force de l'opinion publique et du pouvoir de persuasion de King. Après trois jours de grève, les téléphonistes étaient donc retournées au travail, aux anciennes conditions.[308]

La Commission d'enquête aboutit à un véritable réquisitoire contre la direction de *Bell Telephone*. Elle mit en évidence le mépris que la compagnie portait à la santé des téléphonistes. À une question sur la fatigue des téléphonistes, le représentant de Bell répondit qu'elles arrivaient au travail « déjà fatiguées » à force d'avoir fait du patin à roulette pendant la nuit...[309]

La Commission dénonça la médiocrité des salaires versés et qui étaient insuffisants pour vivre, aux dires mêmes des dirigeants de la compagnie. Un extrait de l'interrogatoire du représentant de Bell par l'avocat des téléphonistes est typique de l'état d'esprit qui règne dans les milieux d'affaires de l'époque :

> *Q - Quand vous avez constaté que les salaires d'un certain nombre de téléphonistes n'étaient pas suffisants pour leur permettre de gagner leur vie, c'est-à-dire de subvenir à leurs propres besoins, avez-vous pensé à revoir ces salaires, avez-vous pensé à vérifier les états de compte de la compagnie et à voir dans quelle mesure les profits auraient pu s'accommoder d'une augmentation ?*
> *R - Non.*
> *Q - L'idée ne vous est jamais venue à l'esprit ?*
> *R - L'idée ne m'est jamais venue à l'esprit.*

---

[308] La correspondance entre Dunstan et la haute direction montre que Sise, partisan de la manière forte, souhaitait réengager « seulement celles qui étaient désirables. » C'est McFarlane qui insista et obtint de réengager toutes les téléphonistes sans discrimination. *Labour trouble*, ABC # 24091.

[309] *Toronto Star*, 7 février 1907. Cité in « The 1907 *Bell Telephone* Strike: Organizing Women Workers », p. 144.

> Q - (...) Pour quelle raison la question des profits ne devrait-elle pas entrer en ligne de compte ?
> R - Pour la raison que tout ce que vous avez à payer pour une marchandise est le prix du marché.[310]

Les dirigeants de Bell semblent s'acharner à donner au conflit un caractère exemplaire, jusque dans la formulation téléphoniste = marchandise qui fait bien involontairement référence à la thèse de Karl Marx sur la réification des rapports humains.

Les commissaires ne purent faire autre chose que de stigmatiser la façon dont la compagnie avait informé, ou plutôt refusé d'informer, les téléphonistes sur le changement d'horaire et de salaires, ils soulignèrent l'arrogance avec laquelle la compagnie avait refusé les bons offices du gouvernement et refusait toujours de se sentir liée par les recommandations de la Commission d'enquête elle-même. En revanche, ils justifiaient la grève des téléphonistes par l'attitude de la compagnie. Leurs conclusions recommandaient la journée de six heures avec un système de pause. Le travail des jeunes filles de moins de 18 ans était interdit. Une enquête médicale sur la santé des téléphonistes était ordonnée. Les commissaires concluaient leurs recommandations par un appel au dialogue entre la partie patronale et les téléphonistes sous forme d'un comité paritaire permanent.

Bilan de la grève

Alors : échec ou triomphe ? Dans l'histoire du mouvement ouvrier canadien, la grève des téléphonistes de Toronto représente un échec. Les téléphonistes ont dû reprendre le travail sans aucune garantie autre que l'engagement gouvernemental de procéder à une enquête. Cependant, l'intervention gouvernementale à chaud dans un conflit de travail marque un tournant décisif dans l'histoire sociale canadienne. Pour la première fois, le gouvernement justifiait une grève et en imputait la responsabilité à la partie patronale. Un signal fort était envoyé aux employeurs à savoir que leurs rapports avec les employés ne devaient pas être soumis au seul critère économique, mais aussi à d'autres critères sociaux tel que la santé et, en cas de manquement de la partie patronale, il était précisé que l'État aurait pour mandat de les faire respecter.

---

[310] *Report of the Royal Commission*, p. 36.

À *Bell Telephone*, le rapport King tomba comme une bombe. Sise avait déclaré à la presse que les grévistes n'appartenaient plus à la compagnie, il avait refusé d'être lié par la Commission d'enquête. Eh bien, ce même homme dut déposer un compromis de dernière heure au milieu des auditions de la Commission pour tenter d'atténuer la dureté de la condamnation pressentie et il accepta de réengager toutes les téléphonistes en grève. Pour ce qui est du litige proprement dit, la grille journalière retenue sera de sept heures avec des pauses chaque deux heures et la grille salariale sera quelque peu relevée.

Mais l'essentiel est ailleurs. La grève de 1907 marque un point tournant dans l'histoire des relations du travail à *Bell Telephone*, ce qui aura des répercussions dans toute l'industrie du téléphone au Canada.

En effet, à partir de 1907, toute une série d'avantages sociaux seront mis au point par la compagnie (coup sur coup un plan de pension et un plan d'assurance-maladie voient le jour). On peut dire que les conditions de travail des téléphonistes qui s'étaient dégradées continuellement depuis l'introduction du « taylorisme », commenceront à s'améliorer timidement, mais régulièrement. Il faudra cependant attendre la mort de Sise et la première Guerre mondiale pour que le rythme du progrès social s'accélère.

Il n'empêche que la leçon a porté, à preuve la véritable autocritique que représente le récit officiel des relations de travail de Bell rédigé par la compagnie elle-même en 1963. La responsabilité de la direction dans la grève des téléphonistes y est présentée sans détour. Le fait est assez rare dans le monde industriel pour être relevé – mais en Amérique du Nord quelle autre compagnie a une « mémoire » assez longue pour lui permettre de revenir sur des faits vieux de plus d'un demi-siècle ?[311]

Au niveau politique, la grève de 1907 à Bell a servi de banc d'essai à la pensée sociale de Mackenzie King. En effet, au moment même où se déroulaient les auditions de la Commission d'enquête, la loi Industrial Disputes Investigation Act (IDIA) arrivait en deuxième lecture à la Chambre des Communes. Cette loi, aussi appelée loi Lemieux, du nom du ministre du Travail de l'époque,

---

[311] Parsons, George M., *History of Labour Relations in the Bell Telephone Company of Canada, 1880 to 1962*, document dactylographié non publié, Montréal, avril 1963, 159 pages.

avait été suscitée par la clause d'exclusivité syndicale («*closed shop*s ») et, entre autres, la grève de 1906 à B.C. Tel. Elle prévoyait une enquête gouvernementale en cas de conflit de travail dans les services publics et une suspension de 30 jours du droit de grève, mais, et c'est là son principal défaut, ses recommandations n'étaient pas exécutoires. C'est très exactement la forme adoptée par l'intervention gouvernementale dans la grève de Bell, avant même que la loi n'entre en vigueur.

Après la première Guerre mondiale, les relations du travail à *Bell Telephone* changeront du tout au tout. La compagnie se conformera avec application à la législation du travail canadienne que King est en train de mettre en place. Mieux, elle respectera son esprit. Or, la loi Lemieux est la première de toute une série de mesures sociales qui culmineront durant la première Guerre mondiale dans le but de fournir aux parties en présence un forum permanent de discussion sous l'égide du gouvernement. À l'affrontement face à face employés – employeurs succède le dialogue à trois : employés – gouvernement – employeurs. Cette politique de « collaboration de classes » sera très exactement mise en œuvre par Bell au cours des années 20.

On a beaucoup critiqué le ton des recommandations de la Commission d'enquête de 1907 qui ont vraisemblablement été rédigées par Mackenzie King lui-même.[312] Il est vrai que les allusions répétées à la fragilité des jeunes filles, à leur rôle de future mère, semblent anachroniques à notre époque. Mais, King a été d'autant plus touché par les grévistes de Toronto qu'il s'agissait de jeunes filles :

> *Nous partageons entièrement l'opinion du directeur local, à savoir que ce sont les cadences qui tuent, et le travail sous forte tension des femmes dans des emplois de la sorte devrait être considéré par la loi comme un crime, de même que c'est un crime contre la Nature elle-même.*[313]

L'émotion de King chaque fois qu'il évoque les téléphonistes de Bell est sincère. Toute sa correspondance privée, son journal et son œuvre ultérieure en témoignent.[314]

---

[312] « La façon dont King se représentait les téléphonistes renvoyait à l'image victorienne de la femme. » Cité in « The 1907 *Bell Telephone* Strike : Organizing Women Workers », p. 147.

[313] *Report of the Royal Commission*, p. 98.

[314] Voir en particulier King, W.L. Mackenzie, *Industry and Humanity*, cf. pp. 156-162.

Les préjugés entretenus par les hommes au tournant du siècle à l'encontre des femmes aboutissaient le plus souvent à négliger la problématique de ces dernières, voire à l'aggravation de leur exploitation. Témoin, le refus de l'IBEW de syndiquer les téléphonistes et, quand il y consentait, comme à Vancouver, il les reléguait dans un local auxiliaire avec un demi-droit de vote... Dans les rares cas où ces mêmes préjugés ont servi à créer un lien de compassion entre les hommes et les femmes, même s'il s'agit d'une anomalie, il faut les saluer comme un facteur positif dans le rapport des forces de l'époque.

À cet égard, l'attitude personnelle de King à l'égard des téléphonistes en grève a joué en faveur de l'amélioration de leurs conditions de travail, quelle que soit la formulation désuète de ses écrits. Son attitude n'est d'ailleurs pas exceptionnelle. Dans bien des pays, le travail des femmes et des enfants a servi de déclencheur à la législation sociale. Ce sera une des priorités de l'Organisation internationale du travail (OIT) lors de sa formation en 1919.

Une lutte d'allégeance

En Colombie-Britannique, après l'échec de la grève de 1906, le syndicat mit quelque temps à se réorganiser. C'était chose faite en 1910 quand tous les techniciens de BC Tel avaient rejoint les rangs de l'IBEW. Un conflit éclata bientôt au sujet de questions salariales et d'apprentis non syndiqués que la compagnie utilisait en grand nombre. Le syndicat obtint gain de cause sur le premier point, mais non sur le second.

En fait, le conflit entre le syndicat et la direction de BC Tel portait sur des questions beaucoup plus fondamentales que celles des salaires ou des quotas d'apprentis. Les deux parties se disputaient bel et bien l'allégeance des employés. Pour l'IBEW, il n'y avait pas de « techniciens du téléphone »; il y avait des électriciens qui travaillaient aujourd'hui dans une compagnie de téléphone, demain dans une compagnie d'électricité, après-demain dans un atelier de réparation de tramways. La tension continua donc de monter entre la compagnie et le syndicat, et une nouvelle grève éclata en mars 1913.

Cette grève de 1913 est la première à mobiliser tous les techniciens d'une compagnie de téléphone canadienne. Au bout de dix jours de débrayage, la compagnie céda aux demandes des 300 techniciens. Mais si la grève de 1913 est importante, c'est surtout parce qu'elle marque le début d'une nouvelle stratégie de la part de BC Tel. Pour gagner la lutte d'allégeance que se livraient la compagnie et le syndicat, la première comprit qu'elle devait abandonner son style de gestion musclée et adopter une série de mesures sociales dont la plus tangible fut la création d'une caisse maladie en 1914. C'est le début de la grande politique sociale des compagnies de téléphone — ou, dans l'optique syndicale, le triomphe du paternalisme[315].

Massification de la main-d'œuvre

Quelle est la situation d'ensemble de l'industrie canadienne du téléphone à la veille de la première Guerre mondiale ? Deux facteurs marquent la question sociale : la massification des effectifs et leur féminisation. Ainsi, *Bell Telephone* avait 150 employés lors de sa fondation en 1880, elle en a près de 8 000 en 1915. 150 employés, c'est une PME où il est possible de connaître tout le monde par son prénom et régler les problèmes du travail au cas par cas. 8 000 employés, c'est une grande entreprise où règne l'anonymat et qui requiert des contrôles collectifs.

Précisément, la découverte du « taylorisme » vient proposer une solution miracle aux problèmes posés par l'encadrement des grandes masses humaines. Du jour au lendemain, des apprentis sorciers entreprennent de surveiller, mesurer, bref, mettre au pas les employés. En effet, la « gestion scientifique » est appliquée par une direction qui n'a pas reçu de formation spécialisée à cet effet. À l'époque, Bell ne possède pas de service du personnel et les communications internes sont inexistantes (on a vu que la grève de 1907 a été déclenchée autant par la façon dont la direction a annoncé les nouvelles conditions de travail que par les conditions elles-mêmes).

Bell n'a même pas de journal interne (le premier organe de la sorte, *Telephone Gazette,* sera créé en 1909 à l'intention des cadres) et, de manière générale, la haute direction ne s'adresse jamais aux employés.[316] À ce propos, on ne soulignera jamais assez l'importance de la personnalité des dirigeants. Il est évident que l'indifférence totale de Charles F. Sise, à l'égard des problèmes humains a aggravé une situation déjà difficile, tout comme l'a fait Kenneth J. Dunstan à l'échelle de Toronto. Dans le cas de B.C. Tel, le changement de propriété de la compagnie et les fusions à répétition ont créé une situation encore plus explosive qu'à Bell alors que les dimensions somme

---

[315] Bernard, Elaine, *The Long Distance Feeling*, pp. 37-39.
[316] *History of Labour Relations in the Bell Telephone Company of Canada,* p. 86.

toute modestes de la compagnie auraient dû permettre une évolution en douceur.

Opposition entre condition féminine et condition masculine

Pendant ce temps, le pourcentage de femmes, qui était insignifiant durant la première décennie de *Bell Telephone*, est passé à environ 60% à la veille de la première Guerre mondiale.[317] Tous les témoignages portent à croire que l'évolution dans les compagnies de téléphone du reste du Canada est identique. Cette hausse rapide correspond à la popularité croissante du téléphone dans des couches de plus en plus large de la population.

Faute de pouvoir ou de vouloir automatiser les centraux, Bell sera contrainte d'engager de plus en plus de téléphonistes. Le bureau des téléphonistes est dans le secteur tertiaire l'équivalent de la chaîne de montage dans le secteur manufacturier : les gestes répétitifs et minutés ont abouti à la déshumanisation complète de ce métier. Il n'est pas étonnant que les grèves les plus significatives aient impliqué des téléphonistes. Mais leur succès a toujours été aléatoire en raison de la situation précaire des femmes dans le marché du travail et du refus des syndicats de les organiser.

Le technicien, de son côté, a conservé certains des atouts de l'artisan préindustriel (il les conserve aujourd'hui encore). Toujours en route, que ce soit pour construire de nouvelles lignes ou pour installer des téléphones chez les nouveaux abonnés, il vit loin de la hiérarchie administrative et de l'atmosphère des bureaux. En outre, son métier fait appel à des connaissances techniques très précises, ce qui empêche qu'on le remplace du jour au lendemain par des briseurs de grève.

---

[317] Le pourcentage de femmes en 1880 est inconnu, mais avant la féminisation du métier de téléphoniste, il était vraissemblablement insignifiant, à l'instar de la moyenne canadienne. Les premières statistiques sur la proportion de femmes à Bell datent de 1897 (40%) et elles indiquent une hausse rapide jusqu'en 1920 (71%) pour redescendre lentement ensuite. *History of Labour Relations in the Bell Telephone Company of Canada*, p. 146.

Sur la route, les techniciens échappent à la bureaucratie

Archives Bell Canada

Quand les compagnies de téléphone, sous l'action conjuguée de la pression syndicale et de la pression gouvernementale, accepteront d'améliorer les conditions de travail, de revaloriser les salaires et d'introduire des avantages sociaux, ce sont les techniciens qui en seront les premiers bénéficiaires. Ainsi, les régimes de retraite mis sur pied à la veille de la première Guerre mondiale n'ont eu aucun impact sur les téléphonistes qui ne restaient pas assez longtemps sur le marché du travail pour en profiter. Dans le cas de *Bell Telephone* le premier régime de retraite apparaît en 1911 sur une base non universelle. Il s'agit « d'une caisse de retraite et de gratifications à l'intention des employés consciencieux qui, en raison de leurs longs et loyaux services, méritent ce genre d'avantages ».[318]

---

[318] *Cent ans déjà, Bell 1980*, brochure publiée par Bell Canada à l'occasion du centenaire de sa création, p. 21.

Le technicien gère son travail comme un artisan

Archives Bell Canada

La féminisation des effectifs a donc eu pour effet de diviser durablement la main d'œuvre entre d'une part, des techniciens mâles, permanents et qualifiés, seuls « syndicables », objets de certains égards de la part des compagnies et, d'autre part, des téléphonistes féminines, temporaires et sans qualifications, cobayes toutes désignées de la « gestion scientifique ».

Les techniciens appartiennent à l'aristocratie ouvrière

Archives Bell Canada

Les relations de travail dans l'industrie du téléphone épousent la même courbe en « J » qui suit l'introduction de toute nouvelle technique. Dans un premier temps, l'industrie naissante prolonge l'âge baroque où l'initiative individuelle de quelques pionniers tient lieu d'organisation commerciale. C'est l'illusion lyrique que connaît toute technique à ses débuts. Ensuite, l'industrialisation improvisée aboutit à une dégradation rapide des conditions de travail. C'est le règne du travail enfantin ou adolescent et des relations industrielles à sens unique. Il faut attendre que la technique et les entreprises chargées de l'implanter arrivent à une certaine maturité pour que les relations de travail s'améliorent lentement, réalisent et dépassent les promesses de l'illusion lyrique.

Téléphonistes en rangées : un travail encore aliéné

Archives Bell Canada

Dans le cas du téléphone, le mouvement qui ramène la masse des employés, surtout féminine, à la dignité est à peine entamé à la veille de la première Guerre mondiale. Il y a une façon assez sûre de dater le moment où l'industrie du téléphone devient globalement un facteur de libération pour les gens qui y travaillent : c'est le moment où les employés commencent à s'abonner. On peut étendre cet axiome à l'ensemble des classes défavorisées. Tant et aussi longtemps que les travailleurs ne peuvent pas bénéficier des services publics qui sont pourtant les fruits de leur labeur, on ne peut pas parler de libération. En 1915, ce temps n'est pas venu.

Escarmouches linguistiques à Montréal

Au Québec et tout particulièrement à Montréal, la question sociale se double de la question linguistique. Or, *Bell Telephone* est une compagnie anglophone, gérée par des anglophones, pour des anglophones. Toutefois, comme il s'agit d'une entreprise fondée sur les communications orales, la langue revêt une importance toute particulière.

Dès la période 1884-85, le *Montreal Daily Witness* affirme que Bell compte autant d'abonnés francophones qu'anglophones dans la métropole québécoise.[319] Cette réalité n'apparaissait nulle part dans les pratiques de la compagnie. Aucun document dans les archives de la compagnie de téléphone ne fait allusion aux questions linguistiques avant les années 1960. Avant cette date, le fait français au Québec n'existe pas pour Bell.

Comment se comporte donc la compagnie avec ses abonnés de langue française ? La politique était de répondre systématiquement en anglais. Comme il y a quand même des abonnés qui insistent pour parler français, la compagnie enseigne aux téléphonistes unilingues anglaises à dire les chiffres en français ainsi que deux trois phrases clés (de toute façon, quand les téléphonistes répondent en anglais, elles doivent aussi s'exprimer par phrases toutes faites, apprises par cœur). De plus, la compagnie prévoit la présence d'une ou deux téléphonistes bilingues dans chaque central pour répondre aux unilingues français qui auraient besoin d'aide. La présence de ces téléphonistes bilingues est attestée dès 1888-89 par les réponses de la compagnie aux demandes d'emplois :

> *Il se pourrait que nous ayons besoin sous peu d'une ou deux jeunes dames qui parlent français couramment.*[320]

Voilà à quoi se résumait la politique de Bell en matière linguistique au XIXe siècle.

À l'interne, Bell fonctionnait entièrement en anglais, sa raison sociale était unilingue anglaise, même les relations avec les abonnés se déroulaient en anglais. On a vu que Bell accorda un congé avec solde à tous ceux de ses employés qui désiraient aller se battre en 1885 contre les Métis francophones de Louis Riel. Au demeurant, cette attitude n'avait rien d'exceptionnel et reflétait l'état d'esprit des milieux dirigeants canadiens anglais de la fin du XIXe siècle.

Nous avons également vu que cette insensibilité de Bell à l'environnement socio-culturel avait incité la petite bourgeoisie québécoise à créer la Compagnie de Téléphone des Marchands de Montréal. Celle-ci avait livré à Bell une concurrence sans espoir, mais obstinée, entre 1894 et 1913. Au fur et à mesure que le téléphone se démocratisait, la population montréalaise

---

[319] Anonyme, « Hilloa ! Hilloa ! », Montreal Daily Witness, fin 1884 ou début 1885. Carnet personnel de Lewis B. McFarlane, vol. 2, p. 70, ABC.

[320] Lettre de Lewis B. McFarlane du 14 février 1889. Dossier téléphoniste, ABC.

supportait de plus en plus mal l'arrogance anglo-saxonne de Bell. Une première petite brèche fut percée en juillet 1909 quand la compagnie accepta de publier une version bilingue de l'annuaire de Montréal. Tous les autres documents officiels ou officieux de l'entreprise demeuraient anglais.

Première loi linguistique au Québec

C'est l'unilinguisme anglais des téléphonistes qui fit éclater la crise en 1910. Bell persévérait à engager des téléphonistes unilingues et obligeait les téléphonistes francophones à répondre d'abord en anglais. Quand Bell accepta de prendre les télégrammes par téléphone, cette carence linguistique fut encore ressentie avec plus d'amertume. Pendant des années, la presse québécoise mena une guérilla linguistique :

> «*On ne peut obtenir du téléphone une réponse en français, on ne peut envoyer une dépêche en français sans en voir dénaturer l'orthographe et le sens, on ne peut se présenter aux messageries sans être insulté par quelque décrotteur improvisé commis.* »[321]

Ce qui était déjà difficilement acceptable de la part d'une entreprise ordinaire était intolérable de la part d'un service public. Un jeune député au Parlement fédéral du nom d'Armand Lavergne[322] entama une campagne pour bilinguiser les services publics : tramways, chemin de fer, eau, gaz, électricité et, bien sûr, téléphone. Il fit circuler une pétition qui rassembla plus de 1,7 million de signatures[323]. Malgré cet appui populaire et la modération de ses demandes, Lavergne fut exclu du Parti libéral de Wilfrid Laurier pour nationalisme outrancier.

Pour que les choses bougent, il faudra que le mouvement nationaliste animé par Henri Bourassa déplace la bataille sur la scène politique provinciale. Le thème du bilinguisme fut soulevé dans des manifestations de masse aux

---

[321] « Le français au téléphone », in *Le Nationaliste*, Montréal, le 14 avril 1907.

[322] Armand Lavergne (1880-1935) était député fédéral du Parti libéral de Wilfrid Laurier quand il commença sa campagne pour l'égalité du français par rapport à l'anglais. Exclu du Parti libéral en janvier 1907, il démissionnera l'année suivante pour se faire élire député à l'Assemblée législative provinciale, sous la bannière de la Ligue nationaliste canadienne d'Henri Bourassa.

[323] Armand Lavergne, *Trente ans de Vie nationale*, Les Éditions du Zodiaque, Montréal, 1934, p. 125.

côtés des thèmes antimilitaristes (opposition à la loi sur la marine de guerre). La Ligue nationaliste et l'Association catholique de la jeunesse du Canada (ACJC) constituaient le fer de lance de la campagne.

Lavergne qui, entretemps était devenu député provincial, déposa alors un projet de loi à l'Assemblée législative. Les débats furent houleux et la commission chargée de l'étudier introduisit tellement d'amendements qu'il préféra le retirer en avril 1909. Persévérant, Lavergne revint à la charge l'année suivante. Finalement, le 4 juin 1910, il réussit à faire adopter le projet de loi 151 par l'Assemblée législative imposant le bilinguisme dans les services publics.

Le député nationaliste Armand Lavergne (C. 1920)

Archives nationales du Canada (PA-135 125)

La « Loi amendant le Code civil concernant les contrats faits avec les compagnies de services d'utilité publique » comptait deux articles. Le premier stipulait que les contrats et les avis « faits, fournis ou délivrés par une compagnie de chemin de fer, de navigation, de télégraphe, de téléphone, de transport et de messageries ou d'énergie électrique » soient imprimés en français et en anglais. L'article 2 prévoyait que tout manquement à la loi serait puni « d'une amende n'excédant pas vingt piastres. »[324]

Cette loi n'avait pas de dents... C'est le moins que l'on puisse dire. Elle passa dans le désordre du dernier jour de la session sans que la presse y prêtât attention. Seul Lavergne salua l'événement dans un éditorial du Devoir :

> « La loi du français est donc entrée dans nos statuts... Cependant, il ne faudrait pas croire que la bataille est finie, et que nous devrions nous arrêter là. Elle ne fait que commencer. »[325]

Bell refuse le bilinguisme

Lavergne ne croyait pas si bien dire. Pour bénigne qu'elle fût, cette loi linguistique était déjà trop pour les grandes compagnies anglo-saxonnes de Montréal – dont Bell. Celles-ci avaient fait front commun contre le projet de loi 151. Elles avaient engagé un avocat commun, R.C. Smith, qui avait témoigné devant l'Assemblée législative de Québec contre la mesure. Après son adoption, elles commencèrent par refuser de se plier à la nouvelle loi et envisagèrent de l'attaquer devant les tribunaux. Il fallut l'intervention du sénateur Raoul Dandurand et du président du Canadien Pacifique, Thomas Shaughnessy, pour convaincre le Grand-Tronc, *Montreal Light, Heat and Power*, Bell et les autres compagnies concernées d'adopter le bilinguisme.[326]

Cependant, Bell refusa de respecter l'accord et, même, poussa l'outrecuidance jusqu'à jeter de l'huile sur le feu. Durant une audience publique de la Commission des chemins de fer consacrée aux plaintes sur les déficiences du service téléphonique à Montréal, le représentant de Bell invoqua le bilinguisme comme source d'erreurs :

> « Il est très difficile, dit-il, de trouver des jeunes filles qui parlent à la fois le français et l'anglais et il y a souvent à cause de cela de la confusion dans les numéros. »[327]

La compagnie continue donc de communiquer avec ses abonnés en anglais seulement, ainsi qu'en témoignent les nombreux articles publiés dans la

---

[324] Statuts de Québec, 1910, chapitre 40, 1 George V.

[325] « Le français », Armand Lavergne, in *Le Devoir*, 8 juin 1910.

[326] Wade, Mason, *Les Canadiens français de 1760 à nos jours*, cf. volume I, p. 625. Fortner, Robert Steven, *Messiahs and Monopolists : A Cultural History of Canadian Communications Systems, 1846-1914*, cf. pp. 89-95.

[327] *Le Devoir*, 12 juillet 1911. Voir aussi : *La Presse* et *La Patrie*, même date.

presse de l'époque. *La Patrie* du 28 juillet 1911 affirme que les téléphonistes de Farnham, dans les cantons de l'Est, coupent la communication quand on insiste pour parler français. En 1912, le journaliste du *Devoir,* Omer Héroux, tient une petite chronique afin de protester contre l'unilinguisme anglais des comptes de téléphone. Chose curieuse, cette guérilla journalistique est menée au moyen d'entrefilets. On ne retrouve pas d'articles de fond, seulement des articulets répétés, soigneusement cachés dans les pages centrales des journaux.[328]

Cette étonnante campagne de presse aboutit néanmoins à l'ouverture d'une deuxième brèche dans la muraille unilingue de la forteresse anglo-saxonne : après les annuaires bilingues en 1909, Bell accepte en 1912 d'envoyer des comptes de téléphone bilingues aux abonnés de Montréal. Mais le conflit ne cesse pas pour autant, les téléphonistes continuant de répondre en anglais aux abonnés et les versions françaises des documents de la compagnie faisant défaut de manière répétée.

Une exception, toutefois : le 13 mars 1914, Henri Bourassa signe un éditorial à la une du *Devoir*. Résumant les combats législatifs d'Armand Lavergne et les multiples coups d'épingle des journaux, Bourassa sonne la charge contre l'arrogance anglo-saxonne des grandes entreprises privées de services publics :

> *Depuis quelques années, un mouvement est né dans cette province afin de convaincre et, si nécessaire, contraindre les diverses compagnies rendant un service public dans la province, de recourir aux deux langues officielles du Canada. En d'autres mots, il s'agit de placer la langue de la grande majorité de la population de cette province sur un pied d'égalité avec la langue de la minorité.*

Le ton de l'éditorial de Bourassa frappe par sa modernité : les anglophones sont présentés comme une minorité et les francophones comme une majorité sûre de son bon droit. Parmi les compagnies visées par le leader nationaliste, Bell occupe une place de choix :

---

[328]Héroux, Omer, in *Le Devoir*, « Encore la Compagnie Bell », 17 février 1912, « Ces Messieurs du téléphone », 16 mars 1912, « Ces Messieurs du téléphone, épilogue », 18 mars 1912.

> Il a fallu des années pour amener la Compagnie de Téléphone Bell de Montréal à envoyer des comptes et des avis dans les deux langues. Encore tout récemment, lors de l'ouverture d'un nouveau central dans le nord de Montréal, tous les avis envoyés aux abonnés français étaient imprimés en anglais seulement.

Et Bourassa de menacer :

> Bien qu'ils constituent le tiers de la population, ce n'est que depuis deux ou trois ans que les Français d'Ottawa ont réussi à avoir des téléphonistes qui comprennent le français et le parlent. À ce titre, toutes les communications téléphoniques de Montréal, où l'ensemble de la population anglophone forme entre un quart et un tiers des habitants, auraient dû être faites en français seulement. Qu'en dites-vous messieurs les "magnats" de Montréal ?

Détail curieux, cet éditorial unique en son genre a été publié en anglais dans *Le Devoir*. Bourassa voulait-il être sûr d'être lu par les « magnats » unilingues anglais à qui s'adressait l'éditorial ? Il n'en reste pas moins que cette intervention constitue le premier document journalistique francophone important consacré au téléphone.

Depuis les débuts de la téléphonie, la presse québécoise ignorait entièrement le téléphone. Même les expériences de Cyrille Duquet à Québec, n'avaient guère suscité d'articles. Il faut donc attendre l'émergence de la question linguistique pour assister à un éveil vis-à-vis la chose téléphonique et encore ne s'agit-il, comme nous venons de le voir, que de piqûres de mouches distillées à coups d'entrefilets répétés, mais succincts. Le 13 mars 1914, la colère de Bourassa confère au téléphone un statut d'événement médiatique.

Face à cette mobilisation croissante des élites québécoises, que fait Bell ? Elle ne réagit pas. Le texte le plus proche d'une politique que nous ayons réussi à retracer ne provient pas d'un document interne, mais d'une réponse à une plainte publiée par *Le Devoir*. Cette lettre signée par le directeur local de Bell à Montréal, R.F. Jones, mérite de passer dans les anthologies de la cohabitation franco-anglaise :

> Je dois vous dire, que, avec 1 375 téléphonistes, il est absolument impossible qu'elles parlent toutes l'anglais et le français couramment. Nos opératrices qui s'occupent de la "Longue Distance" lisent, écrivent et parlent les deux langues couramment. Dans le cas d'une opératrice de nationalité

> *française, nous insistons qu'elle soit capable de comprendre les numéros en anglais. Dans le cas d'une opératrice de langue anglaise, nous insistons qu'elle comprenne les numéros en français. Nous avons à notre échange de l'est, une école toute spéciale où toutes les futures opératrices apprennent les numéros soit en français, soit en anglais, suivant le cas, en même temps que leur est montré les différents devoirs d'une opératrice.*[329]

Cette lettre est révélatrice malgré elle. Elle affiche bien haut le pragmatisme officiel anglo-saxon afin de masquer une pratique assimilationniste non-dite et surtout non-écrite. Qui plus est, pour une téléphoniste, le fait de parler français relève de l'appartenance « nationale », tandis que l'anglais renvoie à une simple question de langue qui n'entame pas l'être de la personne qui la parle. Il n'est jusqu'à la langue abîmée de la lettre qui ne trahisse le mépris dans lequel le fait français est tenu par Bell au tournant du siècle.

Comme la télégraphie, la téléphonie canadienne est née dans un bouillon de culture anglophone. Tant et aussi longtemps que le téléphone restera circonscrit dans des cercles restreints, la question de la langue demeurera en veilleuse. Mais la démocratisation du téléphone posera, à partir des années 1910, le problème de la langue et surtout de la culture de Bell au Québec.

---

[329] *Le Devoir*, 3 janvier 1914.

Chapitre 10 - Le téléphone au Canada et sur la scène internationale

Au moment où le téléphone atteint sa maturité, le développement de cette industrie est marqué par l'inégalité. Inégalité entre les différentes provinces canadiennes, inégalité entre les différentes nations occidentales, enfin, inégalité entre les différentes parties du monde.

Inégalités au Canada

Le grand débat orchestré au début du siècle sur le thème de la nationalisation de la téléphonie avait débouché sur une solution de compromis : réglementation fédérale du principal intervenant, c'est-à-dire Bell, et réglementation provinciale des autres entreprises, voire leur nationalisation dans le cas des provinces Prairies.

Les formes de développement choisies pour l'industrie du téléphone ont-elles eu un impact sur ses performances ? La meilleure façon d'évaluer le succès du téléphone est de diviser le nombre d'appareils par tranches de 100 habitants (voir tableau ci-après).

Le Manitoba aurait-il affiché une telle performance sous la direction de Bell ? Il est permis d'en douter. Les excellents résultats de 1910 sont manifestement le fruit de la nationalisation et ne correspondent pas à la richesse relative de cette province par rapport à l'Ontario. Dans les premiers temps de la téléphonie, l'action des entreprises joue un rôle déterminant et une panification volontariste peut corriger, dans une certaine mesure, les inégalités économiques et géographiques.

Par contre, le déséquilibre entre le Québec et l'Ontario reflète bel et bien une inégalité économique et, peut-être, linguistique (les francophones s'abonnent moins au téléphone que les anglophones), à l'exclusion de tout facteur politique. En effet, les deux provinces sont dominées par la même compagnie, à savoir Bell, ce qui exclut toute différence majeure d'exploitation. Qui plus est, le siège social de l'entreprise étant au Québec, cela aurait dû favoriser cette province. Manifestement, tel n'a pas été le cas.

Taux de pénétration du téléphone au Canada
(nombre de téléphones pour 100 habitants)

	1901*	1910**	1915***
T-N	---	---	---
I du P-É	---	1,1%	2,5%
N-É	0,8%	2,6%	4,6%
N-B	0,8%	2,9%	5,1%
Qué	1,0%	2,6%	4,7%
Ont	1,1%	5,4%	9,8%
Man	---	7,4%	10,4%
Sask	---	1,6%	6,5%
Alb	---	2,7%	9,4%
Col Bri	1,6%	5,0%	11,2%
Canada	**1,2%**	**3,9%**	**7,6%**

* *Proceedings of the Select Committee on Telephone Systems, cf. vol. 1, p. 8.*
** *Estimation de l'auteur à partir des données de Bell Canada (ABC 34 564) et de Statistique Canada.* [330]
*** *Telephone Stations, Dominion of Canada, Dec 31, 1915, L.B. McFarlane, ABC 34 564.*

Le Canada est le N°2 mondial

Si le développement du téléphone est inégal à l'intérieur du Canada, il l'est encore bien davantage au niveau international.

D'une façon générale, on distingue trois groupes de pays (voir tableau ci-après). Les États-Unis, le Canada et la Suède distancent nettement la France et la Belgique ; la Grande-Bretagne, l'Allemagne et la Suisse se tenant dans une position médiane. Cette carte ne semble pas correspondre avec ce que l'on sait de la répartition des richesses à l'époque. En ces débuts de téléphonie, il s'agit plutôt des déséquilibres arbitraires causés par les choix politiques. Ainsi, la Grande-Bretagne et la France ont privilégié les postes et le télégraphe sur le téléphone.[331]

---

[330] Comme Bell ne rend pas publique la répartition des téléphones entre le Québec et l'Ontario, nous avons appliqué à l'année 1910 le ratio des années 1915 et 1920. Nous avons ajouté les données concernant les compagnies indépendantes.

[331] Holcombe, A. N., *Public Ownership of Telephones on the Continent of Europe*, cf. pp. 418-438. Bertho, Catherine, *Télégraphes et téléphones, de Valmy au microprocesseur*, cf. pp. 186-187. Libois, Louis-Joseph, *Genèse et croissance des télécommunications*, pp. 268-272, pp. 275-281.

Le téléphone dans le monde en 1914

Pays	Abonnés	Téléphones par 100 hab.
Allemagne	1 428 000	2,1%
Belgique	65 000	0,9%
Canada	**500 000**	**6,5%**
États-Unis	9 542 000	9,7%
France	330 000	0,8%
G-B	781 000	1,7%
Japon	220 000	0,4%
Suède	233 000	4,1%
Suisse	97 000	2,5%

Source : AT&T, Telephone and Telegraph Statistics of the World.

Par contre, il serait tentant de poser une équation politique, à savoir : État = retard technologique et entreprise privée = progrès technologique. À l'époque, le téléphone aux États-Unis, au Canada et en Suède est dominé par l'entreprise privée. Il y a sans aucun doute une hypertrophie du secteur étatique en Europe et l'État a toujours tendance à privilégier l'écrit sur la parole, le contrôle sur la liberté. Mais à la veille de la première Guerre mondiale, rien n'est encore joué de façon définitive. La solide planification des PTT allemandes et suisses laissent présager une expansion future.

À l'échelle du développement économique, par contre, les déséquilibres sont nettement tranchés. Le téléphone est une technologie de pays industrialisés. Contrairement au télégraphe qui va pénétrer rapidement dans le Tiers-Monde colonisé comme moyen de domination, le téléphone ne sort guère d'Amérique du Nord et d'Europe.

Répartition des téléphones dans le monde en 1914

	Abonnés	Répartition par continents
Amérique du N	10 121 000	68%
Amérique latine	166 000	1,1%
Europe	4 013 000	27%
Asie	306 000	2%
Afrique	65 000	0,4%
Océanie	217 000	1,5%
Monde	**14 889 000**	**100%**

Source : AT&T, Telephone and Telegraph Statistics of the World.

À la veille de la première Guerre mondiale, il est évident que les facteurs économiques jouent déjà un rôle important dans le développement du téléphone. Mais ce rôle n'est pas déterminant, les formes d'exploitation et les choix politiques participent aussi au façonnement des contours de la carte de la téléphonie mondiale.

La valse-hésitation britannique

Les débuts de la téléphonie britannique revêtent un intérêt tout spécial pour le Canada en raison de l'influence qu'y exerce ce pays. On a vu le mouvement anti-Bell invoquer avec plus ou moins de bonheur le modèle britannique pour demander la nationalisation.

Or, en Grande-Bretagne, le téléphone commence mal. Pendant la période 1874-1876, Alexander Graham Bell, en bon citoyen britannique, avait tenté d'intéresser le ministère des postes à son invention. Il avait été débouté dans une lettre d'une arrogance typiquement bureaucratique. La Grande-Bretagne perdit ainsi l'occasion de récupérer son fils prodigue.

Par la suite, le ministère des postes entretint toujours une attitude méfiante à l'égard du téléphone. En effet, le télégraphe avait été nationalisé en 1871 et confié au ministère des postes. La principale préoccupation de ce ministère sera donc de veiller aux intérêts du télégraphe. Aussi, quand les deux premières compagnies de téléphones privées furent créées en 1878 pour exploiter les brevets de Bell et d'Edison, elles se heurtèrent à l'hostilité du ministère des postes.

Le réseau initial de Grande-Bretagne sera l'œuvre de *National Telephone Company* (NTC), une entreprise privée qui construisit un réseau interurbain et relia même Londres à Paris. Malgré cela, NTC n'eut jamais les faveurs du public car le ministère des postes refusa d'accorder des droits de passage aux poteaux de NTC. Il s'ensuivit des retards dans la construction du réseau et un mécontentement permanent.

Finalement, en 1892, le ministère des postes décida d'acheter les lignes à longue distance de NTC. Celle-ci fut confinée dans le service local, mais au moins obtenait-elle certains droits de passage le long des voies ferrées et des canaux. Les tenants de la nationalisation ne désarmèrent pas pour autant et continuèrent le combat pour la nationalisation de l'ensemble du réseau téléphonique. Le ministère des postes estimait que la nationalisation était trop chère et, en 1899, une loi fut adoptée qui encourageait les autorités municipales à créer des réseaux publics.

Cette politique se heurta tout de suite au problème du financement. En Grande-Bretagne, comme au Canada, la rareté du capital a systématiquement été sous-estimée. Parmi les 1 344 municipalités susceptibles de postuler pour des autorisations en vertu de la loi de 1899, seules 13 le firent. Elles reçurent toute leur autorisation, mais seulement six d'entre elles ouvrirent des réseaux téléphoniques. Cinq firent faillite et durent vendre leurs installations à NTC ou au ministère des postes. Seul le réseau municipal de Hull survécut. Il prospéra tant et si bien qu'il demeura en place jusqu'en 2007, date à laquelle il fut privatisé.[332]

En définitive, la politique de concurrence échoua sous toutes ses formes : nationalisation de l'interurbain comme municipalisation du service local. Le gouvernement britannique ne fut pas long à reconnaître son échec et, en 1905 (notons bien la date qui correspond à la convocation de la Commission spéciale du Parlement fédéral à Ottawa), il affirma que le monopole constituait la forme d'exploitation la plus pratique et la plus économique. Par contre, selon le ministre des Postes de l'époque, le téléphone était trop important pour demeurer dans le secteur privé. Il fut ainsi décidé que l'autorisation de NTC ne serait pas renouvelée quand elle viendrait à échéance, en 1911.

---

[332] Le service téléphonique de la Ville de Hull avait adopté le nom de Kinsgton Communications en 1987. Cette société municipale fut introduite en bourse en 1999 et la participation de la Ville au capital prit fin en mai 2007. Richard Wray, « Hull City Council sells remaining stake in Kingston Communications », *The Guardian*, 22 mai 2007.

Cette année-là, le Ministère des postes acheta les 1 565 centraux de NTC. Cette compagnie comptait alors 560 000 abonnés qui vinrent s'ajouter aux 77 000 abonnés londoniens du ministère des Postes.

Le retard du téléphone britannique sur l'Allemagne et surtout les États-Unis ne peut pas être imputé à une quelconque faiblesse socio-économique anglaise. La Grande-Bretagne est alors le pays le plus puissant au monde, ses entreprises sont les plus riches, sa population est la plus cultivée. L'échec du téléphone dans ce pays s'explique par les hésitations d'une classe politique et administrative qui voulait intervenir en téléphonie, mais ne savait pas quoi faire avec la nouvelle technologie.[333]

Les efforts de Francis Dagger au Canada pour nationaliser les lignes à longue distance et municipaliser le service local, à l'instar de la Grande-Bretagne, furent d'autant plus voués à l'échec qu'en 1905, l'échec britannique était patent. Les témoins de Bell eurent beau jeu démontrer la faillite du mode de développement britannique.

Le désastre français

Il y a pire que le malheureux anti-modèle britannique et c'est la catastrophe française. Comme en Grande-Bretagne, le téléphone commence par n'intéresser personne. L'armée fait quelques expériences et conclut que la nouvelle technologie n'a pas d'avenir. Durant l'été 1879, l'État décide d'octroyer des concessions d'exploitation téléphonique au secteur privé.

Une entreprise privée appelée Société générale du téléphone (SGT) tente alors d'exploiter le téléphone, mais sans grand succès. Tout comme en Grande-Bretagne, l'État demeure hostile à la nouvelle technologie (taxes élevées, réseaux parallèles dans l'interurbain). Les chambres de commerce critiquent les tarifs trop élevés et les retards à fournir le service... toutes récriminations assez semblables à celles du Canada à la même époque.

Le gouvernement finit par se rallier à la nationalisation comme l'unique solution. En juillet 1889, l'Assemblée nationale vote le rattachement du téléphone à l'administration des Postes et Télégraphes (P et T). La nationalisation aurait pu être un moyen de sortir le téléphone de l'ornière.

---

[333] « Les télécommunications en Grande-Bretagne et leur cadre réglementaire », pp. 63-67. Meyer, Hugo Richard, *Public Ownership and the Telephone in Great Britain*, cf. pp. 5-7.

Malheureusement, l'administration de la télégraphie est elle-même en pleine crise.

Sous le second Empire, la France avait confié la gestion du télégraphe au ministère de l'Intérieur. Après la chute de l'Empire, le gouvernement républicain décida de rattacher ce moyen de communications aux Postes. Mais le télégraphe était considérés comme élitiste alors que la poste représentait les vertus républicaines et démocratiques. Les ingénieurs du télégraphe résistèrent de toutes leurs forces à leur mise en tutelle par les hommes sans formation technique des Postes.

L'intégration du téléphone dans cette administration sera véritablement désastreuse. L'État refuse de payer pour le téléphone qu'il vient de nationaliser. L'administration des P et T doit improviser : les villes qui désirent le téléphone doivent avancer l'argent à l'État sans intérêt. Ce bricolage interdit l'établissement de tout plan d'ensemble. Rapidement, la France devint la lanterne rouge du monde industriel en matière de téléphone. Dès le tournant du siècle, l'échec français avait franchi les frontières et faisait office d'anti-modèle un peu partout dans le monde.[334]

Les autres pays d'Europe

En Europe, deux groupes de pays se disputaient le premier rang en téléphonie : la Scandinavie et l'ensemble Suisse-Allemagne. Pourtant, on ne saurait trouver de modèles de développement plus différents. La Scandinavie avait laissé le téléphone se développer dans un contexte de concurrence parfois très violente. L'ensemble Suisse-Allemagne, au contraire, avait confié dès le début la gestion du téléphone à leurs administrations respectives des P et T.

La Suède offre même à Stockholm un exemple unique au monde de concurrence prolongée entre trois réseaux. Trois compagnies s'y affrontent, deux privées et une publique. La décennie 1880-90 voit aussi la compagnie Ericsson commencer à exporter son matériel sur la scène internationale et acquérir une réputation d'excellence qui ne s'est jamais démentie depuis. La nationalisation n'interviendra que sur le tard, en 1918, alors que la Suède a le

---

[334] Bertho, Catherine, *Télégraphes et téléphones, de Valmy au microprocesseur*, cf. pp. 188-215. *Genèse et croissance des télécommunications*, pp. 58-63.

troisième taux de pénétration téléphonique au monde après les États-Unis et le Canada.

En Norvège, encore unie à la Suède, le développement du téléphone est surtout l'œuvre de coopératives d'agriculteurs ou des autorités municipales. La Commission royale de 1892 constate que le téléphone n'est pas un instrument de luxe réservé à une élite d'affaires. C'est une première en Europe et peut-être même dans le monde.

En Allemagne, les P et T adoptent immédiatement le téléphone, non pas pour l'installer chez les gens, mais comme substitut au télégraphe dans les liaisons interurbaines. Ce départ original explique la priorité qui sera toujours donnée en Allemagne au réseau interurbain qui devient très vite le plus dense d'Europe. C'est aussi l'Allemagne qui expérimente à Berlin en premier un commutateur automatique dès 1900. Il ne s'agissait que d'un standard privé destiné à des édifices gouvernementaux. Néanmoins, forte de ce succès, l'Allemagne optera, avant les autres pays d'Europe et avant les États-Unis, pour un plan audacieux d'automatisation du téléphone. À cette époque, seules les compagnies indépendantes des États-Unis et les provinces canadiennes des Prairies feront le même choix.

Au tournant du siècle, l'Allemagne a un taux de pénétration téléphonique égal aux États-Unis dans les villes. Par contre, le téléphone rural y traîne sérieusement de l'arrière en comparaison des États-Unis.

Une coopération internationale bien discrète

La transformation de la téléphonie en service public se traduisit par un début de concertation dans le cadre de l'Union télégraphique internationale. À la Conférence de Berlin de 1885, le téléphone fut considéré comme un prolongement du télégraphe. Il s'agissait toutefois d'une reconnaissance sommaire en cinq articles qui laissait entière liberté aux administrations nationales pour négocier des accords bilatéraux.

La réglementation proprement dite du téléphone commença en 1903 à la Conférence administrative télégraphique de Londres. Le délégué français proposa un ensemble de 15 articles abordant tous les aspects de la téléphonie qui sont distincts de la télégraphie. Pour le reste, les dispositions de la Convention fondatrice de l'Union télégraphique internationale continuaient de s'appliquer. Le nom même de l'organisation ne put pas être changé pour incorporer le mot « téléphone » car il ne s'agissait pas d'une Conférence de plénipotentiaires. La question de la répartition des revenus des communications internationales entre les différents pays traversés ne fut même pas abordée.

Contrairement au télégraphe, l'entrée du téléphone sur la scène internationale fut discrète.[335]

Essai de bilan mondial

Dans tous les pays, le téléphone est d'abord un phénomène urbain. L'asymétrie ville-campagne atteint son paroxysme en France où, en 1902, Paris concentre 44% du parc téléphonique. Au tournant du siècle, les seules régions du monde où le téléphone a commencé à se répandre dans les campagnes sont les États-Unis, le Canada et la Scandinavie. Encore, avons-nous vu dans les pages qui précèdent que ce ne fut pas sans mal, tout au moins au Canada où le phénomène entraîna une série de crises politiques à Ottawa et surtout dans les provinces des Prairies.[336]

Dans un premier temps, c'est la concurrence qui a favorisé la pénétration du téléphone. Au Canada, aux États-Unis et, dans une certaine mesure, en Scandinavie, l'initiative de multiples petits entrepreneurs fait sortir le téléphone hors du cercle limité de la grande bourgeoisie. La différence entre les monopoles privés et étatiques tient plutôt à la faculté des seconds de tuer dans l'œuf cette initiative diversifiée, à ras de terre, toujours spontanée. L'État réprime avec beaucoup plus d'efficacité que les monopoles privés les tentatives locales, car il peut faire adopter des lois beaucoup plus rapidement et, quand la loi est insuffisante, le pouvoir réglementaire fournit toute une panoplie de recours aptes à dissuader les audacieux en mal de téléphone.

De plus, l'État a la légitimité morale qui manque aux monopoles privés. L'État peut invoquer l'intérêt national ou la politique sociale pour étrangler en toute bonne conscience un entrepreneur. AT&T aux États-Unis et *Bell Telephone* au Canada sont des anomalies de l'économie de marché. D'emblée, leur situation de monopole les rend suspectes. C'est précisément grâce au statut ambigu des monopoles privés que la concurrence a pu naître et favoriser la pénétration du téléphone.

---

[335] Codding Jr., George Arthur, *The International Telecommunication Union, An experiment in International Cooperation*, cf. pp. 77-79.

[336] *Public Ownership of Telephones on the Continent of Europe*, p. 433.

Dans un deuxième temps, la concurrence se révèle intenable. C'est un état transitoire qui permet de se débarrasser d'une structure inefficace. Toutes les expériences de concurrence aboutissent à la création d'un nouveau monopole ou à une répartition géographique des marchés entre plusieurs monopoles. Cette règle ne souffre aucune exception : aucun pays grand ou petit n'a maintenu plusieurs réseaux en concurrence pendant une longue période de temps, même la Suède qui a pourtant présidé au plus long affrontement entre secteurs privé et public.

Dans les débuts de la téléphonie la concurrence, partout où elle s'est manifestée, s'est avérée un correctif indispensable aux blocages de l'industrie. Elle a permis à un instrument de pouvoir réservé à l'usage de la grande bourgeoisie, de devenir un service public. Mais à peine la téléphonie accède-t-elle au statut de service public qu'elle devient ou redevient un monopole. Au début du XXe siècle, la téléphonie, comme toute industrie basée sur l'exploitation d'un réseau public, se comporte

Chapitre 11 - La radio connaît un succès spectaculaire

L a radio naît comme une excroissance de la télégraphie dont elle prend d'ailleurs le nom : télégraphie sans fil (TSF). Il appartiendra à l'inventeur américain d'origine canadienne, Reginald Fessenden de « faire parler » la radio. Dès lors, on assistera au double développement de la radiotéléphonie et de la radiodiffusion. Le succès de cette technologie protéiforme sera très rapide et surtout très spectaculaire.

Dans le présent ouvrage, la radio sera abordée dans une optique de TSF et radiotéléphonie exclusivement. L'histoire de la radiodiffusion appartient à un autre univers où prédominent les contenus culturels et politiques.

Alors que le télégraphe et le téléphone reposaient sur le transport d'ondes électriques par fils métalliques, une série d'inventions scientifiques avait démontré tout au long du XIXe siècle que l'électricité pouvait aussi se déplacer dans l'atmosphère à la manière de la lumière. Si tel était le cas, ne serait-il pas possible d'acheminer des signaux en alphabet morse ou même des conversations sans fils ?

Les bases scientifiques de la radio

La radio est une technologie directement issue de la théorie scientifique. Dans une série d'équations aussi célèbres au XIXe siècle qu'$E=mc2$ pour le XXe, le physicien écossais James Clerk Maxwell démontre la nature ondulatoire de l'électromagnétisme (1861-62). Les théories de Maxwell seront vérifiées en 1887 par un jeune physicien allemand Heinrich Hertz qui mesurera les ondes électromagnétiques entre un oscillateur et un « œil électrique ». Il s'agit des ancêtres de l'émetteur et du récepteur.

À partir de Hertz, tous les éléments de la radio existent. Pourtant il ne prévoit pas d'application télégraphique ou encore moins téléphonique à sa découverte. Pour lui, l'essentiel était de démontrer la véracité des théories de Maxwell, ce qu'il a fait. La route des applications commerciales reste à parcourir. Les années 1890 commencent donc dans une frénésie de recherche appliquée partout dans le monde. L'essentiel des travaux portent sur le récepteur : comment le rendre assez sensible pour capter des signaux intelligibles ?

Le physicien français Édouard Branly met au point en 1890 un « cohéreur » qui permet justement de recevoir des ondes électromagnétiques de manière infiniment plus précise que Hertz. Il a l'idée de mettre de la limaille métallique dans un tube dit radioconducteur (le mot radio apparaît pour la première fois). Sous l'effet d'ondes électromagnétiques émises par un oscillateur situé à 30 mètres, la limaille s'agglutine dans le tube et perd sa résistance. On dit qu'elle cohére. La communauté scientifique entre en émoi. L'année suivante, Branly a même l'idée d'adjoindre des tiges de métal au transmetteur.

En Angleterre, le physicien Oliver Joseph Lodge améliore le cohéreur de Branly et montre comment syntoniser le récepteur sur l'émetteur. Pas plus que ses prédécesseurs, il ne songe à émettre de signaux intelligibles mais, plus avisé que tous ses prédécesseurs, il déposera trois brevets sur ses inventions en 1896, 1897 et 1898. Une de ses conférences en 1894 parvient jusqu'aux oreilles d'un jeune Italien amateur d'électricité : Guglielmo Marconi.

Avec Marconi on quitte le domaine de la science pure pour entrer dans celui de la passion. Il a 21 ans quand il effectue sa première série d'expériences à Bologne, dans le jardin familial. D'emblée, il fait ce que tout le monde avant lui semble avoir eu peur de faire, il manipule des ondes électromagnétiques pour transmettre les points et les traits de l'alphabet morse.

Marconi améliore quelque peu l'oscillateur de Hertz et a l'idée audacieuse de doter son cohéreur de Branly d'une antenne. En 1895, Le jeune homme de Bologne émet sur une distance analogue, mais il découvre qu'en allongeant l'antenne, on peut émettre des signaux sur une distance infiniment supérieure. C'est le début d'une spectaculaire carrière commerciale.

Une fois de plus, tout comme pour le télégraphe et le téléphone, on serait tenté de s'écrier que l'invention de Marconi n'en est pas une, tant sa simplicité aveugle. L'historien des technologies électriques Harold I. Sharlin écrit à ce sujet :

> *Pourquoi personne n'avait-il eu l'idée d'une telle antenne ? L'invention de Marconi n'était fondée sur aucun principe scientifique connu. Le mystère n'est pas que d'autres n'y ont pas*

pensé plus tôt, mais que Marconi a eu l'idée d'une antenne avec un fil de terre.[337]

Ce « mystère » fait la différence entre une curiosité de laboratoire et une révolution technologique. Or, ce que Marconi a fait en 1895 est bel et bien une révolution. Tout comme Morse en 1844 ou Bell en 1876, Marconi a une vision. Il ne se contente pas d'innover scientifiquement ou techniquement. Il veut toucher le grand public.

L'aventure Marconi

Marconi commence par offrir les droits de son brevet au gouvernement italien qui s'empresse de refuser. Mais le gouvernement américain n'avait-il pas levé le nez sur l'invention de Morse ? *Western Union* avait fait de même pour le téléphone. L'histoire des télécommunications est jalonnée de ces rendez-vous manqués.

Issu d'une famille de grands propriétaires terriens, Guglielmo Marconi bénéficie des capitaux de son père et part s'installer en Angleterre en février 1896 où il estime que le marché est à la mesure de ses ambitions. Il dépose son premier brevet en juin de la même année et fait une démonstration publique devant Sir William H. Preece, ingénieur en chef des Postes britanniques et lui-même impliqué dans la recherche sur les ondes électromagnétiques. Des messages en morse sont envoyés sur une distance de 100 mètres. Preece est conquis par la radio et décide d'appuyer Marconi. Celui-ci n'a que faire de l'argent gouvernemental, mais il saura jouer de la caution morale de Preece avec une maîtrise consommée. C'est la consécration officielle de la télégraphie sans fil – la TSF, comme on dira bientôt familièrement.

Désormais, rien ne peut plus arrêter le jeune homme talentueux. Toujours en 1896, avec une antenne montée sur un cerf-volant, à Salisbury Plain, Marconi transmet sur plus de 6 kilomètres. L'année suivante, il porte la distance à 16 kilomètres à La Spezzia devant le roi d'Italie. La *Wireless Telegraph and Signal Company* est créée en juin 1897. Au mois de juillet, il réalise le premier reportage radiotélégraphique. Un bateau suit les régates au large de

---

[337] Sharlin, Harold I., *The Making of the Electrical Age, From the Telegraph to Automation*, cf. p. 92.

l'Angleterre et envoie des messages à une station côtière. Ceux-ci sont alors téléphonés au *Daily Telegraph* de Londres.

En mars 1899, c'est au tour de la Manche d'être vaincue par les ondes de Hertz. 1899 encore : Marconi crée une filiale américaine. En 1900, il rebaptise la maison mère qui devient la *Marconi's Wireless Telegraph Company*. Il dépose un nouveau brevet qui englobe l'ensemble de ses travaux antérieurs et qui porte le numéro 7777. L'aventure scientifique et technologique cède le pas à l'entreprise commerciale.

La radio commence par se développer sur le modèle de la télégraphie. Marconi entend créer un réseau de liaisons point à point, personne ne songe alors à la diffusion de masse. D'ailleurs la radio ne parle pas.

Le premier marché qui s'ouvre à la radio est celui des communications maritimes. La *Marconi International Marine Communication Company* est lancée en 1900 afin d'exploiter un réseau de TSF. Marconi entend suivre l'exemple d'AT&T : il loue les équipements aux compagnies maritimes et il leur fournit les opérateurs radio. Une série de stations côtières permettait aux navires de rester en communication avec la terre.

Notons qu'en septembre 1899, Alexander Graham Bell avait suggéré au ministère canadien de la Marine et de la pêche « d'entreprendre une étude approfondie du système Marconi de télégraphie sans fil avant de décider de poser un câble vers l'île de Sable. » Le gouvernement n'en fit rien, mais la radio vint quand même au Canada.

L'Atlantique est vaincu

En effet, l'ambition de Marconi était le réseau mondial. Pour y parvenir, il fallait être capable de couvrir l'Atlantique par TSF. Dès 1901, l'homme d'affaires italo-britannique entreprend de relier la station géante qu'il vient de construire en Cornouailles en Angleterre à Cape Cod aux États-Unis. La communauté scientifique crie au casse-cou : c'est impossible, la courbure de la terre interdit de transmettre au-delà d'une certaine distance, les ondes radio allant se perdre dans l'espace en ligne droite... Marconi est persuadé du contraire. Les ondes suivent la courbure de la terre. Tout le monde avait tort : les ondes radio se propagent bien en ligne droite, mais elles sont ramenées sur terre par les « couches réfléchissantes » de l'ionosphère.

Marconi effectue la première liaison transatlantique (1901)

Archives nationales du Canada (C5 945)

Qu'importe les carences théoriques, Marconi croit en son étoile. Il se rend à Cape Cod avec une équipe, mais l'antenne est brisée à deux reprises par une tempête quelques semaines avant la date prévue des essais. Le destin lui ferait-il défaut ?

C'est alors que Marconi prend la décision de couper au plus court. Terre-Neuve est le point d'Amérique du Nord le plus proche de l'Angleterre. Il faut faire vite afin d'être le premier à relier l'Europe à l'Amérique par ondes radio. En décembre 1901, Marconi et son équipe gagnent donc la capitale de Terre-Neuve, Saint-Jean. Ils installent leur équipement sur la colline de Signal Hill qui sépare Saint-Jean de l'Atlantique et commencent à émettre.

Hélas, une tempête dont Terre-Neuve est coutumière emporte le ballon où est accrochée l'antenne de Marconi. Mais tout a été prévu. Le lendemain matin, l'antenne est accrochée à un cerf-volant. Autre coup de guigne : une pluie verglaçante abat le cerf-volant. Marconi fait lancer un autre cerf-volant. Cette fois-ci, la chance est au rendez-vous. À midi trente, Marconi entend le cliquetis caractéristique des trois petits points qui signifient « S » en alphabet morse, en provenance de Cornouailles. Nous sommes le mercredi 12 décembre 1901. La TSF est devenue universelle.

Le lundi suivant, alors que le monde entier ne parlait plus que de l'exploit de Marconi, celui-ci recevait une lettre des avocats d'*Anglo-American Telegraph* l'informant que cette compagnie détenait le monopole des communications entre Terre-Neuve et l'extérieur et le sommant d'interrompre ses expériences, faute de quoi il serait passible de poursuites. Disons, à la décharge de la vénérable compagnie de câble, que ses actions venaient de s'effondrer à l'annonce de la première transmission transatlantique par TSF. *Anglo-American Telegraph* était toujours dirigée par Alexander Mackay qui avait déjà éconduit *Bell Telephone* of Canada 16 ans plus tôt.

Profitant de l'occasion, Alexander Graham Bell invita Marconi à créer une station côtière permanente en Nouvelle-Écosse. Il lui offrit un terrain dans sa propriété de Baddeck. L'emplacement se révéla trop loin de la côte et dut être rejeté. Mais Marconi retint l'idée de la Nouvelle-Écosse où le gouvernement provincial mit un train spécial à sa disposition pour qu'il puisse visiter les lieux propices. Finalement, Marconi fixa son dévolu sur Glace Bay, près de Sidney, dans l'Île-du-Cap-Breton, qui devint donc la tête de pont de la TSF en Amérique du Nord.

Le gouvernement fédéral saisit vite l'intérêt de la radio. Marconi fut reçu à Ottawa par le Premier ministre Wilfrid Laurier, le chef de l'opposition conservatrice Robert Borden et le pionnier du télégraphe Sandford Fleming, avec tous les égards dus à un chef d'État. Il obtint non seulement le terrain convoité de Glace Bay, mais aussi une subvention de 75 000 dollars. C'était plus que le téléphone n'en avait jamais reçu au Canada. La *Marconi Wireless Telegraph Company*, prédécesseur de Marconi-Canada, fut créée sur le champ et réussira bientôt à établir un monopole complet sur la TSF au Canada.

En décembre 1902, soit un an après l'expérience historique de Terre-Neuve, un service transatlantique commercial entrait en fonction, mais depuis la Nouvelle-Écosse. Trois mois plus tard, le *Times* de Londres publiait la première dépêche transatlantique à lui avoir été transmise par radio depuis la station de Glace Bay. Par contre, le grand public devra attendre octobre 1907 pour envoyer en Europe des messages privés par radio.

L'empire Marconi suscite la critique et par ricochet la coopération internationale

Au départ, la TSF sera essentiellement un instrument de communication maritime. La politique de la compagnie Marconi consistait à établir sur mer un monopole aussi complet que celui d'AT&T aux États-Unis. Non seulement louait-elle les équipements et fournissait-elle les opérateurs aux navires, mais elle interdisait à l'ensemble des postes radio portant sa marque de communiquer avec les postes de ses concurrents. Selon Marconi, il était impossible d'assurer la qualité des transmissions entre équipements de marques différentes.

Cette pratique n'alla pas sans causer des inquiétudes pour la sécurité des navires en mer. Les PTT françaises avaient construit une série de stations côtières qui demeuraient inutilisées en raison du refus de Marconi de répondre à leurs appels.[338] Les opérateurs Marconi avaient bien l'obligation de signaler les appels au secours des navires en perdition équipés de matériel concurrent, mais non celle de transmettre les informations sur les dangers dont ils auraient pu avoir connaissance (tempêtes, icebergs). Ainsi, quand un opérateur Marconi recevait des informations de la sorte d'une radio étrangère à l'entreprise, il ne les transmettait pas à son capitaine, travaillant ainsi contre la sécurité de son propre navire...[339]

Qui plus est, la puissance de l'empire Marconi commençait à faire peur aux gouvernements de plusieurs pays. En 1903, son réseau comptait 45 stations côtières couvrant la terre entière et trois stations à grande puissance en Grande-Bretagne, aux États-Unis et au Canada (station de Glace Bay), ce qui ne comprenait pas les installations militaires. Marconi était une entreprise britannique et ses installations venaient s'ajouter au réseau de câbles sous-marins de ce pays qui était déjà le plus étendu au monde. S'acheminait-on vers une mainmise britannique sur les communications internationales par télégraphe ?

---

[338] Département des Postes de l'Empire d'Allemagne, Conférence préliminaire concernant la télégraphie sans fil, Berlin, 4-13 août 1903. Cité in Codding Jr., George Arthur, *The International Telecommunication Union, An experiment in International Cooperation*, cf. pp. 83-4.

[339] Harlow, Alvin F., *Old Wires and New Waves, The History of the Telegraph, Telephone, and Wireless*, cf. p. 468.

L'Allemagne mena la contre-offensive sur le plan de la concertation internationale. Elle convoqua une Conférence radiotélégraphique préliminaire à Berlin en août 1903. Neuf pays participèrent aux débats qui portèrent sur la question centrale de l'obligation de répondre aux appels radio sans discrimination de marque.[340] À la différence de ce qui s'était passé avec l'Union télégraphique internationale (UIT), les États-Unis se révélèrent immédiatement des partisans très convaincus de la coopération en matière de radio.

La conférence préliminaire de Berlin fit le procès du « marconisme ». L'Allemagne, soutenue par tous les pays à l'exception de la Grande-Bretagne qui défendait les intérêts de son entreprise porte-étendard et de l'Italie qui manifestait ainsi sa solidarité avec son fils prodigue, se battait pour rendre obligatoire l'intercommunication entre tous les systèmes radio en mer, quelle que soit leur marque. Malgré les efforts des deux dissidents, le protocole final stipulait que les stations côtières et les postes embarqués devaient échanger leurs messages « ...sans distinction des systèmes de télégraphie employés. »

Marconi contesta l'autorité de cette conférence administrative sans pouvoir plénipotentiaire et continua d'agir à sa guise. Le gouvernement américain réagit en retirant dès 1904 la concession de la station côtière de Nantucket.

La Conférence radiotélégraphique proprement dite eut lieu également à Berlin et elle réunit les plénipotentiaires de 29 pays en octobre-novembre 1906.[341] C'est durant cette réunion que le célèbre signal SOS fut choisi pour les appels au secours (en morse trois points, trois traits, trois points) en lieu et place de l'ancien signal qui était CQD. Les États-Unis exigèrent en outre que l'intercommunication soit obligatoire non seulement entre les stations côtières et les postes embarqués, mais entre les postes embarqués.

La Conférence déboucha sur l'élaboration de la *Convention radiotélégraphique* de 1906 qui réaffirma le principe de la liberté de communication, ce qui impliquait la reconnaissance tacite de la notion de service public à l'échelle internationale. L'empire Marconi avait vécu et devra

---

[340] Les neuf participants étaient : Allemagne, Autriche, Espagne, États-Unis, France, Grande-Bretagne, Hongrie, Italie et Russie.

[341] Les pays présents étaient : Allemagne, Argentine, Autriche, Belgique, Brésil, Bulgarie, Chili, Danemark, Égypte, Espagne, États-Unis, France, Grande-Bretagne, Grèce, Hongrie, Italie, Japon, Mexique, Monaco, Norvège, Pays-Bas, Perse, Portugal, Roumanie, Russie, Siam, Suède, Turquie et Uruguay. Deux pays ont participé à titre d'observateurs : Chine et Monténégro.

se résoudre à être une compagnie comme les autres. Le Canada ratifia cette convention en 1907, affirmant ainsi pour la première fois sa présence sur la scène internationale en matière de télécommunications.

Une structure légère fut mise sur pied sous le nom d'Union radiotélégraphique internationale pour appliquer les termes de la *Convention de Berlin*, en particulier ceux qui traitent de la tarification. Il ne s'agissait pas d'une véritable « union » au sens légal du terme, mais le mot sera néanmoins souvent employé pour désigner l'ensemble des pays signataires de la *Convention de Berlin*. Le suivi de la Convention, principalement des questions d'interférences et de répartition du spectre électromagnétique, fut assuré par le personnel de l'Union internationale télégraphique à Berne.[342]

Comme l'Union radiotélégraphique internationale a fusionné avec l'UIT en 1932, on a pu dire que le Canada est membre de cette organisation depuis 1907, ce qui est quelque peu abusif. Pour se prévaloir de cette ancienneté, il aurait dû faire partie de l'Union internationale télégraphique, or nous avons vu que tel n'était pas le cas. Qui plus est, après même avoir ratifié la *Convention radiotélégraphique* de Berlin, la voix du Canada aux conférences suivantes appartenait à ce que l'on appelait alors le « vote colonial ». La Grande-Bretagne avait cinq votes qui correspondaient à l'Australie, le Canada, l'Inde, la Nouvelle-Zélande et l'Union Sud-africaine. En guise de participation, le Canada devait dans les faits se contenter d'un strapontin.

Un Canadien fait parler la radio... aux États-Unis

Marconi avait inventé la radio sous forme de TSF. Restait à la faire parler... Ce sera l'œuvre de Reginald Aubrey Fessenden, un Canadien expatrié aux États-Unis. Né en 1866 dans une famille loyaliste de Milton-Est, au Québec, Fessenden fut initié à l'électricité et à la chimie dans le laboratoire d'Edison à New York.[343] Après la faillite de ce dernier, il travailla brièvement à

---

[342] Codding Jr., George Arthur, *The International Telecommunication Union,* cf. p. 81 (note 1) et pp. 98-100. Télécommission, Étude 3a, *Télécommunications internationales : Le rôle du Canada dans Intelsat et autres organismes internationaux*, ministère des Communications du Canada, Ottawa, 1971, 85 pages. Cf. p. 28. Michaelis, Anthony R., *Du sémaphore au satellite*, cf. pp. 143-158.

[343] L'encyclopédie Canadiana dit Milton-Est, Robert Collins Bolton et Adrian Waller dans la revue *Equinox*, dit East Bolton..

Westinghouse avant d'aboutir à l'Université de Pittsburgh en 1893 où une chaire en génie électrique venait d'être créée.

Comme dans le cas d'Alexander Graham Bell, sa carrière de chercheur prend son essor dans le bouillon de culture scientifique américain. C'est donc à Pittsburgh qu'il commence à travailler sur la transmission de la parole par ondes électromagnétiques. Justement, les expériences de Marconi en Grande-Bretagne font la une de l'actualité mondiale. Chaque expérience porte la distance un peu plus loin.

Fessenden ne se découragera pas. Mieux, il considère que Marconi fait fausse route quand il assimile la transmission radio à l'effet coup de fouet : les ondes électromagnétiques seraient produites par des étincelles électriques assez fortes pour propager des impulsions dans l'air, mais entre les étincelles, il n'y aurait rien. Fessenden croit au contraire que les ondes radio sont continues à la manière de la lumière. Si tel est le cas, il est possible de transmettre la parole, estime Fessenden. Il suffit d'en augmenter la fréquence.

Fessenden fait parler la radio (décembre 1900)

Archives nationales du Canada (PA 93 160)

Dans son laboratoire de Pittsburgh, il parvient ainsi à moduler les ondes radio plusieurs milliers de fois par secondes. Mais l'université ne soutient pas ses efforts et le recteur lui adresse même un blâme pour avoir acheté de l'équipement électrique sans autorisation.

Le ministère de l'Agriculture américain lui offre cependant d'aller expérimenter la TSF dans sa station météorologique de Cobb Island, petite île du Potomac. Sa tâche se résumait à transmettre les bulletins de météo jusqu'à Washington, 90 km plus loin. C'est là que le 23 décembre 1900 au soir, il procède à l'expérience historique. Dans une petite cabane en bois surmontée d'une antenne de 15 mètres, éclairée par une lampe à huile, il met en marche la génératrice qui doit alimenter son transmetteur. À 1,6 km de là, son assistant Alfred Thiessen fait de même.

> «Un, deux, trois, quatre… M'entendez-vous, M. Thiessen ? »

Celui-ci réplique en morse :

> «Votre voix m'arrive comme le battement d'ailes d'une volée d'oiseaux. Je n'y comprends rien. »

Découragé, Fessenden, refait ses calculs, vérifie les réglages, tout semble au point et pourtant, ça ne passe pas. Deux heures plus tard, il recommence l'expérience alors qu'il fait nuit noire. Il parle très lentement dans le micro, en détachant chaque syllabe :

> «Un, deux, trois, quatre… Neige-t-il là où vous êtes, Monsieur Thiessen ? »

Thiessen l'entendit. La première transmission sans fil de la voix humaine avait eu lieu.

Fessenden avait eu raison contre tous. Pourtant, son équipement était aussi primitif que celui de Marconi : un transmetteur à étincelles et un récepteur directement issu du cohéreur de Branly. Ces appareils qui émettaient et recevaient les ondes par à-coups convenaient à la transmission en morse, mais devenaient très aléatoires avec la parole. Après l'expérience de Cobb Island, Fessenden entreprit d'améliorer le récepteur en remplaçant la limaille métallique par de l'acide sulfurique. Ce détecteur électrolytique permettait de capter des ondes continues avec une relative fidélité.

Pendant ce temps, Marconi mettait lui aussi au point un récepteur amélioré, il remplaça la limaille par une aiguille qui se magnétisait sous l'effet des ondes radio. Le résultat fut un détecteur magnétique compact et fiable, mais qui n'était pas plus adapté à la transmission de la parole que l'ancien cohéreur. Marconi ne croyait pas à la téléphonie sans fil.

Encouragé par son succès, Fessenden quitta le service du ministère de l'Agriculture en 1903 afin de créer sa propre entreprise, *National Electric Signaling*. Deux bailleurs de fonds de Pittsburgh avait avancé le capital dont il avait tant besoin pour ses expériences. Justement, ses recherches sur le détecteur électrolytique l'avaient amené à résoudre le problème du transmetteur. Il avait remarqué que son détecteur était si précis qu'il parvenait à reconnaître les sons caractéristiques de chaque transmetteur. Fessenden savait que le téléphone recourait au principe des variations de courant pour transmettre la voix. Il décida de faire la même chose avec la radio.

En effet, la fréquence de la voix humaine est trop faible pour produire des ondes électromagnétiques faciles à transmettre. En effet, si on prononce « aaa », la fréquence est d'environ 800 cycles par seconde (800 Hertz). La longueur d'une onde électromagnétique pour un son de 800 Hz est de l'ordre de 370 km. La transmission d'une telle longueur d'onde aurait requis une antenne de 30 ou 40 km de hauteur... Fessenden décida d'utiliser les variations d'un courant électrique en fonction de la voix et moduler les ondes radio par ces variations. Pour ce faire, il suffisait de brancher un téléphone sur l'antenne... Le résultat sera une fréquence radio dont l'amplitude variera en fonction d'une fréquence audio. Fessenden avait inventé le principe de la modulation par amplitude (AM).[344]

Encore une fois, a posteriori, la simplicité du raisonnement semble déroutante. Pourtant, l'ensemble de la communauté scientifique accueillit les principes de Fessenden avec scepticisme. Marconi le traita même « d'absurde prétentieux » et Edison, quoique moins méchant, plaisanta néanmoins son ancien élève :

> *Fezzi, que diriez-vous de la possibilité pour un homme de gambader sur la lune ? J'estime que l'un est à peu près aussi probable que l'autre.* [345]

Restait à régler le problème pratique de la fréquence audio. Comment augmenter la fréquence de l'alternateur suffisamment pour amplifier la voix humaine jusqu'à lui faire traverser l'Atlantique ? Un alternateur ordinaire fonctionne à 60 Hz de fréquence, c'est-à-dire qu'il oscille 120 fois par seconde Fessenden avait besoin de hausser la fréquence à plusieurs dizaines de milliers, voire centaines de milliers de Hertz, pour transmettre des signaux téléphoniques, c'est-à-dire bien plus que tout ce qu'il avait réussi jusque-là. Il emprunta au physicien Nikola Tesla le principe de l'alternateur à haute

---

[344] Sharlin, Harold I., *The Making of the Electrical Age,* cf. p. 123-4.
[345] Waller, Adrian, « Unsung Genius », in *Equinox*, mars/avril 1989.

fréquence : 100 000 Hertz (ou 100 kHz, ce qui aujourd'hui est considéré en radio comme appartenant au domaine des « fréquences basses ».

Fessenden réalise la première diffusion « grand public »

Les travaux durèrent trois ans. En 1906, tout était prêt. Une station avait été construite à Brant Rock, près de Duxbury sur la côte du Massachusetts, et une autre à Machribanish, en Écosse. Chaque installation était surmontée par une antenne de 130 mètres, coiffée d'une sorte de parasol. Le détecteur électrolytique était 2000 fois plus sensible que celui de Marconi. D'emblée, il parvint à réaliser des émissions de TSF en duplex à travers l'Atlantique. Marconi avait toujours dû se contenter d'émissions dans un sens. Mais le but visé, qui demeurait la voix, arriva presque par surprise.

En novembre, l'opérateur de la station écossaise eut la surprise de capter une émission expérimentale de radiotéléphonie entre Brant Rock et une plus petite station située 11 km plus loin sur la côte de Nouvelle-Angleterre. Les premiers mots à traverser l'Atlantique par radio n'avaient rien d'historique : l'assistant de Fessenden expliquait à l'opérateur de la station subsidiaire comment faire marcher une dynamo...

Fessenden convoqua la presse pour une démonstration publique, mais quelques jours avant celle-ci, l'antenne de la station écossaise fut pulvérisée par une tempête. La station était si endommagée qu'elle ne put être reconstruite. Fessenden ne se découragea pas pour autant. La *National Electric Signaling* avait équipé tous les navires de la célèbre United Fruits, alors au sommet de sa puissance, de détecteurs électrolytiques ultra-sensibles. Ces détecteurs servaient en temps normal aux transmissions de TSF, mais ils pouvaient aussi servir pour la radiotéléphonie.

Le soir de Noël 1906, depuis la station de Brant Rock, Fessenden inventa les émissions radio telles que nous les connaissons aujourd'hui. Mais cédons la parole à l'historien américain Alvin Harlow :

> Tôt dans la soirée, dans un rayon de plusieurs centaines de milles, les opérateurs de TSF captèrent l'appel "CQ, CQ" en alphabet morse qui éveilla leur attention. Était-ce un navire en perdition ? Ils écoutèrent avec empressement et, à leur stupéfaction, entendirent une voix humaine provenir de leurs instruments – quelqu'un parlait ! Puis une voix de femme s'éleva et chanta. C'était le mystère complet ! Plusieurs d'entre eux appelèrent les officiers de bord afin qu'ils viennent et entendent; bientôt les

salles de TSF furent combles. On entendit ensuite quelqu'un lire un poème. Il y eut un solo de violon, puis un homme prononça un discours et ils pouvaient saisir la plupart des mots. Enfin, on demanda à tous ceux qui avaient entendu le programme d'écrire à R.A. Fessenden à Brant Rock (Massachusetts) – et bien des opérateurs le firent.[346]

On ne peut qu'être surpris de la sûreté avec laquelle Fessenden trouve du premier coup ce qui deviendra la grande application de la radio : la diffusion de programmes de variétés. Il invente même la mesure des cotes d'écoute... Pour faire bonne mesure, Fessenden répétera l'expérience la veille du jour de l'an. Mais cette série impressionnante de premières technologiques et d'expériences passa inaperçue. Tous les inventeurs n'ont pas le talent commercial d'un Edison ou d'un Marconi. D'ailleurs qu'eut été Bell sans Hubbard et Sanders ?

La fin de la carrière d'homme d'affaires de Fessenden eut paradoxalement pour théâtre le Canada. Il avait obtenu des Postes britanniques une licence pour créer un service de radio entre le Canada et la Grande-Bretagne. Il suggéra en 1909 à ses deux associés de créer une filiale de *National Electric Signaling* sous le nom de *Fessenden Wireless Telegraph Company of Canada* afin de concurrencer Marconi dans les liaisons transatlantiques. Des investisseurs montréalais avaient accepté de participer à l'aventure.

Fessenden commit alors une erreur capitale. Contre toute attente, cet homme qui avait accompli le plus clair de sa carrière aux États-Unis exigea de ses deux associés américains que le contrôle de la nouvelle filiale demeure entre des mains canadiennes (celles des hommes d'affaires montréalais et les siennes – il avait toujours conservé sa nationalité canadienne). Les Américains qui avaient déjà investi 2 000 000 de dollars en pure perte dans *National Electric Signaling* refusèrent tout net et tentèrent d'éliminer l'inventeur de la compagnie. Fessenden transforma ce différend en question nationale canadienne ou, plus précisément, en question d'honneur pour l'impérialisme britannique. Il poursuivit ses anciens associés en justice et finit par obtenir

---

[346] Harlow, Alvin, F., *Old Wires and New Waves, The History of the Telegraph, Telephone and Wireless*, cf. pp. 455-6.

gain de cause en 1912, mais c'était trop tard. Marconi avait verrouillé le marché canadien.

Fessenden aura encore une longue carrière d'inventeur : pendant la première Guerre mondiale, il s'intéressera aux sous-marins, allant même jusqu'à participer à une bataille sous-marine dans la Manche. Deux de ses inventions seront utilisées par les forces Alliées : l'ancêtre du sonar afin de détecter les sous-marins ennemis et un système radio pour communiquer entre la terre et les submersibles. Au total, il déposera plus de 500 brevets, mais son caractère irascible le brouillera avec tous ses associés successifs et tous ses projets industriels avorteront.

Avec le développement spectaculaire de la radio dans les années 20, les brevets de Fessenden seront impitoyablement piratés et il perdra un temps précieux en procès. En 1928, après 17 ans de poursuites judiciaires, il finira par régler hors cour avec *Radio Trust of America* qui était le plus récent des utilisateurs pirates. Il obtiendra 2,5 millions de dollars au lieu des 60 millions qu'il réclamait. Mais Fessenden était déjà malade et il ne put profiter de cet argent. Il mourra en juillet 1932 d'une crise cardiaque.[347]

La révolution électronique

Pendant que Fessenden découvrait la véritable vocation de la radio qui est de transmettre la voix, Marconi ne restait pas inactif. La radio était encore balbutiante et il fallait à tout prix améliorer la précision des ondes électromagnétiques pour en accroître la portée. Encore une fois, c'est une découverte d'Edison qui mit le feu aux poudres. Après avoir fabriqué en 1879, la première lampe électrique, celui-ci avait entrepris d'en améliorer la technique. Il s'aperçut que dans certaines conditions de vide et sous certaines tensions, une lueur bleuté apparaissait. Or, il ne s'agissait pas de la lumière produite par le filament de carbone. Edison constata qu'un courant inexpliqué passait les deux fils qui alimentaient le filament. On appela alors ce phénomène « effet Edison », il s'agissait tout au plus d'une curiosité de la physique, sans application prévisible. Edison était cependant persuadé qu'il tenait là une grande découverte et, à tout hasard, il breveta ses observations en 1883.

---

[347] Il existe une biographie anecdotique de Fessenden : Raby, Ormond, *Radio's First Voice, The Story of Reginald Fessenden*.

Ce n'est qu'en 1901 que le chercheur anglais Owen Williams Richardson, futur prix Nobel de physique, établit la théorie de la petite lueur bleue : elle provenait du passage d'électrons entre la cathode et l'anode. La première application de l'effet Edison fut la lampe à diode, fruit d'un autre Anglais du nom de John Ambrose Fleming qui travaillait aux laboratoires Marconi.[348] Ce chercheur, qui était gagné par une surdité croissante, éprouvait des difficultés à décoder le cliquetis rapide de l'alphabet morse. Il entreprit de mettre au point un détecteur visuel et non plus audio. Pour cela il avait besoin d'actionner un galvanomètre à cadran. Or, le galvanomètre avait été mis au point pour mesurer le courant continu seulement. Comment transformer les oscillations incessantes des ondes électromagnétiques en courant continu ?

Fleming eut l'idée de tester l'effet Edison et il relia un tube à vide à une antenne de TSF. Toute trace d'oscillation disparut. En effet, les électrons étant négatifs se déplaçaient toujours en direction du pôle positif. Sans le savoir, Fleming avait découvert l'électronique. Sur le moment, cette invention semblait ne mener nulle part. En effet, ce tube à vide – une diode – s'avéra un piètre détecteur, il demeura toujours capricieux et moins fiable que le détecteur magnétique de Marconi.

Aux États-Unis même, le jeune Lee De Forest avait reçu en 1904 un contrat du ministère de la Marine pour construire cinq stations géantes de TSF. Ce fils d'un pasteur congrégationaliste de l'Iowa avait passé un doctorat à l'Université Yale sur les ondes hertziennes. Depuis sa plus tendre enfance, il avait voulu être un inventeur. De fait, il sera peut-être le plus grand inventeur de l'histoire des techniques modernes car c'est lui qui mettra véritablement au monde l'électronique. Il ne s'agit plus du seul secteur des télécommunications, il s'agit de tout l'environnement technologique contemporain.

En 1902, Lee De Forest avait déjà travaillé à *Western Electric* et quitté cette entreprise pour fonder *American De Forest Wireless Telegraph*. Il a 29 ans. Quand il obtient le contrat gouvernemental, il s'attaque au problème de la détection des ondes électromagnétiques, suivant en cela le mouvement

---

[348] Gille, Bertrand, *Histoire des techniques*, cf. pp. 906-909. Antéby, Élizabeth, *La grande épopée de l'électronique*, cf. pp. 122-133.

général. Le malheur a voulu qu'il mette au point un détecteur électrolytique voisin de celui de Fessenden. Il sera poursuivi en justice et perdra en 1906. Ce contretemps n'eut pas de conséquence fâcheuse car cette même année De Forest mettait au point la célèbre triode sous le nom d'Audion.

Dans sa quête d'un détecteur nouveau, De Forest avait procédé selon la méthode encyclopédique : il avait systématiquement dépouillé les *Compte rendus*, les *Science Abstract* et les *Wiedemann's Annalen*. Mais pour lui aussi la lumière vient par hasard. Il remarque que la flamme de son brûleur à gaz devient plus brillante quand il procède à des expériences de radio à proximité. Il en conclut que le passage d'ondes radio à travers le gaz électrifie celui-ci. N'est-ce pas une piste tout à fait nouvelle pour la détection ? Dès 1903, De Forest reçoit des signaux de TSF avec un détecteur à flamme de gaz. Mais la présence d'une flamme dans son système pose un problème de sécurité.

De Forest est alors convaincu de tenir une grande découverte. Il travaille dans le plus grand secret dans son laboratoire misérable. Il a l'idée d'enfermer le gaz dans un tube et de le porter à incandescence avec un courant électrique émis par deux filaments distincts également dans le tube. Surprise : ça marche. Sans le savoir, il est au même point que Fleming avec sa diode. Mais – et c'est là que le destin est au rendez-vous – il a l'idée d'introduire dans le tube une troisième électrode, celle-là même qui est reliée à l'antenne.

Par tâtonnements successifs, il améliore cette électrode qui était d'abord un simple filament identique aux deux autres, elle devient peu à peu une grille qui permet de régler le flux d'électrons entre les deux premiers filaments avec une précision absolue. C'est la triode : une percée technologique qui ouvre toutes grandes les portes de l'électronique. Lee De Forest réunit de peine et de misère les 15 dollars nécessaires au dépôt du brevet, le 31 décembre 1906.

Ce résultat spectaculaire est pourtant issu d'une prémisse erronée. De Forest croyait que c'était le gaz incandescent qui permettait de détecter les ondes électromagnétiques. Or, les électrons se déplacent mieux dans le vide et le gaz qu'il s'obstinait à introduire dans les tubes atténuait l'efficacité de son appareil. Également, De Forest considère uniquement la triode comme un détecteur adapté à la détection de la parole – il la baptise pour cela Audion. Mais il ne voit pas son application principale qui est d'amplifier le courant.

Enfin, comble de malheur, la triode de De Forest ressemble étrangement à la diode de Fleming. Il n'a fait qu'ajouter une électrode entre les deux premières. Il eut vite affaire à toute la machine juridique des entreprises Marconi qui l'accusèrent d'avoir empiété sur le brevet de Fleming. Pourtant, la petite grille que De Forest a ajoutée entre les deux électrodes est justement ce qui permet de contrôler les électrons. C'est elle qui fait la différence entre un principe abstrait et la pratique. Un tribunal manifestement ignorant de la chose scientifique renvoya les deux inventeurs dos à dos en leur interdisant de fabriquer des triodes...

Néanmoins, De Forest parvint à vendre son invention à AT&T en 1912 qui, comme on l'a vu, l'utilisa pour fabriquer des répéteurs téléphoniques. Certains observateurs ont prétendu qu'AT&T avait acheté pour une bouchée de pain le brevet sur la triode. C'est inexact. AT&T acheta le droit d'utilisation de la triode aux seules fins de faire des répéteurs téléphoniques. De Forest conserva son brevet et devra subir de la part de Fleming et des établissements Marconi en général une des plus longues batailles judiciaires de l'histoire des brevets. Il finira d'ailleurs par gagner en 1934.[349]

Le radiotéléphone traverse à son tour l'Atlantique

Mais l'ingénieur en chef d'AT&T, notre ami John Carty, est hanté par la crainte de passer à côté de la radio comme 60 ans plus tôt, *Western Union* est passée à côté du téléphone. Il lance derechef un vaste projet de développement du radiotéléphone — distinct du répéteur. C'est le laboratoire d'AT&T qui fit apparaître l'importance de vider la triode de toute trace de gaz pour en faire une véritable lampe « à vide ». Ce projet débouchera sur deux applications : les répéteurs et le radiotéléphone. On a vu la rapidité avec laquelle AT&T mettra à profit les qualités d'amplification de la triode pour réaliser la première ligne transcontinentale en janvier 1915.

---

[349] Il est indéniable qu'en 1912 AT&T a payé les droits d'utilisation de l'Audion bien en-dessous de sa valeur (certains auteurs situent cette transaction en 1913). Lee De Forest écrivit lui-même : « J'appris plus tard, de source sûre bien que non officielle, que le conseil d'administration d'AT&T avait décidé par vote qu'il était disposé à aller jusqu'à 500 000 dollars pour obtenir les droits téléphoniques des brevets sur l'Audion. » Cité in Leinwoll, Stanley, *From Spark to Satellite,* cf. p. 68.

Le projet de radiotéléphonie sera tout aussi foudroyant que celui du répéteur, mais il demeurera beaucoup moins connu du public. AT&T collabora avec la Marine américaine qui, en cette période menaçante (la Première Guerre mondiale faisait rage en Europe), s'intéressait de près aux communications. Trois ingénieurs furent dépêchés à San Diego (Californie), Darien (Panama) et Honolulu (Hawaï) et tout au long de l'été 1915, des essais eurent lieu avec la station géante de la Marine à Arlington (Virginie). Quand tout fut au point, le 27 septembre 1915, Vail appela par radiotéléphone Carty qui était dans une autre base de la Marine en Californie :

Bonjour M. Carty ! Ici, M. Vail.

Ces mots furent relayés par radio à San Diego, à Darien et à Honolulu. La radio parlante avait à son tour vaincu la distance.

Il restait à traverser l'Atlantique. Ce fut chose faite le 21 octobre 1915. Le gouvernement français était en pleine guerre avec l'Allemagne, mais il était désireux d'explorer au maximum le potentiel de la radio. Tous les obstacles administratifs tombèrent comme par enchantement devant AT&T et la première conversation transatlantique eut lieu entre la base navale d'Arlington et la Tour Eiffel. L'événement fut tenu secret en raison de son importance stratégique et, la guerre se prolongeant, ne permit de donner à cette première mondiale le retentissement qu'elle méritait.

En 1915, tout était donc prêt pour le développement à grande échelle de la radio. La compagnie Marconi dominait encore l'industrie, mais dans le secteur TSF uniquement. En effet, il y avait 706 stations côtières dans le monde en 1915 et Marconi en détenait 225. Il y avait 4 846 stations embarquées sur des navires, Marconi en possédait 1 894. Le Canada jouait un rôle central dans le dispositif Marconi en raison de l'antenne géante de Glace Bay. Le réseau Marconi avait été placé sous contrôle militaire britannique dès le début des hostilités. Comme l'un des premiers actes de guerre des belligérants avait été de couper les câbles sous-marins transcontinentaux, le réseau TSF avait redoublé d'importance. Les armées eurent des besoins rapides et massifs en personnel spécialisé : elles firent appel aux radios amateurs d'avant-guerre.[350]

La radio parlée avait vu le jour grâce à Reginald Fessenden et Lee De Forest, mais peu de gens savaient quoi faire avec. La radiodiffusion n'était pas encore

---

[350] Leinwoll, Stanley, *From Spark to Satellite,* cf. p. 71.

née, malgré quelques expériences spectaculaires. La radiotéléphonie paraissait la seule application prometteuse, mais les parasites en faisaient un média moins fiable que le téléphone par fils. À la suite de ses expériences de 1915, AT&T décida de limiter l'utilisation du radiotéléphone dans les seules régions où il était impossible ou peu rentable de poser des lignes. Ainsi, son objectif numéro un sera de relier l'Amérique du Nord à l'Europe. Au Canada, le radiotéléphone deviendra le moyen de communications par excellence dans le Grand Nord.

De nos jours, on a coutume de penser que la vitesse avec laquelle une innovation technologique trouve son chemin dans le marché mondial est chose récente. Mais Marconi a inventé la radio en 1896, il la commercialisait dès 1897 et autour de 1900 il attaquait le marché mondial. Cette expansion fut si foudroyante que dès 1903 les neuf plus grandes puissances du monde industriel devaient prendre des mesures pour stopper son monopole sur la radio... Qui a fait mieux depuis lors ?

Encadrés (1846-1915)

Le Canada en 1846

L'Amérique du Nord britannique en 1846 traverse une période de transition et d'incertitude. À la suite des rébellions de 1837-38, le Québec et l'Ontario, alors appelés Bas et Haut-Canada, ont été unis au sein d'une seule province. Les colonies de Nouvelle-Écosse, de l'Île-du-Prince-Édouard et du Nouveau-Brunswick n'ont pas de liens politiques directs avec le Canada-Uni.

Le Canada au temps de l'Amérique du Nord britannique

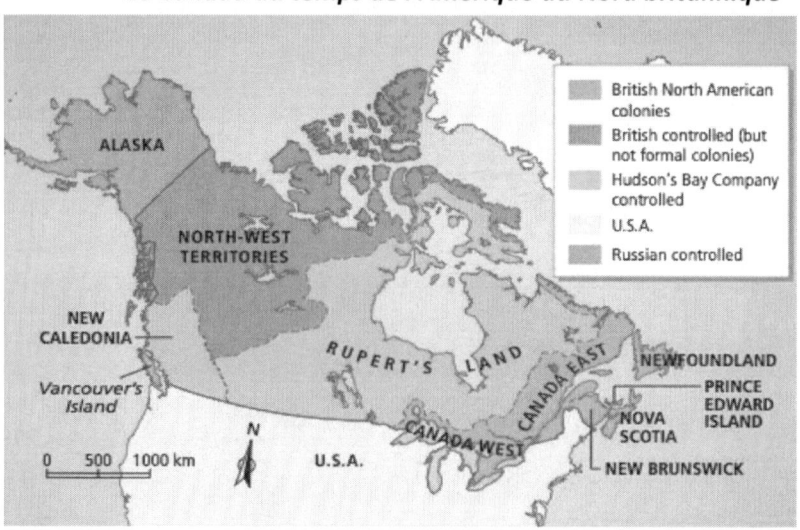

L'Ouest n'a pas encore été colonisé par les Européens en-dehors de quelques avant-postes isolés : Fort Edmonton, Fort Vancouver, Fort Victoria. C'était la propriété de la Compagnie de la Baie d'Hudson qui détenait le monopole de la traite des fourrures. Dans les faits, cet espace appartenait aux Amérindiens et aux Métis.

Au mois de juin 1846, le traité de Washington apporte une solution au différend frontalier qui oppose la Grande-Bretagne aux États-Unis à l'ouest des Rocheuses. La souveraineté britannique est confirmée au nord du 49e parallèle et sur l'île de Vancouver.

Luttes démocratiques et migrations brutales

Cet ensemble de colonies disparates compte environ deux millions d'habitants. Deux villes émergent sur un fond à prédominance rurale: Montréal avec 40 000 habitants et Toronto avec 20 000 habitants. Montréal est la capitale du Canada-Uni depuis 1843. Commandant en chef des forces britanniques en Amérique du Nord, Charles Murray Cathcart devient gouverneur du Canada en avril 1846. Pendant quelques mois il concentre les pouvoirs militaires et politiques afin de répondre à la menace que la querelle des frontières fait peser sur la sécurité du Canada.

En janvier 1847, le poste de gouverneur est attribué au libéral lord Elgin. Les Réformistes canadiens menés par Robert Baldwin et Louis-Hippolyte LaFontaine affrontent le pouvoir britannique avec l'exigence d'un gouvernement responsable devant le Parlement, ce qu'ils obtiendront en 1848.

Deux phénomènes démographiques viennent accentuer la crise politique. À partir de 1844 commence l'exode massif des Canadiens français vers les États-Unis. Une étude de l'époque évalue à 40 000 le nombre de ces agriculteurs sans terres contraints de s'exiler au cours des années 1840. Pendant ce temps, 100 000 Irlandais chassés de leur île par la famine arrivaient au Canada. Cet afflux de réfugiés coïncide avec une épidémie de typhus, ce qui contraint l'État à investir dans les hôpitaux.

Crise agricole et amorce de révolution industrielle

Du point de vue économique, l'Amérique du Nord britannique s'apprête à passer du capitalisme commercial au capitalisme industriel. Des grands travaux d'infrastructure sont lancés sur un fond de crise agricole.

En Grande-Bretagne, le triomphe du libre-échange se traduit par l'abrogation du « Canada Corn Act » qui accordait des tarifs préférentiels au blé canadien. Cette décision intervient en pleine récession commerciale et provoque une véritable crise économique dans la vallée du Saint-Laurent. Les cours du blé ne cessent de baisser durant les années 1840. Par contre, les provinces Maritimes connaissent un âge d'or basé sur les exportations du bois et des produits de la pêche.

Les bateaux à vapeur ont fait leur apparition entre Montréal et Québec et sur le lac Ontario (Kingston-Hamilton, Toronto-Lewistown). Pour répondre aux besoins de la navigation à vapeur, il faut approfondir à neuf pieds les canaux qui relient les Grands Lacs à Montréal. Cette première « voie maritime » emprunte la vallée de l'Outaouais et rejoint le lac Érié par le canal Rideau. Les travaux d'approfondissement dureront jusqu'en 1848.

Les projets de construction ferroviaire ont moins de succès. Les premières voies ferrées sont de simples compléments à la navigation fluviale. Le premier chemin de fer canadien avait été construit en 1836 de La Prairie à Saint-Jean pour faciliter les communications entre Montréal et New York. Les rares tronçons existants sont construits sur ce modèle : on les appelle des chemins de fer de portage. Le projet « intercolonial » entre Halifax et Québec avorte en 1848 car la Grande-Bretagne refuse de financer une ligne qui aurait dû traverser le territoire américain. Il faudra attendre 1851 pour que soit lancé un autre grand projet ferroviaire : la ligne du Grand Tronc entre Montréal et Toronto.

On parle encore en livres sterling, en shillings et en pence : le dollar me sera adopté qu'en 1851. Chaque province a son propre système postal: le premier timbre canadien sera émis en 1851 également (il s'agit du célèbre timbre de trois pence à l'emblème du castor qui fait aujourd'hui la fierté des philatélistes). Pour aller de Montréal à Toronto, il faut quatre jours en voiture à cheval. Les communications demeurent lentes et rares.

Les télécommunications et la Grande Guerre (1914-1918)

Dans les heures qui suivirent la déclaration de guerre de la Grande-Bretagne, le 4 août 1914, le câblier britannique *Teleconia* coupa les cinq câbles sous-marins qui reliaient l'Allemagne au reste du monde. Le lendemain, la Compagnie française des câbles sud-américains interrompit le trafic entre l'Allemagne et l'Amérique latine. L'Allemagne et les puissances centrales dépendaient désormais des seules liaisons radio pour leurs communications.

Une par une, les alliés capturèrent toutes stations radio allemandes dans le monde, la dernière d'entre elles étant Windhoek, dans le Sud-Ouest africain, qui tomba en mai 1915. Le blocus de l'information était alors complet et le demeura jusqu'à la fin de la guerre.[351]

* * *

Les télécommunications jouèrent aussi un rôle direct dans les opérations militaires elles-mêmes. La légende veut que ce soit Winston Churchill qui conçut l'idée de former des signaleurs, alors qu'il était alors grand reporter chargé de couvrir la guerre des Boers en Afrique du Sud (1899-1902). Il en parla au capitaine Bruce Carruthers, un officier natif de Kingston, en Ontario qui, dès son retour au Canada, s'en fit le champion. En octobre 1903, le Canada fut le premier pays du Commonwealth à se doter d'une unité spécialisée en communications militaires qui prit le nom de Corps des transmissions royal canadien, mieux connu sous son appellation anglaise *Royal Canadian Corps of Signals*. Carruthers en fut le premier inspecteur.

Malgré cela, la Première Guerre mondiale trouva les communications militaires canadiennes en pleine crise. Le *Signal Corps* avait la responsabilité des transmissions optiques et du téléphone, tandis que le Génie avait conservé le télégraphe. De toute façon, ni l'un ni l'autre des deux corps n'étaient prêts pour une guerre de tranchée statique. Les lignes télégraphiques aériennes du Génie étaient détruites par les tirs d'artillerie. On les enterra. Les bombes de plus en plus puissantes les déterraient. Le même problème freina le développement du téléphone qui ne fut presque pas utilisé.

---

[351] Daniel R. Headrick, *The Invisible Weapon (Telecommunications and International Politics, 1851-1945)*, Oxford University Press, New York/Oxford, 1991, 289 pages. Cf. pp. 140-1.

Le *Signal Corps* recourut alors aux chiens-estafettes, mais les chiens avaient les yeux brûlés par les gaz. Finalement, le moyen de communication le plus sûr se révéla être les pigeons voyageurs. Le *Signal Corps* employa jusqu'à 20 000 pigeons au cours du conflit et ce nombre fut considéré comme insuffisant.

Pigeon voyageur lâché depuis une tranchée

Archives nationales du Canada (PA 1454)

La radio ne fut guère utilisée au début de la guerre en raison du manque de matériel fiable de TSF et, surtout, d'instructeurs qualifiés. En 1916, les radios à lampes remplacèrent les radios à cristaux. L'année suivante, le *Signal Corps* créa une école de transmission en France qui forma des radiotélégraphistes. À la fin de la guerre la TSF commençait à être considérée comme un moyen de transmission efficace.

Le *Signal Corps* qui avait abordé la guerre avec moins de 300 hommes, surtout confinés dans les communications optiques, la terminait avec plus de 1 000 spécialistes dans tous les domaines. La Grande Guerre mit en évidence le rôle stratégique joué par les communications et, en particulier, la technologie. Les Forces armées canadiennes reconnurent cet état de fait et en 1920 attribuèrent l'ensemble des communications militaires au «Signal Corps».[352]

Station téléphonique du « Signal Corp » sous la ligne de feu

Archives nationales du Canada (PA 1264)

* * *

Au-delà des aspects purement opérationnels, la guerre est aussi une confrontation industrielle. Ainsi, *Northern Electric* participa à l'effort de guerre en fabriquant dès le début de 1915, outre des téléphones de campagnes et autre matériel de communications militaires, des obus, des balles de plomb et des lampes de signalisation. Par la suite, sa production s'étendit aux périscopes, aux émetteurs-récepteurs pour les avions ainsi qu'à des éléments de mitrailleuses. À la fin de la guerre, l'usine de la rue Shearer fabriquait 12 000 obus par semaine.[353]

Les compagnies de téléphone encouragèrent également l'effort de guerre en libérant leurs employés pour la durée des hostilités avec promesse de retrouver leur poste au retour. D'une manière générale, les activités

---

[352] Moir, John S., *History of the Royal Canadian Corps of Signals*, cf. pp. 1-46. Pratt, Capt. Frank W., «Profil historique, Corps des transmissions royal canadien», , in *Forces canadiennes/Canadian Forces*, Ottawa, 1978/2. «Royal Canadian Corps of Signals: Sixty Years of Honour», in *The Blue Bell*, Montréal, mai 1963.

[353] Peter C. Newman, *Nortel, hier, aujourd'hui, demain*, Northern Telecom Limitée et Power Reporting, Toronto, 1995, 114 pages. Cf. p. 24.

patriotiques étaient fortement encouragées par la direction. Ainsi, les téléphonistes de Toronto se cotisèrent en 1915 pour acheter une ambulance pour la Croix-Rouge canadienne. L'ambulance fut envoyée sur le front de France.[354]

Les compagnies de téléphone vendent des obligations de la victoire

Archives Bell Canada

---

[354] *Cent ans déjà*, Bell 1980, Montréal, 60 pages. Cf. p. 21.

La technologie canadienne et la démocratie

Au XIXe siècle, la faiblesse nationale du Canada naissant a été compensée par la foi en la toute-puissance technologique. Le Canada est un exemple unique au monde d'État à vocation nationale édifié autour d'une technologie: le chemin de fer. Ce caractère « national » des chemins de fer canadiens a été tellement analysé qu'il est devenu la « tarte à la crème » de l'histoire canadienne, ce qui ne lui enlève d'ailleurs en rien sa pertinence.

Mais le binôme État nation-chemin de fer comporte un aspect moins connu : l'opposition entre l'Europe et les États-Unis. Ces deux tendances se sont affrontées tout au long de la construction de l'infrastructure ferroviaire, un mégaprojet qui a contribué à façonner l'ingénierie canadienne et, par voie de conséquence, le visage technologique du Canada.

Vite fait, pas cher!

Alors que la technique européenne privilégie les constructions en dur qui nécessitent un investissement de départ massif et un entretien minimal, la technique américaine telle qu'elle s'impose au XIXe siècle pare au plus pressé : elle utilise les matériaux disponibles sur le terrain, généralement le bois, un choix qui symbolise triomphe du provisoire sur le permanent. Le manque de capitaux et le poids de la géographie sur un habitat dispersé expliquent le parti pris en faveur des constructions légères. Nous devons faire un choix, écrit un auteur américain de l'époque, « et réaliser un objectif même de manière imparfaite ou accepter d'y renoncer complètement. »[355]

Il faut donc occuper le terrain de toute urgence et, surtout, réaliser des profits à court terme pour survivre, quitte à tout refaire quelques années après. Il en résulte des ouvrages d'art « vite faits, pas chers »[356].

C'est ainsi que les chemins de fer sont souvent construits sur des ballasts étroits et de piètre qualité, les ponts ignorent le métal au profit du bois et les travaux de terrassements escamotent mal les dénivellations du terrain. Mais, avantage décisif, le trafic ferroviaire peut commencer sans tarder et des recettes rapides permettent, après quelques années, de remplacer les

---

[355] Wyman, Morill, *Memoir of Daniel Treadwell*, American Academy of Arts and Sciences Memoirs, n.s. (Cambridge, Mass., 1888), pp. 325-524. Cf. p. 364. Cité dans « The American-ness of American Technology », Ferguson, Eugene E., in *Technology and Culture*, Vol. 20, N°1, janvier 1979, University of Chicago Press, pp. 3-24.

[356] Notre traduction pour l'expression « *cheap and dirty* ».

ouvrages d'art par trop bâclés. Cette philosophie est illustrée par P. Alex Peterson qui fut président de la Société canadienne des ingénieurs civils :

> *Il est très facile de construire une charpente chère, mais il est du devoir de l'ingénieur de viser l'efficacité au meilleur prix possible; dès que ses plans font preuve d'un équilibre parfait, l'ingénieur doit supprimer tout ce qui n'est pas absolument essentiel et n'a pas de rôle à remplir, ce qui comprend les ornements, car une construction bien pensée et de bonne qualité sera esthétique en soi.*[357]

À l'inverse, l'Europe avait hérité des corporations médiévales l'amour du travail bien fait. Il en résultait une technologie de grande qualité, à vocation pérenne, mais réservée à une élite. Longtemps, cette technologie à rayonnement limité semblait austère et servait de repoussoir. Ce que des millions d'Européens cherchaient en abordant le rivage américain était avant tout un confort rapide à peu de frais que seule pouvait lui donner une technologie universelle, même si pas trop regardante sur la qualité.

Tous les ingénieurs canadiens ne se sont pas ralliés de gaieté de cœur aux impératifs de rentabilité « à tout prix » du capitalisme nord-américain. Le théoricien de l'impérialisme britannique Sandford Fleming livra à ce propos une des batailles les plus mémorables de l'ingénierie canadienne. En 1863, Fleming avait été nommé ingénieur et arpenteur en chef du chemin de fer Intercolonial que le gouvernement fédéral s'était engagé à mettre en place pour relier les Maritimes au reste du Canada. Immédiatement, il fut en butte aux pressions de ses clients pour économiser sur les matériaux de construction.

Fleming refusa alors de construire des ponts en bois qui brûlaient et devaient être remplacés fréquemment. Le litige fut porté devant le Premier ministre du Canada puis au Conseil privé de Grande-Bretagne et Fleming obtint gain de cause. Par contre, la ligne télégraphique de l'Ouest, réalisée à l'instigation du même Fleming entre 1874 et 1876, est l'exemple classique de la construction « vite faite, pas chère ». On ne gagne pas à tous les coups.

---

[357] « President's Address », Transactions Canadian Society of Civil Engineers, 3, partie 2, octobre à décembre 1984, p. 307. Cité in Ball, Normand R., *L'ingénierie au Canada de 1887 à 1987*, cf. p. 23.

Dans son ouvrage *Philosophie des chemins de fer*, Thomas Keefer aborda également le sujet des pressions indues que les intérêts politiques et financiers exerçaient sur les ingénieurs pour réduire les dépenses au risque de compromettre la qualité.[358] L'exemple de *Montreal Telegraph* qui imposa des critères extrêmement élevés à toutes les lignes télégraphiques qu'elle construisit, montre que la bataille de la qualité n'était pas perdue d'avance en Amérique du Nord. Certains équipements collectifs ont été créés selon les normes rigoureuses en vigueur en Europe, témoin le réseau d'égouts conçu par l'ingénieur sanitaire R.S. Lea à Vancouver en 1913 qui fonctionna sans changement jusque dans les années 1950.

<u>La technologie est universelle</u>
Il s'agit cependant d'exceptions à une époque où l'Amérique du Nord inventait un capitalisme à vocation universelle. Dans une étude brillante, le sociologue américain Eugene S. Ferguson a brossé le tableau des « rapports entre les caractéristiques de la technologie américaine et le grand rêve central de la démocratie ». Il a démontré, faits à l'appui, « le zèle missionnaire avec lequel les avantages technologiques de la démocratie américaine ont été vantés au reste du monde. »

Aux États-Unis, on a posé une équation audacieuse où capitalisme = démocratie; et démocratie = technologie accessible à tous.[359] La technologie a revêtu d'emblée une dimension morale, elle avait pour vocation d'ouvrir la voie au bonheur et tout le monde a droit au bonheur. Rien de semblable au Canada où la technologie américaine à bon marché est arrivée sans habillage idéologique. Dans la mesure où elle a été adoptée, c'est avec mauvaise conscience, la tradition britannique étant encore trop présente au XIXe siècle.

Le Canada essaiera de négocier des compromis entre qualité et efficacité.[360] Mais les pressions d'une élite d'affaires et politique de plus en plus liée au capitalisme des États-Unis, dénuée de toute attache sentimentale au passé et sans égard pour la pérennité de ses œuvres, imposèrent peu à peu la technologie du moindre coût. L'espace culturel canado-américain allait être

---

[358] Keefer, Thomas Coltrin, *Philosophie des chemins de fer*.

[359] Ferguson, Eugene E., «The American-ness of American Technology» in Technology and Culture, vol. 20, N°1, janvier 1979, University of Chicago Press.

[360] Sinclair, Bruce, «Canadian Technology: British Traditions and American Influence», in *Technology and Culture*, ibidem, pp. 3-24.

fondé sur une technique légère et souple, grande consommatrice d'espace et de matières premières, mais économe en capital.[361]

La téléphonie est symbolique de l'opposition technologique Amérique-Europe. Toujours à court de capitaux, les compagnies nord-américaines ont souvent « coupé les coins ronds » : installation de fils uniques avec retour par la terre, refus d'enterrer le réseau urbain et, surtout, lignes partagées. En face, l'Europe préférait se priver de téléphone plutôt que partager ses lignes. Mais... son réseau fut très tôt enterré et entièrement métallisé. Longtemps, au téléphone nord-américain universel a répondu un téléphone européen élitiste et refermé sur lui-même (sans compter la catastrophique gestion de certains pays européens (France, Grande-Bretagne et Espagne pour ne parler que des cas les plus notoires).[362]

Cependant, cet atout nord-américain a disparu le jour où l'universalité du téléphone a été (enfin) acquise en Europe. À la fin du XXe siècle, nous nous sommes alors retrouvés avec deux systèmes également accessibles, mais de qualité inégale. En effet, dans le cadre des télécommunications classiques, c'est-à-dire basées sur la voix, les normes européennes de construction du réseau représentaient un atout stratégique. En Amérique du Nord, la persistance des lignes partagées et d'un réseau aérien qui se brise à chaque pluie verglaçante, constituaient un handicap certain. Est-ce à dire que l'Amérique du Nord a perdu la bataille des télécommunications ?

La suite de l'histoire prouve qu'il n'en a rien été. La concurrence des infrastructures ouvertes par le démantèlement d'AT&T et l'arrivée d'Internet, ont changé la nature des télécommunications. Les réseaux téléphoniques

---

[361] Andreae, Christopher, « Les chemins de fer », in *Bâtir un pays*, pp. 101-125. *Histoire des Canadas*, ouvrage collectif publié sous la direction de Norman R. Ball, cf. pp. 372-373, 411-418 et 480-482. Hamelin, Jean et Roby, Yves, *Histoire économique du Québec (1851-1896)*, cf. pp. 121-139. *L'ingénierie au Canada*, pp. 1-23.

[362] Il ne faut pas confondre gestion et technologie. Les mauvaises habitudes de gestion sont parfois plus longues à changer que la technologie. Ainsi, la France dispose aujourd'hui de l'un des réseaux les plus numérisés au monde, mais le service téléphonique demeure détestable. Les téléphonistes de France Télécom demeurent toujours aussi arrogantes et désorganisées que par le passé. Il est toujours aussi difficile pour une entreprise de créer un réseau privé que par le passé : installer une ligne directe demeure une aventure. Trop souvent, les pesanteurs bureaucratiques annulent les acquis technologiques.

structurés en étoile autour d'un central téléphonique appartenant à une entreprise monopolistique, ont dû affronter des réseaux de communications informatiques en anneaux où tout le monde peut accéder moyennant la propriété d'un routeur.

En Europe, on a voulu adapter les réseaux téléphoniques aux communications informatiques en inventant une technologie lourdement hiérarchisée (vidéotex). En vain. À la faveur du boum Internet de la dernière décennie du XXe siècle et de la crise des télécommunications en 2001, le modèle américain a effectué un saut qualitatif. Il l'a fait dans le plus grand chaos, tout en gaspillant des investissements énormes dans des faillites retentissantes (dont celle du géant canadien Nortel), mais donnant naissance à un monde des communications entièrement modelé en fonction de ses « règles » du jeu.

Une fois de plus, l'Europe a dû suivre l'impulsion « vite fait, pas chère » venue d'Amérique du Nord (Internet). Le triomphe des communications informatiques basées sur des infrastructures légères et une intelligence distribuées à la périphérie des réseaux, a annulé « l'avance » des réseaux téléphoniques bien ordonnés. Le monde entier s'est rallié aux communications informatiques, malgré les bogues, les pannes et les virus qui les affectent.

Services publics et naissance de la civilisation bourgeoise

> *C'est un grand jour pour moi. Je sens que j'ai enfin trouvé la solution d'un grand problème - et le jour est proche quand des fils télégraphiques relieront les maisons à la manière du gaz ou de l'eau - et les amis pourront bavarder entre eux sans sortir de chez eux.*
>
> Alexander Graham Bell
(le 10 mars 1876, lettre à son père)

Pour Alexander Graham Bell et ses contemporains le concept même de réseau est révolutionnaire : la maison constituait l'élément quasi-autarcique de la vie économique et sociale. Il en avait été ainsi depuis la révolution néolithique. Soudain, voici que des toiles d'araignée multiples viennent enserrer le foyer dans des réseaux complémentaires et de plus en plus inévitables. Aux réseaux d'eau de et gaz cités par Bell, il faut ajouter les égouts et, bientôt, l'électricité qui va faire son entrée dans les foyers en même temps que le téléphone.[363]

L'irruption d'équipements collectifs partagés dans le monde clos de la maison familiale est une réponse à la catastrophe sociale que fut la première révolution industrielle. La mécanisation de l'activité économique avait jeté des masses humaines démesurées dans les villes. Montréal passe de 27 000 habitants en 1831 à 100 000 en 1867 et à 325 000 en 1900. L'équilibre urbain de la période précédente est pulvérisé. Mais cédons la parole à l'historien américain Lewis Mumford :

> *De 1820 à 1900, l'aire des grandes cités affectera l'aspect désordonné et bouleversé d'un champ de bataille... la nouvelle conception de la destinée humaine faisait peu de place à la sensualité et au plaisir; elle s'inspirait d'une doctrine pour laquelle l'effort producteur et l'accumulation comptaient seuls, au mépris d'élémentaires nécessités physiologiques. Et, comme*

---

[363] Nous parlons ici seulement des réseaux domestiques, à l'exclusion des réseaux de chemins de fer et de télégraphe qui sont des réseaux publics. Les deux types de réseaux sont collectifs, mais les premiers contiennent un élément personnel – l'accès au réseau. Seuls les réseaux publics sont 100% collectifs.

> *dans une place forte assiégée, le peuple devait renoncer à tout ce qui pouvait faire la joie de l'existence.*[364]

Dans un premier temps, la révolution industrielle est synonyme de malheur. Creuset du capitalisme paléotechnique, la ville devient une menace pour la civilisation. L'eau des puits n'est plus potable, il devient difficile de se désaltérer et de se laver. Les ordures sont jetées dans la rue et les porcs errants pourtant nombreux dans le centre-ville ne suffisent plus à les éliminer. Des épidémies de choléra et de typhus font des ravages qui ne sont pas sans rappeler la fin du Moyen Âge européen. La mortalité augmente dans des proportions dramatiques, témoin ce tableau brossé par l'ingénieur ontarien Samuel Keefer :

> *C'est dans les villes et bourgades de l'hinterland ontarien que l'on trouve les taux de mortalité les plus bas. Les bourgades de Belleville, Guelph, Chatham, Galt et Peterborough ont un taux situé dans une fourchette de 16,50‰ à 19,75‰. Les villes de London, Kingston, Hamilton et Toronto s'échelonnent de 18,31‰ à 21,50‰. Halifax affiche 20,52, Ottawa 28,70, Montréal 27,99, Québec 33,57, Trois-Rivières 32,10, Sherbrooke 27,37, Saint-Hyacinthe 41,83 et comble de désolation, Sorel 44,88‰ !*[365]

La technique a engendré le pire. Pourtant, dans un deuxième temps, elle est mise à contribution pour le meilleur : des canalisations amènent l'eau de la campagne dans les centres villes puis dans les foyers, d'autres canalisations évacuent les eaux usées; le gaz, puis l'électricité éclairent les rues et procurent des sources d'énergie propre en remplacement du charbon, c'est l'avènement d'un capitalisme néotechnique qui élimine ce qu'il y avait de pire dans la brutalité paléotechnique.

Tous ces réseaux personnalisés pénètrent dans la maison pour apporter de manière uniforme le confort jusque-là considéré comme un luxe et un privilège des classes dirigeantes. Comment prendre un bain alors qu'il faut 2 à 300 litres pour remplir une baignoire et qu'un être humain ne peut porter que deux seaux à la fois? Il fallait un domestique pour porter les seaux, faire

---

[364] Mumford, Lewis, *La cité à travers l'histoire*, cf. p. 560.

[365] « Sanitary Engineering », Samuel Keefer, President's Address, *Transactions*, Canadian Society of Civil Engineers, vol. III (1889), pp. 49-51. Le texte de cette allocution a été réédité dans un ouvrage dirigé par Bruce Sinclair, Norman R. Ball et James O. Petersen, *Let us be Honest and Modest, Technology and Society in Canadian History*, cf. pp. 248-249.

chauffer l'eau et encore fallait-il le prévenir plusieurs heures à l'avance. Ensuite, il fallait vider le bain dans la cour ou dans la rue au risque de provoquer une mare... Quoi d'étonnant si le peuple ne prenait pas son bain tous les jours ! Soudain, la technique transforme un geste complexe et cher en une commodité quotidienne. C'est le grand mérite de la bourgeoisie d'avoir répandu son mode de vie parmi toutes les classes de la société.

Il ne faudrait cependant pas idéaliser la situation et penser que les élites canadiennes ont conçu à froid le projet d'améliorer le sort du peuple. La démocratisation de l'hygiène et du confort a été le fruit de la nécessité. Chaque épidémie de choléra provoquait la construction d'aqueducs et d'égouts. Il a fallu que la civilisation urbaine soit menacée de mort pour qu'une réaction prenne forme et s'organise. D'ailleurs, les premiers équipements collectifs ont été installés uniquement dans les quartiers bourgeois des grandes villes. L'histoire des municipalités canadiennes fourmille d'exemples de refus de prolonger qui une canalisation d'eau, qui un égout, dans un quartier défavorisé.

Mais, quand les classes aisées se rendent compte que les épidémies coûtent cher et, pis, qu'elles ne restent pas confinées dans les taudis, l'attitude change. L'eau et les égouts deviennent obligatoires. C'est l'époque messianique des services publics pour tous. La carte de la mort par Keefer que nous avons citée plus haut fait partie d'un plaidoyer tout à fait caractéristique de cette tendance :

> *Dans la profession d'ingénieur, il y a pas de domaine où un homme puisse faire plus de bien à son prochain qu'en protégeant et en faisant avancer l'hygiène aussi bien que le confort de ceux qui ont leur foyer dans les villes et bourgades où il peut employer son art salutaire à sauver des vies et à garder les vivants en bonne santé.*[366]

Instrument symbole de l'ère néotechnique, le téléphone a contribué à recréer le sentiment d'appartenance à une communauté que l'ère précédente avait tellement malmené. En tant que réseau personnalisé, il intègre la maison dans un système d'interdépendances multiples qui ira croissant jusqu'à

---

[366] « Sanitary engineering », p. 249.

l'époque actuelle. L'histoire du téléphone au Canada appartient au développement du phénomène plus global que nous appelons ici « civilisation bourgeoise ».

La longue bataille de l'eau potable

Au début du XIXᵉ siècle, le manque d'eau avait pris des proportions alarmantes. En effet, l'eau provient de puits situés dans la cour arrière des maisons ou dans des lieux publics. Or, passé un certain seuil de population, les déchets urbains qui étaient alors rejetés dans les rues, polluent la nappe phréatique. Des grandes épidémies déciment périodiquement les villes. Il faut recourir à des porteurs d'eau qui acheminent leurs lourdes cargaisons à partir de sources de plus en plus lointaines au rythme lent des voitures à cheval. Mais l'eau ainsi transportée coûte cher.

Montréal fut la première ville canadienne confrontée au problème de l'eau. En 1801, Joseph Frobisher, un homme d'affaires qui avait fait fortune dans le commerce des fourrures, fit construire un aqueduc en bois de plusieurs kilomètres entre une source du mont Royal et deux citernes construites dans le centre-ville à cet effet. Une demi-douzaine de bornes fontaines avaient été installées dans les principales places publiques. Malheureusement, les tuyaux de bois fuyaient, la pression était faible et les coupures fréquentes. L'aventure commerciale fut un désastre et Frobisher finit par vendre ses droits en 1816.

Les nouveaux propriétaires abandonnèrent la source du mont Royal et pompèrent l'eau du Saint-Laurent au moyen de machines à vapeur. L'eau était acheminée vers les citernes du centre-ville dans des tuyaux de fonte. Ce système plaçait le système d'aqueducs de Montréal en tête du continent, si bien qu'en 1839 un observateur local pouvait écrire :

> *Montréal est mieux approvisionnée en eau que toute autre ville du continent, à l'exception de Philadelphie.*[367]

Mais avec l'augmentation rapide de la population, le système d'aqueduc de Montréal ne tarda pas à être dépassé. L'eau pompée dans le port était sale et faisait souvent défaut. Or, le secteur privé était incapable de réunir les sommes nécessaires à la construction d'un service public digne de ce nom. Un

---

[367] Bosworth, Newton, *Hochelaga Depicta: The Early History and Present State of the City and Island of Montreal*, cf. p. 163.

vent de contestation ne tarda pas à se lever. Les réformistes montréalais mirent la « municipalisation » de l'eau à leur programme et, en avril 1845, peu après leur élection à la mairie, le réseau en place fut acheté. Ce changement de propriété ne régla pas le problème de la vétusté des équipements. Il fallait moderniser d'urgence, or les sommes en jeu étaient énormes. Les partisans de la modernisation avaient l'appui des médecins qui voyaient dans la pollution des puits de quartier une des causes des épidémies qui ravageaient la ville. Les grandes assurances jouèrent un rôle décisif quand, par crainte des incendies, elles jetèrent leurs poids dans la balance.

Finalement, l'Hôtel-de-ville retint les services du premier grand hydraulicien canadien : Thomas Coltrin Keefer. Il s'inspira du modèle de Philadelphie et proposa d'aller chercher l'eau en amont des rapides de Lachine. Les travaux furent effectués entre 1853 et 1856... au double du prix prévu et sans régler le problème du gel qui interrompait le service en hiver. Il fallut rappeler Keefer et investir encore pour des résultats qui demeurèrent longtemps insatisfaisants.

L'évolution de l'approvisionnement en eau de Montréal est caractéristique de ce qui s'est passé dans les autres villes canadiennes. Les premiers efforts furent l'œuvre de compagnies privées qui furent bientôt incapables de financer les travaux de plus en plus coûteux qui étaient nécessaires pour répondre à l'explosion démographique des grands centres. Au début du XXe siècle, un consensus s'était donc dégagé pour faire passer la responsabilité de la distribution en eau dans les mains des autorités municipales.

Le lecteur d'aujourd'hui se représente difficilement les explosions de joie qui accueillirent l'arrivée des canalisations d'eau potable dans les villes. La population y voyait le symbole de la santé et de la protection contre les incendies qui ravageaient les centres villes surpeuplés. Mais la pollution croissante des cours d'eau relança bientôt le problème. Il faudra attendre l'épidémie de typhoïde de 1910 pour que Montréal et Toronto mettent du chlore dans l'eau naturelle. Cette année-là, le taux de décès dus à la typhoïde chuta de moitié dans ces deux villes. L'approvisionnement en eau des grands centres a été mis au point sur une longue période de temps, par tâtonnements et approximations. Aujourd'hui encore, les procédés de désinfection et de filtrage livrent une course incessante à la pollution de l'eau.[368]

Les égouts de la ville

Tous les problèmes de santé et de salubrité n'avaient pas été réglés pour autant. L'eau courante était généralement arrivée en ville avant les égouts. Il en résulta dans la deuxième partie du XIXe siècle une aggravation de la situation car les aqueducs déversaient dans les limites de la ville un volume croissant d'eau qui ne trouvait pas de voie d'évacuation. Les puisards d'absorption débordèrent et les rues du centre-ville se transformèrent en marécages pestilentiels. Avant la découverte des bactéries par Pasteur, on croyait que les maladies contagieuses étaient transmises par l'air vicié – on parlait de miasmes. Non seulement la ville puait, mais les gens avaient peur des odeurs : il fallait faire quelque chose!

L'historien Douglas Baldwin dresse un tableau coloré de la ville sans égouts qui évoque les bidonvilles les plus dépourvus du tiers-monde :

> *Dans la première moitié du XIXe siècle, les villes canadiennes présentaient de réels dangers pour la santé. Les rues étaient remplies d'immondices, d'eaux sales et d'excréments laissés par des milliers de chevaux, de vaches et de cochons. Le sol des marchés ruraux était couvert de sang, de carcasses d'animaux, de têtes de poissons, de légumes pourris et de détritus de toutes sortes. Dans les quartiers pauvres des villes, les déchets des abattoirs mêlés aux ordures s'accumulaient jusqu'à devenir de dangereux cloaques. Les maisons n'avaient pas d'installations sanitaires et, dans la plupart des villes, on conservait les matières fécales et autres déchets dans des seaux qu'on vidait ensuite dans la rue ou dans l'étendue d'eau la plus proche.*[369]

Contrairement à l'eau courante, la construction des égouts fut dès le début l'œuvre des municipalités. Nulle part le capital privé ne le disputa à l'autorité publique, faisant mentir l'adage de Vespasien : *l'argent n'a pas d'odeur...* Cette intervention du secteur public n'eut d'ailleurs aucune répercussion sociale sur l'implantation des premiers réseaux d'égouts qui desservirent exclusivement les beaux quartiers.

---

[368] Anderson, Letty, «L'approvisionnement en eau», in *Bâtir un pays, Histoire des travaux publics au Canada*, ouvrage collectif rédigé sous la direction de Norman R. Ball, cf. pp. 209-235. Armstrong, Christopher et Nelles, H.V., *Monopoly's Moment, The Organization and Regulation of Canadian Utilities, 1830-1930*, cf. pp. 11-33.

[369] Baldwin, Douglas, «Les réseaux d'égouts», in *Bâtir un pays,* cf. p. 237.

Le refus des riches de subventionner les égouts des quartiers défavorisés se traduisit par l'institution d'une taxe spéciale de raccordement au réseau municipal. Seuls les contribuables fortunés purent payer la taxe et la plupart des habitations ouvrières restèrent privées d'égout jusque bien avant le XXe siècle. Quand la situation devint intenable, les municipalités obligèrent les contribuables récalcitrants à se raccorder à leurs frais. Par contre, dans les banlieues, la construction des égouts précéda souvent celle des maisons : il fallait attirer une clientèle aisée qui ne serait pas venue sans cela.

Les réseaux d'égouts construits au XIXe siècle ignoraient complètement le problème du traitement des eaux usées. Ils déplacèrent donc le problème de la pollution du centre-ville vers la rivière la plus proche et, par ricochet, vers d'autres villes. Dès 1910 la *Dominion Health Conference* dressait le bilan de la rivière des Outaouais :

> *...quand le petit village d'Aylmer envisage de déverser ses eaux usées dans la rivière, Ottawa s'indigne, menace de recourir à des procédures judiciaires et offre même de payer la moitié des coûts d'installation du système de purification de ses eaux usées; et pourtant elle-même ne se soucie pas le moins du monde des inconvénients graves qu'elle cause à la population de Montréal. C'est la rivière des Outaouais qui est à l'origine des fièvres typhoïdes à Montréal.*[370]

L'éclairage au gaz

La ville au début du XIXe siècle n'est pas seulement un lieu insalubre, c'est aussi un endroit où les nuits sont dangereuses. Aucune lumière n'éclaire les rues et les promenades nocturnes sont déconseillées, surtout dans les ports où des coupe-jarrets venus des quatre coins du monde règnent en maîtres. Au Canada, les premiers efforts d'illumination vinrent de Montréal où Samuel Dawson réunit en 1815 quelques voisins fortunés pour installer 22 lampadaires à huile dans la rue Saint-Paul. Cet exemple fut bientôt suivi par les bourgeois des rues voisines et, en 1818, le Conseil législatif institua un

---

[370] Commission de la Conservation du Canada, Second Annual Report, Montréal, 1911. Cité dans «Les réseaux d'égouts», Baldwin, Douglas, in *Bâtir un pays,* cf. p. 253. Le texte original parle de procédures «légales» ce qui est un contre-sens, le contexte indique qu'il ne peut s'agir que de procédures «judiciaires».

tour de garde nocturne qui avait entre autres missions d'allumer les lampadaires et de les entretenir.

Pendant ce temps, l'éclairage au gaz de houille se répandait dans les grandes villes européennes. L'homme d'affaires Albert Furniss inaugura l'éclairage des premières rues de Montréal le 23 novembre 1837. Le moment pouvait difficilement être plus mal choisi : c'était le soir même de la bataille de Saint-Denis qui opposa les Patriotes canadiens français à l'armée britannique ! Peu après, le pouvoir colonial ferma l'Hôtel-de-ville et l'expérience ne put s'étendre.

Le vrai départ de l'éclairage au gaz sera donc 1841 quand un conseil municipal provisoire conclut une entente de service avec Furnisss. En moins d'un an, il y eut 300 réverbères dans les rues de Montréal. En 1842, Toronto se dotait à son tour de l'éclairage au gaz. Cependant, le gaz coûtait cher et hors de portée de l'éclairage domestique. Hormis l'éclairage public, seul quelques grands commerces avaient accès au gaz.

Aussi, la population souhaitait que le gaz soit traité comme un service aussi essentiel que l'eau et elle demanda des baisses de tarifs. Comme les baisses de tarifs ne venaient pas, des demandes insistantes se firent entendre en faveur de la municipalisation. Pour éviter le sort des compagnies d'eau, les compagnies de gaz encouragèrent l'introduction de la réglementation fédérale dans le domaine.

En 1873, le gouvernement fédéral définit les poids et mesures officielles du Canada. Des inspecteurs du gaz furent chargés de contrôler la qualité du gaz. Par contre, cette amorce de réglementation demeura inopérante en matière de prix. Pour que ceux-ci commencent à descendre, il faudra attendre l'introduction en 1879 d'un nouveau procédé de gazéification du charbon à la vapeur d'eau. À partir de cette date, l'éclairage des maisons se généralisa. Néanmoins, le gaz demeurera toujours un produit de luxe.

C'est l'électricité qui sonnera le glas du monopole des compagnies de gaz et démocratisera l'éclairage des maisons. Certaines villes de l'Ouest n'eurent jamais d'éclairage au gaz. Quand le gaz parvint à Calgary et Regina, les rues étaient déjà éclairées à l'électricité et il resta confiné à la cuisine ainsi que dans le chauffage du logis.[371]

---

[371] *Monopoly's Moment,* cf. pp.11 - 33 et 77 - 80. Hogue, Clarence, Bolduc, André et Larouche, Daniel, *Québec, un siècle d'électricité,* cf. pp. 19 - 42.

La fée électricité

Le triomphe de l'électricité n'alla pas sans mal. Tout commence en 1878 dans une ambiance de fête à l'Exposition universelle de Paris. Le Russe Pavel Jablochkov venait d'inventer en France la lampe à arc et Paris devient la ville lumière. Un fabricant de meubles montréalais nommé Joseph Ambroise Isaie Craig assiste au triomphe de la « fée électricité » et, le 16 mai 1879 à Montréal, procède à un essai d'éclairage public au Champ de Mars. Malgré le succès de l'expérience, la presse, tant francophone qu'anglophone, ignore cette technique (à l'exception de *La Minerve* qui abritait la génératrice produisant le courant électrique).[372]

Aux États-Unis, Thomas Edison met au point fin 1879 la lampe à incandescence et le concept de réseau électrique. La puissance de la lampe à arc en faisait une source lumineuse idéale pour l'éclairage des rues ou des usines, mais non pour les maisons. L'invention d'Edison annonce la lumière électrique pour tous. La nuit est vaincue : le public s'enthousiasme! Précisons néanmoins que le public devra attendre quelque peu avant d'avoir l'éclairage électrique à la maison. L'électricité servit d'abord à éclairer les usines pour faire travailler les ouvriers la nuit, particulièrement dans le textile et le mobilier. Les ampoules Edison diminuaient de beaucoup les risques d'incendie dans une industrie qui était vulnérable au feu.

C'est précisément ce que fit Craig à Montréal : il éclaira son usine de meubles à l'électricité. Ce fabricant de meubles essaya d'améliorer la technique Jablochkov ainsi que les systèmes connus de dynamo. Cependant, en avril 1880, le premier contrat d'éclairage public électrique au Canada – 16 lampes à arc le long des quais du port de Montréal – alla non à Craig, mais à une compagnie américaine. Le responsable de cette première application commerciale de l'éclairage électrique était le commissaire du Port de Montréal, J. Rosaire Thibaudeau. Notons que Thibaudeau entrait le même mois au conseil d'administration de *Bell Telephone*.

Pour construire un réseau électrique, il faut de l'argent, beaucoup d'argent. Seuls les contrats municipaux pouvaient permettre de réunir les fonds

---

[372] « Lumière électrique », rubrique « Notes locales », *La Minerve*, 17 mai 1879. - http://collections.banq.qc.ca/erezFullScreen?erezLang=french&fsiFile=http://collections.banq.qc.ca/fsi/47043.fsi

suffisants. Mais les rues de Montréal étaient déjà éclairées au gaz. Les compagnies de gaz auraient pu se rallier à la nouvelle technique et promouvoir elles-mêmes l'éclairage électrique. Au lieu de cela, elles commencèrent par refuser le changement et, partout au Canada, elles s'accrochèrent à leur technologie dépassée.

À Montréal, il fallut une révolte conjuguée des commerçants anglophones et francophones pour mettre fin au contrat d'éclairage entre l'Hôtel-de-ville et la compagnie de gaz et imposer l'électricité. La municipalité acculée, organisa une soumission publique. À nouveau, Craig était sur les rangs, mais en mai 1886 il perdit le contrat au profit de la *Royal Electric Company*.

Royal Electric était une petite entreprise fondée deux ans auparavant par une alliance d'intérêts américains et canadiens. Les intérêts canadiens étaient liés à l'industrie du téléphone : le président de Bell, Charles Fleetford Sise et son ami Thibaudeau entrèrent au conseil d'administration dès la première année. Sise n'y restera pas, Thibodeau en devint président. Néanmoins le départ de Sise mit fin à ce qui aurait pu mener à un rapprochement institutionnel des deux industries. Au départ, *Royal Electric* n'avait pas plus d'argent que Craig, mais elle jouissait d'un réseau d'appuis dont elle joua avec brio pour devenir le géant québécois de l'électricité. En 1891, *Royal Electric* finira par acheter les installations électriques de Craig, ce qui mettra fin au long combat solitaire du pionnier de l'électricité québécoise.

À Toronto, c'est John Joseph Wright, un immigrant anglais qui avait découvert l'éclairage électrique lors d'un séjour à Philadelphie, à l'occasion de l'Exposition du Centenaire des États-Unis de 1876 (*U.S. Centennial Exhibition*), qui introduisit l'électricité[373]. Le contrat d'éclairage au gaz expirait au printemps 1884 et l'Hôtel de ville décida de partager le contrat suivant en deux : moitié gaz, moitié électricité. Les tarifs des lampes à arc de Wright étaient plus chers de 30% que ceux des becs de gaz… Qu'à cela ne tienne. Le public enthousiaste demandait, exigeait la lumière électrique, et Toronto fut éclairée (à moitié) à l'électricité, deux ans avant Montréal.

---

[373] Enthousiasmé par le kiosque électrique de l'Exposition du Centenaire, John Joseph Wright s'inscrivit à des cours du soir donné au *Philadelphia Technical Institute*. Deux de ses professeurs, Elihu Thomson et Edwin J. Houston, l'engagèrent dans une compagnie qu'ils venaient de créer sous le nom de *Thomson-Houston Electric*. En 1878, J.J. Wright fut chargé d'installer le premier système électrique commercial d'Amérique du Nord dans un grand hôtel de Washington. Il rentra à Toronto en 1881. In International Electrotechnical Commission, Techline, Genève - http://www.iec.ch/about/history/techline/swf/

Les premiers réseaux utilisaient des génératrices tirant leur énergie de celle produite par des chaudières à vapeur alimentées au charbon. Avec la maîtrise de la force hydraulique, des nouvelles entreprises naquirent partout où il y avait des cours d'eau. Tel fut le cas à Montréal où l'abondance de l'eau (Montréal est une île) suscita une concurrence farouche à *Royal Electric*. On vit apparaître une répartition des rôles entre producteurs et distributeurs d'électricité qui devait marquer l'histoire de l'électricité au Québec jusqu'à la nationalisation de 1963.

Bien sûr, ce compartimentage n'était pas étanche à 100% et il arrivait à chacun de faire des incursions dans les domaines connexes. L'électricité québécoise enfin a ceci de particulier que dès le début elle a attiré des compétences francophones (malgré son nom, Craig était de langue française). La dénomination anglaise des entreprises mentionnées ne doit pas faire illusion : l'électricité est le seul service public où les francophones ont investi massivement. Il est d'autant plus paradoxal que cette situation de force ne se soit jamais traduite par la francisation du milieu de travail.

L'électricité pour tous
Au laissez-faire québécois, l'Ontario a opposé dès le début l'intervention de l'État. Même si le chaos initial semble avoir été mieux contrôlé à Toronto qu'à Montréal, une crise éclata au tournant du XXe siècle quand il devint possible de transporter le courant sur de grandes distances et que les petites villes commencèrent à revendiquer l'éclairage électrique. Le déclencheur fut l'attribution par le gouvernement provincial d'une concession d'exploitation des chutes du Niagara à un consortium privé, où figurait bien entendu la compagnie de Wright. Les autorités municipales et les chambres de commerce du sud-ouest ontarien craignaient que l'électricité bon marché des chutes du Niagara ne fût réservée à l'usage exclusif de Toronto, ce qui aurait maintenu leur dépendance à l'égard du charbon dont l'Ontario était dépourvue et qu'elle devait importer de Pennsylvanie.

L'opposition aux monopoles privés prit bientôt la forme d'une croisade politique d'une extrême violence. Ce mouvement porte un nom : le « populisme municipal ». Il a un chef : Adam Beck, le député-maire de London (Ontario). Ce fabricant de boîtes de cigares, fils d'immigré allemand, acquit rapidement une popularité extraordinaire. Aucun gouvernement ne pouvait résister à la vague de fond qu'il déclencha sur l'Ontario.

D'où venait la force de cette contestation? Du charisme de Beck? De la maladresse des entreprises électriques qui pratiquaient une politique frileuse de prix élevés et de distribution électrique limitée aux entreprises et aux quartiers bourgeois des grands centres urbains? Ou, plus généralement, de la dimension continentale du populisme américain? C'est l'époque où la contestation des monopoles bat son plein aux États-Unis et le populisme gagne ses lettres de noblesse en menant la longue lutte qui mènera au démantèlement de la *Standard Oil* et à la séparation AT&T – *Western Union*.

Quoiqu'il en soit, Beck réussit à faire endosser son programme anticapitaliste à l'opposition conservatrice. Aux élections provinciales de 1905, le gouvernement libéral, qui avait accordé la concession d'exploitation des chutes du Niagara, fut balayé. La nouvelle équipe au pouvoir n'eut pas le choix, elle dut exécuter ses promesses et incorporer Hydro-Electric Power Commission afin de réglementer les compagnies d'électricité.

Le gouvernement conservateur n'avait aucunement l'intention de nationaliser l'électricité, mais la nomination de Beck à la tête d'Ontario Hydro força le cours des choses. Celui-ci décida de construire une ligne à haute tension entre les chutes du Niagara et Toronto avec des embranchements en direction de tous les centres secondaires qui en feraient la demande. Une après l'autre, les villes ontariennes votèrent en faveur de la création d'entreprises municipales de distribution qui seraient approvisionnées en électricité par Ontario Hydro. La tourmente atteignit son paroxysme quand Toronto joignit le mouvement. En janvier 1908, un référendum donna une écrasante majorité en faveur de la création d'une entreprise municipale de distribution d'électricité à Toronto (15 048 contribuables contre 4 551).

Le slogan d'Ontario Hydro était irrésistible : l'énergie au prix coûtant (*power at cost*). La compagnie d'électricité essaya de négocier. Rien n'y fit. Une entreprise municipale fut créée en 1911 qui acheta son électricité à Ontario Hydro et la vendit aux particuliers 40% en-dessous du prix de sa rivale privée. En moins de deux ans, la compagnie municipale avait surclassé sa rivale. Mais la concurrence entre les deux entreprises devait se prolonger jusqu'en 1922 quand le gouvernement provincial imposa son arbitrage. La compagnie privée passa alors aux mains des autorités municipales.

Pendant ce temps, les petites villes qui avaient été à l'origine du populisme municipal, London en tête, signaient l'une après l'autre des contrats avec Ontario Hydro. Dans bien des cas, les propriétaires des anciennes compagnies d'électricité intentèrent des poursuites judiciaires. Mais Beck, qui était aussi ministre sans portefeuille au sein du gouvernement provincial, veillait au grain. Il exerça toutes sortes de pressions, y compris le passage d'une loi invalidant les poursuites, n'hésitant pas à utiliser contre les monopoles privés de la même brutalité qu'on était habitué à déplorer chez eux.

Par ailleurs, Beck faisait une campagne incessante auprès du peuple pour qu'il adopte la nouvelle source d'énergie. Il lança sur les routes de l'Ontario un « cirque électrique » afin d'exposer les divers appareils de ferme fonctionnant à l'électricité (pompe, trayeuse mécanique, convoyeur de remplissage de silos) et même divers appareils électro-ménagers (grille-pain, fer à repasser, machine à laver). Beck allait parler lui-même de village en village afin de « vendre » l'électricité aux agriculteurs. Il n'arriva que partiellement à ses buts en raison du coût élevé des lignes rurales qui devaient être subventionnées par le gouvernement. Malgré l'emprise de Beck sur la classe politique, il n'obtint jamais assez de fonds publics pour desservir tout le monde.

Il faudra attendre la nationalisation de l'électricité au Québec par René Lévesque en 1963 pour voir une politique économique soulever autant de ferveur (et d'oppositions). Même si Adam Beck ne parvint pas à réaliser son rêve d'électrification universelle, il parvint néanmoins à toucher un très vaste marché populaire. La pénétration exceptionnellement élevée de l'électricité en Ontario servit de base au développement industriel de cette province. Cela aussi était conforme au rêve de Beck qui était avant tout un entrepreneur et, à ce titre, soucieux de voir l'Ontario tirer un avantage stratégique de cet outil économique qu'il avait mis au point avec ténacité.

Le succès de Beck est dû à cette alliance indissociable chez lui de populisme et de sens des affaires. C'est ainsi qu'après avoir brisé les monopoles de distribution de l'électricité, il s'attaqua à la production en achetant des entreprises déjà existantes et surtout en construisant des barrages. Il finira même par construire en 1917 la plus grande centrale hydro-électrique au monde à Queenston-Chippawa, à proximité des chutes du Niagara[374]. Quand

---

[374] La construction de la centrale Queenston-Chippawa dura de 1917 à 1925, mais elle commença à produire de l'électricité dès 1922. Elle a été rebaptisée « Adam-Beck » en 1950 à l'occasion du 25ᵉ anniversaire de sa mort. La centrale fait aujourd'hui partie du Complexe hydroélectrique Adam-Beck.

Beck mourra, en 1925, la foule descendit dans la rue, ce qui n'est pas coutume en Ontario, et le courant électrique sera interrompu pendant deux minutes.[375]

Organiser la civilisation bourgeoise

Les services publics ont sauvé la civilisation bourgeoise qui avait été menacée par le gigantisme incontrôlé des forces mises au monde par la révolution industrielle. Grâce à la notion entièrement nouvelle de réseaux personnalisés, l'action délétère de ces forces a été annulée puis retournée en action constructive. Ce double mouvement illustre bien la nature « versatile » de la technologie, à la fois facteur de désordre et d'ordre.

Cependant, une fois mise au monde, la technologie devient irréversible. Aucune volonté politique ou sociale ne peut s'opposer à la propagation d'une technologie qui a prouvé son efficacité. Il y a une raison bien simple à cette autonomie : la loi du moindre effort de Zipf qui stipule que la nature humaine vise toujours obtenir le meilleur résultat possible pour la plus petite quantité de travail possible[376]. À moins que l'on ne préfère évoquer le mythe de Prométhée pour définir cette volonté de puissance qui pousse l'espèce humaine à se ruer toujours vers l'extrême limite du royaume du possible.

Quoi qu'il en soit, nulle entreprise, nul État, ne peut laisser à son adversaire le monopole d'une technologie qui pourrait lui conférer un avantage stratégique. Alors même que la révolution industrielle avait fait la preuve de son effet destructeur, alors même que des migrations de la misère vidaient les campagnes et menaçaient les villes, on a assisté au déclenchement d'une course à l'industrialisation, course qui dure encore.

Pour nous limiter aux technologies de réseaux personnalisés qui nous intéressent plus particulièrement, on note qu'elles se répandent en suivant une courbe en N : à l'illusion lyrique des grandes inventions succès une période de perturbations et de dégradations. Ensuite, mais ensuite seulement, la somme des effets positifs l'emporte sur les effets négatifs. La technologie a été intégrée dans la société. Qui plus est, grâce aux réseaux,

---

[375] Roos, Arnold, « L'électricité », in *Bâtir un pays*, cf. pp. 183 - 208. *Monopoly's Moment*, cf. pp. 74 - 84, 96 - 107, 141 - 162. *Québec, un siècle d'électricité*, pp. 29 - 73. Ball, Normand R., *L'ingénierie au Canada de 1887 à 1987*, cf. pp. 27 - 33. Sturgis, James, *Adam Beck*.

[376] George Zipf, *Human behavior and the principle of least effort: an introduction to human ecology*, Cambridge, Mass., Addison-Wesley Press, 1949.

maintes innovations, qui avaient jusque-là eu des effets pervers sur la société, ont finalement été domestiquées.

Le téléphone joue un rôle particulier parmi ces réseaux en ce sens qu'il appartient au monde intangible de l'information. Il ne suscite pas directement la construction de gratte-ciel, il ne défait pas les centres villes, il ne remodèle pas la nature. Son influence est à la fois plus secrète et plus universelle. L'information est partout. Le géographe de la ville, Jean Gottmann, situe parfaitement la place du téléphone dans ce grand mouvement de repêchage de la civilisation bourgeoise :

> [Le téléphone] est seulement un de ces indispensables réseaux d'électricité, eau potable, égouts, transport routier, commerce au détail, écoles, hôpitaux et autres. Mais, sans téléphone, il aurait été extrêmement difficile pour tous ces réseaux de fonctionner à l'unisson. C'est le téléphone qui a rendu possible la coordination constante et efficace de tous les réseaux de la grande ville moderne.[377]

---

[377] Jean Gottmann, « Megapolis et Antipolis: The Telephone and the Structure of the City », contribution à l'ouvrage collectif *The Social Impact of the Telephone*, Ithiel de Sola Pool, cf. 312.

PARTIE 2 : LA CONQUÊTE DE L'UNIVERSALITÉ (1915-1956)

Après l'époque baroque, vient la quête du service universel : un téléphone dans chaque maison. Cet objectif paraît désormais à portée de main. Tous les grands principes technologiques de la téléphonie sont connus, les compagnies de téléphone ont enfin acquis la respectabilité qui donne accès aux capitaux. Toutefois, la sortie de la première Guerre mondiale se révélera plus difficile que prévu et, quand la prospérité sera enfin revenue, la crise de 1929 puis la deuxième Guerre mondiale retarderont la réalisation de l'universalité téléphonique.

Le téléphone vole la vedette au télégraphe au fur et à mesure qu'il tisse des liens interurbains et même outre-mer. Les compagnies de télégraphe s'efforcent de diversifier leurs activités en direction de la voix afin de transmettre des émissions de radio. Cela n'empêche pas le téléphone de dominer le champ des télécommunications. Depuis 1909, les revenus du téléphone au Canada dépassent ceux du télégraphe. Au lendemain de la Première Guerre mondiale, cette domination est écrasante. La division en trois industries — télégraphe, téléphone, radio — que nous avons adoptée, pour rendre compte de l'époque baroque, perd sa raison d'être. Les télécommunications sont unifiées sous le règne du téléphone.[378]

En 1956, une conjonction d'événements rompt l'équilibre antérieur. Tout d'abord, en ce deuxième après-guerre, la longue quête du service universel prend fin. Les compagnies de téléphone ont rempli leur mandat et, désormais, elles devront trouver une nouvelle raison d'être – ou perdre leur

---

[378] Les revenus cumulés de toutes les compagnies de téléphone dépassent ceux des compagnies de télégraphe depuis 1909. Les premiers chiffres donnés par Statistique Canada pour ces deux industries datent de 1911 et 1912 respectivement (10 millions de dollars et 5,3 millions). Nous avons considérés que les revenus du téléphone croissaient à raison de 2,4 millions par année (chiffre moyen de 1911 à 1914) tandis que que ceux du télégraphe stagnaient.

monopole. Cette transformation progressive s'étala entre la fin des années 50 et le début des années 60. Mais 1956 est l'année cruciale du *Consent Decree* entre le ministère de la Justice américain et AT&T. Cet accord à l'amiable met un terme au flux de R-D qui alimentait l'industrie canadienne et la maintenait dans un état de vassalité. À terme, l'industrie canadienne est vouée à l'indépendance technologique.

1956 est aussi l'année du premier câble téléphonique transatlantique. C'est le début d'un face à face entre l'Amérique du Nord et l'Europe qui préfigure le « village global ».

Chapitre 12 - Création d'une industrie nationale

Dans les années 1920, la radio prend son envol. Il ne s'agit plus de radiotéléphonie comme avant la Première Guerre mondiale, mais de radiodiffusion. En quelques années, tous les foyers seront équipés d'un récepteur de radio. L'irruption de cette nouvelle technologie dans le champ clos des télécommunications préside à un affrontement entre compagnies de téléphone et compagnies de télégraphe.

Irruption de la radiodiffusion en Amérique du Nord

En décembre 1919, Marconi lancera à Montréal XWA (aujourd'hui CFCF) qui sera la première station de radio à émettre de manière régulière au Canada. Il semble même que ce soit la première station commerciale à programmation régulière au monde. La radio commerciale se popularise vraiment à partir de 1922 et alors, c'est l'explosion. Tout le monde achète sa radio – achète ? enfin, pas tout à fait. Dans les premières années de la radio, comme dans les premières années du téléphone, les gens fabriquent eux-mêmes leurs postes. Les journaux de l'époque se font l'écho de cet engouement qui amène les hommes à délaisser leurs femmes pour bricoler...

Aux États-Unis, la nouvelle industrie trouve son visionnaire, David Sarnoff, l'amateur de génie qui avait décodé les noms des survivants du Titanic dans le grand tumulte hertzien provoqué par le naufrage :

> La diffusion est un travail de divertissement, d'information et d'éducation du pays et devrait donc être traitée comme un service public distinct.[379]

On a vu que dès 1915, AT&T en était venu à la conclusion que le radiotéléphone ne pourrait pas remplacer le téléphone-réseau pour les conversations individuelles et qu'il jouerait plutôt un rôle complémentaire. Personne alors ne pouvait prévoir la radiodiffusion de masse. Quand le succès de la radio commerciale déferla sur l'Amérique du Nord, AT&T fut prise de

---

[379] Weir, Austin E., *The Struggle for National Broadcasting in Canada*, cf. p. 3.

court. La compagnie estimait qu'elle avait le monopole de toutes les communications de la voix. Cette position était inattaquable sur le plan légal car AT&T détenait toute une panoplie de brevets qui rendait impossible la fabrication d'un émetteur de radio sans empiéter sur l'un ou l'autre de ceux-ci. La correspondance entre AT&T et Bell au Canada se fait l'écho de cet effort pour endiguer la marée montante de la radiodiffusion.

AT&T réagit en mettant de l'avant un projet de diffusion réseau. Il s'agissait de créer des stations de radiodiffusion dans toutes les villes américaines et de les relier par son réseau téléphonique interurbain. Comme son statut de transporteur d'information lui interdit de toucher aux contenus, AT&T souhaitait louer ses studios à des entreprises qui se seraient spécialisées dans la programmation. On pensa même que les abonnés allaient prendre leur téléphone et appeler la station émettrice et payer pour parler au grand public…

Pour ce faire, AT&T ouvrit en 1922 la station WEAF à New York. Elle connut un tel succès que trois ans plus tard, AT&T se retrouva à la tête d'un réseau de 17 stations rejoignant 60% de la population américaine. Cette expansion souleva un tollé généralisé dans les milieux de la radio qui y voyaient une atteinte à la liberté d'entreprise. En effet, AT&T était accusée de louer ses lignes téléphoniques à des prix prohibitifs à ses concurrents et des procès en série furent intentés à son endroit, le plus important d'entre eux étant *Radio Corporation of America* (RCA). L'accusation devait être fondée car, en mars 1924, AT&T changea son fusil d'épaule et libéralisa considérablement la location de lignes téléphoniques privées aux stations de radio.[380]

Au Canada, Bell coopère avec CN

Au Canada, Bell était instruite au jour le jour de l'évolution de la situation américaine par AT&T. Mais la situation canadienne différait de la situation américaine en raison de l'arrivée précoce de CN dans la radio. Il n'était pas question pour Bell d'éliminer une compagnie nationalisée du marché naissant de la radio. En outre, à l'époque, l'idée de concurrence était absente de l'horizon : CN et Bell filaient le parfait amour. En effet, CN achetait tout son équipement radio de *Northern* et, quand elle voulut faire de la diffusion en réseau, elle loua les lignes interurbaines de Bell entre Ottawa et Montréal. On

---

[380] Brooks, John, *Telephone (The first hundred years)*, cf. p. 161-5. Sola Pool, Ithiel de, *Technologies of Freedom (On free speech in an electronic age)*, cf. p. 136.

ne pouvait imaginer de collaboration plus exempte d'arrières pensées, tout au moins de la part de Bell.

À tel point que Bell imagina un temps qu'elle pourrait imposer le modèle du Canadien National (CN) à toute l'industrie naissante de la radio. On retrouve la trace de cette ambition dans un projet d'entente avec *Northern* qui visait à refuser l'accès à l'interurbain aux postes de radio qui n'avaient pas acheté leur équipement auprès de *Northern*. En contrepartie, *Northern* s'engageait à ne pas vendre d'équipement sur le territoire de Bell à des postes qui ne louaient pas les lignes de Bell. Inutile de préciser que ce plan à la limite de l'illégalité fit long feu.

Une autre stratégie fut esquissée dans la Prairie. En avril 1922, *Manitoba Telephone System* (MTS) créa sa propre station à Winnipeg, CKY. C'était la première station commerciale publique au Canada. L'État était bien placé pour exercer des pressions sur ses concurrents, ce qu'il fit. Quand leurs licences arrivèrent à expiration, ceux-ci renoncèrent à en demander le renouvellement. Il est à noter que les licences d'exploitation étaient octroyées par l'État fédéral et non provincial[381], mais il est toujours difficile pour une entreprise privée de fonctionner contre la volonté de la Province. C'est ainsi que MTS acquit pour quelque temps le monopole de la radiodiffusion. Elle ne le conserva pas longtemps. En 1928, la compagnie de téléphone dut accepter la venue de concurrents privés sur son territoire. Elle n'en lança pas moins une deuxième station en 1930 à Brandon sous le nom de CKX.

MTS conserva les deux postes jusqu'au lendemain de la deuxième Guerre mondiale. En 1945, le Premier ministre du Québec, Maurice Duplessis fit adopter en février 1945 la loi instituant Radio-Québec, un diffuseur à vocation éducative. Ce qui était tolérable au Manitoba l'était beaucoup moins dans une province francophone toujours suspecte de menées sécessionnistes ou, tout au moins, autonomistes. Le gouvernement fédéral refusa d'accorder un permis d'exploitation à un diffuseur public québécois, même limité au

---

[381] La radiodiffusion au Canada est sous l'autorité exclusive du gouvernement fédéral. Cette compétence a été affirmée en 1931 par décision de la Cour suprême du Canada et maintenu en appel par le Comité judiciaire du Conseil privé de Londres l'année suivante. Réal Bélanger, Marc Vallières et Richard Jones, *Les grands débats parlementaires, 1792-1992*, Presses de l'Université Laval, Sainte-Foy 1994, 488 pages. Cf. p. 427.

volet éducatif. Comme il était délicat d'interdire au Québec ce qui était toléré ailleurs, le gouvernement fédéral révoqua également le permis de MTS. En 1948, la société Radio-Canada reprit CKY, tandis que CKX alla à des intérêts privés, mettant fin à la plus longue intrusion d'une compagnie de téléphone dans le domaine de la radiodiffusion.[382]

Pour revenir à la naissance de la radiodiffusion commerciale, un accord fut conclu en 1923 entre Bell et Marconi d'une part, et entre *Northern*, *Western*, *General Electric* et *Canadian Westinghouse* d'autre part. Le volet « services » de cet accord valable dix ans donnait à Bell le droit d'exploiter tous les brevets radio de Marconi dans le domaine du téléphone et à Marconi le droit d'exploiter tous les brevets radio de Bell dans le domaine de la télégraphie sans fil (TSF). Le volet manufacturier de l'accord mettait en commun tous les brevets détenus par les participants. Cet accord élimina toute cause de friction entre Bell et Marconi qui entamèrent une collaboration féconde en matière de radiotéléphonie qui devait mener à la création du service transatlantique explicitement prévu dans le texte de 1923.[383]

Ayant assuré ses arrières, Bell se retourna vers son plan de radiodiffusion réseau. Pour une raison inconnue, c'est *Northern* et non Bell qui ouvrit un poste à Montréal en janvier 1923, sous le nom de CHYC. Les studios étaient dans les locaux de l'usine Shearer et on y diffusait en particulier des services religieux à destination des employés. D'autres stations seront ouvertes à Toronto (CHIC) et à Halifax (CHNS). Les émissions se poursuivirent plus ou moins régulièrement jusqu'en 1929 et possiblement jusqu'au début des années 30.[384]

CN fait passer la radio à l'âge industriel

La station de *Northern*, CHYC, eut un client inattendu : le Canadien National. Le nouveau président de CN, sir Henry Thornton, avait découvert le potentiel publicitaire de la radiodiffusion[385]. En juin 1923, il créa donc un service de la

---

[382] Weir, Austin E., *The Struggle for National Broadcasting in Canada*, cf. p. 86.

[383] Rapport annuel de Bell, 1923.

[384] *Suggested Agreement between the Bell Telephone Co. of Canada and Northern Electric Company, Limited in respect to the use of wire telephony in conjunction with radio broadcasting and the sale and lease of public address systems*, Montréal, le 8 janvier 1924, ABC # 27 321.

[385] Sir Henry Thornton (1871-1933) était un ingénieur originaire des États-Unis qui avait émigré en Grande-Bretage en 1914 où il était devenu directeur général de *Great Eastern Railway*. Le Premier ministre McKenzie King le fit venir au Canada pour réorganiser les chemins de fer

radio avec deux objectifs : améliorer la qualité du service aux passagers dans les trains ; rehausser l'image de CN auprès des employés et du grand public.

Pour atteindre son premier objectif, Thornton fit installer des radios dans les trains. Dès juillet 1923, le premier train transcontinental de CN équipé de radio quittait Montréal en musique. Le programme était produit et réalisé par le service radio de CN mais diffusé par la station de *Northern*. Durant le reste du voyage vers l'ouest, le train captait évidemment d'autres stations émettrices, principalement américaines. La radio fut progressivement installée dans tous les express de CN.

L'autre volet de la politique radio de Thornton était la diffusion auprès des employés de CN et du grand public. En effet, l'image des chemins de fer étaient catastrophique : les faillites et les scandales qui avaient amené leur nationalisation étaient encore très présents dans les esprits. Sir Henry fit construire le poste de radio CKCH (aujourd'hui CBO) à Ottawa où se trouvait alors le siège social de CN afin de pouvoir s'adresser directement à ses différents auditoires. À partir de 1924, le président de CN diffusa une série d'émissions d'affaires publiques destinées à redorer l'image de son entreprise où il prenait lui-même la parole.

Sous l'autorité de Thornton, le service radio à CN se développa rapidement. Pour recevoir la radio dans un train, il avait fallu former des opérateurs qui voyageaient dans des petits studios de son aménagés dans un wagon spécial. Ceux-ci avaient pour mission de maintenir la qualité de la réception et de se conformer aux goûts des passagers. Ils devaient donc connaître la géographie des ondes radio en Amérique du Nord. Thornton pensa tout naturellement que ces studios roulants et ces techniciens expérimentés étaient sous-utilisés. Pourquoi ne pas offrir le téléphone aux passagers ?

En avril 1930, le service radiotéléphonique fut inauguré sur les trains Montréal-Toronto. Cette première expérience de radiotéléphone mobile aurait pu amener une confrontation avec les compagnies de téléphone si elle avait duré. Mais, en novembre 1931, la crise économique mit fin à la radio dans les trains.

---

appartenant à l'État fédéral. Sa politique d'investissement massif dans le réseau ferré souleva des critiques et il fut forcé de démissionner en 1932.

Sir Henry Thorton en ondes

Archives CN

Sur le front de la diffusion, les choses évoluaient aussi. Le public se préoccupait moins de performance et plus de qualité. Il devenait indispensable de recourir à la diffusion réseau – à l'époque on disait « diffusion simultanée ». En décembre 1923, soit avant même l'ouverture de son premier poste de radio, CN commença à louer des circuits interurbains de Bell pour faire de la diffusion réseau entre Ottawa et Montréal. Pour une entreprise qui avait elle-même un réseau interurbain transcanadien, il était vexant de recourir aux installations d'une autre compagnie. Mais comment faire autrement ? Le réseau télégraphique de CN était insuffisant pour acheminer la voix et au demeurant il était déjà surchargé. Il aurait fallu refaire tout le réseau. La solution était technologique.

Retour des compagnies de télégraphe dans le domaine de la voix

On se souvient qu'Alexander Graham Bell avait découvert le téléphone à partir de ses recherches sur le « télégraphe harmonique ». Si une note de musique passe sur un fil, elle actionnera seulement le dispositif réglé sur la même note ou fréquence, laissant les autres dispositifs réglés sur d'autres fréquences libres. Il suffit alors de transmettre une autre note pour l'actionner. Ce type de multiplexage avait enfin été mis en pratique par les *Bell Labs* au New Jersey sous le nom de « courants porteurs ».

CN fit appel aux *Bell Labs* qui dépêcha au Canada un ingénieur de talent, Jospeh C. Burkholder, afin de présider à l'installation d'un système à courants porteurs entre Montréal et Toronto. Sur un fil existant, il devenait du jour au lendemain possible d'expédier 13 signaux, 12 télégraphiques et un téléphonique – soit 6 000 mots/minute par écrit, sans le compter les mots transmis par la voix[386]. Nous étions en avril 1927. Le moment est historique. Pour la première fois depuis 1880, une compagnie de télégraphe au Canada revenait dans le domaine du transport de la voix.

Quelques mois plus tard, les fêtes du Jubilé consacrèrent ce retour des compagnies de télégraphe dans le domaine de la voix. Bell comprit alors qu'elle avait joué avec le feu en aidant CN à acquérir une technologie téléphonique. Quoi qu'il en soit, CN était bien installé dans le domaine de la diffusion réseau. À la suite du succès des fêtes du Jubilé, l'installation du système à courants porteurs fut accélérée afin de couvrir tout le Canada. En décembre 1928, le service télégraphique de CN fut à même de diffuser pour la première fois au Canada un programme régulier sur une base nationale. La majeure partie des lignes utilisées appartenaient à CN, même si de nombreux tronçons étaient encore loués aux compagnies de téléphone. CN confirmait ainsi sa maîtrise en transport de la voix.

La petite histoire, qui ne perd jamais ses droits, plaça durant cette première diffusion un train immobilisé par une tempête de neige au milieu des Prairies. Le chauffeur inquiet monta sur un poteau télégraphique et brancha son téléphone de secours sur la ligne. Quelle ne fut pas son étonnement d'entendre des chants de Noël en lieu et place de l'habituel cliquetis Morse... Il se ressaisit rapidement et lança quelques jurons bien sonnés avant de demander où se trouvait le responsable de la gare de Winnipeg : cette intervention aussi spontanée qu'inattendue fut entendue de Winnipeg à Vancouver par des milliers d'auditeurs amusés.

En décembre 1929, le réseau de CN était à courants porteurs de Vancouver à Halifax. Les compagnies de téléphone étaient battues sur leur propre terrain :

---

[386] "Progress Made by Telegraph Shown", *The Gazette*, Montréal, 5 décembre 1930, cf. p. 22.

le transport de la voix. Ce réseau interurbain complet desservait 13 postes de radio anglais et quatre français. Il s'agissait dans la majeure partie des cas de postes privés. Le CN lui-même possèdera au plus fort de son implication trois postes de radio à Ottawa, Moncton et Vancouver, ainsi que deux studios à Montréal et Halifax. Notons que les programmes de ces postes privés ou publics étaient en majeure partie locaux. Les heures de diffusion nationales étaient encore rares : une heure trois jours par semaine pour le réseau anglais, une heure un jour par semaine pour le réseau français. Par contre, certaines de ces émissions nationales acquirent très vite une grande popularité, comme la *Soirée du hockey*.[387]

Canadien Pacifique (CP) avait tout d'abord négligé la radiodiffusion, mais devant le succès grandissant de la technologie et l'implication croissante de son concurrent nationalisé, il commença à hésiter. C'est la menace d'intervention gouvernementale dans le secteur qui le décida. En septembre 1929, la Commission royale sur la diffusion radio – ou Commission Aird, du nom de son président John Aird – avait tranché en faveur de la création d'un système de radio publique[388]. En tant que plus importante entreprise privée au pays, CP tenta d'occuper le terrain à marches forcées pour prévenir cette intrusion étatique. Avec l'aide de Bell, il améliora en vitesse son réseau en adoptant à son tour le système à courants porteurs. C'était chose faite en 1930. CP ne possédait pas de postes de radio, mais il avait de la musique à vendre. En effet, il y avait plusieurs orchestres dans la chaîne d'hôtels de CP. Il vendit des programmes musicaux – et la diffusion réseau – à de nombreux postes canadiens et américains.

Naissance de la concurrence entre télégraphe et téléphone

Les compagnies de téléphone ne pouvaient pas rester inactives devant ce retour en force des compagnies de télégraphe dans le domaine de la voix.

---

[387] « Chemin de fer nationaux du Canada », *The Canadian Encyclopedia*. - http://www.thecanadianencyclopedia.ca/fr/article/canadian-national-railways/

[388] La Commission royale sur la diffusion radio comprenait trois commissaires. Outre le banquier John Aird, les deux autres commissaires étaient l'ingénieur électrique Augustin Frigon et le directeur du quotidien *Ottawa Citizen* Charles Bowman. En tant que seul ingénieur du groupe, Frigon exerça une influence déterminante sur les choix techniques de la Commission. Frigon sera ensuite responsable du déploiement du réseau de la nouvelle Société Radio-Canada (SRC) où il agira d'abord directeur général adjoint (1936-44) puis comme directeur général (1944-51). Alain Canuel, « Augustin Frigon et la Radio Nationale au Canada », *Scientia Canadensis : revue canadienne d'histoire des sciences, des techniques et de la médecine*, vol. 19, (48), 1995, p. 29-50.

Elles mettront au point leur propre réseau transcontinental en 1931 et feront à leur tour irruption dans le domaine stratégique des communications à très longue distance (voir *Création du Réseau téléphonique transcanadien*). Autant, il existait de longue date un marché pour les transmissions de textes à très longue distance, autant le marché de la voix à très longue distance était hypothétique. La technologie était relativement nouvelle (répéteurs électroniques), les tarifs élevés et le marché incertain — la crise économique battait son plein. Seul le secteur de la radio offrait des perspectives d'avenir. Non que les postes de radio soient exemptés de la crise. Au contraire, nombre de stations de moindre importance durent fermer leurs portes. Mais l'imminence d'une législation fédérale dans ce secteur incitait les entreprises de téléphone comme les entreprises de chemins de fer/télégraphe à se positionner dans le nouveau marché des transmissions de la voix à très longue distance.

Face à la contre-offensive des compagnies de téléphone, CN et CP réagirent en s'unissant. Un comité de quatre personnes fut créé au début de 1932, avec les représentants des divisions radio et télégraphe des deux compagnies, afin d'étudier les mesures à prendre. Il fut décidé de maintenir les deux infrastructures de diffusion réseau aussi longtemps que l'État fédéral n'aurait pas statué sur l'avenir de l'industrie. Par contre, une coordination de l'exploitation était instituée afin d'assurer une plus grande souplesse dans la gestion des réseaux et de fournir des circuits de rechange en cas de panne. Tous les revenus de la radio étaient mis en commun. La radio marque le début du consortium CN-CP.

Tout était en place pour le duel télégraphe-téléphone. La première manche eut lieu sous le règne de la Commission canadienne de radiodiffusion (CCR)[389] qui avait été créée en mai 1932. La CCR était une institution hybride en ce sens qu'elle était à la fois juge et partie. Juge, elle accordait les licences des postes de radio et réglementait cette industrie. Partie, elle créait ses propres programmes et exploitait un réseau national. En outre, la CCR avait acheté en mars 1933 les trois postes de CN et un indépendant à Québec. Son équipe initiale était constituée d'anciens employés de CN qui avaient une inclination bien naturelle pour les compagnies de télégraphe.

---

[389] En anglais : *Canadian Radio Broadcasting Commission* (CRBC).

La direction de la CCR était entre les mains de trois commissaires dont deux n'avaient aucune notion de radio. Son président, Hector Charlesworth avait été critique musical et rédacteur-en-chef du plus prestigieux magazine canadien, *Saturday Night*. Le premier-vice-président, Thomas Maher, était un ingénieur forestier de Québec nommé en raison de son appartenance au Parti conservateur alors au pouvoir à Ottawa. L'autre vice-président, William Arthur Steele était le seul homme de l'industrie. Excellent ingénieur issu des *Canadian Signal Corps* et célèbre pour ses travaux sur le radiogoniomètre cathodique, une technologie précurseur du radar, il était un piètre administrateur. Comme on le verra plus tard, on n'aurait pu trouver de trio moins assorti.[390]

Dans ce contexte a priori défavorable, Bell commit un faux pas spectaculaire. Les Postes britanniques et la BBC avaient décidé d'organiser une émission inter-impériale à l'occasion des fêtes de Noël 1931. Le roi George V devait prendre la parole pour la première fois devant tous ses sujets disséminés dans le monde. Les principales chaînes de radio des pays membres du Commonwealth devaient participer à l'événement et CN représentait le Canada. Les circuits terrestres canadiens devaient être fournis conjointement par les réseaux de CN et de CP et les transmissions canado-anglaises auraient normalement dues être assurées par Marconi Canada. Malheureusement, Marconi ne pouvait garantir la qualité du son à l'heure choisie. Il fallut donc se tourner avec AT&T, seule entreprise en mesure de relever le défi. AT&T commença par accepter puis, le 16 décembre, se ravisa. Elle notifia les Postes britanniques sans autre forme de procès que toute communication de la voix entre les États-Unis et le Canada relevait de la téléphonie et non de la télégraphie. AT&T refusa de connecter son réseau sur ceux de CN et de CP. La BBC dut annuler l'émission.

On imagine le tollé de la presse. Le monopole de Bell et d'AT&T reçut une belle volée de bois vert ! Les deux complices tentèrent bien de rattraper la bévue en offrant d'acheminer l'émission gratuitement. Il était trop tard. La BBC maintint l'annulation. L'affaire se termina devant la commission parlementaire sur la radio en avril 1932 où Bell fut sévèrement blâmée. L'an suivant, la BBC réitéra sa proposition d'organiser une émission inter-impériale. Cette fois, c'était la CCR qui représentait le Canada et, inutile de le dire, Bell et AT&T s'engagèrent avec enthousiasme à collaborer gratuitement

---

[390] Weir, Austin E., *The Struggle for National Broadcasting in Canada*, cf. p. 15, 43, pp. 79-82,.pp. 90-92, pp. 137-9.

à l'événement. L'historien de la radio, Austin Weir, commente très pince sans rire : « Cet engagement fut rempli énergiquement et en complète harmonie. »[391] On le croit sur parole !

C'est sur cette toile de fond que la CCR accorda en avril 1933 le contrat d'exploitation de la diffusion réseau au consortium CN/CP (voir *Le scandale de la radio*). Le montant du contrat était de 275 000 dollars, somme qui peut sembler minime, mais qui correspondait au faible nombre d'heures de diffusion réseau. Quoi qu'il en soit, les deux compagnies de télégraphe avaient gagné la première manche. Elles en profitèrent pour compléter le rapprochement entamé l'année précédente et, en septembre 1933, elles mirent en commun l'exploitation de leurs installations radio sur une base paritaire.

Quand le contrat fut renouvelé en 1935, le montant annuel passa à 375 000 dollars. Il était valable cinq ans. La somme monta quelque peu quand la Société Radio-Canada (SRC)[392] prit la relève en 1936 mais demeura néanmoins à un niveau modeste. Le consortium CN/CP conservera le monopole de la diffusion réseau jusqu'en 1962, reléguant les compagnies de téléphone dans quelques tâches de sous-traitance tout à fait marginales.

Bell dut attendre 1952 quand la télévision commencera à émettre en réseau, pour enfin tenir sa revanche. Elle persuadera le RTT de lancer la construction d'un réseau hertzien transcontinental et enlèvera le contrat de la SRC. Plus tard, quand une chaîne privée de télévision sera créée, le contrat ira aussi au RTT. Enfin, la radio basculera à son tour dans les mains des compagnies de téléphone. À eux seuls, les contrats de la SRC valaient alors 10 millions de dollars par an. Pour les compagnies de chemins de fer/télégraphe, le bon coup des années 30 commençait à ressembler à un plat de lentilles. Elles commencèrent à plaider, mais un peu tard, en faveur des contrats groupés répartissant les marchés entre tous les intervenants.

---

[391] Weir, Austin E., *The Struggle for National Broadcasting in Canada*, cf. p. 143.
[392] En anglais : Canadian Broadcasting Corporation (CBC).

Rapprochement de CN et de CP (des projets conjoints à l'exploitation commune)

1929 et 1956 marquent les deux sommets du télégraphe au Canada. Jusqu'en 1929, cette industrie croît avec vigueur, malgré la concurrence croissante du téléphone. La crise économique marque un coup d'arrêt brutal au développement des deux industries. Le télégramme devra attendre la deuxième Guerre mondiale pour se remettre de la crise et il atteindra un deuxième sommet en 1956, date à partir de laquelle il entame sa longue glissade vers l'extinction actuelle.

Évolution de l'industrie télégraphique au Canada (1915-1956)

	1915	1920	1930	1933	1940	1945	1950	1956
Messages*	10 929	16 752	17 580	11 710	14 389	19 859	22 166	22 811
Revenus**	5 536	11 337	14 265	9 268	10 923	18 016	23 922	40 720
Employés	6 243	7 508	7 331	5 263	6 588	8 230	9 757	10 833

* Milliers de messages transmis. - ** Milliers de dollars

Source : Bureau fédéral de la statistique, Statistique des télégraphes et câbles, N° S564-522-126 (aujourd'hui Statistique Canada).

Les compagnies de télégraphe devaient donc changer pour survivre. Elles le firent de deux façons : en s'unissant au cours de projets conjoints puis en diversifiant leurs activités en direction de la radio.

À la fin des années 30, l'inauguration de Trans-Canada Airlines (TCA), première ligne aérienne nationale, obligea le ministère des Transports à prévoir un système complet de météorologie et de contrôle du trafic aérien. Dès septembre 1937, CP reçut le mandat de fournir un service de téléscripteurs entre Winnipeg et Vancouver. CN fit de même dans l'est du pays. En 1939, le premier réseau national de cueillette et de diffusion d'informations météorologiques entrait en fonction grâce à la coopération de CN et de CP. Par la suite, en 1953, le réseau de téléscripteurs météorologiques fut complété par un service de diffusion de cartes par télécopie. Toutes les stations météo du ministère des Transports furent ainsi desservies.

En 1942, les deux entreprises firent de même pour le contrôle aérien : cette fois il s'agissait d'un réseau téléphonique privé destiné à coordonner le contrôle aérien entre tous les aéroports du pays. Le retour des compagnies de télégraphe dans l'acheminement de la voix, qui avait été amorcé par les contrats de retransmission des émissions de radio, se concrétise. De même, la stratégie des deux compagnies de télégraphe s'affirme : au fur et à mesure que leur technologie périclitera elles s'unissent dans le but de tenter de pénétrer des marchés voisins dont le marché téléphonique.

Le rapprochement des deux entreprises de télégraphe n'empêcha pas les projets d'expansion séparés. Ainsi, au cours de la deuxième Guerre mondiale, Bell et AGT avaient construit pour le compte du gouvernement américain une ligne téléphonique qui traversait le Canada du nord au sud pour relier l'Alaska au reste des États-Unis (voir *L'Alberta entre la crise et la guerre*). En 1946, le ministère des Transports du Canada hérita de cette ligne et en confia l'année suivante l'exploitation à CN. Au lendemain de la Guerre, CN est donc à la fois une compagnie de télégraphe au niveau canadien et une compagnie de téléphone au niveau régional.

Cette date marque le début des activités de cette entreprise dans le Nord. À partir d'un « réseau » qui était en 1947 réduit à sa plus simple expression, à savoir cinq compagnies indépendantes isolées, sans lien avec le monde extérieur, CN créa un réseau téléphonique complet afin de desservir les habitants des Territoires du Nord-Ouest et du Yukon. Au début des années 70, CN comptait 4 800 km de lignes dans le Nord et 7 000 abonnés. Parallèlement à cette activité téléphonique, l'État fédéral lui céda en 1954 son système télégraphique de Colombie britannique septentrionale.[393]

Le volet téléphonique des activités de CN sera encore renforcé quand Terre-Neuve deviendra la dixième province du Canada le 31 mars 1949. Le gouvernement fédéral confiera à *CN Telegraph* l'exploitation des services de télécommunications auparavant du ressort de *Newfoundland Post and Telegraphs*. Cela comprend le télégraphe, bien entendu, mais aussi le téléphone dans la majeure partie de l'île ainsi que des systèmes spécialisés pour les bases militaires établies par les États-Unis au cours de la deuxième

---

[393] Desclouds, G.A., *History, development, services and organization of CNCP/Telecommunications*, communication prononcée le 15 octobre 1970 au Canadian Forces Communications and Electronics School, Kingston (Ontario). Cf. pp. 11-12-13. *Les TCN dans le Nord tirent profit de l'expérience des Canadiens*, brochure des Télécommunications du Canadien National, Montréal, pas de date de publication (sans doute 1970), 53 pages. Cf. p. 19.

Guerre mondiale. Les installations de *Western Union* à Saint-Jean et la ligne de l'État fédéral entre Terre-Neuve et le continent seront intégrées dans le réseau de CN respectivement en mars 1950 et en avril 1951.[394]

Au cours de la guerre froide, CN aura également sa part de contrats militaires. C'est ainsi que le gouvernement américain lui confia la construction d'un réseau troposphérique entre les Territoires du Nord-Ouest, puis celle de sa liaison avec les États-Unis. Le système ne sera pas achevé avant 1964.

Au lendemain de la Deuxième Guerre mondiale, le Canada était devenu le seul pays au monde où deux administrations télégraphiques se font face sur le même territoire. En effet, l'entreprise américaine *Western Union* avait acheté son unique concurrent en 1943. Partout ailleurs, la règle « un territoire, un réseau, une compagnie » est de mise. Le « duopole » canadien avait le choix entre deux attitudes : l'affrontement comme au temps de *Montreal Telegraph* contre *Dominion Telegraph*, puis de *Great North Western* contre *CP Telegraphs*, ou la coopération. La deuxième solution devait triompher tant et si bien que le duopole se transformera peu à peu en fusion des divisions télégraphiques de CN et de CP et donc, finalement, en monopole.

En août 1947, donc, *CP Telegraphs* et *CN Telegraph* mettent en commun leurs services de lignes directes télégraphiques et téléphoniques (à l'exception de quelques usagers d'importance). Elles fusionnent leurs divisions des ventes de lignes directes ainsi que d'installation et d'entretien. Les deux entreprises conservent cependant des activités concurrentielles dans tous les autres secteurs, dont ce qui demeurait leur marché principal : le service télégraphique public.[395]

Cette opération servira de banc d'essai dans ce qui demeure le coup de maître de la nouvelle association. En 1956 CN/CP adopte la norme internationale Télex, assurant ainsi sa suprématie dans le domaine de la transmission de l'écrit. Dès la première année, cinq villes (Montréal, Toronto, Winnipeg, Vancouver et Ottawa) sont reliées au réseau mondial. L'année suivante, le Télex sera étendu au marché canadien et l'année suivante au

---

[394] Desclouds, G.A., *History, development, services and organization of CNCP/Telecommunications*, cf. p. 13. Law, D.S., *Development of CN Telecommunications*, CN Public Relations, 1962.

[395] Desclouds, G.A., *History, development, services and organization of CNCP/Telecommunications*, cf. pp. 6-7, p. 16.

réseau américain de *Western Union*. Pendant ce temps, les compagnies de téléphones canadiennes adoptaient la technologie fermée TWX utilisée uniquement aux États-Unis (voir chapitre 17 - *Apogée de la technologie électromécanique*, section *Modernisation du télégraphe et arrivée du Télex*).

Parallèlement un grand projet conjoint entre *CP Telegraphs* et *CN Telegraph* voyait le jour : le réseau hertzien transcanadien. Les faisceaux hertziens, aussi appelés micro-ondes, avaient commencé à être utilisés en télécommunications dès le lendemain de la deuxième Guerre mondiale pour relier l'Île-du-Prince-Édouard à la Nouvelle-Écosse. En 1954 Bell avait relié Montréal-Toronto-Ottawa. La même année CN/CP lança deux réseaux (Montréal-Québec et Toronto-London-Windsor) afin d'acheminer les émissions de télévision de Radio-Canada. C'était le début de la grande aventure des faisceaux hertziens.

Face à l'inexorable déclin du télégraphe, le consortium CN/CP, qui prend forme peu à peu, n'a d'autre choix que de se diversifier. Ce faisant, il est voué à trouver les compagnies de téléphone sur son chemin. Va-t-il s'associer aux compagnies de téléphone ou les affronter ? Au milieu des années 1950, rien n'est encore joué.

Comment unifier la téléphonie canadienne ?

Au lendemain de la première Guerre mondiale, il n'y a pas de réseau téléphonique canadien. D'ailleurs, qui aurait pu en construire un ? Le monopole de Bell avait été mis en échec par le retrait des provinces Maritimes en 1885-89 et surtout par les nationalisations en série des Prairies en 1908-9. La téléphonie canadienne était morcelée, dépourvue de coordination et, finalement, très fragile.

En outre, le Canada était divisé par trois obstacles géographiques. Les Rocheuses dressaient un mur montagneux entre BC Tel et les trois réseaux des Prairies. Une étendue rocailleuse de plus de 1 500 km de long de Winnipeg à Sudbury séparait la Prairie du Canada central. Enfin, le faible peuplement des régions limitrophes du Québec et du Nouveau-Brunswick décourageait toute expansion des réseaux dans cette direction. Qui plus est, il fallait tenir compte du cas particulier de l'Île-du-Prince-Édouard. Par contre, toutes les provinces – sauf l'Île-du-Prince-Édouard – communiquaient avec les États-Unis.

Dans les Maritimes, on assista à l'une des rares interventions directes du gouvernement fédéral en matière de téléphonie afin de relier l'Île-du-Prince-Édouard au continent. On se souvient que la compagnie de téléphone de Nouvelle-Écosse, *Maritime Telephone &Telegraph* (MT&T) avait brisé le monopole d'*Anglo-American Telegraph* en 1911 en posant à la va-vite un câble sous-marin entre la Nouvelle-Écosse et l'Île-du-Prince-Édouard (voir chapitre 7 - *Balkanisation de la téléphonie au Canada*, section *Unification de la Nouvelle-Écosse et de l'Île-du-Prince-Édouard*). Mais le câble utilisé ne répondait pas aux critères de qualité du téléphone et il fallut l'abandonner au bout de quelques mois. Le gouvernement de l'Île-du-Prince-Édouard invoqua avec insistance la vieille entente constitutionnelle qui soumettait l'entrée de cette province dans la Confédération à l'établissement de liens de communications avec la terre ferme[396]. En 1918, le gouvernement fédéral accéda à la demande et accepta de construire non pas une, mais deux liaisons téléphoniques entre l'Île-du-Prince-Édouard et le continent : une avec le Nouveau-Brunswick (cap Tourmentin - cap Travers), une avec la Nouvelle-Écosse (Caribou - Wood Island).

C'est aux entreprises de l'Ouest que revient l'honneur d'avoir posé les premiers jalons d'une politique nationale canadienne. Le ministre des Services téléphoniques du Manitoba invita à Winnipeg les dirigeants des quatre principales compagnies régionales, à savoir *Alberta Government Telephones*, *BC Telephone*, *Manitoba Government Telephones* et *Saskatchewan Government Telephone*. Cette première association se réunit en octobre 1920 sous le nom de *Western Canadian Telephone*. Ce faisant, elle « inventait » la coopération entre secteur public (les trois compagnies des Prairies) et privé (BC Tel). Des représentants de Bell assistaient à la réunion en tant qu'observateurs. Cette coopération public-privé deviendra l'image de marque du Canada en téléphonie. Également, cette réunion historique marque la réconciliation de Bell et des Prairies. Sise était mort. La plupart des dirigeants qui avaient organisé la sécession avaient disparu. Une nouvelle génération était arrivée au pouvoir qui affichait une attitude pragmatique.

---

[396] L'Île-du-Prince-Édouard avait entamé en 1871 la construction d'un pont de chemin de fer pour se relier au Nouveau-Brunswick, sur le continent, mais le projet mena le gouvernement colonial au bord de la faillite l'année suivante. La colonie britannique négocia alors son entrée dans le Canada nouvellement créé, en échange de la prise en charge de la construction et de l'entretien du lien ferroviaire et télégraphique par le gouvernement fédéral (article 7 de l'Ordre en Conseil du 26 juin 1873). L'Île-du-Prince-Édouard devint une province canadienne en juillet 1873.

À l'ordre du jour se trouvait l'édification d'un réseau téléphonique pour l'Ouest du pays. Rapidement, le débat s'élargit et prit une dimension nationale. La réunion de Winnipeg débouchera sur la création de l'Association du téléphone du Canada (ATC). Sept compagnies en feront partie : aux quatre compagnies initiales, se joindront *Bell Telephone*, MT&T et *NB Telephone*. Chaque entreprise couvre une province, à l'exception de Bell et de MT&T qui en couvrent deux (respectivement Québec/Ontario et Nouvelle-Écosse/Île-du-Prince-Édouard). Terre-Neuve ne faisait pas encore partie du Canada. Cet embryon de parlement téléphonique se vit assigner un mandat principalement technique.

La première réunion de l'ATC eut lieu à Vancouver en août 1921 Ici encore les débats dépassèrent le cadre prévu : on était venu pour parler normes et comptabilité, on en vint à refaire la carte téléphonique du Canada. En effet, le vice-président de BC Tel, George H. Halse, proposa de créer une ligne téléphonique transcanadienne. Mais il semble que cette proposition représentait, en fait, la position de l'ensemble des quatres provinces de l'Ouest. C'est dans cette région que le réseau téléphonique dépendait le plus des États-Unis. Halse cita l'exemple de certains districts téléphoniques de l'intérieur de la Colombie britannique, sur le versant oriental des Rocheuses, qui devaient, pour communiquer entre eux, passer par l'état de Washington. Cette situation malcommode se retrouvait à plusieurs endroits dans la Prairie. En définitive, c'est John E. Lowry, le tout nouveau commissaire de *Manitoba Government Telephones* qui fit voter la motion proposant la mise à l'étude du projet de lien transcontinental.

Il est révélateur de noter que dès cette première réunion, les compagnies de téléphone comparent l'édification de la ligne transcanadienne au XXe siècle à celle du chemin de fer au XIXe siècle. Leurs dirigeants comprennent l'importance de créer un mythe mobilisateur autour de leur technologie – le téléphone. Ils essaient donc de récupérer le lien entre l'unité nationale et le chemin de fer à leur profit. D'emblée, le projet de téléphone transcanadien est baptisé « All Red » comme le vieux projet de télégraphe mondial de Sandford Fleming.[397]

---

[397] Ogle, Ed B., *Allô, l'interurbain*, 1980, cf. pp. 52-3. Le rouge est la couleur de l'Empire britannique sur les cartes géographiques.

Le lien téléphonique pancanadien progresse dans le désordre

Malgré les espoirs suscités par cette première réunion, le projet de réseau transcanadien ne dépassa guère le stade des bonnes intentions. Des études de faisabilité furent effectuées : toutes démontraient que les zones à faible densité de population n'étaient pas rentables. Une solution aurait été de louer des circuits télégraphiques des compagnies de chemins de fer, mais leur accord fut jugé improbable et l'affaire en resta là. Il manquait aux compagnies de téléphone une volonté commune pour dépasser les calculs purement comptables et à court terme.

Durant toutes ces années-là, le Manitoba joua un rôle essentiel pour maintenir la flamme unificatrice, au moins dans l'Ouest. Ainsi, les trois provinces des Prairies furent réunies entre elles à partir d'août 1923. Le Manitobain John Lowry réussit à persuader les compagnies de télégraphe de jouer un rôle dans cette entreprise de rapiéçage. Quand on se souvient de l'hostilité profonde que portait l'Ouest à l'égard de Canadien Pacifique, on mesure les talents de négociateurs de Lowry !

En mai 1926, *Manitoba Telephone System* (MTS) utilise la ligne Winnipeg-Fort William de *CP Telegraphs* pour relier le Manitoba à l'ouest ontarien. En août 1928, la compagnie de télégraphe autorise les deux compagnies de téléphone MTS et Bell à poser leurs fils sur ses poteaux dans le tronçon charnière Fort William-Sudbury. Même coopération dans les Rocheuses qui sont franchies grâce aux poteaux de *CP Telegraphs* en novembre 1928, ce qui permet à la Colombie britannique dans son entier d'être rattachée à l'Alberta (le versant oriental des Rocheuses l'était depuis 1909). Finalement, le Québec est relié au Nouveau-Brunswick en décembre 1928. Dans ce cas, toutefois, il a fallu entièrement construire de nouvelles lignes.[398]

Ces lignes interprovinciales étaient de qualités inégales. Pis, elles fonctionnaient comme des omnibus, avec des procédures de commutation à chaque central téléphonique. Un appel à longue distance était traité comme une addition d'appels d'un central local à un autre central local avec chaque fois l'intervention d'une téléphoniste. Bien souvent, le temps mis par les téléphonistes, pour établir le contact entre toute une série de centraux de transit, était plus long que le temps de la communication proprement dite. Ce qui était acceptable pour les appels entre deux localités voisines devenait très

---

[398] Requête relative au service interurbain, Unitel, Toronto, 16 mai 1990, cf. chapitre B, p. 9.

lourd quand on voulait communiquer entre deux localités distantes, surtout si une ou plusieurs frontières interprovinciales les séparaient.

D'autant qu'au sud de la frontière, AT&T avait ouvert la ligne *Northern Transcontinental* qui fonctionnait comme un express : un central spécialisé dans les communications interurbaines dirigeait un appel donné vers une ligne directe qui l'acheminait jusqu'à sa destination, en évitant toutes les localités intermédiaires, sans jamais nécessiter l'intervention de plus de deux téléphonistes. Ainsi, même entre les provinces de l'Ouest interconnectées depuis 1923, les communications continuèrent à transiter par le réseau américain, beaucoup plus efficace et rapide que le réseau morcelé du Canada.

Cette pratique n'avait pas seulement une signification négative pour le nationalisme canadien. Elle entraînait des pertes de revenus substantielles. En effet, les compagnies de téléphone ont l'habitude de se répartir les revenus de l'interurbain en fonction du nombre de kilomètres parcourus sur leurs réseaux respectifs. Comme la majeure partie du réseau canadien est située à quelques kilomètres de la frontière américaine, le gros des revenus des appels à longue distance devait être reversé à des compagnies américaines. Et plus le volume d'appels montait, plus les sommes ainsi perdues devenaient considérables.

En outre, il y avait un danger de concurrence intérieure. CN, comme on l'a vu, tout à son engouement pour la radiodiffusion, était en train d'équiper ses lignes télégraphiques de systèmes à courants porteurs. Le réseau de CN devenait véritablement un réseau de télécommunications capable d'acheminer aussi bien du texte que de la voix. Les compagnies de téléphone n'allaient pas tarder à mesurer l'ampleur de la menace.

Le jubilé de la Confédération relance la coopération

Le gouvernement fédéral avait justement décidé de placer le jubilé du 60e anniversaire de la fondation de la Confédération sous le signe de la radio. La fête nationale du Canada du 1er juillet 1927 devait fournir l'occasion d'une célébration médiatique au Premier ministre Mackenzie King : il avait été décidé qu'il s'adresserait depuis le Parlement d'Ottawa au grand public d'un océan à l'autre. Dans ce but, il fallait relier les stations de radio du pays entier aux édifices gouvernementaux à Ottawa et dans les neuf capitales provinciales. En outre, pour être sûr de toucher le plus grand nombre possible d'auditeurs, on avait prévu l'installation de haut-parleurs dans les parcs, les écoles, les hôpitaux ou tout autre lieu public de toutes les villes canadiennes.

Quel réseau utiliser ? Comme on l'a vu, CN dispose depuis le mois d'avril d'une ligne transcontinentale à courants porteurs capable d'acheminer la voix. Par contre les lignes téléphoniques continuent de fournir une qualité supérieure de transmission. Mais l'infrastructure téléphonique demeure incomplète et le gouvernement canadien souhaitait éviter de passer par le réseau américain comme c'est le cas pour les appels ordinaires. On utilisera donc un réseau hybride.

Les compagnies de télégraphe acceptent avec enthousiasme de mettre leurs réseaux à contribution pour acheminer les discours officiels. C'est une occasion pour elles de confirmer avec éclat leur retour dans l'acheminement de la voix. Au total, 16 800 km de circuits téléphoniques et 14 300 km de circuits télégraphiques seront mis en réseau.

Pour ce faire, il faudra harmoniser les lignes télégraphiques et téléphoniques, mais aussi les lignes des différentes compagnies de téléphone elles-mêmes. Cette opération délicate sera effectuée à l'échelle du sous-continent par les ingénieurs de Bell qui joue le rôle de grand fédérateur technologique. Toutes les artères principales sont dédoublées pour prévenir une interruption de la retransmission. Par mesure de sécurité, on prévoira quand même une voie alternative par les États-Unis entre Windsor et Winnipeg.

Le jour « J » 40 000 personnes étaient réunies devant le Parlement d'Ottawa autour du Premier ministre Mackenzie King et de tout le gotha du monde politique et artistique, à commencer par le héros du jour, Charles Lindbergh, qui venait de réussir la traversée de l'Atlantique en avion.

Première émission de radio transcanadienne (1927)

Archives Bell Canada

Le dernier pionnier du télégraphe et du téléphone en vie, Thomas Ahearn, était présent et recevra le microphone plaqué or utilisé pour la cérémonie. 23 postes de radio plus un nombre indéterminé de haut-parleurs retransmirent cette première grand-messe médiatique canadienne. L'opération sera une réussite technologique, mais elle soulignera cruellement le caractère inachevé du réseau téléphonique.[399]

Lors de la réunion suivante de l'ATC, qui se tint à Minaki (Ontario) en août 1928, les compagnies de téléphone réagissent. Bell est chargée d'entreprendre une étude de faisabilité du projet de ligne Halifax-Vancouver alors appelé *Trans-Canada Toll System* (réseau interurbain transcanadien). Il s'agit d'évaluer les coûts d'amélioration des tronçons déjà existants et de construction de ceux qui manquaient. Une étude de plus ? Non, cette fois, les compagnies de téléphone ont décidé de procéder sans tenir compte de la rentabilité immédiate de l'opération.

---

[399] Weir, Austin E., *The Struggle for National Broadcasting in Canada*, cf. pp. 35-39.

Ou plutôt, elles ont décidé de faire le pari de l'élasticité de la demande : si on met une infrastructure efficace à la disposition du public, le nombre de communications croîtra... Il n'y a pas une minute à perdre car le gouvernement s'apprête à nommer une commission sur l'avenir de la radio, la Commission Aird (voir ci-dessus section *Retour des compagnies de télégraphe dans le domaine de la voix*). Les compagnies de téléphone doivent être prêtes pour la réorganisation de ce marché.

L'ingénieur en chef de Bell et président du comité d'ingénierie de l'ATC était Robert Vernon Macaulay. Cet ancien combattant de la Première Guerre mondiale, héros des batailles de Passchendaele et du Canal du Nord, inaugure la série des grands ingénieurs de Bell. Homme d'action, il a une conception nationale du réseau. Bell n'a pas le monopole sur le Canada entier ? Qu'à cela ne tienne, il va « fédérer » les monopoles.

Pour les compagnies de téléphone, il s'agit d'une question de vie ou de mort. Macaulay fera de ce défi une affaire personnelle. L'année suivante, il présentera un rapport à la réunion de l'ATC qui l'adopta sur le champ. Il fut chargé de coordonner la construction du réseau transcanadien.

Nous sommes le 31 août 1929. Moins de deux mois plus tard, le système boursier va s'effondrer, l'économie mondiale va entrer dans sa plus grave crise depuis la révolution industrielle, mais la construction du réseau téléphonique transcanadien est en marche, rien ne l'arrêtera.

Robert Macaulay est l'architecte du réseau transcanadien

Archives Bell Canada

Création du Réseau téléphonique transcanadien

Chacune des sept compagnies membres de l'ATC assume la responsabilité et les coûts des travaux effectués sur son territoire. Avant même la fin de ceux-ci, il apparaît que les structures de l'ATC sont insuffisantes. Le 1er mars 1931, les sept sœurs signent une entente qui met au jour sous le nom de Réseau téléphonique transcanadien (RTT) une forme juridique sans égal au Canada. Ce n'est pas une compagnie, ce n'est pas une coopérative, c'est une organisation non constituée en personne morale, ce qui signifie qu'elle ne possède pas de capital, pas de propriété, pas de personnel. Le RTT fonctionne avec le personnel prêté et payé par les membres. En raison de sa taille et de son accès privilégié au *Bell System* américain, Bell y joue un rôle moteur, tous les présidents du RTT jusqu'en 1971 proviendront de la direction de l'entreprise montréalaise.

Un exemple entre cent de ce leadership est donné par la décision de Bell de prêter main forte à *Manitoba Telephone System* pour la construction du terrible tronçon Sudbury-Winnipeg qui est la hantise de tous les constructeurs d'infrastructures transcanadiennes.[400] Cette région inhabitée n'avait aucun intérêt économique : Bell construisit elle-même la ligne qu'elle suspendit aux poteaux télégraphiques de CP et effectua l'entretien de ce tronçon pendant 20 ans... Le tout dans l'intérêt du réseau transcontinental. On peut dater de ce moment le début de la canadianisation de Bell. Au-delà de la mainmise américaine sur son capital et sa technologie, Bell découvre peu à peu sa dimension canadienne et associe son développement à l'unité nationale.

Le mandat de la nouvelle association est à la fois vaste et précis. Il s'agit bien sûr de créer un service téléphonique national, ce que le Canada n'avait pas eu jusque-là. Il faut aussi donner aux abonnés un service international. Le RTT représentera donc les sept compagnies canadiennes dans les négociations avec les administrations étrangères, y compris américaines. Face au gouvernement canadien, c'est une structure unifiée qui permet enfin de répondre à ses besoins croissants en communications. C'est ainsi qu'il collabore étroitement avec les forces armées pour assurer la défense du territoire. Mais le RTT est avant tout un organisme de gestion. C'est là que se décide le partage entre les compagnies des revenus issus de l'interurbain. C'est là aussi que sont décidées les normes techniques et administratives du réseau interurbain.

La raison d'être du RTT est le partage des revenus de l'interurbain. Rien d'étonnant si le premier geste de la nouvelle association sera de créer en mai 1931 une chambre de compensation pour les affaires transcanadiennes. Une première entente est signée au mois d'août qui stipule que les revenus sont répartis en fonction de deux critères :
- au prorata de la longueur des circuits fournis par chaque membre pour acheminer un appel ;

---

[400] J.W. Noyes, G. Gaudet, S. Bonneville, "Development of Transcontinental Communications in Canada", *Transactions Paper No 6-244*, American Institute of Electrical Engineers (AIEE), Committee on Wire Communications Systems, February 15, 1956.

- la compagnie qui perçoit les frais d'une communication a droit à une commission fixe (appels de départ et à frais virés).

Cet accord concerne uniquement les interurbains traversant trois provinces ou plus. Les appels effectués entre deux compagnies voisines ne sont pas inclus dans le partage des revenus du RTT.

Geste symbolique s'il en est : le RTT adopte les méthodes comptables et administratives de Bell. Les compagnies qui avaient quitté le giron de l'entreprise montréalaise 25 ou 35 ans avant avouaient par là-même qu'elles n'avaient pas été capables de trouver un mode de gestion alternatif. C'est la meilleure réponse aux accusations de surcapitalisation et de paiement de dividendes exagérés aux actionnaires qui avaient si souvent été proférées à l'encontre de Bell. Toutes les compagnies, privées ou publiques, qui ont essayé d'exploiter leurs réseaux de manière différente ont disparu ou ont dû réintégrer à un moment ou l'autre l'orthodoxie téléphonique telle que déterminée une fois pour toutes par AT&T et introduite au Canada par Bell.

Enfin, le RTT est dirigé par un Conseil de direction composé d'un représentant de chacune des compagnies membres à l'exception de Bell qui, en tant que compagnie exploitant un réseau à cheval sur deux provinces, a droit à deux représentants. Toutes les décisions se prennent à l'unanimité, ce qui signifie qu'une petite compagnie a en théorie le même pouvoir que Bell. En 1931 également fut créé le Comité de gestion qui supervise les programmes mis de l'avant par le Conseil de direction. Par la suite, des comités fonctionnels viendront s'ajouter à cette structure initiale. Mais les principes de base conçus en 1931 – association sans statut industriel, décisions prises à l'unanimité – demeurent aujourd'hui encore.

En août 1931, la ligne transcontinentale canadienne est terminée et le 25 janvier suivant, le gouverneur général du Canada, le comte de Bessborough préside l'inauguration officielle du service. Inauguration hautement chargée de symbolisme national car quelques semaines à peine la séparent de l'adoption du statut de Westminster qui confère au Canada sa personnalité internationale en décembre 1931. Une fois de plus, l'édification de l'État fédéral a partie liée avec une technologie. Après le chemin de fer et le télégraphe, c'est au tour du téléphone de devenir la technologie porteuse. Répétons-le, pour Bell qui télécommande les travaux du RTT, c'est le début d'une prise de conscience nationale canadienne. C'est la consécration officieuse en attendant d'être officielle du statut de service public. Plus jamais Bell ne sera une compagnie « comme les autres ».

L'ouvrage lui-même consistait en une ligne de 6 800 km de fils de cuivre installés sur 185 000 poteaux : au niveau technique aussi, Bell avait imposé ses critères de qualité au RTT. Partout où c'était possible les réseaux existants avaient été mis à contribution et améliorés ; par contre, plus de la moitié de la ligne était entièrement neuve. C'est ainsi que la traversée des Rocheuses suivait un itinéraire 240 km au sud de la voie ferrée du Canadien Pacifique qu'empruntait l'ancienne ligne. Cela permettait de desservir des localités isolées qui n'auraient pas eu le téléphone sans cela. Par contre, comme mentionné plus haut, la contribution de CP avait quand même dû être sollicitée pour le tronçon Sudbury-Winnipeg.

Le fil de calibre 165 utilisé était plus gros que tout ce qu'on employait en téléphonie à cette époque. Les poteaux étaient en cèdre à l'ouest, en pin créosoté à l'est. Les isolateurs avaient été placés à une distance supérieure aux normes en vigueur afin d'éviter la diaphonie. Les deux tiers du trajet étaient à courants porteurs. Tous les circuits à courants porteurs étaient munis de filtres de transmissions spécialement adaptés pour la retransmission d'émission radio. Rien n'était trop beau pour le RTT.

Il y avait 22 répéteurs. À l'origine, la ligne transcanadienne devait avoir 12 circuits. Mais la crise économique avait ramené ce nombre à sept disposés comme suit :

Tronçons	Nombre de circuits	Longueur en km
Winnipeg - Vancouver	1	2 790
Winnipeg - Calgary	3	1 480
Winnipeg - Montréal	1	2 524
Montréal - Halifax	2	1 424
Total	**7**	**8 218**

Un certain nombre de bretelles avaient été intégrées à cette épine dorsale de manière à desservir les principales villes du pays sans jamais passer par plus de deux téléphonistes : Vancouver-Calgary, Calgary-Regina, Regina-Winnipeg, Winnipeg-Toronto, Montréal-Saint-Jean. Un appel entre Vancouver et Halifax transitait donc par deux téléphonistes seulement, à Montréal et à Winnipeg.[401]

La ligne transcanadienne est soumise à un climat rigoureux

Archives Bell Canada

Au total, les sept compagnies fondatrices avaient investi cinq millions de dollars dans ce projet ambitieux, à la limite de la démesure. Mais le Canada aurait-il pu naître puis se maintenir sans ce grain de démesure ? Le réseau était encore plus impressionnant si on considérait le faible nombre des abonnés canadiens : 1 100 000. En 1932, la première année complète

---

[401] Tous les détails techniques sont tirés de Bonneville, Sidney, « The Trans-Canada Telephone System », in *Bell Telephone Quaterly*, volume XI, 1932, pp. 228-244. J-9.

d'exploitation, ils effectuèrent à peine 40 000 appels interurbains par le moyen du RTT, suscitant un maigre chiffre d'affaires de 194 000 dollars. Même réduite à sept circuits, la ligne transcontinentale souffrait de surcapacité.

Il faut préciser que les tarifs de 1932 n'incitaient pas les particuliers, ni même les entreprises, à multiplier les appels transcontinentaux. Les trois premières minutes d'un appel Montréal-Vancouver coûtaient alors 8,25 dollars. En juin 1992, à la fin du monopole, le tarif était passé à 2,04 dollars et, aujourd'hui, en pleine ouverture des marchés, il est de 0,79$/mn durant les heures de pointe, 0,68$/mn le reste du temps.[402]

Le RTT enfin a une importance qui dépasse de loin la prouesse technologique. Comme les discours inauguraux de janvier 1932 l'ont répété à satiété sur tous les tons, c'est un facteur d'unité pour le Canada. Dans l'histoire qui nous occupe, on notera que c'est la première fois que la téléphonie découvre l'axe est-ouest. Contrairement à la télégraphie qui avait eu partie liée avec l'idéologie nationale canadienne (et les subventions qui vont avec) dès les années 1870, le téléphone a toujours été considéré avec suspicion en raison de l'origine américaine de la principale compagnie – Bell. Le RTT change la situation du tout au tout : le téléphone se canadianise et, mieux encore, il le fait sans aide directe de l'État.[403]

La nationalisation de la radio favorise le télégraphe

Conçu en pleine crise économique, le RTT doit faire face à la diminution du nombre des communications. Pis, un nombre appréciable d'usagers se désabonnent du téléphone. La Prairie est particulièrement frappée. Zone de monoculture, elle subit une sécheresse désastreuse, des vents de poussière balaient la Prairie sinistrée et quand la pluie revient, c'est au tour des sauterelles... Les compagnies de téléphone nationalisées sont une fois de plus

---

[402] Ogle, Ed B., *Allô, l'interurbain*, cf. pp. 51-92. Les tarifs de 2014 ont été tirés de la grille des Tarifs interurbains de base de Bell Canada pour les distances de plus de 681 milles. Site de Bell Canada, lecture du 07 mars 2014. (http://www.bell.ca/Telephonie/Plans_interurbain/Tarifs_interurbains/Partout_au_Canada.tab). Ce tarif de base est purement indicatif car il ne tient pas compte des différents forfaits qui permettent de réduire grandement le coût réel des interurbains.

[403] Voir en particulier Ed B. Ogle, *Allô, l'interurbain*, L'historique du Réseau téléphonique transcanadien, éditions Pierre Tisseyre, Montréal, 1980, 300 pages. Également : The Instant Overland Messenger (A Short History of the Trans-Canada Telephone System), TCTS, Draft B, March 3, 1975.

au bord de la faillite. Elles se retourneront contre Bell, créant la première et plus grave crise du RTT.

La principale source de revenus interurbains en ce temps de crise économique était constituée par les contrats de retransmission de radio. On a vu que la qualité des circuits à courants porteurs du RTT avait d'ailleurs été spécialement rehaussée à cette fin. Sur cette base, les dirigeants du RTT avaient estimé les revenus de la première année de fonctionnement à plus d'un million de dollars. Le résultat fut cinq fois moindre.

Au début des années 1930, les compagnies de téléphone occupaient environ 60% du marché de la retransmission des émissions de radio – appelée à l'époque la radio en série. Ainsi, les quatre provinces de l'Ouest avaient mis en commun leurs réseaux téléphoniques pour retransmettre un programme appelé « *Quaket Oats* » diffusé par le poste de radio de Saskatoon. Tout ce qui avait trait à l'avoine dans la Prairie était assuré de remporter du succès ! Le succès de cette première avait allégé le fardeau financier des compagnies de l'Ouest qui voyaient dans la radio la solution à la catastrophe de la crise économique.[404]

La nationalisation de la radio en 1932 avait abouti à la création de la *Commission canadienne de radiodiffusion* (CCR) dont le personnel et les stations de radio, on s'en souvient, étaient issus de CN. Quand la CCR alla en soumission pour l'attribution des contrats de diffusion réseau, il était prévisible qu'elle favorise les entreprises de télégraphe dont elle était issue. Soulignons que cette soumission tombait au pire moment pour le RTT puisqu'elle intervient juste après la gaffe retentissante d'AT&T et de Bell qui avait provoqué l'annulation de l'émission inter-impériale de Noël 1931.

Très vite, il apparut que les prix des deux consortiums CN/CP et RTT étaient comparables. Les compagnies de télégraphe plaidèrent auprès du gouvernement la situation d'extrême urgence dans laquelle la crise les avait plongées Elles trouvèrent, semble-t-il une oreille complaisante auprès du ministre des Chemins de fer. En principe, la CCR était indépendante du pouvoir politique. Qui plus est, les cadres de la Commission étaient favorables

---

[404] Cashman, Tony, *Singing Wires*, cf. p. 347.

à une solution mixte télégraphe-téléphone en fonction de critères techniques et financiers.

Comme les compagnies de téléphone avaient le monopole des lignes d'accès aux postes de radio, cette solution leur aurait garanti une part de contrat. Sachant cela, le président du RTT, qui était aussi, comme il se devait en ce temps-là, vice-président de Bell, essaya de sauver ce qui pouvait être sauvé et fit une proposition visant à obtenir 40% du contrat de retransmission, le reste allant aux deux compagnies de chemin de fer à raison de 30% chacune.

Les trois compagnies de téléphone des Prairies ne l'entendaient pas ainsi. La politique minimaliste de Bell raviva le vieil antagonisme contre la « pieuvre de l'Est » qu'elles soupçonnaient de noirs desseins. Les compagnies des Prairies voulaient tout le marché. Elles entamèrent leur propre lobbying en marge de celui du RTT. Leur position est résumée dans ce télégramme adressé à la Commission en décembre 1932 :

> *Sommes indifférents partage fait par Bell dans Est, mais notre réseau est équipé spécifiquement pour ce rôle. Assurerons meilleur service que lignes télégraphiques. Insistons sur ce que considérons comme nos droits dans ce domaine...*[405]

Finalement, en février 1933, dans le cadre de la ventilation des coûts exigée par la Commission, elles présentèrent une soumission couvrant les trois provinces des Prairies qui était 25% inférieure à celle de leurs adversaires.

Pour comprendre cette insistance, il faut savoir que c'est l'appui des trois provinces des Prairies au projet de nationalisation de la radio qui avait emporté la conviction du Premier ministre fédéral Richard Bedford Bennett et abouti à la création de la CCR. Or, ces trois provinces étaient précisément propriétaires de leurs compagnies de téléphone. À la perspective de voir leurs réseaux évincés du marché de la diffusion en série, elles avaient le sentiment – justifié – d'avoir passé un marché de dupes. Ce sentiment était encore plus exacerbé au Manitoba où la compagnie de téléphone était aussi propriétaire du principal poste de radio.[406]

---

[405] *Allô, l'interurbain*, cf. pp. 174-5.
[406] Weir, Austin E., *The Struggle for National Broadcasting in Canada*, cf. p. 130.

Le scandale de la radio

En avril 1933, la CCR attribua sans autre forme de procès le contrat dans son entièreté aux compagnies de télégraphe. Que s'est-il passé ? L'historien de la radio Austin Weir, qui y était aussi un des protagonistes de l'histoire en tant que cadre supérieur de la CCR et partisan de la solution mixte répartissant le contrat au mérite, relate ainsi cette issue abrupte :

> Tard en février, toutes les négociations furent prises en main par le colonel Steel et je n'eus plus ni responsabilité, ni information que ce soit par voie de demande de conseils ou autre. En outre, à partir de ce moment les intérêts de l'Ouest ou du Réseau téléphonique transcanadien furent mis de côté et ils ne furent même pas prévenus qu'un contrat avait été conclu avec les chemins de fer le mois suivant.[407]

Pression politique, corruption ou simple incompétence des commissaires de la CCR et du colonel Steel en particulier, nul ne sait exactement ce qui s'est passé en coulisses. Quelques mois plus tard, la CCR décida sans crier gare de créer un second réseau pour les émissions commerciales, c'est-à-dire subventionnées par de la publicité. Elle fit alors appel à un consortium composé du RTT et de CN/CP dans la proportion de 60-40. Comme les meilleures heures d'écoute étaient déjà occupées par les émissions du premier réseau, le consortium commercial fut de suite en difficultés.

Les compagnies de téléphone n'était pas au bout de leurs peines. La CCR refusa de leur dire quand le contrat de CN/CP pour le premier réseau arriverait à expiration. Au mois de mai 1935, flairant un mauvais coup, le RTT contacte la Commission à ce sujet. Une lettre signée Hector Charlesworth, président de la CCR, affirme que l'échéance du contrat n'est pas 1935 mais bel et bien 1936... La lettre est datée du 24 juillet 1935. Or, la reconduction du contrat avec les compagnies de télégraphe avait été signée le 16 juillet par le colonel Steel.

Que s'était-il passé ? On ne saura jamais la nature exacte des pressions qui ont été exercées sur la CCR. Le colonel Steel, faisant preuve d'un esprit d'indépendance tout à fait exceptionnel chez un militaire, avait omis de

---

[407] Weir, Austin E., *The Struggle for National Broadcasting in Canada*, pp. 161-4.

signaler le fait à son supérieur hiérarchique. Plus tard, durant les audiences de la commission parlementaire sur la radio de 1936, il sera sommé de s'expliquer sur l'exclusion des compagnies de téléphone. L'ineffable colonel gardera le silence.[408]

Il y a plus grave. Dans le renouvellement du contrat de CN/CP, la CCR précisait qu'elle pourrait utiliser ce réseau pour diffuser des émissions commerciales. Inutile de dire que ce changement de cap de la part de la CCR eut un impact catastrophique sur les recettes du deuxième réseau qui fut déserté par ses annonceurs. Les compagnies de téléphone quittèrent cette galère en perdition en 1936, perdant ainsi le strapontin de consolation qu'on leur avait concédé. C'en était trop pour les compagnies des Prairies. Elles parlèrent de fonder leurs propres compagnies de télégraphe, mais les autres membres du RTT les en dissuadèrent.

Ce scandale aurait pu sonner le glas du rapprochement entre les compagnies de téléphone, mais les investissements déjà consentis étaient trop importants pour qu'on puisse les passer au compte des pertes et profits. Le RTT, à l'image du Canada, est fondé sur un mariage de raison. Il n'empêche que cette crise souligne la connivence qui unit les trois entreprises nationalisées de l'Ouest toujours promptes à soupçonner les sombres complots de l'Est...

---

[408] Le fil des événements et la correspondance entre le RTT et Radio-Canada sont rapportés intégralement dans la soumission du RTT au comité spécial du Parlement consacré à la radio, 12 mai 1936, 39 pages. ABC # 15536. Weir, Austin E., *The Struggle for National Broadcasting in Canada*, cf. pp. 169-70.

CHAPITRE 13 - LA LONGUE MARCHE VERS L'INDÉPENDANCE DU GROUPE BELL

Au lendemain de la première Guerre mondiale, Charles Sise n'est plus, mais son remplaçant n'est autre que son alter ego, Lewis McFarlane et, dans l'ombre d'une vice-présidence, Charles Sise Junior, le fils aîné du fondateur de l'entreprise, attend son tour. Rien n'a changé ? Pourtant, l'apparence est trompeuse : tout bouge. Une décision qui relève en apparence des relations de travail enclenche le mouvement qui, à terme, aboutira à la séparation de Bell et d'AT&T : il s'agit de la vente d'actions aux employés.

Propriété de Bell : AT&T perd la minorité de contrôle

Bell Telephone a brièvement été une filiale d'AT&T, mais elle n'a jamais fait partie du *Bell System*. Certains textes d'AT&T peuvent prêter à confusion qui citent *Bell Telephone of Canada* parmi les autres compagnies associées du *Bell System*. Mais il s'agit de documents de relations publiques, sans aucune valeur légale.

En quoi consistait cette différence de statut ? Les compagnies associées exploitaient les brevets d'AT&T, alors que Bell possédait en propre les brevets. Nous avons vu précédemment (chapitre 5 - *Le téléphone arrive au Canada*, section *Bell est-elle américaine ?*) par quel tour de passe-passe le fondateur de Bell au Canada avait récupéré la propriété des brevets en 1882. Une autre différence entre Bell et les compagnies associées est que Bell possédait ses propres lignes interurbaines ; les compagnies associées devaient louer celles d'AT&T. Enfin, la troisième différence a été imposée par la législation canadienne sur les brevets : Bell n'avait pas le droit d'acheter son équipement téléphonique à *Western Electric*, elle devait le fabriquer elle-même ou l'acheter à des entreprises canadiennes.

Toutes ces différences, pour importantes qu'elles soient, s'estompent devant deux faits incontournables :

- AT&T possède 38,6% de *Bell Telephone* au moment où McFarlane accède à la présidence en 1915 ;
- *Western Electric* a balayé en 1906 les velléités d'autonomie manufacturière de Bell en achetant plus de 40% des actions de *Northern Electric* (chapitre 8 - Naissance de *Northern Electric* et

progrès technologiques, section *Western Electric* prend le contrôle de *Northern Electric*).

Mais l'étendue du contrôle américain vient d'un petit fait rarement mentionné. Depuis janvier 1913, la responsabilité des achats de Bell avait été confiée à *Northern*. En principe, Bell pouvait choisir librement son fournisseur, sans justification, mais c'était le service des achats de *Northern* qui passait les commandes et les refacturait à Bell au prix coûtant. Par *Northern* interposée, *Western* exerçait une tutelle de tous les instants sur Bell.

La marge de manœuvre conquise de haute lutte par Sise existe. Elle est bien réelle en ce sens qu'elle a créé une différence statutaire entre la maison mère et la filiale. Mais dans la pratique, la politique du groupe Bell est intégrée dans celle du *Bell System*. Son indépendance est pure potentialité.

Or, voilà qu'en 1915, Theodore Vail lance un plan d'achat des actions d'AT&T par les employés, ce qui est à ses yeux avant tout un moyen de s'attacher la fidélité des employés. Bien entendu, c'est aussi un moyen de réunir du capital à peu de frais et d'encourager la main d'œuvre à être plus productive. À son habitude Vail vise toujours plusieurs lièvres à la fois.

Ce plan suscite beaucoup d'intérêt au Canada et en mai 1920, Bell lance son propre plan. Les actions sont offertes aux employés à un taux préférentiel par voie de retenues à la source proportionnelles au salaire. Malgré les conditions difficiles qui prévalaient alors sur le marché financier d'après-guerre – jamais les actions de Bell n'avaient été aussi basses – le plan emporta tout de suite la faveur des employés. Au bout de deux ans, le tiers des employés avait déjà souscrit au plan d'achat d'actions. En 1932, malgré la crise, ce pourcentage frôle les 50%.

Au cours des années 1920, le plan d'achat d'actions par les employés contribue pour les 3/4 à l'accroissement du capital-actions de Bell. Cette politique de capitalisme populaire aura pour effet de faire passer la participation d'AT&T dans les avoirs de Bell de 38,3% en 1920 à 25,1% dix ans plus tard. C'est de loin le facteur principal de réduction de la participation d'AT&T dans la propriété de Bell.

Trois autres facteurs y contribueront, bien que dans une moindre mesure :

- En 1921 la mini-crise économique de l'après-guerre incitera Bell à chercher d'autres sources de financement extérieur pour accroître son capital, principalement au Canada ;
- l'achat de compagnies indépendantes par Bell et sa prise de participation dans les compagnies des Maritimes seront financées par des émissions d'actions ;
- le krach boursier d'octobre 1929 incitera AT&T non seulement à ne pas se prévaloir de son droit d'acquérir des actions lors de l'émission qui avait précisément été lancée ce mois-là, mais à vendre ses droits d'achat (en fait, AT&T, cédant à la panique vendra même un bloc de 17 000 actions, avant de se ressaisir puis de les racheter).

Durant les années 1930, on note une tendance à la stabilisation. En effet, les besoins de Bell en capitaux croissent à une vitesse réduite. À la suite de la malheureuse émission d'actions d'octobre 1929, Bell cesse donc de se financer sur le marché boursier et AT&T ne peut donc plus acheter d'actions de sa filiale. Sa participation, qui était de 749 992 actions avant le krach boursier, demeurera inchangée en chiffres absolus jusqu'en 1975. En revanche, le capital de Bell continuera de croître par le jeu du plan d'achat d'actions. La participation d'AT&T glissera donc légèrement en valeur relative, passant de 25,1% en 1930 à 21,7% en 1945. Bref, au fil des années, tout concorde pour diluer la participation d'AT&T dans Bell.[409]

En outre, en mai 1933, le gouvernement américain adopte le *Federal Securities Act* qui oblige toute compagnie étrangère qui veut émettre des actions aux États-Unis à donner un certain nombre de précisions sur sa situation financière à l'avance. Bell refusera de se soumettre aux conditions jugées excessivement sévères de cette loi et confortera Bell dans son intention de ne plus aller sur les marchés financiers, en particulier aux États-Unis.[410]

La faiblesse de la participation d'AT&T ne doit pas faire illusion : Bell n'a pas conquis son indépendance à cette époque. La sujétion canadienne a simplement cessé d'être financière pour se concentrer sur la technologie. N'oublions pas que la dilution de la participation d'AT&T dans le capital de

---

[409] *The Kettle Text*, texte inédit, ABC non classé, chapitre V, pp. 20-22. *Amount and Percent of BTCo Stock Held by American Bell Telephone Company and American Telephone and Telegraph Company, 1880 to Date*, Bell, 1977, ABC # 30763.

[410] *The Kettle Text*, texte inédit, ABC non classé, chapitre V, p. 26.

Bell ne s'est pas doublée d'une dilution parallèle de la participation de *Western Electric* dans *Northern Electric*. De 1914 à 1957, cette dernière se maintient imperturbablement à 44%. Là se trouve le principe actif de la domination américaine sur la téléphonie canadienne.[411]

Renforcement de la dépendance technologique

Les transferts de technologie entre les États-Unis et le Canada fluctuaient sans cesse car le vieil accord de 1892 était tombé en désuétude. À la veille de la première Guerre mondiale, les brevets originaux du téléphone étaient tous caducs et la valeur des brevets détenus en propre par Bell était minime. En outre, depuis 1910, *Northern Electric* déposait en son nom tous les brevets canadiens de *Western Electric*, c'est-à-dire les brevets relatifs à la fabrication. Par contre, les brevets appartenant à AT&T, c'est-à-dire les brevets concernant la transmission, continuaient à être déposés par Bell. *Northern* payait 25 dollars par brevets, Bell ne payait aucun droit. On ne saurait imaginer d'accord plus avantageux pour Bell et même pour *Northern*. La situation ne pouvait durer indéfiniment.

En janvier 1914, une nouvelle entente est signée qui stipule que *Western* demeure désormais propriétaire de ses brevets et que *Northern* en obtient gratuitement les droits exclusifs pour le Canada. En outre, l'information nécessaire à l'exploitation des brevets sera vendue au prix coûtant.[412]

Cet accord est révisé en janvier 1919 par une entente commerciale qui fait de *Northern* le distributeur exclusif de *Western* au Canada moyennant le versement de 1% de redevances sur les ventes de matériel téléphonique. Il faut retenir le chiffre de 1%. C'est la première fois que cette proportion fait son apparition dans les relations entre les compagnies canadienne et

---

[411] *Evidence of A.G. Lester,* cf. p 17.

[412] L'accord avait, en fait, été signé entre *Northern Electric* et une filiale de *Western Electric* nommée Electrical Properties Limited, fondée en novembre 1913 pour gérer les brevets de l'entreprise américaine au Canada. Il sera confirmé en avril de la même année après la fusion de *Northern* et de Wire & Cable. *History of Bell Telephone Company of Canada and Northern Electric Company from Patent, Technical Information, Service Agreement and Ownership Standpoint up to July 1, 1959*, Bell Canada, 20 avril 1961, ABC # 24894-103. cf. p. 3. *Memorandum in regard to the rights of the Bell Telephone Company to secure patents from and through the American Telephone & Telegraph Company*, Montréal, le 14 mai 1925. ABC #21741.

américaine. En août de la même année, un autre accord sur les brevets intervient entre *Western* et *Northern*, auxquelles se joint Bell, qui précise certains détails de l'entente de 1914 sur les brevets : *Northern* conserve les droits exclusifs de l'exploitation des brevets de *Western*, Bell en acquiert les droits non exclusifs.[413]

Ces ententes en cascade, qui ressemblent à autant de variations sur un même thème, annulent la principale source d'autonomie de Bell et de *Northern Electric*. Elles dépouillent les deux entreprises canadiennes de la propriété des brevets sur le téléphone acquise par Sise. Par l'accord de 1919, les choses rentrent dans l'ordre. AT&T peut bien perdre la minorité de contrôle des actions de Bell. La mise en tutelle technologique pallie l'affaiblissement du lien financier.

Signalons une clause peu utilisée de l'accord d'août 1919 : les brevets achetés par *Northern* auprès de tierces compagnies deviennent aussi propriété de *Western*, moyennant rétribution au prix coûtant. Quand *Northern* achète en janvier 1920 l'entreprise pionnière en matière de commutation, *Canadian Automatic Electric*, tous les brevets des frères Lorimer passeront ainsi sous contrôle de *Western*. Or, les Américains entament précisément à cette époque la bataille pour l'automatisation des centraux dans laquelle les brevets des frères Lorimer joueront un grand rôle. Cette clause, en apparence anodine, a joué à cette occasion un rôle clé pour éviter que ces brevets indispensables ne tombent entre les mains de concurrents.

Si *Northern Electric* devait payer pour les informations relatives à l'application des brevets de *Western Electric*, Bell continuait à obtenir gratuitement les informations sur les brevets d'AT&T. Or, le nombre et la complexité des brevets croissaient sans cesse. Par ailleurs, toutes les compagnies membres du *Bell System* payaient pour cette même information. La situation ne pouvait durer indéfiniment.

En mai 1923, l'accord de service entre Bell et AT&T vient formaliser les relations entre les deux entreprises sur le modèle de celles qui existent déjà entre *Northern* et *Western*. Bell devra aussi payer pour avoir accès aux informations technologiques, administratives et financières de la maison

---

[413] Le premier accord de 1919 est signé du côté américain par *Western Electric of Canada* qui a succédé à *Electrical Properties*, le second par *Western Electric of Canada* et par *International Western Electric*. Le sens de tous ces changements de raison sociale a perdu de son intérêt en raison de leur caractère éphémère. ABC # 24894-103, cf. p 4 et 24894-91, cf. p. 6.

mère. Initialement, les redevances sont fixées à 300 000 dollars par an auxquels s'ajoute une somme proportionnelle aux revenus de l'entreprise. Bon an mal an, cela équivalait à environ 1% des revenus bruts de Bell. Cet accord donnait à l'entreprise canadienne accès à tous les brevets déposés aux États-Unis par AT&T (à l'époque, il y a deux centres de recherche dans le *Bell System* : la division d'ingénierie de *Western* et celle d'AT&T). À partir de janvier 1929, par souci de simplification, le montant total des redevances sera fixé à 1% des revenus de Bell.

L'accord de service de 1923 faisait encore mieux : il mettait à la disposition de Bell le savoir-faire nécessaire pour adapter les brevets américains au contexte canadien, prodiguant une assistance technique sur demande en matière d'assistance, d'entretien et de réparation. Cela comprenait aussi des échanges de données sur l'exploitation du réseau téléphonique et tous les aspects de la gestion de l'entreprise. Il s'agissait d'un transfert de technologie total qui couvrait toute la vie de l'entreprise. Comme AT&T était de loin l'entreprise de téléphone la plus avancée au monde, Bell faisait une excellente affaire.

Pendant ce temps, aux États-Unis, les compagnies membres du *Bell System* devaient verser 4,5% de leurs revenus bruts à AT&T jusqu'en 1926 pour le même service. Ce pourcentage sera progressivement réduit pour atteindre 1,5% en 1929. Au Canada, Bell semble donc avoir toujours bénéficié d'un traitement de faveur par rapport à ses parentes américaines. Elle a obtenu un accès illimité à un bassin technologique de tout premier ordre en échange d'une somme relativement modeste.[414]

La menace de poursuites anti-trust et la volonté de recentrage sur le téléphone d'AT&T obligent *Western Electric* à se séparer de sa filiale étrangère *International Western Electric* qui est achetée en septembre 1925 par *International Telephone and Telegraph* (ITT). *Western* conserve cependant les droits sur le Canada et Terre-Neuve. Du coup, Bell et *Northern* perdent l'exclusivité des droits canadiens. Quel chemin parcouru depuis la propriété pleine et entière des brevets conquise par Sise en 1882 jusqu'à ces droits non exclusifs de 1925... Qui plus est, en avril 1926, une modification est

---

[414] Chiffres extrait de Williams, Jeams Earl, *Labor Relations in the Telephone Industry : A Comparison of the Private and the Public Segments*, cf. p. 43.

ajoutée à l'accord de service : en cas de résiliation, on en reviendrait au statut de novembre 1880. La mise en tutelle est verrouillée à double tour. Mais qui aurait seulement songé à l'intérieur de Bell à rompre un accord si avantageux ?

La revue interne de l'entreprise, *The Blue Bell*, exprime clairement la position de l'entreprise en 1925 :

> *Si notre compagnie était maintenant confrontée avec la nécessité d'obtenir ces services autrement, il lui faudrait accroître considérablement ses propres activités afin de les fournir elle-même au mieux de ses possibilités et dans la mesure de ses ressources. Nul doute que cela ne soit beaucoup plus cher et les résultats beaucoup moins satisfaisants.*[415]

Non seulement Bell est-elle satisfaite de sa position de quasi-filiale, mais elle tremble à l'idée qu'elle puisse un jour avoir à devenir indépendante et faire sa propre R-D.

La crise économique a bien failli remettre en question ce bel arrangement. L'année 1933 marque le fond de la récession. L'argent se fait rare. Bell doit débrancher plus de 100 000 téléphones. Elle fait parvenir le préavis d'annulation de l'accord de service qui est de douze mois. Heureusement, la crise s'atténue et devant les signes de reprise économique, Bell retirera son préavis. Les choses resteront donc en l'état jusqu'en 1949 quand l'accord de service sera entièrement renégocié.

Premiers signes de relâchement

Si le précédent accord de service était double, celui de juillet 1949 est triple. Le premier concerne uniquement les relations Bell-AT&T qu'il reconduit en élargissant l'assiette des redevances. Bell paiera désormais 1% non seulement sur ses revenus, mais également sur ceux de ses filiales. Les revenus du nouveau service Télétype seront inclus dans la base de calcul des redevances, mais pas ceux issus de la publicité dans les annuaires. Au total, l'assiette augmentera de 3% pour s'aligner sur celle des compagnies associées du *Bell System*. Toute référence à l'accord de 1880 est désormais éliminée, même en cas de rupture de l'accord de service :

---

[415] « Our relationship with the American Telephone and Telegraph Company », in *The Blue Bell*, Montréal, septembre 1925. Cet article a été repris dans un tiré à part, ce qui souligne l'importance que lui attachait la haute direction. ABC # 18776.

> *Bien que l'accord de 1880 ait pendant bien des années revêtu une grande valeur aux yeux de la compagnie, sa valeur a grandement diminué aujourd'hui et se trouve, par là même, douteuse. La compagnie a besoin de droits étendus et d'assurances que seuls peuvent lui conférer le présent accord.*[416]

On ne saurait manier la litote avec plus de prudence ! Mais, derrière les habituelles circonvolutions de la langue de bois de la bureaucratie des télécommunications, surgit une réclamation nouvelle en faveur de « droits étendus » et « d'assurances ». L'affirmation est nouvelle. Ce n'est pas encore une prise de conscience en faveur de l'indépendance de Bell, mais c'est une première expression du rapatriement des intérêts stratégiques de Bell au Canada. L'événement est d'importance.

Les deux autres accords de 1949 portent sur les relations entre *Northern Electric* et *Western Electric*. Le premier d'entre eux fixe les redevances pour les échanges d'information à 2,5% du chiffre d'affaires de *Northern*, y compris les ventes à Bell. Il s'agit d'une forte hausse par rapport à l'accord de 1919 qu'il remplace et qui établissait le niveau des paiements à 1% à la fois pour les échanges d'information et les droits sur les brevets.

Le second accord porte précisément sur les brevets. Les ventes à Bell d'équipement sous licence *Western* sont exemptées de royautés. Il s'agit du gros des ventes de *Northern*. Par contre, les ventes à des compagnies tierces, comme les autres compagnies de téléphone canadiennes, seront soumises au paiement de royautés : 1% pour les brevets déposés avant juillet 1949 ; puis, selon les équipements, de 0,5 à 10% pour les brevets qui seront déposés ensuite. Dans la pratique, la moyenne des royautés que paiera *Northern* pour les brevets déposés après juillet 1949 s'établira à 3,6%. Les droits continuaient à être accordés sur une base non exclusive.

Enfin, la portée des deux accords *Western-Northern* est limitée aux équipements de communications à l'exclusion des autres catégories telles que transmetteurs radio, équipements d'enregistrement du son et des images ainsi que matériel radar. Comme nous le verrons ci-après (chapitre 18

---

[416] Mémoire de R.V. Macaulay à Frederick Johnson, 23 août 1949. Cité in ABC # 24894-91, cf. p. 8.

- *La scène internationale*, section *Fragilité de l'équilibre réglementaire américain*), la division anti-trust du ministère de la Justice des États-Unis commence, précisément en 1949, à examiner la nature des relations entre AT&T et *Western Electric*. Ces deux entreprises ont préféré sacrifier une partie de leurs relations avec le Canada pour protéger le cœur du *Bell System* aux États-Unis – d'où les restrictions volontaires imposées au triple accord de service de 1949.

L'accord de service de 1949 marque le début du ressac de la domination technologique du groupe américain. Si les liens entre Bell-*Northern* et AT&T-*Western* se maintiennent, c'est en raison de la force de la tradition et de l'intérêt canadien. Toute volonté de domination de la part du groupe américain a disparu et se trouve remplacée par des préoccupations intérieures.

Le Consent Decree de 1956 coupe le cordon ombilical entre Western Electric et Northern Electric

Mais en 1956 le toit s'effondra sur la tête de *Northern Electric* », pour reprendre l'expression imagée de Vernon Oswald Marquez, futur président de l'entreprise.[417] Une initiative américaine va bouleverser l'ensemble des télécommunications canadiennes : le *Consent Decree* de janvier 1956 signé entre AT&T et le ministère de la Justice des États-Unis. Des poursuites judiciaires avaient en effet été engagées en 1949 à l'encontre de l'entreprise de télécommunications en vertu de la législation anti-trust. Le ministère de la Justice entendait séparer AT&T de Western Electric.

L'entente hors-cour évite le pire car elle maintient l'intégration verticale du *Bell System*. En contrepartie, elle prévoit que *Western Electric* limite ses activités à la fabrication d'équipements destinés aux entreprises du *Bell System* ou au gouvernement américain. De plus, le *Consent Decree* exige d'AT&T et de *Western* qu'elles accordent les mêmes droits sur les brevets à tous ceux qui en feraient la demande. Les droits pour les brevets déposés avant 1956 seraient gratuits ; pour les autres, ils seraient sujets à des royautés raisonnables.

---

[417] Marquez, V.O., « Building an innovative organization - Wanted : small catastrophes », in *The Business Quaterly,* School of Business Administration, University of *Western* Ontario, Toronto, hiver 1972, Vol. 37, N°4.

Les relations privilégiées entre *Western Electric* et *Northern Electric* étaient pulvérisées. *Northern* était mise sur un pied d'égalité par rapport aux autres entreprises canadiennes, elle perdait tous ses atouts. Heureusement, l'entente hors-cour n'était pas exécutoire sur le champ. Il faudra attendre trois ans pour que son effet se fasse sentir dans la vie quotidienne de *Northern*. De son côté, Bell demeurait relativement hors d'atteinte des ondes de choc du coup de force américain.

Le triple accord de service de 1949 prenait fin en 1959. Seuls les deux accords manufacturiers entre *Western Electric* et *Northern Electric* étaient visés. En fait, l'accord commercial fut annulé et remplacé par un accord d'information technique de moindre envergure. L'accord sur les brevets fut renégocié pour tenir compte du *Consent Decree*.

Pour avoir une idée des bouleversements apportés, il faut savoir que *Northern* utilisait alors près de 2 400 brevets de *Western*. Environ 1 800 d'entre eux avaient été déposés avant 1949 et se trouvaient du jour au lendemain exemptés de royautés. Les droits sur brevets déposés depuis lors étaient au contraire réévalués à la hausse. Le nouvel accord de service consistait précisément à consentir des escomptes sur les royautés de ces brevets. Sa durée était de cinq ans, au lieu de dix ans pour les accords précédents. Il fut suivi d'autres contrats de plus en plus limités en 1964 et 1969. Le dernier lien fut interrompu en 1972.[418]

Dès 1956, la modestie du nouvel accord de service atteste du changement survenu dans les relations entre Northern Electric et Western Electric. Le flot d'information qui s'écoulait régulièrement du sud vers le nord depuis la création de la division manufacturière de Bell en 1882 s'était rétréci jusqu'à devenir un mince filet. C'est encore Marquez qui résume le mieux la situation :

> *Nous sommes des enfants de riches et nous avons été mis à la porte à coup de pied. Je me suis souvent demandé si Northern Electric, ou toute autre compagnie canadienne, aurait eu le courage de courir volontairement ce genre de risque et j'en*

---

[418] Bennett, Gordon, « Une multinationale canadienne à l'assaut des marchés mondiaux », in *In Search/En Quête*, ministère des Communications, Gouvernement du Canada, Ottawa, vol. 4, N°2, printemps 1977.

> doute ; une filiale canadienne d'une entreprise américaine mène une existence confortable. Le risque technologique est encouru par la maison mère. C'est la tragédie du Canada : nous avons transformé l'imitation en vertu. Vous ne pouvez pas savoir comme il est facile de payer pour une technologie au moment où vous l'utilisez, au lieu d'attendre cinq ans ou plus pour récupérer votre mise de fonds. Mais j'ai confiance que l'histoire dira que c'est la meilleure chose qui pouvait nous arriver.[419]

Sur le plan institutionnel et financier, les retombées du *Consent Decree* avaient été encore plus rapides. *Western Electric* avait prié Bell de lui racheter son investissement dans *Northern Electric*. En 1957, Bell procéda à un premier achat d'actions détenues par *Western* pour près de 20 millions de dollars. La part de Bell dans *Northern* passa à 89,97%, tandis que celle de *Western* baissait à 10,02%. En 1962, Bell paya encore huit millions de dollars pour prendre possession du solde des avoirs de *Western*, ce qui fit monter sa part à 99,99%. Le reliquat appartenait aux membres des conseils d'administration de Bell et de *Northern*. Bell l'acheta en 1964, transformant ainsi *Northern* en filiale à part entière. Ainsi s'acheva le combat amorcé contre l'emprise de *Western Electric* par le vieux Charles Sise vers la fin de sa vie. *Northern* était rapatriée entre les mains de Bell.

Ce sont les États-Unis qui ont coupé le cordon ombilical avec *Northern Electric*, projetant ainsi cette entreprise dans la voie de l'indépendance technologique. La séparation s'est faite progressivement. On peut dire que les signes avant-coureurs avaient commencé à poindre en 1949. La rupture officielle date de 1956, mais elle n'entrera en vigueur qu'en 1959, et encore, s'effectuera-t-elle en douceur jusqu'à la fin du dernier accord de service *Western-Northern* en 1972. L'habitude de travailler ensemble palliera un temps l'affaiblissement des liens formels.

Qui dirige Bell ?

Les liens entre Bell et AT&T n'ont pas été entamés par le *Consent Decree* de 1956. L'accord de service entre les deux maisons mères, Bell et AT&T se prolongera jusqu'en 1975.

---

[419] *The Kettle Text*, texte inédit, non daté (début des années 70), ABC non classé, chapitre IV, p. 35.

Nous avons vu que le lien financier avait commencé à se distendre à partir de 1930 quand Bell se retira des marchés financiers. À cette époque, Lewis McFarlane a cédé la présidence de Bell à Charles Sise junior depuis cinq ans. Pas une déclaration, pas un texte officiel, pas une lettre, rien dans l'œuvre de ces deux hommes ne trahit le moindre désir d'émancipation par rapport à la tutelle américaine.

Quand McFarlane prend les rênes du pouvoir en 1915, il a 64 ans et il représente la continuité. En effet, en tant que directeur du bureau de Toronto de *Dominion Telegraph*, c'est lui qui a permis à Graham Bell de faire son premier appel interurbain en août 1876. C'est lui qui a mis sur pied la division téléphonique de *Dominion Telegraph* deux ans plus tard. C'est encore lui qui, au début des années 1880, a introduit le téléphone dans les Maritimes avec des fortunes diverses. Toute sa carrière à Bell s'est accomplie sous la gouverne de Sise. Pourtant une différence de situation existe entre eux : il est Canadien et n'a pas commencé sa carrière comme délégué de la maison mère au Canada. Mieux : il bénéficie de toutes les luttes que Sise avait menées pour affirmer son pouvoir face au *Bell System*.

McFarlane est un personnage haut en couleurs, il a cette chaleur humaine qui faisait tant défaut à Sise senior. Politiquement, c'est sa présidence qui marque la rupture avec le capitalisme sauvage de l'époque précédente. Les grandes mesures sociales ont toutes été prises durant son passage au pouvoir et l'attitude de coopération avec les autorités réglementaires prend corps avec lui. McFarlane injectera dans la compagnie canadienne un début d'esprit de service public tel que défini aux États-Unis par Theodore Vail. Mais cette politique sera freinée par le caractère traditionnel pour ne pas dire artisanal de sa gestion.

Sise junior continuera méticuleusement la politique de McFarlane en y introduisant le caractère « scientifique » qui lui faisait défaut. Avec lui, Bell adopte le caractère d'une grande administration de service public qui marquera la compagnie jusqu'à l'arrivée de la concurrence en 1992. C'est un apparatchik gris comme les murs de l'immeuble du siège social de Bell qu'il fit construire au 1050, côte du Beaver Hall, à Montréal. Son désir d'anonymat est si grand qu'il refusera de laisser graver son nom sur la pierre commémorative qui fut posée en mai 1928. Sise junior dirigera Bell de 1925 à 1945, insufflant à la direction de l'entreprise son style feutré, ennemi de tout flamboiement, en un mot « invisible » comme l'empire qu'il dirige. Son successeur sera Frederick Johnson, un comptable d'origine britannique, tout aussi incolore que Sise junior : il présidera aux destinées de la compagnie jusqu'en 1953.

Il ne faut pas conclure hâtivement que le culte de la discrétion soit un signe de médiocrité. À partir de 1946, le boom économique d'après-guerre crée une demande téléphonique sans précédent. Tout le monde veut le téléphone. Le nombre des demandes non satisfaites par Bell atteint 94 000 à la fin de 1947 même si la plupart des lignes installées à cette époque sont partagées par plusieurs abonnés. *Northern* a reconverti sa production de guerre en un temps record et Bell engage du personnel à pleines portes : 90% des 2 500 employés mobilisés sont réengagés, y compris les handicapés de guerre. Au total, 10 000 employés sont engagés en deux ans, ce qui représente près de la moitié des effectifs qui s'élèvent alors à 23 000. Il faut intégrer ce sang neuf dans l'entreprise.

Le successeur de Sise junior, Frederick Johnson qui, avait fait sa carrière dans le service de la comptabilité, sera l'homme de la situation. Spécialiste des finances, il doublera les actifs de Bell, faisant la preuve que les milieux d'affaires canadiens avaient enfin adopté le téléphone. Sous sa gouverne, l'entreprise recommencera à émettre des actions, mais elle s'abstiendra de le faire aux États-Unis en raison de son hostilité persistante à la transparence exigée par la loi de 1933 (*Federal Securities Act*). AT&T ne pourra donc pas acheter d'actions. Sa participation se mettra alors à dégringoler, passant sous la barre des 10% en 1950, puis sous celle des 5% en 1956. Cette réduction spectaculaire a donc été en majeure partie accomplie durant le règne de Frederick Johnson. Pourtant, pas un mot dans ses discours ou les publications de l'entreprise de l'époque ne témoigne de l'événement.

Charles Sise Jr et Frederick Johnson

Archives Bell Canada

C'est sous sa présidence également que débuta la politique des accords de service entre Bell et les autres compagnies de téléphone canadiennes, calqués sur le modèle de celui qui régissait les relations entre Bell et AT&T. En 1949, MT&T, NB Tel, MTS, Sasktel et AGT concluent un tel accord qui leur donne accès à toutes les pratiques de Bell ayant trait à l'exploitation du réseau, ainsi qu'à ses services de consultation en matière de technologie, de gestion et de formation (600 cours et séminaires). Ce flot d'information couvre tous les aspects sans exception de la vie d'une entreprise de téléphone. On calcule qu'un accord de service moyen comprenait 250 000 pages d'information. *Avalon Telephone* signera un accord similaire en 1957. Seule, parmi les compagnies membres du RTT, BC Tel ne signera jamais d'accord avec Bell, en raison de ses liens institutionnels avec GTE. Mais la politique d'accords de service de Johnson contribuera autant sinon plus que le RTT à unifier la téléphonie canadienne autour de normes communes.[420]

---

[420] *Evidence of A.G. Lester*, Commission des pratiques restrictives du commerce, cf. p. 33. *The Kettle Text*, chap. 6, pp. 1-9.

Le successeur de Frederick Johnson est Thomas Wardrope Eadie, qui rompt quelque peu avec la grisaille précédente. Ce n'est toujours pas un président flamboyant, mais cet ingénieur fasciné par les ondes radio n'hésite pas à poser en termes politiques l'équation réseau de télécommunications = nation. C'est lui qui obtiendra de C.D. Howe le contrat de la ligne *Mid-Canada*. Surtout, Eadie saura faire les choix qui s'imposent pour faire passer le téléphone à l'ère des masses : il optera en faveur des micro-ondes pour reconstruire le réseau téléphonique transcanadien et pour le remplacement des commutateurs pas-à-pas par des commutateurs crossbar.

L'œuvre d'Eadie est aussi politique. Il a la chance de pouvoir bâtir sur la politique d'accords de service de Frederick Johnson. Il reprend l'approche inaugurée par Robert Macaulay qui consistait à utiliser la technologie réseau pour unifier les compagnies de téléphone canadiennes, il remplacera les fils téléphoniques de l'interurbain par les faisceaux hertziens. Eadie assumera donc la présidence du Réseau téléphonique transcanadien (RTT) en même temps que celle de Bell - il sera le seul à cumuler les deux fonctions.

Au-delà de la construction d'un réseau hertzien transcanadien d'un océan à l'autre, il réussit à mettre un contenu dans le RTT. Il persuade les compagnies de téléphone de coopérer, d'harmoniser, voire d'intégrer certaines de leurs fonctions. Comment atteint-il son but ? En payant. Il avance de l'argent aux compagnies des Prairies qui avaient à défrayer des coûts proportionnellement plus importants que Bell. C'est ainsi qu'il gagne le surnom de « missionnaire des micro-ondes ».

Eadie dirigera Bell de 1953 à 1963 et c'est avec lui que l'idéologie de Theodore Vail est portée à son apogée. Il prolonge l'action de ses prédécesseurs mais, fait notable au Canada, il est le premier président de Bell depuis Charles Fleetford Sise, à avoir sa propre vision de l'entreprise. Toutefois, à la différence du capitalisme sauvage de Sise senior, la vision d'Eadie s'inscrit dans la grande tradition du service public. Ce n'est pas un hasard si le téléphone atteint enfin l'universalité durant sa présidence. Le téléphone pénètre enfin dans tous les foyers, réalisant ainsi l'objectif assigné par Vail aux États-Unis au début du siècle.

Durant les années Eadie, l'objectif maintes fois répété de Bell est d'égaler les meilleures compagnies membres du *Bell System* américain en terme de qualité de service. Il y réussira grâce à un développement axé sur des impératifs purement technologiques. Dans un environnement isolé des lois du marché par le monopole, c'est la technologie qui marque le rythme de l'expansion. Un des signes de cette priorité technologique est la création d'une nouvelle division administrative à Bell : les Services interurbains. La structure d'exploitation de la compagnie cesse d'être géographique pour suivre une ligne de démarcation technologique.

Il y a cependant une limite à l'œuvre de Eadie et elle est de taille : tout ingénieur qu'il soit et malgré son parti pris technologique, il ne songera pas à rapatrier la R-D au Canada. Or, dans les années 50, le *Consent Decree* américain envoie un signal explicite aux dirigeants canadiens : les transferts de technologie en provenance d'AT&T et des *Bell Labs* sont condamnés à court terme. Mais Eadie le technologue ne voit pas l'occasion de lancer une politique autonome canadienne.

Bien sûr, *Northern* commence à faire de la recherche à Montréal et à Belleville, en Ontario. Une équipe restreinte mais clairvoyante mise sur les semi-conducteurs et ce, dès 1952. Mais Bell n'appuie pas les efforts de sa filiale. Au contraire, Eadie s'acharne à éviter tout ce qui risquerait de « faire double emploi » avec les transferts de technologies prévus dans le cadre de l'accord de service entre AT&T et Bell. Il faut surtout ne pas payer deux fois pour la même chose. C'est de la bonne gestion, mais on ne fonde pas une grande politique sur les seules règles comptables.

Eadie appartient pour le meilleur et pour le pire à l'univers de la succursale d'AT&T. Témoin cette interview au sujet des relations entre Bell et AT&T qu'il accorde au lendemain de sa retraite :

> *Pour ma part, je suis déçu que la participation (d'AT&T) soit devenue si petite... Je n'ai jamais été voir AT&T pour leur demander de prendre une décision à ma place sur un problème canadien. Mais par contre, je ne suis jamais revenu de New York sans la conviction renforcée que j'avais une meilleure base pour prendre une décision après avoir écouté leurs expériences et conseils.*[421]

Par sa naïveté, cet aveu est révélateur car il nous fait pénétrer dans l'univers des motivations affectives des décideurs de Bell. Il était tellement sécurisant

---

[421] Interview de Tom Eadie par Robert H. Spencer, historien de Bell, session 2, 5 septembre 1968. ABC, dossier biographies. Carte rose dans fichier, entrée Propriété de Bell.

de travailler dans le giron de la plus grande entreprise de télécommunications au monde...

Il faut dire à la décharge d'Eadie, que l'école d'AT&T était la meilleure au monde en matière de gestion et de R-D et qu'il devait, en effet, être difficile de se défendre d'un sentiment d'admiration. En outre, Eadie eut à faire face à une demande en construction sans précédent dans l'histoire de Bell. Il mènera de front l'édification du réseau hertzien transcanadien et l'aventure de la ligne *Mid-Canada*. Sa présidence est celle du grand bond en avant technologique.

Naissance de la R-D à Northern

Le signal du changement viendra d'ailleurs. Avant même la conclusion du *Consent Decree*, le président de *Northern*, le colonel R. Dickson Harkness, était inquiet. Durant la longue présidence de Paul F. Sise (1919-1948), l'entreprise avait été sous tutelle directe de *Western Electric*. Les cadres de *Northern* étaient en majorité américains et ceux qui ne l'étaient pas étaient formés au moule de *Western Electric*. Si Bell était une filiale libéralement supervisée par une maison mère lointaine, *Northern* était gérée comme la succursale d'une entreprise centralisée. Dès les premières menaces de démantèlement du *Bell System* américain en 1949, le colonel Harkness saisit l'ampleur du danger et fit procéder à une étude sur l'avenir de *Northern Electric*.

La chance était au rendez-vous. Les auteurs de l'étude seront deux personnalités hors du commun : Chalmers Jack Mackenzie et Mervin J. Kelly. Mackenzie était président du Conseil national de recherches du Canada (CNRC) et grand patron de la recherche canadienne pendant la guerre et l'après-guerre ; Mervin J. Kelly venait de prendre sa retraite de président des *Bell Labs* américains, c'est lui qui avait lancé en 1936 le programme de recherche sur la commutation électronique. À ce titre, il est l'ancêtre lointain du transistor.

Les deux hommes firent le tour des installations de *Northern* et découvrirent l'embryon de recherche-développement effectué sous la gouverne d'A. Brewer Hunt à Belleville et de Cyril A. Peachey à Montréal. Mackenzie signa le rapport qui serait à citer en entier, car il contient en embryon toute la politique d'indépendance du groupe Bell. Il préconise chaudement la création d'un bureau d'études indépendant à Montréal :

> *Une industrie complexe et technologique ne peut pas demeurer éternellement concurrentielle au moyen de transfusion de sang ou sans la totalité de ses organes vitaux... Northern peut très rapidement mettre au monde une organisation de recherche-développement capable de répondre non seulement aux besoins de la compagnie mais sera aussi à même d'en faire un fournisseur privilégié du gouvernement et autres institutions qui veulent passer des contrats de développement.*[422]

Ce rapport est prémonitoire à plus d'un titre : il annonce la convergence des communications et de l'électronique aussi bien que la diversification des télécommunications et la concurrence croissante. L'allusion habile aux contrats gouvernementaux aurait dû toucher une corde sensible dans les milieux dirigeants de Bell. Mais Eadie fait encore une fois la preuve de son aveuglement politique et il refusera de créer un laboratoire de recherche en télécommunications. Selon ses propres mots :

> *C'était tout simplement au-delà de nos possibilités financières et, en outre, recruter les scientifiques pour servir dans une telle organisation n'était pas faisable.*[423]

Un homme, par contre, lut ce rapport à Bell et saisit l'occasion au vol : il s'agit d'Alex Lester, le bras droit de Thomas Eadie. Dès le lendemain du *Consent Decree*, il comprit que le rapport Mackenzie était la seule issue possible pour Bell Canada. Il sera à Bell ce que Peachey est à *Northern* : le promoteur infatigable de la canadianisation de la R-D. Il n'hésitera pas, comme on le verra ci-après (chapitre 31 - *Commutation numérique : le Canada s'assure la première place*), à faire de la surenchère sur *Northern* pour accélérer la mise au point de nouveaux produits.

L'indépendance du groupe Bell est indirectement issue d'une série de décisions politiques prises par le gouvernement américain (*Federal Securities Act* de 1933, *Consent Decree* de 1956) et de l'abstention de sa maison mère,

---

[422] Mackenzie, C.J., *Proposals for a Research and Development Organization for Northern Electric Co. Ltd.*, septembre 1955. ABC. cf. p. 4 et 5-6.

[423] Interview de Tom Eadie par Robert H. Spencer, historien de Bell, session 2, 5 septembre 1968. ABC # 17 992-1.

AT&T. L'interminable conflit, qui a opposé AT&T aux autorités fédérales, a chaque fois amené le géant de la téléphonie à sacrifier ses intérêts canadiens pour sauvegarder le principe de son monopole aux États-Unis. Aucun des acteurs principaux n'a consciemment voulu l'indépendance du groupe Bell au Canada : c'est une retombée accessoire d'un conflit étranger à toute problématique nationale canadienne.

Au lendemain de 1956, il n'y a donc plus d'obstacles financiers ou technologiques pour que le groupe canadien dans son ensemble prenne son envol dans les meilleures conditions. Tout est en place pour l'acte final de 1975 qui sera effectué avec la bénédiction d'une maison mère complaisante et, surtout, avec l'acquis inestimable de l'excellence technologique mise au point par AT&T, *Western Electric* et leur filiale conjointe, les célèbres *Bell Laboratories* (*Bell Labs*). Le secteur privé fournit ainsi un exemple réussi de « décolonisation » sans bavures.

Naissance du complexe militaro-téléphonique

Au cours de l'effervescence de l'après-guerre, deux hommes se feront les protagonistes de la coopération avec l'État : Thomas Eadie et Alex Lester. Dans leur vision nationale des télécommunications, le rapprochement avec l'autorité politique allait de soi. Bell s'intégrait dans le cadre du Réseau téléphonique transcanadien et devenait l'instrument du gouvernement en matière de télécommunications.

Or, en ces années de guerre froide, travailler pour l'État signifie bien souvent travailler pour la Défense. Pendant la Deuxième Guerre mondiale, les grands projets militaires en matière de télécommunications avaient été menés par les compagnies de téléphone en-dehors de la structure associative (voir encadré *Les télécommunications et la Deuxième Guerre mondiale*). Bien des ingénieurs et des techniciens mobilisés s'étaient retrouvés dans les rangs du *Royal Canadian Corps of Signals* (RCCS). Il en résulta un certain rapprochement culturel qui prit forme au lendemain de la guerre dans une institution peu connue du public : le Collège de la Défense nationale de Kingston. Version canadienne de l'*ImperialDefence College* britannique, cet établissement n'a rien d'un collège ordinaire[424].

---

[424] Colonel Randall Wakelam, « Composer avec la complexité et l'ambiguïté : apprendre à résoudre des problèmes insolvables », Le Centre des études sur la sécurité nationale, *Les cahiers Strathroby*n, 2010 No 4.

En 1947, le Canada entreprit de susciter de toutes pièces un rapprochement entre l'armée et les administrateurs civils. Il conçut donc dans le cadre du Collège de la Défense nationale un programme de cours à l'intention des futurs dirigeants de l'armée et de la fonction publique : ceux-ci étaient détachés de leurs responsabilités habituelles pendant neuf mois avec plein salaire (la période est ensuite passée à onze mois)[425].

Seuls les éléments les plus brillants sont admis : entre 20 et 30 par session. Que leur apprend-on ? L'exercice du pouvoir et, surtout, se connaître. Dès 1949, la formule étant au point, on y adjoint un ou deux cadres supérieurs de l'industrie privée par session. La première entreprise à y envoyer un représentant est Bell Canada. Le nom de ce sujet d'élite promis à un avenir prometteur : Alex G. Lester. On le retrouvera à toutes les étapes de la coopération entre Bell et la Défense. Par la suite, seulement quatre autres hommes du téléphone suivront les cours du Collège de la Défense nationale (dont les futurs présidents Raymond Cyr et Jean Monty).[426]

Les cours ont pour but de former une élite politico-militaro-industrielle. Des personnalités venue du monde entier et de tous les horizons politiques sont invitées à faire des exposés sur une base confidentielle. Prendre des notes est interdit. Ensuite les étudiants sont répartis en petits groupes et on leur demande de résoudre des problèmes concrets, comme de faire le budget du Canada ou de préparer la troisième Guerre mondiale. Lester raconte qu'on lui avait confié la gestion des transports en Europe une fois la troisième Guerre mondiale déclarée.

Une mise en situation est aussi prévue : tel étudiant a été métamorphosé en cadre communiste et chargé d'apprendre les subtilités de la dialectique marxiste. Le tout est couronné par un voyage autour du monde : Lester avait visité les dirigeants de la Communauté européenne du charbon et de l'acier (CECA) alors en voie de formation, puis les usines Krupp à Essen, Farben à Francfort, et ainsi de suite.[427] Au début des années 70, Raymond Cyr, autre

---

[425] Le Collège national de la défense de Kinsgton a été fermé en 1994, victime des coupures effectuées par le gouvernement de Jean Chrétien qui entendait rétablir l'équilibre budgétaire.

[426] La liste complète de ces « élèves » d'un type spécial issus de Bell est la suivante : A.G. Lester (49/50), H. Pildington (63/64), J.V.R. Cyr (72/73), Jean Monty (77-78), M. Lisogurski (87/88). BC Tel a envoyé un représentant : D.M. Ramsay (88/89).

cadre de Bell promis à un avenir brillant suivra un cours plus orienté vers le Tiers Monde et les problèmes raciaux aux États-Unis. Au moment de sa fermeture en 1994, le Collège de la Défense nationale faisait plancher ses étudiants très particuliers sur la transition capitaliste de l'ancien bloc communiste et la montée en puissance de l'Islam.

Le stage de Lester au Collège de la Défense nationale esquisse ce qui aurait pu devenir un complexe militaro-téléphonique. Il est clair que les entreprises de télécommunications ont vu dans les efforts de l'État fédéral pour créer un complexe militaro-industriel une occasion qu'elles ont essayé d'exploiter à leur profit. Comment y ont-elles réussi ?

La guerre froide et les trois cercles de la défense nord-américaine

En août 1949, l'URSS fait explorer sa première bombe atomique et, en juin 1950, la guerre de Corée éclate. L'Occident s'inquiète. Au Canada, le ministère de Production de la Défense éprouve le besoin de créer un service d'achat pour son matériel électronique. Bell fournit les ressources humaines. En août 1953, l'URSS fait exploser une bombe à hydrogène. Cette fois la panique se répand parmi les membres de l'Alliance Atlantique. Les Américains mettent en chantier cette année-là le système de défense aérienne du sous-continent. Le cœur du système est à Colorado Springs aux États-Unis, dans les bunkers de ce qui va devenir en 1957 l'organisation du *North American Air Defence Agreement* (NORAD). Il sera relié à quatre dispositifs de radars destinés à détecter d'éventuels bombardiers ennemis.

Les lignes de défense du sous-continent furent disposées un peu à la manière de cercles concentriques. C'était une véritable ligne Maginot électronique correspondant aux étapes d'une hypothétique attaque aérienne soviétique passant par le pôle nord. Il y avait tout d'abord le réseau de détection lointaine des engins balistiques (BMEWS) composé de trois stations massives, hérissées d'antennes radar couvrant chacune la dimension d'un terrain de football, situées en Alaska, au Groenland et en Grande-Bretagne. Les trois autres cercles étaient situés sur le territoire canadien.

Au nord du cercle arctique, à la hauteur du 70e parallèle, la ligne *Distant Early Warning* (DEW) partait d'Alaska et traversait le Yukon et les Territoires du Nord-Ouest. Le long du 55e parallèle, la ligne *Mid-Canada* coupait le pays en

---

[427] Lester, Alex, interview réalisée en septembre 1972 par Arthur Gosselin, 133 pages. ABC # dossier biographique.

son milieu (sauf la Colombie britannique qui avait été jugée suffisamment couverte par les deux autres lignes). DEW était destinée à donner deux heures de préavis à l'armée de l'air américaine, *Mid-Canada*, une. Quant à la ligne *Pinetree*, elle longeait la frontière canado-américaine du côté canadien. Aux deux extrémités, elle pointait vers le nord en suivant les côtes Atlantique et Pacifique.

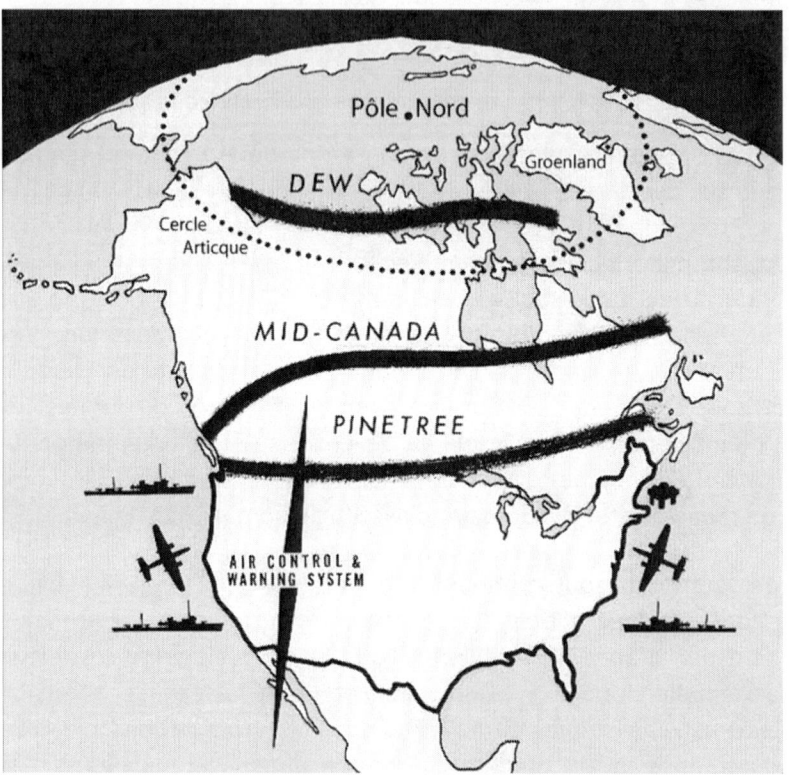

Les trois cercles de la défense électronique de l'Amérique du Nord

Le RTT joua un rôle secondaire dans la construction du dispositif BMEWS et de la ligne DEW, il fut impliqué beaucoup plus directement dans la construction de la ligne *Pinetree* qui traversait son réseau et il fut le maître d'œuvre de la ligne *Mid-Canada*.

Le premier système à voir le jour fut la chaîne de 48 stations radars de *Pinetree* dans le cadre d'une coentreprise entre le Canada et les États-Unis. Le ministère canadien de la Défense confia aux compagnies de téléphone le soin de relier les sites radar entre eux. On peut diviser ces travaux de télécommunications en trois grands volets bien distincts.

Entrée en scène d'Alex Lester

Au Québec et en Ontario, la construction de la ligne *Pinetree* fut entamée en 1950, donc nettement avant la conception d'ensemble du plan de défense du continent. L'Aviation royale du Canada (ARC) décida de relier les stations radar par un réseau de faisceaux hertziens nommé ADCOM. À l'époque, les faisceaux hertziens étaient encore une technologie nouvelle. L'armée de l'air utilisa une technologie militaire mise au point par le *Canadian Signal Research and Development Establishment* (CSRDE) durant la guerre. Il s'agissait d'un système qui se prêtait admirablement aux opérations d'une armée en campagne, mais beaucoup moins à un usage permanent. L'adaptation du système CSRDE coûta fort cher au gouvernement canadien qui dut débourser 22 millions de dollars pour un projet originellement fixé à trois millions...

Au milieu des travaux, Bell avait détaché Alex Lester auprès du ministère de la Production pour la Défense. Avant d'aller plus loin, présentons Lester. Cet ingénieur est un *self-made man*. Il a quitté l'école secondaire à Montréal pour entrer directement à Bell et c'est sur le tas qu'il apprit le métier d'ingénieur, tout en suivant des cours du soir pour acquérir les notions théoriques qui lui manquaient. L'ingénieur en chef durant ces années n'est autre que Robert Macaulay, un homme toujours prêt à expliquer une décision administrative ou un choix technologique, sans égard au rang. En cela, Lester sera l'élève fidèle de Macaulay.[428]

En 1950, Alex Lester avait 45 ans et il s'apprêtait à laisser sa marque dans l'histoire de l'entreprise avec plus de force que bien des présidents. Doté d'une énergie tranquille mais illimitée, il aimait à répéter :

> *Ce qui rend l'homme unique est sa faculté de se représenter une forme améliorée de la vie.*[429]

Dès son arrivée au ministère de la Production pour la Défense, l'ingénieur-philosophe avait été effrayé par le gaspillage qui présidait à la construction

---

[428] Lester, Alex G., interview réalisée en septembre 1972 par Arthur Gosselin, 133 pages. ABC # dossier biographique.

[429] Cité par Law, Charles, « The vulnerable colossus : Bell Canada », in *Executive*, juin 1969. "Man's uniqueness is his capacity to picture an improved condition of life."

du réseau ADCOM. Il tenta d'arrêter les dégâts. En vain. Le ministre en fonction, le célèbre Clarence Decatur Howe, avait déjà autorisé le dépassement quand la mise en garde arriva sur son bureau. ADCOM fut terminé par l'armée et quand en 1965 l'évolution stratégique le rendit inutile, il sera vendu à Bell pour moins de... quatre millions de dollars !

Dans les autres provinces, l'ARC se contenta de louer des lignes aux compagnies de téléphone et de télégraphe. Partout où c'était possible, *Pinetree* utilisa donc le réseau existant, mais il fallut quand même améliorer ou construire de nombreuses installations. Bell agit comme sous-traitant des compagnies de téléphone membres du RTT d'août à octobre 1953, dépêchant une centaine d'employés sur des chantiers éparpillés à travers tout le Canada. Pendant des décennies, le réseau *Pinetree* sera exploité par un comité d'ingénieurs de CN, CP et Bell à l'entière satisfaction des militaires. Il ne sera démantelé qu'en 1989 à l'occasion de l'amélioration des relations avec l'URSS.[430]

Le volet Atlantique de la ligne *Pinetree* fut sans conteste le plus spectaculaire. Baptisé *Pole Vault*, c'est-à-dire saut à la perche, il s'étendait sur près de 2 500 km et consistait à relier des stations radar distantes de 240 km en moyenne. Or, les ondes utilisées dans les faisceaux hertziens conventionnels doivent être régénérées tous les 40 km. Comment entretenir des tours hertziennes dans l'immensité du Grand Nord ? Il faut prévoir du carburant, le déplacement par hélicoptère ou par bateau des équipes d'entretien, donc des délais inévitables en cas de panne.

Une fois de plus, les militaires tentèrent d'avancer la solution du CSRDE, mais cette fois-ci C.D. Howe veillait au grain : il confia le contrat à Bell. Justement, la compagnie venait de créer une division des Contrats spéciaux afin de répondre aux besoins de la Défense avec Lester pour directeur. Celui-ci proposa de relier les stations au moyen d'un système entièrement nouveau, dit troposphérique.

Conçue aux États-Unis par les *Bell Laboratories* et les *Lincoln Laboratories* du *Massachusetts Institute of Technology* (MIT), il s'agit d'une technologie qui

---

[430] Lecour, lieutenant-colonel E.E., « Cadin Pinetree », in Attention Arrow/Le Pointeur, ministère de la Défense nationale, Ottawa, printemps 1990.

consiste à gonfler la puissance du signal hertzien. Au lieu de cinq watts, comme dans un faisceau hertzien commercial, il utilise dix kilowatts, ce qui permet d'expédier le signal dans la troposphère où il est réverbéré en direction de la terre précisément 240 km plus loin. À l'arrivée, le signal ainsi réverbéré a perdu une grande partie de sa puissance initiale, ce qui n'était pas sans poser des problèmes pratiques.

Système troposphérique utilisé dans le Grand Nord

Le « canon» (à gauche sur la photo) émet un signal hertzien en direction du centre de l'antenne qui l'envoie dans la troposphère. Archives Bell Canada.

La mise au point du système *Pole Vault* a donc nécessité un important travail de développement qui sera le fait du groupe de recherche de *Northern Electric* à Belleville. Un jeune chercheur d'avenir, Wally C. Benger, fera là ses premières armes et sera même l'auteur de plusieurs brevets fondamentaux sur les amplificateurs paramétriques à très bas niveau de bruit, grâce auxquels les signaux troposphériques affaiblis peuvent être détectés. Benger jouera ensuite un rôle fondamental lors de la création du laboratoire de recherche de *Northern* à Ottawa et la création du commutateur électronique SP-1 (voir chapitre 31 - *Commutation numérique : le Canada s'assure la première place, SP-1 : le virage électronique*). Grâce à ce fameux bond troposphérique que l'on appelait volontiers « saut à la perche », les stations hertziennes peuvent être construite exactement sur les sites radar de la ligne *Pinetree*. Bien sûr, la réception n'est pas parfaite. Mais c'est la seule technologie disponible à prix abordable. Grâce aux travaux de Benger, *Northern* deviendra rapidement le principal fabricant mondial de systèmes troposphériques.[431]

Le contrat de *Pole Vault* fut signé en janvier 1954 et en février 1955 le réseau troposphérique entrait en fonction. Le tronçon sud comptait 36 circuits téléphoniques, le tronçon nord, 18. C'était le premier réseau du genre à avoir été construit dans le monde et il avait vu le jour dans la géographie hostile du Grand Nord. On ne sait trop bien s'il faut saluer avant tout la prouesse technologique ou l'exploit quasi sportif d'une gestion de projet menée au pas de charge. Les 120 membres de l'équipe Bell travailleront 60 heures par semaine et la notion d'absentéisme était purement et simplement inconnue. Selon les propres mots de Lester, il s'agissait d'une « aventure audacieuse et joyeuse ».[432]

L'armée de l'air américaine qui finançait directement le projet se montra satisfaite de *Pole Vault*, si bien qu'elle offrit à Bell de continuer la ligne *Pinetree* au Groenland, en Islande et aux Açores. La compagnie canadienne accepta la prolongation de contrat au Groenland, mais estima qu'elle n'était pas équipée pour des aventures plus exotiques. Bell construisit trois bases à Sondestrom, Narssarssuaq et Thulé. Une quatrième base fut construite à Terre-Neuve. Au total, 65 Canadiens avaient participé à l'expédition groenlandaise : c'était la première fois que Bell s'aventurait en-dehors du territoire canadien. Ce ne sera pas la dernière. Au total, le projet *Pole Vault* avec sa prolongation au Groenland avait coûté 27 millions de dollars.

Quant au deuxième cercle de la défense, la ligne DEW, il s'agissait d'un projet entièrement américain en terre canadienne. *Western Electric* et les *Bell Laboratories* du New Jersey, en association avec les *Lincoln Laboratories* du MIT assumèrent la direction du projet. La contribution de RTT se résuma à l'envoi de huit spécialistes de télécommunications chargés de superviser la

---

[431] Terreault, R. Charles, interview avec l'auteur, 8 août 1990.

[432] Lester, Alex G., *Special Contract, A Story of Defence Communications in Canada*, Montréal, 1976, inédit, 216 pages. ABC, dossier Défense.

construction d'une station de détection sur les bords de l'océan Arctique, à 150 km à l'est de Barter Island, non loin de la frontière avec l'Alaska. Ils y installèrent des radars et des systèmes de communications (télétypes et radiotélétypes), opération qui commença en 1954 et s'acheva un an plus tard. Contrairement aux deux autres lignes de défense, DEW n'a jamais été vraiment démantelée. Elle a été officiellement mise hors service en 1993, bien que, dans les faits, elle a plutôt été réaménagée dans le cadre du protocole d'accord *North American Aerospace Defence Modernization* (NAADM) conclu en mars 1985.[433]

La construction de la ligne Mid-Canada commence mal[434]

Tout autre fut la construction de la ligne *Mid-Canada*. Les Américains en avaient confié la construction aux Canadiens. Mais quels Canadiens ? Le ministre de la Production pour la défense, C.D. Howe décida de son propre chef que ce serait les compagnies de téléphone. Il confia donc en automne 1954 la gestion du projet au RTT qui désigna Bell comme agent. Ce choix était dicté par trois raisons majeures : *Mid-Canada* était avant tout un système de communications et Bell avait une expertise reconnue en la matière grâce, en particulier, à son contrat de service avec les prestigieux *Bell Laboratories* d'AT&T. Le RTT était une organisation pancanadienne et pouvait donc tirer parti des ressources locales tout au long du projet de ligne. Enfin, *Pole Vault*, alors en chantier, constituait un excellent banc d'essai et les clients américains de Bell étaient satisfaits.

Les préparatifs eurent lieu tout au long de l'année 1954. L'armée de l'air canadienne était le client puisque c'est elle qui devait utiliser la ligne *Mid-*

---

[433] *Allô, l'interurbain*, cf. pp. 189-191. Marcotte, Captain J.G.M.M., « The North Warning System », in *Canadian Defence Quaterly/ Revue canadienne de défense*, Ottawa, été 1988. Le protocole d'entente NAADM a été signé par lePremier ministre canadien Brian Mulroney et le président américain Ronald Reagan au Sommet de Québec. Il prévoyait, entre autre, le remplacement de la ligne DEW par le Système d'alerte du Nord (en anglais *North Warning System* – NWS). In *Échange de notes constituant un accord entre le Gouvernement du Canada et le Gouvernement des États-Unis d'Amérique sur la modernisation du système de défense aérienne de l'Amérique du Nord*, F101003 - RTC 1985 No 8, Québec, le 18 mars 1985.

[434] Cette section toute entière est un résumé du texte d'Alex Lester, *Special Contract, A Story of Defence Communications in Canada*, Montréal, 1976, inédit, 216 pages. ABC, dossier Défense. Toutes les données et les opinions émises viennent de ce document. Il existe toute une documentation, surtout d'origine militaire, à ce sujet, mais nous avons jugé utile de donner la version des compagnies de téléphone dans cet ouvrage consacré aux télécommunications canadiennes. Voir en particulier l'excellent site de l'adjudant maître à la retraite Larry S. Wilson qui rassemble un grand nombre de textes à ce sujet : http ://www.lswilson.ca/.

Canada. Elle constitua donc un *Systems Engineering Group* (SEG) qui fut chargé d'établir les spécifications techniques du futur dispositif de défense. Il fallait tout improviser : la technologie retenue était nouvelle, la géographie était inconnue... Quatre bombardiers de la deuxième Guerre mondiale, les célèbres Lancaster, passèrent l'été 1954 à photographier le 55ᵉ parallèle. Ils ramenèrent plus de 12 000 km de photos... à partir de quoi les cartes commencèrent à être établies.

Contrairement aux lignes *Pinetree* et DEW, la ligne *Mid-Canada* ne devait pas être fondée sur des radars ordinaires. Il s'agissait d'un système de détection fondé sur l'effet Doppler, du nom d'un physicien autrichien du XIXe siècle. Il s'agit d'un phénomène qui se produit lorsqu'un son ou une onde électromagnétique se déplace par rapport à un observateur fixe et qui se traduit pour celui-ci par une modification de la fréquence perçue. C'est ainsi que le son de la sirène d'un train paraît plus aigu quand il s'approche et plus grave quand il s'éloigne. Une station de détection Doppler devait donc comporter un émetteur et un récepteur séparés par quelques kilomètres. L'émetteur produisait un signal non modulé continu. Le récepteur pouvait capter à la fois le signal direct et les ondes déviées par tout objet qui serait amené à le traverser. Toute différence entre signal direct et dévié déclenchait une alerte.

Cette technologie avait été mise au point dans les laboratoires du *Defence Research Board* et de l'ARC avec l'aide de l'Université McGill de Montréal.[435] On l'appela parfois « McGill Fence » en raison de cet apport universitaire. Elle était moins chère que le radar, mais n'avait jamais été vraiment testée. Les travaux commencèrent pourtant sans attendre, les ingénieurs du SEG ayant pour mandat d'adapter les spécifications techniques en fonction du terrain.

Pourquoi tant de hâte ? Il faut se reporter à l'atmosphère de 1954 : la guerre de Corée venait de s'achever sur un compromis, mais l'alerte avait été sérieuse pour les armées occidentales. L'alliance de l'URSS et de la Chine semblait promettre le communisme à une expansion universelle. Les militaires américains et canadiens voulaient leur système de défense au plus

---

[435] L'appellation française de *Defence Research Board* est Conseil de recherches pour la défense mais, comme bien des traductions officielles au Canada, elle n'a pratiquement jamais été employée avant les années 1960.

vite, pas après-demain, pas demain – immédiatement. À Montréal, Lester mobilisait une petite armée pour le plus important chantier jamais entrepris par Bell et le RTT.

Les travaux proprement dits commencèrent donc en octobre 1954, en absence de toutes spécifications techniques. Un facteur aussi important que le site des stations Doppler fut modifié six mois après le début des travaux. Les ingénieurs du SEG ne terminèrent le rapport final qu'en juin 1956, c'est-à-dire à la toute fin des travaux.

Tout de suite les choses se gâtèrent. C.D. Howe avait écarté les agences étatiques de la gestion du projet par conviction : son objectif était de démanteler l'économie de guerre en faisant confiance à l'entreprise privée. Cette position heurtait de front tous les intérêts de la fonction publique fédérale et, en particulier, ceux de son propre ministère. Un véritable putsch bureaucratique eut lieu au tout début novembre qui attribua la responsabilité de l'approvisionnement au ministère de la Production de la Défense. Dans la foulée, les fonctionnaires de ce département déléguaient cette responsabilité fraîchement conquise à son intermédiaire « naturel », une société d'État au nom explicite, *Defence Construction Limited* (DCL)[436]. Cela signifiait que Bell perdait le pouvoir de procéder aux appels d'offres et de négocier les contrats d'approvisionnement avec les fournisseurs.

Bell demeurait maître d'œuvre du projet, mais sans aucun contrôle sur la qualité des travaux et encore moins sur leurs coûts. Lester protesta avec véhémence :

> *Finalement, il nous semble que le nœud de la situation est que le projet d'accord institue un divorce entre la responsabilité et l'autorité.*

En vain. La machine gouvernementale entendait bien conserver le contrôle de l'attribution des contrats. C'est la source de son pouvoir. Bell s'engagea dans l'aventure sous l'autorité de l'armée de l'air, qui n'avait pas de plan, les mains liées dans le dos par les fonctionnaires du ministère de la Production de la Défense et de DCL. Ce monstre administratif ne pouvait pas fonctionner. Il ne fonctionna pas. Il fut même incapable de mettre au point le contrat

---

[436] Le nom français est « La société Construction de Défense Limitée ». Ici encore, nous avons utilisé l'appellation anglaise qui était la seule utilisée à l'époque. Pour un historique de cet organisme qui existe encore de nos jours, prière de se reporter au site de l'organisme : http ://www.dcc-cdc.gc.ca/.

d'exécutions des travaux avec le RTT qui ne sera signé qu'en août 1957... une fois les travaux finis !

Un monument superbe... mais inutile !

Malgré tous ces handicaps structurels, la ligne *Mid-Canada* fut menée à bien. Elle consistait en 90 stations Doppler et huit bases principales réparties sur 4 500 km. La distance entre deux stations Doppler était d'une cinquantaine de km, ce qui permettait de les relier par les sauts de faisceaux hertziens ordinaires. On put ainsi, dans la majeure partie des cas, fixer l'équipement hertzien sur la même tour que l'équipement Doppler. Un édifice de taille modeste contenait l'équipement de surveillance et de communications ainsi que les appartements du personnel de maintenance (les stations étaient inhabitées mais devaient être à même d'héberger les techniciens de passage). Les huit bases principales avaient une toute autre ampleur : elles étaient faites pour accueillir 150 hommes en permanence. Elles comportaient un terrain d'aviation et, en plus de communiquer latéralement aux stations Doppler, elles étaient reliées au nord avec la ligne DEW dont la construction précédait de peu ceux de la ligne *Mid-Canada* et au sud avec le réseau public.

Il fallut construire deux bretelles ionosphériques pour assurer les liaisons nordiques. Les systèmes étaient analogues à ceux de *Pole Vault* : mais au lieu de se réfléchir dans la troposphère, les ondes hertziennes se réfléchissent dans l'ionosphère, ce qui leur permet de faire de véritables bonds de 1 400 km avant d'avoir besoin d'être régénérées. Au sud, une bretelle troposphérique fut construite pour relier les deux bases situées à proximité de la Baie James avec le réseau public.

Bases principales, stations Doppler, aéroports : tout le matériel sans exception devait être acheminé depuis le sud. En tout, cela faisait 200 000 tonnes à transporter. Contrairement à ce qui avait été prévu par l'ARC, les travaux s'avérèrent plus complexes que ceux de la ligne DEW car, à la hauteur du 55e parallèle, le sol dégelait au printemps, transformant les chantiers en un immense bourbier. Un bateau coula au milieu de la baie James. Il fallut se résoudre à acheter des hélicoptères qui devinrent dans bien des cas le seul moyen de transport. Tout devait être remis en question à chaque étape. L'équipement électronique dut être modifié car les vols d'oies sauvages déclenchaient immanquablement l'alerte. Les clôtures métalliques des stations Doppler et des bases étaient piétinées par des ours bruns en quête de nourriture...

Mais le principal obstacle ne venait pas du froid, de la boue et des animaux sauvages : il venait des confortables bureaux d'Ottawa. Lester racontera plus tard comment la volonté gouvernementale d'aller en soumissions ouvertes aboutit à des aberrations : le contrat pour les génératrices au diesel alla à un fabricant britannique qui offrait les meilleurs prix. C'était compter sans les frais de transport. Il fallut affréter une escadrille de Superconstellations, un des plus gros avions disponibles, pour aller chercher les génératrices en Grande-Bretagne, puis les stocker dans le Canada du sud puis, au printemps, les acheminer vers les stations Doppler. Mais comment lutter contre l'envahissement bureaucratique ? Tout au long des travaux, les décisions du comité directeur de *Mid-Canada* furent adoptées à 13 contre 1 : d'un côté les représentants du gouvernement, de DCL, de l'ARC, de l'autre, Lester tout seul.

Les coûts initiaux avaient été estimés par les ingénieurs de l'armée de l'air à 100 millions de dollars. Mais ces chiffres n'étaient basés sur rien puisque personne ne connaissait alors les spécifications techniques de *Mid-Canada*. Dès son entrée en scène, Lester les avait révisés à la hausse et fixés à 161 millions, puis à 169 millions. Ils grimpèrent en fait à 228 millions. À lui seul le transport coûtait 42 millions. Jusqu'à la fin, l'armée de l'air agrandit la surface des constructions demandées. De nos jours, après la Baie James et les Jeux olympiques de Montréal, un dépassement de l'ordre de 35% semble relativement modeste. À l'époque, il s'agissait d'une nouveauté.

Ce n'est pas tout. Il y avait l'échéancier du 1er janvier 1957 auquel les militaires tenaient tant. Pour tenir son engagement envers et contre tous, au printemps 1956, Lester alla jusqu'à affréter une flottille de 150 navires qui furent disposés en formation pour attendre la débâcle et se précipiter dans la baie d'Hudson. Il y avait des navires de tous les tonnages, y compris des *Liberty Ships* venus d'Angleterre pour ce nouveau débarquement !

Mais il était déjà trop tard. Deux personnes mourront noyées dans la bousculade de l'entrée de la baie d'Hudson. Cela portera à cinq le nombre des morts de *Mid-Canada* (deux seront tués dans un accident d'hélicoptère et un se suicidera). Rien n'y fit. La date de livraison ne fut pas respectée. Seule la partie ouest de la ligne fut achevée à temps, le reste suivit cahin-caha six mois plus tard. Cette œuvre qui devait symboliser la contribution du Canada à la défense du continent, devint au contraire synonyme de gaspillage et d'incurie administrative.

Un rapport de l'ARC aboutit sur le bureau d'Arnold Edinborough, rédacteur en chef du magazine torontois *Saturday Night*.[437] Il résuma les conclusions de l'armée en deux articles qui rejetèrent la responsabilité sur Bell. Un débat suivit à la Chambre des Communes. Mis en cause personnellement, Lester dut se défendre d'avoir gaspillé les fonds publics. Les fonctionnaires de la Défense tenaient enfin leur revanche sur l'homme qui avait tenté depuis le début d'instaurer un contrôle sur les dépenses gouvernementales et joué aux rabat-joie d'un bout à l'autre de l'opération. Dans son bilan, celui-ci tire une morale assez laconique de tout ce tapage politico-médiatique :

> ...mais la ligne Mid-Canada était bien plus grande que la somme de nos frustrations. C'est une des réalisations les plus exceptionnelles de l'ingénierie canadienne ; elle a rempli son rôle dans l'organisation de la défense durant la période 1957-1964 pour laquelle elle fut construite...[438]

En effet, *Mid-Canada* est avant tout le fruit de l'effort d'une équipe de 5 000 personnes soudées autour de son chef avec une fidélité dont l'histoire de l'industrie privée donne peu d'exemples. Si on tient compte du roulement du personnel au cours des deux ans qu'ont duré les travaux, cela fait environ 10 000 personnes. Au plus gros des activités, la division des contrats spéciaux comptait 1 200 employés, le reste de l'équipe *Mid-Canada* était constituée par des sous-traitants. Cela signifiait que 10% des ingénieurs et des techniciens de Bell ont travaillé à *Mid-Canada*.

Pour avoir une idée de l'effort que cela représentait, il faut se souvenir que le projet *Pole Vault* n'était pas terminé et que le réseau hertzien transcanadien débutait. Cela faisait trois chantiers exceptionnels menés de front. Tout ce que Bell comptait d'ingénieurs et de techniciens au cours des années 1955-56 travaillait en temps supplémentaire sur l'un ou l'autre de ces trois chantiers. L'approche « blitzkrieg » était devenu le mode de fonctionnement normal des télécommunications canadiennes.

---

[437] Edinborough, Arnold, « A Story of Waste on the *Mid-Canada* Line » et « The Administrative Muddle of the *Mid-Canada* Line », in *Saturday Night*, vol. 74, N° 6 et 7, 14 et 28 mars 1959.
[438] Lester, Alex G., *Special Contract*, cf. p. 49.

Le jugement final sur la ligne *Mid-Canada* ne pourra jamais être porté car, pour le plus grand bonheur de l'humanité, elle ne servit jamais. Elle était en activité en 1961 pendant la crise des missiles de Cuba. Joua-t-elle un rôle de dissuasion ? On en est réduit aux conjectures. Lester lui-même pensait que la ligne n'avait pas été construite au bon endroit :

> *Mid-Canada aurait dû être placée au nord à la manière d'un fil de détente pour prévenir les gens de l'arrivée de quelque chose. Ensuite, vous auriez eu la ligne DEW qui était bien plus complète avec ses radars à longue portée, au sud vous auriez donc eu la capacité d'interception.*[439]

Comble de malheur, les stratèges du ministère de la Défense avaient omis d'évaluer les coûts d'entretien de la ligne. Ils se révélèrent très lourds. Qui plus est, les affectations dans les stations géantes devinrent la bête noire des militaires. Personne ne voulait s'enterrer pendant des mois ou des années dans des installations jamais utilisées, donc sans possibilité d'avancement. En 1964, quand les missiles remplaceront les bombardiers comme vecteurs thermonucléaires, tout le monde s'empressa de déclarer désuète la ligne *Mid-Canada*. Personne ne songea à la moderniser comme ce sera le cas pour DEW et *Pinetree*, mais faut-il s'en étonner ?

Les tours Doppler/hertziennes seront détruites afin d'éliminer tout danger pour la navigation aérienne et les bâtiments seront verrouillés et abandonnés. Seules les bases de Great Whale River et de Winisk seront temporairement sauvées car les gouvernements provinciaux du Québec et de l'Ontario les reprendront pour y installer leurs services aux populations autochtones. Vingt ans plus tard, Lester portera un regard quelque peu désabusé sur le résultat de tous ces efforts :

> *Pour le reste, les sites Doppler et hertziens sont retournés à la brousse avec ici et là un amas de bidons de mazout rouillés avec les mots "Trans-Canada Telephone System" pour témoigner.*[440]

Ce résultat dérisoire ne doit pas être pris au pied de la lettre. *Mid-Canada* représentait à l'époque le plus gros contrat jamais obtenu par Bell. L'organisation de la Division des Contrats spéciaux servit de modèle à la création des services conseils de Bell puis de Bell Canada International. Pour bien des ingénieurs et techniciens canadiens, la construction de la ligne *Mid-*

---

[439] Lester, Alex, interview, cf. p. 72.
[440] Lester, Alex G., *Special Contract,* cf. p. 49.

Canada fut une occasion de découvrir l'aventure et le nord du pays. Au début des travaux de *Pole Vault*, seuls les Anglais, les Irlandais, les Hollandais, les Allemands et leurs assistants autochtones, Amérindiens ou Inuits, acceptaient d'aller travailler dans le Grand Nord. Les archives de Bell contiennent encore certains rapports de Lester pestant contre le manque d'esprit d'aventure des Canadiens. Au fil des années, un nombre croissant d'ingénieurs et de techniciens canadiens vint cependant grossir les rangs de cette main-d'œuvre cosmopolite, inaugurant ainsi la grande tradition canadienne du génie conseil.[441]

Échec du complexe militaro-téléphonique

Mid-Canada marque l'apogée du complexe militaro-téléphonique canadien. Malgré la prédisposition particulière de Lester pour la Défense, la relation fut des plus tumultueuses. En d'autres termes, la mayonnaise ne prit pas ! Contrairement aux États-Unis où AT&T et, surtout, les *Bell Labs* accepteront (non sans méfiance) de jouer un certain rôle dans l'industrie de la Défense, le complexe militaro-téléphonique se relâcha au Canada.

Tout d'abord, Bell et le RTT n'auront pas, on s'en serait douté, le contrat de maintenance de la ligne *Mid-Canada*. Marconi prendra en charge l'est du dispositif et *Canadian Aviation Electronics*, l'ouest. La Division des Contrats spéciaux sera dissoute en 1959, marquant la fin de l'intérêt de Bell pour les contrats militaires. *Northern Electric* continuera un peu plus longtemps, attirée par les perspectives d'avenir du satellite. Elle mettra officiellement fin à ses activités militaires en 1973.[442]

Quelles sont les raisons de l'échec du complexe militaro-téléphonique ? Il s'agit principalement d'une incompatibilité culturelle. Un contrat militaire n'a rien à voir avec un contrat civil. Il faut se plier au jeu des décisions collectives et des jeux de coulisses politiques sans égard pour les conséquences

---

[441] Outre le manuscrit de Lester, l'aventure de la division des Contrats spéciaux est relatée dans : Thorne, Major D.H., « Le réseau *Mid-Canada* ou ligne intermédiaire d'alerte, 1958-1965 », in *Forces canadiennes*, bulletin des communications et de l'électronique, Ottawa, 1982/1. *Allô, l'interurbain*, opuscule cité, cf. pp. 189-199. Collins, Robert, *Une voix venue de loin*, 1977, cf. pp. 240-6.

[442] Brothers, James Alexander Roy, *Telesat Canada - Pegasus or Trojan Horse ? (a case study of mixed, composite and crown enterprises)*, cf. p. 269, note 3.

financières. Il y faut sans doute un cynisme que les dirigeants de Bell et de *Northern* seront alors incapables d'avoir. L'attitude de Lester symbolise ce rejet viscéral de la chose militaire par les hommes du téléphone. On verra le même phénomène d'incompatibilité se manifester à l'époque de la bataille du satellite.

Enfin, la cause déterminante est tout simplement qu'il n'y aura plus de contrats de l'envergure de *Pole Vault* et de *Mid-Canada*. Il s'agit d'un choix politique : le Canada a pris un virage résolument pacifiste avec le gouvernement conservateur de Diefenbaker (annulation du projet d'avion de chasse Avro Arrow en 1959) et le gouvernement libéral de Trudeau (réduction des effectifs militaires). Il faudra attendre le gouvernement conservateur de Brian Mulroney (1984-1993) pour voir un regain (léger) d'intérêt pour la chose militaire et, surtout, les attentats terroristes du 11 septembre 2001, suivi de l'arrivée au pouvoir d'un autre gouvernement conservateur dirigé Stephen Harper en 2006 pour que l'option militaire revienne au premier plan de l'agenda politique canadien – mais ceci est une autre histoire.

Chapitre 14 - Les compagnies de téléphone autres que Bell

Pour les trois provinces Maritimes et Terre-Neuve, encore sous statut colonial britannique, la première Guerre mondiale a été une période d'expansion rapide. Ces provinces tournées vers l'Europe constituaient le tremplin de l'effort de guerre canadien.

L'impossible unification des Maritimes

Pour *Maritime Telegraph & Telephone* (MT&T), la première Guerre mondiale n'est pas une abstraction lointaine. Le 6 décembre 1917, la mort frappe au cœur de Halifax quand un cargo norvégien heurte en plein port un navire de guerre français chargé de dynamite :

> À 9h06, le Mont-Blanc explose. Le port bouillonne. Embarcadères, bateaux, immeubles se volatilisent. Le souffle déracine des arbres, emporte des ponts, arrache des rails de chemin de fer et des wagons de marchandise. En quelques secondes, plus de deux kilomètres carrés de Halifax sont rasés. Puis l'air déplacé par le souffle revient en trombe, aspiré par le vide, siphonnant sur son passage des débris mortels. Des braises éparpillées et des fils électriques mis à nu allument des centaines d'incendies. Une vague de fond jaillit du port. Un champignon de fumée et de gaz s'élève cinq kilomètres dans le ciel.[443]

Le bilan est lourd, très lourd : près de 2 000 morts et de 10 000 blessés. Halifax offre le visage d'une ville sinistrée. Pour MT&T, c'est la plus grande catastrophe de son histoire. Deux téléphonistes ont été tuées chez elles, plusieurs employés sont blessés. Sur le plan matériel, 582 téléphones sont coupés, la ligne téléphonique du front de mer détruite, quatre centraux téléphoniques endommagés et, bien sûr, tout le monde se met à appeler en même temps. MT&T doit faire paraître des annonces dans les journaux du lendemain pour supplier la population de cesser d'appeler, sauf en cas d'urgence.

---

[443] Collins, Robert, *Une voix venue de loin,* 1977, cf. p. 197.

Grâce à une mobilisation particulièrement efficace du personnel de MT&T, l'après-midi même du désastre, la partie non détruite du réseau fonctionne. Les employés sont priés de s'installer à demeure dans les centraux à demi démolis, prenant leur repas et dormant sur place, pour ne pas perdre une minute. D'ailleurs, plusieurs d'entre eux ont perdu leur maison. En outre, la solidarité inter-compagnies de téléphone joue à plein. *New Brunswick Telephone*, Bell, *Northern Electric* et même *New England Telephone* envoient du personnel volontaire pour aider à réparer les dégâts. Dans le central de Lorne, les dommages étaient tels que le standard était inutilisable. MT&T en profita pour passer à l'automatique, avant Bell et AT&T, devenant la première compagnie canadienne en-dehors des Prairies et d'une poignée d'indépendants, dont un au Nouveau-Brunswick. NB Tel devra attendre jusqu'en 1929 pour avoir son premier commutateur[444].

Avant même l'explosion du Mont-Blanc, MT&T souffrait d'épuisement financier. L'argent était rare, les taux d'intérêt trop hauts et la dette se faisait lourde à porter. Que faire ? Comme il était hors de question de hausser les tarifs en temps de guerre, la direction de MT&T pensa se départir de ses intérêts majoritaires dans la compagnie de l'Île-du-Prince-Édouard dont le rendement était insuffisant. En effet, le réseau insulaire avait peu évolué et les agriculteurs avaient pris l'habitude de créer leurs propres compagnies de téléphone. Il y avait une quarantaine de compagnies rurales à la fin de la première Guerre mondiale et cela limitait encore plus l'expansion du réseau public.

Justement, Howard P. Robinson, le très dynamique directeur général de *New Brunswick Telephone*s, associé avec un groupe d'hommes d'affaires de Saint-Jean et de Halifax, venait de créer une entreprise à charte fédérale, *Eastern Telephone and Telegraph*, dans le but avoué d'unifier les trois provinces Maritimes et peut-être même Terre-Neuve. Fin 1917, Robinson offrit d'acheter la participation de MT&T dans le réseau de téléphone de l'Île-du-Prince-Édouard à 90% de son cours nominal. Enchanté de sa bonne fortune, le conseil d'administration de MT&T s'empressa de conclure l'affaire. Bien mal lui en prit. Cette vente souleva un tollé de protestation parmi les actionnaires qui refusaient de voir une entreprise « étrangère » mettre la

---

[444] Voir ci-après chapitre 17 - *Apogée de la technique électromécanique*, section *MT&T sonne le ralliement à l'automatique*.

main sur leur compagnie, tant et si bien que Robinson accepta d'annuler la vente en mars 1918. Heureuse époque où les « raiders » reculaient devant la possibilité d'indisposer un groupe d'actionnaires, même minoritaire !

Mais que faire avec *Eastern* ? Cette coquille vide présentait une menace potentielle pour MT&T en raison de sa charte fédérale qui lui permettait d'exploiter le téléphone dans tout territoire situé à l'est du Manitoba. MT&T en fit l'acquisition en octobre 1920 pour 10 dollars et commença peu après à exploiter le réseau de l'Île-du-Prince-Édouard avec la charte d'*Eastern*.[445]

En 1929, AT&T conçut le projet de poser un câble transatlantique et pensa le faire atterrir à Terre-Neuve. Pour cela, elle avait besoin de traverser le territoire canadien et la loi américaine lui interdisait toute activité internationale. AT&T proposa donc à MT&T d'acheter *Eastern*, sans le réseau de l'Île-du-Prince-Édouard, pour 50 000 dollars. MT&T refusa obstinément de vendre, estimant qu'elle pourrait faire transiter les communications à destination de la frontière américaine par son propre réseau. La situation était complètement bloquée quand Charles Sise Junior eut vent de l'affaire. Il téléphona au président de MT&T afin de lui faire savoir que son attitude risquait d'inciter AT&T à faire marche arrière et à choisir un point d'atterrissage aux États-Unis plutôt qu'au Canada.

MT&T se ravisa aussitôt et vendit la charte d'*Eastern* à AT&T pour 75 000 dollars. Cette anecdote montre que le pouvoir de Bell dans les Maritimes dépassait de beaucoup l'importance de son investissement. Il suffisait de deux représentants au conseil d'administration pour emporter la décision tant son prestige était grand. Que pouvaient faire des petites compagnies plus ou moins démunies devant les équipes d'avocats et d'ingénieurs de Bell ? Quoi qu'il en soit, le réseau téléphonique de l'Île-du-Prince-Édouard fut extrait d'*Eastern* et incorporé en avril 1929 sous le nom de *The Island Telephone*, nom qui est demeuré le sien jusqu'en avril 2003[446]. AT&T

---

[445] MT&T procéda en fait à un échange des 3 787 actions qu'elle possédait dans la compagnie de téléphone de l'Île-du-Prince-Édouard contre la totalité des actions d'*Eastern Telephone and Telegraph* (947 actions). MT&T faisait une bonne affaire puisqu'elle achetait une compagnie d'une valeur de 15 000 dollars pour 10 000 dollars. Affaire qui deviendra encore meilleure quand elle revendra *Eastern* sans le réseau de l'Île-du-Prince-Édouard à AT&T pour 75 000 dollars. McKay, A.M., *The History of Maritime Tel & Tel (1877-1964)*, Department of Transportation, Government of Nova Scotia, Halifax, juillet 1983, 51 pages (document non publié). cf. pp. 31-5. Archives MT&T. – Voir aussi Ivan Smith, *History of Nova Scotia with special attention given to Communications and Transportation*, Chapter 18 - 1 January 1920 to 31 December 1939, http://newscotland1398.ca/hist/nshistory18.html.

commença donc à construire la ligne à travers le Nouveau-Brunswick et la Nouvelle-Écosse jusqu'à ce que le projet de câble fût interrompu une première fois en raison de la crise économique, puis une deuxième fois lors de la deuxième Guerre mondiale.[447]

Au même moment, MT&T inaugurait sa grande politique sociale. C'est Sise Junior, alors représentant de Bell au conseil d'administration de MT&T, qui fit adopter le premier plan de retraites en juillet 1917 et le premier régime d'épargne-actions dix ans plus tard. NB Tel adoptera son régime d'épargne-actions en 1916 et son plan de retraites en 1926. Ces initiatives provenaient généralement des représentants de Bell au conseil d'administration de MT&T et de NB Tel. Bell n'avait jamais complètement abandonné les Maritimes et elle entendait user de son influence pour homogénéiser les télécommunications canadiennes. Notons à ce propos que l'influence de Bell dans les Maritimes, comme dans l'Ouest ira toujours dans le sens du progrès social quand il s'agit de relations de travail et de la qualité du service quand il s'agit de technologie.

La crise de 1929 donna à Bell une première occasion de revenir dans les Maritimes. Au fil des ans, Bell avait laissé glisser sa participation dans NB Tel. En 1931, des rumeurs d'achat en provenance des États-Unis avaient incité Bell à inverser la tendance et sa participation passa soudain de 15,8% à 54,9%. Bell conservera sa position majoritaire jusqu'en 1947, puis la laissa glisser à nouveau.

Rien de tel ne se produisit du côté de MT&T, néanmoins la compagnie néo-écossaise souffrait d'un manque de liquidités. Bell procéda donc à des investissements en 1929 et 1931, ce qui eut pour effet de porter sa participation à 9,8%. Cet apport financier s'avèrera toutefois insuffisant et il fallut faire des sacrifices tout en usant d'imagination. Outre les coupures salariales et mises à pied communes à toutes les entreprises canadiennes,

---

[446] Island Tel fusionna en mai 1999 avec les autres compagnies de télécommunications des provinces de l'Atlantique (*Bruncor, Maritime Telegraph and Telephone Company* et *NewTel Enterprises*) pour former la compagnie *Aliant*. Les compagnies conservèrent leurs noms respectifs jusqu'en avril 2003 où elles adoptèrent le nom d'*Aliant* qui devint en mars 2006 *Bell Aliant*.

[447] Auparavant, sous administration directe de MT&T ou indirecte via *Eastern*, le réseau insulaire avait porté le nom de Telephone Company of Prince Edward Island.

MT&T lança en 1932 ses premières campagnes de publicité interurbaine. La fête des mères et Noël furent les deux points forts de cette première campagne et le succès fut immédiat.[448]

La deuxième Guerre mondiale rapproche Terre-Neuve du Canada

Signalons que tout au long de cette période, le réseau terre-neuvien demeurera en marge de l'évolution canadienne. Au lendemain de la première Guerre mondiale, il y avait deux compagnies en présence à Terre-Neuve qui demeurait, soulignons-le, une colonie britannique : *Anglo-American Telegraph*s qui exploitait principalement le télégraphe et accessoirement le téléphone de Saint-Jean ; et *United Towns Electric* qui exploitait principalement un réseau électrique et accessoirement le téléphone. En 1919, *Anglo-American* fut achetée par *Western Union* qui ne s'intéressait pas au téléphone.

J.J. Murphy, président d'*United Towns Electric*, se porta donc acquéreur des installations téléphoniques indésirables. Il regroupa en 1919 tous les centraux en sa possession sous le nom d'*Avalon Telephone*. Il s'agissait toujours d'une entreprise modeste dont le territoire d'exploitation couvrait, comme son nom l'indique, la péninsule d'Avalon uniquement, à l'exclusion du reste de la colonie. La première ligne interurbaine intraprovinciale fut construite en 1921 seulement. Terre-Neuve sera reliée au Canada en août 1939 par radiotéléphone. Quelques mois après l'inauguration officielle par les gouverneurs du Canada et de Terre-Neuve, la deuxième Guerre mondiale éclatait et la Grande-Bretagne interrompit le service. Tous les circuits radiotéléphoniques entre le Canada, Terre-Neuve et la Grande-Bretagne étaient réquisitionnés pour l'effort de guerre.

Un maigre service fut rétabli en juillet 1940, encore était-il soumis à la censure militaire et, au moindre mot de travers, la communication était-elle coupée... La guerre eut néanmoins une conséquence positive pour Terre-Neuve : en échange de 50 vieux destroyers, la Grande-Bretagne autorisa les États-Unis à y construire des bases militaires. Quand l'armée américaine constata l'état primitif du réseau terre-neuvien, elle manifesta son inquiétude. Comment pouvait-on faire la guerre sans communications dignes de ce nom ?

---

[448] *Evidence of A.G. Lester,* Commission des pratiques restrictives du commerce, cf. p. 19.*The Kettle Text*, chap 11, p. 5.

Il fallait relier sans plus attendre les bases américaines entre elles et avec Saint-Jean. Au total, 800 kilomètres de réseau sur un sol rocailleux, balayé par les tempêtes et gelé tout au long de l'interminable hiver terre-neuvien. Bref, les mêmes obstacles naturels qui avaient tant freiné la construction de la partie terrestre du câble télégraphique transatlantique au XIXe siècle. Seule Bell pouvait se mesurer à l'obstacle. En avril 1942, elle enverra 330 hommes sur le terrain et en recruta 700 de plus sur place :

> *Le projet terre-neuvien débuta dans l'euphorie, mais le défi qu'il représentait devint vite apparent... Il n'y avait pas de bateaux pour le transport des poteaux, de sorte que nous avions dû nous contenter de ceux que nous pouvions dénicher dans l'île... L'équipement ferroviaire manquait, comme presque tout d'ailleurs à l'époque, et il n'y avait aucune route praticable pour traverser l'île... Le train était toujours bondé... souvent pris d'assaut par la rafale et même, à certains endroits, le vent était si fort que des ancres avaient été enfoncées dans la superstructure, afin qu'on puisse attacher des chaînes au sommet des wagons pour les empêcher d'être renversés par la bourrasque. Et si par malheur, le vent était accompagné de neige, le train se trouvait alors complètement enseveli !*[449]

Le réseau fut prêt en un an, ce qui était un record. Notons que l'ingénieur responsable de l'opération était nul autre que Thomas Eadie. Les exploits réalisés durant la construction du réseau de Terre-Neuve seront, comme on s'en doute, à l'origine de sa nomination comme président de Bell dix ans plus tard.[450]

Quelques années avant la guerre, en 1937, les Postes terre-neuviennes avaient commencé à construire et à exploiter un réseau téléphonique. Cet organisme public de la colonie exploitait déjà des câbles télégraphiques le long du chemin de fer et avait été mandaté par la Royal Air Force pour construire une ligne entre Gander et une base voisine d'hydravions. Sitôt que l'armée canadienne vit les travaux entrepris par Bell au nom de l'armée

---

[449] Eadie, Thomas W., cité in Ogle, Ed B., *Allô, l'interurbain*, cf. p. 182.
[450] Owen, H.G., « The Newfoundland Project », in *The Blue Bell*, Montréal, mars 1945. Owen, H.G., « The Fortunate Isle », in *The Blue Bell*, Montréal, vol. 42, N°9, octobre 1963. Ogle, Ed B., *Allô, l'interurbain*, cf. p. 116-7.

américaine, elle voulut avoir sa propre ligne. Elle installa une ligne téléphonique traversant l'île de part en part sur les poteaux des Postes terre-neuviennes.[451]

Plus encore que la première Guerre, la deuxième transformera ces provinces en façade économique et militaire du Canada. Le résultat sera une expansion téléphonique sans précédent, alors même que partout ailleurs au Canada, la construction du réseau était gelée. MT&T et NB Tel s'avérèrent incapables de satisfaire la demande militaire avec leurs seuls moyens. Partout, Tom Eadie enverra des équipes de construction à la rescousse.

Une des réactions les plus spectaculaires sera en 1941 l'inauguration d'un lien radiotéléphonique entre Saint-Jean au Nouveau-Brunswick et Digby en Nouvelle-Écosse, enjambant la baie de Fundy. En juillet 1941, MT&T et NB Tel réalisèrent ensemble un lien radiotéléphonique Il s'agissait d'un système à l'avant-garde de ce que l'on faisait alors en matière de radio : après de multiples travaux, on parvint même à en hausser la capacité jusqu'à trois circuits. Un record pour l'époque !

Les Maritimes jouent un rôle pionnier en faisceaux hertziens

Il faudra attendre l'après-guerre pour que les micro-ondes soient utilisées en télécommunications. Les Maritimes réaliseront à cette occasion une première mondiale en reliant l'Île-du-Prince-Édouard au continent. Jusque-là l'Île-du-Prince-Édouard était reliée par trois câbles sous-marins appartenant à l'État fédéral (deux avec le Nouveau-Brunswick, un avec la Nouvelle-Écosse). La croissance spectaculaire du trafic téléphonique avait rendu ces liens obsolètes. Qui plus est, la glace et les courants violents dans le détroit de Northumberland brisaient fréquemment les câbles.

MT&T prit l'initiative d'adopter la toute nouvelle technologie des faisceaux hertziens (voir *Les faisceaux hertziens sont un héritage de la guerre*). Le système retenu avait été mis au point et fabriqué dans les laboratoires de *Federal Electric* au New Jersey par un Français, E.E. Lavin. Il utilisait la technologie dite de modulation d'impulsion dans le temps. Une telle application commerciale des faisceaux hertziens était si inusitée que *Federal*

---

[451] « History of Telecommunications in Newfoundland », allocution prononcée par K.W. Hoffman devant la Newfoundland Historical Society, Saint-Jean, Terre-Neuve, 2 novembre 1978, 54 pages. Cf. pp. 27-35.

Electric demanda l'aide de la maison mère ITT pour procéder à l'installation du système.

En novembre 1948, un lien hertzien était inauguré en grande pompe entre New Glasgow en Nouvelle-Écosse et Charlottetown dans l'Île-du-Prince-Édouard. C'était le début de relations fiables entre l'île et le continent et les 23 circuits du système faisaient figure de grande capacité, si grande, en fait, que seuls 15 circuits seront utilisés dans un premier temps (13 pour le téléphone et deux pour la radio). Les Maritimes ont ainsi ouvert la course internationale aux transmissions à haute densité. L'État fédéral abandonna bientôt ses câbles sous-marins devenus inutiles, ce qui laissa l'île reliée au continent par un seul lien – situation inadmissible en télécommunications où tous les équipements sont obligatoirement dédoublés. En 1952, un second lien micro-ondes sera construit entre l'Île-du-Prince-Édouard et le continent, cette fois en direction du Nouveau-Brunswick.

Ce double succès ouvrira la porte au développement des micro-ondes à travers le Canada. En mai 1953, un deuxième faisceau hertzien sera mis en service dans les Maritimes : il s'agit du lien Halifax Saint-Jean qui remplace à la fois le système radio mis en place pendant la guerre au-dessus de la baie de Fundy et la ligne terrestre. Le nouveau système a 18 circuits et il enjambe aussi la baie de Fundy. Mais c'est l'arrivée de la télévision qui donnera au développement des faisceaux hertziens un coup de fouet. En mars 1954, la première station TV des Maritimes est ouverte à Saint-Jean. NB Tel et MT&T s'engageront avec enthousiasme dans l'aventure des micro-ondes et en décembre 1956, un réseau intégré à l'échelle des Maritimes entrait en fonction.

En décembre 1953, la relance du projet de câble transatlantique d'AT&T est annoncée simultanément au Canada, aux États-Unis et en Grande-Bretagne. Pour traverser le Nouveau-Brunswick et la Nouvelle-Écosse, AT&T utilisera la charte fédérale d'*Eastern* qu'elle détenait encore, mais pas la vieille ligne téléphonique des années 1930, qui devra être doublée par des faisceaux hertziens. Restait l'Atlantique... Au total, il faudra trois ans de travail pour que la grosse machine d'AT&T réalise un rêve aussi vieux que le téléphone : relier l'Amérique du Nord et l'Europe par câble téléphonique. L'inauguration aura lieu le 25 septembre 1956.[452]

Fin de l'illusion lyrique au Manitoba

Les trois compagnies de téléphone des Prairies constituaient un cas à part dans l'histoire de l'industrie en Amérique du Nord puisqu'elles appartenaient aux États provinciaux. Dépourvus de toute tradition en matière de gestion d'entreprises publiques, ceux-ci ont dû improviser et remédier aux inévitables erreurs du début. Tout au long de la période 1915-1956, on assistera cependant à une remise en ordre administrative et à un ralliement aux pratiques comptables et techniques de Bell.

En mai 1915, le Manitoba change de gouvernement. L'auteur de la nationalisation de Bell, le Premier ministre conservateur Rodmond Palen Roblin, avait été contraint de démissionner à la suite d'un scandale immobilier. Le premier geste du nouveau gouvernement libéral fut d'ordonner une évaluation du réseau. Contrairement à ce qui se passait à la même époque en Nouvelle-Écosse, l'évaluation de *Manitoba Government Telephones* (MGT) n'avait pas pour but de déterminer une base de réglementation, mais de faire le procès de l'ancien gouvernement. Au demeurant, il s'agissait d'une évaluation sommaire qui fut bâclée en un mois.

Parmi les révélations les plus attendues de l'évaluation 1915, on note la confirmation du prix excessif payé à Bell lors de la nationalisation. Le vérificateur estima à 802 336 dollars la somme payée en trop, sur le montant total qui était de 3,4 millions, ce qui confirmerait les critiques adressées par Francis Dagger à l'époque[453]. Quelle foi faut-il accorder à ce chiffre ? Nul ne peut répondre avec précision. Il y a une autre façon de calculer : Bell ayant été forcée de vendre, pour la traiter équitablement, elle aurait dû recevoir la valeur actualisée des bénéfices futurs. Quoi qu'il en soit, MGT continua à comptabiliser la somme contestée comme « capital intangible ».[454]

---

[452] *The History of Telephone Service in Nova Scotia*, Communications Policy, Department of Transportation, Halifax, juillet 1983, 51 pages (Edited from McKay, A. Murray, *Abbreviated History of Telephone Service in Nova Scotia*, A.M. Mackay, 5 classeurs à anneaux, pas de mention d'éditeur - probablement *Maritime Telegraph & Telephone* - non daté - probalement 1964). Kee, C.A., *Synopsis of History of the New Brunswick Telephone Company Limited (1888-1957)*, ABC, #10 660-1. *Confiance et service : NB Tel (1888-1988)*, brochure du centenaire de la compagnie, 36 pages. Auld, Walter C., *Voices of the Island (History of the Telephone on Prince Edward Island)*, cf. pp. 52-102. Voir aussi voir chapitre 17 - *Apogée de la technologie électromécanique, Le premier câble téléphonique transatlantique*.

[453] Voir chapitre 7 - *Balkanisation de la téléphonie au Canada*, section *Bell abandonne le Manitoba*.

[454] Britnell, G.E., *Public Ownership of Telephones in the Prairie Provinces*, c. p. 61. Baldwin, John

Le changement de gouvernement coïncidait avec la première Guerre mondiale et une série de mauvaises récoltes. En outre, depuis 1913-14, MGT avait commencé à amasser des réserves pour compenser la dépréciation des équipements, ce qui grugea sa capacité d'investir. Le programme intensif de raccordements prit fin et l'illusion lyrique de la nationalisation s'envola comme elle était venue. Place était faite aux économies. Les années de guerre furent des années de vaches maigres, mais les finances de la compagnie retrouvèrent leur équilibre. Dès 1915, un petit profit fut même dégagé de l'exploitation du téléphone. Le Manitoba fut ainsi la première province des Prairies à rétablir la gestion de sa compagnie de téléphone.[455]

Au niveau technologique, MGT se lança dans l'aventure de l'automatisation des centraux. La compagnie prit la ville de Brandon comme banc d'essai en 1917 et procéda à de multiples études. L'expérience s'avéra un succès et la commutation automatique fut adoptée. Winnipeg fut la première ville au Manitoba à passer à l'automatique en 1919 sur une base régulière. MGT suivait donc le mouvement inauguré en Saskatchewan et en Alberta, mais précédait Bell de plusieurs années.

L'après-guerre s'avéra particulièrement difficile pour le Manitoba. Tout d'abord, la grève générale de Winnipeg paralysa le réseau téléphonique pendant six semaines. Notons qu'il s'agissait d'une grève de solidarité puisque les revendications salariales avaient été réglées avant l'arrêt de travail. Ensuite, deux ouragans extrêmement sévères détruisirent une partie du réseau au début de 1921. Enfin, la spirale inflationniste commune à tout le Canada obligea MGT à déposer une requête de hausse tarifaire de 28% auprès de la Commission des services publics du Manitoba. La hausse fut approuvée par l'organisme de réglementation... mais pas par la population.

En effet, la mini-récession de 1921 frappait en priorité l'économie de monoculture du Manitoba et les agriculteurs se désabonnèrent en grand nombre. Trois années de suite, le nombre d'abonnés diminua, puis il restera stagnant deux ans de plus avant de reprendre sa progression en 1926.

R., *Échec et renouveau (L'évolution de la réglementation des monopoles naturels)*, cf. p. 84.
[455] Britnell, G.E., *Public Ownership of Telephones in the Prairie Provinces*, cf. p. 62.

La baisse du niveau de l'abonnement venait presque exclusivement des agriculteurs, car le nombre de téléphones à Winnipeg continuait de monter au ralenti. Le gouvernement provincial débloqua d'importants crédits budgétaires afin d'aider MGT à traverser les années difficiles. Fait à signaler, ce phénomène de désabonnement est particulier au Manitoba (avec un léger tassement au Nouveau-Brunswick en 1921 et en Saskatchewan respectivement en 1922). Partout ailleurs, la mini-récession de l'après-guerre se traduit par un simple ralentissement de la croissance et la reprise y est beaucoup plus rapide.

La mini-récession de l'après-guerre au Manitoba

Année	Winnipeg	Total
1920	36 654	69 040
1921	37 606	68 749
1922	38 113	67 113
1923	38 413	66 765
1924	39 417	66 958

Source : Britnell, G.E. (1934), cf. Annexe, tableau N°5.

John Lowry : l'homme qui propulsa la téléphonie manitobaine dans la modernité

L'année 1921 est une année charnière pour le téléphone au Manitoba. C'est au mois de février de cette année que le gouvernement du Manitoba recruta John E. Lowry pour prendre la direction de MGT. Lowry allait demeurer à la tête de l'administration téléphonique jusqu'en 1945 et marquer profondément non seulement le Manitoba, mais tout le Canada. On a vu qu'il fut un des instigateurs du Réseau téléphonique transcanadien ou RTT (chapitre 12 - *Création d'une industrie nationale*, section *Le lien téléphonique pancanadien progresse dans le désordre*).

Cet Irlandais avait fait ses débuts comme ingénieur dans la principale entreprise de téléphone de Grande-Bretagne, *National Telephone Company* (NTC). Il était arrivé au Canada en 1908 pour superviser l'automatisation du réseau municipal d'Edmonton. Après l'installation réussie d'un commutateur Strowger, il avait été nommé directeur général du service des téléphones de la municipalité en 1915. Lowry était un homme d'action doublé d'un leader naturel. Un de ses anciens collaborateurs dira plus tard :

> *... (il) faisait en sorte que tout le monde se sente important, traitant chaque travailleur comme une partie intégrante de la*

mécanique humaine qui permettait au service du téléphone de fonctionner efficacement.[456]

Après les années de guerre et la mini-dépression de 1921, l'expansion reprit. Lowry est l'homme qui fera accéder le téléphone manitobain à l'âge industriel. Sous sa direction, *Manitoba Telephone System* (MTS - ce nouveau nom avait été adopté précisément en 1921) poursuivit à marche forcée le programme de conversion à la commutation pas-à-pas de Winnipeg qui devint en 1926 la première grande ville canadienne entièrement automatisée. Cette modernisation n'était pas le fruit du hasard. Winnipeg était la principale source de revenus de MTS en raison de la grande concentration de population.

Le manque à gagner venait surtout des campagnes et dans une certaine mesure de l'interurbain qui prenait justement de l'expansion à cette époque. Le rapport annuel de la compagnie illustre l'interfinancement qui régnait alors au Manitoba :
- Tarif moyen d'un téléphone rural : 30,00 dollars
- Coût moyen d'un téléphone rural : 52,70 dollars[457]

John Lowry avait un goût pour les aventures technologiques. Tout naturellement, il précipita MTS dans le tout nouveau marché de la radio dès 1923 avec la bénédiction de l'État fédéral (chapitre 12 - *Création d'une industrie nationale, Au Canada Bell coopère avec CN*). Cette incursion dans le domaine de la radio se prolongera jusqu'au lendemain de la deuxième guerre mondiale quand l'État fédéral contestera le droit des provinces de s'occuper de radiodiffusion. MTS devra vendre ses deux postes, CKY à Winnipeg et CKX à Brandon.

En 1927, MTS était reliée au réseau à longue distance d'AT&T, ce qui lui donnait accès à tous les États-Unis, le Mexique et Cuba. L'année suivante, grâce au radiotéléphone, il était possible d'appeler l'Europe. MTS prenait

---

[456] Stinson, Margaret, *The Wired City* cf. p. 95. Sur Lowy, voir aussi : « Commissioner Lowry Honoured in Retirement », in *Telephone Echo*, journal interne de MTS, Winnipeg, mars 1945.

[457] Rapport annuel MTS, cité in Britnell, G.E., *Public Ownership of Telephones in the Prairie Provinces*, cf. p. 71.

alors la décision de se lancer avec les autres entreprises de téléphone canadiennes dans l'aventure du RTT.

La Prairie fut frappée de plein fouet par la crise de 1929 (voir encadré *La crise de 1929*). Le nombre de téléphones commença à diminuer un an avant les autres provinces et la reprise ne s'effectua qu'un an après. Alors qu'en 1930, dans l'ensemble du Canada, le nombre de téléphones continue quelque peu à monter , au Manitoba il amorce déjà une baisse. L'année 1934 voit s'amorcer une légère reprise dans le reste du Canada, mais au Manitoba la baisse, bien que moindre par rapport aux années précédentes, se prolonge. Entre 1929 et 1934, le Manitoba perdra près du quart de son parc téléphonique (22,8%). Néanmoins la réserve accumulée à titre de l'amortissement permit à l'entreprise de maintenir une situation financière saine à travers toute la crise. Le redressement des années 1920 avait porté fruit.

Il faudra néanmoins attendre 1939 pour que le Manitoba recouvre le nombre de téléphones de 1929. Pourtant MTS ne ménagea aucun effort pour accélérer la reprise. Outre la participation du Manitoba à la construction du réseau transcontinental, MTS entreprendra la construction de lignes nordiques afin de desservir les villes minières isolées, au-delà de The Pas. La pose de poteaux dans le roc du bouclier canadien s'avérera un des grands exploits de l'aventure téléphonique canadienne.

La crise sera aussi l'occasion d'un changement majeur dans l'organisation de MTS. Une loi sur le téléphone abolit en 1933 le ministère des téléphones et télégraphes et constitue MTS en société d'État. En fait, l'incorporation prévue par la loi de 1933 n'aura pas lieu avant 1940, mais Lowry aussi bien que le gouvernement feront de suite comme si la société d'État existait et, donc, elle exista. Le nom de MTS ne fut même pas avalisé, la loi se contentant de parler de commission du téléphone. Qu'à cela ne tienne, Lowry confirma l'appellation MTS.

Pourquoi le gouvernement a-t-il agit en catimini pour changer le statut de MTS ? On en est réduit à conjecturer une action en sourdine de Lowry qui tenait à affirmer son indépendance sans faire de vagues. Si telle était son intention, il y réussit pleinement.[458]

---

[458] Goldenberg, Carl, H., « Manitoba Telephone Commission », rapport publié par le gouvernement du Manitoba, Winnipeg, 1940, 63 pages.

Comme partout ailleurs au Canada, la deuxième Guerre mondiale amena un surcroît d'activités et un rationnement des matières premières. En effet, Winnipeg participa à l'effort industriel et des milliers d'aviateurs anglais défilèrent tout au long des années de guerre afin de s'entraîner loin du front. Mais il fallait économiser le cuivre, le zinc, l'étain, bref, tout ce qui pouvait servir à agrandir le réseau.

Au lendemain de la guerre, il n'y avait toujours que deux villes automatisées au Manitoba : Winnipeg et Brandon. MTS profita de la nécessaire reconstruction du réseau pour automatiser les petits centraux ruraux à partir de 1949. Le réseau fit un nouveau bond vers le nord au moyen du radiotéléphone, couvrant ainsi l'ensemble du territoire provincial. Surtout, une première ligne hertzienne fut inaugurée en 1956 entre Winnipeg et l'Ontario. C'était le début de réseau hertzien transcanadien : il fit passer le téléphone interurbain à l'ère des communications de masse et de la télévision.

Tout le monde n'avait pas encore le téléphone, mais tout le monde le voulait. Le service universel était en vue.[459]

Comment fonctionnent les coopératives téléphoniques de Saskatchewan

La Saskatchewan est la vitrine du populisme téléphonique au Canada. Alors que le développement de tous les réseaux de téléphone canadiens, privés ou publics, est freiné par la première Guerre mondiale, celui de la Saskatchewan échappe à la règle. Pourquoi ? Tout simplement, parce que ce sont les abonnés eux-mêmes qui prennent en charge leurs réseaux.

Il ne faut pas s'y méprendre : ce succès spectaculaire n'est pas dû à la politique du ministère des téléphones de la Saskatchewan. Au contraire, les rapports annuels publiés par le sous-ministre des téléphones pendant la première Guerre mondiale attestent de l'incompréhension de l'administration provinciale devant les progrès de la téléphonie :

---

[459] Muir, Gilbert A., « A History of the Telephone in Manitoba », in *Historical and Scientific Society of Manitoba*, 1964-65, pp. 69-82. *People of Service (A Brief History of the Manitoba Telephone System)*, Manitoba Telephone System, Winnipeg, pas de date (sans doute 1980), 36 pages.

> *Il y a de l'excès dans ce travail d'expansion rurale et cela doit retenir notre attention. Le coût de ces réseaux a fortement augmenté au cours des deux ou trois dernières années. Cette augmentation peut être attribuée à plusieurs causes. La main d'œuvre est rare et chère. Le matériel aussi. Mais le travail des agriculteurs de cette province est si productif qu'ils ne se préoccupent pas des coûts. Ils ont l'air de vouloir le service à n'importe quel prix.*[460]

Les coopératives téléphoniques installent le téléphone dans les fermes et le ministère des postes installe les centraux dans les agglomérations. Mais le rythme des coopératives est si rapide que l'administration publique ne suit pas et elle fixe chaque année un peu plus tôt une date limite pour les demandes d'inscription des coopératives. C'est une façon détournée de freiner le développement coopératif. Malgré cela, le ministère ne parvient pas à répondre à la demande et, bien souvent, le réseau rural doit attendre plusieurs mois à la lisière du village que l'on aménage un central.

Comme les agriculteurs paient mieux que le ministère, bien des techniciens du téléphone abandonnent l'administration publique au profit des coopératives, ce qui déséquilibre encore plus le progrès des travaux.

Malgré un bref passage à vide durant la mini-récession de l'immédiate après-guerre, cette expansion effrénée se poursuivra jusqu'au milieu des années 1920. Comment fonctionne ce système unique en son genre au Canada ? Le rapport annuel de 1920 dresse un tableau détaillé des relations entre les coopératives agricoles et le ministère des téléphones :

> *Les abonnés ruraux ont pris en charge leur propre service téléphonique, ce qui les a familiarisés avec certains grands principes de l'établissement et du maintien du service. Parmi ce qu'ils ont appris est l'importance de bien choisir l'emplacement permanent du central téléphonique. Les compagnies rurales fournissent donc l'édifice du central, non seulement pour y abriter l'équipement mais aussi pour y héberger le personnel exploitant… Dans tous les cas, le ministère installe et entretient l'équipement de commutation nécessaire. On a fait savoir aux compagnies que ceci ne signifie pas que le ministère assume seul*

---

[460] Rapport annuel du ministère des téléphones de la Saskatchewan, 1917. Cité in Britnell, G.E., *Public Ownership of Telephones in the Prairie Provinces*, cf. p. 95.

> *la responsabilité et les dépenses pour l'exploitation des deux réseaux, rural et gouvernemental. Il s'agit d'une entreprise commune. La pratique veut que la compagnie rurale soit désignée comme notre agent et qu'elle soit rémunérée comme le sont tous les représentants de la Commission. La compagnie téléphonique rurale engage alors les téléphonistes nécessaires pour fournir le genre de service souhaité sur le plan local. Il peut s'agir d'un service supérieur aux normes ministérielles. En tout état de cause, si la rémunération perçue et versée par le ministère ne suffit pas à défrayer les dépenses d'exploitation, les compagnies locales doivent y remédier. Ceci met entre les mains des usagers du téléphone un contrôle suffisant pour qu'ils établissent eux-mêmes le niveau de service jugé nécessaire par eux, dans la mesure où ils sont disposés à en défrayer le coût. Ceci permet aussi de répartir la responsabilité de veiller sur le service entre le ministère et les compagnies.*[461]

Le résultat de cette cogestion téléphonique est que la Saskatchewan a un taux de pénétration supérieur au Manitoba et à l'Alberta, alors que son revenu personnel par habitant est inférieur à ces deux provinces.

Le succès du téléphone en Saskatchewan est dû à la structure décentralisée du téléphone qui a permis aux agriculteurs de prendre en charge son développement. C'est la partie noble de l'héritage de Francis Dagger qui a permis de tirer parti du sentiment d'urgence au sein d'une population industrieuse pour accélérer l'implantation du téléphone. Par contre, la bureaucratie étatique est manifestement débordée par l'ampleur du phénomène qu'elle a suscité et l'intendance ne suit pas ou mal. C'est la part du diable du legs de Dagger. Le ministère continue à ne pas prévoir de fonds pour la dépréciation de l'équipement et, de manière générale, la comptabilité est anarchique.

---

[461] Rapport annuel du ministère des téléphones de la Saskatchewan, 1920. Cité in Britnell, G.E., *Public Ownership of Telephones in the Prairie Provinces*, cf. p. 102.

La Saskatchewan a un taux de pénétration supérieur à sa performance économique (1926)

Provinces	Taux	Provinces	Revenu
Saskatchewan	12,54%	Alberta	488 $
Alberta	11,68%	Manitoba	465 $
Manitoba	11,15%	Saskatchewan	437 $

Source : Statistique Canada, N° catalogue 56-201 et 13-201.

La Saskatchewan avait eu des gouvernements uniformément libéraux depuis sa création en 1905. Les élections de 1929 rompirent avec cette tradition et amenèrent une coalition conservatrice au pouvoir. Le nouveau ministre des téléphones, J.F. Bryant, ordonna une vérification des comptes de *Saskatchewan Government Telephones* par une firme de comptables indépendants. En appliquant un taux d'amortissement de 4,83%, la vérification fit apparaître un déficit de plus de 900 000 dollars.

Bien d'autres irrégularités apparurent qui remontaient aux débuts de la nationalisation. Ainsi, les poteaux que le ministère avait donnés aux coopératives entre 1909 et 1913 avaient été capitalisés pour un montant de 350 000 dollars, puis effacés purement et simplement des comptes. Un bref débat s'engagea à l'Assemblée législative de la province où Bryant fit le procès de la politique libérale, « une comédie des erreurs », selon ses propres mots. Le débat ne révéla rien de nouveau sinon le fouillis comptable du ministère des téléphones, à la suite de quoi tout recommença comme auparavant et la confusion administrative reprit de plus belle ![462]

Sur ce, la crise économique frappa la Saskatchewan avec plus de violence qu'aucune autre province canadienne : le revenu par habitant chuta d'environ 52% entre 1930 et 1933 (voir encadré *La crise de 1929*). Il y avait alors 1 100 coopératives téléphoniques regroupant quelque 63% du total des téléphones.

D'après les statistiques officielles, les gens se désabonnèrent en masse, surtout dans les campagnes. De 1929 à 1934, les statistiques officielles indiquent une chute du nombre d'abonnés de plus du tiers (36,4%). Mais

---

[462] Britnell, G.E., *Public Ownership of Telephones in the Prairie Provinces*, cf. pp. 114-16.

dans bien des cas cela signifiait seulement que les coopératives débranchaient leurs lignes du réseau public, incapables de payer les frais d'interconnexion. Les agriculteurs conservaient généralement un service limité pour communiquer entre eux.

La sortie de crise sera lente, très lente. En 1933, aucune obligation ne sera émise, ce qui signifie que la construction du réseau rural était tombée à zéro et elle le demeurera plus ou moins jusqu'en 1947. Cela signifie que la Saskatchewan passa directement de la crise aux pénuries de la guerre avec pour résultat que le réseau sera entièrement à reconstruire dans l'après-guerre. Comme le réseau rural en place au moment de la crise n'avait pas été modernisé depuis sa construction, il s'agissait en fait d'un équipement ayant jusqu'à près d'un demi-siècle.

La social-démocratie réussit au téléphone de Saskatchewan

En 1944, le parti social-démocrate de Thomas C. Douglas, le *Co-operative Commonwealth Federation* (CCF), prend le pouvoir en Saskatchewan avec toute une série d'idées neuves. Au nombre de celles-ci se trouvait la création de sociétés d'État pour remplacer l'administration gouvernementale directe. Le CCF estimait qu'une société d'État offrait une structure plus souple qu'un simple ministère et, qu'en outre, la gestion par voie d'un conseil d'administration composés d'experts était préférable à celle de fonctionnaires.

Une série de lois adoptées en 1945 et 1947 détermina la forme que devaient prendre les nouvelles sociétés d'État et, pour les coiffer, un *Government Finance Office* (GFO) fut créé. Cet organisme avait le pouvoir de concéder des prêts aux sociétés d'État, de leur fournir une expertise technique et de les réglementer (établissement de normes comptables, d'un taux d'amortissement, etc.).

La première société d'État créée par le CCF sera *Saskatchewan Government Telephones* (SGT) en juin 1947. Le ministère des téléphones fut maintenu afin de réglementer les coopératives téléphoniques rurales. Quant à celles-ci, le CCF pensa quelque temps les nationaliser. Une offre indirecte fut même transmise en 1946 à l'Association des compagnies de téléphone rural qui la repoussa à son congrès annuel.

Cependant, le gouvernement prit l'habitude d'intervenir plus activement dans la gestion des coopératives, principalement pour les inciter à fusionner afin que chaque agglomération soit desservie par une seule entité juridique. En outre, les regroupements coopératifs avaient la possibilité d'engager un technicien à plein temps. Cette politique se heurta cependant à une difficulté inattendue dans les agglomérations ou plusieurs langues étaient parlées. Ainsi, une coopérative allemande hésitera longtemps avant de fusionner avec une coopérative ukrainienne ![463]

Le politique coopérative qui avait si bien réussi au début de la téléphonie était devenue contre-productive. Le réseau rural de la Saskatchewan avait atteint un taux de pénétration quasi-universel avant toutes les autres provinces, mais il était vétuste.

Qui plus est, les besoins des agriculteurs avaient changé. Au début de la téléphonie, il s'agissait seulement de communiquer entre la ferme et le marché le plus proche. Dans les années 1950, l'interurbain avait pris un développement considérable. Il devenait urgent d'aligner les normes de la Saskatchewan sur celles du reste du Canada. Le modèle alternatif imaginé par les populistes du début du siècle avait fait long feu.

Fermes desservies par le téléphone dans les Prairies en 1956

	Manitoba	Sask.	Alberta
Nombre d'agriculteurs	44 064	82 230	70 058
Nombre de téléphones ruraux	27 187	52 025	27 925
Agriculteurs ayant le téléphone	61,7%	63,3%	40,0%

Source : Gouvernement de la Saskatchewan (le nombre d'agriculteurs comprend uniquement ceux qui résident à la ferme).[464]

Comment passer à l'ère industrielle ? Il était exclu que le gouvernement du CCF aille contre l'avis des agriculteurs et nationalise des coopératives auxquelles ils demeuraient attachés pour des raisons sentimentales. Par contre, la structure décentralisée du réseau rural interdisait tout changement

---

[463] Spafford, Dufferin S., *Telephone Service in Saskatchewan (A Study in Public Policy)*, cf. pp. 60-2.

[464] Cité in Spafford, Dufferin S., *Telephone Service in Saskatchewan,* cf. pp. 66.

technologique. À partir des années 1950, la situation du réseau rural en Saskatchewan est bloquée.

Du côté du réseau public, la création de SGT en 1947 avait créé un malentendu. Les employés de l'ancien ministère des Téléphones avaient acquis au fil des ans une très grande autonomie d'action. Par le biais du Réseau téléphonique transcanadien (RTT), ils s'étaient rapprochés de Bell et avaient adopté ses méthodes de travail et ses normes techniques. Loin d'obtenir une liberté d'action accrue, la création d'une société d'État avait placé les employés du téléphone sous la coupe des planificateurs du GFO. Très vite, les conflits se multiplièrent entre deux logiques planificatrices distinctes : celle, politico-sociale, du GFO et celle, économico-technologique, du RTT.

En 1953, SGT fut soustraite à l'autorité du GFO. Pour SGT, il s'agissait d'une importante victoire car elle devenait enfin une compagnie de téléphone à part entière. Bien sûr, elle était toujours dirigée par un conseil d'administration majoritairement composé de hauts fonctionnaires et présidé par un ministre. Toutefois, le caractère de plus en plus technique des décisions a rapidement édifié un écran protecteur entre l'ingérence politique et la gestion de l'entreprise.

Mais qui allait prendre les décisions techniques ? N'oublions pas que l'organisation de SGT est une superstructure légère chargée de l'exploitation de quelques lignes interurbaines et des rares grandes agglomérations de la Saskatchewan. En 1947, au moment de la constitution de la société d'État, il y avait en tout et pour tout trois ingénieurs à SGT ! [465]

L'arrivée du CCF au pouvoir en Saskatchewan aboutit en fin de compte à une rationalisation des activités de SGT. La comptabilité de l'entreprise fut officiellement séparée de celle de gouvernement (même si dans la pratique cette distinction existait depuis 1912) et, surtout, une allocation était prévue pour l'amortissement. Les tarifs téléphoniques publics en Saskatchewan, qui

---

[465] Un ingénieur était chargé de la transmission, un autre de la commutation, tandis que le troisième s'occupait de l'alimentation en électricité. Spencer, George A. (vice-président exploitation de SaskTel), interview avec l'auteur, 16 octobre 1990. Spafford, Dufferin S., *Telephone Service in Saskatchewan*, cf. pp. 70-91. *Answering the call (The History of Telecommunications in Saskatchewan)*, SaskTel, Public Affairs, Regina, Saskatchewan, 1988.

avaient toujours été trop bas pour couvrir les coûts réels, furent relevés en 1953.

D'une façon générale, SGT a mis au point dans les années 1950 une politique visant à obtenir un taux de rendement égal au taux d'intérêt de l'argent emprunté. Ce ralliement à l'orthodoxie financière de l'industrie privée eut lieu sous le régime du CCF social-démocrate, ce qui n'est pas le moindre paradoxe de l'histoire des télécommunications en Saskatchewan. SGT sortait de l'expérience avec une structure apte à relever le défi de la croissance à tout va des années 1950 et 60 : même si le problème du réseau rural demeurait posé, le moyen d'y remédier était en place.[466]

L'Alberta lutte pour moderniser sa gestion

La fin de la première Guerre mondiale en Alberta fut marquée par une rentrée politique agitée. Son Premier ministre, celui de la nationalisation du téléphone, le libéral Arthur L. Sifton avait été appelé à participer à la coalition de guerre du gouvernement fédéral. Le nouveau gouvernement libéral de Charles Stewart fut soumis aux critiques de plus en plus accentuées de l'opposition conservatrice qui avait mis la gestion du téléphone à l'ordre du jour. Le Parti conservateur réclamait la création d'une société d'État comme au Manitoba afin de forcer la constitution d'une caisse d'amortissement et de faire cesser les nominations politiques. Cette exigence de rigueur soulevait un écho favorable au sein de la direction d'*Alberta Government Telephones* (AGT). Enfin, en 1918, le gouvernement de Stewart céda et ordonna une évaluation générale du réseau albertain par Wray, une firme de génie conseil de Chicago.

L'évaluation commença au mois de novembre et occupa deux experts seniors pendant plus d'un an. Ce n'était pas trop quand on songe à l'ampleur de la tâche :

> *Wray et Morse n'avaient jamais vu une compagnie de téléphone ayant un siège social comparable de près ou de loin à celui d'AGT. Ils arrivèrent au milieu de l'hiver et il y avait une patinoire en face de Terrace Building. Les jeunes gens comme Reg Skitch patinaient avec tant d'enthousiasme à midi que leur productivité fléchissait sérieusement après le déjeuner. Les filles passaient leur temps à organiser des soirées de patinage et plus d'un vendredi soir, le bureau d'affaires était aménagé en salle de*

---

[466] Spafford, Dufferin S., *Telephone Service in Saskatchewan*, cf. pp. 114.

> danse. Un circuit télégraphique avait été établi avec Calgary qui diminuait les revenus en provenance des lignes téléphoniques et, quand Mademoiselle Gilliland, la téléphoniste, allait déjeuner, le vieil Jack Elliott, le directeur de la construction, venait prendre sa place. Quand un appel entrait pour un dépannage, l'écurie Horner envoyait un traîneau ouvert chercher George Baxter et le traîneau était plein de peaux de bisons et de pierres brûlantes pour lui tenir chaud.[467]

Les deux experts étaient à peine arrivés qu'AGT fut contrainte de demander une hausse tarifaire à la nouvelle Commission des services publics qui l'accepta sans difficulté. En avril 1919, le tarif de base monta de 25% à Calgary et de 25 à 50% à la campagne. Quand le rapport Wray fut rendu public – un document impressionnant de 1 500 pages – il apparaissait que les tarifs étaient encore trop bas pour être compensatoires. Il aurait fallu augmenter encore le tarif de base rural de 157%...

La chose était bien évidemment impossible à faire, aussi le rapport Wray recommandait-il l'établissement d'une taxe foncière pour le téléphone. Le gouvernement Stewart n'eut pas le courage d'appliquer cette partie du rapport. Il rejeta également sa recommandation centrale qui concernait la création d'une société d'État indépendante, sur le modèle manitobain.

Par contre les recommandations comptables du rapport Wray furent accueillies avec empressement par l'administration d'AGT. Le rapport annuel de 1919 voit apparaître pour la première fois une allocation d'amortissement. L'année suivante, autre amélioration, les comptes furent divisés en 70 catégories codées – revenu brut, dépenses, valeur du réseau – calquées sur celles d'AT&T. On peut dire qu'avec le rapport Wray, AGT aborde l'ère de la gestion scientifique – bien que de manière encore partielle. La fraîche improvisation de l'époque baroque cède la place à une entreprise moderne, certes moins haute en couleurs, mais plus fiable quand il s'agit de gérer un service public. L'historien officiel d'AGT résume le choc introduit par le rapport Wray en termes imagés :

> Il était pénible de devoir admettre que ce vieux requin de Charles Fleetford Sise savait de quoi il parlait quand il disait qu'un réseau

---

[467] Cashman, Tony, *Singing Wires*, cf. pp. 263-4.

téléphonique doit avoir des revenus stables. En fait, c'était si pénible que personne ne le fit jamais.[468]

Restait à régler le principal, à savoir la manque chronique d'argent dont souffrait le téléphone en Alberta. Malgré le faible taux d'amortissement retenu (4% au lieu des 6,5% recommandés par le Rapport Wray), AGT connut un déficit. Elle renonça à son tout nouveau fonds d'amortissement, mais dès 1921 elle se trouva incapable de payer les frais courants d'entretien du réseau. Comble de malheur, le gouvernement provincial avait l'habitude de récompenser ses amis politiques en passant des commandes en fournitures diverses la veille des élections. Le gouvernement libéral devait avoir beaucoup d'appuis dans les milieux forestiers car AGT se retrouva à la tête d'un stock impressionnant de poteaux de bois... On aboutissait ainsi à une surcapitalisation systématique du réseau.

L'arrivée au pouvoir en juillet 1921 du syndicat agricole local, récemment transformé en parti politique, *United Farmers of Alberta* (UFA), mit un terme à cette pratique détestable. Le nouveau ministre responsable des téléphones commença par vendre les impressionnantes réserves de poteaux et de fils de cuivre accumulés dans les entrepôts d'AGT. SGT et *CP Telegraphs* firent une bonne affaire en achetant en solde les stocks excédentaires. Qui plus est, la construction du réseau sera confiée à des entrepreneurs indépendants et non plus à AGT. Ces mesures de bonne économie ne remédiaient évidemment pas à la faiblesse des tarifs – surtout des tarifs ruraux. Mais comment l'UFA qui représentait les agriculteurs pouvait-elle doubler, voire tripler les tarifs de ses membres et électeurs ? AGT continua donc d'accumuler les déficits et se montra incapable de respecter le taux d'amortissement dont elle reconnaissait pourtant l'utilité.

Pendant toutes ces années difficiles, la construction du réseau rural allait bon train. En octobre 1925 le réseau albertain fut relié au Montana et par le réseau d'AT&T à tout le reste du continent, y compris au Canada central d'une part, et la Colombie britannique d'autre part. Cette politique d'expansion avait un prix. En octobre 1926, la Commission des services publics entérina une hausse tarifaire de 20% sur l'ensemble des services téléphoniques.

---

[468] Spafford, Dufferin S., *Telephone Service in Saskatchewan*, cf. pp. 135-39. Cashman, Tony, *Singing Wires,* cf. p. 266.

Les finances d'AGT s'améliorèrent immédiatement. Dès 1927, une réserve d'amortissement égale à 3,5% de la valeur du réseau fut comptabilisée. AGT allait-elle pouvoir arrêter sa chute aux enfers ? À peine la hausse fut-elle acceptée qu'un autre problème surgit à l'horizon.

La mairie d'Edmonton ranima la vieille réclamation de 1914 et exigea qu'AGT verse une partie des revenus de l'interurbain à la compagnie de téléphone municipale. La réponse du gouvernement provincial fut la même : pas question, c'est Edmonton au contraire qui devrait payer AGT pour utiliser l'interurbain et contribuer au financement du réseau rural. Non content de la fin de non-recevoir opposée par l'hôtel de ville, le gouvernement manifesta son intention d'acheter le réseau téléphonique d'Edmonton. Une rencontre eut lieu en 1928 qui tourna court. En effet, les résultats financiers comparés des deux réseaux faisaient ressortir un avantage écrasant pour le réseau municipal.

Comparaison AGT – Edmonton

	Valeur du réseau	Fonds de réserve	Caisse d'amortissement
Réseau municipal d'Edmonton	950 000 $	275 000 $	1 000 000 $
AGT	18 000 000 $	300 000 $	850 000$

Source : Cashman, Tony, Singing Wires (The Telephone in Alberta), The Alberta Government Telephones, Edmonton, 1972, 496 pages. Cf. p. 334.

Pour les autorités municipales, les excellents résultats de leur réseau provenaient de la rigueur de leur gestion ; tandis que pour le ministère des téléphones, la différence provenait de l'absence de responsabilités sociales de l'hôtel de ville. Le résultat de cette confrontation fut une crise sans précédent. Le gouvernement déposa un projet de loi conférant un droit de passage à AGT dans toutes les municipalités de la province. Il entendait prodiguer à Edmonton le même traitement qu'il avait déjà servi à Bell et contraindre la ville à vendre. Au cas où Edmonton s'obstinerait dans son refus de vendre, un plan était prêt à entrer en fonction qui imposerait des frais d'interconnexion équivalents à 20% des revenus bruts du réseau municipal...

Indigné, l'hôtel de ville fit procéder à une enquête auprès des quelque 10 000 indépendants que comptaient les États-Unis. Aucun ne payait de frais d'interconnexion. Le gouvernement ne se laissa pas démonter par cette argumentation et envisagea d'imposer l'arbitrage de la Commission des services publics. Les choses en étaient là quand la crise de 1929 se déchaîna dans la Prairie. La bataille d'Edmonton n'eut pas lieu, mais ce n'était que partie remise… pour 40 ans. En attendant, les employés d'AGT et du service téléphonique d'Edmonton ont pris l'habitude de choisir un vainqueur à leur façon en organisant des tournois de golf ou de curling ![469]

Au cours des années 20, la grande affaire de l'heure fut la radio. Cet engouement donna lieu en Alberta à une brève expérience de rediffusion d'émissions américaines. Un amateur avisé du nom de Bill Grant construisit en 1929 une antenne de réception à Okotoks près de la frontière américaine et la relia à un studio de son à Calgary. AGT fournissait les circuits entre Okotoks et Calgary. Cet ancêtre lointain de la câblodistribution connut un succès rapide jusqu'à ce que le gouvernement fédéral ait vent de cette contrebande de programmes étrangers et y mette le holà.[470]

L'Alberta entre la crise et la guerre

Quand la crise déferla sur l'Alberta, l'équilibre financier d'AGT péniblement atteint, avec la hausse tarifaire de 1926, s'effondra. L'entreprise renoua avec les déficits budgétaires. Elle dut renoncer à comptabiliser une réserve d'amortissement, sans pour autant résoudre le problème du déficit. Les gens se désabonnaient en masse. Les factures demeuraient impayées, surtout dans les campagnes (voir encadré *La crise de 1929*).

Qu'à cela ne tienne. Plutôt que de se battre contre ses abonnés, AGT vendit le réseau rural aux agriculteurs. Comme l'équipement était vieux, on le vendit à vil prix. Cette solution du désespoir permit à AGT d'économiser sur les frais d'exploitation, mais c'était à peu près tout. En effet, elle devait continuer à payer les intérêts sur le capital investi avec un fonds d'amortissement réduit à sa plus simple expression. Une fois de plus, on avait privilégié le court terme sur le long terme. De 1929 à 1934, l'Alberta perdit 31,5% de son parc téléphonique.

---

[469] Cashman, Tony, *Singing Wires,* cf. pp. 330-8. Spafford, Dufferin S., *Telephone Service in Saskatchewan* cf. pp. 149-53. Stinson, Margaret, *The Wired City (A History of the Telephone in Edmonton)*, cf. pp. 101-107.

[470] Cashman, Tony, *Singing Wires,* opuscule cité, cf. pp. 342-3.

La crise précipita l'arrivée au pouvoir en Alberta du célèbre radio-évangéliste William Aberhardt, surnommé « Bible Bill ». En septembre 1935, il forma le premier gouvernement du Crédit social au Canada[471]. AGT, à l'instar des autres administrations publiques, commença à payer ses employés avec des « certificats de prospérité », ce qui créa certains remous. Quand des rumeurs commencèrent à circuler sur une vente imminente de la compagnie à AT&T, le moral des employés descendit encore d'un cran. Le Premier ministre Aberhardt dut démentir lui-même la vente. En fait, les conditions d'AT&T étaient trop basses, même pour un radio-évangéliste.

La guerre éclata au milieu d'une compagnie désorganisée par la crise et démoralisée. Du jour au lendemain, il fallut faire face aux exigences de l'Armée. Quand les États-Unis entreprirent la construction du Northwest Communications System, AGT comme fut chargée de la construction de la ligne téléphonique (chapitre 12 – *Création d'une industrie nationale*, section *Rapprochement de CN et de CP*). D'Edmonton à Fairbanks, en Alaska, la ligne comptait 3 200 km, le plus long circuit en fils nus aériens jamais construit. Comme la compagnie manquait de ressources nécessaires, il fallut faire venir une équipe de Bell. Quelle ne fut pas la surprise des employés d'AGT de constater qu'un contremaître de Bell gagnait presque autant que le directeur général de leur compagnie... Les travaux furent effectués « contre la montre » avec l'aide des *Signal Corps* de l'Armée canadienne. Durant l'hiver 1942-43, il fallut dynamiter le sol gelé pour planter des poteaux. Mais la ligne fut prête à temps.[472]

---

[471] Parti populiste fondé en 1935 à partir de la théorie du même nom élaborée par l'ingénieur écossais Clifford Hugh Douglas (1879-1952). Pendant la première Guerre mondiale, Douglas remarqua que la somme des salaires et dividendes versés aux travailleurs était inférieure à la somme des coûts produits. Il préconisa la distribution de la richesse en fonction de l'accroissement de la productivité du travail. Cette richesse excédentaire devrait être distribuée aux particuliers qui produisent les biens sous forme de dividendes. Le Parti Crédit social du Canada (PCSC) est toujours demeuré dans l'opposition sur la scène fédérale canadienne, mais il est parvenu au pouvoir en Alberta et en Colombie britannique. Dans la pratique, la Cour suprême du Canada a toujours interdit aux provinces de procéder aux réformes du système bancaire, telles que préconisées par le Crédit social, et ce parti a évolué vers un conservatisme traditionnel.

[472] Cashman, Tony, *Singing Wires,* opuscule cité, cf. pp. 366-74 et pp. 376-82.

Le boom téléphonique de l'après-guerre prit AGT, comme toutes les autres compagnies de téléphone, par surprise. AGT sera sans doute la seule compagnie à l'admettre ouvertement :

> *Nous avions prévu qu'après la victoire de mai 1945 en Europe, il y aurait une chute d'environ 10% de notre trafic interurbain. Les chiffres réels donnent une augmentation d'environ 12%...*[473]

Au moment de se lancer dans la reconstruction du réseau, le directeur général Bill Bruce s'aperçut qu'il n'y avait pas un seul diplômé universitaire à AGT... à commencer par lui-même. Il exigea que trois de ses employés passent un diplôme d'ingénieur. C'est ainsi qu'un service de l'ingénierie put être constitué à AGT en 1945-46. Mais Bruce se découragea devant la tâche à accomplir et, dépourvu d'appuis au gouvernement créditiste de la province, il démissionnera en 1948.

C'est à Al Higgins que reviendra la tâche de « normaliser » AGT. Il effectuera une révision complète des critères d'embauche et des conditions salariales pour aligner AGT sur Bell. Au niveau technologique, il multipliera les contacts avec Bell. En septembre 1953, AGT signera un contrat de service avec Bell qui prévoyait un transfert massif de savoir-faire en contrepartie du paiement de 0,5% du revenu brut d'AGT. Quel long chemin depuis la nationalisation arrogante de 1908. Mais en 1953, nous étions précisément à l'époque où Thomas Eadie entreprenait la construction d'un grand réseau pan-canadien surmontant les disparités régionales, dans le respect de celles-ci. L'Alberta trouva naturellement sa place dans ce grand dessein.[474]

À la fin du règne Higgins, en 1957, on peut dire que AGT avait enfin achevé son long « aggiornamento » commencé en 1926 avec le rapport Wray. L'Alberta a enfin surmonté le handicap d'une nationalisation entreprise sur des chapeaux de roue et d'un développement rapide du téléphone rural.

Un cas à part : BC Tel passe sous contrôle américain

Au début des années 1920, *British Columbia Telephone* (BC Tel) était en crise. Les deux fondateurs de l'entreprise, l'ingénieux docteur Lefèvre et son exécuteur de basses œuvres, William Farrell, étaient morts. La veuve du premier, Lily Lefèvre détenait un tiers des actions de l'entreprise, ce qui en faisait de loin la principale actionnaire, mais elle ne s'y intéressait pas et

---

[473] Rapport annuel AGT 1946. Cité in Cashman, Tony, *Singing Wires,* cf. pp. 383.
[474] Cashman, Tony, *Singing Wires,* cf. pp. 396.

cherchait à s'en débarrasser. Le fils de William Farrell, Gordon, était également actionnaire, bien qu'à un plus petit niveau.

Au cours de ces mêmes années, les autres compagnies canadiennes interconnectaient leurs réseaux les uns aux autres. BC Tel demeurait à l'écart de ce mouvement, coincée entre l'océan Pacifique, les Rocheuses et la présence de quelques compagnies indépendantes dans l'intérieur de la Colombie britannique, l'est des Rocheuses, tournées vers l'Alberta. Celles-ci étaient farouchement attachées à leur indépendance car elles étaient reliées entre elles par le réseau fédéral *Dominion Telephone System* qui offrait l'interurbain à perte. Pour communiquer avec l'Alberta, BC Tel aurait dû traverser ces territoires et partager les revenus issus de l'interurbain avec les indépendants. Au demeurant, BC Tel était interconnectée de longue date avec le réseau d'AT&T et communiquait sans difficulté avec l'est du Canada en passant par les États-Unis. Que faire ?

Involontairement, la solution vint de Lily Lefèvre qui fit approcher la direction de Bell dans l'espoir de vendre son important bloc d'actions. Pour une raison obscure, le futur président de la compagnie qui agissait alors en tant que secrétaire, Paul Sise, fit une offre inférieure au prix du marché, il offrit 125 dollars alors que les actions s'échangeaient au-dessus de 140 dollars. Bien entendu, la veuve Lefèvre refusa et se retourna vers les Américains. AT&T fut écartée pour la même raison que Bell et c'est Theodore Gary qui se présenta. Ce financier avait acheté *Automatic Electric*, la compagnie manufacturière de Chicago fondée par Almon Strowger, ainsi qu'un certain nombre de compagnies exploitantes indépendantes aux États-Unis. Il s'était ainsi hissé au deuxième rang de la téléphonie américaine après AT&T.

Bloqué dans son expansion américaine par la puissance même d'AT&T, Gary se tourna vers les marchés internationaux et se porta acquéreur de plusieurs entreprises britanniques. Quand les représentants de Lily Lefèvre frappèrent à sa porte, ils ne pouvaient pas tomber plus à point. Gary constitua un holding en décembre 1926 avec des intérêts anglo-américains et procéda à un échange de titres avec BC Tel. Contrairement à Bell, il offrit 185 dollars l'action, une somme largement supérieure à la valeur du marché, qu'il finança avec une émission d'actions privilégiées de BC Tel qui ne lui coûtèrent rien. Ce tour de passe-passe ne fut pas du goût de tout le monde et d'abord du président de BC Tel, George H. Halse, qui démissionnera deux ans plus tard.

La transaction était habile, mais elle sentait mauvais. En effet, l'un des associés de Theodore Gary n'était nul autre que Gordon Farrell. L'affaire de 1926 ressemblait à un mauvais « remake » de celle de 1898 quand Farrell père, associé au docteur Lefèvre, avait fait appel aux capitaux britanniques, à la différence près que, cette fois-ci, il n'y avait pas de stratégie à long terme. Farrell fils avait vendu BC Tel aux Américains sans espoir de reconquête. Après le départ de Halse, il prendra lui-même la présidence, jouant ainsi le rôle d'homme de paille canadien de Gary.

L'affaire sentait d'autant plus mauvais que l'émission d'actions ayant servi à financer l'achat avait dilué massivement son capital. Or, à l'instar de Bell, la compagnie était réglementée en fonction de son bénéfice par actions. La Commission des chemins de fer s'était à juste titre opposée à cette opération qui ne créait aucune richesse pour BC Tel. Un long conflit s'ensuivit entre la compagnie et son régulateur qui ne sera résolu qu'en 1966 quand la Commission canadienne des transports soustraira purement et simplement la somme en litige des actifs.

Une fois entrée dans l'orbite Gary, BC Tel a interrompu sa politique d'achat à *Northern Electric* au profit d'*Automatic Electric*. Mais, chose curieuse, BC Tel ne s'est pas automatisée pour autant. Au contraire, la Colombie britannique a été la lanterne rouge des provinces canadiennes en termes d'automatisation – exception faite de l'Île-du-Prince-Édouard.

Le premier commutateur pas-à-pas fut installé en 1928 seulement et encore fut-il installé non pas à Vancouver ou à Victoria mais dans le minuscule village de Hammond, dans la vallée de la Fraser. Pendant la crise économique, le programme de conversion fut interrompu alors que partout ailleurs les compagnies de téléphone maintenaient ou accéléraient les cadences afin d'économiser sur la main-d'œuvre. Vancouver reçut son premier commutateur pas-à-pas en décembre 1940. Comment se fait-il que le groupe Gary n'ait pas imposé plus vite la technologie d'*Automatic Electric* à BC Tel ? L'inertie de l'entreprise est d'autant plus paradoxale que l'automatisation de Vancouver faisait partie des raisons avancées par le groupe Gary pour acheter BC Tel :

> *Dans une interview accordée hier au correspondant du Financial Times au sujet de la transaction, Sir Alexander Roger (président de la filiale britannique d'Automatic Electric) a expliqué que Vancouver a le seul grand réseau sur la terre qui ne soit ni en train d'être automatisé ni en passe de l'être.*[475]

Il ne fait pas de doute, quand on met en regard le faible taux d'automatisation des centraux en Colombie britannique et le fort taux de pénétration de téléphone dans cette province, qu'il s'agit d'une illustration exemplaire de la conception nord-américaine de la technologie. La Colombie britannique aura tout au long de ces années-là plus de téléphones par 100 habitants que n'importe quelle autre province au Canada (l'Ontario la dépassera après 1940). On a troqué, consciemment ou non, le progrès technologique contre une expansion universelle d'une technologie plus ancienne ; en d'autres termes, on a repoussé des investissements à long terme pour faire un profit immédiat.

Cela ne signifie pas que l'entreprise soit demeurée stagnante. BC Tel achètera les compagnies indépendantes qui gênaient son expansion vers l'intérieur de la province avec l'appui du gouvernement fédéral qui acceptera de lui vendre les tronçons interurbains qu'il possédait dans l'intérieur. BC Tel compléta alors ces acquisitions par des ententes avec *CP Telegraphs* et, en novembre 1928, la façade Pacifique du Canada était enfin reliée téléphoniquement à l'Alberta et au reste du Canada.[476]

La crise économique interrompit cette expansion. En 1935, à la suite de quelques faillites retentissantes, le groupe Gary fut réorganisé et BC Tel, confiée à une toute nouvelle filiale « canadienne » créée pour l'occasion : *Anglo-Canadian Telephone*. Le siège social de cette dernière était situé à Montréal, mais derrière cette façade, il s'agissait toujours d'une entreprise américaine. Quoi qu'il en soit, le changement n'affecta en rien BC Tel qui continua à être dirigée par Gordon Farrell à la manière d'une entreprise familiale (la famille Farrell possédait des intérêts dans le groupe Gary).

En octobre 1955, nouvelle réorganisation : le groupe Gary fusionne avec General Telephone et *Anglo-Canadian* deviendra une filiale de cette dernière qui prendra le nom de *General Telephone and Electronics* (GTE) en 1959. Le nouveau holding contrôlait alors 10% du parc téléphonique américain, sans

---

[475] « British Columbia System Now Controlled by New Company », in *Automatic Telephone*, janvier-février 1927.

[476] Allen, Lindsay Ross, *Factors in the Development of the British Columbia Telephone Industry, 1877-1930*, thèse de maîtrise, département de communication, Université Simon Fraser, Burnaby (Colombie britannique), avril 1990, 200 pages. Cf. pp. 62-72.

compter des compagnies de téléphone en République dominicaine et aux Philippines.

Malgré cela, la présence de Gordon Farrell à la présidence de BC Tel maintenait la fiction d'une entreprise familiale fortement enracinée dans le terroir canadien. En effet, Gordon Farrell était président depuis 1928 et, avant lui, son père l'avait été. La famille Farrell est à BC Tel ce que la famille Sise est à Bell, et la situation se prolongera jusqu'en 1958 quand Gordon prit sa retraite.[477]

Au milieu de ces changements de propriété, BC Tel participa à la création du Réseau téléphonique transcanadien et à la construction de l'un des tronçons les plus difficiles : la traversée des Rocheuses. En outre, BC Tel créa en 1929 une filiale sous le nom de *North-West Telephone* qui mit sur pied le plus important réseau radiotéléphonique d'Amérique du Nord afin de relier des localités isolées à son réseau : Powell River (1930), Ocean Falls (1931), Prince Rupert et Prince George (1932).

Cette politique de couverture de l'ensemble du territoire de la Colombie britannique aboutira au lendemain de la deuxième Guerre mondiale à l'achat des dernières compagnies indépendantes par BC Tel (Mission, Kootenay, Chilliwack) et des installations de *Dominion Telephone System* par *North-West*.[478]

Jules-André Brillant domine la téléphonie indépendante au Québec

Le nombre de compagnies indépendantes au Canada n'avait cessé de croître depuis le début du siècle pour atteindre 2 400 en 1929. La crise économique provoqua un recul des grandes entreprises et obligea un grand nombre d'agriculteurs à prendre en main les réseaux locaux s'ils ne voulaient pas perdre le service téléphonique. Le nombre des compagnies indépendantes augmenta jusqu'à 3 400 au début de la deuxième Guerre mondiale (il est vrai que les mutuelles d'agriculteurs de la Saskatchewan à elles seules formaient

---

[477] MacInnes, Jim A., vice-président Communications (retraité), BC Tel, 21 août 1991. Lettre de Brian M. Longden, responsable finance et coûts à la division des télécommunications de la Commission canadienne des transports à Robert Spencer, historien de Bell Canada, 11 février 1974, ABC # D732272. Williams, James Earl, *Labor Relations in the Telephone Industry,* cf. pp. 64-5. Bernard, Elaine, *The Long Distance Feeling, A History of the Telecommunications Workers Union,* cf. pp. 72-3 et 125-6.

[478] *BC's First Telephones*, BC Tel, Vancouver, 14 pages, pas de date (sans doute 1969).

1 200 du total). À partir de 1941, le nombre d'indépendants au Canada commencera à décroître.

Le Québec et l'Ontario constituaient un cas à part. Dans toutes les autres provinces, les indépendants étaient réglementés par la même autorité que la compagnie dominante, parfois même, ils faisaient partie d'une politique planifiée par la compagnie dominante (Saskatchewan ou Alberta). Au Québec et en Ontario, le réseau téléphonique était dominé par Bell qui relevait de la réglementation fédérale, alors que les compagnies indépendantes relevaient de la réglementation provinciale. Il y a donc deux histoires du téléphone au Québec et en Ontario : celle de Bell et celle des indépendants.

La téléphonie indépendante québécoise fut sans conteste dominée par la Compagnie de Téléphone Nationale. En 1915, celle-ci était au milieu d'une lutte décisive avec Bell pour le contrôle de la ville de Québec. C'est alors qu'une tempête de pluie verglaçante détruisit tous les réseaux téléphoniques du Québec. Nationale ne devait jamais s'en remettre. Elle abandonna Québec, Lévis, Charny et Saint-Romuald à Bell. Les comtés de Kamouraska et de Témiscouata furent vendus à une tierce partie. La compagnie fondée par le docteur Demers végéta encore quelque temps et, en juin 1927, elle fut vendue à un homme d'affaires aux reins assez solides pour la remettre à flots : Jules-André Brillant.

Brillant est originaire de Saint-Octave-de-Métis où il avait vu arriver à l'âge de neuf ans les premiers téléphones du docteur Demers.[479] Ce *self-made man* fit fortune très jeune dans l'électrification du Bas-du-Fleuve et il avait créé de toutes pièces la Compagnie du Pouvoir, n'hésitant pas à s'allier à des intérêts américains pour amasser les sommes de plus en plus importantes dont il a besoin pour diversifier ses activités. C'est à ce titre qu'il achètera Nationale qui fut rebaptisée Corporation de Téléphone et de Pouvoir de Québec. Le siège social demeurait à Rimouski, mais les bureaux administratifs furent installés à Québec.[480]

---

[479] Bien que né à Routhierville dans la vallée de la Matapédia (30 juin 1888), Jules-André Brillant a passé son enfance à Saint-Octave-de-Métis, à proximité de Mont-Joli. Décédé le 11 mai 1973 à Mont-Joli.

[480] En fait Nationale changea deux fois de nom. Aussitôt après l'achat, elle fut rebaptisée Corporation de Téléphone et de Valeurs d'Utilités Publiques de Québec. Ce n'est qu'en

Jules-.A. Brillant dans les années 60 (gauche) en compagnie d'un député fédéral (Louis Guy Leblanc)

Archives Québec-Téléphone

Ce nom complexe exprime bien l'idée que se faisait Brillant de son petit royaume : tout ce qui était électrique devait lui appartenir. C'est ainsi qu'il multiplia les achats de compagnies de téléphone, récupérant au passage Kamouraska et Témiscouata. La crise n'interrompit pas la carrière de Brillant. Les gens se désabonnent ? Qu'à cela ne tienne, sans état d'âme, il fait arracher les fils et les poteaux afin de réduire les frais.

La crise est l'occasion d'une consolidation majeure. En janvier 1935, tous les indépendants appartenant à la Corporation de Téléphone et de Pouvoir sont intégrés au sein de deux filiales : au nord du Saint-Laurent, la Compagnie de Téléphone Portneuf et Champlain ; au sud du Saint-Laurent, la Compagnie de Téléphone Nationale renaissant de ses cendres pour l'occasion. Deux ans plus tard, il rapatriera les bureaux administratifs de Québec à Rimouski.

À la même époque, Brillant étend son intérêt à la radio. Il s'associe avec *Canadian Marconi* pour desservir la Côte-Nord par radiotéléphone. Il fonde sous le nom de la Radio du Bas St-Laurent, le poste CJBR AM. Rien n'arrête

---

novembre qu'elle prit son nom définitif.

Brillant, pas même la deuxième Guerre mondiale qui se révèle, au contraire, une bonne affaire. En effet, l'État fédéral consentit des investissements massifs pour construire des réseaux téléphoniques et télégraphiques tout au long de l'estuaire du Saint-Laurent. Il s'agissait de relier au plus vite les bases de la défense côtière. Plus d'une vingtaine de navires canadiens ou alliés avaient été coulés dans l'estuaire du Saint-Laurent par des sous-marins allemands. Cette bataille oubliée de l'Histoire de la deuxième Guerre eut ainsi un impact direct sur les télécommunications du Bas-du-Fleuve.

Dans un premier temps, la Corporation de Téléphone et de Pouvoir participa à la construction de la ligne de téléphone militaire de Rimouski jusqu'à Saint-Joachim-de-Tourelle, sous la direction de *Radio Corporation of America* (RCA). L'armée canadienne construisit elle-même le trajet de Saint-Joachim-de-Tourelle à Gaspé. Dans un deuxième temps, la paix revenue, Brillant achètera le réseau gouvernemental. En Gaspésie, certains villages étaient déjà dotés de coopératives de téléphone, mais celles-ci ne dispensaient que le service local.

Sur la Côte Nord, l'armée avait construit une ligne télégraphique de Tadoussac à Red Bay, face au détroit de Belle-Isle. Brillant n'avait jamais touché au télégraphe. Qu'à cela ne tienne, il achète la « ligne du Nord » et l'année suivante, il conclut une entente avec Canadien National pour exploiter son réseau télégraphique sur la rive gaspésienne du Saint-Laurent. Il se retrouve ainsi avec un réseau télégraphique qui couvre les deux rives de l'estuaire.

Par voie d'achats et par construction de nouvelles lignes, Jules-A. Brillant se retrouvait à la tête d'une véritable compagnie de téléphone. Il n'avait qu'un problème : à qui transmettre son entreprise après sa mort ? En 1952, il cherche à associer son fils Jacques à la tête de la compagnie, mais ce dernier n'a pas le feu sacré et se contente de vivoter dans l'ombre du fondateur. C'est encore le père qui remporte une victoire contre Bell en 1955 en prenant le contrôle de *Bonaventure and Gaspe Telephone*. Désormais, tout l'est du Québec lui appartient.

Le dernier « coup » de Jules-A. Brillant ne lui appartient pourtant pas. Il revient plutôt à son ami, le Premier ministre québécois Maurice Duplessis. L'histoire veut que Brillant fût allé voir Duplessis pour lui demander un droit d'expropriation pour planter ses poteaux. Duplessis approuva à une condition :

> *Changez-moi cet horrible nom de Corporation de Téléphone et de Pouvoir. Ce n'est même pas français. Votre compagnie est connue par tout le monde sous le nom de Québec-Téléphone. Pourquoi ne le prendriez-vous pas ? C'est simple, ça se dit bien.*[481]

En février 1955, donc, Brillant père changea « cet horrible nom » sans avoir eu à faire la moindre demande, ni même émettre des lettres patentes. Québec-Téléphone était née.[482]

L'autre « grand » indépendant était la Compagnie du téléphone Saguenay-Québec qui appartenait à la famille Dubuc depuis 1907. Le fondateur, Antoine Dubuc, avait constitué un petit fief industriel dans le Saguenay-Lac-Saint-Jean autour des pâtes et papiers et des services publics (eau, électricité et téléphone). Après sa mort en 1947, la compagnie accumulera les dettes et sera obligée de vendre à Bell en mars 1955. Bell liquida le siège social qui était à Chicoutimi et intégra purement et simplement la compagnie dans son réseau. Cette manière de faire cavalière heurta bien des gens au gouvernement du Québec qui n'appréciaient pas la façon dont Bell avait avalé une petite compagnie sous autorité provinciale et fait disparaître un centre de décision régional.

Les compagnies indépendantes en Ontario

Aucun indépendant en Ontario n'a joué un rôle comparable à celui de Québec-Téléphone dans la province voisine. Le nombre des indépendants atteignit un sommet en 1921 avec 689 réseaux répertoriés, dont 284 entreprises privées, 95 compagnies municipales appartenant aux abonnés, cinq services municipaux, le reste étant composé d'associations d'abonnés.

---

[481] Cité par Côté, Yvon (juge), président (retraité), Régie des services publics du Québec, interview avec l'auteur, 26 juin 1990.

[482] Levesque, Sylvie, *60e (1927-1987)*, brochure historique publiée par Québec-Téléphone, Rimouski, juin 1987, 64 pages. « Jalons chronologiques », Québec-Téléphone, 1986 (document inédit), Archives Québec-Téléphone. Lebel, Monique J., « Québec-Téléphone (de ses origines à nos jours) », manuscrit inédit, août 1969, ABC # 30 381. « Une compagnie semi-centenaire se raconte dans ses livres », in *Échange* (journal intérieur de Québec-Téléphone), vol. 5, N°2. « Un empire industriel (les principales étapes de croissance de l'empire industriel de Jules-A. Brillant) », in *Synergie*, Rimouski, vol. 1, N°1, avril 1984.

Dans un service municipal, le téléphone est traité comme le gaz ou l'eau courante. Par contre, dans une compagnie municipale, l'abonné est un propriétaire qui a demandé le service téléphonique à l'autorité municipale en mettant sa terre en caution. Le réseau est alors confié en fidéicommis à la mairie. Ce système ingénieux permet à l'hôtel de ville de réunir les fonds nécessaires pour établir un réseau téléphonique et d'en assurer l'entretien, mais l'abonné en est le réel propriétaire sans avoir eu à débourser un sou. Si le réseau est vendu, c'est lui qui doit être dédommagé. C'était la forme de propriété préférée de Francis Dagger, qui avait été, rappelons-le, directeur de la division téléphonique de *l'Ontario Railway and Municipal Board* (1910 - 1931)[483].

Au lendemain de la deuxième Guerre mondiale, le gouvernement de l'Ontario estima que la situation du téléphone dans les campagnes desservies par les indépendants était suffisamment sérieuse pour qu'il intervienne. Il chargea Ontario Hydro, qui avait été un pionnier mondial en électrification rurale, d'enquêter sur le téléphone indépendant. Après consultation avec Bell, Ontario Hydro conclut à la nécessité de créer un nouvel organisme réglementaire exclusivement consacré au téléphone qui aurait aussi pour mission d'encourager le développement du service dans les régions éloignées. Une loi sur le téléphone rurale fut adoptée en juillet 1954 qui créait l'*Ontario Telephone Authority*.[484]

Une des politiques préconisées par le rapport d'Ontario Hydro encourageait le regroupement des indépendants afin de leur permettre de rationaliser leurs activités. Comme en Saskatchewan, cette politique se heurta à l'amateurisme des responsables des petites compagnies. Chaque fois qu'un groupe se constituait, il y en avait immanquablement un qui lâchait tout au beau milieu des négociations et vendait à Bell. Le regroupement perdait alors toute raison d'être et finissait par vendre à son tour. En-dehors de Bell, la téléphonie rurale progressait peu.

---

[483] Voir chapitre 7 - *Balkanisation de la téléphonie au Canada*, section *Les compagnies indépendantes au Québec et Ontario*.

[484] En fait il y eut deux rapports et deux lois sur le téléphone rural. Le premier rapport, rédigé par un consultant en ingénierie, le brigadier R.E. Smythe, aboutit à une loi en 1951 qui préconisait en termes généraux l'amélioration du réseau rural. C'est ensuite qu'Ontario Hydro reçut le mandat de préciser les moyens à prendre. Le brigadier Smythe fit aussi partie du comité mit sur pied par Ontario Hydro.

Le gros des plaintes des abonnés venait de la région de Bancroft et de Barry's Bay, à l'ouest d'Ottawa. Avec la découverte de mines d'uranium et l'effervescence qui s'ensuivit, l'état de délabrement du réseau rural, qui était assuré par 13 petites compagnies, devint insupportable. Le gouvernement provincial décida d'intervenir directement et, au début de 1955, créa l'*Ontario Development Corporation* qui avait pour mandat d'acheter, d'exproprier si nécessaire, de créer et d'exploiter des entreprises de téléphone.

La nouvelle société d'État créa aussitôt une filiale sous le nom de compagnie Madawaska qui acheta les 13 indépendants de Bancroft-Barry's Bay et modernisa le réseau local. L'attrait d'uranium devait être grand pour avoir réussi à faire bouger le gouvernement ontarien traditionnellement indifférent au téléphone et encore plus hostile à l'intervention étatique... Cinq ans plus tard, le gouvernement revendit le réseau flambant neuf à Bell pour 90% de sa valeur. Cette aventure au parfum de nucléaire ôtera définitivement le goût du téléphone à l'Ontario. Il est possible de dire que l'Ontario n'a jamais eu de politique télécommunications.[485]

Début timide des télécommunications dans le Grand-Nord

En 1923, le seul moyen de communications dans le Grand-Nord était une simple ligne télégraphique entre Hazelton, en Colombie britannique et Dawson, aux confins du Yukon et de l'Alaska. Pour le reste, l'information circulait au moyen de canots.

La desserte du Grand-Nord sera l'œuvre de l'Armée canadienne, en particulier, du Corps des transmissions Royal Canadien et la technologie employée sera le radiotéléphone. En octobre 1923, un premier circuit radio est ouvert entre Dawson et Mayo. L'équipe initiale était composée de huit hommes sous le commandement d'un major, nommé W.A. Steele (plus tard lieutenant-colonel). Pour cette première liaison, ils avaient loué une petite cabane de bois à Mayo et emprunté une deuxième cabane non moins modeste à la Gendarmerie royale du Canada (GRC) de Dawson. Ce petit groupe d'hommes allait construire de toutes pièces le Système radio des Territoires du Nord-Ouest et du Yukon.

Une fois de plus, les télécommunications canadiennes allaient écrire une page héroïque, à la mesure d'une géographie démesurée. Les archives de

---

[485] Grindlay, Thomas, *A History of the Independent Telephone Industry in Ontario*, cf. pp. 22-48.

l'Armée canadienne contiennent de multiples témoignages de cette épopée inconnue vécue dans la solitude de cabanes isolées à des centaines de kilomètres de toute vie civilisée. Citons seulement l'ouverture de la station de l'île Herschel, dans la mer de Beaufort, qui fonctionna de 1923 à 1937. Le navire chargé d'apporter des vivres aux opérateurs, qui devaient y passer leur premier hiver, s'abîma en mer. Pour manger, les hommes du Corps des transmissions durent chasser le caribou et, pour boire, faire fondre la glace. Aucun de ces hommes n'allait dans le Grand-Nord par appât du gain : les indemnités étaient insignifiantes. Ils étaient mus par le sens du devoir et, sans aucun doute, la fascination du Grand-Nord.

À partir de 1927, une nouvelle fonction fut attribuée aux signaleurs de l'Armée : relever la pression atmosphérique, la vitesse du vent et la température. Deux fois par jour, ces relevés étaient envoyés au Bureau météorologique fédéral de Toronto.

En quelques années, le système radiotéléphonique du Corps des transmissions s'étendit de la frontière de l'Alaska à la baie James et d'Edmonton aux rives de l'océan Arctique. Au fur et à mesure que le système prenait de l'expansion et recevait des émetteurs de meilleure qualité, les sociétés minières, les commerçants et la GRC commencèrent à se procurer leur propre matériel radio et devinrent des sous-stations. De cette manière, tout le Grand-Nord fut peu à peu relié au reste du monde.

L'armée exploitera le Système radio des Territoires du Nord-Ouest et du Yukon jusqu'en septembre 1958 quand elle le cédera au ministère des Transports. C'est Canadien National qui fut alors chargé des communications du Yukon et de la moitié ouest des Territoires du Nord-Ouest (Bell exploitait la partie est).[486]

---

[486] Campbell, major E.R., « Comment le Canada découvrit le nord et l'histoire du trappeur dément », in *Bulletin des communications et de l'électronique*, Forces canadiennes, Ottawa, 1975/3.

Chapitre 15 - La politique sociale des compagnies de téléphone

Le dévouement des employés du téléphone est à la base d'histoires mille fois redites et réécrites dans chaque compagnie.

> *Quand un incendie éclata au central téléphonique de Toronto, une des téléphonistes s'empressa de l'éteindre en s'asseyant sur les flammes...*[487]

> *Quand un incendie ravagea la petite ville minière de South Porcupine, dans le nord de l'Ontario, la standardiste resta à son poste, sonnant l'alerte jusqu'à ce que le feu atteigne la porte. Un voisin fit irruption, hurlant : « Qu'est-ce que vous fichez ici ? » Elle n'eut que le temps de saisir ses chaussures et la caisse de la compagnie avant de le suivre : l'escalier s'écroulait en flammes...*[488]

C'est avec des exploits du genre que s'est édifiée la légende du téléphone au Canada. En 1923, Bell institutionnalisa l'héroïsme. Cette année-là, des prix furent décernés à cinq femmes et trois hommes qui avaient fait preuve de courage. La direction des compagnies de téléphone a ainsi créé une solidarité qui dépasse le simple esprit d'équipe : on peut parler d'un « patriotisme d'entreprise ». Ce sentiment d'appartenance jouera un rôle non négligeable dans l'élimination des syndicats militants qui ne comprirent pas ou ne surent pas lui opposer une mystique comparable.

Les compagnies de téléphone et les syndicats se livrent alors à une partie de bras de fer dont les moyens sont les avantages sociaux, mais dont l'enjeu stratégique est culturel. Qui saura s'attacher la fidélité des employés du téléphone ? Les compagnies de téléphone ou le syndicat ?

LA VISION DE THEODORE VAIL (HUMANISME OU PATERNALISME)

Aux États-Unis, dès avant la guerre, le président d'AT&T, Theodore Vail, avait défini sa conception des relations industrielles. Ces idées imprégneront la

---

[487] Owen, H.G., *Cent ans déjà*, cf. p. 1.
[488] Collins, Robert, *Une voix venue de loin,* 1977, cf. p. 194.

démarche de toutes les compagnies de téléphone canadienne au lendemain de la guerre. Au niveau philosophique, ces relations relèvent des lois du marché les plus pures :

> *Les employeurs achètent et les employés vendent un service. On atteint un service parfait uniquement quand la fidélité et la loyauté sont réciproques entre employeur et employé. C'est cette relation qui engendre satisfaction et succès aux deux parties.*

Au niveau des relations industrielles, ce culte de l'échange égal donne naissance à la grande politique sociale des compagnies de téléphone nord-américaines :

> *Quand l'employeur met sur pied un plan d'avantages sociaux, son intention et son but est de fournir par le truchement d'une protection contre les misères normales de l'existence, une preuve tangible de la réciprocité qui implique un service fidèle et loyal de la part de l'employé ; la réciprocité implique une attention mutuelle pour l'intérêt et le bien-être de l'autre.*[489]

Cette politique est en avance sur toute la législation sociale américaine (et canadienne). Pourquoi Vail a-t-il ainsi mis sur la table plus que ce qu'on lui demandait ? À son habitude, il a plusieurs idées derrière la tête. Bien entendu, il veut étouffer dans l'œuf le syndicalisme naissant en offrant des avantages sociaux supérieurs à tout ce que l'on trouve dans l'entreprise privée de l'époque. Mais il veut aussi motiver les employés afin d'assurer un service de qualité et présenter une image positive de l'entreprise devant l'opinion publique.[490]

Les principes sociaux de Vail ont été décriés par les syndicats qui les ont taxé à raison de paternalistes. Mais que cherchaient les syndicats sinon obtenir les mêmes avantages sociaux ? Avec une différence, toutefois, et elle est de taille, ils voulaient les obtenir au terme de conventions collectives négociées par les représentants des employés. Le combat entre les syndicats et les

---

[489] *Views on Public Questions, A Collection of Papers and Addresses*, Theodore Newton Vail, édition à compte d'auteur, 1917. Les deux textes cités sont extrait du rapport annuel d'AT&T en 1913. Cf. p. 104. H-1.

[490] Ces trois motifs sont énoncés par Shacht, John, N., « Toward Industrial Unionism : *Bell Telephone* Workers and Company Unions, 1919-1937 », in *Labor History*, N°16 (hiver 1975).

compagnies de téléphone est bel et bien moral. Il s'agit de savoir qui va offrir le « bonheur » aux employés du téléphone !

Au Canada le signal du dégel social est donné par *Bell Telephone*. Le départ de l'intraitable Charles F. Sise et l'avènement au pouvoir de Lewis B. McFarlane permettent d'amorcer la politique sociale de Vail. En 1917, donc, Bell remplace l'inacceptable plan de pension pour employés méritants de 1911, par un régime universel. Les hommes peuvent prendre leur retraite à 60 ans, les femmes à 55. Cette même année, la journée de travail pour les techniciens du réseau passe de dix à neuf heures, ce qui ramène la semaine de travail à 54 heures.

En 1917, les principales compagnies de téléphone mettent en ventes les obligations de la Victoire de l'État fédéral par voie de retenues à la source. Cette manière de réunir des fonds ne pourrait-elle pas être mise à profit par les entreprises de téléphone elles-mêmes ? Depuis 1915, Theodore Vail propose aux employés d'AT&T un plan d'épargne-actions basé sur des retenues à la source sur le salaire. En 1916, NB Tel est la première compagnie canadienne à offrir un plan d'épargne-actions calqué sur le modèle américain. En 1920, Bell commence à vendre ses propres actions par le même moyen avec le succès que l'on sait (chapitre 13 – *La longue marche vers l'indépendance du groupe Bell*, section *Propriété de Bell : AT&T perd la minorité de contrôle au cours des années 20*).

D'une manière générale, la politique sociale de Bell et des deux compagnies de téléphone des Maritimes, MT&T et NB Tel, sont étroitement liées. Les plans de pension des trois compagnies sont similaires. D'ailleurs, ce sont les représentants de Bell aux conseils d'administration des deux compagnies des Maritimes qui proposent généralement l'adoption des mesures sociales. À l'autre bout du pays, BC Tel met en place en 1916 un nouveau plan d'assurance-maladie entièrement financé par la compagnie (le précédent, financé à parts égales par la compagnie et les employés, s'était avéré insuffisant). Les employés obtenaient aussi le samedi après-midi de congé.[491]

Fait notable, dans l'industrie du téléphone, la politique sociale est inaugurée par le secteur privé, tandis que le secteur public se contente de suivre le mouvement. La première société d'État à emboîter le pas est *Alberta Government Telephones* (AGT) quand elle met en vigueur ses programmes

___

[491] Bernard, Elaine, *The Long Distance Feeling, A History of the Telecommunications Workers Union*, cf. 46.

d'assurance-maladie et de retraite, respectivement en janvier 1922 et mai 1926. Paradoxalement, 20% des employés d'AGT s'opposèrent au fonds de pension, sous prétexte qu'ils préféraient recevoir la contribution de la compagnie au fonds de pension sous forme d'augmentation de salaire. En outre, s'il couvrait tous les hommes, le programme de pension demeurait facultatif pour les femmes.[492]

En quelques années, précédant les législations fédérale et provinciale, toutes les compagnies de téléphone se dotent d'un éventail relativement complet d'avantages sociaux.

La montée du syndicalisme

Dans un premier temps, les employés reçoivent mal ces mesures : c'est trop peu, trop tard. D'autant que la fin de la première Guerre mondiale coïncide avec une montée sans précédent du militantisme syndical.

La syndicalisation avait fait son entrée dans l'industrie du téléphone au début du siècle avec l'*International Brotherhood of Electrical Workers* (IBEW). On se souvient que l'IBEW fut surtout active à BC Tel où elle mena de dures grèves contre la direction, ailleurs sa présence demeura souterraine et passive. En Alberta, toutefois, la Fraternité avait pu négocier avec la direction à partir de 1913, bien que sans être accréditée.

La guerre mit un frein au syndicalisme car bien des leaders ouvriers avaient dû partir pour le front. La féminisation des compagnies de téléphone atteint un record : il y avait 58% de femmes à Bell en 1910, il y en aura 72% en 1920. Durant la première partie de la guerre, cette main-d'œuvre surtout féminine était surtout occupée à survivre : l'inflation, la flambée des prix et les pénuries de nourriture avaient eu raison du militantisme syndical. Tout changera au cours de la dernière partie de la guerre.

Un vent de changement souffle dans le monde. La révolution russe triomphe et allume bien des espoirs dans la classe ouvrière, en particulier dans l'Ouest canadien où une population fraîchement immigrée est sensible aux appels venus d'Europe. Les rangs syndicaux sont en effervescence et les organismes ouvriers améliorent quelque peu la condition faite aux femmes. La pénurie de

---

[492] Cashman, Tony, *Singing Wires (The Telephone in Alberta)*, cf. p. 293.

main-d'œuvre confère à celles-ci un pouvoir nouveau. L'IBEW accepte de mettre fin à sa politique de locaux auxiliaires qui assimile les téléphonistes aux épouses des électriciens et leur donne des locaux séparés, mais avec une demi-voix par femme (chapitre 9 - *Capitalisme sauvage et choc des langues*, section *Bilan de la grève*).

Cet « apartheid » sexuel marque la limite de la tolérance de la direction mâle des syndicats effrayée par la perspective de se retrouver noyée dans une masse féminine. Cette concession suffit pourtant pour donner quelque espoir aux téléphonistes et ravive le militantisme.[493]

L'étincelle vint des États-Unis où les chemins de fer avaient été nationalisés pour la durée du conflit. Pour atténuer les effets de l'inflation qui avait grugé le pouvoir d'achat des salariés, le Secrétaire d'État au Trésor, un certain William McAdoo avait augmenté en mai 1918 les salaires de tous les cheminots de manière substantielle[494]. Le gouvernement canadien fera de même en août pour les chemins de fer nationalisés, y compris les télégraphistes membres des « *Big Four* » (*Order of Railroad Telegraphers*). Depuis lors, tout le monde au Canada parle de la prime McAdoo avec espoir.[495]

Au début du mois d'août 1918, les téléphonistes de Toronto s'inscrivent en masse à l'IBEW et réclament la prime McAdoo. Bell confère une augmentation de 25% analogue dans les grandes lignes à ce que réclamaient les téléphonistes, mais refuse de négocier avec le syndicat. Le vieux président McFarlane ne peut pas comprendre que les téléphonistes puissent chercher leur bonheur en dehors du cadre généreux prévu par Bell à cet effet. Il déclare à la presse : « Il n'y a aucune raison de rencontrer le syndicat, puisqu'il n'y a rien à discuter. »[496]

---

[493] Barbash, Jack, *Unions and Telephones, The Story of the TeleCommunications Workers of America*, cf. p. 4.

[494] William Gibbs McAdoo, Jr. (1863-1941). Juriste, homme d'affaires et politicien, il est nommé secrétaire d'État au Trésor par le président Woodrow Wilson, poste qu'il occupera de 1913 à 1918. Quand les chemins de fer furent nationalisés en 1917 (en même temps que le téléphone), W.G. McAdoo devint directeur général de la nouvelle administration. Candidat malheureux à la présidence en 1920 et 1924.

[495] Logan, H.A., *Trade Unions in Canada (Their Development and Functioning)*, cf. pp. 150-2.

[496] *Toronto Globe*, 29 août 1918. Cité in Parsons, George M., *A History of Labour Relations in the Bell Telephone Company of Canada, 1880 to 1962*, cf. p. 49.

Que non : il y a justement beaucoup à négocier. Dans l'atmosphère fébrile de la fin de la Guerre mondiale, les téléphonistes ne se contentent pas d'argent. Elles exigent la dignité. Et la dignité passe par la reconnaissance de leurs propres institutions, c'est-à-dire le syndicat. Le ministère du Travail est saisi de l'affaire en septembre 1918 et nomme un Comité de conciliation tel que prévu par la loi Lemieux. Les doléances des téléphonistes portent essentiellement sur le refus de Bell de reconnaître le syndicat et sur les menaces dont sont victimes les syndiquées. Les audiences ramènent à l'avant-scène Kenneth J. Dunstan qui s'était déjà signalé par sa maladresse et sa dureté durant la grève de 1907 :

> *Dunstan – Le local 83A ne représente pas nos employées. Nous ne pouvons pas avoir une maison divisée.*
> *Juge Snider : – Vos propos montrent que vous voulez abattre le syndicat. Si vous persistez dans cette voie, d'emblée, je serai contre vous.*[497]

Le langage est sans détour. La direction de Bell cède tout de suite. Dans les tout premiers jours d'octobre 1918, un accord est passé hors comité entre la compagnie et l'IBEW. C'est la première convention collective jamais signée par Bell. Or, cette victoire a été emportée par un local de téléphonistes, par ces femmes sous payées et méprisées que l'IBEW refusait de syndiquer quelques années auparavant... Le Comité de conciliation se sépare sans faire de recommandation puisque les deux parties avaient réglé leur différend.

L'an suivant, les techniciens exigent à leur tour une réunion du Comité de conciliation et obtiennent une demi-journée de congé le samedi, ce qui ramène le nombre d'heures de travail hebdomadaire à 50 (à Montréal et à Toronto, le nombre d'heures est même abaissé à 44 heures).[498]

Le mouvement sera plus ou moins identique dans tout le Canada, à l'exception de NB Tel où un syndicat de compagnie a été créé dès 1918. À BC Tel, sur simple menace de grève, les techniciens enfin unis avec les téléphonistes obtiennent dans le courant de l'été 1918 le « *closed shop* ». Les techniciens et les téléphonistes de *Manitoba Government Telephones* obtiennent la prime McAdoo au printemps 1919. La vague syndicale est

---

[497] *A History of Labour Relations in the Bell Telephone Company of Canada,* cf. p. 50.
[498] *A History of Labour Relations in the Bell Telephone Company of Canada,* cf. p. 52.

irrésistible et les compagnies de téléphone cèdent les unes après les autres. C'est alors que le 15 mai 1919 la grève générale éclate à Winnipeg comme un coup de tonnerre.

La grève avait commencé par une simple demande de reconnaissance syndicale en provenance des ouvriers métallurgistes et de la construction mais, chose nouvelle, les autres corps de métier avaient débrayé par solidarité. C'est ainsi que les employés de MGT qui venaient pourtant d'obtenir satisfaction sur toute la ligne, se mirent en grève. Les cadres de MGT avec l'aide de briseurs de grève réussirent cependant à assurer un service minimal jugé essentiel pendant toute la durée du débrayage. En région, les mots d'ordre de grève furent suivis de manière plus sporadique. Deux centraux furent cependant complètement paralysés, à savoir Transcona et Dauphin.

À Winnipeg même, le comité de grève tint la ville pendant plus d'un mois. Effrayé par ce qu'il considérait comme une usurpation de pouvoir, le gouvernement fédéral fit tirer sur la foule le 21 juin, noyant le mouvement dans un bain de sang.

Dès les premiers jours du conflit, des grèves de solidarité avaient éclaté un peu partout au Canada. Les employés du téléphone, ayant déjà obtenus gain de cause sur la plupart de leurs revendications, s'abstinrent généralement. En Colombie britannique, l'IBEW dominée par les électriciens se joignit au mouvement de grève contre l'avis de la majorité des employés du téléphone. Dans un premier temps, les téléphonistes furent exemptées de faire la grève afin de maintenir un service jugé essentiel par le comité organisateur. Cependant, avec le temps, la situation s'envenima et les téléphonistes débrayèrent à leur tour. La grève générale à Vancouver dura une semaine de plus qu'à Winnipeg illustrant une fois de plus la dureté des conflits sociaux dans cette province.

Paradoxalement, les employés du téléphone, qui avaient débrayé à contrecœur, durent continuer la lutte deux semaines après les autres corps de métier, en raison de la décision de BC Tel de rétrograder les superviseurs qui avaient participé à la grève. Ils rentrèrent au travail le 15 juillet sans avoir réussi à faire reculer la compagnie. Les téléphonistes de BC Tel rentrèrent au travail un jour après leurs camarades techniciens et ce fait d'armes est entré dans la légende des luttes féministes. L'historienne Elaine Bernard affirme que dans les années 1980 les téléphonistes de Vancouver parlaient encore des événements de 1919 comme de « la grève où les hommes ont trahi les femmes. »[499]

La grève de Winnipeg fut un désastre pour le syndicalisme canadien en général et marqua la fin ou presque de l'IBEW dans l'industrie du téléphone. En effet, au lendemain de la grève, les techniciens du téléphone demandèrent à l'IBEW la permission de fonder des locaux séparés de ceux des électriciens, à l'instar des téléphonistes (mais avec une voix entière). L'IBEW refusa et signa son arrêt de mort dans l'industrie du téléphone au Canada.

Le syndicalisme rate le rendez-vous du téléphone

L'IBEW était fondé sur le principe dépassé des « *boomers* » qui traitait tous les ouvriers de l'électricité comme un seul corps de métier. Ses divisions étaient géographiques et non professionnelles, ce qui correspondait à un besoin au XIXe siècle quand le même individu pouvait travailler tour à tour dans une compagnie d'électricité, de télégraphe ou de téléphone. Un syndicat interprofessionnel était essentiel afin de permettre aux membres de changer d'emploi tout en conservant les avantages acquis par leurs années de cotisation.

Dans les années 20, ce temps est révolu. Les employés du téléphone ont obtenu la permanence de l'emploi de façon généralement tacite mais universelle. Ils constituent désormais une entité suffisamment forte pour s'affirmer face aux électriciens. Il y a une fierté d'appartenir à l'industrie du téléphone. Les employés supportent de moins en moins bien les réunions communes avec les électriciens où ils doivent écouter des revendications qui leur sont étrangères et qu'ils ne comprennent pas toujours.[500]

À Vancouver, la crise entre les employés du téléphone et l'IBEW prendra une tournure quelque peu différente. Le local de l'IBEW qui avait mené toutes les luttes jusqu'à la grève de solidarité de 1919 est exclu de la centrale en raison de ses positions radicales. Un nouveau local est créé par la direction de l'IBEW dans lequel la majorité extrémiste composée d'électriciens refuse

---

[499] *The Long Distance Feeling*, p. 62, note.

[500] Cette thèse est défendue par l'historien du syndicalisme dans l'industrie du téléphone en Amérique du Nord, Jack Barbash, in *Unions and Telephones,* cf. p. 17.

d'entrer. Les employés du téléphone sautent alors sur l'occasion d'avoir leur propre local et y entrent en bloc. Cette anecdote est révélatrice du malaise qui régnait entre les employés du téléphone et le reste des membres de l'IBEW. Pourtant, cela n'empêchera pas le local distinct de Vancouver de fermer ses portes en 1929, faute de membres.

Les années 20 voient les activités de l'IBEW se ralentir partout dans l'industrie du téléphone et disparaître à une exception près. En effet, au Manitoba même, le syndicat survécut à la grève générale, mais exsangue. L'IBEW perdit des membres comme partout ailleurs, mais maintint cependant son contrôle sur 35% des techniciens de cette province (les téléphonistes et les autres techniciens créèrent un syndicat indépendant qui prit rapidement le dessus).

L'inadéquation des structures de l'IBEW à l'industrie du téléphone n'est pas seule responsable de cette désaffection. La grande politique sociale inaugurée par Theodore Vail aux États-Unis a ôté aux syndicats leur principale motivation : l'injustice sociale.

La longue paix sociale

Les compagnies de téléphone ont remporté une victoire totale. Leur culture industrielle triomphe sur toute la ligne. Mais les événements de 1917-1920 ont montré qu'il n'était pas suffisant de donner des avantages sociaux, même en avance sur le droit du travail, aux employés. Il faut les consulter. Consulter qui ? Tout le monde sauf les syndicats.

La solution au Canada est fournie par la Commission royale sur les relations industrielles qui avait été convoquée en avril 1919 à la demande du Premier ministre Robert Borden[501]. Son rapport final recommandait la mise en place de toute une panoplie d'avantages sociaux (journée de huit heures, assurance chômage, vieillesse et maladie, reconnaissance des syndicats et de la convention collective). Si la plupart de ces recommandations devaient rester lettre morte pendant des années, il en est une qui retint immédiatement l'attention d'une partie du patronat et de Bell en particulier : « ... le gouvernement prendra les mesures nécessaires pour promouvoir la création de *Joint Plant and Industrial Councils*. »[502]

---

[501] Robert Laird Borden (1854-1937) fut Premier ministre conservateur du Canada de 1911 à 1920.

[502] Royal Commission on Industrial Relation, 28 juin 1919, cité in *A History of Labour Relations in the Bell Telephone Company of Canada,* cf. p. 91.

L'instigateur de cette forme d'organisation patronale-ouvrière était nul autre que Mackenzie King. En effet, il avait mis sur pied un comité paritaire dans les mines de charbon et les aciéries de *Colorado Fuel and Iron* en 1915. Il agissait alors comme consultant de Rockefeller qui possédait l'entreprise, d'où le nom de ce premier comité : *Rockefeller Industrial Representation Plan*. Le principe de base de King était que les deux parties fussent représentées en nombre égal afin de régler pacifiquement tout problème relatif aux conditions de travail.

En Grande-Bretagne, le gouvernement Lloyd George avait recommandé en 1917 la création de *Joint Industrial Councils* dans toutes les industries afin de prévenir les arrêts de travail pendant la guerre. Dans la plupart des entreprises, la partie ouvrière était représentée par son syndicat. Dès l'entrée en guerre des États-Unis, le *National War Labour Board* de ce pays adopta l'idée britannique, mais en la déformant : les *Joint Industrial Councils* furent créés pour prévenir la constitution de syndicats, non pour l'encadrer. De tels comités apparaîtront à AT&T en 1918 durant la brève période où elle sera nationalisée.

Leur succès fut tel qu'en 1919, Bell introduisit au Canada le système des *Joint Industrial Councils*, sous le nom de Comités de représentation, en commençant par les techniciens du réseau, sans doute parce que ce sont des employés hautement qualifiés dont la formation coûte cher. À ce titre, toutes les compagnies de téléphone ont toujours porté la plus grande attention à cette catégorie d'employés.

Les employés du réseau acceptèrent cette idée à l'unanimité ou presque au cours d'une série de réunions organisées au cours du printemps 1919. Ce succès signifie que même les membres de l'IBEW se rallièrent aux Comités de représentation. Les employés du trafic, en majorité des téléphonistes, mirent plus de temps à s'organiser, malgré les encouragements de la direction. La difficulté venait surtout des petits centraux où le faible nombre d'employés ne permettait pas à une organisation stable de prendre pied.

Au cours des années 30, tous les Comités de représentation seront regroupés dans le Plan de représentation des employés de la compagnie. Un document d'époque de Bell illustre parfaitement la mission de cette structure corporative :

> *Bien entendu, le Plan d'un Comité de représentation des Employés n'a jamais eu l'intention de remplacer, en totalité ou en partie, l'organisation actuelle. Il faut naturellement qu'il y ait des chefs de département pour diriger le travail de ces départements, et loin d'affaiblir cette organisation, le but du Plan est de la seconder et de la renforcer.*[503]

Les Comités de représentation se réunissaient une fois par mois après les heures de travail et les deux parties pouvaient apporter des questions à l'ordre du jour. Les employés profiteront de ce forum pour inviter les membres de la haute direction à leur parler. Le besoin se manifesta vivement de voir les patrons, de les questionner, bref, d'être informés. Pour la haute direction de Bell qui avait été formée dans le culte du patron de droit divin cher à son fondateur Charles F. Sise, le changement est de taille. M. H. Winter, directeur général du réseau explique non sans naïveté ce que cela signifiait pour les hommes de l'ombre :

> *Une des principales choses que nous avons comprises dans les comités d'entreprise est que nous devions donner des raisons et ne pas nous contenter d'excuses quand nous ne pouvions satisfaire les demandes des employés ; et même si nous devions rendre une décision négative, nous devions être honnêtes et dire la vérité sur la question.*[504]

Dans les autres compagnies de téléphone du Canada, il ne semble pas avoir eu de Comités de représentation. La quasi-totalité des compagnies de téléphone, de même que *Northern Electric*, encourageront à la même époque la création de syndicats maison qui domineront les relations de travail jusque dans les années 1960. Ces derniers se désignent eux-mêmes sous le nom d'association et non de syndicat, ils n'ont aucun rapport entre eux, ni avec le mouvement ouvrier et leurs activités sont concentrées sur la négociation des salaires et des avantages sociaux. Au Manitoba, l'IBEW survivra, comme on l'a vu, de façon minoritaire et deviendra si peu combative qu'elle jouera à toute fin pratique le rôle d'un syndicat maison.[505]

---

[503] *Notre Organisation des Téléphonistes*, Bell Canada, 12 pages, Montréal, le 1er janvier 1924. ABC, dossier relations de travail.

[504] Cité dans *A History of Labour Relations in the Bell Telephone Company of Canada,* cf. p. 86.

[505] Les autres techniciens quitteront l'IBEW pour former leur propre syndicat, Manitoba *Federation of Telephone Workers*, qui n'est pas un syndicat maison. Les autres employés non cadres seront enrégimentés dans un syndicat maison.

Comité de représentation ou syndicats maison, le résultat est le même. Les employés se rallient à la culture d'entreprise. En 1922, une mini-récession oblige la plupart des compagnies à réduire les salaires. Après les années d'expansion qui ont précédé, la pilule est dure à avaler. Pourtant, on ne trouve aucune trace de récrimination au sein des nouvelles institutions mises en place dans l'industrie du téléphone. Le courant passe à 100 % entre la direction et les employés.

Triomphe du paternalisme : oui certes, mais la pratique de l'IBEW déclinante était absolument identique à celle du patronat. À Vancouver, le syndicat n'avait rien trouvé de mieux pour mobiliser les téléphonistes que de créer à leur intention un « *Jolly Girls Club* ». Le syndicat avait cédé aux téléphonistes une salle de réunion spécialement décorée avec un piano, des vases de fleurs, des rideaux colorés et tous les 15 jours le club organisait une soirée de danse.[506] Les compagnies de téléphone faisaient de même, mais en plus elles pouvaient offrir des avantages bien tangibles comme la sécurité (non écrite) de l'emploi, les avantages sociaux et des hausses de salaire. À ce jeu, les compagnies devaient gagner. Elles obtinrent un demi-siècle de paix sociale sans grève ou presque (il y eut, en fait, un petit débrayage de quelques jours au Manitoba en 1950).

La seule mention de syndicat maison résonne comme un gros mot dans les oreilles syndicales. Pourtant c'est de cette façon que les employés du téléphone au Canada et aux États-Unis ont acquis la première expérience de l'organisation. Les syndicats maison ont pris très exactement le contre-pied de l'IBEW et ont tous adopté la même structure que les compagnies de téléphone. Le résultat de cette expérience corporative n'est entièrement négatif. Les nouveaux syndicats ont pu s'identifier étroitement aux employés du téléphone. Par contre, leur grande faiblesse réside dans l'aspect pyramidal de leur organisation et le cloisonnement qui en découle.

Dans l'industrie voisine du télégraphe, la situation était comparable. Au cours de leur lutte pour obtenir la prime McAdoo, les « *Big Four* » et, par conséquent, l'*Order of Railroad Telegraphers* avaient obtenu le maintien d'un organisme de concertation paritaire ouvrier-patronal (*Canadian Railway Board of Adjustment*). Son rôle était de régler les questions salariales et

---

[506] *The Long Distance Feeling,* cf. p. 65.

l'interprétation des conventions collectives. Les salariés avaient six représentants, quatre pour les « Big Four », un pour les ouvriers de maintenance et un pour les télégraphistes.

Cette coopération, tout à fait conforme à la philosophie de MacKenzie King, culmina au début des années 1920 avec l'arrivée à la tête du Canadien national de Sir Henry Thornton. Le célèbre chef d'entreprise créa des comités pour augmenter la productivité. Pendant plus de 20 ans, les représentants des « Big Four » travaillèrent à tous les niveaux – local, régional et national – avec les cadres et, outre la productivité, améliorèrent grandement les conditions de travail. On estime que 78% des propositions émises par les comités provenaient des rangs syndicaux. Partout, dans l'industrie des télécommunications, régnait une version nord-américaine du corporatisme.[507]

La crise des années 1930

Durant la crise économique, l'activité des compagnies de téléphone diminua brutalement. Pour la première fois, le nombre d'abonnés diminua. Dans l'ensemble du Canada leur nombre diminua de 13,6% entre 1929 et 1933. Pour la première fois également le nombre d'employés diminua. Bell comptait 18 000 employés en 1929, ce chiffre passa à 10 000 en 1934. La majeure partie de cette diminution fut obtenue par voie de gel de l'embauche et d'incitatifs divers (primes de départ, retraite anticipée).

Afin de conserver son personnel qualifié, la compagnie réduisit le temps de travail des techniciens et des cadres de 20% (avec baisse correspondante des salaires). Une baisse de salaire supplémentaire de 10% fut rajoutée par la suite. Le nombre de techniciens et de cadres qui dut être licencié fut limité.

Dans la pratique, une grande partie de la main-d'œuvre qualifiée mise à pied fut réengagée tout de suite dans les équipes volantes de construction du Réseau téléphonique transcanadien (RTT). Il ne s'agissait pas d'emplois permanents et, en outre, ils impliquaient une séparation de la famille. Néanmoins, le grand chantier du RTT permit à une partie des employés du téléphone de passer les premières années de la crise sans trop de mal.

La majorité des licenciements permanents frappa les téléphonistes. La saignée fut d'autant plus importante que la crise coïncidait avec l'automatisation des centraux. Dès 1926, Bell avait pris l'habitude de prévenir

---

[507] Logan, H.A., *Trade Unions in Canada,* cf. p. 151 et p. 157.

les téléphonistes au moment de leur embauche que leur emploi n'était pas permanent.[508] En conséquence, la proportion d'hommes dans la compagnie, qui avait atteint un plancher historique en 1920, avait commencé à remonter légèrement (mais brièvement) à la fin des années 1930.

Si l'automatisation des centraux avait tendance à baisser légèrement la demande en téléphonistes, la crise transforma le tassement en coupes sombres. La compagnie insiste sur le fait que les primes de séparation s'adressaient en particulier aux femmes mariées de façon à permettre aux célibataires de conserver leur emploi ; il n'en reste pas moins que la crise fut une catastrophe pour la partie économiquement la plus vulnérable de la main-d'œuvre. Il faudra attendre la fin de la deuxième Guerre mondiale pour que le nombre de femmes à Bell retrouve son niveau d'avant la crise de 1929.

La crise dans les effectifs de Bell

Année	Hommes Nombre	Hommes Pourcentage	Femmes Nombre	Femmes Pourcentage
1920	3 426	29%	8 706	71%
1925	4 546	33%	9 313	67%
1930	5 599	38%	8 910	62%
1935	4 481	47%	4 980	53%
1940	5 037	47%	5 641	53%
1945	6 083	38%	9 766	62%

Source : rapports annuels de Bell

Chaque compagnie de téléphone a vécu la crise de la même façon, bien que les modalités aient pu varier en fonction de la conjoncture. Ainsi, à BC Tel, fidèle en cela aux traditions d'affrontement de la côte ouest, le syndicat maison refusa les réductions de la semaine de travail, ce qui obligea la compagnie à mettre à pied plus de techniciens qu'elle ne l'aurait fait sans cela.

D'une manière générale, les compagnies de téléphone firent de leur mieux pour conserver la main-d'œuvre qualifiée qu'elles avaient formée à grand prix. Elles maintinrent certaines activités de construction du réseau dont elles

---

[508] *Labour Relations : 1900-1940*, Lettre datée du 31 mars 1956, ABC dossier Relations de travail. F-15.

n'avaient pas besoin pour répondre à une demande décroissante. Cela permit de conserver des équipes de techniciens, équipes squelettiques il est vrai. Quand le gros de la crise fut passé, généralement en 1934 ou 1935, les compagnies donnèrent la priorité aux anciens employés et parvinrent à les réintégrer sans trop de perte.

Mais le téléphone au Canada ne retrouva son niveau de 1929 qu'aux alentours de 1939. Dans les Prairies, où la crise avait été plus brutale qu'ailleurs, le rattrapage dut attendre la fin de la deuxième Guerre mondiale. Du point de vue des employeurs, les structures corporatistes mises en place avaient fonctionné dans la mesure où elles ont permis d'éviter tout conflit social. Est-il besoin de rappeler que la crise la plus dure qu'ait eu à subir l'économie canadienne fut traversée par les compagnies de téléphone sans une seule journée de grève ? D'un point de vue ouvrier, les choses sont plus difficiles à évaluer. Un syndicalisme puissant aurait-il permis de mieux préserver le niveau de l'emploi et des salaires ?

Le bilan du corporatisme

Si on considère l'entre-deux guerres comme un tout, on s'aperçoit que les salaires dans l'industrie du téléphone ont augmenté de 8%, ce qui est modeste mais nettement supérieur à la moyenne canadienne qui baissait de 7% durant la même période.[509] En 1944, la semaine de travail moyenne dans le secteur manufacturier était de 48,2 heures, alors que dans l'industrie du téléphone, elle variait de 44 à 60 heures pour les employés masculins (il est impossible d'avoir un chiffre plus précis en raison des variations de conditions d'une compagnie à l'autre et même à l'intérieur de chaque compagnie).[510]

Avant la deuxième Guerre mondiale, les programmes de pension étaient à peu près inconnus dans le secteur privé, or les compagnies de téléphone offraient une couverture complète. Dans le domaine des congés payés et de l'assurance maladie, les compagnies de téléphone ont également accordé des avantages supérieurs à la moyenne de l'industrie et bien en avance sur la

---

[509] Sur les 12 secteurs identifiés par les statistiques du ministère du Travail, seul le secteur de la blanchisserie et des services personnels ont vu les salaires augmenter plus vite. Tableau XVIII in Williams, James Earl, *Labor Relations in the Telephone Industry,* cf. p. 401.

[510] Dans le territoire de Bell, la durée de travail québécoise s'alignait sur la moyenne nationale, tandis que la moyenne ontarienne était de 44 à 54 heures par semaine. Les employés du téléphone en Colombie britannique travaillaient de 44 à 48 heures et ceux des Prairies venaient en tête au Canada avec 42 à 48 heures. James Earl, *Labor Relations in the Telephone Industry,* cf. p. 424.

législation sociale du Canada. À l'intérieur de l'industrie du téléphone, ce sont les entreprises nationalisées des Prairies qui, après un début difficile, ont offert les meilleures conditions en raison de l'amalgame qui a été fait entre employés du téléphone et fonctionnaires.[511]

Enfin, au cours des années 1940, les employés du téléphone commencent à bénéficier du fruit de leur labeur. Alors qu'au début du siècle, une téléphoniste devait travailler cinq semaines pour gagner l'équivalent d'un abonnement d'un an au téléphone, en 1921, ce temps de travail avait environ baissé de moitié. En 1949, ce temps avait encore baissé de moitié pour atteindre neuf jours de travail. Cela signifie que les téléphonistes ont commencé à pouvoir s'abonner au téléphone au lendemain de la deuxième Guerre mondiale. Les techniciens avaient commencé à le faire à la fin des années 1930. On peut conclure que c'est donc à cette époque que le téléphone a cessé d'être une industrie basée sur du travail aliéné.[512]

Ces résultats sont troublants car ils indiquent que le bilan social du corporatisme ambiant de l'industrie du téléphone pendant l'entre-deux guerres est positif. Les employés ont été mieux servis par la collaboration de classes que par l'affrontement. Cela devrait donner à réfléchir aux historiens du travail qui condamnent généralement sans appel les syndicats maison et les institutions corporatives comme les Comités de représentation. L'industrie du téléphone montre que durant la période considérée la paix sociale a été payante.

Encore faut-il convient-il de rappeler que, pour atteindre ce résultat surprenant, il a fallu l'alerte des grandes grèves de 1917-1920. Il a fallu qu'un syndicat « international » exprime de façon confuse mais véhémente le malaise des employés du téléphone. À cette occasion, nous voyons se dessiner ce qui va devenir une constante dans cette industrie, à savoir que les compagnies de téléphone agissent rarement d'elles-mêmes, elles réagissent aux événements. Leur manque d'initiative est compensé par une capacité

---

[511] *Labor Relations in the Telephone Industry,* pp. 424-452.

[512] Pike, Robert et Mosco, Vincent, « Canadian consumers and telephone pricing (From luxury to necessity and back again?) » in *Telecommunications Policy,* Londres, Vol. 10, N° 1, mars 1986.

d'adaptation à l'environnement social et économique supérieure à la moyenne.

Modernisation de la législation sociale

La deuxième Guerre mondiale présida à un rajeunissement radical de la législation sociale, manifestement inspirée du *Wagner Act* entré en vigueur aux États-Unis en avril 1937.[513] La loi américaine interdisait purement et simplement au patronat de maintenir des syndicats maison et fixait les règles du droit d'association. Leur respect serait assuré par un nouvel organisme, le *National Labor Relations Board*. Le New Deal prenait ainsi corps dans les relations de travail.

Dans l'industrie du téléphone, le résultat, assez surprenant, fut non pas le démantèlement des syndicats maison, mais leur transformation progressive en un véritable syndicat national. La *National Federation of Telephone Workers* fut officiellement créée en juin 1939 à partir des anciens syndicats maison d'AT&T. Cette fédération encore assez lâche provoqua une grève nationale en 1947 – qu'elle perdit – à la suite de quoi, en 1949, elle renforça son organisation centrale et adopta son nom actuel : *Communications Workers of America* (CWA) et s'affilia au *Congress of Industrial Organizations* (CIO).

Au Canada, un arrêté en conseil émis par le gouvernement fédéral en février 1944 stipule que « nul employeur ne doit dominer un syndicat ouvrier ou une association d'employés… ».[514] C'est la fin des syndicats maison ainsi d'ailleurs que des Comités de représentation.

La nouvelle législation établit le droit des travailleurs de former des syndicats et met en place toute la procédure de définition des unités de négociation, de l'accréditation, de la négociation collective obligatoire et finalement du droit de grève. L'organisme chargé de faire respecter la nouvelle législation est le Conseil des relations ouvrières en temps de guerre. Les relations du travail canadiennes pénètrent ainsi à leur tour dans l'époque moderne et, par voie

---

[513] Le *Wagner Act* fut adopté en 1935 et contesté devant les tribunaux par les employeurs. Ce n'est qu'en 1937 qu'il sera déclaré constitutionnel par la Cour Suprême. AT&T attendra 1937 pour l'appliquer, suivant en cela l'attitude hostile des grandes entreprises vis-à-vis cette législation.

[514] Arrêté en conseil C.P. 1003, 17 février 1944.

de conséquence, les compagnies de téléphone perdent l'initiative en matière de politique sociale.

À la différence de la situation américaine, les télécommunications canadiennes sont décentralisées et la législation provinciale du travail joue un rôle essentiel, surtout dans les provinces des Prairies où le téléphone est nationalisé. Le *Trade Union Act* de la Saskatchewan (1944), l'*Alberta Act* (1947) et le *Manitoba Labour Act* (1948), bien que différents d'inspiration, ont des effets assez similaires à ceux de la législation fédérale. Partout le syndicalisme renaît de ses cendres ou prend un nouvel essor.

Bell constitue un cas à part puisqu'il n'y avait pas de syndicat maison à proprement parler. On y voit les Comités de représentation se transformer coup à coup en syndicats maison puis en syndicats indépendants – encore que la différence entre syndicat maison et syndicat indépendant, dans ce cas, soit ténue. En Ontario, une loi provinciale suscite une Association des employés d'outillage est créée en Ontario dès 1943.

Avec la mise en place de la législation fédérale, l'association embryonnaire tombe sur le coup du Conseil des relations ouvrières en temps de guerre qui lui interdit de recevoir de l'argent de la compagnie pour le déplacement de ses membres... L'association sera ainsi poussée à son corps défendant à se redéfinir comme syndicat indépendant. Il y aura ainsi quatre syndicats « indépendants » à Bell : l'Association des employés d'outillage, l'Association des employés du trafic, l'Association des employés de la comptabilité et l'Organisation des employés du commercial.

Malgré l'accréditation du Conseil des relations ouvrières en temps de guerre, il n'y a pas de rupture entre les anciens Comités de représentation et les nouvelles associations qui, dans un premier temps, se comportèrent bel et bien comme des syndicats maison qui conduisaient chacun des négociations séparées avec la compagnie. L'évolution vers une forme de syndicalisme plus indépendante aura lieu progressivement. C'est ainsi qu'en mai 1949, trois associations fusionnèrent pour créer l'Association canadienne des employés du téléphone ou ACET (seuls les employés du trafic restèrent à l'écart). Il semble qu'au début tout au moins, les fondateurs de l'ACET aient souhaité un rapprochement avec d'autres syndicats, leur participation à des conférences intersyndicales visant à créer un syndicat national canadien en témoigne.

Selon eux, ce serait le dogmatisme des syndicats ouvriers qui aurait été responsable de l'échec de cette timide ouverture.[515]

En termes de conditions de travail, l'apparition du syndicalisme indépendant coïncide avec la réduction du temps de travail. Encore une fois c'est Bell qui inaugure l'ouverture sociale. La semaine de cinq jours est acquise en mai 1946 lors de la première convention collective signée entre la compagnie et l'Association des employés d'outillage. Le temps de travail passe à 40 heures, soit une diminution de quatre heures sur le régime précédent, sans perte de salaire.

La lutte pour un syndicat unique du téléphone au Canada

Au contraire, en Colombie britannique, la situation évoluera selon le scénario américain. Le syndicat maison qui représentait les techniciens depuis les années 20 fusionna avec une association naissante de téléphonistes pour créer au printemps 1944 la *Federation of Telephone Workers of British Columbia* (FTW).

Un des premiers gestes de la FTW fut de contacter les autres syndicats ou associations de l'industrie du téléphone à travers le Canada et de réunir un congrès national à Vancouver en novembre 1946. Tous les syndicats y assistèrent à l'exception de ceux des provinces Maritimes, trop éloignés et sans doute trop peu organisés. Bell était représentée par l'Association des employés d'outillage, *Alberta Government Telephone* par l'IBEW renaissante dans cette entreprise, *Saskatchewan Telecommunications* par l'*United Telephone Workers of Canada* qui était affilié au CCL et le Manitoba par l'*Independent Brotherhood of Telephone Workers*.

Le rêve de la FTW de Colombie britannique était de créer un syndicat national canadien du téléphone sur le modèle de la *National Federation of Telephone Workers* aux États-Unis. Mais le débat de 1946 fit apparaître une polarisation entre les durs et les modérés. Les modérés voulaient créer un regroupement décentralisé de syndicats. Les durs voulaient avant tout que les syndicats présents s'affilient à une centrale syndicale ouvrière.

Or, les durs étaient divisés. L'IBEW de l'Alberta était affiliée au Congrès des métiers du travail. L'*United Telephone Workers* de la Saskatchewan était sans

---

[515] ACET, *Historique de l'Association*, pas de lieu de publication, janvier 1971, 55 pages. ABC, dossier des relations de travail.

doute le syndicat le mieux organisé de l'industrie depuis qu'un gouvernement social-démocrate avait été élu dans cette province en 1944, mais il était affilié à la centrale concurrente, le Congrès canadien du travail. Dans ces conditions les durs ne pouvaient pas gagner. La conférence s'acheva sur un compromis imaginé par la FTW : d'abord un regroupement de tous les syndicats puis, dans un deuxième temps, une affiliation à l'une des deux centrales canadiennes. C'était de l'étapisme avant la lettre.

Malheureusement cette solution eut l'heur de déplaire à tout le monde. Les modérés, menés par les employés de Bell, ne pouvaient endosser une quelconque motion faisant allusion à l'accréditation, alors que le gros de leurs troupes rejetait celle-ci avec la dernière vigueur.[516] Un an après la conférence, ils rassemblèrent leurs objections dans une résolution qu'ils remirent aux autres syndicats. Il était impossible de faire quoi que ce soit au Canada sans les employés de Bell. Quant aux durs de l'Alberta et de la Saskatchewan, ils se désintéressèrent d'une fédération jugée trop molle et qui, si elle avait cédé à leurs exigences, aurait dû choisir entre leurs centrales respectives et donc exclure l'un ou l'autre d'entre eux.

La FTW de Colombie britannique maintint des liens privilégiés avec l'Association des employés d'outillage de Bell, mais il fallut attendre onze ans pour qu'une nouvelle conférence puisse avoir lieu. Entre-temps, les dirigeants de la FTW avaient été approchés par la puissante CWA américaine, mais ce flirt audacieux fut rejeté par trois fois par la base qui eut peur d'être noyée dans une centrale étrangère. Ils votèrent par trois fois et refusèrent par trois fois l'affiliation. La CWA eut plus de succès en Saskatchewan où elle finit par englober l'*United Telephone Workers*. Une nouvelle conférence nationale fut donc organisée à Winnipeg en 1957 sur la question du syndicat unique.

Les employés de Bell, représentés par l'ACET et l'Association des employés du trafic, se rendirent à Winnipeg. Mais la belle fluidité structurelle et culturelle qui avait entretenu l'illusion lyrique de la rencontre de Vancouver n'existait plus. Les syndicats ouvriers s'étaient fossilisés à l'intérieur de bureaucraties intransigeantes. Sur papier, toutes les conditions objectives du succès

---

[516] Un référendum avait été organisé au cours de l'automne 1946 parmi les membres de l'Association des employés d'outillage au sujet de la question de l'accréditation et une écrasante majorité l'avait rejetée.

semblaient réunies : le Congrès des métiers du travail et le Congrès canadien du travail avaient fusionné, il n'y avait plus d'obstacle institutionnel sur la voie du regroupement national. Mais la CWA avait tant et si bien manipulé l'organisation de la conférence que les délégués de l'IBEW en avaient été exclus.

Les syndicats indépendants menés par l'ACET et la FTW décidèrent alors d'organiser une conférence véritablement nationale l'an suivant à Toronto. Cette troisième conférence réunit effectivement tous les travailleurs de toutes les compagnies et elle échoua précisément pour cette raison : la CWA et l'IBEW ne parvinrent pas à s'entendre. En fait, leur seul intérêt pour le syndicat unique était le maraudage dans les rangs des indépendants. Le rêve d'unité nationale des syndicats canadiens du téléphone avait vécu.

Chapitre 16 - Succès du modèle réglementaire canadien

Au lendemain de la première Guerre mondiale, plus personne au Canada ne met en doute que le téléphone soit un monopole naturel. La décision historique de la Commission des chemins de fer en 1911 dans l'affaire Ingersoll a verrouillé le marché à tout jamais. Cette situation exceptionnelle rendait d'autant plus urgent l'établissement d'un outil neutre et précis pour évaluer les besoins en revenus des entreprises. Justement, une forme relativement nouvelle d'établissement des tarifs par plafonnement du taux de rendement se faisait jour.

C'est aux États-Unis que la réglementation par taux de rendement avait été établie pour la première fois en 1898 lors de la cause « *Smyth c. Ames* ». Le tribunal ordonnait à l'organisme de réglementation concerné de calculer le taux de rendement à partir d'une évaluation de la valeur à neuf des actifs moins la dépréciation.

On sait les difficultés que la Commission des chemins de fer éprouva quand elle voulut appliquer cette méthode à Bell (voir *Premier examen des tarifs de Bell : l'interurbain devient rentable*). C'est la Commission des services publics de Nouvelle-Écosse qui, en 1914, ouvrit le chemin de la réglementation « scientifique » quand elle ordonna une évaluation complète des actifs de Maritime Telegraph and Telephone (MT&T). Selon les commissaires néo-écossais :

> *Dans les circonstances actuelles, pour fixer les tarifs, il faut partir de la valeur actuelle de la propriété et ajouter, si nécessaire, un certain montant de capital intangible.*[517]

L'évaluation du coût de reconstruction à neuf de la propriété de MT&T se révéla une entreprise considérable. Commencés en septembre 1914, les travaux se prolongèrent jusqu'en janvier 1917. La compagnie présenta peu après une requête devant la Commission et il lui suffit alors de calculer le coût de construction du remplacement de son réseau moins la dépréciation et d'appliquer un taux de rendement de 8% (fixé par le gouvernement néo-écossais pour toutes les entreprises réglementées). Dans la décision rendue

---

[517] Cité in Armstrong, Christopher et Nelles, H.V., *Monopoly's Moment*, cf. p. 280.

en juin 1918, la Commission acceptait les tarifs déposés par MT&T et précisait que tout excédent devait être partagé entre l'entreprise et l'État provincial selon une proportion de un à trois. Cette méthode transforma la réglementation du tout au tout : l'empirisme approximatif cédait le pas à une objectivité à prétention scientifique.

Mais l'après-guerre était difficile pour les entreprises de téléphone. La hausse des matières premières pendant la guerre avait accru les investissements dans le réseau, l'inflation galopante avait gonflé les dépenses d'exploitation et le militantisme syndical avait provoqué des hausses brutales de salaires. Un an plus tard, MT&T devait revenir devant la Commission des services publics sous prétexte que les tarifs de 1918 avait été calculés en fonction de l'évaluation de 1914. Une deuxième modification tarifaire fut autorisée en juillet 1919. En fait, il ne s'agissait pas seulement d'une hausse, mais d'un changement de structure tarifaire. En effet, les téléphones d'affaires à Halifax passaient sous le régime du service local tarifé à l'utilisation (SLTU). Il s'agissait d'une mesure impopulaire. Le Manitoba avait bien adopté le SLTU en 1911 au milieu des controverses, New York l'avait adopté dès 1894, mais ce mode de tarification demeurait l'exception en Amérique du Nord, alors qu'en Europe, la quasi-totalité des administrations des PTT y avaient recours.[518]

Les tarifs téléphoniques de Nouvelle-Écosse adoptés en juillet 1919 devaient demeurer sans changement sensible jusqu'en mai 1952. Une autre guerre mondiale et une nouvelle flambée inflationniste rendront alors indispensable une hausse généralisée majeure (26,2%). Cette longue accalmie semblait démontrer que la réglementation avait trouvé une assise scientifique avec la fixation d'un taux de rendement calculé en fonction du capital.

Hausses à répétition chez Bell

Curieusement, la Commission des chemins de fer demeurait en retrait par rapport à son alter ego néo-écossais. Aussi se trouva-t-elle prise au dépourvu quand Bell fit quelque chose d'absolument inattendu pour l'époque : elle présenta, en septembre 1918, une requête de hausse tarifaire à la Commission. Jusque-là, c'était des tierces parties qui avaient traîné la

---

[518] McKay, A.M., *The History of Telephone Service in Nova Scotia*, Edited from *The History of Maritime Tel & Tel (1874-1964)*, Communications Policy, Departement of Transportation, Halifax, juillet 1983.

compagnie à son corps défendant devant l'organisme de réglementation. Cette fois, la compagnie était demandeuse. Elle voulait hausser les tarifs de 20% en moyenne.

Dans l'atmosphère surexcitée de l'après-guerre, cette demande mit le feu aux poudres. Une campagne de presse d'une violence incroyable se déchaîna à Montréal. *La Presse* alimenta le débat de façon particulièrement véhémente :

> À la curée, les Compagnies dites d'utilité publique ! Cette fois, c'est la Compagnie de Téléphone Bell ; elle entre dans le bal, la danse orgiaque qui fut ouverte par les compagnies de tractions urbaines (…) Si la Compagnie de Téléphone Bell est aussi "nécessiteuse" qu'elle le prétend, à quoi cela est-il dû ? (…) nous ne serions pas surpris d'en trouver le secret dans le peu d'ardeur que met son administration à multiplier ses abonnements, sinon dans un but égoïste, du moins dans une apathie que doit réprouver le progrès moderne (…)[519]

Se faisant le porte-parole de la classe ouvrière, *La Presse* exigeait non seulement que Bell soit déboutée mais que soit procédée à une baisse tarifaire. Pour cela, il fallait « revenir résolument à la concurrence bienfaisante ». Parmi les arguments souvent émotifs, retenons en un qui avait le mérite de montrer un changement radical de situation : Le téléphone est entré dans nos mœurs ; il n'est pas à proprement parler un luxe, il est devenu une nécessité.[520] Parmi les diatribes enflammées du quotidien montréalais naissait l'idée de service public. En ces années d'après-guerre, le téléphone a bel et bien changé de nature.[521]

Durant les audiences publiques qui auront lieu en janvier suivant, on retrouvera le principal acteur de la tentative ratée de nationalisation de Bell en 1905 : Francis Dagger. Le théoricien du populisme municipal, l'historien et maire de Westmount, William D. Lighthall, représentait l'Union des municipalités du Canada. On assista à une débauche de démagogie. Les syndicats dont les revendications salariales avaient été une des principales causes de la requête de Bell, s'opposaient à la hausse. Lighthall plaida contre les monopoles. Dagger déplora le haut taux d'amortissement réclamé par

---

[519] « Le téléphone pour tous », in *La Presse*, Montréal, 26 novembre 1918.
[520] « Le téléphone ne doit pas être tenu comme un luxe », *La Presse*, 28 novembre 1918.
[521] Martin, Michèle, *Communications and Social Forms: A Study of the Development of the Telephone System, 1876-1920*, cf. pp. 210-215.

Bell. Or, c'est précisément la politique de faible taux que ce dernier avait préconisée, qui avait mis les compagnies des Prairies en difficulté quelques années auparavant.

De son côté, Bell refusait de procéder à une évaluation des actifs en raison de l'urgence de la situation. Lewis B. MacFarlane, qui était alors président, aurait voulu une simple augmentation des tarifs sans étude préalable. Dans sa décision rendue publique en avril 1919, la Commission des chemins de fer coupa la poire en deux et accorda une hausse moyenne de 10%. Elle réduisit aussi quelque peu le taux d'amortissement demandé par Bell et le fixa à 5,7% (en lieu et place de 6,5%). La Commission avait accepté l'argument de l'urgence invoqué par Bell, mais avait divisé le fardeau financier entre les abonnés et l'entreprise. Cette attitude était d'ailleurs explicitée au niveau théorique par un des commissaires :

> *Cette disposition doit être prise, non dans les intérêts des actionnaires (...), mais dans ceux du public qui pâtirait de l'affaiblissement de la compagnie (...), menaçant d'interrompre ou de dégrader le service auquel il aspire. Les intérêts du public ne sont pas très différents à cet égard de ceux des actionnaires.*[522]

Fait notable, c'est au chapitre du service local que la Commission avait le plus sévèrement contrôlé les tarifs. Les hausses interurbaines demandées par Bell avaient été acceptées sans sourciller. La Commission des chemins de fer avalisait ainsi implicitement les affirmations de *La Presse* au sujet du caractère de service public du téléphone et encourageait l'accès au service de base.

Qu'est-ce que cela signifiait ? Les tarifs locaux devaient être aussi bas que possible, sans égard à leur prix de revient. Aux tarifs interurbains de répondre aux besoins en financement de Bell. Ce faisant, la Commission créait un déséquilibre tarifaire, mais Bell était mal placée pour protester qui avait refusé d'évaluer ses actifs et de ventiler ses dépenses de façon à permettre l'établissement d'une méthode scientifique de réglementation.

Les administrations municipales n'avaient pas compris le raisonnement social de la Commission des chemins de fer et elles appelèrent de sa décision

---

[522] Armstrong, Christopher et Nelles, H.V., *Monopoly's Moment*, cf. p. 275.

auprès du gouvernement fédéral. Pendant ce temps, les dirigeants de Bell constataient avec effroi que la situation financière de l'entreprise continuait à se dégrader. Ils procédèrent à une émission d'actions dans le courant de 1919 qui s'avéra également insuffisante. Pour comble de malheur, avec cette émission, l'entreprise atteignait le plafond de capitalisation autorisé. Pour émettre d'autres titres, il fallut demander un relèvement au Parlement, relèvement qui sera approuvé en juin 1920. Le mois suivant, Bell se représenta devant la Commission des chemins de fer pour une nouvelle requête tarifaire. L'appel introduit par les municipalités au sujet de la précédente hausse n'avait même pas été entendu... Tout cela faisait désordre dans la maison jusque-là bien tenue de Bell. Mais comment rassurer les investisseurs inquiets des ravages de l'inflation sinon en haussant les tarifs ?

L'audience donna lieu à l'affrontement traditionnel entre les municipalités bruyamment relayées par *La Presse* et la compagnie appuyée en sourdine par les médias anglophones plus sensibles aux arguments strictement financiers. La nouvelle requête comportait un élément nouveau qui alimenta une controverse à l'intérieur de la controverse : Bell entendait remplacer le tarif fixe en vigueur par un service local tarifé à l'utilisation (SLTU). Comme en Nouvelle-Écosse, la mesure concernait uniquement les lignes d'affaires, mais tout le monde craignait que le SLTU ne soit étendu par la suite au secteur résidentiel. En avril 1921, la Commission des chemins de fer accepta une hausse de 10% du service local et de 20% du service interurbain, mais rejeta unanimement le projet de SLTU et abaissa le taux d'amortissement à 4%. Les municipalités se pourvurent une fois de plus en appel.[523]

Le jugement d'avril 1921 confirmait celui d'avril 1919 et freinait au maximum la hausse du service de base tout en laissant s'envoler l'interurbain. Notons que ces deux hausses successives du service de base étaient les premières à Montréal et Toronto depuis 1891 (si on excepte le rajustement marginal de 1907). Le service local atteignait 38,50 dollars à Montréal et 33 dollars à Toronto pour le service résidentiel, comparé à respectivement 55 et 50 dollars dans les années 1890. Si l'on considère le temps de travail nécessaire pour payer l'abonnement au service de base, son prix a diminué de moitié (chapitre 15 – *La politique sociale des compagnies de téléphone*, section *Le bilan du corporatisme*). Les hausses de l'après-guerre n'ont donc pas enrayé la chute continuelle des tarifs téléphoniques exprimés en valeur réelle.[524]

---

[523] Armstrong, Christopher et Nelles, H.V., *Monopoly's Moment*, cf. p. 276-7.

[524] Pike, Robert et Mosco, Vincent, « Canadian consumers and telephone pricing (From luxury

La Commission des chemins de fer déboute Bell

Forte de cette deuxième hausse, Bell procéda à une émission d'actions au cours de l'été 1921. Las, l'accueil des investisseurs fut réservé. Exception faite d'AT&T, 28% seulement des actionnaires se prévalurent de leur droit pour acheter des actions. De l'avis général, le montant accordé par la Commission des chemins de fer était insuffisant pour permettre à la compagnie d'atteindre le taux de rendement autorisé de 8%. Prise à la gorge, Bell se tourna une fois de plus vers la Commission des Chemins de fer pour demander une troisième hausse de tarifs.

Cette fois-ci, la colère médiatique gagna la salle d'audience. Le bouc émissaire était le président de l'audience, Frank B. Carvell[525], qui avait été un administrateur de *New Brunswick Telephone*. Comme Bell détenait des intérêts dans NB Tel, on y vit un conflit d'intérêt. La cause était ténue puisque Carvell ne siégeait plus au conseil d'administration et qu'il n'y avait jamais représenté les intérêts de Bell, que ceux-ci étaient en outre minoritaires, mais les intervenants, principalement le gouvernement de l'Ontario et les municipalités, avaient décidé de faire flèche de tout bois et ils réclamèrent la démission de Carvell. Celui-ci rejeta évidemment les accusations et l'audience se déroula normalement, c'est-à-dire de la même manière artisanale que précédemment. L'évaluation des actifs de Bell n'avait toujours pas été effectuée. Il fallait donc se contenter de se prononcer au jugé sur des hausses plus ou moins proportionnelles au rendement escompté.

Cette fois-ci, les commissaires se révoltèrent. La hausse de Bell fut rejetée en février 1922 par une décision majoritaire de trois contre deux (Carvell faisait partie de la minorité). La Commission estimait que Bell n'avait pas procédé à toutes les mesures d'économie disponibles avant de demander une hausse des revenus. Surtout, elle se révolta contre le caractère anachronique de la tarification de l'entreprise :

---

to necessity and back again ?) » in *Telecommunications Policy*, Londres, Vol. 10, N° 1, mars 1986.

[525] Frank Broadstreet Carvell (1862-1924). Juriste, homme d'affaires et politicien originaire du Nouveau-Brunswick. Député libéral à l'assemblée législative du Nouveau-Brunswick puis à la Chambre des Communes du Canada, il fut brièvement ministre des Transports dans le gouvernement d'union nationale de Robert Borden (1917-1919) avant d'être nommé président de la Commission des chemins de fer (1919-1924).

> *Il semble ne pas avoir été fait d'effort (...) pour ajuster les tarifs de manière quelque peu scientifique à la valeur que revêt le service téléphonique pour l'abonné, c'est-à-dire en fonction de la population de la circonscription téléphonique, du nombre de postes ou du coût du service. Les hausses proposées, en se surimposant aux tarifs existants, accentuent encore plus le caractère inéquitable et désuet de la tarification actuelle.*[526]

La décision tomba comme une douche froide sur Bell et mit fin aux requêtes à répétition. Pourtant, la situation financière de l'entreprise ne s'améliora pas. L'expansion à tout va des « années folles » imposait un rythme d'investissement difficile à suivre. Tout le monde voulait le téléphone pas cher... Bell multiplia donc les lignes partagées. En outre, les dépenses étaient de plus en plus difficiles à comprimer en raison de la politique sociale avant-gardiste de l'entreprise. La paix sociale recherchée et obtenue par Bell avait un prix et en 1925, l'entreprise enregistra un déficit marginal, mais qui suffit à déclencher l'alarme parmi les dirigeants. Il fallait faire quelque chose !

Début de la réglementation « scientifique »

La Commission des chemins de fer avait sévèrement tancé Bell au sujet de l'anarchie qui régnait dans ses méthodes comptables et ses tarifs. Fort bien, la compagnie allait mettre de l'ordre dans sa maison. L'un des derniers gestes de la présidence de McFarlane sera d'ordonner un inventaire complet de la compagnie. La tâche était titanesque dans une compagnie encore marquée par l'ombre de Sise Senior, qui avait 35 ans durant géré Bell comme une entreprise familiale. Les travaux durèrent de janvier jusqu'à octobre 1924.

Un ingénieur à l'inventaire fut nommé qui appela aussitôt à la rescousse les spécialistes d'AT&T. Il s'agissait d'identifier et de mesurer chaque élément de réseau, depuis les immeubles jusqu'aux fils et aux poteaux. Cinq unités de travail, correspondant aux grandes divisions de la compagnie, furent constituées, à savoir réseau, trafic, commercial, comptabilité et ingénierie (chapitre 18 - *La scène internationale*, section *Le modèle américain*). La main-d'œuvre de base était constituée en majeure partie d'étudiants en génie encadrés d'employés de Bell. Tout le monde reçut une formation préalable : les ingénieurs et les techniciens, deux mois ; les étudiants, un mois et demi. La rigueur de ces préparatifs s'explique par le besoin d'obtenir des

---

[526] Rapport annuel de la Commission des chemins de fer, Ottawa, 1922. Cité dans Armstrong, Christopher et Nelles, H.V., *Monopoly's Moment*, cf. p. 279.

renseignements exacts et, surtout, rigoureusement homogènes d'une division à l'autre de l'entreprise. À cette fin, Bell poussa le souci de perfection jusqu'à fabriquer des instruments de mesure spéciaux, ainsi un tachéomètre adapté à l'évaluation de la hauteur des poteaux de téléphone. Il n'est jusqu'aux crayons qui ne fussent d'un calibre prédéterminé afin d'assurer l'uniformité des notations. Malgré tout ce luxe de précautions, une erreur était toujours possible. Un échantillon témoin de 5% du réseau fut vérifié une deuxième fois.[527]

L'entreprise était fin prête pour la grande confrontation. Quand la requête fut déposée à la Commission des chemins de fer, en janvier 1926, les dirigeants de l'entreprise rencontrèrent la presse, ce qui était nouveau, afin d'expliquer les raisons de leur démarche. La grande nouveauté de cette requête était l'apparition de groupes tarifaires pour le service de base. Auparavant, chaque circonscription téléphonique avait son propre tarif. Désormais, le prix du service de base dans toutes les circonscriptions serait fixé en fonction de sept groupes tarifaires selon le nombre d'abonnés. Ainsi, le tarif du service de base d'une petite circonscription serait moins cher que celui d'une grande circonscription. Cette grille allait être le fondement de la tarification de Bell jusqu'à l'arrivée de la concurrence dans les années 1990.

Le premier jour de l'audience, un des témoins de l'entreprise expliqua longuement les principes généraux de la tarification du service téléphonique de base, à savoir que son montant était déterminé non par le prix de revient, mais par sa valeur. Or, celle-ci est fonction du nombre d'abonnés que chacun peut appeler sans payer de frais interurbains. Plus le nombre d'abonnés est grand, plus le tarif de base est élevé. La valeur est aussi fonction de la destination du service. S'il s'agit d'un service d'affaires, le tarif sera plus levé que s'il s'agit d'un service résidentiel. Bell avait bien assimilé la leçon de 1922.

Cette politique d'ouverture porta fruit. La plupart des journaux anglophones jugèrent la demande de hausse raisonnable, la majorité des journaux francophones demeura neutre, seule *La Presse* continua de se faire le porte-parole des municipalités, mais sans l'émotivité qui avait accompagné les requêtes précédentes. En fait, l'opposition à Bell provenait principalement du gouvernement de l'Ontario, de l'hôtel-de-ville de Toronto (moindrement de

---

[527] « Bell inventory details occupy railway board », in *Montreal Star*, 22 avril 1926.

Montréal) et de l'Union des municipalités. Ce dernier bastion du populisme du tournant du siècle réclamait ni plus ni moins que le retour aux tarifs de 1919 et on vit même l'avocat du gouvernement de l'Ontario menacer d'envoyer le conseil d'administration de Bell en prison... L'entreprise demandait une hausse globale d'environ 9%, principalement sur le service de base. En fait, le tarif interurbain avait commencé à descendre et Bell entendait continuer dans cette voie.[528]

Les débats portèrent encore une fois sur le taux d'amortissement de Bell et sur les liens avec *Northern* et AT&T. On y avait ajouté une analyse fouillée de l'automatisation des centraux : dans quelle mesure l'automatisation allait-elle permettre de faire des économies ? Bell fut contrainte au premier grand « déculottage » public de son histoire. Ses comptes furent passés au peigne fin. Dans son langage toujours coloré, le représentant du gouvernement de l'Ontario hurlait à l'intention des dirigeants de Bell :

> *Je les veux tout nus. Et même s'ils mettaient toutes leurs cartes sur table, cela ne me satisferait pas. Il me faudrait aussi voir quels étaient leurs atouts, des rois ou bien des valets, parce que toujours dans un cas comme celui-ci, l'expérience m'a révélé qu'il s'agit de valets marrons.*[529]

Bell était bien déterminée à prendre ses adversaires au mot. La démagogie du dernier bastion populiste fut littéralement enterrée sous une masse de de faits et de chiffres. L'inventaire de Bell fut bien entendu porté au dossier. Les intervenants engagèrent des ingénieurs comme experts et demandèrent plusieurs ajournements afin d'avoir le temps de digérer la masse de documentation. En tout, l'audience produisit 17 000 pages de témoignages et 180 exhibits, dont certains de plusieurs centaines de pages. La Commission des chemins de fer avait enfin suivi l'exemple de la Commission des services publics de Nouvelle-Écosse et était entrée de plain-pied dans l'ère scientifique. D'ajournement en reports, les débats se prolongèrent plus d'un an durant et, au fil des séances, on notera une baisse sensible d'animation.

---

[528] « Les taux du téléphone » (éditorial), in *La Presse*, 27 janvier 1926. « Auditors to Look into Telephone Company's Books », in *Montreal Star*, 12 février 1926.

[529] Jeu de mots intraduisible : en anglais, le mot « knave » veut dire à la fois valet et filou. « Commission Declines Request of Toronto and Montreal Men », in *Montreal Star*, 19 avril 1926. "They should come here absolutely naked. Even if all their cards were on the table that would not satisfy me. I should wtill want to see what was trumps, kings or knaves, and always in a case of this kind I have found it to be knaves."

Les journaux qui, au début, transcrivaient la plupart des séances, délaisseront peu à peu un sujet qui devenait décidément trop technique.[530]

Dans sa décision rendue en février 1927, la Commission des chemins de fer accordera la majeure partie de la hausse demandée (2 millions de dollars au lieu de 2,7), du taux d'amortissement (5,34% au lieu de 5,41) et légitimera le lien entre Bell et AT&T. Afin de suivre l'impact des nouveaux tarifs, la Commission exigera de Bell qu'elle lui soumette des rapports d'exploitation mensuels. Ce flot d'information qui coulera désormais entre Bell et la Commission est peut-être la meilleure garantie de démocratie dans la gestion du téléphone. Enfin, la Commission fit sienne la théorie de la valeur du téléphone mise de l'avant par AT&T et reprise par Bell. Organisme de réglementation et entreprise de téléphone sont donc tombées d'accord sur une philosophie tarifaire.

Un des commissaires, toutefois, émettra des réserves sur le lien entre Bell et *Northern*, estimant que les prix élevés pratiqués par *Northern* constituaient pour Bell une façon détournée d'échapper à la réglementation – selon son opinion, Bell accepterait de payer des prix artificiellement gonflés pour ses équipements, de façon à diminuer son taux de rendement sujet à réglementation, tout en haussant les profits non réglementés de *Northern*. Une grande partie des audiences avait précisément porté sur les prix pratiqués par *Northern* à l'égard de Bell, mais rien n'avait permis de confirmer cette opinion dissidente. Au contraire, les prix de l'équipement fabriqué par l'entreprise canadienne s'étaient généralement avérés inférieurs au marché.

Le grand acquis des années 1920 est l'établissement de règles du jeu objectives entre l'autorité réglementaire et l'entreprise réglementée. La Commission des chemins de fer a forcé Bell à procéder à une remise en ordre

---

[530] Sélection d'articles : « *Bell Telephone* Co. Submits Case and Hearing Adjourns » in *The Gazette*, Montréal, 12 mai 1926. « *Bell Telephone* Co. Hearing Adjourned until July 20th », in *The Gazette*, 19 juin 1926. « Automatic Phones Have Carried Down Equipment Prices », *The Gazette*, 9 octobre 1926. « *Bell Telephone* Claims Immense Savings Under Its *Northern* Contract », in *The Financial Post*, Toronto, 5 novembre 1926. « Depreciation Big Discussion Point in Phone Hearing », in *The Financial Post*, 19 novembre 1926. « Les avocats devront présenter des plaisoiries écrites dans la cause de la compagnie de téléphone Bell », in *La Presse*, Montréal, 27 novembre 1926. « *Bell Telephone* Case Undecided for Weeks Yet », in *The Financial Post*, 17 décembre 1926.

de ses méthodes comptables et de sa tarification. Bell a obéi scrupuleusement. Il en résultera une longue accalmie réglementaire qui durera jusqu'en 1949, si l'on excepte l'intervention d'un député isolé en 1938 qui exigeait une réduction de 25% des tarifs de Bell. La Commission débouta la demande qu'elle estima fondée sur des faits erronés.[531]

Signalons enfin qu'en 1938, la loi des Transports élargit les attributions de la Commission des chemins de fer aux lignes aériennes et aux cours d'eau intérieurs, qui fut rebaptisée Commission des Transports. Ce changement ne concernait pas les compagnies de téléphone pour lesquelles il s'agit uniquement d'un changement de nom.

La Colombie britannique passe sous autorité fédérale

La Colombie-Britannique est un cas à part en raison du long combat d'arrière-garde mené avant la première Guerre mondiale par *British Columbia Telephone* (BC Tel) de concert avec *British Columbia Electric Railways* (BCER), pour empêcher le gouvernement provincial de créer une commission des services publics.

Quand BCER se rallia à l'idée de la réglementation en 1915, BC Tel comprit que la réglementation était inévitable. Son président, William Farrell, craignait par-dessus tout la réglementation provinciale qu'il voyait déjà manipulée par d'éventuels agitateurs populistes. Il enregistra auprès du Parlement fédéral en avril 1916 une autre entreprise sous le nom de *Western Canada Telephone*. Cette compagnie loua les installations de BC Tel en septembre 1918 et adopta à son tour le nom de BC Tel en novembre 1919.[532]

Cette manœuvre complexe aboutira en 1919 à placer BC Tel sous l'autorité de la Commission des chemins de fer du Canada. Farrell pensait avoir conservé la liberté de revenir à la réglementation provinciale (le gouvernement de Colombie britannique avait créé la même année sa propre commission des services publics). En principe, il suffisait d'annuler le bail de

---

[531] Sélection d'articles : « Rate increase for Telephone Co. is Granted », in *The Gazette*, Montréal, 23 février 1927. « Rate increases are granted to *Bell Telephone* Company », in *Montreal Star*, 23 février 1927. « Les taux du téléphone » (éditorial), in *La Presse*, 23 février 1927. « Le téléphone » (éditorial), in *La Patrie*, Montréal, 23 février 1927. « The Telephone Award » (éditorial), in *The Gazette*, Montréal, 25 février 1927. « Les nouveaux taux du téléphone », in *La Patrie*, 3 mars 1927.

[532] En fait, la compagnie provinciale s'appelait *British Columbia Telephone* Company, Limited et la compagnie fédérale *British Columbia Telephone* Company tout court.

location pour que le réseau téléphonique redevienne provincial. Dans la pratique, la réglementation fédérale s'avérera irréversible et, en janvier 1923, les deux homonymes fusionnèrent.

Quand BC Tel fut contrainte de déposer sa première requête de hausse tarifaire, en mars 1921, elle s'adressa donc à la Commission des chemins de fer. Jusque-là, les tarifs de BC Tel avaient été régis par un taux plafond inscrit dans ses statuts. Comme la compagnie avait toujours fixé des tarifs inférieurs à ce maximum autorisé, elle avait pu les modifier à sa guise, à la baisse pour étouffer la concurrence, à la hausse quand elle n'était pas menacée. Cet héritage de l'ère baroque prend évidemment fin avec la réglementation fédérale.

Au milieu de la tourmente inflationniste de l'après-guerre, BC Tel avait minutieusement préparé sa requête. La requête de Bell en septembre 1918 ainsi que la décision de la Commission en avril suivant avaient été étudiées avec attention à Vancouver et les tarifs de BC Tel apparaissent calqués sur ceux demandés par Bell, bien qu'avec une certaine modération. Au lieu de 20% de hausse du local, BC Tel demandait 12%. Pour le reste, la requête de BC Tel ne contenait pas de hausse d'interurbain et un taux d'amortissement de 6,22%. En outre, BC Tel avait un atout sur Bell : pour louer son réseau, elle avait dû procéder à un inventaire complet de ses installations entre 1916 et 1918. Chose curieuse, la Commission n'accorda guère d'importance à cet inventaire et préféra se déterminer en fonction des tarifs « raisonnables ». Le temps de la réglementation par le taux de rendement n'était pas venu, aussi la Commission accordera en juillet 1921 une hausse de 10% égale à celle de Bell et un taux d'amortissement de 6,04%.[533]

BC Tel ne reviendra plus devant l'organisme de réglementation avant juin 1949. Comme le reste du Canada, la Colombie britannique connut une longue paix réglementaire suivie d'une cascade de requêtes lors de la reconstruction de l'après-guerre.

---

[533] Allen, Linsay Ross, *Factors in the development of the British Columbia Telephone industry (1877-1930)*, cf. pp. 156-182.

Évolution du tarif de base

Les tarifs téléphoniques obéissent à des lois économiques particulières. Comme on l'a vu ci-dessus, depuis la requête tarifaire de janvier 1926, Bell a sans cesse mis de l'avant le principe de la valeur d'usage et affirmé que le tarif de base croît avec le nombre d'abonnés. Plus grand est le nombre de numéros qu'un abonné peut rejoindre sans payer de frais interurbain, plus grande est la valeur. Mais comment mettre un chiffre sur la valeur d'usage ? Traditionnellement, c'est le maximum que l'abonné est disposé à payer sans se désabonner.

Ce qui est moins connu est que cette évaluation du service de base correspond approximativement au prix de revient. En effet le coût varie lui aussi avec le nombre d'abonnés. Au début de la téléphonie, il y avait une raison très simple à cela : le nombre d'appels augmentait avec le pourcentage d'abonnés. Or, une téléphoniste ne pouvait répondre qu'à un certain nombre d'appels. Le nombre de téléphonistes nécessaire au bon fonctionnement d'un central était donc proportionnel non pas seulement au nombre d'abonnés, mais aussi au taux de pénétration du téléphone.

Ainsi, en supposant qu'une téléphoniste puisse répondre à 500 appels par jour et qu'une circonscription compte 500 abonnés faisant en moyenne quatre appels par jour, on aura besoin de quatre téléphonistes. Si on prend une circonscription dix fois plus grande, soit 5 000 abonnés, la moyenne d'appels par abonné passe à huit par jour, ce qui porte le total à 40 000 appels et nécessite l'emploi de 80 téléphonistes. Dans une petite circonscription, il faut donc une téléphoniste pour 125 abonnés, tandis que dans une grande circonscription, la même téléphoniste ne peut en traiter que la moitié.[534]

Pourquoi Bell et toutes les compagnies de téléphone aux États-Unis et en Europe ont-elles toujours mis de l'avant la valeur d'usage comme principe fondateur de la tarification ? Il y a une raison bien simple à cela et c'est la quasi-impossibilité de définir quel est le prix de revient du service de base. En effet, le réseau local sert à la fois à acheminer les appels locaux et les appels interurbains. Si on avait voulu fonder le service de base sur le prix de revient, on aurait abouti à avoir autant de tarifs qu'il y a de téléphones ! Ou alors, il aurait alors fallu introduire une forme de service local tarifé à l'utilisation

---

[534] « Telephone business unlike any other », in *Telephone Gazette*, *Bell Telephone* Company of Canada, Montréal, octobre 1909, N°6.

(SLTU). Bref, on aurait introduit une complexité inconnue, à quelques rares exceptions près, dans la tarification nord-américaine.[535]

Ce principe de base ayant été établi, les compagnies de téléphone ont adopté à la même époque une politique d'interfinancement entre les différentes catégories de services :

> ...le coût ne doit pas être la seule base tarifaire. Si, dans un système couvrant plusieurs villes et bourgades de dimensions variables, les tarifs étaient seulement basés sur les coûts de service dans un point donné, les tarifs seraient prohibitifs dans certains endroits. Or, le fait que certains endroits n'aient pas le téléphone en brimerait d'autres, peut-être même jusqu'au point d'affecter sérieusement leur propre développement.[536]

Dans un souci simplificateur, des groupes tarifaires ont été institués, puis, dans un souci d'efficacité, les groupes à hauts revenus ont subventionné les groupes à faibles revenus. En gros, ce sont les villes qui ont subventionné les campagnes. En outre, à l'intérieur des mêmes groupes tarifaires une différence a été établie entre un service d'affaires plus élevé que le service résidentiel, car ayant plus de valeur pour l'abonné et que ses tarifs sont déductibles d'impôts. Les revenus du service d'affaires subventionnent donc les secteurs à perte du service résidentiel.

Le résultat de cette politique a été un succès foudroyant qui a permis à l'Amérique du Nord d'envisager sérieusement le service universel dès les années 1920. Nous avons vu que le temps de travail nécessaire pour payer l'abonnement au service de base a diminué constamment depuis les débuts de la téléphonie. Cela permit à Bell de mener au cours des années 1920 une campagne intensive en faveur de l'abonnement, destinée à toucher des couches élargies de la population. Un grand nombre de gens s'abonnèrent au service à lignes partagées qui servit d'instrument de pénétration du téléphone dans les milieux populaires à la veille de la crise de 1929.[537]

---

[535] Cayla-Boucharel, Laurette ; Cicéri, Marie-France ; Heitzmann, Raymond et Pautrat, Charles, « Tarification, prix de revient et concurrence », in *France Télécom (Revue française des télécommunications)*, Paris, N°74, octobre 1990.

[536] Bethell, U.N., vice-président d'AT&T, cité in *Report from de the Select Committee on Telephone Service*, Londres, 1922, pp. 22-3, ABC, #29811.

Déséquilibre dans les tarifs interurbains

Les tarifs interurbains ont évolué de façon sensiblement différente. Avant 1919, les taux interurbains étaient uniformément proportionnels à la distance. À partir, de 1919, un taux supérieur a été adopté pour les distances inférieures à 24 milles, ensuite le taux demeurait uniforme pour chaque mille additionnel. En 1926, le premier échelon de distance est porté à 48 milles et deux autres taux dégressifs sont établis à 80 et 150 milles. Qu'est-ce que cela veut dire ? Plus on téléphone loin, moins le tarif est cher en termes d'unités de distance.

L'interurbain obéit à des lois différentes du service local. C'est dans l'interurbain que les effets de la technologie se font sentir en priorité, c'est donc là que les économies sont les plus grandes. Contrairement au local, l'interurbain permet d'effectuer des économies d'échelle : il est évident que le coût unitaire tend à diminuer dans un réseau utilisé à plein. Or, le trafic a augmenté sans cesse avec l'amélioration de la qualité de la transmission et l'établissement du Réseau téléphonique transcanadien (RTT) en 1931. Il a donc été possible d'abaisser les taux dans presque toutes les bandes de distance, avec pour résultat une baisse généralisée des tarifs interurbains en chiffres absolus.

La seule exception à la baisse généralisée est la bande des courtes distances. Il s'agit d'une exception majeure puisque c'est elle qui achemine le plus fort volume d'appels. Mais ce léger redressement correspond néanmoins à une diminution en valeur relative.[538]

---

[537] Pike, Robert et Mosco, Vincent, « Canadian consumers and telephone pricing (From luxury to necessity and back again ?) » in *Telecommunications Policy*, Londres, Vol. 10, N° 1, mars 1986.

[538] Hay, J.M., « Trends in Telephone Toll Rates, in Grant, Peter S., *Telephone Operation and Development in Canada (19121-1971)*, Faculty of Law, University of Toronto, 1974. Cf. 123-127.

Évolution des tarifs interurbains (1920-1950)

Année	Montréal-Ottawa	Montréal-Toronto	Montréal-New-York	Montréal-Vancouver
1920	0,70 $	2,05 $	2,30 $	14,60 $
1930	0,65 $	1,90 $	1,65 $	8,00 $
1940	0,65 $	1,75 $	1,45 $	6,75 $
1950	0,80 $	1,75 $	1,25 $	4,70 $

Tarifs de jour, de numéro à numéro, pour les appels de trois minutes.

Sources : Statistiques historiques du Canada, 2ème édition, Statistiques Canada, Séries T336-341, Ottawa (pour les données canadiennes). ABC, dossier tarifs (pour les données américaines).

L'interurbain dans son ensemble est devenu le secteur le plus rentable du marché des services de télécommunications. On se souvient que ce n'était pas le cas au début de la téléphonie et qu'il avait fallu toute l'insistance de Theodore Vail aux États-Unis et de Charles Sise Senior au Canada pour créer des lignes interurbaines. La situation s'est inversée sans doute entre 1910 et 1920 avec les progrès technologiques. L'arrivée de l'électronique sous forme de répéteurs à lampes à vide dans les lignes à longue distance s'est révélé un facteur décisif.

Cette rentabilité de l'interurbain a été démontrée à Bell pour la première fois en 1931 quand un jeune ingénieur que nous retrouvons à toutes les étapes importantes de l'histoire de l'entreprise, Alex Lester, effectua une étude de ségrégation des services. Les résultats prouvèrent ce que plusieurs soupçonnaient intuitivement, à savoir qu'il existait un déséquilibre entre les services. L'interurbain et le service de base d'affaires étaient surfacturés, tandis que le service de base résidentiel était déficitaire. Les postes supplémentaires résidentiels étaient légèrement rentables.[539]

Les tarifs interurbains canadiens ont été alignés sur les États-Unis jusqu'en 1941, date à laquelle le Canada a cessé de suivre les baisses américaines. Le mouvement à la baisse a bien continué au Canada, mais de façon plus modérée. Pourquoi ce décrochage soudain ? Aucun texte n'explique cette

---

[539] Lester, Alex, interview avec Arthur Gosselin, septembre 1972, ABC, dossier biographies, 133 pages. Cf. p. 22. Il ne nous a malheureusement pas été possible de retrouver cette étude.

décision, mais il semble que ce soit le blocage des prix pendant la guerre qui ait été à l'origine de cette décision. Ne pouvant espérer obtenir de hausse des tarifs locaux, les compagnies canadiennes ont freiné la baisse de l'interurbain, bien que conscientes du danger que le déséquilibre allait susciter, ainsi qu'en témoigne cette déclaration d'un dirigeant du RTT dès 1946 :

> *Néanmoins, abstraction faite des raisons qui ont pu créer des tarifs interurbains plus élevés ici qu'aux États-Unis, un écart trop grand semble devoir être dangereux et vulnérable à la critique.*[540]

On ne saurait mieux manier la litote ! Le décrochage de 1941 est à la base du déséquilibre canado-américain qui allait provoquer dans les années 1980-90 la révolte des milieux d'affaires contre Bell et les tarifs canadiens en général. Ce sera un des principaux arguments en faveur de la concurrence dans l'interurbain. Or, la décision de 1941 a été prise par Bell et BC Tel, non par l'autorité réglementaire.

En effet, les tarifs interurbains étaient déposés par Bell et BC Tel devant la Commission des chemins de fer qui les acceptait sans examen préalable et sans audience, avant d'être ensuite appliqués à travers tout le RTT. La création du RTT en 1931 a ainsi ouvert une longue parenthèse réglementaire. Nous avons vu que la Commission avait plus ou moins négligé les tarifs interurbains dans la requête d'avril 1919. À l'époque, ce manque d'intérêt était compréhensible car les lignes interurbaines étaient rares et le trafic minime. On estime que de 1928 à 1958 la part des appels interurbains dans les revenus de Bell est passée de 26 à près de 39%.[541]

L'interurbain devient un secteur de plus en plus important de l'industrie grâce, en particulier, à la construction du RTT. Mais ce même RTT, de par sa structure informelle, dépourvu d'actifs et de personnel, est soustrait des regards indiscrets de la réglementation. Cette pratique se prolongera jusqu'au conflit entre le RTT et le Conseil de la radiodiffusion et des télécommunications canadiennes (CRTC) au sujet de Télésat en 1977. Dans l'intervalle, on peut dire que les tarifs interurbains ont été fixés par Bell après consultation avec les autres membres du RTT. Les tarifs interurbains et le très important partage des revenus entre les compagnies qui en découle,

---

[540] Hay, J.M., « Trends in Telephone Toll Rates, cf. p. 125.

[541] Board of Transport Commissioners Decision C.955.172, 16 August 1957, 10 Januray 1958. Cité in Waverman, Leonard, *The Process of Telecommunications Regulation in Canada*, cf. Annexe 1, p. 21.

constituent les outils qui ont permis à Bell d'assurer le leadership des télécommunications canadiennes durant toute cette période.[542]

Conquête de l'universalité

L'objectif de toutes les compagnies de téléphone et des organismes de réglementation était de réaliser le rêve d'Alexander Graham Bell qui voyait le réseau téléphonique relier les maisons « à la manière du gaz ou de l'eau - et les amis... bavarder entre eux sans sortir de chez eux. »[543] Dans les années 1920, le but paraissait à portée de main. Las, c'était sans compter avec le choc de la crise de 1929.

L'évolution du téléphone de 1915 à 1956 province par province indique un temps d'arrêt brutal de 1930 à 1933, année qui marque le tournant de la crise. Mais la reprise est très lente et le chiffre record de 1930 ne sera dépassé qu'en 1940 pour le total de téléphones installés et en 1943 pour le taux de pénétration (voir encadré *La crise de 1929*).

Au lendemain de la deuxième Guerre mondiale, un gigantesque bond en avant propulse le taux de pénétration vers l'universalité du service. En 1956, si celle-ci n'est pas atteinte, tout indique qu'elle est à la veille de l'être. La crise de 1929 et la guerre de 1939-45 ont retardé d'une vingtaine d'années le rêve de Graham Bell incarné en politique par Theodore Vail et ses épigones canadiens.

Les meilleurs résultats sont ceux de l'Ontario et de la Colombie britannique dont les réseaux de téléphone sont gérés par des entreprises privées à réglementation fédérale, tandis que les réseaux nationalisés des Prairies occupent la position médiane. À l'opposé, les deux provinces qui font le plus mauvais résultat sont Terre-Neuve et l'Île-du-Prince-Édouard qui ont toutes deux des réseaux privés sous compétence provinciale.

---

[542] McManus, John C., « Federal Regulation of Telecommunications in Canada », cf. p. 419-425.

[543] Alexander Graham Bell. Lettre à son père, le 10 mars 1876. « I feel that I have at last struck the solution of a great problem -- and the day is coming when telegraph wires will be laid on to houses just like water or gas -- and friends converse with each other without leaving home. » Cité in Robert V. Bruce, *Alexander Graham Bell and the conquest of solitude*, Little, Brown and Company, Boston-Toronto, 1873, 564 pages. Cf. p. 181.

Taux de pénétration du téléphone par 100 habitants

	1915*	1920**	1930	1933	1940	1945	1950	1956
T-N	---	---	---	---	---	---	6,1%	8,9%
I du P-É	2,5%	5,4%	6,7%	6,0%	5,9%	8,3%	11,9%	14,0%
N-É	4,6%	6,5%	8,4%	8,3%	9,3%	11,2%	16,4%	20,8%
N-B	5,1%	6,9%	8,2%	7,1%	7,9%	9,7%	14,0%	18,8%
Qué	4,7%	5,7%	11,1%	8,7%	10,0%	11,9%	18,5%	25,6%
Ont	9,8%	12,5%	19,0%	15,4%	17,5%	20,6%	28,0%	35,2%
Man	10,4%	11,5%	11,6%	8,6%	10,6%	13,6%	18,9%	26,1%
Sask	6,5%	12,0%	10,7%	7,8%	9,2%	12,3%	15,5%	21,7%
Alb	9,4%	9,3%	11,9%	7,6%	9,3%	11,1%	15,8%	24,6%
C.-B.	11,2%	14,5%	21,6%	16,4%	18,5%	18,9%	24,4%	33,3%
Canada	**7.6%**	**9,8%**	**14,1%**	**11,2%**	**12,8%**	**15,3%**	**21,1%**	**28,2%**

Sources : Statistiques Canada, statistiques du téléphone, 56-201 (sauf indication contraire)
---
* Telephone Stations, Dominion of Canada, Dec 31, 1915, L.B. McFarlane, ABC 34 5645.
** Estimation de l'auteur en fonction du taux de croissance moyen appliqué aux données de Bell Canada et de Statistique Canada.

Plus troublante est la disparité entre l'excellente performance de l'Ontario et celle inférieure à la moyenne du Québec (avec une amélioration relative à partir de la crise). Voilà deux provinces dotées d'un réseau commun, appartenant à une entreprise privée à réglementation fédérale et affichant des résultats fort disparates. Cela confirme qu'il n'y a pas de corrélation directe entre le taux de pénétration du téléphone et le mode de propriété des entreprises ou la réglementation.

Pour comprendre l'évolution du taux de pénétration téléphonique, il faut le mettre en regard de la prospérité économique des sociétés concernées. L'évolution du revenu personnel par habitant ressemble étrangement à celle des abonnements. Bon an, mal an, ce sont l'Ontario et la Colombie britannique qui se partagent la première place du palmarès des sociétés les plus prospères. L'Île-du-Prince-Édouard est presque chaque année la province la plus défavorisée et c'est là qu'il y a le moins de téléphones par habitant. Quand Terre-Neuve apparaît dans les statistiques, à la suite de son annexion au Canada en 1949, elle vole la dernière place à l'Île-du-Prince-Édouard. C'est aussi la disparité entre la pauvreté du Québec et la richesse de l'Ontario qui explique la disparité du taux de pénétration dans ces deux provinces.

Revenu personnel par habitant

	1926	1930	1933	1940	1945	1950	1956
T-N	---	---	---	---	---	536 $	790 $
I du P-É	241 $	227 $	133 $	232 $	446 $	583 $	879 $
N-É	291 $	317 $	210 $	339 $	625 $	781 $	1 063 $
N-B	278 $	281 $	174 $	285 $	544 $	736 $	969 $
Qué	363 $	394 $	250 $	375 $	622 $	901 $	1 271 $
Ont	491 $	532 $	342 $	549 $	931 $	1 271 $	1 738 $
Man	465 $	424 $	251 $	400 $	721 $	1 066 $	1 432 $
Sask	437 $	264 $	127 $	310 $	646 $	881 $	1 381 $
Alb	488 $	387 $	197 $	399 $	705 $	1 057 $	1 544 $
C.-B.	524$	547$	353$	536$	889$	1 282$	1 786$
Canada	**429 $**	**430 $**	**267 $**	**437 $**	**770 $**	**1 049 $**	**1 475 $**

Source : Statistique Canada, comptes nationaux, N° catalogue : 13-201 (les données ne sont pas disponibles avant 1926)

La concordance est presque parfaite entre le taux de pénétration du téléphone et le revenu personnel par habitant. Il s'agit d'un phénomène universel en téléphonie qui sera systématisé en 1963 par l'ingénieur August Jipp de la compagnie allemande Siemens qui démontrera à partir de données statistiques l'interdépendance entre densité téléphonique et PIB :

> Dans tous les cas où le point représentant la densité téléphonique d'un pays est au-dessous de la courbe, une expansion rapide des télécommunications est à prévoir, et vice versa.[544]

La « loi de Jipp » semble signifier que le mode de propriété des entreprises et la réglementation n'ont aucune incidence sur le taux de pénétration. En effet, dans le cas du Canada, les entreprises nationalisées ou coopératives ne performent pas mieux ou moins bien que les entreprises privées. De même, la réglementation provinciale, ne semble pas avoir d'impact négatif.

---

[544] August Jipp (1896-1977). "Wealth of Nations and Telephone Density." *Telecommunications Journal* (July 1963), pp. 199–201. Cité in . José Luis Cordeiro Nateo, *Telephone and Economic Development : A Worldwide Long-Term Comparison*, Doctoral Thesis, Universidad Simón Bolivar, Caracas, Venezuela, mai 2010, 435 pages. Cf. pp. 215-6. La « loi de Jipp » cessera de s'appliquer dans les années 1990 quand le téléphone mobile et Internet se répandront.

L'économie serait-elle donc le seul critère expliquant les variations de pénétration téléphonique ?

Il convient ici de faire intervenir une autre variable, à savoir la qualité de la technologie en cause. Si on prend en compte la présence de lignes partagées dans le réseau de télécommunications, on s'aperçoit que la Colombie britannique est non seulement la province la plus prospère du Canada, c'est aussi celle qui a le plus de lignes partagées. Le taux de pénétration élevé de cette province a été obtenu grâce à une technologie bon marché, tout à fait dans la tradition nord-américaine. De même, on s'aperçoit que l'Ontario a un taux de lignes partagées systématiquement plus élevé que celui du Québec. La forte pénétration du téléphone dans cette province a donc été, en partie tout au moins, obtenue grâce à une technologie légère.

Il n'y a pourtant pas d'adéquation entre le taux de pénétration et le taux de lignes partagées. Certaines compagnies ont fait le pari des lignes partagées, d'autres non. L'Île-du-Prince-Édouard, le Nouveau-Brunswick, la Nouvelle-Écosse et la Saskatchewan ont multiplié les lignes partagées dans un contexte de pénurie. La Colombie britannique et l'Ontario l'ont fait dans un contexte de prospérité et ce sont les deux provinces qui ont la plus forte proportion d'abonnés au téléphone.

Par contre, on retrouve toujours la même opposition entre le Québec et l'Ontario que précédemment. Le réseau québécois compte moins de ligne partagée que le réseau ontarien et cela a dû contribuer à freiner la pénétration du téléphone dans cette province déjà pauvre. Mais comment expliquer que Bell ait freiné le développement d'une technologie bon marché dans une province défavorisée ? Rien dans les archives de l'entreprise n'indique qu'il y ait eu une politique différente sur les lignes partagées entre le Québec et l'Ontario.

Taux de lignes partagées par rapport au nombre total des lignes

	1939	1945	1956
Terre-Neuve	---	---	38,90%
Île-du-Prince-Édouard	54,97%	59,04%	51,76%
Nouvelle-Écosse	41,56%	47,59%	44,75%
Nouveau-Brunswick	45,55%	52,06%	50,49%
Québec	33,91%	40,80%	41,84%
Ontario	45,96%	51,69%	43,86%
Manitoba	28,49%	29,74%	44,89%
Saskatchewan	54,95%	49,38%	32,56%
Alberta	24,39%	22,20%	10,41%
Colombie britannique	58,17%	62,02%	63,88%
Canada	**42,89%**	**47,25**	**42,87%**

Source : Statistique Canada, Catalogue 56-203 Annuel

En absence de toute autre explication, il faut se résigner à invoquer un motif d'ordre culturel. La société francophone catholique du Québec aurait-elle préféré se priver de téléphone plutôt que de partager des lignes ? Le sens de la confidentialité des conversations est-il plus fort au Québec que dans l'Ontario anglophone et protestant ? La réponse serait alors d'ordre sociologique, mais nous n'avons pas la prétention de trancher la question ici.

D'une manière générale, le facteur technologique ne modifie pas radicalement l'adéquation du taux de pénétration et du revenu personnel. Il amplifie les écarts ou les amenuise, mais ne les annule pas. Le téléphone s'est répandu de manière très inégale à travers le pays et cette inégalité correspond d'assez près à la richesse relative des différentes provinces.

La grande ruée vers le téléphone de l'après-guerre (1945-56)

Au lendemain de la deuxième Guerre mondiale, Bell dut affronter deux problèmes : l'un qu'elle avait prévu, la « reconstruction du réseau » et l'autre qu'elle avait sous-estimé : l'explosion de la demande en raccordements. Le terme de « reconstruction » peut surprendre au Canada puisque le pays n'avait pas été dévasté par les bombardements. Pourtant, cinq années de sous-investissement systématique avaient désorganisé le réseau au point que tous les dirigeants de l'époque employèrent spontanément l'image européenne de la reconstruction. Qui plus est, les salaires avaient augmenté de 70% depuis 1939. La compagnie dut demander deux augmentations de salaires successives à la Commission des transports du Canada en 1949 et 1951.

Boom de l'après-guerre : la demande dépasse la capacité de Bell

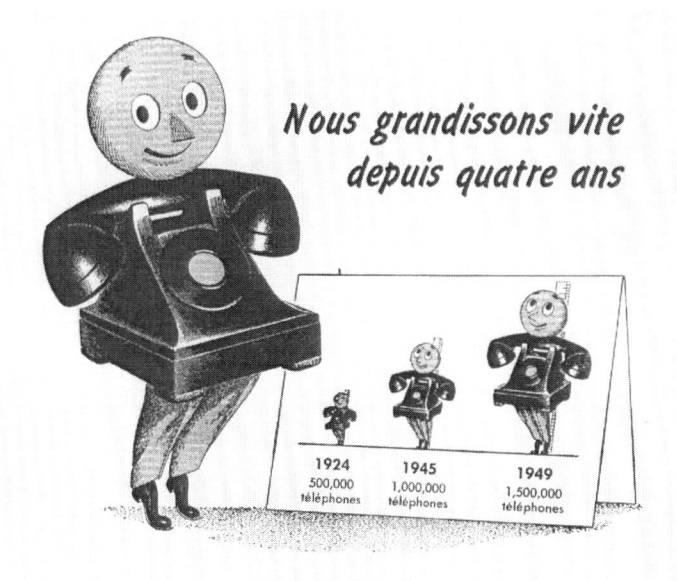

Archives Bell Canada

La Commission des transports du Canada inaugura à cette occasion une méthode de réglementation des bénéfices par action. Cette méthode a l'avantage de la simplicité puisqu'il suffit de fixer les bénéfices à un niveau permettant à la compagnie de vendre des titres sur les marchés financiers. Le rendement exigé par les investisseurs se confond alors au montant total des dividendes versés, tandis que durant l'entre-deux guerres, la réglementation s'était contentée d'avaliser le rendement historique des dividendes et d'y ajouter une composante de croissance.[545]

En novembre 1950, la Commission accorda intégralement la première hausse demandée et, en février 1952, 80% de la deuxième hausse. Malgré l'innovation réglementaire que constituait la prise en compte des bénéfices par action, les deux audiences se déroulèrent comme un mauvais « remake » de celles des années 1920. Les seuls intervenants étaient les municipalités, accompagnées cette fois de quelques chambres de commerce de l'Ontario. Sans remettre en question le programme de construction de Bell, les intervenants critiquèrent son ampleur, mettant en doute l'urgence des demandes de service en suspens. Ils demandèrent une réduction du dividende de deux dollars et du surplus de 42 cents qui l'accompagnait. Enfin, ils demandèrent à couper dans le programme de pension des employés !

De son côté, Bell refusa de livrer les prix de revient respectifs du service local et de l'interurbain, prétendant qu'ils n'avaient rien à voir avec la détermination des tarifs. Dans l'absolu, cette argumentation était exacte, mais elle dénotait la mauvaise volonté de l'entreprise face aux exigences de la transparence réglementaire. Il est vrai que Bell avait des circonstances atténuantes pour ne pas séparer les coûts locaux et interurbains. En effet, la mairie de Montréal exigeait une telle séparation à seule fin de remettre en question l'interfinancement des régions isolées par les grands centres, pratique considérée comme « discriminatoire ». Ainsi, la faiblesse intellectuelle des intervenants confortait les dirigeants de Bell dans leur sentiment d'avoir raison contre tous.[546]

---

[545] *The Regulation of Bell Canada; History; Comparisons with other Canadian and U.S. Companies*, Paper #37, 31 August 1977.

[546] Notons que l'assimilation de l'interfinancement à une forme de discrimination n'était pas propre à l'administration montréalaise. Tout le mouvement populiste du début du siècle s'opposait à l'interfinancement. Témoin, cette citation extraite du rapport Dagger en Saskatchewan :
> Again, if the government owned the local exchanges there would be a strong tendency on the part of the people to expect a uniform rate for service in all towns and villages the population of which most clearly corresponded. These towns would in many cases be several miles apart and their variations and local conditions would be such that what was a paying rate in one exchange might entail the operating at a

Les deux décisions de 1950 et 1952 sont des décisions technologiques car la Commission des transports du Canada rejette la logique purement économique des municipalités au profit du développement à long terme du réseau : « Le public réclame et a le droit d'obtenir des techniques téléphoniques modernes et efficaces qui sont par ailleurs dans l'intérêt général. »[547]

Qu'est-ce que cela signifie ? Tout simplement, la Commission dénie aux administrations municipales représentant le public le droit de parler dans l'intérêt du public. Bell est ipso facto instituée en interprète privilégié des abonnés, ce qui est la preuve éclatante de la carence du processus d'audience publique.

Les intervenants ont eu gain de cause sur un point cependant et c'est celui des tarifs interurbains. Dans la requête de 1952, Bell demandait une hausse des seuls tarifs locaux. Les intervenants ont exigé et obtenu que la hausse soit étalée uniformément sur le local et l'interurbain, afin de maintenir les tarifs locaux le plus bas possible. Bell s'opposait à toute hausse de l'interurbain en raison du découplage croissant entre les tarifs des États-Unis et du Canada. Pourtant, ce danger tout à fait réel n'a pas suffi pour que Bell sépare les coûts respectifs du local et de l'interurbain et fasse ainsi la preuve que les appels à longue distance étaient déjà surfacturés.[548]

---

loss at another. This would make it necessary for the government to adopt a schedule of rates under which the subscribers in one exchange would be paying the profits on his own system and would also be contributing toward a deficit elsewhere. In other words it may be possible for the people in one city to be contributing $5.00 a year more in cost per telephone in order that the citizens in another part of the province might have their telephones $5.00 a year less than cost.

Dagger, Francis, *Report of Mr. Francis Dagger, employed as Provincial Telephone Expert, with respect to the development of the Telephone Service in the Province of Saskatchewan*, Regina, 25 mars 1908, 17 pages. Cf. p. 10.

[547] Board of Transport Commissioners Decision C.955.170, 12 October 1949.

[548] Waverman, Leonard, *The Process of Telecommunications Regulation in Canada*, cf. Annexe 1, pp. 1-18.

Requêtes tarifaires de l'après-guerre (Bell Canada)[549]

Requête	C-955.170	C-955.171
Date de la requête	1949	31 août 1951
Date de la décision	1950	21 février 1952
Nombre d'intervenants	10	8
Montant demandé	25,7 millions $*	21,4 millions $**
Montant accordé	25,7 millions $	14,3 millions $
% accordé	100%	66,8%
Bénéfice par action demandé	2 $ + 0,50 $	2 $ + 0,56 $
Bénéfice par action accordé	2 $ + 0,43 $	2 $ + 0,43 $

Le nombre d'intervenants comprend uniquement ceux qui ont fait acte de présence et ont présenté un exposé final.
* Bell avait commencé par demander 24,8 millions de dollars et la somme a été révisée en cours d'audience.
** Bell avait commencé par demander 15,8 millions de dollars et la somme a été révisée en cours d'audience.

Autrement plus importante est la décision de 1950 émise par la Commission des transports du Canada de 1950 à l'égard de BC Tel. La compagnie, qui est une filiale de la compagnie américaine *General Telephone and Electronics* (GTE) fut trouvée coupable d'acheter au prix fort de l'équipement fabriqué par une autre filiale de GTE. La Commission reconnut qu'elle n'avait pas le droit de réglementer le fournisseur ou d'annuler le contrat d'achat litigieux (ce qui était la position de la compagnie) ; par contre, elle déduisit les dépenses excessives de la base réglementaire. Cette mesure suffit à ramener BC Tel à la raison et en 1953, les prix payés avaient retrouvé la normale.[550]

Cette mise en garde souligne le rôle bénéfique joué par la réglementation fédérale. Contrairement à ce qu'en disent ses détracteurs, le régulateur est loin de faire systématiquement cause commune avec l'industrie[551]. Au

---

[549] Waverman, Leonard, *The Process of Telecommunications Regulation in Canada*, cf. p. 99. *The Regulation of Bell Canada ; History ; Comparisons with other Canadian and U.S. Companies*, Paper #37, 31 August 1977.

[550] *The Regulation of Bell Canada ; History ; Comparisons with other Canadian and U.S. Companies*, Bell Canada, Paper #37, Montréal, 31 août 1977.

[551] Les partisans de la théorie de la capture estiment que l'organisme de réglementation a tendance à s'identifier avec les intérêts des compagnies réglementées plutôt qu'avec ceux des

contraire, cette réglementation légère et évolutive a joué avec efficacité un rôle de chien de garde tout à fait primordial dans un secteur en situation de monopole. Le précédent de BC Tel prouve a contrario que la relation entre Bell et *Northern* a toujours été honnête puisque le régulateur n'a rien trouvé de répréhensible au cours des multiples examens qui ont eu lieu depuis 1907. Il prouve aussi qu'il n'est pas nécessaire d'alourdir le processus réglementaire en y incluant les filiales pour être efficace. L'examen des seules relations inter-compagnies est suffisant pour dépister un abus éventuel.

À travers tout le Canada, les années 1950 furent marquées par le même phénomène de retour des entreprises de téléphone devant leurs organismes de réglementation quand elles en avaient un (SaskTel voyait ses tarifs directement approuvés par le gouvernement provincial). Dans l'urgence de la reconstruction, de généreuses hausses tarifaires furent accordées. Il s'agissait de la première vague de hausses depuis les années 1920, voire dans certains cas 1910. Ce ne seront pas les dernières.

Réapparition de la concurrence

Dès les années 1930, les compagnies de téléphones et de télégraphe avaient redécouvert l'effet de la concurrence entre leurs infrastructures respectives. Cette concurrence découlait alors de l'utilisation d'une même technologie dite à courants porteurs pour les lignes interurbaines des réseaux téléphoniques et télégraphiques.

Avec l'apparition des faisceaux hertziens dans les années 1950, une nouvelle occasion de conflit se présenta. Quand Radio-Canada alla en soumission pour la construction d'un réseau à micro-ondes transcanadien, les compagnies de téléphone alliées dans le RTT et les deux compagnies de télégraphe associées CN et CP, étaient sur les rangs. Le ministère des Transports qui émet les permis d'exploitation des longueurs d'onde, souhaitait que les deux consortiums s'entendent pour faire une soumission commune. Bell s'y opposa, souhaitant que les infrastructures appartiennent en exclusivité au RTT, quitte à ce que les compagnies de télégraphe l'exploitent conjointement avec les compagnies de téléphone.

---

consommateurs qu'ils sont censés protéger. Cette théorie a été formulée par le politicologue Marver H. Bernstein à partir de l'étude de 70 ans de réglementation dans sept organismes, dont la FCC, dans *Regulating Business by Independent Commission*, Princeton University Press, 1955, 306 pages. La thèse a été reprise aussi bien par les économistes néolibéraux que socio-démocrates et a triomphé avec le démantèlement d'AT&T en 1982.

Le gouvernement fédéral s'interposa dans le différend et statua le 24 septembre 1953 : « Le conseil des ministres est d'avis qu'aucune personne ou entreprise ne devrait avoir le monopole de l'exploitation d'un système hertzien... »[552] Bien sûr, il s'agissait d'un réseau avant tout destiné à assurer la transmission de signaux TV, mais comme la technologie en cause permet également d'acheminer des signaux téléphoniques, il était à prévoir que les choses n'en resteraient pas là. Le gouvernement confirmait ainsi son appui à la concurrence dans les réseaux.

Dans le domaine voisin des terminaux, la première contestation du monopole de Bell eut lieu en 1955. Une petite compagnie ontarienne nommée *United Sterl-A-Fone* avait inventé et fabriqué un dispositif destiné à détruire au moyen de rayons ultraviolets les microbes et bactéries qui pouvaient se loger dans le récepteur d'un appareil téléphonique donné et se transmettre aux divers utilisateurs de cet appareil. L'appareil était peut-être farfelu, mais Bell prit l'affaire au sérieux. Elle interdit que l'on fixe le dispositif sur ses récepteurs.

United Sterl-A-Fone alla devant la Cour suprême de l'Ontario qui constata que le dispositif à ultraviolets contrevenait aux règlements généraux de Bell tels qu'ils avaient été approuvés par la Commission des transports du Canada. Le règlement 9, en particulier, prévoyait qu'aucun équipement téléphonique ou non ne pouvait être branché sur un appareil de Bell ou sur le réseau, à moins d'une entente spéciale entre la compagnie et l'utilisateur. *United Sterl-A-Fone* n'avait pas obtenu une entente de Bell : exit *Sterl-A-Fone* ![553]

Cet épisode incongru se passait au même moment que l'affaire *Hush-a-Phone* aux États-Unis[554]. Si la conclusion des deux affaires fut la même - confirmation du monopole - elle montre que certains utilisateurs se sentent mal à l'aise dans les structures du marché.

---

[552] Cité in Babe, Robert E., *Telecommunications in Canada*, cf. 129.

[553] Racicot, Michel, *Évolution de la situation de la concurrence dans le domaine des télécommunications au Canada*, cf. pp. 70-1.

[554] Voir tome 2, chapitre 14 – *La scène internationale*, section *Prolégomènes à la concurrence : le rattachement des terminaux*.

Les années 1950 président à la multiplication des ententes entre Bell et certains utilisateurs qui ont des besoins spéciaux. Les militaires ont besoin du réseau public pour communiquer avec leurs radars et autres stations Doppler. Les hôpitaux commencent à brancher des électrocardiogrammes sur le réseau téléphonique. Il est impensable pour les compagnies de téléphone de refuser ce type de raccordement. Mais la technologie multiplie les besoins et il deviendra de plus en plus difficile pour Bell de les satisfaire tous. Cela posera tout naturellement la question du monopole d'une entreprise sur un réseau de moins en moins téléphonique et de plus en plus diversifié en ce que l'on qualifiera désormais de télécommunications.

Chapitre 17 - Apogée de la technologie électromécanique

Au lendemain de la première Guerre mondiale, il n'y a pas de réseau téléphonique à proprement parler au Canada. Il y a des centraux téléphoniques manuels reliés les uns aux autres de manière artisanale, tandis que les lignes à longue distance sont encore l'exception et que les communications interurbaines sont chères et de mauvaise qualité. Le téléphone est perçu comme une technologie à vocation locale et communautaire.

Pourtant toutes les inventions qui vont faire exploser ce cadre restrictif ont déjà été inventées : il s'agit du répéteur électronique qui va permettre d'acheminer la voix sur une distance en principe illimitée, de la radio qui va permettre à la voix de franchir l'océan et enfin du commutateur qui va permettre d'automatiser le central téléphonique. Ce qui va surgir durant l'entre-deux guerres est le réseau téléphonique à vocation universelle.

MT&T sonne le ralliement à l'automatique

Le Canada est entré à reculons dans l'ère du téléphone automatique. La raison est, on s'en souvient, le refus de Bell d'abandonner les centraux manuels (chapitre 8 – *Naissance de Northern Electric et progrès technologiques*, section *Pourquoi Bell a freiné l'automatisation des centraux*). Au lendemain de la première Guerre mondiale, on en était arrivé à la situation paradoxale où la plupart des compagnies de téléphone canadiennes avaient commencé à automatiser leurs centraux, à l'exception de la principale d'entre elle, Bell – accompagnée dans son refus par B.C. Tel. Or, Bell était la seule compagnie qui disposait des ressources humaines et financières nécessaires pour mener à bien un programme complet de développement du téléphone automatique.

Après l'explosion du *Mont-Blanc* dans le port de Halifax en 1917, *Maritime Telephone and Telegraph* (MT&T) avait décidé de reconstruire un central détruit avec de l'équipement automatique (chapitre 14 – *Les compagnies de téléphone autre que Bell*, section *L'impossible unification des Maritimes*). Les experts de Bell et de *New England Telephone* essaieront de dissuader MT&T de passer à l'automatique sous prétexte que la technologie n'était pas au point. Mais c'était sans compter sans la détermination d'A.J. Barnes.

Cet ancien employé de *New England Telephone*, travaillait à MT&T depuis 1911 où il était devenu ingénieur en chef. Barnes avait acquis la conviction que l'automatisation était la solution de l'avenir et il n'hésita pas à braver l'opinion alors toute puissante de Bell et même d'AT&T. Il rallia à ses vues la direction de la compagnie qui dut mobiliser ses maigres ressources pour effectuer les études indispensables et finit par acheter en 1919 l'équipement pas-à-pas d'*Automatic Electric*, compagnie fondée par l'inventeur du système, Almon Strowger. Le commutateur entrera en fonction en février 1921 dans le central Lorne. Grâce à la lucidité de Barnes, MT&T fut la première entreprise non indépendante et non nationalisée du Canada à adopter la commutation automatique.

En effet, les compagnies des Prairies étaient fort avancées dans l'automatisation : *Saskatchewan Government Telephone*s avait inauguré la tendance en 1912 à Saskatoon et avait à la même époque six centraux automatiques, *Alberta Government Telephones* en avait également six et *Manitoba Telephone System* deux.[555] Cela ne comprenait pas les commutateurs pas-à-pas installés par des compagnies indépendantes un peu partout au Canada et d'abord par la plus importante d'entre elles, Edmonton Telephone, qui avait son central automatique depuis 1908. *New Brunswick Telephone* ne semble pas avoir eu d'autre central automatisé que celui de Woodstock qu'elle avait acquis lors de l'achat d'une compagnie indépendante. Mais tous ces efforts demeuraient marginaux dans l'évolution téléphonique du Canada en raison de l'abstention du principal intervenant : Bell.

Or, Bell dépendait entièrement d'AT&T pour sa technologie. La compagnie attendit donc que le signal du changement lui vienne des États-Unis. Celui-ci sera donné en 1919. Cette année, le rapport annuel d'AT&T annonce son choix en faveur de l'automatique pour les nouveaux centraux et l'expansion. Il faut préciser que l'équipement pas-à-pas offert par *Automatic Electric* avait été grandement amélioré. Cette entreprise avait accompli un énorme travail de développement depuis les débuts héroïques de 1892. En outre, AT&T

---

[555] En 1911, SGT avait acheté la compagnie indépendante de Saskatoon qui avait été automatisée dès 1907 (voir *L'automatisation entre au Canada par les indépendants*). Elle remplaça le système Lorimer l'année suivante par un système Strowger plus fiable, inaugurant ainsi une politique systématique d'automatisation en commença par Regina (1914).

comptait un certain nombre de commutateurs de type Strowger dans son réseau à la suite de l'achats de compagnies indépendantes qui en étaient équipées. *Western Electric* avait pris l'habitude de collaborer avec *Automatic Electric* pour l'entretien des centraux automatiques du *Bell System*.

L'acte décisif qui avait fait basculer AT&T avait été l'intégration de la compagnie indépendante de Los Angeles dans le *Bell System* en 1916. Cette fois, il ne s'agissait plus d'intégrer une petite compagnie rurale, mais une grande compagnie urbaine avec 60 000 téléphones à cadran. Qui plus est, l'hôtel de ville exigeait que les abonnés aient le choix entre téléphone automatique et manuel. AT&T ne pouvait pas faire marche arrière et imposer la commutation manuelle comme elle l'avait fait pour certains centraux ruraux. La pression sur la direction d'AT&T était devenue intolérable. On imagine l'humiliation des dirigeants new-yorkais contraints de reconnaître que les coopératives des fermiers du Middle West et, ce qui dans leur esprit ne valait guère mieux, les abonnés de la lointaine Californie, avaient eu raison d'opter pour l'automatique.

En 1916, *Western Electric* acquit donc les droits de Strowger et commença à fabriquer ses propres commutateurs pas-à-pas. À partir de cette date, le géant américain déploya tout son potentiel de recherche dans le perfectionnement du téléphone automatique. Comme nous l'avons vu, AT&T adopta deux approches distinctes selon qu'il s'agissait d'automatiser les petits ou les grands centraux. Le système pas-à-pas fut réservé aux zones rurales et aux petites villes (à quelques notables exceptions comme Los Angeles). Les recherches effectuées à partir du concept canadien Callender-Lorimer avaient abouti à la mise au point d'un système pour les grandes agglomérations – le Panel.

Automatisation massive de Bell

Au Canada, le rapport annuel de Bell de 1920 annonce le ralliement de la compagnie à l'automatique. La compagnie hésite cependant entre une solution mixte à l'américaine et une solution homogène pas-à-pas. Le premier central automatisé sera celui de Grover à Toronto. Toutes les études étaient prêtes pour y implanter un commutateur Panel, *Western* exerçait des pressions considérables en sa faveur, *Northern* avait déjà modifié ses chaînes de montage pour sa fabrication, quand l'ingénieur en chef de Bell, Robert V. Macaulay, le futur bâtisseur du réseau téléphonique transcanadien, parvint à faire revenir la haute direction sur sa décision et à opter pour le système pas-à-pas. L'événement est important. C'est la première fois que Bell dit ce « non » à sa maison mère dans le domaine technologique.[556]

Cette solution proprement canadienne était dictée par l'exiguïté du marché. Seules Montréal et Toronto (et Vancouver dans le cas de BC Tel) auraient justifié l'adoption du Panel. Surtout, le choix du pas-à-pas devait permettre d'uniformiser le type d'équipement et de réaliser des économies d'échelle appréciable en termes d'approvisionnement et de maintenance. Détail ironique, Bell engage en septembre 1924 l'ingénieur en chef de MT&T afin de procéder à l'automatisation des centraux – A.J. Barnes voit ainsi reconnu l'audace qui lui avait permis de passer outre l'avis de Bell et d'automatiser Halifax dès 1921.

Le premier commutateur sera donc installé en juillet 1924 dans le central Grover à Toronto. Le deuxième ira au central Lancaster à Montréal, en avril 1925. Après un début hésitant, Bell investit massivement dans l'automatisation. Ainsi, Québec sera, en mars 1933, la première ville entièrement automatisée du territoire de Bell.

La lenteur initiale trahit bien les appréhensions de Bell qui déploya un effort massif de publicité pour informer les employés et surtout les abonnés du changement. Jusqu'à la dernière minute, Bell avait craint une réaction négative à ce qu'elle percevait comme une réduction de la qualité du service. Dans les documents internes de la compagnie, on se réfère toujours au « fardeau de composer » un numéro. En effet, pour l'abonné, l'automatisation des centraux se traduisait par l'apparition des premiers téléphones cadran. Jusque-là, l'évolution du téléphone avait toujours été dans le sens de la simplification : suppression des batteries à acide qu'il fallait remplacer régulièrement, suppression de la manivelle qu'il fallait tourner pour actionner une génératrice. Soudain, on ajoutait un élément nouveau : le cadran.

---

[556] *Évidence of A.G. Lester*, Commission de pratiques restrictives du commerce, cf. p. 12.

Comment composer un numéro de téléphone ?

Archives Bell Canada

En dehors de cette modification fonctionnelle, la technologie de l'appareil téléphonique changea peu par rapport à la période précédente. L'usage du combiné se répandit à partir de 1927, mais la sonnette est toujours distincte de l'appareil (fixée au mur). La sonnette ne sera pas intégrée au boîtier avant 1937 avec la naissance du téléphone noir. En effet, comme les célèbres Ford modèle T, le téléphone était disponible en une seule couleur et si possible un seul modèle (en fait deux : appareil de table et appareil mural). En téléphonie comme ailleurs, l'heure est à la production de masse, uniforme et bon marché.

Pour l'abonné, l'automatisation se traduit par l'apparition du cadran

Archives Bell Canada

Il faudra attendre les années 1950 pour que ce schéma hérité des chaînes de montage se modifie quelque peu. En 1952, Bell avait lancé le modèle 500 conçu par *Western Electric* et construit par *Northern Electric*, qui était l'aboutissement du téléphone noir – sa version finale. Trois ans plus tard, coup de tonnerre dans les télécommunications : Bell jette aux orties son habit puritain et offre le modèle 500 en couleurs. L'abonné peut choisir entre plusieurs couleurs (mais, il est vrai, toujours une seule forme). Une époque prend fin et la société de consommation peut commencer.

L'automatisation du central provoqua aussi un changement dans les numéros de téléphone. Deux lettres furent ajoutées au numéro à quatre chiffres de l'abonné, ainsi LA pour le central Lancaster à Montréal. Ainsi, LA 2222 désigne l'abonné 2222 desservi par le central Lancaster à Montréal. Pourquoi des lettres et pas des chiffres ? Tout simplement parce que des tests de mémoire effectués par AT&T au début du siècle avaient démontré que l'homme de la rue ne se rappellerait pas de numéros aussi longs... On remarque toujours le soin extrême apporté par AT&T à l'étude des facteurs humains et sa propension à sous-estimer le potentiel du dialogue homme-machine.

Notice explicative sur les numéros pour les employés

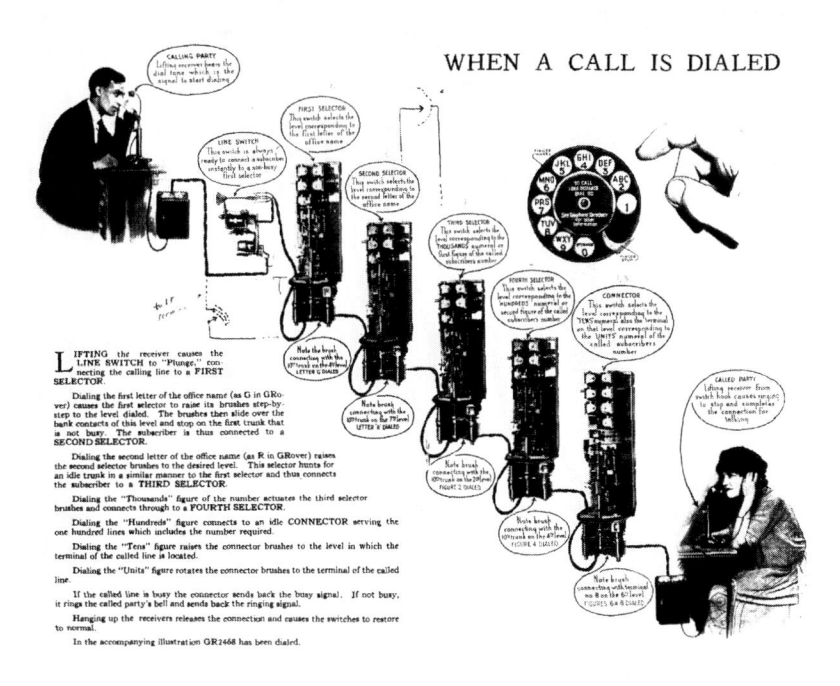

Archives Bell Canada

Dans les zones rurales, par contre, l'automatisation du téléphone se traduisit par un progrès sans partage. Elle permit d'offrir un service continu, alors que les petits centraux avaient l'habitude de fermer la nuit et les dimanches. Pourquoi payer une téléphoniste à ne rien faire quand personne n'appelait ? Par contre, un commutateur ne coûte pas plus cher quand il fonctionne pendant les heures creuses.

Mais le principal impact de l'automatisation s'exerça sur les téléphonistes. À partir de 1926, Bell prévint les nouvelles téléphonistes qu'elle ne pouvait garantir la permanence de leur emploi. Tant que la croissance se maintint au beau fixe, il n'y eut pas de problème, le nombre de téléphonistes continua même à croître légèrement. Puis la crise vint. À Québec, le nombre de téléphonistes passa de 130 à 60 en 1933. 46 téléphonistes furent mises à pied, mais comme il s'agissait toutes d'employées embauchées après 1926, elles figuraient dans la catégorie des employées temporaires. Les autres furent mutées dans divers services ou déclarées « surplus ».[557]

Au niveau purement technologique, l'arrivée des commutateurs pas-à-pas dans les grandes villes posa le problème entièrement nouveau de la cohabitation avec les systèmes manuels. Comment résoudre le problème de la personne qui appelle depuis un poste desservi par un central automatique un abonné desservi par un central manuel ? La solution qui consistait à communiquer avec la téléphoniste fut d'emblée rejetée. Il fallait à tout prix éviter que l'abonné ait à suivre deux procédures différentes selon les groupes d'abonnés qu'elle appelle. On mit au point un indicateur d'appels qui affichait sur le standard téléphonique le numéro composé par l'abonné. La téléphoniste n'avait plus qu'à établir la communication manuellement. En sens inverse, depuis un téléphone manuel à un téléphone à cadran, la procédure demeurait évidemment identique à ce qu'elle avait toujours été : il fallait passer par la téléphoniste.

Notons que le poste de travail de téléphoniste muni d'un indicateur d'appels était très coûteux (14 000 dollars environ). Mais l'idée que les compagnies de téléphone se faisaient de la qualité du service était telle qu'elles ne reculaient devant aucune dépense. Cet effort d'ergonomie est d'autant plus méritoire que le nombre de postes de travail munis d'indicateur d'appels atteint son paroxysme au milieu des années 1930 alors que la crise économique battait son plein.[558]

Évolution de l'automatisation au Canada

À partir de l'engagement de Bell, l'automatisation des centraux s'accéléra grandement au Canada. C'est dans le courant de 1940 que le nombre de

---

[557] Lettre à G.H. Rogers datée du 31 mars 1936, ABC, dossier relations de travail.
[558] Interview Alex G. Lester par Arthur Gosselin, historien de Bell, septembre 1972, 133 pages. ABC, dossier biographies. Cf. pp. 8-9.

téléphones desservis par un central automatique dépassera au Canada celui des téléphones desservis par un central manuel.

Cependant, la vitesse de conversion à l'automatique varia grandement d'une compagnie à l'autre, BC Tel demeurant longtemps la lanterne rouge des grandes compagnies. Le Manitoba et, dans une moindre mesure, l'Alberta, continueront de faire figure de proue dans la course à l'automatisation, mais non la Saskatchewan qui avait pourtant lancé le mouvement à la veille de la première Guerre mondiale.

Bien des compagnies indépendantes ne virent jamais la nécessité d'effectuer le changement ou ne purent le faire, faute de moyens suffisants, et demeurèrent fidèles au système manuel jusqu'à leur achat par une grande compagnie.

Automatisation des centraux (taux d'appareils téléphoniques desservis par central automatique)

	1929	1934	1939	1945	1956
Terre-Neuve	---	---	--	--	83,99%
Île-du-Prince-Édouard	0%	0%	0%	0%	66,52%
Nouvelle-Écosse	12,01%	34,53%	44,88%	51,43%	75,85%
Nouveau-Brunswick	9,83%	28,49%	46,77%	47,91%	63,94%
Québec	33,84%	67,20%	69,83%	71,44%	85,97%
Ontario	20,20%	35,06%	45,48%	53,98%	77,59%
Manitoba	68,70%	71,41%	70,19%	71,64%	81,07%
Saskatchewan	22,22%	29,06%	32,98%	39,25%	59,20%
Alberta	55,37%	64,40%	62,36%	60,40%	78,18%
Colombie britannique	0,24%	14,83%	17,98%	34,62%	64,54%
Canada	**25,59%**	**42,55%**	**49,40%**	**56,09%**	**77,31%**

Source : Statistique Canada, catalogue 56-203 Annuel.

Une « anomalie » saute aux yeux à la lecture de ce tableau et c'est la disparité entre le Québec et l'Ontario, deux provinces pourtant desservies par la même entreprise et sujette à la même réglementation. Bell a sans discontinuer privilégié l'automatisation du téléphone au Québec. Cette différence de traitement entre les deux provinces est si accentuée que l'on ne peut y voir le simple effet de décisions ponctuelles. Or, nous avons été incapables de trouver dans les archives de Bell un seul document expliquant le pourquoi de cette décision.

La raison est peut-être technologique. Le nombre élevé de lignes partagées en Ontario a très certainement freiné l'automatisation des centraux dans cette province. La situation ontarienne s'inscrit ainsi dans la droite ligne de la tradition « nord-américaine » : technologie bon marché (lignes partagées et centraux manuels), mais démocratique (fort taux de pénétration).

L'automatisation rapide du Québec pourrait aussi être la conséquence des difficultés linguistiques éprouvées par Bell au Québec. L'automatisation apparaîtrait comme une conséquence de la réticence de l'entreprise à franciser l'exploitation et, en particulier, le service des téléphonistes. Le silence entourant la décision d'automatiser le Québec en priorité rappelle étrangement le black-out systématique sur les questions linguistiques (tome 2, chapitre 8 -*Le cas du Québec*, section *Francisation de Bell au Québec*).

Situation de l'automatique sur la scène internationale

Il est à noter que dans les pays industriellement avancés d'Europe, l'automatisation fut proportionnellement plus rapide qu'en Amérique du Nord. Mais est-il besoin de le répéter, elle concernait un parc téléphonique infiniment plus limité. Le taux d'automatisation des centraux est inversement proportionnel au taux de pénétration du téléphone et souligne clairement l'opposition entre les pays qui ont opté pour une technologie de qualité pour une élite (Allemagne, Italie, Pays-Bas) et la technologie bon marché pour la majorité (États-Unis, Canada, Suède).

Notons cependant que le Canada a un taux d'automatisation quelque peu supérieur aux États-Unis et à la Suède tout en ayant un taux de pénétration égal ou presque à ces deux pays : grâce à la politique innovatrice des provinces des Prairies et à la résolution de Bell dès lors que cette compagnie a opté pour l'automatique, ce pays semble avoir allié le meilleur des deux mondes. À l'inverse, la France et la Grande-Bretagne ont une technologie à la fois élitiste et rudimentaire, ce qui représente un échec sur tous les plans.

Automatisation des centraux et pénétration (1938)

Pays	Taux d'automatisation des centraux*	Taux de pénétration du téléphone**
Allemagne	88%	5%
Italie	85%	1%
Pays-Bas	75%	5%
Belgique	66%	5%
Grande-Bretagne	55%	6%
Canada	**47%**	**12%**
France	46%	4%
Suède	41%	12%
États-Unis	41%	15%

* Les taux d'automatisation, à l'exception du Canada, sont tirés du livre de L.-J. Libois, « Genèse et croissance des télécommunications », éditions Masson, Paris, 1983, 415 pages. Cf. p. 269. Taux d'automatisation pour le Canada : Bureau fédéral de la statistique (aujourd'hui : Statistique Canada), 1940.
** Les taux de pénétration sont tirés de « Telephone Statistics of the world », publication annuelle d'AT&T.

Tandis que la majorité de l'Europe jouait avec le concept avancé, mais forcément coûteux, de central automatique, l'Amérique du Nord attendait prudemment que son prix tombe pour l'adopter. Il s'agit, comme nous l'avons expliqué, d'un autre exemple de l'opposition traditionnelle entre technologie démocratique bon marché et technologie élitiste coûteuse. Le refus d'automatiser ne renvoie pas à un « mauvais » choix, mais à la culture technologique de l'Amérique du Nord (suivi en cela par la Suède).

En outre, le faible taux d'automatisation de l'Amérique du Nord ne doit pas nous égarer : plus de la moitié des téléphones à cadran mondiaux sont aux États-Unis et au Canada. Il s'agit d'un effort massif qui touche une population alors largement desservie par le téléphone. L'Europe (à l'exception notable de la Suède) automatise d'autant plus facilement ses centraux qu'elle en a peu.

Enfin, il convient de signaler que l'automatisation ne touche que la commutation locale. Quand un abonné veut faire un appel interurbain en Amérique du Nord, il doit passer par la téléphoniste. Ici, l'opposition est moins nette entre l'Amérique et l'Europe. Il semble que durant l'entre-deux guerres, ce sont surtout les petits pays (Belgique, Suisse) ou des zones limitées (Bavière, Côte-d'Azur) qui ont été desservis par l'interurbain automatique, donc à portée limitée. Il n'empêche que l'Amérique du Nord viendra particulièrement tard à l'interurbain automatique pour les appels continentaux (années 50) et encore plus pour les appels outre-mer (années 1970).

Les standards téléphoniques privés ou PBX suivront exactement la même évolution que les centraux. L'automatisation permettra aux usagers d'une même entreprise d'appeler d'un poste à l'autre à l'intérieur d'un même immeuble sans passer par l'intermédiaire d'une téléphoniste ; par contre, pour appeler à l'extérieur, l'intervention humaine sera toujours nécessaire. Le premier modèle de ce type, le système 605A semble avoir été installé en 1926 dans les locaux de CN à Montréal. Mais bien des entreprises conserveront des standards manuels, estimant sans doute que la nécessité de conserver une téléphoniste pour les appels externes ôtait bien des attraits au PBX « automatique ». L'évolution du standard privé sera donc lente et la technologie évoluera peu, adoptant difficilement le crossbar quand cette nouvelle génération de commutation sera disponible.[559]

L'automatisation semble une aventure lointaine pour le lecteur d'aujourd'hui féru d'Internet et de technologie numérique. Pourtant, Bell a retiré du réseau son dernier système pas-à-pas en 1996. À l'échelle du Canada, le dernier pas-à-pas a été déconnecté en 2002[560]. Certains des appareils que l'on mettait à la retraite avaient été installés dans les années 1920. Cette longévité exceptionnelle témoigne de la robustesse de l'équipement mis au point par les ingénieurs d'*Automatic Electric* avec l'appui de *Western* et *Northern*. Plus jamais une génération technologique ne pourra espérer avoir une vie utile d'une soixantaine d'années.

Qui plus est, les systèmes pas-à-pas que l'on a ainsi retiré du réseau après 70 ans de service ne l'ont pas été en raison de leur défaillance ou de leur obsolescence. On les a remplacés par des systèmes numériques dont le coût

---

[559] Avec 500 postes et une capacité de 700, le standard du Canadien National était sans nul doute le premier de cette taille à avoir été installé au Canada. *The Gazette, La Presse, Montreal Star,* 20 janvier 1926. « The evolution of PBXs », *Telesis,* Ottawa, Vol. 4, N°3, automne 1975. Cf. p. 69. D'autres standards automatiques plus petits ont probablement été utilisés dans les compagnies nationalisées des Prairies, mais la documentation nous a fait défaut.

[560] Il semble que ce dernier commutateur pas-à-pas d'Amérique du Nord ait été celui de la Compagnie Téléphone Nantes, une entreprise indépendante située en Estrie (fait partie de SOGETEL depuis 2008). "Step-By-Step Telephone Switching Systems", *Telephone World,* 2008. (http://www.phworld.org/switch/sxs.htm)

d'entretien va décroissant et qui permettent de faire plus de choses (les services étoiles).

Systèmes à courants porteurs

Les transmissions à longue distance ont toujours fait l'objet de toutes les attentions d'AT&T et, par voie de conséquence, de Bell. Les transmissions terrestres ont atteint la maturité au cours de la période précédente et l'entre-deux guerres est surtout marquée par la mise en service des innovations de la période précédente. Le réseau interurbain connaît une croissance phénoménale, symbolisée par la construction du réseau téléphonique transcanadien.

L'amélioration la plus notable de l'entre-deux guerres est la mise au point des systèmes à courants porteurs qui est un procédé de multiplexage en fréquences. Le principe est ancien et remonte aux travaux opérés en télégraphie par les précurseurs du XIXe siècle : il s'agissait alors de moduler les différents messages télégraphiques sur différentes fréquences afin de les transmettre simultanément sur un même fil.

En téléphonie, un tel système nécessite à la source, un dispositif qui porte la bande de fréquences d'un circuit téléphonique ordinaire à un niveau nettement plus élevé : le courant porteur. Plusieurs conversations téléphoniques modulées à des fréquences échelonnées sont alors transmises sur un même circuit en fils nus aériens ou sur un câble. Elles sont assemblées en blocs de trois ou de douze voies. Ainsi, une conversation téléphonique qui occupe une bande de fréquences 300 à 3 400 Hz est portée dans une bande de 60 à 108 kHz dans le cas du multiplexage à 12 voies. À la réception, un autre dispositif sépare chaque courant porteur et chaque voie téléphonique.

Au cœur du système à courants porteurs se trouve le tube à vide qui sert à fournir les sources de courants porteurs aux différentes fréquences, à moduler les voies téléphoniques, à amplifier les différentes liaisons et, enfin, à les démoduler à la réception pour restituer une conversation téléphonique « normale ». Le défi technique était d'éviter la diaphonie entre courants porteurs et les distorsions à la restitution de la voie téléphonique à 300-3 400 Hz. Ce sont les travaux d'AT&T et de *Western Electric* sur les oscillateurs et les filtres passe-bande qui ont permis de résoudre ces difficultés et de généraliser l'utilisation des courants porteurs.

Le premier système opérationnel fonctionna en 1918 entre Baltimore et Pittsburgh. Il mettait en service quatre canaux bidirectionnels. On a vu que le

Canada adopta le système à courants porteurs dès les années 20. Cette technologie a ceci d'important pour l'histoire des télécommunications qu'elle n'est pas propre au téléphone ou au télégraphe, elle est commune à ces deux industries. Pendant un temps, on a même cru que l'on pourrait acheminer la voix sur des fils à haute tension des compagnies d'électricité. AT&T mit au point un système à courants porteurs qui fonctionnait sur de tel fils, mais les variations de courants et les problèmes de branchement avec les circuits téléphoniques à basse tension interdirent tout espoir de commercialisation (quelques compagnies d'électricité utilisèrent ce procédé pour un certain nombre de leurs communications internes). Sauf rares exceptions, les compagnies d'électricité demeurèrent en-dehors du secteur des télécommunications.

Au Canada, le tout premier système à courants porteurs fut installé en octobre 1921 par AGT entre Edmonton et Calgary. Très vite, les divisions télégraphiques des compagnies de chemins de fer CN et CP adoptèrent la technologie des courants porteurs et se retrouvèrent nez-à-nez avec les compagnies de téléphone. Le système à courants porteurs marque le début du processus de convergence technologique qui marquera toute l'évolution des télécommunications à partir des années 30.[561]

L'apparition des systèmes à courants porteurs dans le réseau remit en question l'utilisation des répéteurs électroniques. La tension du courant amplifié n'était pas tout à fait proportionnelle au courant initial. Tant qu'il n'y avait qu'un circuit voix, cette distorsion ne posait pas de problème. À partir du moment où l'on multiplexe plusieurs circuits voix sur le même câble, les circuits se mélangeaient et créaient de la diaphonie d'intermodulation.

Un chercheur des *Bell Labs*, Harold S. Black, découvrit en 1927 le principe de la contre-réaction. Il réintroduit une partie du signal amplifié dans le répéteur. Le résultat est un signal presque absolument linéaire, même si l'on doit sacrifier pour cela une partie de l'amplification.

Il faudra attendre 1937 pour que cette percée technologique fasse son chemin jusque dans le réseau. Le répéteur à contre-réaction donnera

---

[561] Bell mit en service les premiers systèmes à courant porteur en 1928.

naissance au système à courants porteurs K de *Western Electric* dans lequel il y avait des blocs de douze circuits voix séparés par des espaces de 4 kHz.

Le système K a été la base de la normalisation internationale en matière de systèmes à courants porteurs. Aujourd'hui, le principe de la contre-réaction paraît tellement naturel que, la plupart du temps, l'on en ignore l'origine. Il a rendu possible l'exploitation des réseaux de télécommunications à grande capacité de circuits.[562]

Plan nord-américain de commutation interurbaine

L'amélioration des communications interurbaines provoqua une première explosion des appels téléphoniques dans les années 20. Pour éviter que chaque appel à longue distance ne transite par un trop grand nombre de centraux téléphoniques, on multiplia les lignes interurbaines point à point avec pour résultat que l'on arriva à une situation qui n'est pas sans rappeler les premières années de la téléphonie, avant l'invention du central, quand chaque utilisateur devait se relier à l'ensemble des autres utilisateurs.

La solution pour les communications interurbaines sera quelque peu comparable à celle pour les communications locales : on mettra en place des commutateurs interurbains. Mais on ne reliera pas tous les centraux téléphoniques locaux à un commutateur central unique. On établira toute une hiérarchie de commutation qui va depuis le commutateur local jusqu'à un commutateur haut placé dans une hiérarchie de centraux en passant par des commutateurs de transit.

Cette architecture complexe est calculée en fonction à la fois des impératifs géographiques et des habitudes d'appels. Elle essaie de réduire au maximum le nombre de liens physiques interurbains et le nombre de commutateurs de transit entre deux points. Ces deux objectifs contradictoires ont abouti en 1928-29 à la création du plan nord-américain de commutation interurbaine.

---

[562] Harold Stephen Black (1898-1983) était un ingénieur électricien de Werstern Electric puis des *Bell Laboratories* où il a travaillé de 1921 à 1963. Tucker, D.G., « Electrical Communication », in Williams, Trevor, (ouvrage collectif sous la direction de), *A History of Technology*, Volume VII, cf. pp. 1240-1241. Ronald Kline, « Harold Black and the Negative Feedback Amplifier », *IEEE Control Systems*, août 1993. (http://www.ieeecss.org/CSM/library/1993/aug1993/w04-HistoricalPerspectives.pdf). Contre-réaction se dit en anglais : *negative feedback*.

Les commutateurs ont été répartis en quatre catégories qui se répartissent comme suit :

1. Au sommet de la pyramide se trouvent dix centres régionaux qui sont reliés entre eux par des voies de transmission à haute densité. Il y a huit de ces centres aux États-Unis et deux au Canada qui sont à Montréal et Regina.
2. Plus d'une trentaine de centres de section sont reliés à leur centre régional.
3. Environ 125 centres primaires sont au centre des grappes des centres interurbains ordinaires.
4. Environ 2 400 centres interurbains ordinaires desservent le continent nord-américain en entier qui sont réunis aux « centres locaux » dans la même ville ou dans les localités avoisinantes.

Les catégories 1 à 3 sont des centres de transit interurbain. Des commutateurs y évaluent la disponibilité des lignes et choisissent la meilleure route pour acheminer un appel. Ainsi, en cas d'encombrement de certaines lignes, il sera possible de dérouter un appel vers d'autres lignes géographiquement moins directes, mais libres. Cette méthode d'acheminement par voie détournée est ainsi inaugurée de façon manuelle à la fin des années 20, mais elle ne prendra sa véritable signification que dans les années 50 avec l'introduction des commutateurs crossbar et l'automatisation de l'interurbain.[563]

---

[563] Dans le plan original, il y avait un centre continental situé à Saint-Louis, dans le Missouri. Il ne fut jamais mis en service, les centres régionaux ayant toujours réussi à gérer le flot du trafic téléphonique. Par contre, les centres de section n'existaient pas dans le plan initial et furent ajoutés ensuite.

Plan de commutation interurbaine au Canada

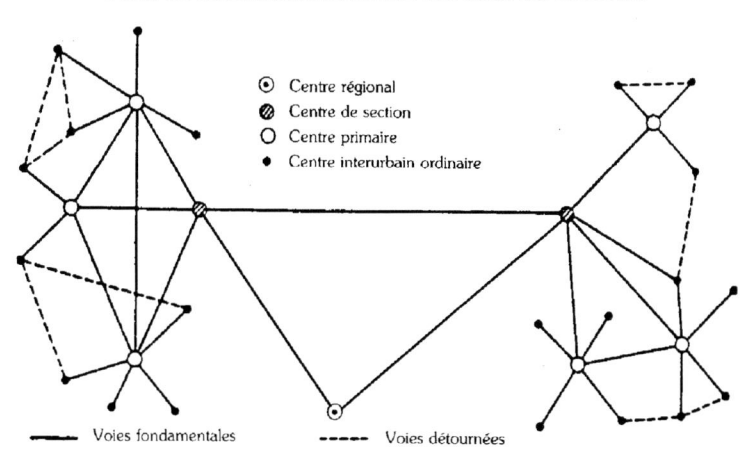

- ⊙ Centre régional
- ⊘ Centre de section
- ○ Centre primaire
- • Centre interurbain ordinaire

——— Voies fondamentales   - - - - - Voies détournées

Le plan sera adopté au Canada dans le cadre du RTT. Cette commutation soigneusement hiérarchisée permet d'appeler n'importe quel endroit du continent en transitant par un minimum de centraux, ce qui est précieux quand on songe que la commutation interurbaine est demeurée manuelle jusque dans les années 50.

C'est à partir de ce moment que l'on peut véritablement parler de réseau de télécommunications. Désormais, l'ensemble de la téléphonie réagit comme une entité organique où il suffit d'actionner un élément quelconque pour provoquer une réaction en chaîne parfaitement contrôlée jusqu'à n'importe quel autre point. Chaque téléphone est en contact potentiel avec l'ensemble des autres téléphones du continent nord-américain. Ce système hiérarchisé sera maintenu tel quel ou presque jusqu'en mars 1991 où il sera remplacé par le système d'acheminement dynamique des appels.[564]

La radiotéléphonie traverse l'Atlantique en 1927

Les expériences d'AT&T en matière de radiotéléphonie avaient clairement établis que cette technologie n'avait pas vocation à remplacer les fils et câbles de cuivre. Aussi, les entreprises de téléphone se contentèrent-elles d'introduire des liaisons radiotéléphoniques dans les seuls sites où il n'était pas économique ou possible de construire des liaisons physiques.

---

[564] Lester, Alex G., « Telecommunications in Canada », in *The Engineering Journal*, Montréal, octobre 1954, 16 pages. Fagen, M.D., *A History of Engineering and Science in the Bell System, The Early Years (1875-1925)*, cf. pp. 647- 653. Joel Jr., Amos E., *A History of Engineering and Science in the Bell System, Switching Technology (1925-1975)*, cf. pp. 173-180.

La grande application de la radiotéléphonie fut sans aucun doute la liaison transatlantique. L'Amérique du Nord est reliée à l'Europe sur une base commerciale en janvier 1927, mais le tarif inaugural entre New York et Londres était alors de 75 dollars pour les trois premières minutes et 25$ par minute supplémentaire, ce qui était une somme extravagante, hors de portée pour le commun des mortels (équivalent à plus de 1 000 dollars courants pour les trois premières minutes, 336 pour les minutes additionnelles). En outre, le temps était limité à 12 minutes par communication.[565]

La première conversation payante eut lieu entre les directeurs du *New York Times* et du *Times* de Londres. Mais le gros des communications de la première journée porta sur des transactions bancaires qui atteignirent le montant respectable de six millions de dollars. Immédiatement, on voit se reformer les mêmes regroupements d'utilisateurs que lors des débuts du télégraphe : la presse et les institutions financières.[566]

---

[565] Le tarif fut rapidement ramené à 45$ pour les trois minutes initiales et 15$ la minute additionnelle, ce qui demeurait une somme très élevée. José Luis Cordeiro Nateo, *Telephone and Economic Development : A Worldwide Long-Term Comparison*, Doctoral Thesis, Universidad Simón Bolivar, Caracas, Venezuela, mai 2010, 435 pages. Cf. p. 105. Pour l'équivalent dollar, le taux utilisé est le *Consumer Price Index (CPI-U)* de janvier 1913 (U.S. Department of Labor Bureau of Labor Statistic). Taux avril 2014.

[566] Fagen, M.D., *A History of Engineering and Science in the Bell System,* cf. pp. 391-409.

Publicité incitant les abonnés à téléphoner en Angleterre

Vous pouvez maintenant téléphoner en Angleterre directement par circuit tout britannique

La coopération de la Compagnie de Téléphone Bell, de la Canadian Marconi avec le service des Postes de la Grande-Bretagne a permis l'établissement d'un service téléphonique entièrement britannique entre le Canada et l'Angleterre. Les appels téléphoniques entre les deux pays franchiront directement l'Atlantique sans avoir à passer par New-York.

Ce service est le complément du réseau transcanadien récemment inauguré, et comme instrument d'unité impériale, coïncide avec l'ouverture de la prochaine conférence économique de l'Empire tenue à Ottawa.

Ce nouveau circuit tout britannique se compose des lignes de longue distance de la Compagnie Bell à Montréal au poste émetteur de la Canadian Marconi, à Drummondville, Québec; de là à travers l'espace jusqu'au poste récepteur du service des Postes à Baldock, près de Londres, en Angleterre, puis de Baldock par les lignes de longue distance jusqu'à destination, en passant par Londres.

Les appels venant de l'Angleterre sont transmis par les lignes de longue distance à travers Londres au poste émetteur de Rugby, et ensuite lancés à travers l'espace pour être captés par le poste récepteur de la Canadian Marconi, à Yamachiche, Québec et relayés par fils de longue distance à Montréal pour atteindre en définitive leur point de destination.

A la vitesse de la lumière (186,000 milles à la seconde) les ondes accomplissent ce trajet en une fraction de seconde, ce qui fournit un échange de communication instantanée. Téléphoner du Canada en Angleterre est maintenant aussi simple que de faire tout autre appel de longue distance. Les taux demeurent les mêmes; un appel à Londres, Angleterre, coûte $30. pour une communication de trois minutes.

Canadian Marconi Company
The Bell Telephone Company of Canada

Archives Bell Canada

Le premier circuit transatlantique utilisait les ondes longues, mais les parasites rendaient les communications aléatoires. Or, au début des années 20, on pensait que les ondes courtes étaient limitées par la distance. C'est pour cette raison qu'en 1912 on les avait attribuées aux radioamateurs[567].

---

[567] Par la loi d'août 1912 (*An Act to regulate radio communication*), le gouvernement américain

Mais voilà que des radioamateurs parviennent à transmettre sur des distances de plus en plus grandes, y compris par-dessus l'Atlantique. La découverte de l'ionosphère puis, quelques années après, de la théorie de la propagation des ondes radioélectriques, ouvrent de nouvelles possibilités à ce mode de transmission. En 1926, la compagnie Marconi utilise les ondes courtes pour établir son service radiotélégraphique transatlantique. AT&T se remit au travail.

Quand AT&T mit en service un deuxième système radiotéléphonique en 1929, elle employa les ondes courtes et la qualité des communications devint acceptable. Le système à ondes courtes comportait quatre canaux. Notons au passage que cette réussite mit un terme à un autre projet d'AT&T : le câble téléphonique sans répéteur à circuit unique sous l'Atlantique qui était étudié depuis plusieurs années.

Au Canada, le service transatlantique est établi en octobre 1927 via New York à un tarif comparable à celui d'AT&T (15 livres sterling, soit environ 72 dollars, pour les trois premières minutes). Un service direct Montréal-Londres sera inauguré en juillet 1932 à l'occasion de la conférence économique impériale qui se tenait à Ottawa cette année-là. Les stations émettrices et réceptrices ont été construites respectivement à Drummondville et Yamachiche, au Québec, par Marconi.

Comme en 1932 également le réseau téléphonique transcanadien commença à acheminer les appels téléphoniques sur une base nationale, le circuit Drummondville-Yamachiche devint la fenêtre du Canada sur le monde. Force est bien de reconnaître que cela ne signifie pas grand-chose. Le jour de Noël 1932, jour d'affluence s'il en est, le circuit Bell-Marconi achemina dix appels transatlantiques… Le prix d'une communication Montréal-Londres avait quelque peu baissé pour se stabiliser à 30 dollars les trois premières minutes – somme toujours dissuasive. En outre, la qualité sonore des communications demeurait médiocre, les ondes courtes étant sujettes aux interférences des aurores boréales. Enfin, la procédure d'acheminement des appels demeurait excessivement lente en raison des nombreuses interventions humaines nécessaires dans les centraux tant de départ que d'arrivée.[568]

---

avait attribué aux radioamateurs les longueurs d'onde inférieures à 200 mètres.

[568] *Cent déjà, Bell 1980*, brochure d'information publiée par Bell à l'occasion du centenaire de

Émetteur de Drummondville où transite tout le trafic téléphonique Canada-Europe

Archives Bell Canada

Au total, à la veille de la deuxième Guerre mondiale, l'Amérique du Nord était reliée à l'Europe par cinq canaux. Ce modeste début a néanmoins créé le marché international du téléphone en permettant de relier le Canada à une soixantaine de pays. Mais la radiotéléphonie demeure un succédané de la « vraie » téléphonie, entravée par la limite du nombre de canaux disponibles et les aléas météorologiques. Ce n'est qu'avec la pose du câble transatlantique en 1956 pour que le goulot d'étranglement technologique saute enfin et que le réseau téléphonique devient vraiment planétaire.

Le deuxième grand champ d'application de la radio est sans aucun doute les communications mobiles. En 1921, la police de Detroit établit un service de radio mobile pour équiper ses voitures. Le concept devint assez populaire parmi les services publics. Mais il s'agissait de radio mobile, non de radiotéléphone mobile. À la différence du radiotéléphone, un système radio fonctionne en mode semi-duplex et n'est pas relié au réseau téléphonique.

---

la compagnie, 60 pages. Cf. p. 30.

En avril 1930, CN inaugurera un véritable service de radiotéléphone mobile dans ses trains. Mais l'expérience sera sans lendemain, car la crise économique aura raison de cette innovation et moins d'un an plus tard, le service sera abandonné. Il faut attendre le lendemain de la deuxième Guerre mondiale pour que le radiotéléphone mobile soit commercialisé.

En juin 1947, Bell introduit le radiotéléphone mobile à Montréal et Toronto. Il s'agit d'un système de *Western Electric* fonctionnant dans une bande de fréquences très limitée autour de 150 MHz. Ce système de radiotéléphone mobile comprend une antenne centrale de transmission située au milieu de la zone à desservir et une ou plusieurs antennes de réception. Ainsi, à Montréal, il y a quatre antennes de réception réparties aux endroits stratégiques de la ville et elles sont toutes reliées à un terminal de contrôle du téléphone mobile qui sélectionne le signal de réception le plus fort et l'expédiait dans le réseau de télécommunications. L'interconnexion entre le système radio et le réseau terrestre est effectué par une téléphoniste.

La qualité d'un tel système dépend de la puissance de l'émetteur et, quelle que soit celle-ci, plus on s'éloigne du centre, plus la communication faiblit. Certains groupes d'immeubles ou de collines créent des zones d'ombres. Qui plus est, le radiotéléphone mobile est aussi peu confidentiel qu'une ligne partagée car n'importe quel radioamateur peut syntoniser les fréquences publiques et écouter les conversations, voire intervenir.

Malgré tous ces inconvénients, il y aura beaucoup trop de demandes de service pour les 24 canaux disponibles dans un site donné. Le nombre d'abonnés sera vite plafonné à un maximum de de 2 ou 3 000 par ville, ce qui créera des listes d'attente pour les demandes en instance. Le radiotéléphone mobile demeurera limité aux services d'urgence et à quelques groupes professionnels privilégiés.

En 1947, les premiers usagers de ce nouveau service sont les photographes du *Globe and Mail* de Toronto. Quoi d'étonnant si, dans l'imagination populaire, son influence dépassera toujours la réalité. On en fera un symbole de pouvoir, fascinant bien que hors d'atteinte pour le commun des mortels.

Le directeur de la station montréalaise CKVL appelle les urgences par radiotéléphone

Archives Bell Canada

La dernière application du radiotéléphone est la desserte des régions éloignées. Au cours de l'entre-deux guerres, les Signal Corps de l'armée canadienne ouvrent le Yukon et les Territoires du Nord-Ouest au radiotéléphone. À la même époque, BC Tel inaugure une série de liaisons avec les localités isolées de la province et l'Alaska. Le radiotéléphone rompt le silence du Grand Nord.

Dans les trois types d'applications (service transatlantique, service mobile, service du Grand-Nord), l'expansion de ce vecteur de transmission demeura restreinte. Il s'agit d'une technologie de transition.

Accroissement de la capacité de transmission : le câble coaxial

Les fils nus posés sur isolateurs des premiers réseaux téléphoniques n'offraient évidemment pas une qualité de transmission, c'est pourquoi ils ont été remplacé peu à peu par des câbles contenant un nombre élevés de paires torsadées et recouverts d'une enveloppe en plomb. Cependant, l'emploi de courants porteurs sur les paires téléphoniques de ces câbles demeurera relativement limité car, pour éviter la diaphonie entre paires voisines, il fallait procéder de place en place à de délicates opérations d'équilibrage.

En 1928, le câble coaxial, mis au point en même temps aux *Bell Labs* et en Allemagne, fait basculer pour la première fois la transmission par courants porteurs dans l'âge des grandes capacités. Le principe est simple : la paire de conducteurs est concentrique. Entre le conducteur central et la deuxième couche, des disques isolants maintiennent un espace d'air qui isole les deux conducteurs. Plusieurs paires coaxiales constituent l'âme du câble, ce dernier étant toujours sous enveloppe de plomb.

Ce système permet de transmettre des fréquences élevées et fut utilisé pour la première fois en Allemagne en 1934. La première ligne nord-américaine sera testée entre New York et Philadelphie en 1936 à des fins téléphoniques. Mais, un an plus tard, AT&T transmet pour la première fois une émission de télévision sur ce système de câble coaxial, inaugurant ainsi ce qui deviendra une des deux applications principales de cette technologie, l'autre devant être, plus tard, celle des câbles téléphoniques transocéaniques.[569]

L'exploitation commerciale des systèmes de câble coaxial ne commencera qu'après la deuxième Guerre mondiale avec le système L-1 qui avait une capacité de 1 800 canaux (trois paires coaxiales de 600 canaux). La course à la capacité était ouverte. Au Canada, les premiers systèmes coaxiaux furent installés en 1954. Contrairement aux États-Unis, le coaxial ne sera pas utilisé dans les grands axes interurbains, mais seulement comme accès aux réseaux hertziens qui, eux, constitueront l'épine dorsale du réseau transcanadien. Il faudra attendre les années 70 et l'avènement de la technologie numérique pour trouver une application isolée de la technologie coaxiale au réseau interurbain (chapitre 11 - *La numérisation commence par la transmission*, section *Un géant de la transmission : le LD-4*). Par contre, le coaxial donnera naissance à une nouvelle industrie immensément populaire : la câblodistribution, aussi appelée télédistribution.s

---

[569] Chapuis, Robert. J., *100 Years of Telephone Switching (1878-1978), Part 1: Manual and Electromechanical Switching*, cf. p. 275 et 292-3. Robin, Gérard, *Les Télécommunications*, cf. p. 72.

Les faisceaux hertziens sont un héritage de la guerre

Les faisceaux hertziens sont les enfants pacifiques du radar. Le radar avait été sinon inventé, du moins mis au point sous une forme largement opérationnelle, en Grande Bretagne juste avant la deuxième Guerre mondiale par l'ingénieur écossais Robert Alexander Watson-Watt[570]. Comme le radar, les faisceaux hertziens utilisent le principe de la réflexion de certaines ondes radio. En effet, si les ondes longues ou moyennes franchissent les murs (il est possible d'écouter des émissions radio depuis l'intérieur de sa maison), les ondes extrêmement courtes rebondissent sur le moindre obstacle, même sur un objet de petites dimensions comme un avion. C'est ce qui permit à la Royal Air Force de gagner la bataille d'Angleterre en 1940. Or, la majeure partie des radars britanniques étaient construits au Canada pour des raisons évidentes de sécurité (voir encadré *Les télécommunications et la deuxième Guerre mondiale*). Watson-Watt aimait à répéter que le Canada était « l'arsenal radar du monde occidental. »[571]

Les faisceaux hertziens utilisent des fréquences supérieures à un GigaHertz (milliard de cycles par secondes). Par comparaison, les émissions de radio à ondes courtes utilisent la bande décamétrique qui va de 6 à 21 MégaHertz (million de cycles par seconde). Les ondes des faisceaux hertziens sont donc infiniment plus courtes que les ondes courtes, plus courtes même que celles utilisées par la modulation de fréquences (FM) ou la télévision. C'est pourquoi on parle aussi de micro-ondes. Les systèmes à faisceaux hertziens émettent donc un signal obligatoirement en ligne droite. Pour ne pas être gêné par les édifices ou les obstacles naturels, on place les émetteurs-récepteurs au sommet de tours en forme de derricks qui jalonnent aujourd'hui bien des autoroutes canadiennes, avec un espacement moyen de 50 km.

---

[570] Robert Alexander Watson-Watt (1892-1973) est le descendant de l'inventeur de la machine à vapeur James Watts, lui aussi Écossais. Quand la propagande de l'Allemagne nazie fit état de l'invention d'un « rayon de la mort » capable de détruire des villes entières, Watson-Watt qui travaillait au service météorologique de l'Armée, fut chargé de mettre au point la version britannique de cette arme. En février 1935, il fit parvenir au gouvernement une note démontrant l'impossibilité théorique du « rayon de la mort », mais la possibilité de détecter les avions à distance. Dès l'année suivante, il fut chargé de déployer une ligne de radars dans le sud de la Grande-Bretagne si bien qu'en 1939, 19 stations étaient en service. Watson-Watt fut anobli en 1942.

[571] Collins, Robert, *Une voix venue de loin*, 1977, cf. p. 250.

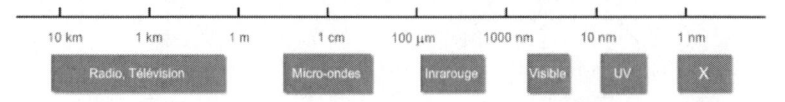

Les faisceaux hertziens dans le spectre électromagnétique

10 km	1 km	1 m	1 cm	100 µm	1000 nm	10 nm	1 nm
Radio, Télévision			Micro-ondes	Infrarouge	Visible	UV	X

Les faisceaux hertziens sont concentrés dans un étroit pinceau de 2° environ, orienté avec précision vers l'antenne suivante qui capte le signal et le réexpédie de station en station jusqu'à destination. C'est le contraire de la radiodiffusion et de la radiotéléphonie qui envoient des ondes dispersées dans toutes les directions. L'économie des systèmes hertziens est telle que l'énergie nécessaire pour les actionner est de l'ordre du watt, comme pour une lampe de poche. En définitive, il n'y aura aucune différence pour les interlocuteurs entre une communication acheminée par câble et une communication acheminée par micro-ondes. Les deux technologies sont entièrement transparentes.

Seulement, il y a un hic : les micro-ondes sont fragiles. Les signaux hertziens souffrent d'évanouissements temporaires ou, dans le jargon des télécommunications, de fading. Il y a trois sortes de fading : l'obstruction, la pluie et les voies multiples. Le fading par obstruction est dû à la structure de l'atmosphère. La densité de l'air n'est pas uniforme et diminue avec l'altitude de sorte que la partie supérieure d'une onde voyage plus vite que la partie inférieure et pousse cette dernière vers la terre. Il faut donc rehausser d'autant les antennes sur les stations hertziennes. Le fading pluvial provoque des interruptions de transmission que l'on doit prévenir en augmentant la puissance de l'émetteur, la sensibilité du récepteur ou en diminuant le pas d'espacement entre deux stations. Cet inconvénient se manifeste surtout au-dessus dans les bandes supérieures du spectre, vers 10 GHz et plus.

La forme de fading la plus gênante est sans nul doute celle due aux chemins de propagation multiples. Quand les ondes voyagent par des itinéraires différents, elles provoquent des interférences destructrices et, parfois, s'annulent. Ce phénomène est particulièrement sensible durant les nuits chaudes et humides d'été quand l'air est calme. On a cependant mis au point une solution relativement simple et économique : il suffit d'envoyer le même signal sur deux fréquences distinctes. Il est hautement improbable que les deux ondes s'évanouissent en même temps et un module de correction d'erreurs recueille alors le signal le plus fort ou une combinaison des deux.[572]

Les premiers systèmes hertziens construits en série furent britanniques et américains : ils suivirent l'avance des forces alliées durant la deuxième Guerre mondiale sur tous les champs de bataille. Un système composé d'une dizaine de stations fut installé par les britanniques entre Luxembourg et Bruxelles dans les derniers mois de la guerre. En Amérique du Nord, AT&T procéda à des essais de faisceaux hertziens civils dès 1945 entre New York et Philadelphie. Mais c'est sans doute le Canada qui mit en service le premier système commercial entre l'Île-du-Prince-Édouard et la Nouvelle-Écosse en novembre 1948 (voir *Les Maritimes jouent un rôle pionnier en faisceaux hertziens*).

À cette même époque, le réseau téléphonique transcanadien donnait des signes d'épuisement. Une partie des sections les plus importantes de ce réseau était encore aérienne et en fils nus, ce qui était tout à fait inadéquat pour répondre à l'explosion de la demande en communications téléphoniques de l'après-guerre. Certains tronçons furent équipés en toute hâte de systèmes à courants porteurs, ailleurs on louait des lignes de CN ou de CP, parfois même des lignes américaines : le plan d'ensemble des années 30 faisait eau de toutes parts. C'est dans cette situation chaotique qu'intervint Thomas Eadie, vice-président à l'exploitation de Bell et bientôt président du Réseau téléphonique transcanadien. Eadie était convaincu que le temps n'était plus aux demi-mesures, il fallait reconstruire de fond en comble le lien transcanadien à partir des faisceaux hertziens.

En effet, dans les années 50 les télécommunications changent de nature. Il y a bien sûr l'irrésistible montée du téléphone qui franchit un seuil qualitatif en approchant du service universel. Mais il y a également l'arrivée de la télévision en 1952 avec les premières émissions de Radio-Canada. Le réseau qui transportait déjà du texte et de la voix doit soudain s'ouvrir à l'image et devenir véritablement un réseau polyvalent. Or, la transmission d'un signal vidéo nécessite une capacité minimum de 2,8 millions de cycles par seconde, soit 2,8 MHz, alors qu'un signal téléphonique nécessite 3 400 Hz. Comme on exprime la mesure de capacité en bande passante, on parle alors de réseau à large bande. Seules les micro-ondes peuvent acheminer de telles quantités d'information.

---

[572] Anderson, Carl ; Barber, Steve et Patel, Raj, « Propagation experiments show path to success » in *Telesis*, magazine technique de BNR, vol. 5, N°6, Ottawa, automne 1977

Le réseau hertzien transcanadien

Pour justifier l'édification d'un réseau hertzien transcontinental, il fallait pouvoir compter sur le contrat de retransmission de télévision de Radio-Canada. C'est alors que Tom Eadie joua le tout pour le tout : il entama la construction d'un réseau de 650 km et de 14 stations hertziennes dans le corridor Windsor-Montréal, prenant de court CN et CP et empêchant que ces compagnies ne réalisent avec les micro-ondes et la télévision ce qu'elles avaient fait avec les courants porteurs et la radio. Non pas que les compagnies de chemin de fer se fussent désintéressées de la question : à la même époque elles construisirent un réseau hertzien entre Toronto et London. Mais elles agirent à retardement.

Pour ce premier essai, Bell se tourna tout naturellement vers la technologie utilisée par AT&T qui construisait à la même époque un réseau transcontinental New York-San Francisco (mis en service en septembre 1951). Il s'agit du système TD-2 mis au point par les *Bell Labs* et qui peut acheminer un maximum de 12 « canaux » unidirectionnels de transmission radio (RF). Un canal RF peut acheminer un signal vidéo ou 600 signaux voix (il faut deux canaux pour acheminer 600 conversations téléphoniques : un canal pour chaque sens de transmission). La ligne Windsor-Toronto-Ottawa-Montréal fut achevée en mai 1953 juste à temps pour retransmettre les images du couronnement de la reine Élizabeth II. Surtout, cette artère était connectée au réseau d'AT&T via Buffalo et servait de porte d'entrée aux émissions de télévision américaine. Les entreprises de télécommunications allaient-elles une fois de plus servir l'axe sud-nord ?

En janvier 1954, l'entreprise d'État Radio-Canada va en soumission publique pour l'octroi du contrat de retransmission des émissions de télévision d'un océan à l'autre. On se souvient que cet organisme n'avait plus été en procédure de soumission publique pour les émissions de radio depuis 1932. Or, sans le contrat de retransmission, pas de réseau hertzien transcanadien. Deux scénarios s'offraient alors : ou le RTT s'unissait pour relever le défi, ou Bell s'unissait à CN et à CP. Les deux compagnies de chemin de fer, qui voyaient leurs revenus télégraphiques s'effriter rapidement, exerçaient des pressions en faveur du consortium avec Bell. Elles offraient de créer un consortium à trois où chacun aurait détenu un tiers des actifs.

La situation de Bell était très forte puisque dans tous les cas, elle était assurée d'obtenir sa part du contrat. Les autres membres du RTT se trouvaient devant un choix : fallait-il se lancer dans une aventure incertaine (le souvenir des contrats radio du premier réseau transcanadien était encore cuisant) ou fallait-il risquer de perdre le contrôle des communications interurbaines au profit de CN et de CP ?

Le lobby de CN et de CP fut particulièrement efficace en Alberta où le gouvernement provincial aurait préféré confier à une entreprise indépendante la construction du réseau hertzien. La peur de perdre le contrôle de l'interurbain tout entier – image et voix – emporta la décision et l'Alberta se rallia à la solution du RTT. La Saskatchewan qui était dirigée par un gouvernement socialiste hésita longtemps avant de s'engager aux côtés de Bell qui sentait trop fort l'entreprise privée et le soufre... Il fallut que son Premier ministre provincial, Thomas C. Douglas lui-même, mette son poids dans la balance pour faire adopter le projet. Finalement, le RTT présenta sa soumission unie et l'emporta en mars 1955.

Cette décision fut une véritable catastrophe pour les compagnies de chemin de fer qui virent ainsi réduit à néant leur espoir de revenir dans la téléphonie perdue en 1880. Elle confirma la prééminence des compagnies de téléphone sur l'ensemble du secteur des télécommunications.[573]

Le président du comité d'ingénierie du RTT n'était autre qu'Alex Lester, l'homme de confiance de Tom Eadie. Il était tout à fait conscient des enjeux géopolitiques en présence. Il s'agissait de faire triompher l'axe politique est-ouest du gouvernement canadien contre les tendances économiques traditionnelles, bien que, selon ses mots :

> ... l'attraction du trafic fût en grande partie nord-sud. Si vous raisonnez en termes d'ensemble économique nord-américain, vous finirez probablement par aboutir à une série de lignes verticales depuis le nord vers le sud, depuis les principaux centres canadiens jusqu'à une ligne transcontinentale aux États-Unis.[574]

Il aurait évidemment été plus facile de couper au sud des Grands Lacs en passant par les États-Unis. Le premier tronçon hertzien planifié par Tom Eadie

---

[573] Ogle, Ed B., *Allô, l'interurbain, L'historique du Réseau téléphonique transcanadien*, cf. pp. 204-216. Cashman, Tony, *Singing Wires, The Telephone in Alberta*, cf. pp. 406-416. *From Sea to Sea*, brochure d'information du RTT, ABC # 14279.

[574] Interview Alex G. Lester par Arthur Gosselin, historien de Bell, cf. p. 58.

entre Windsor et Montréal s'inscrivait dans cette logique, avec son interconnexion à Buffalo, aux États-Unis. Mais le contrat de Radio-Canada coupait court à ces velléités transnationales. Une fois de plus le Canada utilisait la technologie pour édifier une superstructure nationale défiant les pesanteurs économiques.

Édification d'une station hertzienne du RTT

Archives Bell Canada

Le 1er juillet 1958 – fête nationale du Canada – le réseau hertzien transcontinental était inauguré en grande pompe nationaliste. Avec 6 200 km

L'empire invisible, vol. 1 (1844-1956) 567

et 139 stations, il s'agit du plus long réseau hertzien au monde. Au départ, deux canaux seulement furent mis en service, sur un potentiel de 12 qu'offre le système TD-2. Notons quand même que la capacité de chaque canal RF a doublé depuis le premier réseau Windsor-Montréal et permet alors de transmettre 1 200 signaux téléphoniques. Son prix de 50 millions de dollars sera entièrement pris en charge par les compagnies de téléphone, même si on peut considérer que le contrat de Radio-Canada fut un incitatif paraétatique indirect. L'année suivante, une bretelle fut construite pour relier Terre-Neuve au réseau central (la compagnie de cette province, *Avalon Telephone*, ne faisait pas partie du RTT).

Le RTT compte 139 stations hertziennes sur 6 200 km

Archives Bell Canada

En mars 1962, le consortium CN/CP se lançait à son tour dans la construction d'un réseau hertzien transcontinental. Le RTT protesta vigoureusement auprès du ministère des Transports qui, à l'époque, était responsable des télécommunications, arguant que la construction d'un deuxième réseau était « inutile, économiquement peu judicieuse et qu'elle allait à l'encontre de l'intérêt public. » Rien n'y fit et, en mai 1964, CN/CP inaugurait un deuxième réseau...

Au contraire du système TD-2 du RTT qui était américain car basé sur des brevets de *Western Electric*, le système MM-600 de CN/CP était canadien. En effet, le MM-600 avait été conçu et fabriqué à Montréal par RCA Victor Limited. RCA était bien entendu la filiale d'une entreprise américaine, mais le mandat mondial des télécommunications avait été confié à l'usine de Montréal en raison de l'expérience acquise en radar durant la deuxième Guerre mondiale. Ainsi, RCA Montréal finit par vendre des systèmes MM-600 et plus tard MM-1200 dans le monde entier, y compris les États-Unis. En 1965, l'entreprise montréalaise construisit une route hertzienne Ankara-Téhéran-Karachi pour le compte de l'U.S. Aid.[575]

À vrai dire, il faudrait parler du réseau de CN/CP comme d'un troisième réseau. En effet, la règle d'or des télécommunications tant au Canada que dans le reste du monde, consiste à ne jamais mettre tous ses œufs dans le même panier et donc à construire toutes les infrastructures en double. Ainsi, dès le lendemain de la mise en service du réseau hertzien en 1958, le comité d'ingénierie du RTT avait commencé à construire une artère de soutien. Ce que l'on appelle depuis lors réseau à micro-ondes du RTT est ainsi composé de deux routes parallèles désignées, comme il se doit, de route nord et de route sud.[576]

Le paysage des télécommunications canadiennes en sortira profondément modifié : on se souvient que le réseau transcanadien initial avait sept circuits. On lui avait adjoint par endroits une douzaine de nouveaux circuits grâce à

---

[575] Sutherland, Jack (ancien vice-président de RCA et ancien président de Télécommunications CNCP), interview avec l'auteur, 27 juin 1991.
[576] Ogle, Ed B., *Allô, l'interurbain,* cf. pp. 217-224.

l'introduction de systèmes à courants porteurs et cela avait paru sur le moment un progrès appréciable. Soudain, les faisceaux hertziens portaient cette capacité à 1 200 circuits par route et cela ne comprenait pas le potentiel en place, mais inexploité. Qui plus est, en comptant le réseau de CN/CP, il y avait trois routes parallèles... La course aux grandes capacités était bel et bien ouverte. Les télécommunications quittaient l'ère de la pénurie pour entrer de plain-pied dans la voie royale de l'abondance.

Station hertzienne dans les Rocheuses (Colombie britannique)

Archives Bell Canada

Le commutateur crossbar ou l'intelligence électromécanique

Le système crossbar représente le maximum de perfectionnement jamais atteint par la commutation électromécanique. Pourtant, les origines de ce système sont presque aussi anciennes que celles du pas-à-pas. Son « père » est Gotthilf Ansgarius Betulander, un chercheur suédois, non pas d'Ericsson, mais de Televerket - l'administration suédoise des télégraphes et téléphones. À la fin du XIXe siècle, Betulander travaillait donc à la mise au point d'un dérivé du commutateur pas-à-pas. C'est alors qu'il eut deux idées qui forment la base d'un système entièrement nouveau : son commutateur serait composé uniquement de relais et le circuit de sélection des appels serait séparé du circuit de connexion.

Avant d'aller plus loin, il est bon de rappeler le principe de base du relais. Quand un signal électrique affaibli pénètre dans un relais, il ferme un contact qui déclenche une source d'énergie locale, ce qui permet de réexpédier un signal à pleine puissance. C'est Samuel Morse qui avait mis au point le relais afin de pallier l'atténuation du courant dans un fil télégraphique. En fait, ce dispositif ingénieux fait partie du brevet original de l'inventeur.

Le relais de Morse ne servit jamais car il pesait... une centaine de kilos. Cependant, il fut amélioré par l'industrie télégraphique, puis téléphonique au point de devenir un des éléments les plus communs des réseaux de télécommunications. Grâce au relais, la technologie électromécanique put effectuer de nombreuses opérations logiques bien des années avant l'arrivée de l'informatique.[577]

Dans le système mis au point par Betulander, la sélection des circuits est instantanée ou presque (quelques dizaines de millisecondes). Au lieu d'explorer « pas à pas » et à l'aveugle toutes les lignes jusqu'à ce que l'on en trouve une libre, le système crossbar enregistre les données de l'envoyeur. Une commande centrale faite de relais « marque » la position du numéro appelé. Une fois la position marquée, tout le reste de l'équipement de sélection peut être libéré et servir à l'établissement d'autres communications.

Le système de Betulander est aussi capable de rechercher un circuit détourné quand tous les circuits directs sont occupés, puis essayer à nouveau. Si tous les essais s'avèrent vains, l'information sur le problème est emmagasinée dans le marqueur et allume un voyant lumineux. La commande centrale du système suédois est dotée de mémoire et d'une forme rudimentaire d'intelligence. Plusieurs de ses caractéristiques seront d'ailleurs conservées par les systèmes électroniques qui lui succèderont.

---

[577] Fagen, M.D., *A History of Engineering and Science in the Bell System*, cf. pp. 519-523.

Premier crossbar installé au Canada (Toronto, juin 1955)

Archives Bell Canada

La connexion physique dans le système de Betulander est assurée par le croisement de deux barres, une horizontale mobile correspondant à la ligne d'appel et une verticale immobile correspondant à la ligne appelée (d'où le nom de « crossbar »). La barre horizontale est actionnée par un électro-aimant et elle n'a plus qu'à effectuer un mouvement réduit pour établir une connexion en coinçant les contacts au point de croisement avec la barre verticale. Ensuite, la barre horizontale n'a pas besoin d'attendre que la communication soit achevée. Le relais enclenché, elle peut repartir à la recherche d'une autre barre verticale pour établir une autre connexion pour un autre appel. La plupart des mouvements mécaniques des systèmes pas-à-pas sont éliminés et l'énergie requise est diminuée d'autant. Betulander déposa son brevet en 1912 et un premier commutateur à relais fut mis en service à Stockholm en 1914. Pourtant, le système de Betulander avait un défaut majeur : il coûtait cher.

Pendant ce temps, AT&T effectuait aussi des recherches sur un système de commutation à relais et plusieurs brevets furent déposés. L'entreprise américaine se heurta au même problème que le Suédois : au-delà de 100 abonnés, les coûts devenaient incontrôlables et le programme de développement fut interrompu en 1922. Tout se passe comme si la technologie crossbar avait une longueur d'avance sur son temps. Pourtant, en 1930 une mission américaine se rendit en Suède et vit plusieurs équipements utilisant des matrices crossbar. Televerket les utilisait dans les petits centraux ruraux où leur fiabilité à toute épreuve permettait un fonctionnement 24 heures sur 24 sans surveillance. Le système coûtait toujours trop cher pour fonctionner en ville.

Dès leur retour aux États-Unis, les ingénieurs d'AT&T se remirent au travail et améliorèrent le système tant et si bien qu'en février 1938, un premier système de la nouvelle génération de crossbar put être mis à service à Brooklyn. Ce système connu sous le nom de crossbar N°1 s'avéra capable de desservir plus de 15 000 abonnés. Après la guerre, AT&T mit au point un modèle plus perfectionné, le crossbar N°5 qui pourra desservir jusqu'à 35 000 abonnés. Le système N°5 deviendra un des commutateurs les plus populaires au monde avec une base installée de 45 millions de lignes. Il est capable de reconnaître les canaux disponibles à l'échelle du continent et de déterminer des routes de « dernier choix » quand les lignes directes sont occupées.

Au Canada, le système N°5 sera fabriqué par *Northern Electric* et installé principalement dans le réseau de Bell. Le premier central crossbar entrera en service à Toronto en 1955. Quand *Northern* se lancera en R-D, au contraire d'AT&T, elle se spécialisera dans le développement de petits commutateurs crossbar, le système SA-1. Au cours des années 1960, c'est avec le SA-1 que *Northern* fera ses premiers pas dans les marchés internationaux (Turquie et Grèce). Mieux, la première usine construite par *Northern* à l'étranger sera l'usine de Turquie et elle fabriquera des centraux crossbar.[578]

---

[578] Document ABC #27309-2 (H-3) signale que la première installation de crossbar au Canada est à Chatham, Ontario, en juillet 1956.

Avec les systèmes crossbar, la technologie électromécanique, à l'apogée de sa perfection technologique, jette ses derniers feux. Mais déjà se profile l'ombre de l'informatique qui entame son ascension à partir des années 1950. Aussi paradoxal que cela puisse paraître, avec sa commande centrale composée de relais, le commutateur crossbar est une sorte d'ordinateur électromécanique et, à ce titre, il va apporter plusieurs modifications au réseau de télécommunications. C'est à partir du crossbar que le principe du service Centrex sera mis au point quelques années plus tard. Mais son action la plus spectaculaire sera de supprimer la commutation manuelle des centraux interurbains, comme le système pas-à-pas l'avait supprimé des centraux locaux.[579]

L'interurbain automatique

Dès les années 30, AT&T avait élaboré un plan d'automatisation de l'interurbain. Pour atteindre, ce but, il fallait au préalable remplir plusieurs conditions, à savoir la mise au point d'un système de facturation automatique (système *Automatic Message Accounting* mieux connu sous son acronyme AMA) et d'un mode de signalisation multifréquence pour identifier le numéro d'appel dans le central d'origine ainsi que celui du destinataire dans le central lointain, toutes choses indispensable si on veut facturer l'abonné. Il ne faut jamais négliger l'importance de la facturation dans l'évolution technologique de la téléphonie. En effet, sans facturation automatique, pas d'interurbain automatique.

Il fallait aussi automatiser le plan de commutation interurbaine qui datait des années 20. En effet, tant et aussi longtemps que les appels interurbains étaient rares et la commutation manuelle, les téléphonistes se contentaient de choisir un circuit libre et de connecter l'abonné. Si tous les circuits étaient occupés, il suffisait d'attendre qu'un circuit se libère. Avec la multiplication des communications interurbaines, les compagnies se penchèrent sur la question de l'accès limité à une seule « route » d'acheminement. Le principe est simple, puisque tout le monde ne téléphone pas en même temps ni au même endroit, il est possible d'augmenter la capacité du réseau moins vite que le nombre de communications, sans inconvénient pour l'abonné.

---

[579] Chapuis, Robert. J., *100 Years of Telephone Switching (1878-1978)*, cf. pp. 359- 399. Joel Jr., Amos E., *A History of Engineering and Science in the Bell System*, cf. pp. 59-85. Libois, Louis-Joseph, *Genèse et croissance des télécommunications*, cf. pp. 110-111. Lester, Alex G., « Telecommunications in Canada ».

Une série de travaux théoriques sur le « télétrafic » furent menés afin de mettre au point un modèle théorique qui permette de construire un réseau dont chaque élément ait une capacité inférieure à la demande pendant les heures de pointe et qui, néanmoins, ne bloque pas. Les *Bell Labs* seront encore une fois à la pointe de ces calculs mathématiques basés sur la loi des probabilités et les travaux de Roger I. Wilkinson en sont les plus célèbres.[580]

Au terme de ces recherches mathématiques, le principe de l'accès limité donna naissance à l'acheminement par voie détournée. Des faisceaux de circuits à fort trafic sont prévus entre deux centraux interurbains en fonction des besoins des abonnés en-dehors des heures de pointe. Les commutateurs crossbar ont la faculté de tester plusieurs de ces routes en un très court laps de temps et, si celles-ci sont toutes occupées, le surcroît de trafic est détourné sur un faisceau de dernier choix jusqu'à un centre de transit interurbain. Là, le commutateur teste à nouveau les faisceaux de circuits à fort trafic et en cas d'échec, passe l'appel à un étage supérieur du plan de commutation interurbaine jusqu'aux deux centres régionaux canadiens situés à Montréal (Québec) et à Regina (Saskatchewan).

En dernier recours, si tout bloque dans un centre régional, les appels excédentaires peuvent être acheminés dans des centres régionaux des États-Unis, ainsi que l'indique le graphique ci-dessous (bien que projeté, le centre continental de Saint-Louis ne sera jamais mis en service).[581] Les deux principes de base sont (1) de traiter le plus d'appels possible localement parce que c'est le plus rentable et (2) d'éviter dans la mesure du possible le blocage des appels, en acheminant les appels sur des routes de contournement des tronçons saturés, quitte à partager les profits interurbains avec d'autres compagnies, car une situation de blocage constitue une perte sèche (et une dégradation de la qualité du service).

---

[580] Le trafic de pointe est calculé comme le rapport de la variance sur la moyenne dans lequel la variance est égale au carré de la variation par rapport au trafic moyen. On peut donc prévoir le niveau de service à attribuer à tout tronçon de réseau dont on connaît la pointe et la moyenne. Joel Jr., Amos E., *A History of Engineering and Science in the Bell System,* cf. p. 99.

[581] Joel Jr., Amos E., *A History of Engineering and Science in the Bell System,* cf. pp. 173-180. Lester, Alex G., « Telecommunications in Canada ». En pratique, le centre continental de Saint-Louis ne fut jamais mis en service.

L'empire invisible, vol. 1 (1844-1956) 575

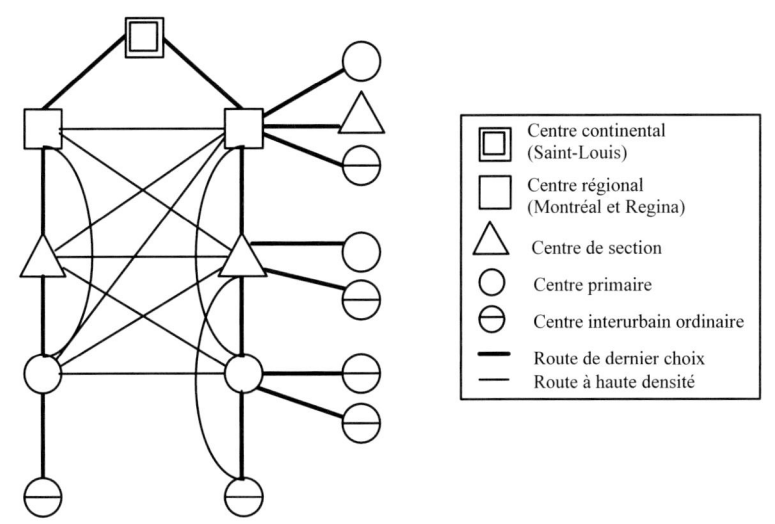

▢	Centre continental (Saint-Louis)
□	Centre régional (Montréal et Regina)
△	Centre de section
○	Centre primaire
⊖	Centre interurbain ordinaire
▬	Route de dernier choix
—	Route à haute densité

Le principe de l'accès limité et l'application qui en découle, soit l'acheminement par voie détournée, marque véritablement l'introduction des économies d'échelle dans l'industrie téléphonique. On sait que dans les centraux manuels, les coûts augmentaient avec le nombre d'abonnés desservis par un même central (chapitre 16 - *Succès du modèle réglementaire canadien*, section *Évolution du tarif de base*). Même dans les premiers centraux automatiques, la complexité du matériel décourageait toute économie d'échelle au-dessus d'une certaine capacité.

Avec la technologie crossbar, tout change : les compagnies de téléphone entrent dans la voie des économies d'échelle massives, ce qui confirme la légitimité économique du monopole téléphonique.

Finalement, en novembre 1951, l'interurbain automatique commença à être déployé aux États-Unis. Deux ans plus tard, les compagnies membres du RTT adoptèrent un plan à long terme qui consistait à installer des commutateurs crossbar et à déterminer des routes à fort trafic à travers le Canada. Techniquement, Windsor fut en juillet 1956 la première ville canadienne à bénéficier de l'interurbain automatique, mais il s'agissait principalement d'un raccordement au réseau américain. C'est Toronto qui inaugura véritablement l'interurbain automatique en mai 1958 (Montréal suivit en août 1961).

Comment sont fixés les numéros de téléphone

L'introduction de l'interurbain automatique n'aurait pas été possible sans l'adoption préalable de numéros de téléphone homogènes au Canada et aux États-Unis. Jusqu'alors, les numéros de téléphone avaient été attribués dans la plus grande anarchie et les numéros à deux, trois, quatre, cinq, six et même sept chiffres coexistaient. D'une façon générale, chaque compagnie de téléphone attribuait des numéros, central par central, sans plan d'ensemble et sans tenir compte des autres compagnies.

En 1947, AT&T inaugura un plan de numérotation nord qui prévoyait que tous les numéros auraient sept chiffres et tous les indicatifs régionaux trois chiffres obéissant à une véritable grammaire téléphonique que toutes les compagnies nord-américaines devaient respecter (à l'exception des petites compagnies indépendantes n'ayant pas automatisé leurs centraux). La règle de numérotation s'écrivait comme suit :

N(0 ou 1)X – NNX – XXXX

N représente un chiffre entre 2 et 9 et X un chiffre de 0 à 9. Le premier groupe de trois chiffres représente le code régional, le deuxième représente le numéro du central et les quatre derniers chiffres forment le numéro de l'abonné proprement dit. Le deuxième chiffre du code régional était obligatoirement un 0 ou un 1 pour le distinguer du numéro du central qui ne pouvait pas en comporter à cet endroit. Ce grand total de dix chiffres permettait à tous les abonnés d'Amérique du Nord d'avoir un numéro différent.

Aucun indicatif de zone ne peut déborder les frontières d'un État ou d'une province, mais un état ou province peut en comporter plusieurs. Le plan nord-américain initial comportait 86 indicatifs régionaux, dont huit pour le Canada (l'Île-du-Prince-Édouard était rattachée à la Nouvelle-Écosse et Terre-Neuve ne faisait pas encore partie du Canada). À titre de comparaison, en 2014, les États-Unis comptent 300 codes régionaux et le Canada 36[582].

Au début, toutefois, le plan prévoyait d'utiliser le véritable nom du central pour représenter les deux premiers chiffres du central. Un abonné desservi par le central de la rue Belmont à Montréal avait obligatoirement un numéro commençant par BE comme, par exemple : BE3 6362. À l'époque, les cadrans des appareils téléphoniques appariaient toujours un chiffre à trois lettres : le « 2 » correspondait aux lettres ABC, le « 3 » à DEF et ainsi de suite (le « 1 » ne correspondait à aucune lettre et le « 0 » à la seule lettre Z).

---

[582] 2013 North American Numbering Plan Administration (NANPA) Annual Report. Cf. p. 6.

C'est Toronto qui inaugura le nouveau plan en 1951 en adoptant des numéros à deux lettres et cinq chiffres. Mais les lettres limitaient le nombre de combinaisons possibles qui avaient un sens mnémonique. Des combinaisons comme le 55 ou le 57 étaient inutilisables car ces chiffres ne correspondaient qu'à des consonnes. Avec la croissance du nombre des abonnés, ce plan était voué à une obsolescence rapide.[583]

Le service Centrex

Il y a un effet boule de neige dans la technologie. Le crossbar a rendu possible l'interurbain automatique. Celui-ci a précipité l'avènement du Centrex. En effet, on a calculé dans les années 1950 que 50% des appels interurbains passaient par un PBX au départ ou à l'arrivée ou aux deux côtés à la fois. L'interurbain automatique permettait d'appeler directement depuis n'importe quel poste, mais ôtait à l'entreprise le moyen de savoir d'où venaient les appels et laquelle de ses divisions facturer. En outre, un nombre grandissant d'entreprises désiraient pouvoir publiciser des numéros différents pour chacune de leurs divisions afin qu'elles puissent être rejointes directement.

Les *Bell Labs* américains se mirent donc au travail et mirent au point une méthode permettant au système N°5 crossbar de reconnaître le groupe de lignes alloués à un utilisateur. Le service Centrex était réservé à des entreprises ayant leurs propres PBX et un nombre suffisant de lignes pour justifier la modification du commutateur.

Au Canada, Bell commença à le commercialiser en mars 1960. Sous son format initial, le service Centrex consistait en trois fonctions seulement : accès direct à un poste, accès direct au réseau et transfert d'appels.

Mais, la complexité des équipements qu'il fallait ajouter aux systèmes crossbar pour y installer les fonctions du Centrex était telle que les opérateurs de télécommunications chercheront avec une ardeur redoublée à informatiser la commutation. La technologie crossbar, en enclenchant un mouvement de diversification des services, aura accéléré les conditions de son propre dépassement.[584]

---

[583] Fagen, M.D., *A History of Engineering and Science in the Bell System,* cf. pp. 123-8. Lester, Alex G., « Telecommunications in Canada ». *Canadian Numbering Plan and Dialling Plan*, version 6.0, The Canadian Steering Committee on Numbering (CSCN), 4 avril 2014.

[584] Joel Jr., Amos E., *A History of Engineering and Science in the Bell System,* cf. pp. 276-7, 344-6

Le premier câble téléphonique transatlantique

La construction du câble transatlantique commença d'une façon inattendue en 1929 quand AT&T acheta une obscure petite compagnie de l'Île-du-Prince-Édouard nommée *Eastern Telephone and Telegraph* qui appartenait à MT&T (chapitre 14 - *Les compagnies de téléphone autres que Bell*, section *L'impossible unification des Maritimes*). Le projet de 1929 suivait plus ou moins le tracé de l'ancien câble télégraphique transatlantique de Cyrus Field et passait par Terre-Neuve. Il fallait donc relier Terre-Neuve au réseau américain en passant par le Nouveau-Brunswick et la Nouvelle-Écosse.

La pose de lignes terrestres commença en 1930, mais elle dut être interrompue l'année suivante en raison de la crise économique. Deux tronçons de lignes étaient déjà construits et furent cédés à NB Tel et MT&T qui les intégrèrent dans leur réseau interurbain. Pour ce qui est de l'Atlantique, AT&T se contenta d'augmenter le nombre de circuits radiotéléphoniques.

Les travaux sur le câble transatlantique ne s'interrompirent pas pour autant. Ils se confondent avec la vie d'Oliver E. Buckley qui y travaillait depuis 1919 (il deviendra président des *Bell Labs*). En effet, le câble transatlantique prévu en 1929 avait une capacité très réduite (un seul circuit téléphonique). La technologie ne permettait pas encore de fabriquer des répéteurs sous-marins qui permettent d'augmenter la bande passante suffisamment pour acheminer plusieurs conversations simultanées.

À la fin de la deuxième Guerre mondiale, l'équipe Buckley avait enfin résolu le problème principal qui était la mise au point de répéteurs assez résistants pour supporter la pression des grands fonds et assez miniaturisés pour être incorporés dans la structure même du câble, de façon à ne pas gêner son déroulement par le câblier. N'oublions pas que l'amplification se faisait encore par lampes à vide, non par semi-conducteurs.

En 1951, AT&T posa un câble entre la Floride et Cuba et procéda à des tests intensifs. En dépit des différences considérables dues à la longueur des

---

et 494-513.

liaisons, la technologie fonctionnait à merveille. Il devenait enfin possible de passer à des choses plus sérieuses : l'Atlantique.

Justement, à l'instar du trafic téléphonique terrestre, le trafic outre-mer explosait. Le nombre d'appels radiotéléphoniques États-Unis – Grande-Bretagne qui était de 27 000 par an en 1927 était passé à plus de 100 000 dans les années 50 et il était difficile d'accroître la capacité des systèmes radiotéléphoniques. Douze circuits reliaient l'Amérique du Nord à l'Europe. Il en résultait des attentes qui pouvaient atteindre plusieurs heures.

AT&T, le British *Post Office* (BPO) et la Canadian Overseas Telecommunications Corporation (COTC) conclurent une entente de coopération.[585] Tout le travail devait être l'œuvre des Américains et des Britanniques, le maître d'œuvre étant AT&T, tandis que le Canada n'était là qu'à titre de pays de transit et futur usager. Cette répartition des rôles est d'ailleurs reflétée dans la propriété du câble : AT&T en possèdera 50%, BPO en aura 41% et COTC se contentera de 9%.

La filiale canadienne d'AT&T, *Eastern Telephone and Telegraph* surgit de ses cendres et construisit un tronçon hertzien entre la frontière américaine et Sydney, à l'extrême nord de la Nouvelle-Écosse. BPO posa un câble sous-marin de hauts fonds entre la Nouvelle-Écosse et la côte sud de Terre-Neuve. Il fallut alors construire une ligne terrestre en câble jusqu'à la côte ouest de l'île, plus exactement de Terrenceville à Clarenville où se trouverait le terminal nord-américain du câble transatlantique.

La section terre-neuvienne, plus de 120 km, fut enterrée. On se souvient de la tragédie qu'avait constituée la pose du câble télégraphique dans les années 1850. Le pionnier canadien du câble, Frederick Gisborne y avait perdu son équipe et son capital avant d'être jeté en prison. Un siècle plus tard, les hommes d'AT&T affrontèrent les mêmes difficultés géographiques, mais équipés cette fois de trancheuses automotrices.

Finalement le tronçon transatlantique lui-même fut posé en deux temps en 1955 et 1956 par le plus gros câblier au monde, le navire britannique Monarch. Il s'agissait en fait de deux câbles coaxiaux parallèles de 3 600 km chacun, séparés par une trentaine de km. Chaque câble était unidirectionnel

---

[585] Ancien nom de Téléglobe Canada. Le nom français de COTC est la Société canadienne des télécommunications transmarines, mais il n'a jamais été utilisé dans la pratique, c'est pourquoi nous désignons cette entreprise d'État sous son nom anglais.

et contenu dans une structure renforcée sous armure pour résister à la pression des grands fonds ; il abritait 51 répéteurs que seul un imperceptible renflement signalait à l'œil averti.

Les câbles étaient une co-production américano-britannique, mais les répéteurs étaient entièrement fabriqués par *Western Electric*. Ils contenaient trois lampes à vide chacun capables de fonctionner sans interruption pendant 20 ans avec alimentation par le câble lui-même. En effet, une fois au fond de l'eau, il fallait que le système fonctionne du premier coup.

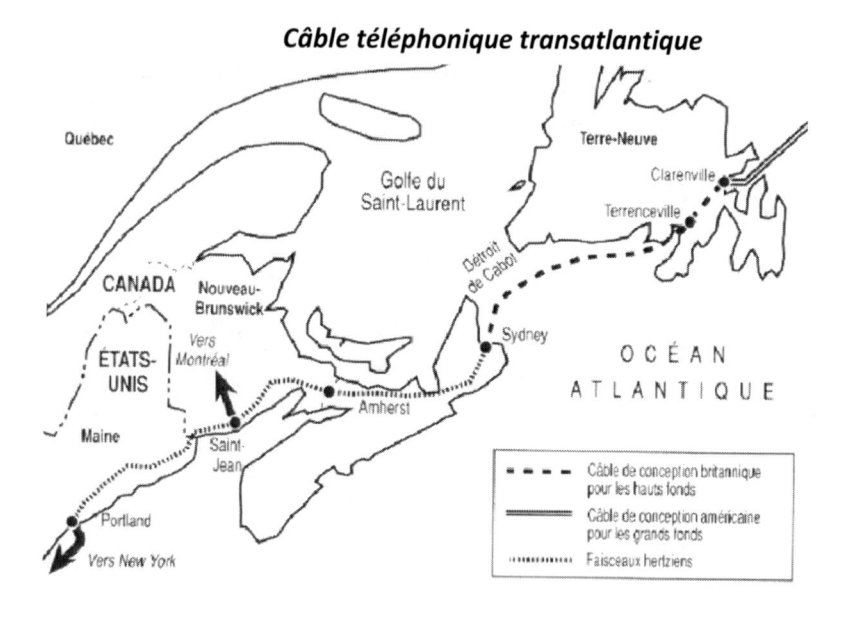

Câble téléphonique transatlantique

Le 25 septembre 1956, la première communication transatlantique a enfin lieu entre Ottawa, New York et Londres. Considéré comme un chef d'œuvre de la technologie d'AT&T, le câble fonctionnera pendant 22 ans, jusqu'à sa rupture en novembre 1978, dix jours avant sa mise hors de service officielle.

Le système baptisé TAT 1 avait une capacité de 36 circuits téléphoniques, soit trois fois plus que l'ensemble des anciens systèmes radiotéléphoniques, la qualité des communications était grandement améliorée et enfin leur prix devenait plus abordable : 12 dollars US entre Montréal et Londres pour les trois premières minutes (équivalent à un peu plus de 100 dollars courant)[586].

Les opérateurs canadiens, américains et britanniques étaient tout à fait conscients de l'insuffisance de ce câble et, dès sa pose, un deuxième était prévu. Sur les 36 circuits de TAT 1, six sont attribués à la liaison Montréal-Londres et exploités par COTC.[587]

Arrivée du câble téléphonique transatlantique à Terre-Neuve (1956)

Archives AT&T

---

[586] Pour l'équivalent dollar, le taux utilisé est le *Consumer Price Index (CPI-U)* de janvier 1913 (U.S. Department of Labor Bureau of Labor Statistic). Taux avril 2014.

[587] En fait on disait 6 et demi car, outre les six circuits téléphoniques, il y avait 12 circuits télégraphiques de moindre capacité.

Avec un siècle de retard sur la télégraphie, la téléphonie est devenue vraiment universelle. En effet, les liaisons radiotéléphoniques avaient représenté un palliatif qui n'avait jamais vraiment été intégré dans la structure du réseau téléphonique. Au contraire, TAT 1 a mis en contact les réseaux nord-américains et européens. Une foule de questions nouvelles se posent, dont celle de la coopération internationale. TAT 1 répond d'ailleurs à des normes édictées par l'Union internationale des télécommunications (UIT). La coopération internationale qui, pour le Canada, se résumait à adapter les normes américaines au contexte local, sort du cadre continental.[588]

Le téléphone est enfin devenu majeur. Il a conquis l'universalité en termes de pénétration sociale et d'expansion géographique au moyen d'une technologie électromécanique et analogique. La prochaine étape sera d'une toute autre nature à base d'informatique.

Modernisation du télégraphe et arrivée du Télex

Pendant ce temps, la télégraphie évoluait elle-aussi. Au cours des années 1920 l'usage des téléscripteurs s'était répandu, principalement les modèles Hughes et Murray (dérivés américains du Baudot français) qui avaient pourtant été inventé bien avant la première Guerre mondiale. On parle alors « télégraphe automatique » car il n'est pas indispensable qu'un opérateur soit présent pendant la transmission.

Notons que cette automatisation est très relative car chaque communication nécessite de longs et minutieux préparatifs afin de synchroniser les appareils d'émission et de réception. Il est donc impossible d'introduire la commutation dans le réseau télégraphique qui demeure un ensemble de liaisons point à point. Pour acheminer un message à travers le réseau, chaque bureau télégraphique doit donc se livrer à toute une série de manipulations manuelles : réception, contrôle, acheminement d'un poste à l'autre, transcription sur le téléscripteur affecté à la ligne souhaitée puis, enfin, émission. On imagine les retards apportés à la livraison des messages qui doivent transiter par plusieurs bureaux.

---

[588] Bell Laboratory Record, février 1957. ABC # 24189-3. I-19.

C'est au tournant du siècle qu'avait été mis au point aux États-Unis par Charles Krum et son fils Howard le télégraphe arythmique qui permet d'éviter les réglages manuels. En effet, quand un appareil émet un caractère, il envoie au préalable un signal de départ, suivi des cinq impulsions du code baudot correspondant au caractère et, enfin, un signal d'arrêt. Il n'est donc plus nécessaire que les deux appareils soient synchronisés durant toute la durée de la communication, mais qu'ils se mettent en marche exactement au même moment et pour la durée d'un caractère seulement. Entre deux caractères, les appareils se mettent au repos. Le système est capable de transmettre plus de six caractères à la seconde.

Breveté en 1907, le télégraphe arythmique sera commercialisé dans les années 20 par la firme Morkrum (condensé des noms de l'inventeur et de son financier Joy Morton). En 1928, Morkrum devint Teletype Corporation, nom sous lequel le téléscripteur allait devenir célèbre en Amérique du Nord. Facile à utiliser et extrêmement souple, les téléscripteurs Morkrum allaient enfin permettre aux compagnies de télégraphe de commuter les communications vers n'importe quel appareil arythmique. Les usagers pouvaient s'équiper de téléscripteurs, ce qui régla le fameux problème du « dernier kilomètre » qui avait freiné les progrès du télégraphe depuis ses débuts. Plus besoin, d'envoyer un messager ou de dicter un message au téléphone, il était enfin possible à l'usager de contrôler lui-même son équipement terminal.

Était-ce le début de l'âge d'or pour la télégraphie ? Malheureusement, survint la crise économique et Teletype Corporation fut achetée par AT&T en 1930. Celle-ci lança son propre réseau commuté de téléscripteurs en 1934, le réseau Teletype bien sûr. Au Canada, Bell commercialisait le service Teletype de Morkrum depuis novembre 1927.

Dès lors, le développement technologique des réseaux télégraphiques se confond avec celui des réseaux téléphoniques. Les compagnies de télégraphe adoptent les technologies mises au point pour améliorer la transmission des messages écrits (pupinisation des câbles, courants porteurs, radio, coaxial, faisceaux hertziens). Naturellement, cette convergence technologique incite les compagnies de télégraphe à se tourner vers le domaine de la voix et vice versa.

La pose du câble TAT 1 en 1956 pose la question de la convergence au grand jour. En effet, un seul circuit téléphonique permet de fournir plus de 20 circuits télégraphiques à 50 bauds, ce qui équivaut à l'ensemble des câbles télégraphiques dans l'Atlantique. Ceux-ci seront rapidement abandonnés au cours des années suivantes, les liaisons télégraphiques étant désormais assurées par câbles téléphoniques. Toute compagnie ayant partie liée avec la technologie télégraphique est menacée. Aux États-Unis, *Western Union* sera heurtée de plein fouet par l'obsolescence soudaine du câble purement télégraphique.

Au Canada, COTC a le monopole des communications outre-mer télégraphiques aussi bien que téléphoniques. Cette société n'aura donc aucune difficulté à redéployer ses circuits télégraphiques sur un vecteur téléphonique. Sur la scène intérieure, on arrive ainsi à voir les compagnies de télégraphe disposer de réseaux de plus en plus identiques aux réseaux téléphoniques au niveau de la transmission (mais non de la commutation). Qu'est-ce qui empêche alors les compagnies de télégraphe de se doter de commutateurs pour la voix et de faire du téléphone ? Rien de technologique. L'obstacle est politique et réglementaire.[589]

En conséquence, les services fournis par CN et CP continueront d'être en grande partie liés à la transmission du texte. La télécopie fait son apparition en 1953 avec la modernisation du réseau de météorologie qui fonctionnait en mode télégraphique depuis sa création en 1939.

Mais c'est avec le Télex que la télégraphie connaîtra véritablement son second souffle. En novembre 1956, le consortium CN-CP profite de l'inauguration du câble transatlantique pour adopter la norme Télex du service commuté de télescripteurs en usage en Europe depuis les années 1930. La première année, il s'agit exclusivement d'un service international (communications avec la Grande-Bretagne, la France, l'Allemagne et les pays scandinaves). En juillet 1957 que CN-CP inaugurera un service intérieur canadien avec 12 nœuds de commutation. Aux États-Unis, *Western Union* attendit 1958 pour adopter la norme Télex.

Pour une fois, le Canada était en avance sur les États-Unis – grâce à CN-CP, pas à Bell. En effet, AT&T avait mis au point dès les années 30 sa propre norme de télescripteur commuté nommée TWX qui fonctionnait à 75 bauds

---

[589] Carré, Patrice et Monestier, Martin, *Le télex, 40 ans d'innovation*, cf. pp. 60-72. Colin de Verdière, René, « Les télécommunications intercontinentales après la deuxième guerre mondiale », in *Le bulletin de l'IDATE*, Montpellier (France), 4 trimestre 1989, N°38.

(une deuxième génération suivra avec 110 bauds), alors que le Télex était limité à 50 bauds. Fort de cette avance technologique, AT&T lèvera le nez sur le Télex et s'enfermera dans un ghetto technologique qui l'isolera du reste du monde. Bell Canada s'alignera sur AT&T et commercialisera aussi le TWX.[590]

Le résultat de cette division de l'Amérique du Nord entre deux systèmes incompatibles, Télex et TWX, freinera le développement des deux normes. Le nombre des abonnés au service Télex de CN-CP culminera à environ 20 000 abonnés en 1970. Il n'en demeure pas moins que l'adoption de la norme internationale par CN-CP lui attirera la clientèle de toutes les entreprises ayant des activités internationales et lui permettra d'affronter avec succès le TWX de Bell.

L'aventure réussie du Télex de CN-CP illustre l'avantage qu'il y a d'adopter une technologie basée sur une norme internationale, plutôt qu'une technologie plus performante, mais locale.[591]

---

[590] Donald E. Kimberlin, *Telex and TWX History*, 1986. Texte consulté sur le site http://www.baudot.net/

[591] Desclouds, G.A., *History, development, services and organization of CNCP/Telecommunications*, Kingston, octobre 1970, 47 pages. Cf. pp. 8-16.

CHAPITRE 18 - LA SCÈNE INTERNATIONALE

Que valent les télécommunications canadiennes ? Impossible de répondre à cette question sans examiner ce qui se passe ailleurs dans le monde. Nous avons donc comparé les chiffres disponibles sur le taux de pénétration du téléphone dans différents pays, puis entre différents continents. Le résultat fait apparaître une ressemblance (prévisible) entre le Canada et les États-Unis, mais aussi une communauté (inattendue) entre le Canada, la Scandinavie, la Suisse et la Nouvelle-Zélande. Une place à part est accordée au télégraphe qui apparaît déjà comme une technologie stagnante.

S'il y a un pays étranger qui a influencé le développement du téléphone canadien, c'est bien évidemment les États-Unis. Nous nous sommes donc attardés quelque peu à l'histoire du téléphone dans ce pays. Le reste du monde a suivi une autre voie caractérisée par l'intervention de l'État.

Enfin, la dimension internationale des télécommunications comprend aussi l'engagement du Canada dans les organismes internationaux. Cet engagement est d'autant plus important qu'il donnera naissance à une nouvelle entreprise chargée des communications internationales.

La place du Canada dans le monde

Le Canada a toujours eu un des taux de pénétration du téléphone parmi les plus élevés au monde. Dans la tableau ci-dessous, le Canada est comparé aux États-Unis et à un groupe de pays industrialisés témoin. Le Canada occupe la deuxième place derrière les États-Unis en 1914 et il glisse à la troisième au cours des années 1930, derrière les États-Unis et la Suède. Au lendemain de la deuxième Guerre mondiale, la Suisse précède brièvement le Canada.

En fait, si l'on considère tous les pays, le Canada occupe aussi la quatrième place entre 1938 et 1946, la Nouvelle-Zélande l'ayant quelque peu devancé ces années-là. Il convient aussi de mentionner le Danemark et la Norvège qui suivent le peloton de tête à peu de distance, constituant avec les pays précités, une communauté de nations dotées d'un niveau comparable de développement de leurs télécommunications.

**Taux de pénétration du téléphone dans un groupe de pays
(nombre de téléphones par 100 habitants)**

	1914	1921	1931	1934	1939	1946**	1950	1956
Allemagne	2,1%	3,0%	5,0%	4,5%	5,2%	3,3%	4,4%	7,6%
Belgique	0,9%	0,8%	3,6%	3,9%	4,9%	4,5%	7,5%	9,9%
Canada	6,5%	9,8%	14,0%	11,1%	12,1%	14,4%	19,6%	26,3%
USA	9,7%	12,4%	16,4%	13,2%	15,4%	21,0%	27,1%	33,7%
France	0,8%	1,2%	2,8%	3,2%	3,8%	4,7%	5,6%	7,2%
G-B	1,7%	2,1%	4,3%	4,8%	6,7%	8,2%	10,2%	13,5%
Japon*	0,4%	0,6%	1,4%	1,5%	1,9%	1,3%	2,0%	3,5%
Suède	4,1%	6,6%	8,7%	9,5%	12,7%	17,7%	22,8%	30,4%
Suisse	2,5%	3,8%	7,3%	8,8%	10,7%	14,7%	18,2%	24,3%

* Les statistiques japonaises sont calculées au 31 mars de l'année en cours.
** En raison de la deuxième Guerre mondiale, il n'y a pas eu de statistiques en 1945. Les chiffres pour le Japon et l'Allemagne et ont été calculés à partir de 1947 et 1948 respectivement (et les chiffres allemands concernent uniquement la République fédérale d'Allemagne). Les chiffres pour certains autres pays ont également été perturbés, ainsi ceux du Canada datent de 1944 ; ceux de Grande-Bretagne et de Suède, de 1945.

Source : AT&T, Telephone and Telegraph Statistics of the World. Les chiffres sont calculés au 1er janvier de chaque année.

Le seul pays en-dehors d'Amérique du Nord qui ait vu la crise économique des années 1930 se répercuter sur le taux de pénétration téléphonique est l'Allemagne, bien que dans une moindre mesure. Tous les autres pays européens voient leur parc téléphonique s'accroître sans discontinuer.

La chute du taux de pénétration allemand à la fin de la deuxième Guerre mondiale est bien évidemment due aux bombardements alliés qui ont détruit l'infrastructure de ce pays. La rapide récupération de ce pays qui retrouve son taux d'avant-guerre dans le courant de 1951, du moins en République fédérale d'Allemagne, montre bien l'adéquation qui existe entre l'économie et le taux de pénétration. La République démocratique d'Allemagne devra attendre 1955 pour retrouver le niveau d'avant-guerre ce qui est, encore une fois, conforme à l'évolution des deux économies.

On retrouve cette adéquation au niveau mondial quand on compare l'évolution continent par continent. L'Amérique du Nord arrive largement en tête et détient durant toute la période considérée plus de la moitié du parc téléphonique mondial. La faiblesse globale de l'Europe masque des disparités énormes entre la Scandinavie et la Suisse qui se trouvent grosso modo au niveau nord-américain et l'Europe de l'Est qui a des niveaux de pays sous-développés. En 1956, la Pologne a un taux de pénétration égal à ceux de la Tunisie ou de la Malaisie, mais inférieur à la moyenne de l'Amérique du Sud. Il est à noter que l'instauration de régimes communistes n'a rien changé à la situation de l'Europe de l'Est, ni dans un sens, ni dans l'autre.

Le Japon avait une administration téléphonique assez médiocre pendant tout l'entre-deux guerres, qui atteignit péniblement le cap du million d'appareils en 1938 – la liste d'attente s'élevait à 168 000 demandes non satisfaites[592]. Les bombardements américains ramenèrent ce chiffre à 540 000 en 1945. Le redressement japonais fut encore plus fulgurant que l'allemand puisque dès 1950, il avait retrouvé son parc téléphonique d'avant-guerre.[593]

Le reste du monde est à peu près dépourvu de téléphones à l'exception de ce que l'on devine être le secteur des administrations coloniales. Il en résulte une situation où ce que l'on ne nomme pas encore l'information est accessible de manière tout à fait inégalitaire. Le contrôle des télécommunications a permis à l'Occident de gérer le monde avec un personnel administratif tout à fait restreint jusque dans les années 1950. Au moment de son indépendance en 1947, l'administration impériale en Inde comptait 1 250 Britanniques. Nul doute que seule la présence d'une infrastructure moderne, mais élitiste, des télécommunications a permis à si peu d'hommes d'en gouverner autant.[594]

Répartition des téléphones dans le monde en 1956

Amérique du Nord	59,8%
Amérique centrale	0,7%
Amérique du Sud	2,5%
Europe	28,8%
Asie	4,4%
Afrique	1,4%
Océanie	2,3%

---

[592] Pour calmer quelque peu les attentes des consommateurs, le gouvernement organisait des loteries annuelles où 10 000 lignes étaient distribuées aux gagnants. José Luis Cordeiro Nateo, *Telephone and Economic Development : A Worldwide Long-Term Comparison*, Doctoral Thesis, Universidad Simón Bolivar, Caracas, Venezuela, mai 2010, 435 pages. Cf. p. 130.

[593] Libois, Louis-Joseph, *Genèse et croissance des télécommunications*, cf. p. 361.

[594] Rens, Jef, *Rencontres avec le siècle*, cf. p. 144.

Pénétration par continent (nombre de tél. par 100 habitants)

	1914	1921	1931	1934	1939	1946	1950	1956
Amér. du N.	7,5%	9,8%	13,0%	10,3%	11,8%	15,4%	26,5%	33,1%
Amér. centre	nd	nd	nd	nd	nd	nd	1,0%	1,3%
Amér. du S.	0,3%	0,4%	0,7%	0,7%	1,0%	1,3%	1,5%	2,1%
Europe	0,8%	1,2%	2,0%	2,0%	2,7%	2,9%	3,3%	5,2%
Asie	0,04%	0,1%	0,1%	0,1%	0,2%	0,1%	0,2%	0,3%
Afrique	0,05%	0,1%	0,2%	0,2%	0,3%	0,2%	0,4%	0,6%
Océanie	0,4%	0,6%	1,0%	0,8%	1,0%	1,1%	11,3%	16,0%
Monde	0,9%	1,2%	1,8%	1,5%	1,9%	2,2%	3,0%	3,7%

Source : AT&T, Telephone and Telegraph Statistics of the World. Les chiffres sont calculés au 1er janvier de chaque année.

Le télégraphe, de son côté, stagne. Son pays d'élection, la Grande-Bretagne l'abandonne progressivement dès les années 1920. Dans le reste du monde, le trafic télégraphique oscille de façon non convaincante (les changements dans la manière de comptabiliser les dépêches par l'Union internationales des télécommunications y est sans doute pour quelque chose). D'une manière générale, on peut dire que le télégraphe a atteint son apogée dans l'entre-deux Guerres. Ensuite, commence une baisse rapide qui correspond à la montée du téléphone et du Télex.

Nombre de dépêches par 1000 habitants

	1925	1935	1946	1955
Allemagne	796	320	n.d.	480
Belgique	1 892	731	959	728
Canada	**1 526**	**1 027**	**1 500**	**1 300**
États-Unis*	1 730	1 631	1 664	1 021
France	1 360	802	976	496
Grande-Bretagne	1 909	1 219	1 566	742
Japon	1 342	1 157	n.d.	949
Suède	1 107	661	500	887
Suisse	1 640	483	644	659

Source : Annuaire statistique de l'Union internationale des télécommunications, sauf mention contraire
* U.S. Department of Commerce, Bureau of the Census pour les années 1925 et 1935.

Le modèle américain

Quand Theodore N. Vail quitte les affaires en juin 1919, l'industrie téléphonique aux États-Unis a pris sa forme « définitive », tout au moins celle qu'elle conservera jusqu'en 1984.

Chaque compagnie de téléphone a une structure fonctionnelle axée sur trois grandes divisions : réseau, trafic et commercial. La division du réseau est responsable pour la construction et l'entretien des lignes téléphoniques ; c'est là que nous retrouvons la majorité des techniciens du téléphone. La division du trafic gère les centraux téléphoniques et, à ce titre, fournit le service aux abonnés, elle regroupe les téléphonistes et les techniciens de centraux. Enfin, la division du commercial assure les relations avec le public et s'occupe des abonnements, de la perception et de la promotion des services (pendant l'époque qui nous concerne, il s'agit principalement d'inciter les gens à utiliser l'interurbain).[595]

Ce tableau ne serait pas complet si on omettait les divisions de la comptabilité et de l'ingénierie. L'orientation résolument technologique des compagnies de téléphone confère un rôle crucial à l'ingénierie qui fixe les normes et établit les plans de développement pour le réseau et le trafic. L'ingénieur en chef des compagnies de téléphone est de fait le numéro deux

---

[595] McFarlane, P.A., « Organization in the Telephone Business », in *Lectures on the Telephone Business*, recueil de cours donnés au département de Sciences politiques de l'University of Toronto par des dirigeants de Bell Canada, Easter Term 1926-1927. ABC.

des compagnies de téléphone : on a vu l'influence déterminante exercée par John Carthy auprès de Theodore Vail ou, au Canada, le rôle joué par R.V. Macaulay dans l'édification du réseau téléphonique transcanadien et d'Alex Lester dans le choix pour la R-D.

Cette structure fonctionne à merveille. Pourquoi en changer ? En fait, les successeurs de Vail à la tête d'AT&T continueront à travailler à l'intérieur du cadre institutionnel et idéologique mis sur pied par leur illustre prédécesseur et le résultat sera le meilleur service téléphonique au monde, sous tous les angles. Il y a une différence, cependant, entre Vail et ses successeurs. Autant le premier était flamboyant, autant les seconds seront effacés, ce qui ne veut pas dire absents.

C'est au cours de ces années-là que se crée le prototype de « l'homme du téléphone » à la fois efficace et neutre, *White Anglo-Saxon Protestant* (WASP) de préférence, conservateur mais innovateur – encore faut-il préciser : dans les limites du système. Ce modèle qui unit la culture gestionnaire du secteur privé et le sens de service public des commis de l'État, sera repris tel quel au Canada et copié dans plusieurs administrations européennes. À son encontre, force est de reconnaître qu'il ignore les marginalités et laisse peu de place à l'improvisation.

En 1925, la division de l'ingénierie de *Western Electric* est constituée en entreprise autonome sous le nom de *Bell Laboratories* (en 1934 la division de R-D d'AT&T sera incorporée à la nouvelle organisation). C'est le début de la plus grande aventure technologique des États-Unis qui aboutira successivement à la mise au point du cinéma parlant, de la télévision et du transistor.

Parallèlement, on assiste à un désengagement d'AT&T de celles de ses activités qui auraient pu la distraire de sa mission qui est de dispenser le téléphone à tous les Américains et... donner lieu à des poursuites anti-trust. C'est donc toujours au cours de cette même année 1925 que *Western Electric* a vendu sa filiale internationale à une petite entreprise fondée en 1910 et, jusque-là, peu connue : *International Telephone and Telegraph* (ITT). AT&T conserve l'Amérique du Nord et ITT acquiert le reste du monde, c'est-à-dire des usines en Grande-Bretagne, Belgique, France, Espagne, Italie et aux Pays-Bas ainsi que des participations minoritaires dans plusieurs autres pays.[596]

C'est aussi l'époque où AT&T se désengage de la radiodiffusion. AT&T avait créé son propre réseau de radio (chapitre 12 – *Création d'une industrie nationale*, section *Politique d'AT&T face à l'irruption de la radiodiffusion*). Il en était résulté un conflit aigu avec l'industrie naissante de la radio. Mais surtout, la culture radiophonique se développait en complète contradiction avec celle du téléphone. Nulle part le conflit n'apparut mieux qu'à WEAF, station étendard du réseau. AT&T avait installé les locaux de WEAF dans son siège social new-yorkais. Les hommes du téléphone y côtoyaient tous les jours une foule grandissante d'animateurs à la mode et de vedettes de variétés. Cela faisait désordre dans les couloirs ternes de la vénérable compagnie de téléphone, tant et si bien qu'en 1926 le réseau sera vendu à RCA.[597]

Fragilité de l'équilibre réglementaire américain

Au lendemain de la première Guerre mondiale, il existait encore de nombreux cas où deux compagnies de téléphone se faisaient concurrence dans la même ville. Depuis l'accord Kingsbury en 1913, AT&T ne pouvait plus acheter de compagnies de téléphones sans autorisation expresse du ministère de la Justice. Or, le dédoublement des réseaux était franchement détesté par la majorité des abonnés concernés. L'adoption de l'amendement Willis Graham en juin 1921 suspendit la loi Sherman plus connue sous le nom de la loi anti-trust, du moins en ce qui a trait à l'acquisition de concurrents. C'était la reconnaissance formelle du monopole téléphonique. Néanmoins, AT&T exercera son nouveau droit avec circonspection et il faudra attendre 1945 pour que la dernière ville avec deux compagnies de téléphone - Philadelphie - soit enfin unifiée.

Avec l'arrivée au pouvoir de Franklin D. Roosevelt, l'attitude des autorités gouvernementales à l'égard d'AT&T changea du tout au tout. La loi sur les communications de 1934 remplaça la vieille et bienveillante *Interstate Commerce Commission* (ICC) par un nouvel organisme de réglementation, peuplé d'hommes du « New Deal », la *Federal Communications Commission* (FCC).

---

[596] La nouvelle multinationale se signalera par la brutalité de ses méthodes commerciales et de ses manipulations politiques, avant de se retirer complètement du champ des télécommunications en 1986. On lui reprochera, entre autres faits d'armes, d'avoir participé en septembre 1973 au renversement du président démocratiquement élu du Chili, le socialiste Salvador Allende. Samson, Anthony, *The Sovereign State of ITT*, cf. p. 24.

[597] Brooks, John, *Telephone (The first hundred years)*, cf. p. 171.

Le premier geste de la FCC fut d'entreprendre, à la demande du Congrès, une enquête sur l'ensemble des activités d'AT&T et, en particulier, ses liens avec *Western Electric*. L'enquête dura trois ans et fut menée avec une hostilité affichée. Elle déboucha en 1938 sur un rapport préliminaire attaquant férocement la politique d'AT&T qui consistait à s'approvisionner systématiquement auprès de sa filiale sans faire d'appels d'offres. D'après la FCC, AT&T payait trop cher les produits de *Western*. Le rapport final, toutefois, ne contenait aucune recommandation précise remettant en question la structure verticale du conglomérat.[598]

La guerre gela la situation réglementaire, mais l'alerte avait été chaude. Quand les *Bell Labs* découvrent l'effet transistor en 1947, ils s'empressent de partager leur innovation avec leurs concurrents, y compris canadiens (tome 2, chapitre 1 - *Le groupe Bell devient un leader mondial*, section *La double source de la recherche canadienne en télécommunications*). Ainsi, AT&T se prive volontairement de l'avantage stratégique qu'aurait pu lui procurer la percée technologique la plus spectaculaire des *Bell Labs*.

Malgré ce luxe de précautions, le ministère de la Justice revint à la charge en 1949 avec une poursuite anti-trust. Selon les avocats gouvernementaux, les prix excessifs pratiqués par *Western Electric* gonflaient arbitrairement la valeur du réseau d'AT&T. Or, c'est précisément cette valeur qui servait de base tarifaire à partir de laquelle la FCC calculait le rendement auquel la compagnie était autorisée. En conséquence, le ministère de la Justice demandait le démantèlement du *Bell System* en deux : d'une part AT&T et ses opérateurs locaux, de l'autre *Western*. Encore voulaient-ils que *Western* fût scindée en trois entreprises distinctes afin de s'assurer que la concurrence pour les contrats d'AT&T fût égale.

Pourquoi tant d'acharnement sur ce qui était à l'époque le meilleur système téléphonique au monde ? Nulle part les tarifs de téléphone n'étaient moins cher qu'aux États-Unis. Nulle part le taux de pénétration du téléphone n'était supérieur aux États-Unis. La seule réponse que l'on peut apporter est idéologique. En Amérique du Nord la libre entreprise est considérée comme « la » valeur supérieure en économie. Plus encore que le monopole sur le

---

[598] Brooks, John, *Telephone (The first hundred years)*, cf. p. 160. Libois, Louis-Joseph, *Genèse et croissance des télécommunications*, cf. p. 330-1.

service téléphonique qui pouvait être considéré comme « naturel », ce qui était visé était le lien privilégié entre AT&T et *Western* qui déniait aux tierces parties le droit de faire des affaires en téléphonie. Le gouvernement des États-Unis a donc décidé de briser le *Bell System*, sans égard à son efficacité.

L'arrivée au pouvoir du général Dwight D. Eisenhower en 1953 amena un relâchement de l'ensemble des poursuites anti-trust en cours aux États-Unis. AT&T en profita pour rechercher un arrangement à l'amiable qui aboutit au *Consent Decree* de 1956. Cet accord, qui sera si important pour le Canada, maintenait l'essentiel, à savoir les liens entre AT&T et *Western* au prix de plusieurs concessions dont les principales sont l'interdiction de sortir du domaine des télécommunications et l'obligation de divulguer les produits de la recherche (chapitre 13 - *La longue marche vers l'indépendance du groupe Bell*, section *Le Consent Decree de 1956 coupe le cordon ombilical entre Western Electric et Northern Telecom*).

AT&T devait ainsi abandonner le domaine des ordinateurs dans lequel elle avait beaucoup investi (mise au point dans les *Bell Labs* d'une série d'ordinateurs suite à partir de la calculatrice Relay en 1943). Notons qu'il y avait une exception majeure à ces concessions : les contrats militaires. AT&T conservera la liberté d'entreprendre n'importe quelle activité pour l'armée, y compris dans le domaine de l'informatique, tout en conservant le secret le plus absolu à cet égard.[599]

Le complexe militaro-téléphonique aux États-Unis

Tout au long de cette première poursuite anti-trust, AT&T avait eu un allié au sein même la machine étatique : l'armée. L'entreprise avait bien entendu étroitement collaboré à l'effort de guerre pendant toute la durée du conflit mondial, même si elle avait converti sa production dès le retour de la paix.

La bombe atomique ramena AT&T dans le domaine militaire. C'est l'Université de Californie qui avait guidé les premiers pas du laboratoire de Los Alamos, au Nouveau-Mexique, et de son satellite de Sandia, où étaient fabriqués les engins nucléaires américains. Très vite, des problèmes de production apparurent et les militaires se plaignirent de la pénurie de

---

[599] Brooks, John, *Telephone (The first hundred years)*, cf. pp. 231-4 et pp. 251-6. « The U.S. Telecommunications Regulatory Environment » in *Datapro Research Corporation*, Delran (New Jersey), mai 1987, dossier # TC05-001-401-421. Phillips, Almarin, « Changing markets and institutional inertia (A review of US telecommunications policy) », in *Telecommunications Policy*, Londres, vol. 15, N°1, février 1991.

bombes. Fin 1948, l'Université de Californie notifia le gouvernement américain qu'elle entendait se dessaisir de l'administration de Sandia dans les six mois, avançant pour cela l'incompatibilité qui existait entre, d'une part, la recherche universitaire et, d'autre part, la construction et le stockage d'engins nucléaires.

La Commission de l'énergie atomique approcha les *Bell Labs* pour remplacer l'université défaillante, en vain. La prestigieuse organisation de R-D s'était elle-même interdite d'affecter plus de 15% de son budget aux activités militaires. Devant l'insistance de la Commission, Mervin Kelly qui n'était pas encore président des *Bell Labs* conçut un compromis : oui, son organisme collaborerait avec la Commission de l'énergie atomique, mais (1) elle se préoccuperait uniquement de la gestion de Sandia à l'exclusion de la R-D proprement dit et (2) le gouvernement américain laisserait tomber les poursuites anti-trust.

En septembre 1949, après des mois et des mois de négociations, une entreprise nommée *Sandia Corporation* fut créée sous l'égide de *Western Electric*. Selon les termes du contrat qui liait Sandia et la Commission, aucun profit ne serait dégagé de l'arrangement : seuls les coûts seraient facturés. En novembre, les premières bombes atomiques « commerciales » sortaient de Sandia qui n'avait produit jusque-là que des engins expérimentaux. Il était temps : l'Union soviétique venait de tester sa propre bombe. La coopération entre AT&T et l'armée fut si efficace que le contrat de Sandia fut sans cesse renouvelé, jusqu'à ce que, dans les années 1970, sa mission soit quelque peu changée. La fabrication des charges nucléaires sera abandonnée au profit des dispositifs de guidage et du « packaging » en général, bien plus porteurs de « valeur ajoutée ».

Sandia fut le début d'une longue collaboration entre *Western Electric* et la Défense. L'année suivante, l'armée confia à l'entreprise de Chicago la construction des missiles anti-aériens *Nike Ajax* puis *Nike Hercule*. En 1954, *Western Electric* associée avec les *Lincoln Laboratories* du MIT fut associée à la construction de la ligne DEW en Alaska et au Canada. Contrairement aux activités proprement nucléaires de Sandia, tous ces programmes étaient effectués sur une base ordinaire de rentabilité. Au milieu des années 1950, les contrats militaires de *Western* atteignirent ainsi un sommet inégalé en temps de paix.

Voilà pourquoi le plus fervent défenseur d'AT&T au sein de l'État fédéral fut le ministère de la Défense. Quoi qu'il en soit, AT&T ne s'engagea dans les activités de Défense qu'à reculons et pour défendre son intégrité mise en cause par le ministère de la Justice. En 1956, cette tactique se révéla payante.[600]

Le reste du monde fait confiance à l'État

Les télécommunications en Europe sont en majeure partie du ressort de l'État. En 1956, plus de 83% du parc téléphonique européen appartient à l'État, généralement à l'intérieur d'une structure de type PTT.

Quel est le petit groupe d'irréductible ayant fait confiance au secteur privé ? Au lendemain de la première Guerre mondiale, on retrouve des réseaux téléphoniques entièrement ou majoritairement privés au Danemark, en Finlande, au Portugal et en Espagne. Certains autres pays ont seulement des petits secteurs de leurs réseaux entre les mains du secteur privé : Grèce, Hongrie, Italie, Norvège, Pays-Bas, Pologne et Suède.

Au lendemain de la deuxième Guerre mondiale, le secteur privé diminuera encore, la Grèce, la Hongrie, les Pays-Bas et la Pologne ayant nationalisé leurs compagnies de téléphone. Le réseau roumain, qui avait été privatisé pendant la crise économique, sera renationalisé par le régime communiste en 1949. Il est à noter que l'Italie avait entièrement privatisé son réseau en 1925.[601]

À part le Danemark et la Finlande, il faut noter que les systèmes entièrement ou majoritairement privés appartiennent à des pays peu développés au taux de pénétration faible. Il est donc impossible d'établir une opposition entre bonne gestion du privé et mauvaise gestion de l'État. Les administrations publiques du téléphone en Suède et en Suisse ont toujours été des modèles de gouvernance efficace.

La Grande-Bretagne suit un cheminement quelque peu tortueux puisqu'elle privatise en 1928 tous les services télégraphiques extra-européens qui sont transférés à la compagnie *Cable & Wireless* qui domine ainsi la moitié du réseau mondial. En 1950, dans la vague des nationalisations d'après-guerre, *Cable & Wireless* sera nationalisée. Le téléphone, comme on l'a vu, est entièrement sous le contrôle de l'État depuis 1912 à l'exception du système municipal de la ville de Hull.

---

[600] Brooks, John, *Telephone (The first hundred years)*, cf. pp. 235-8 et pp. 253.
[601] *Telephone Statistics of the World*, *AT&T*, 1921, 1925, 1931, 1947 et 1956.

Il faut enfin dire un mot du cas du Japon dont les structures furent après-guerre modelées avec certains ajustements sur celles des Américains. Afin de faire face à l'intense effort de reconstruction de l'après-guerre, ce pays procéda, en juillet 1952, à une réforme majeure de son administration téléphonique qu'il sépara des PTT. Le téléphone fut confié à une entreprise d'État nommée *Nippon Telegraph and Telephone* (NTT) dotée de l'autonomie de gestion. Au mois d'avril suivant, une deuxième entreprise d'État était créée sous le nom de *Kokusaï Denshin Denwa* (KDD) afin de prendre en charge les télécommunications internationales. Le Japon devenait ainsi un des rares pays avec le Canada et l'Australie à avoir séparé ses télécommunications internationales du réseau national.[602]

Naissance de la coopération moderne : l'UIT

Au lendemain de la première Guerre mondiale, dans la foulée de la création de la Société des Nations, un projet d'Union universelle des communications électriques est avancé. Il s'agissait d'unifier l'Union télégraphique internationale au groupe de pays ayant ratifiés les conventions radiotélégraphique (groupe parfois qualifié d'Union radiotélégraphique internationale). Il s'agissait aussi d'accorder une place élargie au téléphone qui commençait à étendre ses tentacules au-delà des frontières nationales. Allait-on avoir une organisation par technologie ?

Non, répondaient les experts. Mais l'intégration fut retardée par la vague de fond isolationniste qui déferlait sur les États-Unis. Ce pays était membre de l'informelle Union radiotélégraphique internationale, mais non de l'Union télégraphique internationale. Les opposants américains prétendaient que le projet d'Union universelle aboutirait « à une complète subordination du nationalisme à un internationalisme utopique, au détriment de l'intérêt des États-Unis. »[603]

En fait, l'opposition isolationniste était attisée par RCA qui craignait la naissance d'un organisme unique dominé par la Grande-Bretagne. En effet, grâce au réseau télégraphique reliant les pays et colonies de l'immense Commonwealth, la compagnie britannique *Cable & Wireless* exerçait une

---

[602] Libois, Louis-Joseph, *Genèse et croissance des télécommunications*, cf. p. 273. et pp 361-3.
[603] Griset, Pascal, « 1900-1932 : la difficile genèse », in *France Télécom*, Paris, N°68, mars 1989.

incontestable hégémonie dans le domaine des câbles sous-marins. Par ailleurs, même si l'emprise de Marconi sur la radio avait déjà commencé à reculer, cette entreprise également britannique conservait une force de frappe impressionnante, notamment dans le domaine des liaisons radiotéléphoniques. Pour asseoir leur pouvoir montant, les entreprises américaines avait besoin de démembrer l'empire britannique. Or, RCA estimait que les États-Unis seraient plus susceptibles de contrôler une Union radiotélégraphique séparée de l'Union télégraphique jugée trop inféodée aux gouvernements européens.

Une approche prudente fut alors adoptée qui aboutit à la création de trois comités consultatifs pour les trois technologies de télécommunications :
- 1924 : Comité consultatif international télégraphique (CCIT) ;
- 1925 : Comité consultatif international téléphonique (CCIF) ;
- 1927 : Comité consultatif international des radiocommunications (CCIR).[604]

Ce dernier comité fut créé en 1927 par la Conférence radiotélégraphique internationale de Washington qui réunit 80 pays. Il s'agissait de la première Conférence de plénipotentiaires depuis celle de Londres en 1912. C'est également la première fois que les représentants des entreprises privées sont admis, bien qu'à titre consultatif (*Bell Telephone Company of Canada* et *Canadian Marconi* participent aux travaux).

Le principal acquis de la Conférence de Washington aura été de relancer la coopération internationale jusque-là bloquée par les intérêts privés américains. Quant au gouvernement canadien, il était notoirement absent du débat car il n'était toujours pas membre de l'Union télégraphique et s'il participait aux Conférences radiotélégraphiques depuis 1912, c'était toujours sous l'ombrelle du vote colonial de la Grande-Bretagne.

Tout change au cours de la Conférence des plénipotentiaires à Madrid en 1932. L'Union télégraphique et l'Union radiotélégraphique fusionnent enfin. Télégraphe, téléphone et radio sont enfin unis au sein d'une même

---

[604] Bellchambers, W.H. ; Francis, J. ; Hummel, E. et Nickelson, R.L., « The International Telecommunication Union and Development of Worldwide Telecommunications », in *IEEE Communications Magazine*, New York, Vol. 22, N°5, mai 1984. Libois, Louis-Joseph, *Genèse et croissance des télécommunications*, cf. pp 48-49. Au début, le CCIF s'appela au début Comité consultatif international des communications téléphoniques à grande distance et le CCIR, Comité consultatif international des communications radioélectriques.

organisation qui prend le nom d'Union internationale des télécommunications (UIT). Le mot « télécommunications » avait été créé au début du siècle par Édouard Estaunié, écrivain et ingénieur français, auteur à la fois de romans et d'essais techniques, directeur de l'École supérieure des postes et télégraphes, membre de l'Académie française. La Conférence de Madrid le fait entrer dans le langage courant et lui donne une définition officielle :

> ... toute communication télégraphique ou téléphonique de signes, de signaux, d'écrits et de sons de toute nature, par fil, par radio ou autres systèmes ou procédés de signalisation électriques ou visuels (sémaphores).[605]

Pour le Canada, Madrid marque un point décisif puisque ce pays ratifie enfin la Convention internationale qui constitue la base juridique de l'UIT. Cette convention prendra effet en janvier 1934 qui marque donc le début de la participation officielle du Canada à l'UIT. En fait, cette adhésion tardive demeure entachée de prudence, à preuve, le Canada limite son adhésion au règlement des radiocommunications, mais la refuse aux règlements télégraphique et téléphonique qui accompagnent la Convention, sous prétexte que ses réseaux de télécommunications sont exploités par des entreprises privées et qu'il n'appartient pas à l'État de prendre des engagements en leur nom. Ce faisant, le Canada modèle sa politique sur celle des États-Unis qui ont également rejoint l'UIT en 1934 en émettant des réserves sur ces deux règlements.

En 1937, second petit pas, le Canada contresigne le règlement télégraphique, mais toujours pas celui sur le téléphone. Quoi qu'il en soit, l'arrivée des États-Unis et du Canada à l'UIT marque aussi le début de l'irrésistible ascension de la langue anglaise à l'UIT. Ces deux pays imposent alors l'usage de l'anglais dans les débats, activement soutenus par la Grande-Bretagne (le français demeure la seule langue employée dans les documents officiels).[606]

---

[605] Cité in Libois, Louis-Joseph, *Genèse et croissance des télécommunications*, cf. p. 50.

[606] Codding Jr., George Arthur, *The International Telecommunication Union (An experiment in international cooperation)*, cf. pp. 138-43. Télécommission, Étude 3 a , « *Télécommunications internationales, Le rôle du Canada dans Intelsat et autres organismes internationaux* » cf. p. 28.

L'UIT entre ensuite dans le couloir sombre qui mène à la deuxième Guerre mondiale. Son siège social étant à Berne, c'est-à-dire dans la capitale d'un pays neutre, l'UIT traverse le conflit sans disparaître, bien que ses activités aient été réduites au strict minimum. La reprise a lieu à la Conférence des plénipotentiaires d'Atlantic City en 1947, à l'instigation des États-Unis. Désormais, les États-Unis se présenteront en champions de la coopération internationale en matière de télécommunications. Mieux : ils ont une vision internationale des télécommunications. Toutes proportions gardées, un même éveil à la chose internationale est perceptible au Canada qui envoie une délégation de 23 personnes à Atlantic City.

À la demande des États-Unis, l'UIT y obtient le statut prestigieux d'agence spécialisée des Nations-Unies. Afin d'accélérer la prise de décision entre les Conférences de plénipotentiaires, un conseil d'administration est institué qui a toute autorité sur le fonctionnement des organes permanents. Le vieux Bureau, entièrement composé d'une trentaine d'employés des PTT suisses, sera remplacé par un Secrétariat indépendant composé d'un nombre croissant de ressortissants de toutes les nations participantes. Pour souligner le changement, le siège social est transféré de Berne à Genève, auprès d'autres organismes internationaux, où il est demeuré depuis lors. Atlantic City marque le début de l'UIT moderne.[607]

Un des principaux résultats de la Conférence d'Atlantic City sera la création du Comité international d'enregistrement des fréquences (IFRB). Cet organisme est chargé de répartir les fréquences radioélectriques entre les différentes régions du monde et les différentes applications. Il a un quasi pouvoir judiciaire supranational. C'est toujours à Atlantic City que sera proposée la fusion du CCIT et du CCIF, bien qu'en pratique il faudra attendre 1956 pour que les deux comités soient unis en un seul, dénommé Comité consultatif international télégraphique et téléphonique (CCITT).

Dès lors, la structure de l'UIT moderne est en place : elle demeurera inchangée jusqu'en 1989. Aux côtés de l'IFRB, les travaux techniques sont effectués au sein du CCITT et du CCIR, puis approuvés lors des assemblées plénières quadri-annuelles de ces deux comités. Pour les opérateurs de télécommunications, le plus important d'entre eux demeure bien entendu le CCITT.

---

[607] Codding Jr., George Arthur, *The International Telecommunication Union*, cf. pp. 426-7 et 459-61.

Malgré sa participation active à la Conférence d'Atlantic City, le Canada en 1956 n'a toujours pas ratifié le règlement téléphonique.

Avant Atlantic City, le français était la seule langue officielle de l'UIT. Désormais, il y aura cinq langues officielles, à savoir l'anglais, le chinois, l'espagnol, le russe et le français, tandis que les langues de travail seront l'anglais, l'espagnol et le français. En cas de contestation, seul le texte français fait foi.[608]

Les télécommunications dans le cadre du Commonwealth

Mais l'UIT n'est pas la seule organisation internationale en matière de télécommunications. Le Commonwealth a fourni un autre cadre de coopération internationale à l'intérieur duquel le Canada a été impliqué beaucoup plus directement.

On sait que depuis 1927, le Canada a été relié à l'Europe par radiotéléphone. Cependant, les communications étaient assurées par AT&T et le *Post Office* britannique et devaient donc transiter par New York et Londres. Pour des raisons pratiques et de souveraineté, le Canada décida de traiter directement avec la Grande-Bretagne. Le Commonwealth était indiqué pour traiter des télécommunications, tant par radio que par câble, et c'est ainsi qu'en 1928 fut créé l'*Imperial Communications Advisory Committee* (ICAC), formé des représentants de la Grande-Bretagne, du Canada, de l'Australie, de la Nouvelle-Zélande et des Indes. Son siège était, comme il se doit, à Londres.

Les télécommunications externes des pays membres du Commonwealth étaient aux mains d'entreprises britanniques. Les liaisons radio étaient exploitées par Marconi et les câbles télégraphiques par *Cable & Wireless*. La plupart des communications internationales des pays membres du Commonwealth transitaient donc par Londres, sans égard à la distance. Ainsi, une dépêche envoyée d'Australie en Californie passait par l'Inde, la Grande-Bretagne et le Canada, utilisant au maximum le réseau de *Cable & Wireless*.

---

[608] Bellchambers, W.H. ; Francis, J. ; Hummel, E. et Nickelson, R.L., « The International Telecommunication Union and Development of Worldwide Telecommunications », in *IEEE Communications Magazine*, New York, Vol. 22, N°5, mai 1984. Libois, Louis-Joseph, *Genèse et croissance des télécommunications*, cf. pp. 89-90.

Ce système frustrait les pays membres du Commonwealth qui n'avaient aucun contrôle sur leurs propres communications internationales.

La deuxième Guerre mondiale mit fin à l'hégémonie britannique. En précipitant l'entrée en guerre des États-Unis, Pearl Harbour fit exploser les besoins en communications de ce pays. Trois semaines à peine après l'attaque japonaise, l'Australie autorisa les communications radio directes avec les États-Unis.[609] À la demande du gouvernement australien, une Conférence télégraphique du Commonwealth fut organisée au cours de l'automne 1942 à Canberra, qui recommanda la création d'un nouvel organisme décentralisé. L'idée se faisait jour parmi les dirigeants du Commonwealth que, pour respecter l'égalité entre les États membres du Commonwealth préconisée par le Statut de Westminster, chacun d'entre eux devait prendre en charge ses propres installations, c'est-à-dire en clair, de nationaliser les installations appartenant aux entreprises privées britanniques (principalement *Cable & Wireless* et Marconi).

Pourquoi la Grande-Bretagne accepta-t-elle ce démantèlement de ce qui avait été un système global parfaitement intégré ? Il y avait d'abord et essentiellement, l'exigence américaine de communiquer directement avec ses forces engagées sur les fronts asiatique et bientôt nord-africain et européen. Mais à l'intérieur même de son empire, la Grande-Bretagne se voyait contestée par l'Australie, alliée en cela avec la Nouvelle-Zélande. Enfin, la souplesse britannique a sans aucun doute été facilitée par le fait que le tout puissant président de l'ICAC, Sir Campbell Stuart, était Canadien[610]. Quoiqu'il en soit, en avril 1943, l'ICAC fut symboliquement remplacé par le *Commonwealth Communications Council* (CCC). Pour ne pas gêner l'effort de guerre des Alliés, l'Australie et la Nouvelle-Zélande avaient accepté le report des mesures concrètes (la prise en charge des installations domestiques) à la fin des hostilités.[611]

---

[609] Daniel R. Headrick, *The Invisible Weapon, Telecommunications and International Politics, 1851-1945*, Oxford University Press, Noew York/Oxford, 1991, 289 pages. Cf. p. 262.

[610] Né en 1885 à Montréal, Sir Stuart Campbell, fit sa carrière au Times de Londres dont il fut le directeur de 1922 à 1952. Parallèlement, il a présidé l'Imperial Communications Advisory Committee (ICAC) rebaptisé en cours de route Commonwealth Communications Council (CCC) de 1933 à 1945. Durant les premiers mois de la Seconde Guerre mondiale, il a été président du comité consultatif du ministère de l'Information de Grande-Bretagne et responsable de la propagande ennemie. Il est mort en 1972. Il avait été fait chevalier commandeur de l'Ordre de l'Empire britannique en 1918 et chevalier grand-croix de l'Ordre de Saint-Michel et Saint-George en 1939. Source : Archives Canada, Campbell Stuart fonds [textual record, graphic material, sound recording], No RCIA 261186.

L'après-guerre et la décolonisation débutante ravivèrent l'intérêt pour le Commonwealth. Mais les structures en forme de club privé qui avaient régi cette association étaient inadéquates en télécommunications comme dans les autres domaines. Une réforme était nécessaire. En mai 1948, un *Commonwealth Telegraphs Agreement* fut donc conclu entre les États membres afin de faire trois choses :

- chaque pays nationalisera les installations servant aux communications internationales qui se trouvent sur son territoire ;
- chaque pays désignera un ministère existant ou créera une société publique pour exploiter ces installations ;
- chaque pays désignera un représentant auprès du *Commonwealth Telecommunications Board* (CTB) qui sera créé en mars 1949 pour remplacer le CCC. Le Canada y affectera un fonctionnaire du ministère des Transports.[612]

Les communications internationales sont confiées à une société d'État

Quand Bell eut vent de l'accord de 1948, elle essaya bien de s'interposer et proposa d'étendre ses activités aux communications internationales. Rien n'y fit. L'accord reflétait l'idéologie travailliste alors triomphante en Grande-Bretagne. Le Canada suivra à la lettre ses recommandations et créera la société d'État *Canadian Overseas Telecommunications* (COTC) en janvier 1950.[613]

COTC avait pour mandat d'acquérir les actifs de *Cable & Wireless*, tout juste nationalisée par le gouvernement de Londres, et de *Canadian Marconi*. Il s'agissait d'une part des stations d'aboutissement des deux câbles télégraphiques transatlantiques de Harbour Grace (Terre-Neuve) et de Halifax

---

[611] Delorme, Jean-Claude, interview avec l'auteur, 22 mai 1991. St-Arnaud, Diane, *La mise en œuvre en droit canadien des réglementations et conventions internationales en matière de télécommunications spatiales*, cf. pp. 3-66. Daniel R. Headrick, *The Invisible Weapon*, idem, cf. p. 266.

[612] « *Télécommunications internationales, Le rôle du Canada dans Intelsat et autres organismes internationaux* », cf. pp. 73-77.

[613] Loi fédérale 1949 S.C., chap. 10. La traduction française officielle était Société canadienne des Télécommunications transmarines (SCTT), mais comme toutes les appellations françaises avant la loi sur les langues officielles en 1968, elle n'était pour ainsi dire jamais utilisée. Nous nous en tiendrons au nom anglais.

(Nouvelle-Écosse) ainsi que du câble transpacifique de Bamfield (Colombie britannique).

Côté radio, COTC disposait de la station émettrice de Drummondville et de la station réceptrice de Yamachiche (toutes deux au Québec). En tout, cela faisait trois circuits radiotéléphoniques et 13 circuits radiotélégraphiques pour assurer les liaisons avec l'Europe, Saint-Pierre et Miquelon, les Antilles et l'Australie via les États-Unis.

Câble et radio, le tout fut acquis par COTC en juin 1950. Le premier président de la société d'État mourut après un an d'exercice et son remplaçant, Douglas F. Bowie, demeurera au pouvoir pendant plus de 20 ans. Cet ancien dirigeant de *Cable & Wireless* bâtira les fondements de l'entreprise dans une optique de service public. COTC héritait aussi de 300 employés en provenance de *Cable & Wireless* et de Marconi.

Ce modeste début était appelé à croître rapidement, au rythme trépident de la reconstruction de l'après-guerre. Tout d'abord, les communications radio entre Montréal et l'Australie furent rapatriées au Canada grâce à l'ouverture en novembre 1956 de nouvelles stations de transmission et de réception respectivement à Cloverdale et à Ladner (toutes deux en Colombie britannique). L'ancienne station de Bamfield où aboutissait le vieux câble transpacifique inauguré par Sandford Fleming en 1902 fut abandonnée au profit de nouvelles installations plus modernes à Port-Alberni et à Vancouver.

Le symbole de cette croissance des communications internationale demeure néanmoins la pose en septembre 1956 du premier câble téléphonique transatlantique, le système TAT-1 . COTC n'exploitait pas la station terminale du câble, mais elle faisait partie du consortium dirigeant. Du coup les communications internationales explosèrent. Les revenus de COTC quadruplèrent la première année, même si le câble transatlantique ne fut utilisé que pendant la deuxième moitié de l'exercice financier.

COTC était débordée. À peine le câble fut-il ouvert au public qu'il atteint les niveaux d'utilisation prévus après un an ou deux de service. Il fallut prévoir des dispositifs de traitement de la voix au niveau des stations terminales pour augmenter la capacité. Le nombre de circuits téléphoniques passa ainsi de six à 13, puis de 13 à 20. Parallèlement, COTC introduisait le service Télex international qui fut inauguré en décembre 1956. Pour COTC, le succès était total ![614]

[614] Coughlin, Ray, « Si la SCTT m'était contée... », in *Spargo*, revue interne de COTC, numéro spécial consacré au 25e anniversaire de la création de l'entreprise, Vol. 12, N°1, 1/1975.

ENCADRÉS (1915-1956)

La crise de 1929

Le 29 octobre 1929, la Bourse de New York s'effondre. Plus de 12 millions d'actions sont vendues et provoquent une chute en cascade des cours. Du jour au lendemain, les prix des matières premières s'effondrent et le Canada compte parmi les premiers pays touchés. À la fin de l'année, le Canada limite ses paiements en or et sera suivi par le reste du monde dans les mois qui suivent. La production industrielle chute à son tour. C'est le chômage. Les campagnes ne sont pas épargnées. Le prix du blé est divisé par trois[615]. Toutes sortes de calamités naturelles aggravent encore la crise : sècheresse prolongée, invasion de sauterelles… Des familles ruinées errent le long des routes, surtout dans la Prairie.

Impacts socio-téléphoniques
Dans le secteur des télécommunications, la crise de 1929 se traduit au Canada par une perte sèche de 210 000 téléphones, soit une baisse de 15%. Mais cette baisse n'est pas uniformément répartie. Ce sont les provinces de la Prairie qui ont été les plus frappées. Pour comprendre ce qui s'est passé, il convient de mettre en relation plusieurs facteurs économiques, soit le revenu personnel par habitant, le taux de pénétration, la baisse du revenu personnel et la baisse des abonnements.

Le tableau ci-après confirme dans ses grandes lignes la loi de Jipp qui lie le revenu personnel par habitant au taux de pénétration du téléphone (colonnes N°2 et N°3). Typiquement, ce sont les provinces qui ont le revenu par habitant le plus élevé qui ont le plus de téléphones.

---

[615] Le prix du blé, qui était de 1,02$ le boisseau en 1925-29, passe à 0,35$ en 1931. Cité in Michiel Horn, « 1929-1939 : Une décennie de misère », Glendon College (Université York), site web du Musée McCord, Montréal - http://www.mccord-museum.qc.ca/scripts/printtour.php?tourID=GE_P4_1_FR&Lang=2

Comparaison entre la baisse du nombre de téléphones et celle des revenus

N°1 Baisse du nombre de téléphones 1930/1933		N°2 Pénétration du téléphone 1930		N°3 Revenu par habitant 1930		N°4 Baisse du revenu personnel par hab. 1930/1933	
AB	26,7%	BC	21,6%	BC	547 $	SK	51,8%
SK	21,1%	ON	19,0%	ON	532 $	AB	49,0%
MB	20,9%	AB	11,9%	MB	424 $	PE	41,4%
NB	14,8%	MB	11,6%	QC	394 $	MN	40,8%
QC	14,8%	QC	11,1%	AB	387 $	NB	38,0%
ON	13,7%	SK	10,7%	NS	317 $	QC	36,5%
BC	9,81%	NS	8,4%	NB	281 $	ON	35,7%
PE	7,03%	NB	8,2%	SK	264 $	BC	35,4%
NS	6,27%	PE	6,7%	PE	227 $	NE	33,7%
CAD	15,0%	CAD	14,1%	CAD	430 $	CAD	37,9%

Sources: Statistiques Canada, N° catalogue: 56-201 et 13-201

Pourtant, la loi de Jipp n'explique pas tout. Fidèle de reflet de la société par temps stable, elle doit être complétée en période de crise par le phénomène du paupérisme relatif. L'analyse des données indique que c'est le taux de baisse du revenu personnel par habitant qui dicte le taux de baisse du nombre de téléphones (colonnes N°1 et N°4). Les provinces les plus riches se désabonnent en plus grand nombre, sans doute parce qu'au-delà des élites économiques, le téléphone avait pénétré la petite bourgeoisie et les classes moyennes.

En fait, la situation dans les provinces de la Prairie est légèrement plus négative que ne le montre ce tableau puisque, par rapport à la moyenne canadienne, la crise y a commencé plus tôt et y a duré plus longtemps.

Par contre, la corrélation entre la richesse personnelle (colonne N°3) et les désabonnements (colonne N°1) n'est pas aussi manifeste. Ainsi, le Manitoba qui est dans le groupe des trois provinces les plus riches, est aussi dans le groupe des trois provinces où le désabonnement est le plus fort. À l'opposé, la Saskatchewan qui fait partie de groupe des trois provinces les plus pauvres, s'est également désabonnée massivement.

Ainsi, on s'aperçoit qu'à l'exception de l'Île-du-Prince-Édouard, le désabonnement est fonction de la baisse relative du revenu. Que l'on soit pauvre ou riche, on se détermine non pas en fonction du montant du revenu disponible, mais de la variation du revenu, c'est-à-dire, du revenu perdu.

La position de l'Île-du-Prince-Édouard en queue des provinces canadiennes pour ce qui est du revenu explique peut-être son comportement atypique. Dans une province très pauvre avec un très faible taux de pénétration, on peut supposer que seules les personnes relativement aisées pouvaient s'offrir le téléphone. Ceux-ci ont conservé leur abonnement en temps de crise. Ce sont les provinces où le téléphone avait pénétré jusque dans les milieux populaires qui ont vu le plus chuter le nombre de téléphones.

La Saskatchewan appartient à ce dernier groupe de provinces. Province presque aussi pauvre que l'Île-du-Prince-Édouard, elle se désabonne en masse. La différence entre les deux provinces provient de la politique de téléphonisation dynamique de la Saskatchewan où le recours massif au système coopératif avait permis d'équiper un certain nombre de ménages aux revenus modestes. En outre, la structure sociale de la « jeune » Saskatchewan est très différentes de celle de la « vieille » Île-du-Prince-Édouard : fermiers-entrepreneurs d'un côté, colons établis de l'autre.

D'une façon générale, la reprise sera très lente et, à l'échelle nationale, le sommet de 1930 ne sera dépassé qu'en 1940 pour le total de téléphones installés et en 1943 pour le taux de pénétration. Si on considère les deux plus grandes villes canadiennes, Montréal et Toronto, on s'aperçoit que la première accuse une chute supérieure à la moyenne québécoise et la seconde, inférieure à la moyenne ontarienne. Cette différence renvoie au caractère fragile du développement montréalais à base de PME, surtout dans le tissu urbain francophone. Au contraire, la résistance torontoise renvoie à l'équilibre de la société de la métropole ontarienne.

Toronto rattrapera le niveau de 1930 dès 1937, tandis que Montréal devra attendre jusqu'en 1941, ainsi que la moyenne du Canada. L'exemple métropolitain montre que, contrairement à la société prise dans son ensemble, les villes les plus riches souffrent moins et moins longtemps des effets de la récession.

La crise de 1929 dans les deux métropoles canadiennes
(nombre de téléphones)

	1930	1933	Baisse
Montréal	195 976	164 184	16,22%
Toronto	207 218	184 982	10,73%

Source: ABC, #24 085

Réaction des entreprises à la crise

Au niveau des entreprises, certaines comme Bell maintiendront, non sans hésitations, leurs programmes d'investissements dans le but proclamé de sauvegarder l'emploi. D'autres, comme *NB Telephone*, interrompront toute construction nouvelle, se bornant à assurer la maintenance du réseau existant. Mais un consensus se dégagera parmi les unes comme les autres pour ne pas remettre en question le réseau téléphonique transcanadien qui sera construit entre août 1929 et janvier 1932, ce qui permettra de conserver un noyau actif d'ingénieurs et de techniciens.

Dans un premier temps, les compagnies de téléphone préservèrent l'emploi en pratiquant des réductions du temps de travail indistinctement pour les cadres et les non cadres. Mais cette mesure se révèlera insuffisante et toutes les entreprises finiront par procéder à des licenciements massifs mais sélectifs, surtout dans les rangs des téléphonistes. Les entreprises de téléphone répugnaient à se séparer des techniciens qu'elles avaient formé à grand frais et, quand elles durent le faire, elles s'efforcèrent de les réengager aux premiers signes de reprise.

Les compagnies par actions comme Bell virent la valeur de leurs titres tomber en chute libre. En octobre 1929, Bell avait procédé à une émission d'actions d'une valeur nominale de 100 dollars au prix de 125 dollars, qui ne trouva pas preneur. Même AT&T refusa d'acheter des actions de sa filiale canadienne. Le cours de l'action glissa jusqu'à 75 dollars en 1932. Bell dut suspendre le paiement de son fameux dividende de deux dollars jusqu'en 1937. La compagnie traversa la crise en s'alimentant en capital via les achats d'action par les employés.[616]

---

[616] Le dividende de deux dollars avait été institué en 1891 et demeurera inchangé jusqu'à la fin des années 1950, à l'exception de la crise économique.

Certaines compagnies adoptèrent des politiques originales, ainsi *Manitoba Telephone System* (MTS) coupa en 1931 ses tarifs ruraux de près de 20%. Deux ans plus tard, la compagnie d'État lança un service local tarifé à l'utilisation (SLTU) pour les téléphones ruraux, c'est-à-dire pour les lignes partagées. Le tarif de base était minimal, les appels pour les abonnés de la ligne commune étaient gratuits, seuls les appels locaux transitant par le central étaient facturés 5 cents. Inutile de dire que ce SLTU de crise ne faisait pas ses frais. Tel n'était pas son but. Il fallait avant tout éviter de débrancher les agriculteurs. Des paiements partiels furent acceptés afin de ne pas couper le téléphone aux abonnés dans le besoin. Finalement, les paiements furent reportés au moment des moissons. On n'enlevait le téléphone aux agriculteurs qu'en toute dernière extrémité. Pour la première fois, le téléphone était non seulement considéré comme un service de première nécessité mais traité comme tel. Le fait qu'il s'agissait d'une entreprise nationalisée n'est manifestement pas étranger à cette approche sociale du téléphone.[617]

En Alberta, le gouvernement provincial eut une idée novatrice pour éviter l'odieux des saisies de téléphones : il « coopératisa ». Le réseau rural fut vendu aux agriculteurs pour 10% de sa valeur comptable... Le 1er avril 1933, 25 ans jour pour jour après la nationalisation de Bell, la première mutuelle de téléphone rural fut constituée. Le succès fut instantané et en 1936, il y avait plus de 600 mutuelles téléphoniques en Alberta. Les tarifs pratiqués étaient de beaucoup inférieurs à ceux d'AGT, car les agriculteurs construisaient de façon économique. Si un poteau pourri tombait, ils n'hésitaient pas à fixer les fils au toit d'une maison ou à une barrière. L'enthousiasme des agriculteurs pour leurs mutuelles se traduisaient dans les noms choisis: « *The New Deal* », « *The Progressive* », « *The Elite* »...[618]

D'une manière générale, la lutte contre la crise au Canada fut organisée en fonction d'une répartition du fardeau et des avantages entre les abonnés, les employés et les investisseurs (actionnaires dans le cas des compagnies privées, État dans le cas des compagnies nationalisées). Coupures de services aux abonnés, licenciements des employés et réduction du dividende aux actionnaires : chacune de ces trois mesures fut pondérée par les deux autres. On aboutit ainsi à une politique relativement humaine qui a été clairement

---

[617] People of Service (A Brief History of the Manitoba Telephone System), Public Relations Department, Manitoba Telephone System, Winnipeg, (pas de date, mais sans doute 1980), 37 pages. Cf. p. 14. Britnell, G.E. Public Ownership of Telephones in the Prairie Provinces, cf. p. 75

[618] Cashman, Tony, Singing Wires (The Telephone in Alberta), cf. pp. 362-5.

exposée par Charles Sise junior dans son allocution devant l'assemblée annuelle des actionnaires de Bell en 1931 :

> *Il aurait été possible d'assurer la distribution du dividende habituel en multipliant les coupures de personnel, mais (...) le conseil d'administration a jugé préférable de limiter les réductions de personnel et de puiser plutôt dans les réserves accumulées pour combler cet écart... Hors de toute considération d'ordre humanitaire, nous devons nous rendre à l'évidence que tout employé qui quitte la compagnie après avoir reçu la formation nécessaire représente pour nous une perte financière directe.*

Le style est représentatif de l'abominable langue de bois coutumière à Sise junior, mais la politique ainsi présentée n'est pas dénuée d'habileté, voire de courage. Aux États-Unis, AT&T fit le choix inverse et ne baissa pas d'un sou le dividende. Le fardeau de la crise fut ainsi imputé en entier aux employés et aux abonnés. Cette différence de gestion de la crise entre AT&T et Bell mérite d'être soulignée. Pour le coup, il nous semble que c'est l'entreprise canadienne et non la maison mère américaine qui a été fidèle à l'héritage de Theodore Vail par son choix de répartir le fardeau de la crise entre les trois populations qui constituent une entreprise, à savoir les abonnés, les employés et les actionnaires.

Au Canada, les compagnies de téléphone purent ainsi traverser la crise en limitant la casse. Sise junior est tout à fait conscient de l'équilibre délicat à préserver entre les trois composantes du système:

> *Cette politique permet de protéger à la fois les intérêts du public, qui doit pouvoir compter sur un service de qualité bien adapté à la demande, ceux des employés, qui attendent de la compagnie qu'elle leur fournisse du travail, et ceux des actionnaires dont les biens doivent être protégés et qui ont droit à un juste rendement de leur investissement.*[619]

---

[619] Owen, H.G., Cent ans déjà, Bell Canada, Montréal, 60 pages. Cf. p. 32.

La crise à *Northern Electric* atteint une ampleur sans commune mesure avec celle des compagnies de téléphone. Les ventes s'effondrèrent, passant de 34 millions de dollars en 1930 à 8,2 millions en 1933, l'entreprise fonctionnait à 13% de sa capacité et perdait de l'argent : 129 000$ en 1931, 550 000 $ en 1932, 725 000 $ en 1933[620]. Les compagnies de téléphone avaient cessé d'acheter de l'équipement, pis, elles renvoyaient des appareils téléphoniques provenant des désabonnements.[621]

Cyril Peachey, le père de la recherche en télécommunications au Canada, était alors un jeune ingénieur à *Northern*. Il évoque ainsi la façon dont furent vécues les années de crise:

> *Bell avait complètement sous-estimé les effets de la crise. En 1930, la compagnie de téléphone avait émis un programme en cinq ans annonçant une croissance continuelle des ventes et, bien sûr, au cours des années qui suivirent, on eut une décroissance. À Northern Electric, le nombre d'employés chuta de 6 100 environ en 1930 à 2 400 en 1933. Nous sommes passés à la semaine de cinq jours et demi, puis à cinq, à quatre, à trois et, parfois même deux jours par semaine. Si un homme était payé deux jours par semaine, il pouvait vivre, mais s'il était payé zéro jour par semaine, il avait un problème ! Nous avions pris l'habitude de porter des paniers de fruits à ceux des employés qui avaient été mis à pied... J'étais alors responsable de ce que nous appelions les ingénieurs industriels et sur 22 ingénieurs, j'ai dû couper jusqu'à 14. Nous étions seulement payés quatre jours par semaine mais nous avions tant de travail que je leur ai dit à tous de venir tous les jours. Personne ne s'est plaint, ils aimaient ça.*[622]

Northern fut sauvée de la faillite par un prêt exceptionnel de 900 000 de *Western Electric*[623].

---

[620] Peter C. Newman, Nortel, hier, aujourd'hui, demain, Northern Telecom Limitée et Power Reporting, Toronto, 1995, 114 pages. Cf. p. 26.

[621] Lester, Alex, Evidence of A.G. Lester, cf. p. 17.

[622] Peachey, Cyril, interview avec l'auteur, 2 mai 1990.

[623] Peter C. Newman, Nortel, ibidem, cf. p. 26.

Les télécommunications et la deuxième Guerre mondiale (1939-1945)

Le Corps des transmissions royal canadien ou «Signal Corps» arriva en Grande-Bretagne en décembre 1939. Dans cette guerre très mobile, la TSF devint l'instrument de communications par excellence. Le téléphone de campagne fut également employé, bien que dans une moindre mesure, dans les installations militaires fixes.

Contrairement à la guerre de 14-18, le « Signal Corps » de 39-45 sera une machine bien rôdée. Ce sera également une machine énorme : 20 000 signaleurs prendront part aux combats. Chacune des divisions de combat canadiennes était dotée d'une unité divisionnaire des transmissions de près de 1 000 hommes et une autre de ces unités était affectée au quartier général. Cette présence massive des signaleurs souligne le rôle stratégique joué par les télécommunications au cours de la Deuxième Guerre mondiale.

Pour la première fois, le sort des batailles a dépendu des télécommunications. Le débarquement raté de Dieppe en août 1942 a été caractérisé par le silence radio. Les Allemands avaient brouillé le système d'aide à la navigation aérienne et les signaleurs furent paralysés par la violence de feu de l'artillerie côtière. Le premier message envoyé depuis la terre ferme était parasité et donna lieu à une erreur d'interprétation. Finalement, quand le désastre fut consommé, la Grande-Bretagne apprit la nouvelle par... un pigeon voyageur.

À l'inverse, en juin 1944, tout au long du débarquement de Normandie, les communications furent maintenues sans discontinuer d'un régiment à l'autre grâce à une architecture de réseau axée sur les routes alternatives. De même, la bataille du Rhin fut gagnée en grande partie grâce à l'unité de soutien aérien qui guidait les bombardiers. Au total, le « Signal Corps » perdit près de 400 hommes au cours des hostilités.[624]

Une des pages les moins connues mais les plus glorieuses de l'histoire des communications militaires est celle des 28 signaleurs qui, à partir de novembre 1942, ont été dépêchés aux côtés de la résistance française pour

---

[624] Pratt, Capt. Frank W., « Profil historique, Corps des transmissions royal canadien », in *Forces canadiennes/Canadian Forces*, Ottawa, 1978/2. «Royal Canadian Corps of Signals: Sixty Years of Honour», in *The Blue Bell*, Montréal, mai 1963.

assurer les liaisons radio. Il s'agissait de Canadiens français qui avaient été transférés sur une base volontaire à la Direction des opérations spéciales britannique (*Special Operations Executive* ou SOE). Leur rôle consistait à établir la liaison avec la Résistance française afin d'organiser des parachutages d'armes et de guider les bombardements de cibles stratégiques allemandes. Bien des années après les faits, quand un journaliste demanda à l'un des survivants en quoi consistait son rôle pendant la guerre, celui-ci répondit sans hésiter : « C'est un travail de bandit. »[625]

Sept d'entre eux périrent en mission, mais aucun ne fut démasqué en raison de son accent. L'accent canadien français était alors inconnu en France, tout au plus pensait-on que l'opérateur radio était originaire d'une autre région. Lors de la formation extrêmement méticuleuse que la Direction des opérations spéciales faisait subir à ses agents avant de les envoyer sur le terrain, l'essentiel était que l'apprenti agent ne laisse jamais échapper un mot en anglais, même sous le coup de l'étonnement, de la souffrance ou en dormant. À cet égard, les signaleurs canadiens français étaient considérés comme des ressources fiables.[626]

La clé de voûte des communications militaires durant la Deuxième Guerre mondiale fut le poste de TSF N°19, un appareil britannique construit sous licence à Montréal par *Northern Electric*. Le Canada livra une quantité de cet équipement à l'URSS dans le cadre du prêt-bail. Une grande partie des tanks et des avions (Lancaster et Mosquito) utilisés par les forces britanniques durant la Deuxième Guerre mondiale était équipée de matériel radio fabriqué par *Northern*. Enfin, l'entreprise collabora étroitement avec les Forces armées dans l'organisation de l'ensemble de l'approvisionnement en matériel électrique.

Dès 1940, sous l'égide du tout puissant ministre des Munitions et des Approvisionnements, Clarence Decatur Howe, le gouvernement fédéral gela la production de matériel civil dans un certain nombre d'entreprises – dont Nortel. Par contre, l'entreprise obtint 40 millions de dollars de commandes

---

[625] Interview d'Allyre Sirois, émission *Le Point*, Archives de Radio Canada, 26 mai 1994. Il est à noter qu'après la guerre, Allyre Sirois était devenu juge en Saskatchewan. http://archives.radio-canada.ca/guerres_conflits/securite_nationale/dossiers/1500-10143/

[626] Moir, John S., *History of the Royal Canadian Corps of Signals*, cf. pp. 113 et suivantes. Roy MacLaren, *Canadians Behind the Enemy Lines, 1939-1945*, University of Columbia Press, Vancouver, 1981, 330 pages. Cf. p. 24 et p. 50.

militaires en 1941, soit deux fois et demi le montant de son chiffre d'affaires total en 1939.[627]

Une fois de plus l'usine de la rue Shearer, à Montréal, fabriqua des obus et des fusées, mais la grande nouveauté résidait sans nul doute du côté des équipements électroniques et, en premier lieu, des équipements radars (magnétrons). La division électronique prit une expansion spectaculaire et atteint le chiffre record de 2 000 employés sur un total de 8 800 personnes au plus fort de la guerre. D'une façon générale, la participation de *Northern* à l'effort de guerre fut massive : au cœur du conflit, 90% de sa production était militaire.[628]

---

[627] Peter C. Newman, Nortel, hier, aujourd'hui, demain, Northern Telecom Limitée et Power Reporting, Toronto, 1995, 114 pages. Cf. p. 28.

[628] Peachey, Cyril A., interview avec l'auteur, 2 mai 1990. *Evidence of A.G. Lester*, Commission des pratiques restrictives du commerce, cf. p. 25.

CHRONOLOGIE DES DIRIGEANTS DE BELL ET DE NORTHERN

Chronologie des dirigeants de Bell Canada

	Né	Présidence Début	Présidence Fin	Présidence du conseil Début	Présidence du conseil Fin	Mort
Andrew Robertson	1827	1880	1890	---	---	1890
Charles F. Sise	1834	1890	1915	1915	1918	1918
Lewis B. McFarlane	1851	1915	1925	1925	1930	1943
Charles F. Sise Jr	1874	1925	1944	1944	1953	1960
Frederick Johnson	1887	1944	1953	1953	1957	1968
Thomas W. Eadie	1898	1953	1963	1957	1968	1986

Chronologie des dirigeants de Northern Electric

	Né	Présidence Début	Présidence Fin	Présidence du conseil Début	Présidence du conseil Fin	Mort
Charles F. Sise	1834	1895	1913	1914	1917	1918
Edward F. Sise	1877	1913	1919	---	---	1943
Paul F. Sise	1879	1919	1948	1948	1951	1951
R. D. Harkness	1892	1948	1961	1961	1963	1980

BIBLIOGRAPHIE

Livres

Aitken, William, *Automatic Telephone Systems*, Benn Brothers Ltd, Londres, 1921, vol. I, 282 pages.

Antéby, Élizabeth, *La grande épopée de l'électronique*, Hologramme, Neuilly, 1982, 256 pages.

Armstrong, Christopher et Nelles, H.V., *Monopoly's Moment,* Temple University Press, Philadelphie, 1986, 393 pages.

Auld, Walter C., *Voices of the Island, History of the Telephone on the Prince Edward Island*, Nimbus Publishing Limited, Halifax, 1985, 229 pages.

Babe, Robert, *Telecommunications in Canada*, University of Toronto Press, Toronto, 1990, 363 pages.

Ball, Norman R. (ouvrage collectif rédigé sous la direction de), *Bâtir un pays, Histoire des travaux publics au Canada*, Boréal, Montréal, 1988, 351 pages.

Ball, Normand R., *L'ingénierie au Canada de 1887 à 1987*, Musée national des sciences et de la technologie/Musées nationaux du Canada, Ottawa, 1987, 176 pages.

Barbash, Jack, *Unions and Telephones, The Story ot The Telecommunications Workers of America*, Harper & Brothers, New York, 1952, 246 pages.

Bernard, Elaine, *The Long Distance Feeling, A History of the Telecommunications Workers Union*, New Star Books, Vancouver, 1982, 249 pages.

Bertho, Catherine, *Histoire des télécommunications en France*, Érès, Paris, 1984, 267 pages.

Bertho, Catherine, *Télégraphes et téléphones, de Valmy au microprocesseur*, Livre de Poche, Paris, 1981, 538 pages.

Bilodeau, Rosario, (ouvrage collectif sous la direction de), *Histoire des Canadas*, Hurtubise HMH, Montréal, 1971, 676 pages.

Bosworth, Newton, *Hochelaga Depicta: The Early History and Present State of the City and Island of Montreal*, William Craig, Montréal, 1839.

Brooks, John, *Telephone (The first hundred years)*, Harper & Row, New York, 1975, 369 pages.

Bruce, Robert V., *Bell, Alexander Graham Bell and the Conquest of Solitude*, Little Brown and Company, Boston, 1973, 564 pages.

Carré, Patrice et Monestier, Martin, *Le télex, 40 ans d'innovation*, Mengès, Paris, 1987, 125 pages.

Cashman, Tony, *Singing Wires (The Telephone in Alberta)*, The Alberta Government Telephones, Edmonton, 496 pages.

Chapuis, Robert J., *100 Years of Telephone Switching (1878-1978)*, volume 1, North-Holland Publishing Company, Amsterdam, 1990, 482 pages.

Collins, Robert, *Une voix venue de loin (L'histoire des télécommunications au Canada)*, McGraw-Hill Ryerson Limited, Toronto, 1977, 304 pages.

Coon, Horace, *American Tel & Tel, The Story of a Great Monopoly*, Longmans, Green and Co., New York, 1939, 276 pages.

Fagen, M.D., *A History of Engineering & Science in the Bell System, The Early Years (1875-1925)*, Bell Telephone Laboratories, 1975, 1073 pages.

Fetherstonhaugh, R.C., *Charles Fleetford Sise, 1834-1918*, Gazette Printing Company, Montréal, 1944, 238 pages.

Gille, Bertrand, *Histoire des techniques*, Encyclopédie de La Pléiade, Gallimard, Paris, 1978, 1652 pages.

Goodspeed, D.J. (Captain), *A History of the Defence Research Board of Canada*, Ottawa, Edmond Cloutier, C.M.G., B.A., L. Ph., Queen's Printer and Controller of Stationery, 1958, 259 pages.

Gregory, John D., *La régie des services publics du Québec et le contrôle des services téléphoniques*, ministère des Communications du Québec, éditeur officiel du Québec, 1975, 134 pages.

Grindlay, Thomas, *A History of the Independent Telephone Industry in Ontario*, Ontario Telephone Service Commission, Toronto, 1975, 316 pages.

Hamelin, Jean et Roby, Yves, *Histoire économique du Québec (1851-1896)*, Fides, Montréal, 1971, 436 pages.

Harlow, Alvin F., *Old Wires and New Waves, The History of the Telegraph, Telephone, and Wireless*, D. Appleton-Century Company, New York, 1936, 548 pages.

Headrick, Daniel R., *The Invisible Weapon, Telecommunications and International Politics (1851-1945)*, Oxford University Press, New York 1991, 289 pages.

Hogue, Clarence, Bolduc, André et Larouche, Daniel, *Québec, un siècle d'électricité*, Libre Expression, Montréal, 1979, 381 pages.

Holcombe, A. N., *Public Ownership of Telephones on the Continent of Europe*, Harvard University Press (Economic Studies, vol. VI), Cambridge, 1911, 482 pages.

Innis, Harold A., *A History of the Canadian Pacific Railway*, University of Toronto Press, Toronto, 1971, 365 pages.

Joel Jr., Amos E., *A History of Engineering and Science in the Bell System, Switching Technology (1925-1975)*, Bell Telephone Laboratories, États-Unis, 1982, 639 pages.

Johnson, George, *The All Red Line, The Annals and Aims of The Pacific Cable Project*, James Hope & Sons, Ottawa, 1903, 486 pages.

Judson, Katharine B. (textes colligés par) *Selected Articles on Government Ownership of Telegraph and Telephone*, The H.W. Wilson Company, New York, 1914.

Kahaner, Larry, *On the line (How MCI Took On AT&T - And Won!)*, Warner Books, New York, 1986, 344 pages.

Keefer, Thomas Coltrin, *Philosophy of Railways*, John Lovell, Montréal, 1853.

King, W.L. Mackenzie et Winchester, John, *Report of the Royal Commission on a Dispute Respecting Hours of Employment between the Bell Telephone Company of Canada, Ltd. and the Operators at Toronto, Ont.*, Government Printing Bureau, Ottawa, 1907, 102 pages.

King, W.L. Mackenzie, *Industry and Humanity*, The Macmillan Company of Canada, Toronto, 1918 et 1935, 269 pages.

Kingsbury, J. E., *The Telephone and Telephone Exchanges, their Invention and Development*, Longmans, Green and Co., Londres, 1915, 558 pages.

Klie, Robert H. (ouvrage collectif sous la direction de), *Telecommunications Transmission Engineering, Vol. 3 - Network and Services*, Bell System Center for Technical Education, États-Unis, 1975, 645 pages.

Lebel, Monique J., *Québec-Téléphone (de ses origines à nos jours)*, manuscrit non publié, Rimouski, août 1969, 51 pages.

Leinwoll, Stanley, *From Spark to Satellite (A History of Radio Communication)*, Charles Scribner's Sons, New York, 1979, 242 pages.

Leland Rhodes, Frederick, *Beginnings of Telephony*, Harper & Brothers Publishers, New York, 1929, 261 pages.

Lester, Alex G., *Special Contract, A Story of Defence Communications in Canada*, Montréal, 1976, inédit, 216 pages.

Libois, Louis-Joseph, *Genèse et croissance des télécommunications*, Masson, Paris, 1983, 415 pages.

Logan, H.A., *Trade Unions in Canada (Their Development and Functioning)*, The Macmillan Company of Canada, Toronto, 1948, 639 pages.

Lubberger, F., *Les Installations Téléphoniques Automatiques*, Gauthiers-Villars, Paris, 1927.

Martin, *Michèle, Hello, Central? (Gender, Technology, and Culture in the Formation of Telephone Systems*, McGill-Queen's University Press, Montréal et Kingston, 1991, 219 pages (résumé de la thèse de doctorat *Communications and Social Form).*

McPhail, Thomas L., et Coll, David C. (ouvrage collectif dirigé par), *Canadian Developments in Telecommunications: An Overview of Significant Contributions*, University of Calgary, Graduate Programme in Communications Studies, Calgary, 1986, 245 pages.

Meyer, Hugo Richard, *Public Ownership and the Telephone in Great Britain*, Macmillan, Londres, 1907, 386 pages.

Michaelis, Anthony R., *Du sémaphore au satellite*, Union internationale des télécommunications, Genève, 1965, 343 pages.

Middleton, Jesse Edgar, (ouvrage collectif dirigé par) *The Municipality of Toronto, A History* , The Dominion Publishing Company, Toronto, 1923.

Moir, John S., *History of the Royal Canadian Corps of Signals*, Corps Committee, Royal Canadian Corps of Signals, Ottawa, 1962, 366 pages.

Morin, Claude, *L'art de l'impossible (La diplomatie québécoise depuis 1960)*, Boréal, Montréal, 1987, 476 pages.

Murray, John, *A Story of the Telegraph*, John Lowell & Son, Montréal, 1905, 269 pages.

Nichols, M.E., *The Story of the Canadian Press*, The Ryerson Press, Toronto, 1948, 327 pages.

O'Neill, E.F. (ouvrage collectif rédigé sous la direction de), *A History of Engineering and Science in the Bell System, Transmission Technology (1925-1975)*, AT&T Bell Laboratories, 1985.

Ogle, Ed B., *Allô, l'interurbain*, Éditions Pierre Tisseyre, Montréal, 1980, 300 pages.

Parsons, George M., *History of Labour Relations in the Bell Telephone Company of Canada, 1880 to 1962*, document dactylographié non publié, Montréal, avril 1963, 159 pages.

Patten, William, *Pioneering the Telephone in Canada*, édition à compte d'auteur, Montréal, 1926, 139 pages.

Raby, Ormond, *Radio's First Voice, The Story of Reginald Fessenden*, Macmillan of Canada, Toronto, 1970, 161 pages.

Reid, James D., *The Telegraph in America*, Derby Brothers, New York, 1979, 846 pages.

Rens, Jef, *Rencontres avec le siècle*, Duculot, 1987, Gembloux, Belgique, 204 pages.

Sampson, Anthony, *The Sovereign State of ITT*, Stein and Day, New York, 1973, 323 pages.

Sharin, Harold I., *The Making of the Electrical Age, from the Telegraph to Automation*, Abelard-Schuman, Londres-New York-Toronto, 1963, 248 pages.

Sinclair, Bruce; Ball, Norman R. et Petersen, James O. (ouvrage dirigé par), *Let us be Honest and Modest, Technology and Society in Canadian History*, Oxford University Press, Toronto, 1976, 309 pages.

Smith, George David, *The Anatomy of a Business Strategy: Bell, Western Electric and the Origins of the American Telephone Industry*, John Hopkins University Press, Baltimore, 1985, 237 pages.

Sola Pool, Ithiel de (ouvrage collectif sous la direction de), *The Social Impact of the Telephone*, The MIT Press, Cambridge (Massachusetts), 1977, 502 pages.

Sola Pool, Ithiel de, *Forecasting the Telephone: A Retrospective Technology Assessment of the Telephone*, Ablex Publishing Corporation, Norwood (New Jersey), 1983, 162 pages.

Sola Pool, Ithiel de, *Technologies of Freedom (On free speech in an electronic age)*, The Belknap Press of Harvard University Press, Cambridge (Massachusetts), 1983, 299 pages.

Stinson, Margaret, *The Wired City, A History of the Telephone in Edmonton*, Edmonton Telephones, Edmonton, 1980.

Strong-Boag, Veronica et Clair Fellman, Anita, (ouvrage dirigé par) *Rethinking Canada: The Promise of Women's History*, Copp Clark Pitman Ltd, Toronto, 1986, 286 pages.

Sturgis, James, *Adam Beck*, Fitzhenry & Whiteside Limited, Don Mills, Ont., 1982, 63 pages.

Vail, Theodore Newton, *Views on Public Questions, A Collection of Papers and Addresses*, édition à compte d'auteur, 1917.

Wade, Mason, *Les Canadiens français de 1760 à nos jours*, Le Cercle du Livre de France, Montréal, 1966, 2 volumes, 685 pages et 584 pages.

Watson, Thomas, *The Birth and Babyhood of the Telephone*, AT&T, New York, 1951, 45 pages.

Waverman, Leonard, *The Process of Telecommunications Regulation in Canada*, Conseil Économique du Canada, Working Paper N°28, Ottawa, janvier 1982, 180 pages.

Weir, Austin E., *The Struggle for National Broadcasting in Canada*, McLelland and Stewart, Toronto/Montréal, 1965, 477 pages.

Williams, Archibald, *Telegraphy and Telephony*, Thomas Nelson and Sons, Londres, 1928.

Williams, Jack, *The Story of Unions in Canada*, J.M. Dent & Sons (Canada), 1975, 252 pages.

Williams, Trevor, (ouvrage collectif sous la direction de), *A History of Technology*, Volume VII (The Twentieth Century, c. 1900 to c. 1950, Part II), Clarendon Press, Oxford (Grande-Bretagne), 1978, 1530 pages.

Wyman, Morill, *Memoir of Daniel Treadwell*, American Academy of Arts and Sciences Memoirs, n.s. (Cambridge, Mass., 1888).

Thèses et documents universitaires

Allen, Lindsay Ross, *Factors in the Development of the British Columbia Telephone Industry, 1877-1930*, thèse de maîtrise, département de communications, Université Simon Fraser, Burnaby (Colombie britannique), avril 1990, 200 pages.

Anonyme, *Lectures on the Telephone Business*, recueil de cours donnés au département de Sciences politiques de l'University of Toronto par des dirigeants de Bell Canada, Easter Term 1926-1927.

Barnett, William Paul, *The Organizational Ecology of the Early American Telephone Industry: A Study of the Technological Cases of Competition and Mutualism*, dissertation submitted in partial satisfaction of the requirement for the degree of Doctor of Philosophy in Business Administration, University of California at Berkeley, juillet 1988, 197 pages.

Britnell, G.E., *Public Ownership of Telephones in the Prairie Provinces*, MA Thesis, University of Toronto, 1934, 175 pages.

Brooks, George Waite Stirling, *Edgar Crow Baker, An Entrepreneur in Early British Columbia*, thèse de maîtrise, département d'histoire, University of British Columbia, avril 1976.

Codding Jr., George Arthur, *The International Telecommunication Union, An experiment in International Cooperation*, thèse présentée à l'Université de Genève pour l'obtention du Grade de Docteur ès Sciences Politiques, E.J. Brill, Leiden, 1952, 505 pages.

Conway, Connie Jean, *The Public Relations Philosophy of Theodore N. Vail*, thèse de maîtrise en journalisme, University of Wisconsin, 1958, 197 pages.

Fortner, Robert Steven, *Messiahs and Monopolists: A Cultural History of Canadian Communications Systems, 1846-1914*, doctorat de communications, Université de l'Illinois, 1978, 367 pages.

Grant, Peter S., *Telephone Operation and Development in Canada (1921-1971)*, Faculty of Law, University of Toronto, 1974.

Martin, Michèle, *Communications and Social Forms: A Study of the Development of the Telephone System, 1876-1920*, thèse de doctorat, faculté de sociologie, Université de Toronto, 1987.

Spafford, Dufferin S. *Telephone Service in Saskatchewan (A Study in Public Policy)*, MA Thesis, Department of Economics and Political Science, University of Saskatchewan, Saskatoon, septembre 1961, 137 pages.

Tillotson, Shirley Maye, *Canadian Telegraphers, 1900-1930* (A Case Study in Gender and Skill Hierarchies), maîtrise d'Histoire, Université Queen's, Kingston (Ontario), mars 1988, 180 pages.

Warner, Donald G., *The first fifty years of the Canadian Telegraph: A geographical perspective*, thesis prepared for an undergraduate course in Historical Geography, University of Toronto, avril 1975, 29 pages.

Williams, Jeams Earl, *Labor Relations in the Telephone Industry: A Comparison of the Private and the Public Segments*, thèse de doctorat en économie, Université du Wisconsin, juin 1961, 542 pages.

Witteveen, Hank, *The Telegraph in Canada*, mémoire universitaire de premier cycle, Université Carleton, 31 pages. 1973.

Revues et magazines divers

In Search/EnQuête, magazine du ministère des Communications du Canada, Ottawa.

Journal Bell/Bell News, bi-mensuel interne de Bell Canada, Montréal, publié depuis 1964.

Technology and Culture, University of Chicago Press.

Telephone Engineer & Management, Chicago.

Telephone Gazette, ancien mensuel de Bell Canada (1909-   )

Telephony, hebdomadaire sur les télécommunications, Chicago.

The Blue Bell, ancien magazine de Bell.

The Canadian Encyclopedia, 2nd Edition, 4 volumes, Hurtig Publishers, Edmonton, 1988, 662 pages.

Documents divers

Anonyme, «Chronologie des négociations avec le STCC», «Chronologie des négociations avec les téléphonistes», «Chronologie des négociations avec l'ACET», documents internes du service des Relations syndicales, Bell Canada, 1982.

Baldwin, John R., *Échec et renouveau (L'évolution de la réglementation des monopoles naturels)*, étude préparée pour le Conseil économique du Canada, Ottawa, 1989, 140 pages.

Bell Canada/Northern Telecom/Bell-Northern Research, Key dates in the evolution of R&D, Bennet Communications, Pointe-Claire (Québec), 12 novembre 1986, document inédit, Archives Northern Telecom.

Dawson, S.E., *Proceedings of the Select Committee on Telephone Systems*, imprimé sur ordre du Parlement, Ottawa, 1905, 2 volumes (1047 pages et 817 pages).

Goldenberg, Carl, H., «Manitoba Telephone Commission», rapport publié par le gouvernement du Manitoba, Winnipeg, 1940, 63 pages.

Hoffman , K.W., «History of Telecommunications in Newfoundland», allocution prononcée devant la Newfoundland Historical Society, Saint-Jean, Terre-Neuve, 2 novembre 1978, 54 pages.

Kettle, John, *The Kettle Text*, 2 volumes, texte inédit, no date (maybe 1975), ABC non classé.

Lester, Alex, *Evidence of A.G. Lester*, Commission des pratiques restrictives du commerce, Ottawa, janvier 1980, 80 pages + annexes.

McKay, A.M., *The History of Telephone Service in Nova Scotia*, Communications Policy, Department of Transportation, Halifax, juillet 1983, 51 pages (Summary of the monumental study by the former MT&T president A.M. McKay, titled *The History of Maritime Tel & Tel*, 1877-1964, unpublished).

Morrisson, James H., *Wave to Whisper: British Military Communications in Halifax and the Empire, 1780-1880*, brochure de la série «History and Archaeology» N° 64, Parks Canada, Ottawa, 1982, 110 pages.

Muir, Gilbert A., *A History of the Telephone in Manitoba*, in Historical and Scientific Society of Manitoba (1964-65).

Newman Kuyek, Joan, *The Phone Book (Working at the Bell)*, Between The Lines, 94 pages, Toronto, 1979.

Richeson, D.R., *The Electric Telegraph in Canada*, National Film Board, National Museums of Canada, Ottawa (no date), 24 pages.

White Paper on a Domestic Satellite Communication System for Canada, Department of Industry, March 1968, 94 pages.

Sigles et acronymes

Les provinces canadiennes sont désignées par leur abréviation officielle.

AB	Alberta
BC	Colombie-Britannique
MB	Manitoba
NB	Nouveau-Brunswick
NL	Terre-Neuve-et-Labrador
NT	Territoires du Nord-Ouest
NS	Nouvelle-Écosse
NU	Nunavut
ON	Ontario
PE	Île-du-Prince-Édouard
QC	Québec
SK	Saskatchewan
YT	Yukon

Autres sigles et acronymes utilisés dans cet ouvrage[629].

ABI	Al Bassam International
ACC	Association des consommateurs du Canada
ACDI	Agence canadienne de développement international
ACET	Association canadienne des employés du téléphone
ACJC	Association catholique de la jeunesse du Canada
ACTI	Association canadienne du téléphone indépendant
ADCOM	Air Defense Communications System (Système de communication de défense nationale)
AEL	Automatic Electric Lenkurt

---

[629] Comprend aussi les sigles et acronymes du volume de 2 de *L'empire invisible*.

AGT	Alberta Government Telephone

AM	Modulation par amplitude
AMA	Automatic Message Accounting
AMPS	Advanced Mobile Phone Service
ANSI	American National Standards Institute
APT	Alberta Provincial Telephones
ARC	Aviation royale du Canada
ARCOM	Arctic Communications
ARF	Association des réseaux financiers (Financial Network Association)
ARPANET	Advanced Research Project Agency Network
ARTS	American Radio Telephone Service
ASCII	American standard code for information exchange
AT&T	American Telephone and Telegraph
ATC	Association du téléphone du Canada
BC Tel	British Columbia Telephone
BBC	British Broadcast Corporation
BBG	Board of Broadcast Governors
BCE	Bell Canada Enterprise
BCED	Bell Canada Enterprise Development
BCER	British Columbia Electric Railways
BCI	Bell Canada International
BCRL	BC Rail Telecommunications/Lightel
BDT	Bureau de développement des télécommunications
Bell Labs	Bell Laboratories, filiale de recherche d'AT&T
BMEWS	Ballistic Missile Early Warning System
BNR	Bell-Northern Research (Recherches Bell-Northern)
BPO	British Post Office
CAG	Commande automatique de gain

CBC	Canadian Broadcasting Corporation
CBTA	Canadian Business Telecommunications Alliance
CCC	Commonwealth Communications Council
CCCR	Conseil consultatif canadien de la radio
CCDAA	Conférence pour la coordination du développement en Afrique australe
CCF	Co-operative Commonwealth Federation
CCIR	Comité consultatif international des radiocommunications
CCIT	Comité consultatif international télégraphique (ancêtre du CCITT)
CCITT	Comité consultatif international télégraphique et téléphonique
CCL	Canadian Cablesystems Ltd
CCPTMT	Conseil consultatif du Programme de raccordement de matériel terminal
CCT	Commission canadienne des transports
CDIC	Corporation de développement des investissements du Canada
CECA	Communauté européenne du charbon et de l'acier
CEPT	Conférence européenne des postes et télécommunications
CETI	Centre d'excellence en télécommunications intégrées
CFCW	Canadian Federation of Communications Workers
CGBC	Corporation de gestion Bell Canada
CIC	Colloque international de commutation
CIO	Congress of Industrial Organizations
CITEL	Conférence interaméricaine de télécommunications (organisme spécialisé

	de l'OÉA)
CN	Canadian National ou Canadien national (compagnie de chemins de fer)
CNCP	Télécommunications Canadien National-Canadien Pacific
CNET	Centre national d'études des télécommunications
CNRC	Conseil national de recherches du Canada
COTC	Canadian Overseas Telecommunications Corporation (Société canadienne des télécommunications transmarines)
CP	Canadian Pacific ou Canadien pacifique (compagnie de chemins de fer)
CRBC	Canadian Radio Broadcasting Commission
CRC	Centre de recherche sur les communications
CRTC	Conseil de la radiodiffusion et des télécommunications canadiennes
CSRDE	Canadian Signal Research and Development Establishment
CTB	Commonwealth Telecommunications Board
CTC	Congrès du travail canadien
CTO	Commonwealth Telecommunications Organization
CWA	Communications Workers of America
CWC	Communications Workers of Canada (STCC)
DCL	Defence Construction Limited
DECT	Digital European Cordless Telecommunications
DEVETAO	Développement des télécommunications en Afrique de l'Ouest
DEW	Distant Early Warning
DMS	Digital Multiplex System
DRTE	Defence Research Telecommunications Establishment (Centre de recherche en télécommunications pour la défense)
ECAA	Enregistrement comptable des appels

	automatiques
ECMA	European Computers Manufacturers Association (association européenne des fabricants d'ordinateurs)
ECSA	Exchange Carriers Standards Associations
EDI	Electronic Data information (ÉÉD)
EED	Échange électronique de données (EDI)
EPR	Exploitations privées reconnues
ESS	Electronic switching system
ETSI	European Telecommunications Standards Institute
FCC	Federal Communications Commission
FLQ	Front de libération du Québec
FM	Modulation de fréquences
FTQ	Fédération des travailleurs du Québec
FTW	Federation of Telephone Workers of British Columbia
FUA	Farmers Union of Alberta
GE	General Electric
GFO	Government Finance Office (en Saskatchewan)
GRC	Gendarmerie royale du Canada ou police montée
GSM	Groupe systèmes mobiles
GTE	General Telephone and Electronics
HEC	Hautes Écoles commerciales
IBEW	International Brotherhood of Electrical Workers
IBM	International Business Machines
ICAC	Imperial Communications Advisory Committee
ICC	Interstate Commerce Commission

IDIA	Industrial Disputes Investigation Act
IFRB	Comité international d'enregistrement des fréquences
INMARSAT	International Maritime Satellite Organization
INTELSAT	International Satellite Organization
INTUNG	International Telecommunications User Group
ISDN	Integrated services data network (RNIS)
ISIS	International Satellites for Ionospheric Studies
ITT	International Telephone and Telegraph
KDD	Kokusaï Denshin Denwa
KNOW	Knowledge Network of the West
LDA	Long distance access
MCI	Microwave Communications Inc.
MDAR	Mechanized Directory Assistance Record
MDS	Manitoba Data Services
MFJ	Modified Final Judgement
MGT	Manitoba Government Telephones
MIT	Massachusetts Institute of Technology
MPR	Microtel Pacific Research
MT&T	Maritime Telegraph and Telephone
MTS	Manitoba Telephone System
NAADM	North American Aerospace Defence Modernization
NAPLS	North American Presentation Level Protocol Syntax
NASA	National Aeronautics and Space administration
NB Tel	New Brunswick Telephone
NCR	National Cash Register
NEL	NewTel Enterprises Limited
NEP	National Energy Program

NETAS	Northern Electric telekomünikasyon A.S.
NORAD	North American Air Defence Agreement (Organisation de défense aérienne nord-américaine)
NPD	Nouveau parti démocratique
NTAS	NORAD Tactical AUTOVON System (réseau AUTOVON tactique du NORAD)
NTC	National Telephone Company (compagnie britannique du XIXe siècle)
NTI	Northern Telecom Inc.
NTL	Northern Telecom Limitée
NTSC	Northern Telecom System Corporation
NTT	Nippon Telegraph and Telephone
NTV	National Television Network
OCDE	Organisation de coopération et de développement économique
OEA	Organisation des États américains
OMERS	Ontario Municipal Employee Retirement System
OMU	Organisation des mesures d'urgence
ONA	Open Network Architecture
OTAN	Organisation du traité de l'Atlantique Nord
P et T	Postes et Télégraphes puis Postes brièvement au XIXe siècle, puis au XXe siècle
PABX	Private automatic branch exchange (voir PBX).
PANAFTEL	Panafricain de télécommunications (Réseau hertzien)
PATN	Programme d'aide aux télécommunications dans le Nord
PAV	Point d'accès Vidéotex
PBX	Private branch exchange. (standard téléphonique privé ou central privé ou, plus

	récemment, autocommutateur privé)
PIB	Produit intérieur brut
PME	Petite et moyenne entreprise
PRMT	Programme de raccordement de matériel terminal
PSA	Protocole standard d'accès
PTT	Postes, Télégraphes et Téléphones
RCA	Radio Corporation of America
RCCS	Royal Canadian Corps of Signals
RCDN	Réseau de communications de la défense nationale
RF	Transmission par radiofréquence
RID	Réseau informatique de la défense
RLM	Remote line module
RNIS	Réseau numérique à intégration de services
RTT	Réseau téléphonique transcanadien
SADL	Saudi Arabia Data Communications Limited
SAGE	Semi-automatic Ground Environment Combat center
SCBI	Systèmes de communications Bell Inc.
SCTT	Société canadienne des télécommunications transmarines (Canadian Overseas Telecommunications Corporation)
SDBJ	Société de développement de la Baie James
SEF	Systems Engineering Group
SGA	Service de gestion des appels
SGT	Saskatchewan Government Telephones
SGT	Société générale du téléphone (compagnie française du XIXe siècle)
SID	Service d'information à domicile
SITA	Société internationale de télécommunication aéronautique
SLTU	Service local tarifé à l'utilisation
SNA	System network architecture

SNIAS	Société nationale industrielle aérospatiale
SONET	Synchronous Optical Network
SPAR	Special product and applied research
STCC	Syndicat des travailleurs et travailleuses en communication et en électricité du Canada
STEM	Storable Tubular Extendible Member
STM	Système de téléconférence multimode
STU	Secure telephone unit
SWIFT	Society of Worldwide Interbank inancial Telecommunications
TCPL	TransCanada PipeLines Limited
TEMIC	Institut des cadres supérieurs en gestion des télécommunications du Canada
TSF	Télégraphie sans fil (aujourd'hui, Téléphonie sans fil, pour traduire Cordless Telephone)
TVHD	Télévision à haute définition
TVN	Terminal vidéo numérique
TWU	Telecommunications Workers Union
UFA	United Farmers of Alberta
UIT	Union télégraphique internationale puis Union internationale des télécommunications
URSS	Union des Républiques Socialistes Soviétiques
VHF	Very high frequency
VLSI	Very Large Scale Intergration (inégration à très grande échelle)
WAP	Western Associated Press
WASP	White Anglo-Saxon Protestant

Manufactured by Amazon.ca
Acheson, AB